Die Chronik-Bibliothek des 20. Jahrhunderts

Bernhard Pollmann

Chronik 1934

Tag für Tag in Wort und Bild

Chronik Verlag

Abbildungen auf dem Schutzumschlag
(oben links beginnend)
Beim NS-Putschversuch in Wien im Juli wird ein Toter aus dem RAVAG-Gebäude geborgen
Berittene Polizei geht bei den Februarunruhen in Paris gegen Demonstranten vor
Reichspräsident Paul von Hindenburg stirbt am 2. August im Alter von 86 Jahren
Mit der Niederschlagung der sog. Röhm-Revolte beseitigt Hitler die Führung der SA und andere Oppositionelle
Der Dichter und Anarchist Erich Mühsam stirbt im Juli im KZ Oranienburg
Auto- und Autozubehörindustrie wie Dunlop sind Träger des wirtschaftlichen Aufschwungs
Der erste KdF-Urlaubszug, mit dem jedermann eine Urlaubsreise möglich gemacht werden soll

Redaktion: Christoph Hünermann (Text), Klaus zu Klampen (Bild)
Fachautorin: Dr. Ingrid Loschek (Mode)
Anhang: Ludwig Hertel, Bernhard Pollmann, Karl Adolf Scherer
Herstellung: Barbara Reppold-Hinz
Gesamtherstellung: Mohndruck Graphische Betriebe GmbH, Gütersloh

Leihgeber für Zeitungen und Zeitschriften: Institut für Zeitungsforschung, Dortmund

ISBN 3-577-14034-8

Inhalt 1934

Der vorliegende Band aus der »Chronik-Bibliothek des 20. Jahrhunderts« führt Sie zuverlässig durch das Jahr 1934 und gibt Ihnen — aus der Sicht des Zeitzeugen, aber vor dem Hintergrund des Wissens von heute — einen vollständigen Überblick über die weltweit wichtigsten Ereignisse in Politik und Wirtschaft, Kultur und Sport, Alltag und Gesellschaft. Sie können das Jahr in chronologischer Folge an sich vorüberziehen lassen, die »Chronik 1934« aber auch als Nachschlagewerk oder als Lesebuch benutzen. Das »Chronik«-System verbindet eine schier unübersehbare Fülle von Artikeln, Kalendereinträgen, Fotos, Graphiken und Übersichten nach einheitlichen Kriterien und macht damit die Daten dieses Bandes mit jedem anderen Band vergleichbar. Wer die »Chronik-Bibliothek« sammelt, erhält ein Dokumentationssystem, wie es in dieser Dichte und Genauigkeit nirgends sonst zu haben ist.

Hauptteil (ab Seite 8)

Jeder Monat beginnt mit einem Kalendarium, in dem die wichtigsten Ereignisse chronologisch geordnet und in knappen Texten dargestellt sind. Sonn- und Feiertage sind durch farbigen Druck hervorgehoben. Pfeile verweisen auf ergänzende Bild- und Textbeiträge auf den folgenden Seiten. Faksimiles von Zeitungen und Zeitschriften, die im jeweiligen Monat des Jahres 1934 erschienen sind, spiegeln Zeitgeist und herausragende Ereignisse.
Wichtige Ereignisse des Jahres 1934 werden — zusätzlich zu den Eintragungen im Kalendarium — in Wort und Bild beschrieben. Jeder der 387 Einzelartikel bietet eine in sich abgeschlossene Information. Die Pfeile des Verweissystems machen auf Artikel aufmerksam, die an anderer Stelle dieses Bandes ergänzende Informationen zu dem jeweiligen Thema vermitteln.
697 häufig farbige Abbildungen und graphische Darstellungen illustrieren die Ereignisse und Entwicklungen des Jahres 1934 und werden damit zu einem historischen Kaleidoskop besonderer Art.
Hinter dem Hauptteil (auf S. 214) geben originalgetreue Abbildungen einen Überblick über alle Postwertzeichen, die 1934 im Deutschen Reich neu ausgegeben wurden.

Januar 8
Februar 32
März 52
April 68
Mai 84
Juni 108
Juli 130
August 146
September 158
Oktober 174
November 186
Dezember 200

Übersichtsartikel (ab Seite 28)

19 Übersichtsartikel, am blauen Untergrund zu erkennen, stellen Entwicklungen des Jahres 1934 zusammenfassend dar.
Alle Übersichtsartikel aus den verschiedenen Jahrgangsbänden ergeben — zusammengenommen — eine sehr spezielle Chronik zu den jeweiligen Themenbereichen (z. B. Film von 1900 bis 2000).

Arbeit und Soziales 122
Architektur 170
Auto 208
Bildungswesen 141
Essen und Trinken 65
Film 48
Gesundheit 197
Kunst 82
Literatur 185
Mode 166
Musik 144
Straßen und Verkehr 155
Theater 126
Unterhaltung 30
Urlaub und Freizeit 104
Werbung 28
Wirtschaft 45
Wissenschaft und Technik ... 81
Wohnen und Design 98

Anhang (ab 215)

Der Anhang zeigt das Jahr 1934 in Statistiken und anderen Übersichten. Ausgehend von den offiziellen Daten für das Deutsche Reich, für Österreich und die Schweiz, regen die Zahlen und Fakten zu einem Vergleich mit vorausgegangenen und nachfolgenden Jahren an.
Für alle wichtigen Länder der Erde sind die Staats- und Regierungschefs im Jahr 1934 aufgeführt und werden wichtige Veränderungen aufgezeigt. Die Zusammenstellungen herausragender Neuerscheinungen auf dem Buchmarkt sowie der Premieren auf Bühne und Leinwand werden zu einem Führer durch das kulturelle Leben des Jahres 1934.
Das Kapitel »Sportereignisse und -rekorde« spiegelt die Höhepunkte des Sportjahres 1934.
Internationale und deutsche Meisterschaften, die Entwicklung der Leichtathletik- und Schwimmrekorde sowie alle Ergebnisse der großen internationalen Wettbewerbe im Automobilsport, Eiskunstlauf, Fußball, Gewichtheben, Pferde-, Rad- und Wintersport sowie im Tennis sind wie die Boxweltmeister im Schwergewicht nachgewiesen.
Der Nekrolog enthält Kurzbiographien von Persönlichkeiten, die 1934 verstorben sind.

Regierungen Deutsches Reich, Österreich und Schweiz 215
Deutsches Reich, Österreich und Schweiz in Zahlen 216
Staatsoberhäupter und Regierungen ausgewählter Länder 220
Kriege und Krisenherde 222
Ausgewählte Neuerscheinungen auf dem Buchmarkt 223
Uraufführungen in Schauspiel, Oper, Operette und Ballett .. 224
Filme 225
Sportereignisse und -rekorde 226
Nekrolog 231

Register (ab Seite 234)

Das *Personenregister* nennt — in Verbindung mit der jeweiligen Seitenzahl — alle Personen, deren Namen dieser Band verzeichnet.
Werden Personen abgebildet, so sind die Seitenzahlen kursiv gesetzt. Herrscher und Angehörige regierender Häuser mit selben Namen sind alphabetisch nach den Ländern ihrer Herkunft geordnet.
Wer ein bestimmtes Ereignis des Jahres 1934 nachschlagen möchte, das genaue Datum oder die Namen der beteiligten Personen aber nicht präsent hat, findet über das spezielle *Sachregister* Zugang zu den gesuchten Informationen.
Oberbegriffe und Ländernamen erleichtern das Suchen und machen zugleich deutlich, welche weiteren Artikel und Informationen zu diesem Themenfeld im vorliegenden Band zu finden sind. Querverweise helfen bei der Erschließung der immensen Informationsvielfalt.

Personenregister 234
Sachregister 237

Das Jahr 1934

Abrüstung und Sicherheit sind die außenpolitischen Hauptschlagworte des Jahres 1934. Praktiziert wird jedoch weltweite Aufrüstung. Das Zustandekommen eines Abrüstungsabkommens der Mitgliedsstaaten des Völkerbunds in Genf scheitert. Zudem kündigt Japan das Flottenbegrenzungsabkommen mit den USA und Großbritannien. Der Rüstungswettlauf ist trotz aller Appelle und beschönigenden Reden von Politikern der großen Mächte in vollem Gange.
Im Mittelpunkt der Diskussion steht das nationalsozialistische Deutsche Reich. Die meisten Staatsregierungen üben Zurückhaltung gegenüber der teils verdeckten und teils offenen deutschen Aufrüstung. In Großbritannien versuchen führende Politiker, im Deutschen Reich ein »Bollwerk« gegen den Bolschewismus zu sehen. Lediglich Frankreich brandmarkt offen die deutsche Politik und kündigt an, vor dieser »Herausforderung« nicht zurückweichen zu wollen.
Infolge dieser Entwicklung ist die Bündnispolitik weltweit in Bewegung geraten. Schon 1933 waren das Deutsche Reich und Japan aus dem Völkerbund ausgetreten, dessen Rolle als »Weltpakt« in Frage gestellt ist. Zugleich versuchen alle Großmächte, durch Verträge ihre Machtpositionen zu sichern und auszubauen. 1934 ist daher ein Jahr der zwischenstaatlichen Bündnisse: Der Deutsch-Polnische Nichtangriffspakt, der Balkanpakt zwischen Griechenland, Jugoslawien, Rumänien und der Türkei, die Römischen Protokolle zwischen Italien, Österreich und Ungarn, der Baltenpakt zwischen Estland, Lettland und Litauen und andere Verträge dienen der Absicherung von Einflußgebieten oder nationaler Sicherheitsinteressen. Mit der großen Zahl der Bündnisse verschärfen sich jedoch die Interessengegensätze und Spannungen zwischen den Machtblöcken. Die Kriegsgefahr wächst.
In Europa, aber auch in anderen Teilen der Welt sind faschistische Bewegungen und diktatorische Regierungen auf dem Vormarsch. Am 12. Februar zerschlägt das Wiener Dollfuß-Regime die österreichische Sozialdemokratie. Der 30. April markiert das Ende der Republik in Österreich: Das Rumpfparlament nimmt die »Bundesverfassung 1934« an. Österreich wird ein Ständestaat faschistischer Prägung. Das Land kämpft um seine Unabhängigkeit vom nationalsozialistischen Deutschen Reich, das den Anschluß Österreichs fordert und durch seine Politik die innenpolitische Lage des Alpenstaats zu destabilisieren sucht. Am 25. Juli wird Bundeskanzler Engelbert Dollfuß bei einem nationalsozialistischen Putschversuch in Wien ermordet. Der Putsch scheitert jedoch, nicht zuletzt, weil Österreich vom faschistischen Italien unterstützt wird.
In Portugal kann sich die Diktatur von António de Oliveira Salazar gegen einen Generalstreik der unzufriedenen Arbeiterschaft behaupten. In Estland errichtet Konstantin Päts am 12. März eine Diktatur, in Lettland folgt Karlis Ulmanis im Mai seinem Beispiel. In Brasilien genehmigt die Nationalversammlung am 16. Juli eine Bundesverfassung und verankert damit die Macht des autoritär-nationalistischen Regimes unter Getúlio Dornelles Vargas. In der Sowjetunion baut Josef W. Stalin seine Macht weiter aus. Im Vorfeld des XVII. KPdSU-Parteitags am 26. Januar werden rund 300 000 Mitglieder aus der Partei ausgestoßen. Im Dezember startet Stalin die blutige Zerschlagung der »trotzkistischen Opposition« in der Sowjetunion.

Im Deutschen Reich hat das nationalsozialistische Regime unter Adolf Hitler seine Macht weiter gefestigt. Drei Ereignisse markieren das Ende der »nationalsozialistischen Revolution« und unterstreichen den Machtanspruch der NS-Führung in allen Bereichen des politischen und gesellschaftlichen Lebens: Durch das »Gesetz zum Neuaufbau des Reiches« vom 30. Januar werden die Länderparlamente aufgehoben und die Länderregierungen der Reichsregierung unterstellt. Das Deutsche Reich ist nun ein »Einheitsstaat«, und die NS-Regierung hat unbeschränkte Vollmacht.
Die innerparteiliche Opposition in der NSDAP wird bei der Niederschlagung des sog. Röhm-Putsches blutig liquidiert. Die Führung des NS-Regimes entledigt sich bei dieser Aktion der Kritiker, denen die Politik Hitlers nicht nationalsozialistisch genug gewesen ist. Gleichzeitig nutzt das Regime die Gelegenheit, auch andere Oppositionelle, insbesondere aus konservativen Kreisen, zu beseitigen. Ohne Skrupel erklärt die Reichsregierung das Blutbad nachträglich durch ein Gesetz für rechtens.
Nach dem Tod des Reichspräsidenten Paul von Hindenburg am 2. August übernimmt Hitler auch dessen Amt und vereinigt so die höchsten Partei-, Regierungs- und Staatsämter in seiner Hand. Diese Machtballung wird durch eine Volksabstimmung im nachhinein abgesichert.
Die Wirtschaftspolitik im Deutschen Reich ist geprägt vom Bemühen der NS-Regierung, durch gigantische Arbeitsbeschaffungsprogramme die Arbeitslosen von der Straße zu holen. Am 21. März eröffnet Hitler die »Arbeitsschlacht«, in deren Rahmen vor allem Autobahnen und Straßen gebaut werden. Auch die Automobilindustrie wird massiv gefördert. Der Ausbau des Straßennetzes und der Kfz-Produktion dient nicht nur dem wirtschaftlichen Wiederaufbau und der Verbesserung der Infrastruktur. Er wird maßgeblich von militärstrategischen Überlegungen bestimmt.
Alle Bereiche des kulturellen und gesellschaftlichen Lebens unterliegen nach der sog. Gleichschaltung nationalsozialistischer Kontrolle. Im Deutschen Reich kann kein Buch veröffentlicht, keine Zeitung gedruckt, kein Film gedreht und kein Theaterstück aufgeführt werden ohne Zustimmung der NS-Behörden. Mißliebige und »nichtarische« Künstler werden durch Auftrittsverbote und massiven Druck aus dem Deutschen Reich vertrieben. Für Aufsehen sorgt der deutsche Dirigent Wilhelm Furtwängler, der sich in einem offenen Brief für den angefeindeten Komponisten Paul Hindemith einsetzt. Furtwängler widersetzt sich damit offen dem Anspruch der NS-Führung, alle Bereiche der Kunst kontrollieren zu wollen.
Auch in deutschen Kirchenkreisen formiert sich der Widerstand gegen das Regime. Ende Mai konstituiert sich in Barmen die Bekennende Kirche, die sich offen gegen staatliche Repressionen wehrt, denen Pfarrer und Gläubige in zunehmendem Maße ausgesetzt sind.
Selbst der Sport wird 1934 von der Politik überschattet. Die Fußballweltmeisterschaft in Italien gerät zu einer Propagandaschau für das faschistische Regime. Im Deutschen Reich laufen die Vorbereitungen für die Olympischen Spiele 1936 an, die das nationalsozialistische Regime als gigantische Selbstdarstellungsschau gestalten will. Sportliche Höchstleistungen werden von den NS-Machthabern propagandistisch umgemünzt und in der Öffentlichkeit als Symbole für den Siegeswillen des »neuen Deutschland« dargestellt.

Bernhard Pollmann

◁ *Kanalbauprojekt bei Berlin im Rahmen der sog. Arbeitsschlacht, in der das nationalsozialistische Regime Arbeitslose u.a. beim Bau von solchen Projekten einsetzt, die militärischen Zwecken dienen*

Januar 1934

Mo	Di	Mi	Do	Fr	Sa	So
1	2	3	4	5	6	7
8	9	10	11	12	13	14
15	16	17	18	19	20	21
22	23	24	25	26	27	28
29	30	31				

1. Januar, Neujahr

Cesare Orsenigo, der päpstliche Nuntius in Berlin, überbringt als Doyen (Vertreter) des Diplomatischen Korps dem deutschen Reichspräsidenten Paul von Hindenburg die Neujahrswünsche des Auslands. → S.12

Beim Neujahrsempfang für die Reichsregierung in Berlin dankt der deutsche Reichspräsident Paul von Hindenburg Reichskanzler Adolf Hitler (NSDAP) für den politischen »Wendepunkt«, den er in der Geschichte des Deutschen Reiches herbeigeführt habe. → S. 12

Der österreichische Bundeskanzler Engelbert Dollfuß (CP) lehnt in seiner Neujahrsrundfunkrede den deutschen Nationalismus ab, der die Selbständigkeit Österreichs bedrohe. → S. 13

Marcel Pilet-Golaz löst turnusmäßig Edmund Schulthess als Bundespräsident der Schweiz ab. → S. 22

Im Neujahrsaufruf an die »Nationalsozialisten, Nationalsozialistinnen, Parteigenossen« bezeichnet der deutsche Reichskanzler und NSDAP-Führer, Adolf Hitler, 1933 als »Jahr der deutschen Revolution« und das kommende Jahr 1934 als »Jahr des deutschen Aufbaus«. → S. 14

Der italienische Duce und Ministerpräsident Benito Mussolini prophezeit, das Jahr 1934 werde eine entscheidende Etappe auf dem Weg zur Ausbreitung des Faschismus in der Welt sein. → S. 13

Der französische Botschafter in Berlin, André François-Poncet, überreicht dem deutschen Reichskanzler, Adolf Hitler, (NSDAP), eine Denkschrift über die Abrüstungsfrage. → S. 18

Die staatliche sowjetische Nachrichtenagentur TASS veröffentlicht den zweiten Fünfjahresplan für die Zeit von 1933 bis 1937 (→ 26. 1./S. 23).

In der spanischen Kolonie Westsahara kommt es zu Aufständen der afrikanischen Bevölkerung (→ 7. 1./S. 25).

Henry Morgenthau jr. wird US-Schatzsekretär als Nachfolger von William Hartman Woodin.

Anthony Eden übernimmt das Amt des Lordsiegelbewahrers im Koalitionskabinett des britischen Premierministers James Ramsey MacDonald als Nachfolger von Stanley Baldwin.

Die deutschen Zeitungen müssen ab heute täglich die Auflagenziffer für den Vormonat veröffentlichen; damit soll der sog. Auflagenschwindel künftig verhindert werden. → S. 28

Die deutschen Länder Mecklenburg-Schwerin und Mecklenburg-Strelitz werden zum Land Mecklenburg vereinigt. Reichsstatthalter wird der nationalsozialistische Gauleiter Friedrich Hildebrandt, der dieses Amt bereits seit 26. Mai 1933 für Mecklenburg und für Lübeck innehat.

Im Deutschen Reich tritt das Gesetz zur Verhütung erbkranken Nachwuchses vom 14. Juli 1933 in Kraft.

Das Gesetz über die neue Gemeindegrenze von Zürich tritt in Kraft. → S. 22

Der Luftdruck auf den Wetterkarten der deutschen Wetterdienststellen wird ab sofort in Millibar statt in Millimetern angegeben; die Einheit Millibar wird schon seit längerer Zeit in fast allen europäischen Ländern verwendet. → S. 26

2. Januar, Dienstag

In mehreren europäischen Staaten treten Zinssenkungen in Kraft. Im Deutschen Reich werden die Hypothekenzinsen allgemein auf 5% gesenkt, in Italien dürfen für Spareinlagen nur noch maximal 2% Zinsen gezahlt werden.

Der deutsche Reichsjugendführer Baldur von Schirach (NSDAP) bezeichnet in einer über alle deutschen Sender verbreiteten »Neujahrsbotschaft an die deutsche Jugend« das Jahr 1934 als »das Jahr der Schulung«. Das Ziel sei »die brutale Verwirklichung des Nationalsozialismus«.

Nach Meldungen aus den USA sind nach 24stündigen wolkenbruchartigen Regengüssen weite Gebiete Nord- und Südkaliforniens überschwemmt. Auch in Los Angeles stehen Straßen unter Wasser. Mehr als 50 Menschen kommen in den Fluten ums Leben.

3. Januar, Mittwoch

Der deutsche Reichspräsident Paul von Hindenburg ernennt in Berlin Generalleutnant Werner Freiherr von Fritsch zum Chef der Heeresleitung. → S. 17

Der britische Kolonialminister Sir Philip Cunliffe-Lister dementiert Gerüchte über eine Annexion der ehemaligen Kolonie Deutsch-Ostafrika, das seit 1919 britisches Mandatsgebiet ist (→ 7. 1./S. 25).

Bei einer Explosion in einem Schacht eines Kohlenbergwerks bei Ossegg in der Tschechoslowakei kommen 146 Menschen ums Leben. → S. 26

4. Januar, Donnerstag

US-Präsident Franklin D. Roosevelt hebt in seiner Botschaft zur Eröffnung des Kongresses in Washington hervor, daß sich die USA wieder in einem Prozeß des wirtschaftlichen und politischen Wiederaufbaus befinden. → S. 13

Der deutsche Reichsbischof Ludwig Müller erläßt eine Verordnung, die öffentliche Kritik von Pfarrern am nationalsozialistischen Regime untersagt. → S. 17

5. Januar, Freitag

Unter dem Vorsitz von André Gide und André Malraux wird in Paris das Internationale Befreiungskomitee für Georgi M. Dimitrow, Ernst Thälmann, Ernst Torgler, Blagoi Popow, Wassil Tanew und andere im nationalsozialistischen Deutschen Reich eingekerkerten Antifaschisten gegründet.

Aus Stuttgart wird die Verhaftung zweier katholischer Geistlicher wegen politischer Agitation gemeldet. Einer der Pfarrer, die in das Schutzhaftlager Kuhberg überstellt wurden, habe eine Messe für hingerichtete Kommunisten abgehalten; der andere habe »von der Kanzel herab die nationalsozialistische Bewegung geschmäht«, heißt es in Zeitungsberichten.

Die Erste Große Strafkammer in Görlitz verurteilt erstmals im Deutschen Reich einen »Gewohnheitsverbrecher« zur Entmannung. Der Verurteilte ist der 54jährige Georg P., dem vorgeworfen wird, »unzüchtige Handlungen an Personen unter 14 Jahren« vorgenommen zu haben.

6. Januar, Sonnabend

Der deutsche Reichsfinanzminister Johann Ludwig Graf Schwerin von Krosigk zieht in der Zeitschrift »Deutscher Volkswirt« eine positive Bilanz der nationalsozialistischen Wirtschaftspolitik. Die Arbeitslosigkeit habe deutlich gesenkt werden können. Im neuen Jahr würden sich die Arbeitsbeschaffungsmaßnahmen auf den Weiterbau der Reichsautobahnen beschränken können.

7. Januar, Sonntag

Französische Truppen beginnen eine Offensive gegen die aufständischen Berberstämme im südlichen Atlas im nordwestlichen Afrika. → S. 25

Militäreinheiten schlagen einen Aufstand linksgerichteter Gruppen in Argentinien nieder. → S. 24

8. Januar, Montag

Die Kampfhandlungen im 1932 ausgebrochenen Chacokrieg zwischen Bolivien und Paraguay werden nach dem Ende eines 1933 geschlossenen Waffenstillstands wieder aufgenommen. → S. 24

Der erste sowjetische Botschafter in Washington, Trojanowski, überreicht US-Präsident Franklin Delano Roosevelt sein Beglaubigungsschreiben. → S. 23

Die österreichische Regierung unter Engelbert Dollfuß (CP) beschließt Abwehrmaßnahmen gegen die nationalsozialistische Bewegung (→ 17. 1./S. 18).

Die deutschen Behörden reagieren auf den Vorwurf, seit mehreren Wochen seien katholische und evangelische Geistliche wegen Verächtlichmachung der nationalsozialistischen Regierung in Schutzhaft genommen worden, mit dem Hinweis auf die Entlassung zahlreicher anderer Schutzhäftlinge. Sie betonen, daß zwischen Verführern und Verführten wohl unterschieden werde (→ 4. 1./S. 17).

9. Januar, Dienstag

Der tschechoslowakische Außenminister Eduard Beneš begrüßt in Prag die Vertreter der Kleinen Entente zu ihrer ersten Wirtschaftstagung, die bis zum 17. Januar dauert (→ 22. 1./S. 22).

Dichter Nebel führt in London zu mehreren Verkehrsunfällen, bei denen drei Menschen getötet und 15 verletzt werden. An vielen Stellen ist der Nebel so dicht, daß die Polizei Pechfackeln zur Regelung des Verkehrs benutzen muß.

10. Januar, Mittwoch

Der Niederländer Marinus van der Lubbe wird als »Reichstagsbrandstifter« in Leipzig hingerichtet. → S. 19

Graf Karl zu Törring-Jettenbach heiratet im oberbayerischen Seefeld Prinzessin Elisabeth von Griechenland. → S. 26

Der Tonfilm »Die Finanzen des Großherzogs« wird in Berlin uraufgeführt; Regie führte Gustaf Gründgens.

11. Januar, Donnerstag

Das preußische Kultusministerium schränkt die Studienmöglichkeiten von Nichtariern weiter ein. → S. 19

Das Reichsgericht in Leipzig stuft die (verbotene) SPD in einem Urteil als »hochverräterisch« ein. Durch ihre im Ausland betriebene »Greuelhetze« habe sich die SPD in die Front der staatsfeindlichen marxistischen Parteien eingereiht mit dem eindeutigen Ziel des gewaltsamen Umsturzes der nationalsozialistischen Regierung.

Die Stadtverwaltung von Düsseldorf teilt mit, daß sie die Überstellung dreier »arbeitsscheuer Burschen« wegen »notorischer Faulheit« ins Konzentrationslager verfügt habe. Für Arbeitsscheue sei »das Konzentrationslager der einzig mögliche Aufenthaltsort«.

12. Januar, Freitag

Die chinesischen Kommunisten erleiden eine entscheidende Niederlage im Bürgerkrieg gegen Chiang Kai-shek. → S. 23

In Moskau werden offiziell Zahlen über die Parteisäuberung bekanntgegeben (→ 26. 1./S. 23).

Sechs US-Marineflugzeuge landen in Honululu nach dem bisher längsten Non-Stop-Flug eines Geschwaders (→ 31. 1./S. 27).

Mathias Wieman als Deichgraf Hauke Haien und Marianne Hoppe als seine Frau sind die Hauptdarsteller in dem Film »Der Schimmelreiter«, der unter der Regie von Curt Oertel und Hans Deppe nach der gleichnamigen Novelle von Theodor Storm gedreht wurde und in Hamburg uraufgeführt wird.

13. Januar, Sonnabend

Der italienische Duce und Ministerpräsident, Benito Mussolini, betont in einer in Rom gehaltenen Rede die Überlegenheit des ständischen Staatsaufbaus gegenüber anderen Staatsformen. → S. 22

Der preußische Kultusminister Bernhard Rust (NSDAP) gibt einen Erlaß über den Hochschulsport heraus, durch den die für den Sport verantwortlichen staatlichen Einrichtungen zu einer engen Zusammenarbeit mit den SA-Hochschulämtern verpflichtet werden.

Titelblatt der Berliner Zeitschrift »Die Woche« von Januar 1934 mit einem Bild des neuen deutschen Luftschiffs, das noch im Bau befindliche »LZ 129«

14. Januar, Sonntag

Die deutsche Fußballnationalmannschaft schlägt in Frankfurt am Main die ungarische Elf 3:1. → S. 31

15. Januar, Montag

Nach einer Seeblockade Kubas durch die US-Marine tritt der kubanische Präsident Ramón Grau San Martin zurück. → S. 24

Der sog. Weihnachtsfriede in Österreich, ein Versammlungs- und Aufmarschverbot, wird bis einschließlich 31. Januar verlängert (→ 17. 1./S. 18).

Die Stadt Goslar wird zur Reichsbauernstadt und zum Sitz des Reichsnährstands erklärt (→ 19. 1./S. 17).

16. Januar, Dienstag

Die deutsche Reichsregierung in Berlin lehnt die Einladung des Völkerbunds in Genf ab, an Beratungen über die Saarfrage teilzunehmen. → S. 19

Die politische Polizei in Preußen erläßt Richtlinien für die Behandlung von Emigranten, die versuchen, in das Deutsche Reich zurückzukehren. Aus dem Osten stammende »Elemente« seien in Konzentrationslager zu bringen und dann abzuschieben; »marxistische Hetzer« könnten »mit keiner Gnade« rechnen; von allen anderen Rückkehrern sei der »unzweifelhafte Beweis zu erbringen, daß sie sich in die Volksgemeinschaft einordnen« wollen.

Das Reichsgericht in Leipzig verurteilt den Schriftsteller Ludwig Renn wegen Vorbereitung zum Hochverrat zu zweieinhalb Jahren Gefängnis unter Anrechnung von elf Monaten und einer Woche Untersuchungshaft auf die Strafe. Der Autor der Romane »Krieg« (1928) und »Nachkrieg« (1930) war im Februar 1933, in der Nacht des Reichstagsbrandes, verhaftet worden.

17. Januar, Mittwoch

Die österreichische Regierung in Wien kündigt an, sich an den Völkerbund zu wenden, falls das Deutsche Reich nicht die Versicherung abgebe, jede Einmischung in die inneren Angelegenheiten Österreichs zu unterlassen. → S. 18

Der preußische Staatsrat Artur Goerlitzer (NSDAP) warnt monarchistisch eingestellte Beamte vor Maßregelungen, falls sie sich der NS-Ideologie nicht bedingungslos unterordnen (→ 19. 1./S. 20).

Die französische Regierung unter Camille Chautemps bringt im Parlament in Paris einen Gesetzesvorschlag ein, der verschärfte Maßnahmen gegen Kriegsdienstverweigerer und solche Personen vorsieht, die öffentlich zur Verweigerung des Kriegsdienstes auffordern.

Im Hof des Dessauer Gerichtsgefängnisses werden der Böttcher Karl Hans und der Korbmacher Wilhelm Bieser mit dem Handbeil hingerichtet. Sie waren wegen der Ermordung eines SA-Manns im Jahr 1933 zum Tod verurteilt worden. Diese Hinrichtung ist die erste in Anhalt seit 1886.

Im Einverständnis mit dem Reichsministerium des Innern ordnet der preußische Wirtschafts- und Arbeitsminister Friedrich Ernst (parteilos) in Berlin an, daß der Bergmannsgruß »Glück auf!« in Verbindung mit dem deutschen Gruß (Erheben der rechten Hand) erfolgen soll.

18. Januar, Donnerstag

Der italienische Staatssekretär des Äußeren, Fulvio Suvich, trifft zu einem zweitägigen Besuch in Wien ein (→ 17. 1./S. 18).

Ein Generalstreik gegen die faschistische Diktatur in Portugal wird blutig niedergeschlagen. → S. 22

Der Reichsminister und preußische Ministerpräsident Hermann Göring (NSDAP) übernimmt die Verwaltung der Staatstheater in Preußen. → S. 30

Bei schweren Erdbeben in Indien und Nepal kommen mehrere tausend Menschen ums Leben. → S. 26

19. Januar, Freitag

Der preußische Staatsrat Josef Grohé (NSDAP) bezeichnet die Frage »Republik oder Monarchie« als indiskutabel. → S. 20

Die Bedeutung des »Bauerntums als des Blutquells der Nation« wird in Festreden bei der Eröffnung des ersten Reichsbauerntags in Weimar, der bis zum 21. Januar dauert, mehrfach betont. → S. 17

Der Pressedienst der Hauptverwaltung der Deutschen Reichsbahn-Gesellschaft in Berlin teilt mit, daß bei Beförderungen und finanzieller Besserstellung künftig die Beamten und Arbeiter besonders berücksichtigt werden sollen, die vor dem 30. Januar 1933 »als Angehörige der SA, SS und des Stahlhelms oder als Amtswalter der politischen Organisationen der NSDAP durch Tat und Wort besonders für die nationale Erhebung eingetreten sind«.

20. Januar, Sonnabend

Im Deutschen Reich tritt das Gesetz zur Ordnung der nationalen Arbeit in Kraft. Es schafft die Grundlage für das nationalsozialistische Arbeitsrecht.

Die musikalische Komödie »Giuditta« von Franz Lehár wird in der Wiener Staatsoper uraufgeführt. → S. 31

21. Januar, Sonntag

Auf der SA-Führertagung in Friedrichroda nennt der NSDAP-Führer und deutsche Reichskanzler, Adolf Hitler, die Kernpunkte nationalsozialistischer Zukunftsarbeit: Grundlegende weltanschauliche Umerziehung des deutschen Menschen, Verankerung des Prinzips der Autorität im ganzen deutschen Volk, Ausbau der Stellung der NSDAP als absoluter Repräsentant und Garant der neuen politischen Ordnung.

Eine Erdbebenkatastrophe fordert in den chinesischen Provinzen Schansi und Kansu sowie in der inneren Mongolei mehrere tausend Menschenleben (→ 18. 1./S. 26).

22. Januar, Montag

In Paris brechen bei Demonstrationen der politischen Rechten Unruhen aus. → S. 22

Im kroatischen Agram (Zagreb) konferieren Vertreter der Kleinen Entente, einem Bündnis von Rumänien, Jugoslawien und der Tschechoslowakei. → S. 22

Der preußische Ministerpräsident Hermann Göring (NSDAP) verkündet in Berlin das neue Jagdgesetz. Das gesamte Wild wird der Aufsicht des Staates unterstellt, Abschußlisten werden eingeführt, die Schonzeiten verlängert. Göring kündigt zugleich die Einrichtung von Naturschutzgebieten an, z. B. in der Schorfheide in der Uckermark und im Elchgebiet bei Tilsit.

Die Oper »Lady Macbeth von Mzensk« von Dimitrij D. Schostakowitsch wird in Leningrad uraufgeführt.

23. Januar, Dienstag

Gertrud Scholtz-Klink (NSDAP) gibt in Berlin bekannt, daß der von ihr geleitete weibliche Arbeitsdienst in »Deutscher Frauenarbeitsdienst« umbenannt worden ist.

In Berlin wird in Anwesenheit des Reichssportführers Hans Tschammer von Osten (NSDAP) eine Werbeveranstaltung für die Olympischen Spiele 1936 eröffnet. → S. 31

24. Januar, Mittwoch

Die neue Verfassung von Estland tritt in Kraft. → S. 23

Im sog. Judenprozeß von Kairo fällt der Gemischte Gerichtshof das Urteil. Er weist eine Klage der Weltliga zur Bekämpfung des Antisemitismus gegen einen deutschen Geschäftsmann zurück. → S. 19

Der deutsche Reichskanzler und NSDAP-Führer, Adolf Hitler, beauftragt Alfred Rosenberg mit der Überwachung der geistigen und weltanschaulichen Schulung und Erziehung aller nationalsozialistischen Verbände und Organisationen. → S. 17

Hermann Rauschning (NSDAP), der Senatspräsident der Freien Stadt Danzig, begrüßt den neuen Völkerbundskommissar von Danzig, den Iren Sean Lester. Rauschning betont, Danzig könne auch ohne Inanspruchnahme des Völkerbunds die Differenzen mit Polen regeln.

25. Januar, Donnerstag

In Berlin beginnen neue Transferverhandlungen mit dem Gläubigerausschuß für die langfristigen deutschen Auslandsanleihen. Großbritannien, die USA und Frankreich hatten gegen 30%ige deutsche Transferkürzungen im Rahmen der Reparationszahlungen protestiert und Gegenmaßnahmen angekündigt.

26. Januar, Freitag

In Berlin wird der Deutsch-Polnische Nichtangriffspakt unterzeichnet. → S. 18

In Moskau wird der XVII. Parteikongreß der KPdSU eröffnet, der bis zum 8. Februar dauert. → S. 23

Nationalsozialisten sprengen eine Offiziersfeier in Berlin anläßlich des 75. Geburtstags des letzten deutschen Kaisers Wilhelm II., der seit 1918 im niederländischen Exil lebt (→ 19. 1./S. 20).

Der evangelische Pfarrer Martin Niemöller, der Führer der kirchenpolitischen Opposition gegen das NS-Regime in Berlin, wird beurlaubt (→ 4. 1./S. 17).

27. Januar, Sonnabend

Der französische radikalsozialistische Ministerpräsident Camille Chautemps tritt wegen der Stavisky-Affäre zurück. → S. 22

Im Pariser Opernviertel kommt es zu gewalttätigen Ausschreitungen von Rechtsradikalen (→ 22. 1./S. 22).

Wilhelm II., der letzte deutsche Kaiser und König von Preußen, feiert im niederländischen Exil in Schloß Doorn seinen 75. Geburtstag. → S. 21

Der deutsche Reichsernährungsminister und Reichsbauernführer Richard Walther Darré (NSDAP) eröffnet in Berlin die Grüne Woche.

28. Januar, Sonntag

In Aussig (Ústi nad Labem) findet die erste Reichstagung der Sudetendeutschen Heimatfront unter der Führung von Konrad Henlein statt. Die Heimatfront sympathisiert offen mit den Nationalsozialisten.

Der »Neue Vorwärts«, das in Prag erscheinende Organ der deutschen Exil-SPD, veröffentlicht das »Prager Manifest«. Ziel der künftigen Arbeit der Sozialdemokraten soll die Überwindung der nationalsozialistischen Diktatur im Deutschen Reich durch revolutionären Kampf sein.

Oberst a. D. Wilhelm Reinhard, der Oberst-Landesführer der SA-Reserve II, löst General Rudolf von Horn als Bundesführer des Deutschen Reichskriegerverbandes Kyffhäuser ab (→ 19. 1./S. 20).

29. Januar, Montag

Die deutsche Tänzerin und Choreographin Mary Wigman gastiert im Stadttheater Zürich mit ihrem »Opfer«-Zyklus, zwei »Frauentänzen« und zwei Stücken aus ihren »Zigeunerweisen«.

30. Januar, Dienstag

Der Deutsche Reichstag in Berlin nimmt am ersten Jahrestag der Machtergreifung durch die Nationalsozialisten das Gesetz zum Neuaufbau des Reiches an. → S. 16

US-Präsident Franklin D. Roosevelt unterzeichnet den Gold Reserve Act, ein Währungsgesetz. → S. 24

31. Januar, Mittwoch

Südöstlich von Moskau stürzt der bemannte Höhenballon »Stratosat« ab. → S. 27

Das Wetter im Monat Januar

Station	Mittlere Lufttemperatur (°C)	Niederschlag (mm)	Sonnenscheindauer (Std.)
Aachen	2,4 (1,8)	69 (72)	— (51)
Berlin	1,2 (- 0,4)	35 (43)	— (56)
Bremen	2,5 (0,6)	34 (57)	— (47)
München	- 1,4 (- 2,1)	39 (55)	— (56)
Wien	- 0,4 (- 0,9)	34 (40)	53 (56)
Zürich	- 0,2 (- 1,0)	78 (68)	19 (46)

( ) Langjähriger Mittelwert für diesen Monat
— Wert nicht ermittelt

Die in München erscheinende politisch-satirische Wochenschrift »Simplicissimus« wirbt mit einem politisch unverfänglichen Faschings-Titelblatt; den beißenden Spott, der diese Zeitschrift bekannt gemacht hat, kann sich während des Nationalsozialismus kein Blatt mehr leisten

Reichspräsident Paul von Hindenburg (r.) beim Neujahrsempfang in Berlin; Kanzler Adolf Hitler überbringt die Wünsche der versammelten Regierung

Der Doyen des Diplomatischen Korps, der päpstliche Nuntius Cesare Orsenigo (l.), verliest die Wünsche der Diplomaten an Paul von Hindenburg

Hindenburg betont Willen zum Frieden

1. Januar. Um 11.30 Uhr überbringt der Vertreter des Vatikan im Deutschen Reich, Monsignore Cesare Orsenigo, an der Spitze des Diplomatischen Korps in Berlin dem deutschen Reichspräsidenten Paul von Hindenburg im Reichspräsidentenpalais die Neujahrsglückwünsche ausländischer Regierungen und Staatsoberhäupter.

Die Rede des päpstlichen Nuntius zeigt, welche Unsicherheit weltweit der nationalsozialistischen Regierung gegenüber besteht. Angezweifelt wird vor allem der Friedenswille des Regimes trotz der anderslautenden »edlen Versprechungen«. Orsenigo sagt in seiner Rede:

»Das zur Neige gegangene Jahr ist für Deutschland außerordentlich reich an Ereignissen politischer, wirtschaftlicher und sozialer Art gewesen, und wir haben sie mit der lebhaftesten Aufmerksamkeit verfolgt. Für uns, die umittelbaren Zeugen der Wechselfälle, von denen die Geschichte der letzten Jahre dieses Landes durchwebt ist, war es nicht schwer, uns klar zu werden über den tiefgehenden politischen Umschwung, der für Ihr Land einen wahren Wendepunkt der Geschichte bezeichnet. Exzellenz! Unsere Herzen, schon kraft unserer diplomatischen Sendung stets bereit, der Sache des Friedens zu dienen, haben sich, trotz der zahlreichen gegenwärtigen Schwierigkeiten, gefreut, als die Männer, denen Euer Exzellenz die Geschicke dieses Landes anvertraut haben, feierlich ihre Bereitwilligkeit erklärten, die zwischen Deutschland und den anderen Nationen schwebenden Angelegenheiten auf dem friedlichen Wege freundschaftlicher Verständigung zu regeln. Im Glanze so edler Versprechungen begrüßen wir vertrauensvoll die Morgenröte des neuen Jahres ...«

Der 87jährige Reichspräsident, der zum ersten Mal den Neujahrsempfang im »neuen Deutschland« für das Diplomatische Korps gibt, unterstreicht den deutschen Friedenswillen, fordert jedoch als Vorbedingung «für eine fruchtbare Zusammenarbeit der Regierungen« die internationale Gleichberechtigung des Deutschen Reichs: »Das Jahr 1933 muß in der Tat als ein Wendepunkt in der Geschichte Deutschlands bezeichnet werden. Das deutsche Volk hat binnen kurzer Frist eine völlige geistige und seelische Wiedergeburt erfahren. Es ist nach langen Jahren voller Not und Leid zu neuem Lebensmut erwacht. Die zielbewußte Führung des Staates, getragen von dem Vertrauen und dem Opferwillen aller Volksgenossen, hat es ermöglicht, der fortschreitenden Verelendung der Bevölkerung zu steuern. Der innere Hader ist gebannt. Mit Hoffnung sieht vor allem die deutsche Jugend wieder in eine bessere Zukunft. Sie selbst, Herr Nuntius, haben auf die feierlich verkündete Friedenspolitik der Reichsregierung hingewiesen. Ich, der ich als Soldat die Schrecken dreier Kriege erlebt habe, weiß, daß Regierung und Volk nichts anderes wollen, als auf der Grundlage von Ehre und Gleichberechtigung in Eintracht mit allen anderen Nationen zu leben.«

Reichspräsident Paul von Hindenburg (l.) während des Neujahrsempfangs für das Diplomatische Korps im Gespräch mit dem Gesandten Ungarns, Konstantin von Masirevich; in der Mitte der österreichische Gesandte Tauschitz

»Endsieg über die Wirtschaftsnot«

1. Januar. Der deutsche Reichspräsident Paul von Hindenburg dankt beim Neujahrsempfang für die Reichsregierung Reichskanzler Adolf Hitler (NSDAP) für dessen »tatkräftige Aufbauarbeit« seit der Machtübernahme:

»Das Jahr 1933 hat Deutschland aus der ... Zerrissenheit, aus dem Kampf der Parteien und dem Gegensatz der Interessen heraus und aufwärts geführt zur staatsbewußten Einigkeit und zum Glauben an sich selbst. Gestützt auf diesen neuen Geist ist es der Reichsregierung in Zusammenarbeit mit der deutschen Wirtschaft gelungen, Millionen arbeitswilliger Menschen wieder Arbeit zu schaffen und denen, die noch auf Beschäftigung warten, die Hoffnung wiederzugeben, daß auch sie nicht ewig feiern müssen ... Dieser Umschwung ist in erster Linie Ihr Werk, Herr Reichskanzler, ist der Erfolg Ihrer kraftvollen Führung und der hingebenden Arbeit Ihrer Mitarbeiter ... Möge das Jahr 1934 uns auf dem festen Boden, den wir durch unseren Zusammenschluß zur einigen Nation wiedergewonnen haben, weiter emporführen! Möge es uns im Innern den Endsieg über Wirtschaftsnot und Arbeitslosigkeit bringen und möge es uns auch nach außen weiterführen auf dem Weg zum Frieden, dem Frieden der Ehre und Gleichberechtigung!«

US-Präsident Franklin Delano Roosevelt ruft in seiner Neujahrsbotschaft die Nationen der Welt zur »praktischen Gemeinschaftsarbeit« auf

USA für Nichteinmischung

4. Januar. US-Präsident Franklin D. Roosevelt eröffnet um 12.00 Uhr die neue Sitzungsperiode des Kongresses im Washingtoner Kapitol mit der Verlesung seiner Jahresbotschaft, die weltweit mit Spannung erwartet wird.

Die Tribünen des Hauses sind voll besetzt, zahlreiche Mitglieder des Diplomatischen Korps wohnen der Kongreßeröffnung bei. Seit Jahren verliest erstmals der US-amerikanische Präsident diese Botschaft persönlich. Es ist die erste Jahresbotschaft des Demokraten Roosevelt, der seit 4. März 1933 im Amt ist und in beiden Häusern des Parlaments über große Mehrheiten verfügt.

Eine Bewaffnung der Arbeiter fordern Streikende in den USA

Bezugnehmend auf die internationale Lage unterstreicht der Präsident seinen Willen zur Nichteinmischung. »Ich hoffe, daß wir unseren Nachbarn eindeutig klargemacht haben, daß wir in Zukunft mit ihnen zusammen territoriale Erweiterungen und Einmischungen eines Landes in die inneren Angelegenheiten eines anderen vermeiden wollen. In der übrigen Welt herrscht Furcht vor einem sofortigen oder zukünftigen Angriff eines Landes gegen ein anderes. Es werden ungeheure Summen für Rüstungszwecke ausgegeben, man fährt fort, Verteidigungswaffen zu bauen, Handelsschranken aufzurichten und den friedlichen Fortschritt und den Abschluß von Handelsvereinbarungen zu verhindern. Ich habe klargemacht, daß die Vereinigten Staaten sich an der politischen Gestaltung Europas nicht beteiligen werden. Wir halten uns aber bereit, zu jedem Zeitpunkt bei der Durchführung praktischer Maßnahmen mitzuarbeiten, die geeignet sind, die Abrüstung herbeizuführen und den Handelsverkehr zu beleben.«

Im Mittelpunkt der Rede stehen die staatsinterventionistischen Wirtschaftsreformen, mit denen der Präsident unter dem Schlagwort »New Deal« die wirtschaftlichen und sozialen Folgen der Weltwirtschaftskrise in den USA überwinden will (→ 15. 8./S. 156). Die Rede schließt mit einer Kampfansage gegen Spekulantentum und Gewalt.

»Auf dem Weg zur faschistischen Welt«

1. Januar. Faschismus und Nationalsozialismus sind zu Beginn des Jahres 1934 innen- und außenpolitisch die zentralen Themen in den meisten Staaten Europas. Ein zweiter Themenkomplex, der Politiker in nahezu allen europäischen Ländern beschäftigt, ist die Revision des Versailler Vertrages und der Pariser Vorortverträge, die 1919 den Ersten Weltkrieg beendeten und am 28. 6. 1919 zwischen dem Deutschen Reich und 27 alliierten und assoziierten Staaten unterzeichnet wurden.

Italiens faschistischer Regierungschef Benito Mussolini, der seit 1922 regiert; 1925 begann er mit dem Aufbau einer Einparteidiktatur unter Ausschaltung der nichtfaschistischen Parteien

Der italienische Duce und Ministerpräsident Benito Mussolini stellt unter der Überschrift »Das Jahr 1934« in der Zeitung »Popolo d'Italia« fest, 1934 werde die Ausbreitung des Faschismus in der Welt einen entscheidenden Schritt vorankommen.

16 Jahre nach dem Ende des Ersten Weltkriegs, so der Staatschef in seinen politischen Neujahrsbetrachtungen, müsse nun endlich die Erbschaft des Kriegs liquidiert und das Werk des Aufbaus begonnen werden. Die internationale Lage sei jedoch nicht günstig für diesen Aufbau. Der Völkerbund stehe auf dem Spiel. Entweder werde er reformiert, oder er gehe unter. Italien wolle eine ständige Zusammenarbeit der Großmächte, damit auch eine friedliche Entwicklung der Kleinen Entente (Tschechoslowakei, Jugoslawien, Rumänien → 22. 1./S. 22) garantiert sei. Uneinigkeit unter den Großmächten gefährde die Staaten der Kleinen Entente und könne zu einer Destabilisierung der politischen Lage in dieser sensiblen Region führen. Die Anstrengung der Abrüstungskonferenz sei bisher vergeblich gewesen. Europa und die ganze übrige Welt müßten von vorn anfangen, wenn sie zu konkreten Ergebnissen kommen wollten. Sollte der Völkerbund wirksam werden, müßten zwischen den Ländern Abkommen geschlossen werden. Bringe das Jahr 1934 diese Abkommen nicht, so werde sich höchstwahrscheinlich wieder das alte System des Gleichgewichts der Mächte etablieren.

Die innere Situation vieler Länder biete einen Hoffnungsstrahl »nach den Sünden der demokratisch-liberalistischen Ideologien«. Von der Übertragung der Verantwortlichkeit von der anonymen Versammlung der Parlamente auf einzelne Männer, die mit Sinn für die Realität in gegenseitiger Achtung zum Nutzen ihrer Völker verhandeln könnten, habe die Welt alles zu erwarten. Überall setze sich mehr und mehr der Grundsatz durch, daß der Kapitalismus in seiner jetzigen Form überwunden sei.

Der österreichische Bundeskanzler Engelbert Dollfuß; 1933 schuf er nach Ausschaltung des Parlaments und Verbot der kommunistischen und nationalsozialistischen Partei ein autoritäres Regierungssystem

In der Rundfunkrede, die der österreichische Bundeskanzler Engelbert Dollfuß (CP) in der Neujahrsnacht hält, steht das Verhältnis Österreichs zum nationalsozialistischen Deutschen Reich im Vordergrund. Das NS-Regime treibt einen Anschluß Österreichs an das Deutsche Reich voran. Dollfuß betont seine Ablehnung des Nationalsozialismus .... Er sieht im Kampf der Nationalsozialisten einen Kampf um die Eingliederung Österreichs in das Deutsche Reich und damit einen Angriff auf die staatliche Selbständigkeit seines Landes. Angesichts dieses Angriffs sei das österreichische Selbstbewußtsein erwacht. Gleichzeitig stellt der Bundeskanzler fest, daß in zahlreichen Punkten die deutsche und die österreichische Politik parallel liefen. Doch hält er es für eine »Lebensgefahr« für das Deutschtum, eine Politik der Isolierung in Europa zu betreiben.

Dollfuß bezeichnet es als Gebot der Selbstachtung, daß Österreich die politische und militärische Gleichberechtigung mit allen Staaten verlange. Die Unterschiede zwischen Siegern und Besiegten des Ersten Weltkriegs müßten endlich verschwinden.

NS-Regime feiert seine Herrschaft

1. Januar. In seinem Neujahrsaufruf an die Nationalsozialistische Deutsche Arbeiterpartei (NSDAP) zieht der deutsche Reichskanzler Adolf Hitler eine von den Kritikern des Regimes als zynisch empfundene Erfolgsbilanz von einem Jahr nationalsozialistischer Herrschaft. Am 30. Januar 1933 hatte Hitler das Amt des Reichskanzlers übernommen:

»Am 30. Januar wurde durch den großherzigen Entschluß des Reichspräsidenten die nationalsozialistische Bewegung mit der Führung des Reiches betraut. Was sich in den zurückliegenden elf Monaten ... in Deutschland vollzogen hat, ist ein Wandel von so wundervollem Inhalt und Ausmaß, daß ihn spätere Generationen schwerlich in seinem ganzen Umfange werden erfassen können ... Getreu dem Programm unserer Bewegung haben wir einen unerbittlichen Kampf aufgenommen gegen die Feinde und Zerstörer unseres Volkes und Vaterlandes. Die große mir selbst gestellte Aufgabe meines Lebens hat in knapp sechs Monaten ihre Erfüllung gefunden. Der Marxismus wurde vernichtet und der Kommunismus zu Boden getreten! Der Marxismus in Deutschland existiert nicht mehr! Die Millionenarmee der diesem Wahnsinn erlegenen deutschen Arbeiter ist zurückgeführt worden in die deutsche Volksgemeinschaft. Der deutsche Arbeiter ist nicht mehr ein Fremdkörper im nationalen Staat, sondern die tragende Kraft der deutschen Nation. Und so, wie der marxistische Feind unseres Volkes vernichtet wurde, sind die bürgerlichen Parteien beseitigt. Das nationalsozialistische Prinzip der Autorität der Führung hat die parlamentarische Unfähigkeit besiegt. Damit ist der Gedanke des Persönlichkeitswertes in seiner überragenden Bedeutung gefestigt und zur Grundlage unseres gesamten Aufbaues bestimmt worden. Diese Neubildung des Reiches erhält aber ihre höchste Bedeutung erst durch die Bildung einer wirklichen deutschen Nation. Das deutsche Volk hat sich über Parteien, Stände, Konfessionen und Weltanschauungen hinweg deutlich zu einer Einheit zusammengefunden.«

Reichskanzler Hitler vor dem ▷ Reichstag anläßlich des ersten Jahrestags der Machtübernahme

Hitler am ersten Jahrestag der Machtübernahme vor der Berliner Krolloper, in der sich seit dem Reichstagsbrand der Deutsche Reichstag versammelt

Die Abgeordneten des Reichtstags begrüßen Kanzler Hitler in der Berliner Krolloper mit dem faschistischen Gruß, dem erhobenen rechten Arm

Reichsminister Darré (NSDAP) bei einer Rede unter einem überdimensionalen Führer-Bild in der Kaiserdammhalle in Berlin-Charlottenburg

Abgeordnete (u.) und Besucher (o.) am 30. Januar in der Krolloper; in der mittleren Loge Frankreichs Botschafter François-Poncet, das Kinn aufgestützt

SA-Stabschef Ernst Röhm (NSDAP) spricht am Jahrestag der Machtübernahme auf einer nächtlichen Gedenkfeier für die Toten der NS-Bewegung

Unbeschränkte Macht für NS-Regierung

30. Januar. Im Deutschen Reich finden die Feiern anläßlich des ersten Jahrestages der »nationalsozialistischen Revolution« statt. Joseph Goebbels (NSDAP), der Reichsminister für Volksaufklärung und Propaganda, proklamiert den 30. Januar als Tag der Machtergreifung zum Nationalen Gedenktag.
In feierlichen Reichsrats- und Reichstagssitzungen in Berlin legt die Regierung unter Adolf Hitler (NSDAP) das Gesetz zum Neuaufbau des Reiches vor, durch das u. a. die Länderparlamente aufgehoben und die Länderregierungen der Reichsregierung unterstellt werden. Das Gesetz wird von den Abgeordneten einstimmig angenommen. Es hat einschließlich der Begründung den folgenden Wortlaut:
»Die Volksabstimmung und die Reichstagswahl vom 12. November 1933 haben bewiesen, daß das deutsche Volk über alle innenpolitischen Grenzen und Gegensätze hinweg zu einer unlöslichen, inneren Einheit verschmolzen ist. Der Reichstag hat daher einstimmig das folgende Gesetz beschlossen, das mit einmütiger Zustimmung des Reichsrats hiermit verkündet wird, nachdem festgestellt ist, daß die Erfordernisse verfassungsändernder Gesetzgebung erfüllt sind:

H. Kerrl vom Justizministerium Preußens (M.) verhöhnt »das Recht«

Art. 1. Die Volksvertretungen der Länder werden aufgehoben.
Art. 2. (1) Die Hoheitsrechte der Länder gehen auf das Reich über. (2) Die Landesregierungen unterstehen der Reichsregierung.
Art. 3. Die Reichsstatthalter unterstehen der Dienstaufsicht des Reichsministers des Innern.
Art. 4. Die Reichsregierung kann neues Verfassungsrecht setzen.
Art. 5. Der Reichsminister des Innern erläßt die zur Durchführung des Gesetzes erforderlichen Rechtsverordnungen ...
Art. 6. Dieses Gesetz tritt mit dem Tage der Verkündigung (30. Januar 1934) in Kraft.«

Der Reichsminister des Innern, Wilhelm Frick (NSDAP), bemerkt in einem Kommentar zu diesem Gesetz, nun sei allen separatistischen und föderalistischen Bestrebungen im Deutschen Reich ein für allemal ein Riegel vorgeschoben. Deutschland sei nun ein Einheitsstaat, obwohl die praktische Durchführung des Gesetzes Jahre erfordern werde. Die Landesregierungen behielten zwar vorerst ihre Zuständigkeit, seien ab heute aber nur noch Ausführungsorgane des Reiches. Sie sind verpflichtet, Anordnungen der Reichsregierung zu befolgen. »Die geballte Kraft des deutschen Volkes«, so Frick, müsse in der Hand des Führers liegen. Mit dem neuen Gesetz sei es künftig auch unmöglich, daß das Deutsche Reich dem Ausland gegenüber nicht als geschlossene Einheit auftrete.
Durch das Ermächtigungsgesetz vom 24. März 1933 kann die Reichsregierung auch verfassungsändernde Gesetze beschließen, ist aber in bezug auf die Länder und den Reichsrat nur eingeschränkt handlungsfähig. Durch das neue Gesetz, sind diese Schranken gefallen. Die nationalsozialistische Regierung hat sich für die innenpolitische Neuordnung des Deutschen Reiches durch dieses Gesetz »unbeschränkte Vollmacht« verschafft.

Reichskanzler Hitler (NSDAP) mit dem Kabinett am 30. Januar in der Reichskanzlei: v.l.: Funk (Reichspressechef), Lammers (Chef der Reichskanzlei), Darré (Ernährung), Seldte (Arbeit), Gürtner (Justiz), Goebbels (Propaganda), Eltz-Rübenach (Post und Verkehr), Hitler, Göring (preußischer Ministerpräsident), Schmitt (Wirtschaft), Blomberg (Wehr), Frick (Inneres), Neurath (Auswärtiges), Schacht (Reichsbankpräsident), Schwerin von Krosigk (Finanzen), Papen (Vizekanzler), Meißner (seit 1920 Chef des Büros des Reichspräsidenten, seit 1923 als Staatssekretär)

»Eine Wandlung voll innerer Größe«

30. Januar. Am ersten Jahrestag seiner Berufung zum Reichskanzler hält Adolf Hitler (NSDAP) in einer feierlichen Sitzung des Reichstags in der Berliner Krolloper eine mehrstündige, immer wieder vom Beifall der NS-Parlamentarier — andere Parteien sind im Reichstag nicht mehr vertreten — unterbrochene Grundsatzrede:

»Männer des Deutschen Reichstages! Wenn wir heute das Jahr 1933 das Jahr der nationalsozialistischen Revolution nennen, dann wird dereinst eine objektive Beurteilung seiner Ereignisse ... diese Bezeichnung als gerechtfertigt in die Geschichte unseres Volkes übernehmen. Es wird dabei nicht als entscheidend angesehen werden die maßvolle Form, in der sich diese Umwälzung vollzog, als vielmehr die innere Größe der Wandlung, die dieses eine Jahr dem deutschen Volke auf allen Gebieten und in allen Richtungen seines Lebens gebracht hat. In knappen zwölf Monaten wurde eine Welt von Auffassungen und Einrichtungen beseitigt und eine andere an ihre Stelle gesetzt ... Entweder der Sieg fiel in logischer Fortsetzung der angebahnten Entwicklung dem Kommunismus zu, mit all den nicht nur für Deutschland, sondern für die ganze Welt eintretenden unabsehbaren Folgen, oder es gelang dem Nationalsozialismus noch in letzter Stunde, seinen internationalen Gegner zu bezwingen. Es bewies nur eine Verständnislosigkeit der bürgerlichen Welt für das Wesen dieses Kampfes, daß sie noch bis vor zwölf Monaten in Deutschland ernstlich glaubte, aus diesem vom äußersten Vernichtungswillen erfüllten Ringen zweier Weltanschauungen miteinander, am Ende selbst als stiller Neutraler siegreich hervorgehen zu können ... Aus diesen Kämpfen aber wuchs die unerschütterliche Garde der nationalsozialistischen Revolution, die Millionenschar der politischen Organisation der Partei, die SA und SS. Ihnen allein verdankt das deutsche Volk seine Befreiung aus einem Wahnsinn, der bald dreißig Millionen dem Verhungern ausgeliefert hätte.«

Der alte Chef: von Hammerstein-Equord

Freiherr von Fritsch (2. v. l.) bei einer Parade

Von Fritsch löst Hammerstein-Equord als Chef der Heeresleitung ab

3. Januar. *Auf Vorschlag von Reichswehrminister Werner von Blomberg ernennt Reichspräsident Paul von Hindenburg Generalleutnant Werner Freiherr von Fritsch mit Wirkung vom 1. Januar 1934 zum Chef der Heeresleitung. Fritsch, seit 1932 Befehlshaber im Wehrkreis III Berlin, löst General Kurt Freiherr von Hammerstein-Equord ab. Seine Ernennung zum Chef der Heeresleitung verdankt Fritsch vor allem dem mit ihm befreundeten Reichspräsidenten. Auch die nationalsozialistische Presse befürwortet die Berufung Fritschs. Bei der Reichswehr sind die Abwehrkräfte gegen eine Gleichschaltung noch lebendig. Auch die Bedenken gegen eine Umwandlung des Berufsheers in eine bis 300 000 Mann starke milizähnliche Truppe sind keineswegs überwunden.*

Kritische Predigten künftig untersagt

4. Januar. Der dem Nationalsozialismus nahestehende deutsche Reichsbischof Ludwig Müller erläßt eine Verordnung über die Wiederherstellung geordneter Zustände in der evangelischen Kirche. Die Verordnung richtet sich gegen Pfarrer, die dem nationalsozialistischen Regime kritisch gegenüberstehen und dies auch in der Öffentlichkeit zum Ausdruck bringen.

Im Text der Verordnung heißt es u. a.: »Der Gottesdienst dient ausschließlich der Verkündigung des lauteren Evangeliums. Der Mißbrauch des Gottesdienstes zum Zwecke kirchenpolitischer Auseinandersetzungen, gleichviel in welcher Form, hat zu unterbleiben.«

Die Kirchenleitungen der evangelischen Landeskirchen von Württemberg und Bayern lehnen diese Verordnung ab, in der auch jede Kritik an den Maßnahmen des Reichsbischofs untersagt wird.

Weimar: Der erste Reichsbauerntag

19. Januar. In Weimar wird der erste deutsche Reichsbauerntag eröffnet. Vier Tage zuvor ist die Stadt Goslar am Harz zur Reichsbauernstadt und zum Sitz des Reichsnährstands, der Selbstverwaltungsorganisation der deutschen Ernährungswirtschaft, erklärt worden.

Die Grundpfeiler der nationalsozialistischen Agrarpolitik sind das Reichserbhofgesetz vom 29. September 1933 und das Reichsnährstandgesetz vom 13. September 1933. Die Regierung von Adolf Hitler (NSDAP) erstrebt durch diese Gesetze und durch Veranstaltungen wie den Reichsbauerntag die Stärkung des Bauerntums »als des Blutquells der Nation«; sie will darüber hinaus die Autarkie des Deutschen Reiches in der Nahrungsmittelversorgung sichern. Nach dem NS-Agrarprogramm von 1930 gilt der Bauer als »Bürge der Nahrungsfreiheit, Träger volklicher Erbgesundheit, Jungbrunnen des Volkes und Rückgrat der Wehrkraft.« Der unveräußerliche und unbelastbare, unteilbar auf den Anerben übergehende land- und forstwirtschaftliche Besitz eines Bauern, der sog. Erbhof, soll die Lebensgrundlage einer bäuerlichen Sippe bilden.

△ Familienrat vor dem Stammbaum: Verzwickte Verwandtschaftsverhältnisse sollen anhand eines Stammbaums, auf dem jeder Zweig der Familie verzeichnet ist, geklärt werden; Ziel des Reichserbhofgesetzes ist es, die Bauernhöfe »vor Überschuldung und Zersplitterung im Erbgang« zu schützen

◁ Eröffnung des Landeserbhofgerichts in Celle, dem die rechtliche Entscheidung in Fragen des bäuerlichen Erbhofwesens untersteht; die Eröffnungsrede hält der preußische Justizminister Hanns Kerrl (NSDAP)

Neuorganisation geistiger Erziehung

24. Januar. Der deutsche Reichskanzler und NSDAP-Führer, Adolf Hitler, ernennt Alfred Rosenberg, den Reichsleiter und Chef des Außenpolitischen Amts der NSDAP, zum Beauftragten für die Überwachung der geistigen und weltanschaulichen Schulung und Erziehung der Partei und aller angeschlossenen Verbände sowie des Werks »Kraft durch Freude« (KdF). Rosenberg hat maßgeblichen Anteil am geistigen und kulturellen Aufbau des nationalsozialistischen »neuen Deutschland«. In seinem Hauptwerk, »Der Mythus des 20. Jahrhunderts« aus dem Jahre 1930, propagiert er eine Neudeutung des »germanischen« Weltbildes nach dem Motto »Die Rassenseele zum Leben erwecken«.

NS-Ideologe Alfred Rosenberg, der mit seinem Hauptwerk »Der Mythus des 20. Jahrhunderts« zum führenden Theoretiker der nationalsozialistischen Ideologie wurde

Deutsche Regierung will massiv aufrüsten

1. Januar. Das neue Jahr beginnt in der Abrüstungspolitik mit einer Initiative Frankreichs. Der französische Botschafter in Berlin, André François-Poncet, überreicht dem deutschen Reichskanzler Adolf Hitler (NSDAP) eine Denkschrift über die deutsch-französischen Abrüstungsfragen. Die Reichsregierung reagiert auf diese Note jedoch nur ausweichend.

Stärke der Land- und Luftheere

Deutsches Reich	100 000
Österreich	30 000
Schweiz	26 000
Frankreich	650 000 (Mutterland)
Großbritannien	130 000 (aktiv) 125 000 (Reserve) 172 100 (Territorialarmee)
Italien	360 000

(Angaben nach Völkerbundsmaterial)

Frankreich begrüßt die Bereitschaft der nationalsozialistischen Regierung, »mit allen ihren Nachbarn Nichtangriffspakte abzuschließen«, betont jedoch, daß das Deutsche Reich gleichzeitig eine enorme Aufrüstung seiner Wehrmacht anstrebe: »Aus den Angaben, die die deutsche Regierung uns hat zukommen lassen, geht nämlich nicht nur hervor, daß Deutschland die Erhöhung seiner ständigen Truppenzahl auf 300 000 Mann verlangt, sondern auch, daß diese 300 000 Mann bei weitem noch nicht die Gesamtheit der Streitkräfte darstellen sollen, über die Deutschland jederzeit verfügen könnte, ohne daß irgendeine Mobilisierungsmaßregel dazu nötig wäre ... Besonders sind hinzuzurechnen die militärähnlichen Organisationen, die sich seit mehreren Jahren unaufhörlich vermehrt und seit der Machtergreifung des jetzigen Regimes einen solchen Ausbau erfahren haben, daß sie ein militärisches Problem darstellen, um das man nicht herumkommt.«

Die deutschen Kreuzer »Königsberg« (l.) und »Leipzig« in Portsmouth; dies ist der erste Besuch deutscher Kriegsschiffe in Großbritannien seit 1924

Am 19. Januar überreicht der deutsche Reichsaußenminister Konstantin Freiherr von Neurath (parteilos) die Antwort auf diese Denkschrift. Die deutsche Reichsregierung erklärt sich darin zu jeder Art von Abrüstung bereit, allerdings nur unter der Bedingung, daß die anderen Staaten in der gleichen Weise abrüsten. Sie vertritt den Standpunkt, eine Heeresstärke von 200 000 Mann genüge nicht, die Sicherheit des Deutschen Reiches zu verbürgen. Das neu zu schaffende deutsche Heer müsse über »alle Waffen« verfügen, die als »Verteidigungswaffen« anerkannt sind.

Deutsch-Polnischer Nichtangriffspakt

26. Januar. Der deutsche Reichsminister des Auswärtigen, Konstantin Freiherr von Neurath (parteilos), und der polnische Botschafter Josef Lipski unterzeichnen im Auswärtigen Amt in Berlin den Deutsch-Polnischen Nichtangriffspakt.
Das auf Initiative von Reichskanzler Adolf Hitler (NSDAP) zustandegekommene Abkommen sieht für einen Zeitraum von zehn Jahren den friedlichen Ausgleich der deutsch-polnischen Differenzen wie Grenzstreitigkeiten u. a. Probleme vor: »Beide Regierungen erklären ihre Absicht, sich in den ihre gegenseitigen Beziehungen betreffenden Fragen, welcher Art sie auch sein mögen, unmittelbar zu verständigen ... Unter keinen Umständen werden sie jedoch zum Zweck der Austragung solcher Streitfragen zur Anwendung von Gewalt schreiten.«
Der Nichtangriffspakt führt das Deutsche Reich aus seiner außenpolitischen Isolierung heraus und markiert den Beginn der erfolgreichen deutschen Taktik der sog. zweiseitigen Allianzen.

Der polnische Minister des Äußeren Józef Beck

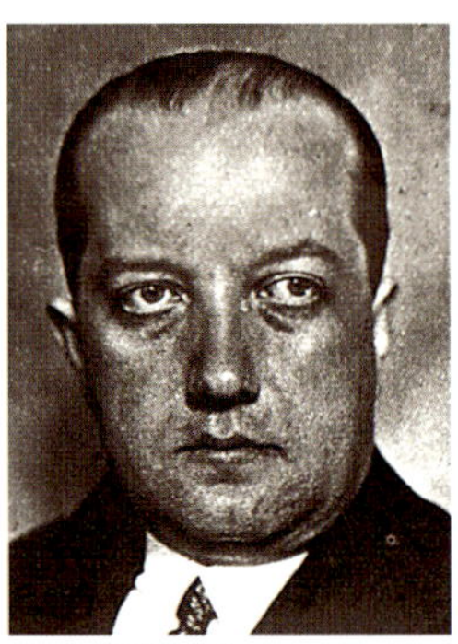

Josef Lipski, polnischer Gesandter in Berlin

Reichsminister Konstantin Freiherr von Neurath

Österreich droht mit Völkerbund

17. Januar. Die deutsch-österreichischen Spannungen erreichen einen Höhepunkt, als Österreich in Berlin eine Note überreichen läßt mit der Ankündigung, Österreich werde sich an den Völkerbund wenden, sollte das Deutsche Reich nicht die Versicherung abgeben, in Zukunft jede Einmischung in die inneren Verhältnisse Österreichs zu unterlassen.
Am 8. Januar hatte die österreichische Regierung unter Engelbert Dollfuß (CP) in einer außerordentlichen Sitzung in Wien Abwehrmaßnahmen gegen die nationalsozialistische Bewegung beschlossen, nachdem österreichische Nationalsozialisten in den vorhergehenden Tagen zahlreiche Terroranschläge verübt hatten.
Hintergrund für diese Maßnahmen sind Äußerungen und Aktivitäten der deutschen NS-Regierung, die einen Anschluß Österreichs an das Deutsche Reich anstrebt. Dieses Ziel verfolgt Berlin jedoch nicht offen, sondern durch eine verdeckte Politik der Destabilisierung der Verhältnisse in Österreich.

Italiens Staatssekretär des Äußeren, Fulvio Suvich, in Wien

Unterstützung erhält Österreich von Italien. Der italienische Staatssekretär des Äußeren, Fulvio Suvich, trifft am 18. Januar zu einem Besuch in Wien ein. Die amtliche »Wiener Zeitung« stellt fest, der Besuch werde durch eine Prüfung aller Probleme »jene Harmonie in der Politik der beiden Regierungen« herstellen, die nicht nur eine Sicherung Österreichs bringe, sondern ein »Pfand für eine friedliche und gedeihliche Entwicklung der Verhältnisse in Mitteleuropa« sei.

Van der Lubbe durch Fallbeil hingerichtet

10. Januar. Der »Reichstagsbrandstifter« Marinus van der Lubbe wird um 7.30 Uhr in einem Hof des Landgerichtsgebäudes in Leipzig durch das Fallbeil hingerichtet. Der Niederländer wird beschuldigt, am Abend des 27. Februar 1933 das Gebäude des Deutschen Reichstags in Berlin in Brand gesteckt zu haben, weshalb er am 23. Dezember 1933 vom vierten Strafsenat des Reichsgerichts zum Tode verurteilt wurde. Reichspräsident Paul von Hindenburg hat von seinem Begnadigungsrecht keinen Gebrauch gemacht.

Der wegen Hochverrats in Tateinheit mit vorsätzlicher Brandstiftung verurteilte van der Lubbe hatte zunächst den Tod durch den Strang erwirkt. Maßgebende Stellen der Nationalsozialistischen Deutschen Arbeiterpartei (NSDAP) vertraten jedoch den Standpunkt, daß diese Hinrichtungsart gemeinen Verbrechern, Landes- und Volksverrätern vorbehalten sein solle. Bei van der Lubbe handle es sich trotz seiner gemeinen Tat zunächst um einen Überzeugungstäter. Es wird allerdings darauf hingewiesen, daß die Änderung der Hinrichtungsart in Tod durch Fallbeil keineswegs eine Strafmilderung bedeute.

Die Hinrichtung van der Lubbes in Leipzig wird nicht angekündigt, sondern erst nach Vollzug bekanntgegeben. Auf diese Weise sollen Diskussionen um die Person van der Lubbes verhindert werden.

»Reichstagsbrandstifter« Marinus van der Lubbe nimmt die Nachricht, daß der Reichspräsident vom Begnadigungsrecht keinen Gebrauch macht, mit derselben Apathie entgegen, die er schon vor Gericht gezeigt hat; der körperlich und geistig Gebrochene lehnt priesterlichen Zuspruch ab, äußert keine Wünsche und schreibt keine Abschiedsbriefe; in der Öffentlichkeit wird die Meinung vertreten, van der Lubbe sei ein »willenloses Werkzeug« gewesen, das sich über den wirklichen Hergang der Reichstagsbrandstiftung nicht im klaren war; andere meinen, er habe seine Mitverschworenen nicht preisgeben wollen

Diskriminierung von deutschen Juden

11. Januar. Das preußische Kultusministerium in Berlin teilt mit, daß Nichtarier an deutschen Universitäten nur dann promovieren können, wenn sie Kinder oder Brüder von Frontkämpfern des Ersten Weltkriegs oder wenn sie nach dem Überfremdungsgesetz zugelassen sind, d. h., wenn sie höchstens einen jüdischen Eltern- oder zwei jüdische Großelternteile haben.

Wenige Tage zuvor wurde ein Rundschreiben des Reichsarbeitsministeriums bekanntgegeben, in dem die Entfernung jüdischer Arbeitnehmer als unzulässig erklärt wird, da solche Maßnahmen die Grenzen der Ariergesetzgebung von 1933 überschritten.

Derartige Verlautbarungen sollen darüber hinwegtäuschen, daß die Diskriminierung der nichtarischen Bevölkerung weiter vorangetrieben wird. Einschränkungen bei der Ausbildung und bei der Berufsausübung sollen vor allem den Juden die wirtschaftliche Grundlage für ein Leben im Deutschen Reich entziehen und sie zu einer schnellen Auswanderung veranlassen.

Juden bekämpfen den Antisemitismus

24. Januar. Im sog. Judenprozeß von Kairo fällt ein Gemischter Gerichtshof das Urteil. Die Klage der Weltliga zur Bekämpfung des Antisemitismus auf Schadenersatz gegen einen deutschen Geschäftsmann, der eine Broschüre über das Judenproblem im nationalsozialistischen Deutschen Reich veröffentlicht hatte, wird abgelehnt.

Die Veröffentlichung der Broschüre war eine Reaktion auf die Forderung der Weltliga gegen den Antisemitismus, angesichts der Unterdrückung der Juden im Deutschen Reich weltweit deutsche Waren zu boykottieren. Der Gemischte Gerichtshof, der aus einem Italiener, einem Briten und einem Ägypter besteht, weist die Schadenersatzklage der Weltliga kostenpflichtig ab.

Nach Angaben des US-Komitees zum Boykott deutscher Waren hat die Boykottbewegung in den USA die größten Erfolge, während in Großbritannien, Schweden und anderen Ländern keine Fortschritte erzielt würden.

Beratungen über Saargebiet abgelehnt

16. Januar. Die deutsche Reichsregierung lehnt »aus grundsätzlichen Erwägungen« die Einladung des Völkerbunds in Genf ab, sich an internationalen Beratungen über die Saarfrage zu beteiligen.

Das Saargebiet wurde 1920 vom Deutschen Reich abgetrennt und untersteht der treuhänderischen Verwaltung des Völkerbunds. Im Januar 1935 soll unter internationaler Aufsicht eine Volksabstimmung über den Anschluß des Saarlandes an das Deutsche Reich oder an Frankreich bzw. über die Aufrechterhaltung des Status quo durchgeführt werden. Auf einen Vorschlag Frankreichs hin lädt der Völkerbund nun Vertreter des Deutschen Reiches ein, an den Gesprächen über die Durchführung der Saarabstimmung teilzunehmen.

Die Absage der Reichsregierung wird mit dem Austritt aus dem Völkerbund am 14. Oktober 1933 begründet: »Deutschland ist aber nicht einfach aus dem Völkerbund ausgetreten, um bei irgendeiner sich bietenden Gelegenheit wieder dort zu erscheinen.«

Ausländische Polizisten im Saarland; die Saarbevölkerung wünscht mit großer Mehrheit den Anschluß an das Deutsche Reich; dagegen sind jedoch Marxisten, Sozialdemokraten und viele Katholiken

Druck auf Monarchisten

19. Januar. Der preußische Staatsrat Josef Grohé, NSDAP-Gauleiter von Köln-Aachen, veröffentlicht eine Erklärung, in der es heißt, daß der deutsche Reichskanzler und NSDAP-Führer Adolf Hitler niemals geäußert habe, die Monarchie wiederherstellen zu wollen.

Eine entsprechende Behauptung war von der sog. Kaiserbewegung (Hohenzollernbund) in Bonn verbreitet worden. Grohé stellt außerdem fest, daß die Nationalsozialistische Deutsche Arbeiterpartei (NSDAP) niemals ihr Einverständnis zur Gründung der Kaiserbewegung gegeben habe. Die Frage »Republik oder Monarchie« stehe nicht zur Diskussion.

»Kampf gegen die Reaktion« lautet seit Wochen die Parole in Reden aus dem Führerkreis der NSDAP. Am 17. Januar hat Staatsrat Artur Goerlitzer (NSDAP) in einer aufsehenerregenden Rede vor Beamten in Berlin klargestellt, daß passiver Widerstand der Beamtenschaft gegen die nationalsozialistische Regierung ein neues Beamtengesetz provozieren könne. Goerlitzer betonte, daß monarchistisch gesinnte Beamte, die eine Rückkehr des früheren Kaisers Wilhelm II. aus Doorn (Niederlande) forderten, mit der gleichen Behandlung rechnen müßten wie solche, die bolschewistische Gedanken propagierten.

Zu Tumulten kommt es am 26. Januar bei einer Feier von Offiziersverbänden in Berlin am Vorabend des 75. Geburtstags des im niederländischen Exil lebenden letzten deutschen Kaisers (→27. 1./S. 21). Nationalsozialisten stürmen von der Straße in die Säle des Berliner Zoos, unterbrechen die Gedenkrede für den ehemaligen Kaiser und sprengen den Festabend. Die nachfolgenden Handgreiflichkeiten veranlassen die kaisertreuen Offiziere zum Rückzug.

Aus Protest gegen diese Vorgänge erklärt General Rudolf von Horn seinen Rücktritt als Bundesführer des Deutschen Reichskriegerverbandes Kyffhäuser. Am 28. Januar übernimmt Oberst a. D. Wilhelm Reinhard, Oberst-Landesführer der SA-Reserve II, die Leitung des Bundes. Dieser Führungswechsel wird vielfach als Beginn der Auflösung des Reichskriegerbunds bzw. seiner allmählichen Überführung in die SA gewertet.

Am 2. Februar werden auf Initiative des preußischen Ministerpräsidenten Hermann Göring alle monarchistischen Verbände verboten.

Hermann Göring: »Der neue Staat kennt keinen Streit der Staatsformen«

Der preußische Ministerpräsident Hermann Göring (NSDAP) fordert Ende Januar von Reichsinnenminister Wilhelm Frick (NSDAP) die Auflösung aller monarchistischen Verbände:

»In den letzten Wochen mehren sich die Anzeichen einer unangebrachten monarchistischen Propaganda. Entgegen den Reichs- und Länderbestimmungen werden monarchistische Verbände und Organisationen gegründet mit der ausdrücklichen Maßgabe, Anhänger zu werben, insonderheit innerhalb der deutschen Jugend. Es hat sich weiter herausgestellt, daß diese Verbände gegen die nationalsozialistische Bewegung und somit gegen den heutigen Staat eingestellt sind. Vor allem aber beginnen sich in diesen Verbänden wiederum Staatsfeinde zu sammeln und zu tarnen. Ich stelle daher den Antrag, sämtliche monarchistischen Verbände und Organisationen mit sofortiger Wirkung aufzulösen und vor weiteren derartigen Bestrebungen und Umtrieben zu warnen. Der neue Staat ist nicht geschaffen worden im Kampf gegen links, damit jetzt wieder von anderer Seite neue Nutznießer eigene Interessen in den Vordergrund stellen. Jeder, der an Reich und Staat Adolf Hitlers rührt, muß unerbittlich bekämpft werden. So wie ich in Preußen den Kommunismus niedergeschlagen habe, will ich mit gleicher Rücksichtslosigkeit und gleicher Härte auch mit den anderen mit der nationalsozialistischen Staatsführung unzufriedenen Elementen aufräumen ... Der neue Staat kennt keinen Streit der Staatsformen. Monarchie und Republik liegen uns beide fern. Beide haben versagt. Die einen haben die Aufrichtung des neuen Staates zu verhindern getrachtet, die anderen haben nichts zu seiner Förderung getan. Die Achtung vor den Verdiensten großerpreußischer Könige bleibt dadurch unberührt.«

Ex-Kaiser Wilhelm II. an seinem Arbeitstisch in Schloß Doorn; hier verbringt der frühere deutsche Monarch täglich mehrere Stunden

Das niederländische Schloß Doorn, das im Besitz Wilhelm II. ist und in dem er seit Mai 1920 lebt; Blick vom Park auf die Rückfront des Schlosses

Ex-Kaiser Wilhelm II. feiert seinen 75. Geburtstag in Doorn

27. Januar. In Anwesenheit von Vertretern der bayerischen und württembergischen Dynastien findet in Schloß Doorn in der niederländischen Provinz Utrecht die Feier des 75. Geburtstags des letzten deutschen Kaisers und preußischen Königs Wilhelm II. statt. Wilhelm, der während der Novemberrevolution 1918 abgedankt hat, lebt hier seit 1920 im Exil.

»Fest ist der Händedruck des Kaisers, wenn er uns entgegentritt, aufrecht seine Haltung, leuchtend, wie einst, der Blick der blauen Augen, nur der weiße Spitzbart und das volle weiße Haupthaar gemahnen an die 75«, urteilen die »Düsseldorfer Nachrichten« über das Erscheinungsbild des greisen Monarchen. »Ein warmer Ton durchschwingt die Worte, wenn er sich nach gemeinsamen Bekannten, die zu den Getreuen gehören, erkundigt, wenn die Sprache auf die Heimat kommt, die ferne, teure Heimat, an deren Freuden und Leiden er so innigen Anteil nimmt...«

Der feierliche Rahmen, in dem sich die Geburtstagsfeier vollzieht, wird von der nationalsozialistischen Reichsregierung in Berlin ungern gesehen. Sie ist verärgert, daß der ehemalige Kaiser in einer Zuschrift an den »Kaiserdank«, eine Stiftung zur Durchführung von Kollekten, äußerte, man müsse dafür tätig sein, daß das Deutsche Reich durch die Rückkehr zur Monarchie »endlich wieder glücklich« werde. Die NSDAP-Führung reagierte darauf mit scharfen Angriffen; u. a. warf Staatsrat Artur Goerlitzer dem Kaiser »Sabotage« am deutschen »Volkstum« vor und Richard Walther Darré, der Reichsminister für Ernährung und Landwirtschaft, schrieb Wilhelm II. die Schuld am »völkischen Niedergang Deutschlands« zu.

Die antimonarchistische Stimmung in der NS-Führung wird angeheizt durch Gerüchte, daß die kronprinzliche Verwaltung einer Erschließung neuer Bauernsiedlungen auf schlesischem Kaiserbesitz entgegenwirkt. In den Funktionärskreisen der Organisation der Bauernschaft und der Arbeitsfront ist die antikaiserliche Stimmung am stärksten.

An keinem Tag versäumt es der ehemalige Kaiser, die zahlreichen Enten im Schloßteich von Doorn selbst zu füttern

Wilhelm II. - hier in Napoleonpose - ist in zweiter Ehe verheiratet mit Prinzessin Hermine von Schönaich-Carolath

Im altertümlichen Turm des Schlosses hat sich Wilhelm II. sein Arbeitszimmer eingerichtet; dahinter liegt die umfangreiche Bibliothek des Kaisers

Im Speisesaal des Hauses Doorn bittet der im Exil lebende frühere Kaiser mittags oft Gäste zur Tafel; für den Abend ergehen nur selten Einladungen

Kleine Entente für Friedenssicherung

22. Januar. In der jugoslawischen Stadt Agram (Zagreb) konferieren die Außenminister der Tschechoslowakei, Rumäniens und Jugoslawiens, der sog. Kleinen Entente. Hauptthemen der Tagung sind die von Griechenland angestrebte Gründung eines Balkanpakts und die militärische Bedrohung durch das nationalsozialistische Deutsche Reich. Der Ständige Rat der Entente betont, die Mitgliedstaaten wollten verstärkt jede Bedrohung des Friedens bekämpfen.
Die 1920/21 auf Initiative des tschechoslowakischen Außenministers Eduard Beneš gegründete Kleine Entente will eine Änderung der politischen Verhältnisse in Mittel- und Südosteuropa verhindern.

Generalstreik gegen die Salazar-Diktatur

18. Januar. Am ersten Generalstreik in Portugal gegen die Diktatur von António de Oliveira Salazar beteiligen sich 60 000 Arbeiter. Der Streik richtet sich gegen die Eingliederung der Gewerkschaften in den faschistischen Staat. In einigen Städten kommt es zu bewaffneten Auseinandersetzungen zwischen Streikenden, Polizei und Militär. Kommunisten, Anarchosyndikalisten und Sozialisten treten gemeinsam gegen das Regime auf. Der Streik, der niedergeschlagen wird, ist die erste große Aktion gegen die Diktatur.
Salazar ist seit 1932 Ministerpräsident Portugals; an der Spitze des Staates steht seit 1926 General António Oscar de Fragoso Carmona.

Italiens Faschisten für den Ständestaat

13. Januar. Der italienische Duce und Ministerpräsident Benito Mussolini bezeichnet bei einer Rede im Senat in Rom das System des ständischen Aufbaus als dem Kommunismus und dem Liberalismus weit überlegen.
Für die sieben größten Wirtschaftszweige Italiens bestehen seit 1926 bzw. 1930 insgesamt 13 Korporationen, die Staatsorgane sind. Diese können durch Verordnungen Normen über die Regelung der Wirtschaftsbeziehungen, über Löhne, Gehälter sowie Preise erlassen. Der korporative Aufbau, so Mussolini, respektiere Privateigentum und Privatinitiative, der Staat müsse jedoch intervenieren, wenn die Privatwirtschaft unfähig sei.

Schweizer Präsident heißt Pilet-Golaz

1. Januar. Der neue schweizerische Bundespräsident Marcel Pilet-Golaz (freisinnig) nimmt am Neujahrsmorgen im Bundesratszimmer des Parlamentsgebäudes in Bern seine Amtstätigkeit auf. Zunächst nimmt er Gratulationen der Vertreter der Berner Behörden und des in Bern akkreditierten Diplomatischen Korps entgegen. Pilet-Golaz löst turnusmäßig Edmund Schulthеß (freisinnig) als Bundespräsident der Schweiz ab.
Am selben Tag tritt das Gesetz über die neue Gemeindegrenze von Zürich in Kraft. In Zürich leben nun 312 141 Menschen auf 40 km², das sind mehr als doppelt soviel wie in Basel, der zweitgrößten Stadt der Eidgenossenschaft.

Auch in Großbritannien kommt es zu Ausschreitungen von Faschisten

»Nieder mit der Regierung der Diebe«; regierungsfeindliches Graffiti

Der Radikalsozialist Édouard Daladier gibt während der Stavisky-Krise vor der internationalen Presse bekannt, daß er eine neue Regierung bilden wird

Terror von rechts in Paris

22. Januar. In Paris brechen schwere Unruhen aus. Rechtsextremisten veranstalten auf den Straßen der französischen Hauptstadt Kundgebungen gegen die sozialistische Regierung unter Camille Chautemps. Nach dem Einsatz von Kavallerie am 23. Januar beruhigt sich die Lage wieder. Fünf Tage später, am 27. Januar, kommt es auf den Boulevards von Paris jedoch erneut zu gewalttätigen Kundgebungen der rechtsradikalen Action française und der patriotischen Jugendverbände gegen die Korruption im Parlament. Die Unruhen greifen diesmal auch auf andere Gebiete des Landes über. Am Abend des 27. versuchen etwa 500 Rechtsradikale, die Pariser Oper zu stürmen und überrumpeln die Polizei. Gegen Mitternacht erreichen die Ausschreitungen im Opernviertel ihren Höhepunkt. Die Demonstranten haben Verstärkung erhalten durch Zehntausende von Neugierigen, die sich auch gegen die Polizei wenden. Mit Stühlen und Tischen aus Cafés werden die »Flics« angegriffen, Zeitungskioske in Brand gesteckt, die Wasserschläuche der Feuerwehr zerschnitten. Bis in die Morgenstunden dauern die Auseinandersetzungen, dann zieht die Polizei eine erste Bilanz: 42 verletzte Beamte, über 400 Verhaftungen (→ 6.-12.2./S. 36).

Rücktritt in Stavisky-Krise

27. Januar. Der französische radikalsozialistische Ministerpräsident Camille Chautemps tritt wegen der Stavisky-Affäre zurück. Der jüdische Geschäftsmann russischer Herkunft, Serge Alexandre Stavisky, hatte als Direktor der 1931 von ihm gegründeten Bank Crédit municipal de Bayonne mehrere Millionen Francs unterschlagen. Nach der Aufdeckung des Skandals Ende 1933 dementierte die Regierung eine Verwicklung von Ministern in die Affäre. Gesucht von der Polizei, wurde Stavisky am 8. Januar in Chamonix-Mont-Blanc gefunden, getötet durch einen Pistolenschuß. Die rechtsradikalen Ligen werfen der Regierung vor, den unliebsamen »Mitwisser« beseitigt zu haben. Am 30. Januar bildet der bisherige Kriegsminister Édouard Daladier (Radikalsozialist) ein neues Kabinett (→ 6.-12. 2./S. 36).

Zwischen Stavisky (Abb.), dem Direktor der Bank Crédit municipal de Bayonne, und der französischen Regierung werden enge Kontakte nachgewiesen, die im Zusammenhang mit der Unterschlagung Staviskys zu einer Regierungskrise führen

Chiang Kai-shek siegt über die Kommunisten unter Mao Tse-tung

12. Januar. *Während des Bürgerkrieges in China besetzen Regierungstruppen Futschou, die Hauptstadt der Provinz Fukien. Die sich zurückziehenden kommunistischen Verbände werden von Flugzeuggeschwadern verfolgt, Gefangene meist sofort hingerichtet (Abb.). Die Kommunisten haben 1931 in Kiangsi eine Sowjetrepublik gegründet und den Landbesitz der Großgrundbesitzer an die Bauern verteilt. Die Nanking-Regierung unter Chiang Kai-shek, der sich 1927 von den Kommunisten getrennt hatte, führte mehrere Vernichtungsfeldzüge gegen sie, siegt jedoch erst im fünften Feldzug. Es gelingt den Kommunisten aber, sich zurückzuziehen (→16.10./S. 179).*

Stalin warnt »Schweineschnauzen«

26. Januar. In Moskau beginnt der XVII. Parteikongreß der Kommunistischen Partei der Sowjetunion (KPdSU), der »Parteitag der Sieger«. Der Kongreß, der bis zum 8. Februar dauert, beschäftigt sich vor allem mit Verwaltungsreformen, mit denen die Durchführung des zweiten Fünfjahrplans gefördert werden soll. Der am 1. Januar in seinen Grundzügen veröffentlichte Plan sieht eine Steigerung des Reallohns und eine Hebung des Konsumniveaus um das Zweieinhalb- bis Dreifache vor; Ziel ist der Wiederaufbau innerhalb von fünf Jahren. 1937 sollen 80% der Industrieerzeugung der Sowjetunion aus Neubetrieben stammen.

In seiner mehrstündigen Rede über die innen- und außenpolitische Lage verweist Parteichef Josef W. Stalin auf die weltweite Aufrüstung. Die Vorbereitung eines imperialistischen Kriegs habe einen neuen Impuls erhalten. Stalin betont den Wunsch der Sowjetunion, die Friedensbeziehungen zu allen Staaten aufrechtzuerhalten, auch wenn es Mächte gebe, die einen Konflikt mit der UdSSR provozieren wollten. Großes Aufsehen erregt Stalins Warnung an die feindlichen »Schweineschnauzen« im »Sowjetgarten«: »Wir müssen das Land vor Überraschungen schützen und auf einen Angriff gefaßt sein. Wir fürchten uns nicht vor Drohungen, und wir sind bereit, jeden Schlag mit einem Gegenschlag zu beantworten. Wer den Frieden will und Geschäftsbeziehungen mit uns anzubahnen sucht, wird stets bei uns Unterstützung finden. Diejenigen aber, die versuchen wollen, uns zu überfallen, werden einen Denkzettel bekommen, daß sie jede Lust verlieren werden, ihre Schweineschnauze noch einmal in den Sowjetgarten zu stecken«.

Stalin, Generalsekretär der KPdSU, schaltet jede Opposition aus

Am Schluß seiner Rede stellt Stalin fest, daß alle Oppositionsgruppen zerschlagen seien, die versucht hätten, den Geist der Partei zu fesseln. Im Vorfeld des Parteitags wurde eine große Parteisäuberungsaktion durchgeführt. Nach offiziellen Angaben sind dabei in Sibirien und den östlichen Gebieten rund 300 000 Mitglieder aus der KPdSU ausgestoßen worden, das sind 15,6% der Gesamtmitgliedschaft. Weitere 1,7% der Mitglieder sind zu sog. Sympathisierenden degradiert worden.

Erster Botschafter der UdSSR in den USA

8. Januar. Der erste sowjetische Botschafter in Washington, Trojanowski, überreicht US-Präsident Franklin D. Roosevelt in Washington sein Beglaubigungsschreiben. In der Nacht vom 16. zum 17. November 1933 waren die diplomatischen Beziehungen zwischen den USA und der Sowjetunion aufgenommen worden.

Die Sowjetunion unterhält nun zu allen bedeutenden Staaten diplomatische Beziehungen, u. a. zum Deutschen Reich, China, Frankreich, Großbritannien, Italien, Japan, Österreich, Spanien, der Türkei, nicht jedoch zur Schweiz. 1934 nimmt sie die Beziehungen auf zu Ungarn, der Tschechoslowakei, Bulgarien, Rumänien und Albanien. Die internationale Anerkennung der UdSSR erreicht ihren Höhepunkt in der Aufnahme der Sowjetunion in den Völkerbund am → 18. September (S. 168). Die Öffnung der UdSSR nach Westen wird forciert nach dem Abschluß des Deutsch-Polnischen Nichtangriffspakts (→26. 1./S. 18), den sie als gegen sich gerichtet wertet.

Führerstaat auch im baltischen Estland

24. Januar. Die neue Verfassung von Estland tritt in Kraft. Sie ist 1933 von der dem deutschen Nationalsozialismus verwandten Freiheitskämpferbewegung per Volksentscheid durchgesetzt worden.

Der neue, provisorische Staatspräsident Konstantin Päts war 1918/19 erster Regierungschef im unabhängigen Estland; seither war er wiederholt Ministerpräsident

Ministerpräsident Konstantin Päts, der Führer der konservativen Agrarpartei, übernimmt provisorisch das Amt des Staatspräsidenten (»Staatsältester«) bis zu der für den 22. April vorgesehenen Präsidentschaftswahl. Der Präsident kann künftig die Gesetze über Parlamentsordnung und Staatshaushalt ohne Rücksprache abändern.

Kubas Generalstabschef Fulgencio Batista y Zaldívar (3.v.r.)

Der neue kubanische Präsident Carlos Mendieta Montefur (Mitte)

Die USA erzwingen den Rücktritt der Linksregierung auf Kuba

15. Januar. *Der linksgerichtete kubanische Präsident Ramón Grau San Martin tritt auf Druck der USA zurück, die eine Seeblockade gegen das Land errichtet haben. Er macht einer sog. Konzentrationsregierung den Weg frei, in der auch die gemäßigte Opposition vertreten ist. Die revolutionäre Junta wählt Carlos Hevia zum Präsidenten, der jedoch bereits am 17. Januar wieder zurücktritt. Am 18. Januar wird Carlos Mendieta Montefur zum Präsidenten gewählt; er erhält am 23. Januar eine Anerkennungsnote von US-Präsident Franklin D. Roosevelt. Kuba ist wirtschaftlich völlig abhängig von den USA, dem Hauptabnehmer für Zucker und Tabak.*

Argentinien: Armee gegen Sozialisten

7. Januar. Die Lage in Argentinien, wo Ende Dezember 1933 ein Aufstand der Anhänger der sozialistisch orientierten Radikalen Partei ausgebrochen ist, die bis zum Staatsstreich des Generals José Felix Uriburu 1930 an der Macht war, normalisiert sich wieder.

Der mit dem Faschismus deutscher Prägung sympathisierende Präsident Agustín Pedro Justo y Rolán hat den Belagerungszustand verhängt und gegen die Aufständischen Kavallerie und Bombenflugzeuge einsetzen lassen. Zahlreiche Rebellen wurden verhaftet, darunter der frühere Staatspräsident Marcelo Torcuato de Alvear. Die von den Aufständischen besetzte Stadt Santo Tomé konnte von Regierungstruppen zurückerobert werden.

Der US-Dollar wird radikal abgewertet

30. Januar. US-Präsident Franklin D. Roosevelt unterzeichnet in Washington den Gold Reserve Act, ein Währungsgesetz, durch das u. a. die Regierungskontrolle über die Dollarabwertung eingeführt wird.

Durch das Gesetz wird der Staat Eigentümer allen Goldes in Barren oder Münzen, das in den Vereinigten Staaten vorhanden ist. Der US-Dollar ist nicht mehr in Gold umtauschbar. Der Präsident erhält außerdem die Ermächtigung, den gesetzlichen Goldwert des Dollars durch Dekret innerhalb eines Rahmens von höchstens 60% und mindestens 50% des Goldwerts des bisherigen Dollars festzulegen.

Mit dem neuen Gesetz wird der Golddollar abgeschafft und ein neuer US-Dollar geschaffen. Binnen weniger Tage müssen nun alle Privatleute ihren Besitz an Münzgold gegen Goldzertifikate abliefern. Diese Zertifikate sollen nach amtlicher Mitteilung »für alle Zeiten« gesichert sein, da der entsprechende Betrag in Gold hinterlegt wird.

Der Goldvorrat des Staates soll als Ausgleichsfonds dienen oder für ein internationales Abkommen über die Neuverteilung des gesamten Münzgoldes herangezogen werden. Amtlich wird der Gesamtgoldbestand der Regierung mit 4029 Millionen US-Dollar (knapp 10000 Millionen Reichsmark) angegeben.

Kisten mit Gold werden in ein Flugzeug nach London verladen; eine Auswirkung des Gold Standard Act sind starke Bewegungen auf dem Goldmarkt

Nach der neuen Parität — 35 Dollar für die Unze Feingold — entspricht 1 Dollar 2,48 Reichsmark.

Die Folgen des Gold Reserve Act und der Dollarabwertung kommen einer massiven Exporthilfe für die US-Wirtschaft gleich. Amerikanische Waren werden im Ausland billiger. Am meisten profitieren von dem Währungsgesetz jedoch die mit Hypotheken belasteten Farmer und verschuldete Industrieunternehmen. Opfer des Gesetzes sind die Hypothekargläubiger, ferner die Besitzer von Staatspapieren und im allgemeinen die kleinen Sparer des Mittelstands sowie alle Angestellten, deren Gehälter nicht dem Anstieg der Lebenskosten entsprechend erhöht werden.

Durch eine Verordnung Roosevelts wird der Wert des Dollars auf 59,06 Cents reduziert. Der Goldgehalt des Dollars, der vor Aufgabe des Goldstandards 25,08 Gramm betrug, wird auf 15,25 Gramm festgesetzt. Roosevelt begründet diese Dollarabwertung mit einer beabsichtigten Steigerung des Preisniveaus auf dem Inlandsmarkt; die US-amerikanischen Erzeuger sollen auf diese Weise vor den Dumpingpreisen der ausländischen Konkurrenz geschützt werden.

An der Börse ruft die Zwangsfestsetzung des US-Dollar vorübergehend einen Kursanstieg des französischen Franc und des britischen Pfund hervor. Auch der Goldpreis schießt in die Höhe.

Blutiger Krieg um Öl in Chacogebiet

8. Januar. Die Kampfhandlungen im 1932 ausgebrochenen Krieg zwischen Bolivien und Paraguay um das erdölreiche Chacogebiet werden nach Ablauf einer Waffenstillstandsfrist wieder aufgenommen.

Auf dem Höhepunkt einer Wirtschaftskrise war Bolivien 1932 durch die gegensätzlichen Interessen britischer (Royal Dutch Shell) und US-amerikanischer (Standard Oil) Erdölgesellschaften in den Chacokrieg mit Paraguay verwickelt worden. Bis Dezember 1933 war der Konflikt durch eine eher defensive Haltung Boliviens und zahlreiche Angriffe Paraguays gekennzeichnet. Dann ging Bolivien zu einem überraschenden Angriff über, schloß zwei Divisionen der Armee Paraguays ein, zwang sie zur Aufgabe und nahm etwa 10000 gegnerische Soldaten gefangen. Seither kontrolliert Bolivien fast das gesamte Chacogebiet. Am 20. Dezember wurde ein Waffenstillstand geschlossen, der am 7. Januar ausgelaufen ist.

Nach der Wiederaufnahme der Kämpfe gelingt es Paraguay, seine Linien systematisch vorzuschieben und immer größere Teile des Chaco unter seine Kontrolle zu bringen.

Um Vermittlung in dem blutigen Konflikt bemühen sich der Völkerbund und die sog. ABCP-Staaten Argentinien, Brasilien, Chile, Peru.

»Afrika den Afrikanern«

7. Januar. Französische Truppen beginnen in Marokko eine Offensive zur Niederschlagung eines Aufstandes der Berberstämme im südlichen Atlas. Am 1. Januar be-

Bergung eines gefallenen Legionärs im nordafrikanischen Atlas-Gebirge

ginnt auch im Landesteil Rio de Oro der spanischen Kolonie Westsahara an der Westküste Afrikas der Kampf der Einheimischen gegen die Kolonialherren. Beide Aufstandsbewegungen werden im Laufe des Jahres niedergeworfen. Sie sind jedoch Ausdruck eines veränderten Selbstbewußtseins der afrikanischen Bevölkerung gegenüber den europäischen Kolonialstaaten.

Seit der Jahrhundertwende, vor allem aber seit dem Ersten Weltkrieg macht sich auf seiten der Afrikaner ein starker Widerstand gegen die europäischen Kolonialmächte bemerkbar. In Südafrika verlangen die Schwarzen Gleichstellung mit den Weißen, Beschränkung des europäischen Einflusses und stärkere Beteiligung an der öffentlichen Verwaltung. Ihr Ziel ist die staatliche Unabhängigkeit. Das Schlagwort der Freiheitsbewegungen, die auch von den Farbigen in den Vereinigten Staaten unterstützt werden, lautet »Afrika den Afrikanern«.

Knapp zwei Drittel der Fläche Afrikas befinden sich in französischem oder britischem Kolonialbesitz; auch Belgien, Italien, Portugal und Spanien haben afrikanische Kolonien. Souveräne Staaten sind nur die Republik Liberia und das Kaiserreich Abessinien (Äthiopien).

Ihren afrikanischen Kolonialbesitz verloren haben Dänemark, die Niederlande — ihre alte Kolonisation lebt im Burentum fort — und das Deutsche Reich. Im Friedensvertrag von Versailles 1919 teilten die Siegermächte den deutschen Kolonialbesitz als »Mandatsgebiete« auf: Großbritannien erhielt Deutsch-Südwestafrika, den größten Teil von Deutsch-Ostafrika und einen kleinen Teil von Togo und Kamerun: Frankreich sicherte sich den größeren Teil von Togo und Kamerun, Belgien erhielt einen kleinen, aber wertvollen Landesteil von Deutsch-Ostafrika. Spekulationen über eine offizielle Annexion der sieben Mandatsgebiete durch die Siegermächte sind nie verstummt. Als der britische Kolonialminister Philip Cunliffe-Lister am 3. Januar zu einer Reise in das britische Mandatsgebiet Tanganjika, der ehemaligen Kolonie Deutsch-Ostafrika aufbricht, weist er solche Spekulationen zurück.

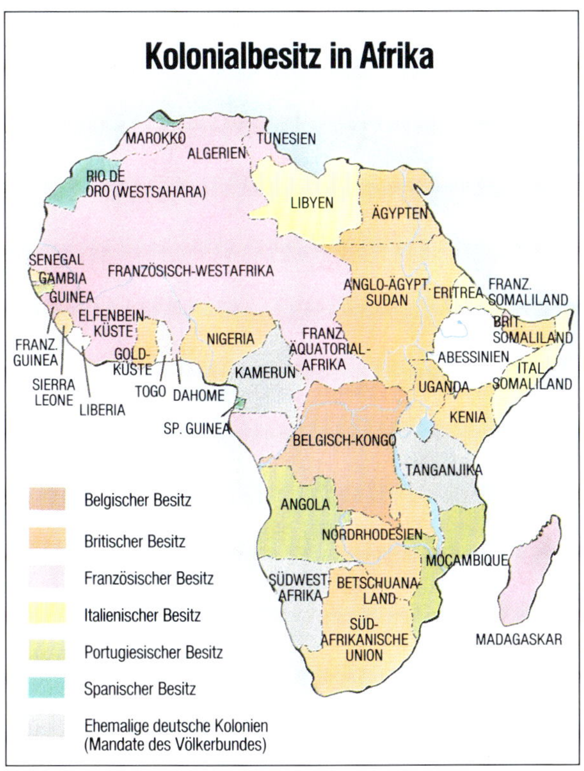

Französische Gebirgsartillerie der Marokko-Truppen auf dem Vormarsch in das Berggebiet von Sago; die Wege wurden von Aufständischen angelegt

10 000 Tote bei Beben in Indien

18. Januar. *Mehr als 10 000 Menschen kommen bei einem Erdbeben in der nordindischen Region Bihar und im angrenzenden Nepal ums Leben. Allein in der indischen Stadt Muzaffarpur liegt die Zahl der Toten bei über 2000, in Monghyr (Abb.) bei 1300. Augenzeugen aus Darbhanga berichten, daß während der Erdstöße zwei Spitäler vollständig zerstört wurden, wobei 400 Kranke den Tod fanden. Auch der Palast des Maharadscha von Darbhanga wird zerstört.*

Grubenexplosion bei Ossegg

3. Januar. *Unter dem Förderturm der Grube »Nelson III« (Abb.) bei Ossegg im nordwestböhmischen Braunkohlengebiet kommt es aus ungeklärten Gründen zu einer gewaltigen Explosion. Augenzeugen beobachten, daß zunächst eine Stichflamme zum Himmel schießt, worauf das Städtchen wie durch ein Erdbeben erschüttert wird. In 300 m Tiefe werden 140 Bergleute eingeschlossen, die Stolleneingänge werden verschüttet. Die Vergasung behindert Rettungsarbeiten.*

Luftdruckmessung ab sofort in Millibar

1. Januar. Der Luftdruck auf den Wetterkarten der deutschen Wetterdienststellen wird ab heute generell in Millibar statt in Millimetern angegeben. Damit wird für Wetterkarten ein in der wissenschaftlichen Meteorologie seit längerem gebräuchliches Kräftemaß eingeführt, das der norwegische Geophysiker Vilhelm Bjerknes entdeckt hat und das seit 1929 in Anwendung ist. Der Druck eines Kilogramms auf einen Quadratzentimeter ist ein »Bar«, der 1000. Teil davon dementsprechend ein »Millibar«.

Kongreß diskutiert Geburtenkontrolle

Januar. Erstmals beschäftigt sich in den USA ein Kongreßausschuß mit der Untersuchung »wissenschaftlicher Geburtenkontrolle« zur Eindämmung des Bevölkerungswachstums.

Zur Zeit wird nach den meisten US-amerikanischen Strafgesetzen Aufklärung über Geburtenkontrolle als »Unsittlichkeit« betrachtet. Die Bundesbehörden verbieten die Benutzung der Post zur Verbreitung von Informationen über dieses Thema. Margaret Sanger, seit Jahren Vorkämpferin für die Einführung einer gesetzlich geregelten Geburtenkontrolle, beziffert die Zahl der Frauen, die in den USA jährlich nach illegalen Abtreibungen sterben, auf mehr als 15 000.

Hochzeit im bayrischen Seefeld mit königlichen Gästen

10. Januar. In der Schloßkapelle von Seefeld in Oberbayern heiratet Graf Karl zu Törring-Jettenbach Prinzessin Elisabeth von Griechenland. Das Ereignis wird in der deutschen Öffentlichkeit mit Zurückhaltung behandelt.

Das Verhältnis der nationalsozialistischen Machthaber zum Adel ist zwiespältig. Richard Walther Darré (NSDAP), der Reichsminister für Ernährung und Landwirtschaft, äußert sich hierzu in einer Stellungnahme: »Soweit die Geschlechter germanischer bodenständiger Uradel waren, stehen sie fast immer auf der Seite der Bauern, soweit sie der christlichen Feudalverfassung ihren Ursprung verdanken, sind sie gegen die Bauern ... Und das ist folgerichtig, weil der echte Uradel ... seinem Wesen nach Bauerntum ist und sich daher zu dem Kampf der deutschen Bauern um ihre alten Rechte und Freiheiten immer irgendwie innerlich hingezogen gefühlt hat und in diesem Bauerntum das ihm eigentlich Verwandte und Artgleiche erblickte. Insbesondere haben beide Teile sich immer wieder zusammengefunden im Kampf gegen das Territorial- und Kirchenfürstentum, das dem Wesen des deutschen Bauerntums immer artfremd sein mußte und im letzten Jahrtausend deutscher Geschichte immer das Einfallstor für... artfremde Sitte bildete.«

Graf Karl zu Törring-Jettenbach und Prinzessin Elisabeth von Griechenland in Seefeld; die Törrings sind eines der ältesten bayerischen Adelsgeschlechter; zu den Vermählungsfeierlichkeiten sind königliche Gäste eingetroffen, u.a. der im Exil lebende frühere König Georg II. von Griechenland

Die Erde aus einer Höhe von 11 300 m; die sichtbar gekrümmte Horizontlinie ist 400 km entfernt, der fotografierte Horizontabschnitt 360 km lang

Der Leiter der deutschen Freiballon-Expedition (Rekordhöhe 11 300 m), Galbas, mit einer Maske, an die das Sauerstoffgerät angeschlossen wird

Die »Hydro-Flugzeuge« der US-Staffel, die den Rekordflug über 2 100 Meilen durchgeführt hat, bei der Landung in Pearl Harbour auf Hawaii

Absturz nach dem Höhenweltrekord

31. Januar. Südöstlich von Moskau geht der am Tag zuvor gestartete bemannte Höhenballon »Stratosat« nieder, der mit 20 600 m einen neuen Höhenweltrekord aufgestellt hat.

Als der Ballon den Erdboden berührt, schlägt die Gondel hart auf, und im selben Augenblick erfolgen zwei Explosionen. Die Hülle löst sich von der Gondel und fliegt davon, die drei Besatzungsmitglieder, die nur noch tot geborgen werden können, sind bis zur Unkenntlichkeit verstümmelt. Sämtliche Apparate und Meßinstrumente sind zerstört. Die Ursache des Unglücks ist nicht bekannt. Mit diesem Absturz hat das jüngste Gebiet der Luftfahrt, der Stratosphärenflug, seine ersten Todesopfer zu verzeichnen.

Bisherige Höhenweltrekorde

Stratosphärenballone	18 900 m	(UdSSR, 1933)
Landflugzeuge	13 661 m	(Frankreich, 1933)
Wasserflugzeuge	11 753 m	(USA, 1929)
Freiballone	10 800 m	(Deutsches Reich, 1901)
Segelflugzeuge	2 589 m	(Österreich, 1929)

Der Schweizer Physiker Auguste Piccard führte 1931/32 die ersten Stratosphärenflüge mit einem Ballon durch und erreichte dabei eine maximale Höhe von 16 203 m. Zwei sowjetische Ballons verbesserten diesen Höhenrekord: Im September 1933 erreichte »USSR« eine Höhe von 18 900 m, und der nun verunglückte »Stratosat« stieg auf 20 600 m. Dieser Weltrekord erfährt keine offizielle Buchung, weil die Sowjetunion nicht dem internationalen aeronautischen Verband angeschlossen ist.

Den ersten Stratosphärenflug unternahmen im Jahre 1901 die deutschen Metereologen Arthur Berson und Reinhard Süring. Bei ihrer Ballonfahrt erreichten sie eine Höhe von 10 800 m.

Ein weiterer Luftfahrt-Rekord wird in diesem Monat aus den Vereinigten Staaten gemeldet: Sechs US-Marineflugzeuge, die am 11. Januar in San Francisco gestartet sind, landen nach 24 Stunden und 19 Minuten in Honolulu auf Hawaii. Der 2 100 Meilen lange Flug war der längste Nonstopflug eines Geschwaders.

Der sowjetische Höhenweltrekord-Ballon »Stratosat« vor dem Start

Druck auf die Presse wächst

1. Januar. Die deutschen Zeitungen müssen ab heute täglich ihre Auflagenziffer für den Vormonat veröffentlichen. Auflagenstärkste Zeitung ist nach diesen Angaben die »Berliner Morgenpost« mit 340 000 Exemplaren vor dem NS-Organ »Völkischer Beobachter« mit 310 000 Exemplaren.

Zeitungen, die 1934 unter dem NS-Regime erscheinen

Diese Zahlen dokumentieren den Niedergang der bürgerlichen Presse im nationalsozialistischen Deutschen Reich. Bei der Machtübernahme 1933 hatten die Nationalsozialisten eine Zeitungslandschaft mit mehr als 3000 Titeln vorgefunden. Während das Regime anfangs noch Rücksicht auf die bürgerliche Mittelschicht und ihre Presse nahm, wurden innerhalb der ersten Wochen der NS-Herrschaft Hunderte von Blättern der Sozialdemokraten und Kommunisten verboten. Nach dem Gesetz gegen die Neubildung von Parteien stellten 1933 weitere 600 Zeitungen, darunter 100 bürgerliche, ihr Erscheinen ein.

Mit dem Schriftleitergesetz erfolgte der entscheidende Schritt zur Einengung der Pressefreiheit; der Redakteur muß von nun an »Anwalt öffentlicher Interessen« im Sinn der nationalsozialistischen Ideologie, muß arischer Abstammung und im Besitz von Eigenschaften sein, »die die Aufgabe der geistigen Einwirkung auf die Öffentlichkeit erfordert«.

Seit 1932 hat sich die Zahl der nationalsozialistischen Parteiorgane verdreifacht: von knapp 50 NSDAP-Blättern mit einer Million Auflage auf 169 Tageszeitungen mit 19 Nebenausgaben und einer Auflage von 4,5 Millionen zu Beginn des Jahres 1934; dazu kommen 100 Wochenblätter. Die NS-Presse verzeichnet starke Auflagensteigerungen: Der »Völkische Beobachter« zählte 1932 145 000 Abonnenten, nun sind es 310 000. Der »Westdeutsche Beobachter« hat im gleichen Zeitraum seine Auflage von damals 45 000 auf 205 000 verfünffacht.

Auflagen deutscher Zeitungen

»Berliner Morgenpost«	340 000
»Völkischer Beobachter«	310 000
»Westdeutscher Beobachter«	205 000
»Dortmunder Generalanzeiger«	190 000
»Hamburger Anzeiger«	150 000
»Hamburger Fremdenblatt«	113 000
»Münchner Neueste Nachrichten«	106 000
»Kölnische Zeitung«	104 000
»Berliner Tageblatt«	74 000
»Frankfurter Zeitung«	65 000
»Deutsche Allgemeine Zeitung«	62 000
»Vossische Zeitung«	49 000

Zwar hat der Ullstein-Verlag mit der früher linksbürgerlichen Zeitung »Berliner Morgenpost« die Spitzenposition gehalten, jedoch hat die 1898 gegründete »Berliner Morgenpost« seit ihren Glanztagen während der Weimarer Republik mit 700 000 Exemplaren mehr als die Hälfte ihrer Leserschaft verloren. Die katholische »Germania«, einst das Sprachrohr der Zentrumspartei, zählt nur noch 11 000 Leser, und von den früher 250 000 Lesern des ehemals demokratischen »Berliner Tageblatts« ist weniger als ein Drittel übriggeblieben.

Die bürgerliche, nichtnationalsozialistische Presse im Deutschen Reich stirbt. Nicht selten sind Fälle wie der eines ehemaligen »Vorwärts«-Redakteurs, der vor der Machtergreifung in satirischen Gedichten den Nationalsozialismus verhöhnte und sich heute durch einen büßenden Artikel »Vom Reichsbanner zum Hakenkreuz« beim Regime anbiedert.

Für Automobile mit Dunlop-Reifen ist die Fahrt auch am Rande des Eises noch nicht zu Ende (britische Reklameanzeige)

Bei der Werbung für dieses Getränk wird der englische König zitiert

Logik und Charme führen zur Wahl der Zigarette »Craven A«

Ein Säugling wirbt für die Kleinkindernahrung der französischen Firma »Blédine«

Für Luxus und Haltbarkeit steht das »Reptil«, aus dessen Haut elegante Damenschuhe gefertigt werden

Einen Zahnputz-Set für die ganze Familie bietet die französische Firma »Gibbs« an

Werbung 1934:

Marktschreier und »Geschmacksverirrungen« sind verpönt

Mit der Etablierung des nationalsozialistischen Regimes hat sich auch die Wirtschaftswerbung im Deutschen Reich grundlegend verändert. Das gesamte öffentliche und private Werbungs-, Anzeigen-, Ausstellungs-, Messe- und Reklamewesen untersteht durch das »Gesetz über Wirtschaftswerbung« vom 12. September 1933 der Reichsaufsicht, und zwar dem »Werberat der deutschen Wirtschaft«. Dieser Rat wird vom Reichsminister für Volksaufklärung und Propaganda, Joseph Goebbels (NSDAP), berufen. Die Satzungen des Rats erläßt der Minister. Für die Durchführung von wirtschaftlichen Werbemaßnahmen ist durch das Gesetz der Genehmigungszwang eingeführt worden. Durch diese Maßnahmen ist auch die Werbung der staatlichen Kontrolle unterstellt.

Die nationalsozialistische Regierung verkündet den Grundsatz, daß Wirtschaftswerbung »wahr« sein müsse. Der sog. Auflagenschwindel bei Druckschriften ist durch die obligatorische Veröffentlichung der Auflagenzahlen beseitigt (→ 1. 1./S. 28), die unlautere Konkurrenz soll weitgehend ausgeschaltet werden; Marktschreierische Anpreisungen und »gröbliche Geschmacksverirrungen« in der Werbung sind verpönt. Die Werbung soll die »Sache« herausstellen und betont zugleich das »Deutsche«, »Nordische«.

Parallel dazu hat eine Begriffsverschiebung stattgefunden: Die früher häufige Bezeichnung »Propaganda« für wirtschaftliche Werbezwecke ist nunmehr den Werbemaßnahmen vorbehalten, mit denen weltanschauliche, politische, kulturelle, militärische u. a. Ziele verbreitet werden sollen. Die häufig unlautere Wirtschaftswerbung darf nach Auffassung des Propagandaministers nicht mehr verwechselt werden mit der Propaganda als dem »politischen Führungsmittel«, das eine geschlossene Ausrichtung des Volks in allen politischen und gesellschaftlichen Fragen sicherstellen soll.

Eisengepanzerte Krieger sogar in der Werbung für eine Haartinktur

Medizinisches Fachwissen, bieder verpackt, soll die Käufer überzeugen

Klassisch-zurückhaltend und markant: Reklame für »deutschen Sekt«

Göring übernimmt Theater

18. Januar. Die Verwaltung der Staatstheater in Preußen wird dem preußischen Ministerpräsidenten Hermann Göring (NSDAP) durch ein neues Gesetz übertragen. Göring, der sich in der Theaterpolitik

Hermann Göring, preußischer Ministerpräsident und Reichsminister ohne Geschäftsbereich, zählt zu den skrupellosesten Politikern der nationalsozialistischen Regierung

»liberal« gibt, vertritt die Ansicht, das Theater habe nicht nur der nationalsozialistischen Propaganda zu dienen. Die Privattheater will er unbehelligt lassen, behält sich jedoch vor, die Aufführung »verletzender Stücke« zu verhindern. Für Intendanten der deutschen Theater richtete. Mehr Beweglichkeit im Theaterprogramm, das war die Losung. Die erste Forderung, die er aufgestellt wissen wollte, war die, daß der Spielplan der großen Zeit gerecht werde, in der wir leben, vielleicht der größten, die Deutschland jemals durchgemacht hat«, wie Göring weiter sagte. Aber es soll auch — und das war das Entscheidende in der Rede — der Humor nicht vergessen werden. Stücke, die nur ein Abbild des täglichen Lebenskampfes bieten, will das Publikum nicht sehen.«

Die staatlichen Bühnen spielen vor allem politisch unverfängliche Stücke, leichte Unterhaltungskost und Werke der deutschen Klassiker. Am 20. Januar teilt die Gemeinschaft «Kraft durch Freude« (KdF) anläßlich der Premiere von Friedrich von Schillers Schauspiel »Die Räuber« mit, daß dieses Stück in

Gustaf Gründgens, Intendant in Berlin

Friedrich Kayssler, nun »Staatsschauspieler«

Heinrich George wird in Berlin gefeiert

die öffentlichen Theater finden die Bestimmungen des Beamtengesetzes Anwendung, die privaten haben Göring zufolge freie Hand, da Nichtarier und Ausländer in ihrer freien Berufsausübung nicht behindert werden sollten. Allerdings glaubt der Minister, daß es die privaten Bühnen schwer haben werden, neben den staatlichen zu überleben. »Der Spielplan, der bisher unter einer gewissen Schwere litt, soll aufgelockert werden«, heißt es im viel gelesenen »Berliner Theaterbrief«. »Lebendigere Gestaltung des Spielplans liegt ganz im Sinne des Ministerpräsidenten Göring, der ja jetzt persönlich die Führung der preußischen Staatstheater übernommen hat ... Es ist vielleicht angebracht, bei dieser Gelegenheit an die Rede zu erinnern, die Ministerpräsident Göring vor einigen Monaten an die dem zum »Theater der Nation« umgewandelten Großen Schauspielhaus Berlin 30mal in derselben Besetzung und Aufmachung wiederholt werden soll, »so daß es 90 000 schaffende Menschen der Reichshauptstadt Kraft durch Freude erleben werden«. Danach soll das Ensemble — Heinrich George als Franz Moor und Hilde Körber als Amalia — eine Tournee durch die größeren Städte des Deutschen Reichs unternehmen. Während die Vorführungen noch laufen, probt bereits eine neue Schauspieltruppe, um im »Theater der Nation« ein anderes klassisches Drama der deutschen Literatur den »schaffenden Berliner Volksgenossen« zu vermitteln. Auch dieses zweite Ensemble wird nach der Spielzeit in Berlin die Aufführungen auf einer großen Deutschlandreise fortsetzen.

Der spanische Artist Charlie Rivel gehört mit seinen traurig-komischen Nummern zu den bekanntesten Clowns im deutschen Sprachraum

Unterhaltung 1934:

»Kampf der Schlüpfrigkeit«

Die Unterhaltungsbranche ist ein Jahr nach der Machtübernahme der Nationalsozialisten verunsichert: Ist die Jazzmusik grundlegend abzulehnen? Oder ist nur die »Negermusik« zu verwerfen? Welche Rolle spielt das Saxophon? Soll oder muß es aus der Tanzmusik verbannt werden?

Der Kampf der Nationalsozialisten auf diesem Gebiet gilt zunächst vorrangig dem Text: Satire und Ironie gehören der Vergangenheit an, gefragt sind Laune und Humor. Schlagertexte sollen »einwandfrei« sein, jede Schlüpfrigkeit und Anstößigkeit vermieden werden. Sie sollen »ohne sittliche Gefährdung« von jung und alt gesungen werden können. Die leichtfertige Art, mit der zur Zeit des »Novembersystems« (Weimarer Republik) in Schlagern vom Liebesleben gesprochen wurde, habe ein Gefühl der Mißachtung seelischer Vorgänge erzeugt und das Eheleben in seinen moralischen Grundlagen kränkeln lassen. Letztendlich, so meint das Reichsministerium für Volksaufklärung und Propaganda, sprächen erbbiologische Gründe für die Sauberkeit des deutschen Schlagers.

In der Unterhaltungsmusik soll der Schwerpunkt vom Rhythmus auf die Melodie zurückverlegt werden. Der aus den USA importierte »Neger-Jazz« mit seiner »unsinnigen Anhäufung von synkopierten Rhythmen«, mit den »gewagten Sprüngen in wildestem Durcheinander der gestopften Trompeten und Schlagzeuginstrumente« wird von der NS-Kulturpolitik abgelehnt; denn die Darstellung körperlich-rhythmischer Bewegungsformen vernachlässige das Seelisch-Melodische und sei daher unmoralisch. Melodische Tänze wie der Tango hingegen sollen nicht verschwinden. Dominieren soll das Melodieinstrument Geige, von dem die Melodien »gesungen« werden.

Die »Jacobys« aus Argentinien gastieren in Berlins »Scala«

Unterhaltung auf dem Dorf: Filmvorführung beim Bier im Gasthaus

Schubert-Ballettabend im Deutschen Opernhaus in Berlin

Lehár-Operette in Wiener Staatsoper

20. Januar. In der Wiener Staatsoper wird unter der musikalischen Leitung des Komponisten und unter der Spielleitung von Hubert Marischka die musikalische Komödie »Giuditta« von Franz Lehár uraufgeführt. Die prunkhafte »Welturaufführung« mit den Operettenstars Jarmila Novotna und Richard Tauber ist als Hauptereignis des Winters 1933/34 angekündigt worden. Selbst für kleine Rollen sind bekannte Schauspieler aus dem Burgtheater-Ensemble verpflichtet worden.
Der Publikumserfolg ist groß. Kritische Stimmen fragen jedoch, ob in Zukunft nicht das Stammpublikum aus dem Theater an der Wien, wo Lehár seine größten Triumphe gefeiert hat, künftig etwas unwohl in der Oper sitzen wird angesichts »dieser läppischen Tragödie, der vor lauter Opernvornehmheit kein fröhlicher Operettenübermut gelingt«. »Was aber jetzt geschah«, heißt es in einer Besprechung, »war die Herabwürdigung des Wiener Opernhauses zu einer Zweigstelle des Theaters an der Wien. Dort ist das Heim der Wiener Operette, dort waltet Direktor Hubert Marischka, dort hat auch Lehár seinen Ruhm erworben und dorthin gehört seine 'Giuditta'. Doch auch dort würde man sagen müssen, seine Erfindung sei diesmal schwach und dem Inhalt in keiner Weise gerecht geworden.«

Walt Disney-Comic »Die drei kleinen Schweinchen« — auch im Deutschen Reich vor allem bei den Kindern beliebt

In der 17. Minute erzielt der Münchner Ludwig Lachner die 1:0-Führung für Deutschland; Szene aus dem Länderkampf gegen Ungarn in Frankfurt/M.

Deutschland - Ungarn 3:1

14. Januar. 40 000 Zuschauer strömen trotz regnerischen Wetters ins ausverkaufte Frankfurter Stadion, wo kurz nach 14 Uhr der Fußball-Länderkampf Deutschland gegen Ungarn angepfiffen wird.
Die deutsche Elf gewinnt verdient 3:1 (1:1) gegen eine enttäuschend schwach spielende ungarische Mannschaft durch Tore von Ludwig Lachner, Edmund Conen und Hans Stubb. Den ungarischen Ausgleichstreffer erzielt nach Handspiel von Siegmund Haringer in der 32. Minute Polgar durch Elfmeter. Willy Kreß im deutschen Tor braucht sein überragendes Können nicht zu zeigen, nur in wenigen Situationen wird er gefordert.
Spieler des Tages ist der Münchner Lachner, »der Ballartist und beste Stürmer«, wie die »Düsseldorfer Nachrichten« anerkennen: »Er war der einzige Stürmer auf dem Platze, der absolut das Prädikat erstklassig für sich in Anspruch nehmen kann.« Die Ungarn hingegen ernten durchweg negative Kritiken: »Ungarn sehr, sehr schwach« lautet der allgemeine Tenor.
Das Länderspiel ist Teil der deutschen Vorbereitungen auf die diesjährige Fußballweltmeisterschaft in Italien (→ 10. 6./S. 128)

Vorbereitung auf Olympia beginnt

23. Januar. Der Zehnkämpfer und Kugelstoßer Karl Ritter von Halt, seit 1926 Sportwart und seit 1931 erster Vorsitzender der Deutschen Sportbehörde für Leichtathletik, eröffnet in Berlin eine Werbeveranstaltung zur Vorbereitung der Olympischen Spiele 1936.
Reichssportführer Hans Tschammer von Osten (NSDAP) kündigt in diesem Rahmen an, 1934 an bestimmten Sonntagen im ganzen Reichsgebiet Olympiaprüfungskämpfe durchzuführen, um »den unbekannten Sportsmann« zu finden. Die NS-Führung will Freizeitsportlern das Gefühl vermitteln, sie könnten u. U. auch an den Olympischen Spielen teilnehmen.

Neue Olympia-Bobbahn bei Garmisch-Partenkirchen; Bayernturm-Kurve mit Stand der Rennleitung

Februar 1934

Mo	Di	Mi	Do	Fr	Sa	So
			1	2	3	4
5	6	7	8	9	10	11
12	13	14	15	16	17	18
19	20	21	22	23	24	25
26	27	28				

1. Februar, Donnerstag

Philippinische Politiker unterbreiten der Kolonialmacht USA einen Vorschlag über die Gewährung der Unabhängigkeit für ihr Land. → S. 41

Das staatliche Sondergericht in Rom verurteilt fünf Jugendliche wegen antifaschistischer Umtriebe. Die Angeklagten hatten eine geheime katholische Organisation unter dem Namen »Neue Welfen« gegründet.

Der neue Chef der deutschen Heeresleitung, Werner Freiherr von Fritsch, wird zum General der Artillerie befördert (→ 3. 1./S. 17).

Vier Mitglieder der illegalen kommunistischen Bezirksleitung Berlin-Brandenburg – Erich Steinfurth, Rudolf Schwarz, Eugen Schönhar und Schehr – werden von der Geheimen Staatspolizei getötet, laut offiziellen Angaben nach einem Überfall auf die Wachmannschaft während der Überführung der Gefangenen vom Gefängnis ins Gerichtsgebäude.

Durch Verordnung des deutschen Reichspräsidenten Paul von Hindenburg können u. a. die Titel »Geheimer Rat«, »Geheimer Sanitätsrat«, »Geheimer Rechtsrat« wieder verliehen werden.

Die preußischen Landjäger werden in Gendarmen umbenannt.

Die Oberste SA-Führung eröffnet am Starnberger See die nationalsozialistische deutsche Oberschule zur Heranbildung des Führernachwuchses.

In der Tschechoslowakei tritt die Anordung der Prager Landesbehörde über den Linksverkehr auf den Straßen in Kraft.

2. Februar, Freitag

Der deutsche Reichsminister des Innern, Wilhelm Frick (NSDAP), erläßt in Berlin die Erste Verordnung über den Neuaufbau des Reiches. Danach üben die Landesbehörden »im Auftrage und Namen des Reiches« Hoheitsrechte aus (→ 30.1/S. 16).

Der deutsche Reichsminister des Innern, Wilhelm Frick (NSDAP), weist die Landesregierungen an, alle monarchistischen Verbände sofort aufzulösen und zu verbieten (→ 19. 1./S. 20).

In Wien demonstrieren nach amtlichen Schätzungen über 100 000 niederösterreichische Bauern gegen die Terroranschläge der österreichischen Nationalsozialisten (→ 17. 1./S. 18).

3. Februar, Sonnabend

Die »Deutsche Luft-Hansa« nimmt den Postflugdienst nach Südamerika auf. → S. 47

In Bratislava in der Slowakei finden die Feiern anläßlich des 15. Jahrestags der Eroberung der Stadt durch tschechische Truppen statt. Bratislava, das ehemals ungarische Preßburg, kam 1919 an die Tschechoslowakei. Vertreter der tschechoslowakischen Regierung betonen, daß Tschechen und Slowaken zusammenhalten würden, falls irgendjemand der Tschechoslowakei auch nur ein halbes Zoll Boden entreißen wolle.

Das Alpenkasino am Semmering in Österreich wird eröffnet. In diesem Spielkasino dürfen nur Ausländer spielen.

4. Februar, Sonntag

In der britisch-indischen Provinz Pandschab kommt es zu blutigen Zusammenstößen zwischen Sikhs, Mohammedanern, Hindus und den Kolonialstreitkräften.

Die vierten Deutschen Winterkampfspiele gehen zu Ende. → S. 50

Der Bob Rumänien II sichert sich bei den Weltmeisterschaften in Engelberg den Titel im Zweierbob vor Deutschland II. → S. 51

5. Februar, Montag

Der deutsche Reichsminister des Innern, Wilhelm Frick (NSDAP), erläßt eine Verordnung, wonach die Staatsangehörigkeit der deutschen Länder in Zukunft entfällt. Es gibt nur noch eine deutsche Staatsangehörigkeit, die Reichsangehörigkeit.

Der nach seinem Konstrukteur Ferdinand Porsche benannte Porsche-Wagen, der neue Rennwagen der deutschen Auto-Union, erreicht bei einer Probefahrt auf der Auto-Strada von Mailand eine Geschwindigkeit von 252 km/h.

In Wien stirbt der österreichische Schriftsteller und Kulturphilosoph Richard Kralik im Alter von 81 Jahren.

6. Februar, Dienstag

Beim Aufstand der französischen Rechten in Paris gegen die radikalsozialistische Regierung Édouard Daladier und gegen den Parlamentarismus kommen zahlreiche Menschen ums Leben. →S. 36

Regierungsvertreter der Sowjetunion und Ungarns unterzeichnen in Rom ein Abkommen über die Aufnahme diplomatischer Beziehungen (→ 8. 1./S. 23).

König Gustav V. von Schweden trifft in Berlin ein, wo er vom deutschen Reichspräsidenten Paul von Hindenburg empfangen wird (→ 28. 2./S. 46).

7. Februar, Mittwoch

Im Deutschen Reich wird die Verfassung der Reichsschaft der Studierenden verkündet. → S. 44

König Christian X. von Dänemark trifft in Berlin ein und wird vom deutschen Reichspräsidenten Paul von Hindenburg empfangen (→ 28. 2./S. 46).

Der radikalsozialistische französische Ministerpräsident Édouard Daladier erklärt nach dem Aufstand vom 6. Februar seinen Rücktritt (→ 6. 2./S. 36).

8. Februar, Donnerstag

In Litauen wird das »Gesetz zum Schutz von Volk und Staat« erlassen. → S. 41

9. Februar, Freitag

Der frühere französische Staatspräsident Gaston Doumergue (Radikalsozialist) bildet nach dem Aufstand vom 6. Februar und dem Rücktritt Édouard Daladiers ein Kabinett der Nationalen Einheit (→ 6. 2./S. 36).

In Athen wird der Balkanpakt unterzeichnet. → S. 41

Anläßlich des Abschlusses des XVII. Parteikongresses der Kommunistischen Partei der Sowjetunion (KPdSU), der seit dem 26. Januar in Moskau tagt, wird auf dem Roten Platz vor dem Kreml eine Parade veranstaltet. 500 Panzer u. a. Waffen werden den Kongreßmitgliedern, die sich am Grab Wladimir I. Lenins aufgestellt haben, vorgeführt (→ 26. 1./S. 23).

10. Februar, Sonnabend

Der deutsche Reichsminister für Volksaufklärung und Propaganda, Joseph Goebbels (NSDAP), verlangt bei einer Rede vor Filmschaffenden in Berlin, »daß die deutsche Filmwelt denselben Gesetzen gehorcht, denen sonst in Deutschland jeder gehorcht«.

11. Februar, Sonntag

Großbritannien und das Imamat Jemen unterzeichnen in Aden einen Freundschaftsvertrag.

Die deutsche Eishockey-Mannschaft schlägt in Mailand die Schweiz 2:1 und wird Europameister. → S. 50

In Berchtesgaden finden die deutschen Skimeisterschaften statt. → S. 50

12. Februar, Montag

Eine Hausdurchsuchung der Bundespolizei im Linzer Parteiheim der Sozialdemokraten löst den Februaraufstand in Österreich aus. → S. 38

In Frankreich wird der 24stündige Generalstreik, zu dem die Gewerkschaft Confédération Générale du Travail (C.G.T.) aufgerufen hat, von etwa 60% der Arbeiter und Angestellten befolgt. In Paris, Lille und Lyon kommt es zu Ausschreitungen, in Marseille werden zwei Menschen getötet (→ 6. 2./S. 36).

In vielen Städten des Deutschen Reiches finden die traditionellen Rosenmontagsumzüge statt. → S. 47

13. Februar, Dienstag

Rettungsmannschaften beginnen mit der Bergung der Besatzung des sowjetischen Eisbrechers »Tscheljuskin«, der auf dem Seeweg von Murmansk nach Wladiwostok im Eis eingeschlossen wurde. → S. 47

In Großbritannien tritt eine Verordnung über 20%ige »Kampfzölle« gegenüber Frankreich in Kraft. Frankreich kündigt am selben Tag den Handelsvertrag von 1882 und das Schiffahrtsabkommen von 1826.

Der polnische Außenminister Józef Beck trifft nach dem Abschluß des Deutsch-Polnischen Nichtangriffspakts zu einem dreitägigen Besuch in Moskau ein. 1932 haben Polen und die Sowjetunion einen Nichtangriffspakt unterzeichnet. Der sowjetische Volkskommissar des Äußeren (Außenminister), Maxim L. Litwinow, hebt hervor, ein Grundpfeiler der Friedenspolitik der UdSSR seien gutnachbarliche und freundschaftliche Beziehungen zu Polen (→26. 1./S. 18).

Der Staatssekretär im deutschen Reichsministerium der Finanzen, Fritz Reinhardt (NSDAP), erläutert vor geladenen Gästen in der deutschen Hochschule für Politik in Berlin das von ihm entwickelte Reinhardt-Programm, ein Zehn-Punkte-Programm zur Beseitigung der Arbeitslosigkeit durch Arbeitsbeschaffungsmaßnahmen.

Die Kleinstadtschulkomödie »So ein Flegel« ist die erste Verfilmung nach Heinrich Spoerls Roman »Die Feuerzangenbowle. Eine Lausbüberei in der Kleinstadt« (1933). Unter der Regie von Robert Adolf Stemmle spielen Heinz Rühmann, Annemarie Sörensen, Oscar Sima, Rudolf Platte u. a. Rühmann ist in einer Doppelrolle zu sehen als der Schriftsteller Hans Pfeiffer und sein jüngerer Bruder, ein Oberprimaner.

14. Februar, Mittwoch

Die deutsche Reichsregierung erläßt das Gesetz über die Aufhebung des Reichsrats, der nach der Weimarer Verfassung die »Vertretung der deutschen Länder bei der Gesetzgebung und Verwaltung des Reichs« war. An die Stelle des Reichsrats treten die Reichsstatthalter (→ 30. 1./S. 16).

Der deutsche Reichsminister für Volksaufklärung und Propaganda, Joseph Goebbels (NSDAP), skizziert in einer Rede in Berlin die Stellung der Frau im Nationalsozialismus. → S. 44

Im Deutschen Reich wird Kaufhäusern und jüdischen Firmen der Verkauf von Symbolen, Bildern, Uniformen der »nationalen Bewegung« verboten. NSDAP-Mitglieder dürfen Warenhäuser nicht mehr in Uniform betreten.

15. Februar, Donnerstag

Der deutsche Reichsminister des Innern, Wilhelm Frick (NSDAP), hält eine Rede über die »Rassengesetzgebung des Dritten Reiches«. → S. 42

Durch den Civil Works Emergency Relief Act stellt die Regierung der USA in Washington weitere 950 Millionen Dollar zur Fortführung öffentlicher Arbeiten und als direkte Hilfe zur Verringerung der Arbeitslosigkeit zur Verfügung.

In Genf tritt der Saarabstimmungsausschuß des Völkerbunds zur ersten Sitzung zusammen (→ 16. 1./S. 19).

Die deutsche Funkindustrie beschließt die Produktion von weiteren 100 000 Volksempfängern. Innerhalb eines halben Jahres sind über 500 000 Volksempfänger verkauft worden.

Der pazifistische Publizist Carl von Ossietzky wird in das Konzentrationslager Esterwegen eingeliefert.

Der tödliche Bergunfall des belgischen Königs Albert I. zählt zu den meistbeachteten Ereignissen des Monats Februar; die Abbildung zeigt den Monarchen auf dem Titelblatt der französischen Zeitschrift »L'Illustration«

N° 4747 — 92e ANNÉE

24 FÉVRIER 1934

L'ILLUSTRATION

S. M. ALBERT Ier, ROI DES BELGES

mort le 17 février 1934.

AVEC CE NUMÉRO L'ABONNEMENT N° 1 COMPREND "LA PETITE ILLUSTRATION" CONTENANT

« CHATEAU EN LIMOUSIN », par MARCELLE TINAYRE

(En trois parties. — II.)

13, RUE SAINT-GEORGES, PARIS (9e)

Voir au verso les tarifs d'abonnement.

16. Februar, Freitag

Die österreichische Bundesregierung unter Ministerpräsident Engelbert Dollfuß (CP) erklärt alle sozialistischen Abgeordnetenmandate für erloschen. Am 12. Februar ist die Partei verboten worden (→ 12. 2./S. 38).

Die Stillhaltekonferenz in Berlin beschließt die Verlängerung des Stillhalteabkommens um ein Jahr bis zum 28. Februar 1935. Das Gläubigerkomitee der Siegermächte des Ersten Weltkriegs und einiger Neutraler — Schweiz, Großbritannien, Frankreich, Vereinigte Staaten, Niederlande u. a. — bewertet den Schuldenabbau des Deutschen Reichs in den vergangenen drei Jahren als sehr zufriedenstellend (→ 16. 3./S. 58).

Die deutsche Reichsregierung verabschiedet das Lichtspielgesetz. Es sieht eine grundlegende Neuregelung der Filmprüfung vor. → S. 49

Die deutschen Länder werden drei Gruppen zugeteilt, die eine Vereinheitlichung der Justiz im Deutschen Reich vorbereiten sollen. → S. 43

In London wird das britisch-sowjetische Handelsabkommen unterzeichnet. Die sowjetische Handelsdelegation in London erhält diplomatische Vorrechte (→ 8. 1./S. 23).

Der bayerische Kultusminister Hans Schemm (NSDAP) nimmt in Bayreuth den ersten Spatenstich zum Bau des Hauses der deutschen Erziehung vor. Dieses Haus werde in den kommenden Jahrhunderten ein Bollwerk deutscher Erziehung und deutschen Charakters sein. Die deutschen Lehrer sollen von Bayreuth aus »die Kraft und die richtigen Gedanken für ihr Wirken in alle Gaue hinaustragen«.

Der Informationsdienst der Deutschen Arbeitsfront weist darauf hin, daß Schönheitspflege der Frau nicht »undeutsch« sei. Anmut und Gepflegtheit seien nicht nur ein erlaubter, sondern ein »unbedingt wichtiger Schmuck« der deutschen Frau. Allerdings sollten »deutsche Frauen« bei der Schönheitspflege ausschließlich »deutsche« Erzeugnisse benutzen.

17. Februar, Sonnabend

Der belgische König Albert I. stürzt während einer Bergtour tödlich ab. → S. 46

Die britische Zeitung »Daily Mail« veröffentlicht in London ein Interview mit dem deutschen Reichskanzler Adolf Hitler (NSDAP). → S. 43

Lettland und Estland schließen in der lettischen Hauptstadt Riga einen Bündnisvertrag, in dem vereinbart wird, daß beide Länder außenpolitisch noch enger als bisher zusammenarbeiten werden.

Die Nationalsozialistische Gemeinschaft »Kraft durch Freude« (KdF) startet die ersten Urlaubszüge. → S. 44

Die türkische Regierung unter Ismet Inönü ergreift Vorsorgemaßnahmen zur Bekämpfung der Malaria. → S. 47

Der Flugverkehr zwischen Istanbul und Ankara wird offiziell eröffnet. Die angebotenen Flüge dreimal wöchentlich dauern zweieinhalb Stunden.

In der schwedischen Hauptstadt Stockholm beginnen die Weltmeisterschaften im Eiskunstlauf. Die Wettkämpfe dauern zwei Tage. → S. 51

18. Februar, Sonntag

Das österreichische Bundeskanzleramt in Wien verfügt während der Februarunruhen ein uneingeschränktes Verbot der gesamten reichsdeutschen Presse wegen »anti-österreichischer« Propaganda. Es gilt vom 16. Februar bis zum 16. März.

Das Städtische Presseamt von Köln teilt mit, daß in die Amtskette des Oberbürgermeisters als Symbol des Dritten Reiches das Hakenkreuz eingefügt worden sei. Die Kölner Kunsthandwerkschule stehe anderen Städten bei gleichen Vorhaben gern beratend zur Seite.

Beim Internationalen Eisrennen auf dem Titisee im Hochschwarzwald siegt in einem Vergleichswettkampf zwischen Flugzeug, Rennwagen und Kraftrad Ernst Udet mit dem Flugzeug.

19. Februar, Montag

Der österreichische Vizekanzler Emil Fey (Heimwehr) erklärt in Wien, das Programm des Heimatschutzes könne von nun an als Programm der Regierung von Ministerpräsident Engelbert Dollfuß (CP) angesehen werden (→ 12.2./S. 38).

Der britische Außenminister John Allsebrook Simon verliest im Unterhaus in London eine gemeinsame Erklärung der Regierungen Großbritanniens, Italiens und Frankreichs, in der »die Unabhängigkeit und Integrität Österreichs gemäß den geltenden Verträgen« garantiert wird (→ 17. 1./ S. 18).

Die deutsche Wehrmacht übernimmt auf Anordnung von Reichspräsident Paul von Hindenburg auf den Mützen bzw. Stahlhelmen das Hoheitszeichen der Nationalsozialistischen Deutschen Arbeiterpartei (NSDAP).

20. Februar, Dienstag

Der deutsche Reichskanzler Adolf Hitler empfängt in Berlin den britischen Lordsiegelbewahrer Robert Anthony Eden zu einem Meinungsaustausch. → S. 44

In Österreich erhalten die während des Februaraufstands gefallenen 50 Mitglieder der staatlichen Exekutive ein Staatsbegräbnis. Die Bundesregierung erklärt den Tag zu einem allgemeinen Volkstrauertag (→ 12. 2./S. 38).

Die britische Zeitung »Daily Mail« veröffentlicht ein Interview mit dem preußischen Ministerpräsidenten Hermann Göring (NSDAP), in dem dieser eine defensive deutsche Luftwaffe fordert; sie soll eine Stärke von 30 bis 40% der Luftwaffen von Frankreich, Belgien, Polen und der Tschechoslowakei haben.

Nach einer in Berlin erscheinenden Statistik sind 1933 412 überwiegend jüdische Ärzte aus dem Deutschen Reich ausgewandert, 248 von ihnen aus Berlin. 117 der aus Berlin Ausgewanderten gaben Palästina als Ziel an, 25 Frankreich und 22 Großbritannien.

21. Februar, Mittwoch

Der deutsche Reichsbischof Ludwig Müller richtet ein kirchliches Amt für auswärtige Angelegenheiten ein, das die Beziehungen zwischen der Deutschen Evangelischen Kirche und den befreundeten Kirchen des Auslands pflegen soll.

Heinrich Böttcher, Inhaber einer Kaffeegroßhandlung in Rostock, wird in Schutzhaft genommen, nachdem er sich mehrfach geweigert hat, die Gründung einer nationalsozialistischen Betriebszelle zuzulassen. Die als Betriebsobmänner vorgesehene nationalsozialistische Angestellte habe er nach Angaben der Behörden »aus nichtigen Gründen entlassen«.

22. Februar, Donnerstag

Der nicaraguanische Freiheitskämpfer Augusto César Sandino wird in Managua, der Hauptstadt seines Heimatlandes, von Soldaten ermordet. → S. 40

In Litauen werden die deutschen Oppositionsparteien, die Sozialistische Volksgemeinschaft und die Christlichsozialistische Arbeitsgemeinschaft, verboten (→ 8. 2./ S. 41).

Der Generalinspekteur für das deutsche Straßenwesen, Fritz Todt (NSDAP), nennt bei einem Vortrag in der Lessing-Hochschule in Berlin den Bau von 12 000 km Autobahn als Ziel. Davon sollen rund 7 000 km in etwa sechs Jahren fertiggestellt werden (→ 21. 3./S. 56).

Alfred Rosenberg, der Reichsleiter der Nationalsozialistischen Deutschen Arbeiterpartei (NSDAP), hält in Berlin eine Grundsatzrede zum Thema »Der Kampf um die Weltanschauung«. Laut Rosenberg ist die nationalsozialistische Revolution machtpolitisch beendet. Geistespolitisch steht sie jedoch erst am Anfang (→ 24. 1./ S. 17).

Aus Venedig wird gemeldet, daß viele Kanäle der Lagunenstadt kein Wasser mehr führen. Als Grund für diese ungewöhnliche Erscheinung wird der anhaltend starke Nordwind bezeichnet, der das Wasser aus den Lagunen heraus nach Süden drückt.

23. Februar, Freitag

Im Deutschen Reich wird der vierte Jahrestag des Todes des nationalsozialistischen Kampfliedddichters Horst Wessel gefeiert (→25. 2./S. 44).

Der britische Komponist Sir Edward Elgar stirbt in Worcester im Alter von 76 Jahren.

24. Februar, Sonnabend

In Warschau werden die Ratifikationsurkunden des Deutsch-Polnischen Nichtangriffspakts ausgetauscht (→ 26. 1./S. 18).

Im großen Festsaal des Münchner Hofbräuhauses findet die Parteigründungsfeier der NSDAP statt (→ 25. 2./S. 44).

25. Februar, Heldengedenktag

Der 25. Februar wird im nationalsozialistischen Deutschen Reich erstmals als Heldengedenktag begangen. → S. 44

In London veranstalten mehrere Tausende von Arbeitslosen einen Hungermarsch, um auf ihre Lage aufmerksam zu machen (→ 27. 2./S. 40).

26. Februar, Montag

In der Nacht auf den 27. Februar kommt es in Paris zu Straßenschlachten zwischen rechts- und linksradikalen Gruppen, die in Kämpfen mit der Polizei enden. Zwei Menschen werden bei den Auseinandersetzungen getötet (→ 6. 2./S. 36).

Die Vereinigten Staaten von Amerika werden von schweren Schneestürmen heimgesucht. → S. 46

Das thüringische Innenministerium läßt einen Hausbesitzer aus Weimar, der sich geweigert hat, eine Wohnung an eine kinderreiche Familie zu vermieten, »auf einige Zeit« in das Konzentrationslager in Bad Sulza einweisen.

27. Februar, Dienstag

Die deutsche Reichsregierung in Berlin verabschiedet das Feiertagsgesetz, durch das u. a. der 1. Mai zum Nationalfeiertag erklärt wird.

Am ersten Jahrestag des Berliner Reichstagsbrands werden die freigesprochenen bulgarischen Kommunisten Georgi M. Dimitrow, Blagoi Popow und Wassil Tanew aus dem Deutschen Reich in die Sowjetunion abgeschoben. Ihnen konnte eine Beteiligung an der Brandstiftung vor Gericht nicht nachgewiesen werden. → S. 40

Der Landtag von Oberösterreich in Linz entsagt dem Grundsatz der repräsentativen Demokratie. Er hebt alle Abgeordnetenmandate auf und überträgt bis zum Erlaß einer neuen Verfassung alle Befugnisse der Landesregierung, die nun Gesetze auf dem Verordnungsweg erlassen kann.

Die britische Regierung gibt den Rückgang der Arbeitslosenzahl um 500 000 auf 2,3 Millionen bekannt. → S. 40

28. Februar, Mittwoch

Der deutsche Reichsminister für Volksaufklärung und Propaganda, Joseph Goebbels (NSDAP), empfängt in Berlin Vertreter der Auslandspresse. → S. 42

Der autoritär regierende König Boris III. von Bulgarien trifft zu Gesprächen mit der NS-Führung in Berlin ein. → S. 46

Bei einer Kundgebung des Gaus Großberlin der Deutschen Christen im Berliner Sportpalast verkündet Reichsbischof Ludwig Müller unter großem Beifall, die Deutschen Christen würden nicht eher ruhen, bis auf den Kanzeln der Kirchen nur Nationalsozialisten sitzen.

Das Wetter im Monat Februar

Station	Mittlere Lufttemperatur (°C)	Niederschlag (mm)	Sonnenscheindauer (Std.)
Aachen	2,4 (2,1)	14 (59)	— (74)
Berlin	2,7 (0,4)	28 (40)	— (78)
Bremen	3,6 (0,9)	32 (48)	— (68)
München	- 1,5 (- 0,9)	10 (50)	— (72)
Wien	1,5 (0,6)	45 (41)	134 (81)
Zürich	0,3 (0,2)	9 (61)	136 (79)

( ) Langjähriger Mittelwert für diesen Monat
— Wert nicht ermittelt

Titelblatt der US-amerikanischen Zeitschrift »Asia« von Februar 1934 mit einem Bild von Major Felten

6. Februar 1934: Nacht des Bürgerkriegs erschüttert Paris

6. Februar. Frankreich wird von den blutigsten Unruhen seit Jahrzehnten erschüttert. Die Krise, in die der französische Parlamentarismus wegen der Stavisky-Affäre (→ 27. 1./S. 22) geraten ist, führt das Land an den Rand eines Bürgerkriegs. Die politische Rechte sieht angesichts der instabilen innenpolitischen Lage die Chance, das parlamentarische System zu stürzen.

Nach der Absetzung des nationalistischen Pariser Polizeipräfekten Jean Chiappe kommt es am späten Nachmittag des 6. Februar vor dem Parlament in Paris, auf der Place de la Concorde, auf der Champs-Élysées und vor dem Rathaus zu Massendemonstrationen französischer Rechtsverbände. Rund 50 000 Royalisten, Kriegsteilnehmer, Mitglieder des Frontkämpferverbands Croix de feu, der rechtsradikalen Action française und der patriotischen Jugend demonstrieren gegen die Regierung des radikalsozialistischen Ministerpräsidenten Édouard Daladier und gegen »die Diebe im Parlament«.

Die Absperrungen der Polizei werden durchbrochen, die Abgeordneten können das Palais-Bourbon nicht mehr verlassen, aus Angst, gelyncht zu werden. Gruppen von Kriegsteilnehmern rufen dazu auf, die Wohnungen der Regierungsmitglieder zu stürmen. »Erschießt Daladier!«, »Wir wollen keine Parteien mehr!« und ähnlich lauten die Parolen der Rechten, während die ebenfalls demonstrierenden Kommunisten »Chiappe ins Gefängnis!« fordern. Die Place de la Concorde gleicht einem Schlachtfeld. Die Polizei eröffnet das Feuer. Die Zahl der Toten läßt sich nicht genau feststellen. Die Angaben schwanken zwischen 15 und 50. Mehrere hundert Menschen werden verletzt. Am 7. Februar und in der darauffolgenden Nacht dauern die Unruhen an und greifen auf die Provinz über.

Daladier erklärt am Morgen des 7. Februar den Rücktritt seines Kabinetts. Aus Protest gegen die »faschistische Gefahr« (»la menace fasciste«) ruft die Gewerkschaft C.G.T. (Confédération Générale du Travail) zum Generalstreik für den 12. Februar auf; diesem Aufruf schließen sich u. a. die Liga für Menschenrechte, die Sozialistische Partei, die Postgewerkschaft, die Beamtenvereinigung und das nationale Lehrersyndikat an.

Der frühere französische Staatspräsident Gaston Doumergue (Radikalsozialist) bildet am 9. Februar ein Kabinett der Nationalen Einheit, in dem alle Parteien von der äußersten Rechten bis zu den Neosozialisten vertreten sind, außerdem zwei Generäle und ein Vertreter der Frontkämpfer. Am 9. Februar demonstrieren die Kommunisten gegen die neue Regierung und rufen zu Plünderungen auf.

Der Generalstreik am 12. Februar wird in ganz Frankreich durchgeführt. Er verläuft ruhig. Als am 13. Februar die Arbeit wieder aufgenommen wird, hat sich die Lage allgemein wieder beruhigt.

An den Straßenschlachten, bei denen auch Menschen getötet werden, beteiligen sich rechte und linke Gruppen

Mehrere hundert Menschen werden bei den bürgerkriegsähnlichen Auseinandersetzungen in Paris verletzt

Auf dem Champs-Elysées errichten die randalierenden Demonstranten brennende Barrikaden und setzen Wurfgeschosse gegen die Polizei ein

Kabinett von Ministerpräsident Gaston Doumergue; vorn v. l.: Marin (Gesundheit), Tardieu (ohne Geschäftsbereich), Doumergue, Herriot (ohne Gesch.), Barthou (Äußeres), Marquet (Arbeit), Flandin (öffentl. Arbeiten), Sarraut (Inneres)

Um 20 Uhr 30 rückt der Zug der Anciens Combattans (alte Kämpfer) auf die Place de la Concorde vor; neben dem Obelisk brennt ein umgestürzter Autobus

Reiter der Mobilen Garde beim Einsatz gegen die demonstrierende Menge (nach einer Zeichnung in der Pariser Zeitung »L'Illustration«)

»Ein schauerlich-schönes Schauspiel«

Ein Augenzeuge aus der Schweiz berichtet in der »Neuen Zürcher Zeitung« über die Situation im belagerten Parlament in Paris: »Während sich diese Auseinandersetzungen (im Parlament) abspielen, tobt vor dem Palais-Bourbon der Kampf der Menge. Sie ist über die Brücke vorgestoßen, und man hört die Maschinengewehre. Der Befehl kommt, daß niemand mehr das Palais-Bourbon verlassen darf. Deputierte, Journalisten, elegante Tribünenzuschauerinnen sind Gefangene, während draußen der Aufruhr tobt. Wir kreuzen mehrere Rechtsdeputierte, die über die entfesselte Volkswut erbleichen. So hatten sie es nicht gemeint.«
Einen Tag später berichtet die Zeitung: »Die moderne Bastille, die erstürmt werden sollte, war die Deputiertenkammer, und es hätte nicht viel gefehlt, so wäre die wütende Menge gestern abend in den Sitzungssaal eingedrungen und hätte die Volksvertreter auseinandergetrieben. Man muß auf der andern Seite auch den Mut anerkennen, den Regierung und Parlament bewiesen haben, indem sie im Anblick der Aufruhrszenen stundenlang tagten, ohne sich um die Gefahr zu kümmern... Es bot ein schauerlich-schönes Schauspiel, um den taghell erleuchteten Obelisken die grollende Menschenmasse wogen zu sehen, während sich auf der Brücke, die zum Palais-Bourbon führt, die Silhouetten der berittenen Gardisten abzeichneten. Der Kampf, den sie gegen die anstürmenden Kolonnen führten, erinnerte stellenweise an mittelalterliche Reiterschlachten. Die Pferde wurden von den Manifestanten durch Fußangeln und Petarden zu Fall gebracht, die Reiter aus dem Sattel gehoben und von der Menge mißhandelt. Mehrere hundert Polizisten wurden durch Revolverschüsse und Wurfgeschosse verletzt. Als gegen 19 1/2 Uhr die Menge die Oberhand zu gewinnen drohte, gab der Polizeipräfekt im Einverständnis mit der Regierung den Befehl, von der Schußwaffe Gebrauch zu machen.

Wien: Kampf gegen links

12. Februar. Die Spannungen zwischen der Regierung des österreichischen Bundeskanzlers Engelbert Dollfuß (christlichsozial), die den rechtsradikalen Heimwehren nahesteht, und den österreichischen Sozialdemokraten, die den diktatorischen Regierungsstil ablehnen, spitzen sich dramatisch zu, als die Polizei am Morgen gewaltsam in das Linzer Arbeiterheim eindringt, um nach Waffen zu suchen. Der verbotene Republikanische Schutzbund beantwortet das Vorgehen der Polizei mit Schüssen.

Die Schüsse von Linz werden zum Signal, der sozialdemokratische Parteivorstand beschließt, allen Angriffen Widerstand entgegenzusetzen. Die Kämpfe greifen bald auf die Industriestädte Steyr (Oberösterreich), St. Pölten (Niederösterreich), Bruck an der Mur, Kapfenberg, Eggenberg bei Graz und Weiz (Steiermark) sowie Wörgl (Tirol) über. Die Regierung verhängt das Standrecht über die Hauptstadt Wien, Nieder- und Oberösterreich, die Steiermark und Kärnten.

Standrecht gegen Regimegegner

In einem Aufruf an das österreichische Volk weist das autoritäre Dollfuß-Regime darauf hin, daß »eine jeder Verantwortung bare Führung der sozialdemokratischen Partei« den Versuch unternommen habe, sich mit Waffengewalt gegen die staatlichen Behörden aufzulehnen, den Generalstreik anzuzetteln und den verbotenen Republikanischen Schutzbund zu mobilisieren. Dieser »verbrecherische Angriff auf die Staatsautorität« habe blutige Opfer gefordert. Wer mit der Waffe in der Hand gegen die legale Gewalt Stellung nehme, falle ab sofort unter die Bestimmungen des Standrechts. Der Aufruf der Bundesregierung schließt mit der Versicherung, daß die Regierung ihres Erfolges gewiß sei.

Als die Sozialdemokraten gegen Mittag den Generalstreik ausrufen, gehen Heimwehr, Heer und Polizei bereits gegen die Arbeiterheime und Gemeindebauten in den Wiener Vororten vor, die von bewaffneten Schutzbündlern besetzt sind. Die Arbeiterschaft ist für eine solche Auseinandersetzung völlig unvorbereitet. Die Arbeiter sind ungenügend organisiert und ihre Kampfkraft ist durch die anhaltende Massenarbeitslosigkeit der letzten Jahre geschwächt. Als die Bundesregierung am Nachmittag die Zustimmung zum Einsatz von leichten Feldgeschützen erteilt und der Aufruf zum Generalstreik nur von Teilen der Arbeiterschaft befolgt wird, ist das Scheitern des Widerstands bereits vorhersehbar.

Arbeiter und Schutzbündler halten die Arbeitersiedlungen Karl-Marx-Hof und Reumannshof im hart umkämpften 16. Wiener Bezirk jedoch noch am 13. Februar besetzt. Das Militär geht mit Haubitzen vor, zieht einen Kordon um den Karl-Marx-Hof und setzt zum Sturmangriff an; unterirdische Minengänge werden gegraben, um die Verteidiger in die Luft zu sprengen. Auch gegen das von Schutzbündlern besetzte Elektrizitätswerk werden Geschütze eingesetzt, die vom E-Werk bedienten Stadtviertel liegen nachts in völliger Dunkelheit. Schritt für Schritt wird der Reumannhof erobert, die Soldaten werfen Tränengasbomben durch die Fenster.

Während der Kampf gegen die Arbeiter noch im Gang ist, zieht Dollfuß die politischen Folgerungen aus dem blutigen Konflikt mit den Austromarxisten: Die Sozialdemokratische Arbeiterpartei wird aufgelöst, ihre Führer werden verhaftet, wenn ihnen nicht – wie Otto Bauer und Julius Deutsch – die Flucht ins Ausland gelingt. Am 15. Februar sind die Kämpfe beendet.

Die sog. Februarunruhen fordern nach amtlichen Angaben 314 Tote (196 Schutzbündler) und mehr als 800 Verletzte; inoffiziellen Schätzungen zufolge liegt die Zahl jedoch bei über 1 000 Toten. Neun Sozialdemokraten werden von einem Standgericht zum Tode verurteilt.

Dollfuß bedient sich bei der Auslöschung der Sozialdemokratie der Rezepte, die der italienische Duce und Ministerpräsident, Benito Mussolini, und der deutsche NSDAP-Führer und Reichskanzler, Adolf Hitler, angewandt haben; er führt eine Art »Gleichschaltung« Österreichs durch. Die amtliche »Wiener Zeitung« feiert den Sieg der Staatsautorität und brandmarkt die »Katastrophenpolitik« der Sozialdemokraten, die durch das allgemeine Wahlrecht zu großen Einfluß gewonnen hätten.

Die Ankunft einer Delegation niederösterreichischer Bauern und Heimwehrverbände in Wien wird zu einer Demonstration gegen das Deutsche Reich

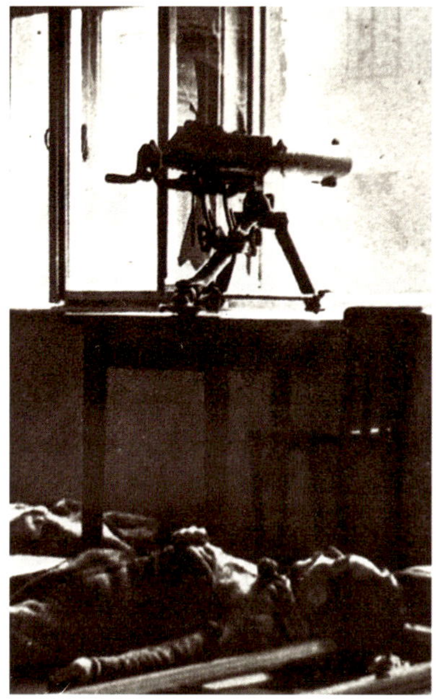

Hotel »Schiff« in Linz; ein toter Sozialist neben seinem Maschinengewehr

Erschossene Heimwehrmänner an einem Zugang des Karl-Marx-Hofs

Regierungstruppen greifen von den Sozialisten verteidigte Häuser in den Außenbezirken Wiens an; eine Gruppe Neugieriger verfolgt das blutige Schauspiel

Straßenbahner von Floridsdorf, die den Bahnhof gegen Regierungstruppen verteidigt haben, werden nach ihrer Überwältigung ins Gefängnis überführt

Nach der Artilleriebeschießung des Karl-Marx-Hofs in Wien, in dem rund 2000 Arbeiterfamilien wohnen, halten Regierungsposten Wache vor einem Zugang

Erst nach Einsatz von Artillerie – hier vor dem Karl-Marx-Hof in Heiligenstadt (Wien) – gewinnen die österreichischen Regierungstruppen die Oberhand

Mitglieder der Heimwehr patrouillieren vor den eroberten Arbeiterhäusern in Wien

Floridsdorf während der Beschießung der von den Arbeitern erbittert verteidigten Häuser; die Regierungstruppen feuern aus verschiedenen Stellungen fünf Stunden lang, ehe der Widerstand gebrochen ist

General Sandino in Managua ermordet

22. Februar. Der nicaraguanische Freiheitskämpfer General Augusto César Sandino wird in der Hauptstadt Managua auf Betreiben des US-freundlichen Kommandeurs der Nationalgarde, Anastasio Somoza García, ermordet. Erst ein Jahr zuvor war nach dem Abzug der US-Truppen aus Nicaragua ein Friedensvertrag zwischen der von den USA abhängigen Regierung und Sandino geschlossen worden.
Sandino war nach Managua gekommen, um mit der Regierung unter Juan Bautista Sacasa endgültig die Bedingungen über die Niederlegung der Waffen auszuhandeln. Er wurde begleitet von seinem Bruder und zwei sandinistischen Generälen, die auch bei der Mordaktion umkommen. Sacasa verhängt nach dem Bekanntwerden von Sandinos Tod den Belagerungszustand und erklärt, die Nationalgarde habe sich den Bestimmungen widersetzt, die zum Schutz Sandinos und seiner Anhänger ergriffen worden waren.
Sandino führte seit 1926 den Kampf der Liberalen gegen die Konservativen und ihre Finanziers, die das Land besetzt haltenden USA. Als der Versuch, sich mit der US-Regierung auf dem Verhandlungsweg zu einigen, scheiterte, proklamierte er 1928 in der Region Nueva Segovia die Republik und begann den bewaffneten Kampf, um Nicaragua von der Ausbeutung durch die US-Amerikaner zu befreien.

Der ermordete General Sandino wird Vorbild der Befreiungsbewegung

Dimitrow abgeschoben

27. Februar. Am ersten Jahrestag des Berliner Reichstagsbrands werden die bulgarischen Kommunisten Georgi M. Dimitrow, Blagoi Popow und Wassil Tanew aus dem Deutschen Reich in die Sowjetunion abgeschoben. Sie waren am 23. Dezember 1933 im Reichstagsbrandstifterprozeß (→10. 1./S. 19) »wegen mangelnder Beweise« freigesprochen worden.
Nach offizieller Mitteilung konnte die Ausweisung bisher nicht durchgeführt werden, da die bulgarische Regierung die drei Kommunisten nicht als bulgarische Staatsangehörige anerkennt und ihre Übernahme ablehnt. Die Aktivitäten der sowjetischen Regierung zur Einbürgerung der drei führte zu einer Belastung der deutsch-sowjetischen Beziehungen. Sowjetische Vorstöße beim Auswärtigen Amt in Berlin blieben zunächst ohne Ergebnis. In Moskau wurde Dimitrow daraufhin demonstrativ zum Obersten der Roten Armee ernannt, ein Kavallerieregiment erhielt seinen Namen — Maßnahmen, um das internationale Interesse an dem Fall fast zwei Monate nach dem Gerichtsurteil nicht erlahmen zu lassen.
Das nationalsozialistische Regime führte Dimitrow, Popow und Tanew von Zeit zu Zeit der Presse vor, um damit zu beweisen, daß die Gefangenen noch am Leben sind.

Freigelassene G. Dimitrow und W. Tanew werden in Moskau gefeiert

Hungermärsche in Großbritannien gegen Arbeitslosigkeit

27. Februar. Die britische Koalitionsregierung unter James Ramsey MacDonald (Labour) verkündet den Rückgang der Arbeitslosenzahl um 500 000 auf 2,3 Millionen seit Januar 1933. Trotz dieser Erfolgsmeldung ist das soziale Klima in Großbritannien aufs äußerste gespannt. In London und den Hafenstädten an der Westküste kommt es zu Hungermärschen und Demonstrationen; die bisher größte Kundgebung gegen den Hunger hat zwei Tage zuvor im Hyde Park stattgefunden.
Die allmähliche Besserung der Wirtschaftslage in Großbritannien seit Ausbruch der Weltwirtschaftskrise (1929) macht sich nicht überall in gleicher Weise bemerkbar. Die Arbeitslosigkeit ruft vielfach Verbitterung hervor. Die Arbeitslosenstatistik gilt als geschönt. Erfolgsmeldungen werden u. a. darauf zurückgeführt, daß ein Teil der Arbeitslosen von der Liste der Unterstützungsberechtigten gestrichen wurde.
Die von der Regierung eingeführte Prüfung der Bedürftigkeit der Unterstützungsempfänger verbittert die Menschen. Diese Maßnahme verschließt zwar Leuten, die keiner Unterstützung bedurften, den Zugang zu den staatlichen Hilfskassen, beraubt aber gleichzeitig eine Vielzahl von tatsächlich Bedürftigen jeder Hilfe. Vor allem der »inquisitorische« Charakter der Bedürftigkeits-Prüfung erregt den Haß der Bevölkerung.
Die über die Auszahlung der Arbeitslosenunterstützung hinausgehende Fürsorge in Großbritannien liegt in Privathand. Die Kirchen, christliche Vereine, die Magistrate und reiche Privatpersonen errichten sog. Beschäftigungsstätten für Arbeitslose. Daneben gibt es Arbeitslager mit straffer Disziplin und einem äußerst mageren Taschengeld.

Geplünderter Milchwagen in Chicago; auch in den USA kommt es zu Übergriffen von Arbeitslosen

Hungermarsch in London; fast 50 000 Menschen aus ganz Großbritannien strömen in den Hyde Park

Geteilte Meinungen zum Balkanbündnis

9. Februar. Regierungsvertreter Griechenlands, Jugoslawiens, Rumäniens und der Türkei unterzeichnen in Athen den Balkanpakt zur Sicherung des territorialen Status quo auf der Balkanhalbinsel.
Dieser Pakt entspricht der vom französischen Außenminister Louis Barthou geförderten Politik der »kollektiven Sicherheit« gegenüber den europäischen Ländern, die eine Revision der nach dem Ersten Weltkrieg abgeschlossenen Pariser Vorortverträge anstreben. Außerdem soll der Balkanpakt das Eigengewicht Südosteuropas gegenüber den Großmächten stärken. Artikel 1 lautet: »Rumänien, Griechenland, die Türkei und Jugoslawien garantieren sich gegenseitig die Sicherheit ihrer Grenzen auf dem Balkan.«
Der Pakt wird vielfach negativ beurteilt. Die Möglichkeit einer Besserung der internationalen Beziehungen wird ihm abgesprochen, da er keine Lösung für die Streitfragen auf dem Balkan biete; statt dessen richte er sich gegen Bulgarien, dem trotz eines bestehenden Vertrages ein Hafen an der Ägäis verwehrt bleibe. Das Fehlen Albaniens und Bulgariens, so die Kritiker, stemple den Balkanpakt zum »Rumpfpakt«.

△ In der Akademie von Athen wird der Balkanpakt feierlich unterzeichnet

◁ Drei der vier Außenminister bei der Unterzeichnung des Balkanpakts: Maximos (Griechenland), Aras (Türkei), Titulescu (Rumänien; v. l.)

Balkanfrage — eine Konfliktgeschichte

1878: Der Berliner Kongreß erkennt die Souveränität der vom Osmanischen Reich unabhängigen Fürstentümer Rumänien, Serbien und Montenegro an.
1908: Bulgarien wird ein vom Osmanischen Reich unabhängiges Königreich.
1908: Österreich annektiert endgültig Bosnien und die Herzegowina, die Serbien als Teil seines Staatsgebiets betrachtet.
1912/13: Im Ersten Balkankrieg besiegen Montenegro, Bulgarien, Serbien und Griechenland das zerfallende Osmanische Reich.
1913: Die Großmächte erkennen die Unabhängigkeit Albaniens als Fürstentum an.
1913: Im Zweiten Balkankrieg wird Bulgarien von Serbien und Griechenland besiegt, die von Rumänien und der Türkei Unterstützung erhalten. Serbien wird stärkste Macht auf dem Balkan.
1914: Der Mord von Sarajevo löst den Ersten Weltkrieg aus.
1918: Das Königreich der Serben, Kroaten und Slowenen wird gegründet.

Philippinen unabhängig

1. Februar. Der Führer der philippinischen Unabhängigkeitsbewegung, der philippinische Senatspräsident Manuel Luis Quezón y Molina, schlägt der Kolonialmacht USA die Lostrennung der Philippinen von den Vereinigten Staaten innerhalb von drei Jahren vor. Danach soll der Warenaustausch zwischen den USA und den Philippinen zehn Jahre lang zollfrei sein.
Am 19. März genehmigt das US-Repräsentantenhaus in Washington die Vorlage über die Gewährung der Unabhängigkeit an die Philippinen. Ein philippinischer Konvent soll eine Verfassung ausarbeiten, die dann vom US-Präsidenten gebilligt werden muß und nach einer Volksabstimmung auf den Philippinen in Kraft treten kann. Präsident Franklin D. Roosevelt wird zugleich ermächtigt, Verhandlungen über die Neutralität der Philippinen aufzunehmen. Die Philippinen sind 1898 nach dem Spanisch-Amerikanischen Krieg von spanischem in US-amerikanischen Besitz übergegangen. Schon damals hatten die USA den Filipinos die Unabhängigkeit in Aussicht gestellt.

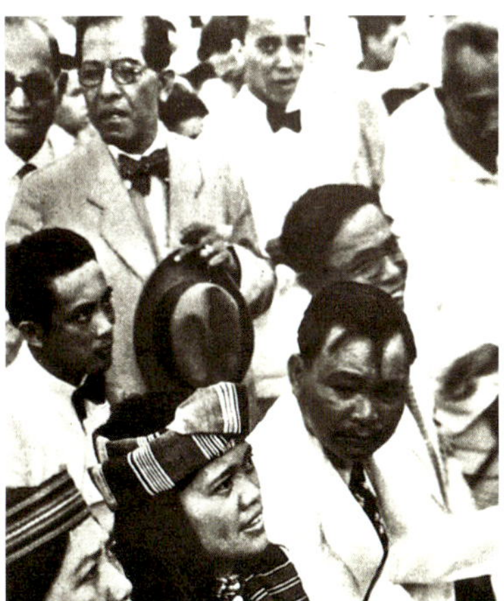

Filipinos bei der Verlesung des Unabhängigkeitsgesetzes durch Manuel Luis Quezón y Molina

Staatsschutz in Litauen

8. Februar. Der diktatorisch herrschende litauische Staatspräsident Antanas Smetona erläßt das »Gesetz zum Schutz von Volk und Staat«. Dem Gesetz kommt besondere Bedeutung hinsichtlich der Autonomierechte im Memelgebiet (nördlich der Memel) zu.
1923 hat sich Litauen des früher deutschen Memellands bemächtigt. Das neue Gesetz verbietet faktisch jede politische Tätigkeit von Ausländern. Der im folgenden zitierte Absatz richtet sich insbesondere gegen die Deutschen im Memelgebiet: »Wer die staatliche Zuverlässigkeit der litauischen Staatsangehörigen, ihre Einigkeit oder ihr Nationalbewußtsein einschläfert oder schwächt, wird mit Gefängnis bestraft, und wenn ein solches Vergehen von Beamten oder Angestellten des Staates und seines autonomen Gebietes... begangen wird, so erfolgt die Bestrafung mit bis zu vier Jahren Zuchthaus.«

Präsident Antanas Smetona, seit 1926 Diktator in Litauen

1923 besetzten litauische Freischaren das Memelgebiet. 1924 übertrugen die Siegermächte des Ersten Weltkriegs im Memelabkommen alle ihre Rechte aus dem Versailler Vertrag an Litauen.

Kundgebung gegen das Dritte Reich im Pariser Bois de Boulogne: Eine Strohpuppe als Symbol für den SA-Terror wird gekreuzigt

Emigrant bei der Lektüre einer »in Deutschland ausgerotteten marxistischen Zeitung«

NS-Eigenwerbung vor der Auslandspresse

28. Februar. Der deutsche Reichsminister für Volksaufklärung und Propaganda, Joseph Goebbels (NSDAP), empfängt in den Festräumen seines Ministeriums in Berlin Vertreter der ausländischen Presse. Auch fast das gesamte diplomatische Korps ist anwesend sowie eine Reihe von Reichsministern. Der Empfang hat den Zweck, die Beziehungen zwischen den amtlichen Stellen des nationalsozialistischen Deutschen Reiches und den ausländischen Journalisten in Berlin wieder »enger zu gestalten« und neue Verbindungen zu knüpfen, betont Goebbels. Presseempfänge zu Propagandazwecken sollen künftig jeden Monat stattfinden.

Der Propagandaminister wirbt daher um Verständnis für das »neue Deutschland«. Die zentrale Aussage seiner Ausführungen ist, daß die Mehrzahl der negativen Presseartikel über das Deutsche Reich im Ausland nicht auf Tatsachen beruhen, sondern auf der Hetze der Emigranten. Wörtlich sagt der Minister in seiner Mahn- und Propagandarede: »Es ist dem Ausland noch viel zu wenig klar geworden, daß der Sieg der nationalsozialistischen Revolution in Deutschland eine neue Männergeneration in die Macht getragen hat, und daß diese neue Männergeneration von der edlen Absicht besessen ist, mit neuen Methoden alte Probleme, die mit alten Methoden unlösbar geworden waren, einer tatsächlichen Lösung zuzuführen ... Es erscheint uns allzu erklärlich, daß die journalistischen Wortführer des Auslandes, die mit den gefallenen Mächten in Deutschland innerlich oder äußerlich solidarisch waren, den gänzlichen Umschwung der Dinge nicht allzu freudig begrüßt haben. Wir können auch ein gewisses Verständnis dafür aufbringen, daß sie heute noch mit dem rechthaberischen Eigensinn der unbekehrbaren Besserwisser einen Tatsachenbestand nicht wahrhaben wollen, der unterdes längst von allen objektiv Denkenden als unabänderlich hingenommen wurde. Unklug aber wird dieses Verfahren dann, wenn es sich nicht mehr auf die persönliche Meinung des einzelnen beschränkt, sondern darüber hinaus zu einer voreingenommenen und damit falschen Darstellung der Lage für die Öffentlichkeit führt. Hier allerdings ist es schwer, eine Brücke des Verständnisses zu finden. Wer bei der Erforschung deutscher Verhältnisse marxistischen Emigranten, die bei Nacht und Nebel über die Grenze gingen, um in den Hauptstädten anderer Länder ein wenig rühmliches Dasein zu fristen, mehr Glauben schenkt als uns, die wir hier blieben, ihre bittere Erbschaft übernahmen und Tag und Nacht am Werk sind, um sie zum Besseren zu wenden, dem ist am Ende nicht zu helfen. So aber kommt man einem historischen Phänomen von der Weite und Größe der nationalsozialistischen Bewegung nicht nahe.«

Goebbels (r.) neben Nuntius Orsenigo (M.) und US-Botschafter Dodd (l.) beim Empfang der Auslandspresse im Reichsministerium für Volksaufklärung und Propaganda; fast das gesamte diplomatische Korps ist anwesend

Rassengesetze »nicht antijüdisch«

15. Februar. Der deutsche Reichsminister des Innern, Wilhelm Frick (NSDAP), spricht in Berlin vor dem diplomatischen Korps über die »Rassengesetzgebung des Dritten Reiches«. Diese richte sich, so der NS-Politiker, in keiner Weise gegen die Juden. Ziel der nationalsozialistischen Revolution von 1933 sei viel mehr: »Deutschland den Deutschen unter deutscher Führung!« Diese Revolution sei getragen von der großen Sehnsucht des deutschen Volkes, auf allen Gebieten seines völkischen Lebens wieder Herr im eigenen Hause zu sein. Deutschland wolle nicht das Judentum wahllos treffen, sondern nur seine Auswüchse beseitigen.

Die Rede des Ministers wirft, obwohl sie eine Propagandarede ist, indirekt Licht auf die Repressionen, denen die Juden im Dritten Reich ausgesetzt sind. Der Innenminister versucht, das diplomatische Korps mit dem Hinweis auf die Buchstaben des Gesetzes zu beruhigen. Er kann jedoch nicht vertuschen, daß der antijüdische Geist des Gesetzes im Alltag bereits zu einer Situation geführt hat, in welcher für viele Juden die Auswanderung als letzte Möglichkeit bleibt.

»Noch stärkeren Anfeindungen«, fährt der Minister fort, »sind wir deshalb ausgesetzt, weil die Gedanken des Arierparagraphen ... auf kulturelle Gebiete und auf die freie Wirtschaft übergegriffen haben. Spielte bei den bisherigen Gesetzen und Verordnungen ein starkes öffentliches Interesse an der Ausschaltung nichtarischer Einflüsse mit, so schießt es doch über das Ziel hinaus, wenn, wie manchmal geschehen, die Grundsätze des § 3 wahl- und kritiklos auf alle Gebiete übertragen werden, für die sie nicht bestimmt sind. In zahlreichen Fällen sind solche Fehlgriffe durch die zuständigen Behörden richtiggestellt worden. So hat das Reichsarbeitsgericht erst unlängst festgestellt, daß die hier und da aufgetretene Behauptung, jeder Angestellte nichtarischer Abstammung könne fristlos entlassen werden, nicht anzuerkennen ist ... Vor allem aber hat die deutsche Regierung in dieser Beziehung immer den Standpunkt vertreten, daß derartigen Übergriffen mit aller Entschiedenheit entgegengetreten werden muß.«

Preußens Justizkommissar Kerrl vor einer Front von Referendaren

Vereinheitlichung deutscher Justiz

16. Februar. Unter der Führung von Preußen, Bayern und Sachsen werden die deutschen Länder drei Gruppen zugeteilt, die eine Vereinheitlichung der Justiz im Deutschen Reich vorbereiten sollen.
In einem Erlaß hat der Reichsminister der Justiz, Franz Gürtner, festgestellt, daß es nach dem Gesetz zum Neuaufbau des Reiches (→ 30. 1./S. 16) nur noch eine Justiz gebe, da mit den Hoheitsrechten der Länder auch die Justizhoheit auf das Reich übergegangen sei. Die Landesjustizverwaltungen führen als Auftragsverwaltungen die Geschäfte vorläufig weiter, bis das einheitliche Justizverwaltungsrecht und eine Vereinheitlichung des materiellen Rechts im Deutschen Reich geschaffen sein werden.

Alle Staatsgewalt dem »Führer«
Da das Deutsche Reich ein »Einheitsstaat« ist, werden die ehemaligen Länder — die »Reste des dynastischen Partikularismus« — »gleichgeschaltet«, d. h. ihre Hoheitsrechte gehen auf das Reich über. Alle Staatsgewalt soll beim Reich und »seinem Führer« liegen.

Gürtner betont, daß die Übergabe der Justizhoheit keine »Erschütterung« der Justiz bedeute. »Das Ziel bleibt das alte: Dem deutschen Volk ein deutsches Recht und eine volksnahe Rechtsprechung!«

Politische Gegner in Konzentrationslagern

17. Februar. Die britische Zeitung »Daily Mail« veröffentlicht in London in ihrer Samstagsausgabe ein Interview, das ihr Sonderberichterstatter Ward Price mit dem deutschen Reichskanzler Adolf Hitler (NSDAP) geführt hat.
Das Interview ist den Aktivitäten des NS-Regimes zuzurechnen, mit denen es im Ausland um einen besseren Ruf wirbt (→ 28. 2./S. 42).
Zentrale Themen sind das Verhältnis zu Österreich und die Situation der Regimegegner im Deutschen Reich.
Hitler zieht einen Vergleich zwischen der nationalsozialistischen Revolution in Deutschland und den Februarunruhen in Österreich (→ 6. 2./S. 38). Wenn die deutschen Nationalsozialisten so vorgegangen wären wie das Dollfuß-Regime, hätte sich in der Welt ein Sturm der Entrüstung erhoben: »In Österreich sind 1 600 Personen getötet und 4 000 bis 5 000 Personen verwundet worden. Deutschlands Bevölkerung ist elfmal so groß wie die Österreichs, so daß in Deutschland die Verluste 18 000 Tote und 50 000 Verwundete betragen haben würden.« Jedermann wisse, daß man — wie in Österreich geschehen — Häuser durch Granatfeuer niederlegen könne, aber solche Praktiken würden einen Gegner nicht überzeugen, sie würden ihn nur verbittern. Der einzige Weg, in einer Revolution Erfolg zu haben, bestehe darin, daß man seine Gegner fasse, indem man sie überzeuge. »Das ist es, was wir in Deutschland erzielt haben.« Die deutschen Kommunisten seien ebenso bewaffnet gewesen wie die Sozialisten in Österreich. Daß die deutschen Kommunisten sich nicht mit Waffengewalt gegen die Machtübernahme der Nationalsozialisten wehrten, liege daran, »daß sie durch Überzeugung für die Sache der Nationalsozialisten gewonnen worden sind. Beweis dafür sind die Wahlen vom vergangenen November, bei denen nur zwei Millionen Menschen gegen das neue Regime in Deutschland stimmten, während die deutschen Kommunisten früher sechs Millionen und die Sozialdemokraten sieben Millionen zählten. Die übrigbleibenden elf Millionen früherer Gegner sind nicht unterdrückt, sondern bekehrt worden.« Zur Frage der Konzentrationslager in Österreich und Deutschland sagt Hitler, Tausende seien aus den deutschen Konzentrationslagern bereits wieder entlassen worden. »Ich hoffe, daß noch mehr freigelassen werden. Sie sind nicht aus Motiven der Rache interniert worden wie in Österreich, sondern weil diese Gegner nicht die Wiederherstellung der politischen Gesundheit Deutschlands stören sollten. Man hat ihnen Zeit gegeben, ihre Ansicht zu ändern. Sobald sie bereit sind, sich zu verpflichten, ihre feindselige Haltung aufzugeben, werden sie entlassen werden.«

400 Wärter bewachen 2000 politische Häftlinge im Konzentrationslager Dachau; autorisierte Fotos sollen zeigen, wie gut es den Häftlingen geht

Von KZ-Häftlingen errichtetes Horst-Wessel-Denkmal in Dachau

Stacheldraht und elektrische Zäune verhindern die Flucht aus KZs

Verhör eines politischen Häftlings im Konzentrationslager Dachau

Heldengedenktag und Führerschwur

25. Februar. *Im Deutschen Reich wird erstmals der Heldengedenktag begangen. Über eine Million politischer Leiter und Amtswalter der Nationalsozialistischen Deutschen Arbeiterpartei (NSDAP) werden auf den Führer Adolf Hitler (eingeblendetes Foto) vereidigt. Tags zuvor fand im Münchner Hofbräuhaus, wo Hitler am 24. Februar 1920 die erste Versammlung abgehalten hatte, die Parteigründungsfeier der NSDAP statt. Auf dem Münchner Königsplatz (große Abb.) sagt Reichsminister Rudolf Heß (NSDAP): »Wehe dem Volk, das keine Heldenverehrung mehr kennt! Es wird auch einst keine Helden mehr hervorbringen, denn auch der Held entsteht aus der Wesenheit eines Volkes. Ein Volk ohne Helden ist aber ein Volk ohne Führer, denn nur ein heldischer Führer ist ein wahrer Führer.«*

Eden bei Hitler zum Abrüstungsdialog

20. Februar. In Berlin trifft der britische Lordsiegelbewahrer Robert Anthony Eden mit dem deutschen Reichskanzler Adolf Hitler (NSDAP) zu Abrüstungsgesprächen zusammen. Hitler bekräftigt, daß die deutsche Regierung es für unmöglich halte, entsprechend einem britischen Vorschlag zwei Jahre lang auf »angemessene Mittel« zur Verteidigung in der Luft zu warten. Die deutsche Luftflotte müsse eine Stärke von 30% der Militärluftstreitkräfte der Nachbarn des Deutschen Reichs oder von 50% der Militärluftflotte Frankreichs haben. Großbritannien fordert die Rückkehr des Deutschen Reichs in den Völkerbund.

Goebbels: Politik ist Männersache

14. Februar. Der deutsche Reichsminister des Innern, Wilhelm Frick (NSDAP), fordert in einem Erlaß »verständnisvolleres Vorgehen«, wenn Frauen aus ihren Stellungen als Beamtinnen entlassen werden. Der Reichsminister für Volksaufklärung und Propaganda, Joseph Goebbels (NSDAP), weist in einer Rede in Berlin darauf hin, daß die Nationalsozialisten die Frauen auf bestimmten Gebieten, z. B. der Politik, ausschlössen, ihnen dafür innerhalb der Familie jedoch souveränen Einfluß einräumten. Es bestünde daher für die Frauen keinerlei Veranlassung, auf Gebieten typischer Männerarbeit mit den Männern zu konkurrieren.

NS-Verfassung für Studentenschaft

7. Februar. Der deutsche Reichsminister des Innern, Wilhelm Frick (NSDAP), verkündet in Berlin die Verfassung der »Reichsschaft der Studierenden an den deutschen Hochschulen und Fachschulen«. Die Reichsschaft gliedert sich in die Deutsche Studentenschaft und die Deutsche Fachschulschaft.

Die Deutsche Studentenschaft soll die Gesamtheit der Studenten vertreten. Sie soll für deren Erziehung zu ehrbewußten und wehrhaften deutschen Männern sowie zum selbstlosen Dienst am Volk durch politische Schulung und zum SA- und Arbeitsdienst sorgen. Sie soll ferner die Verbundenheit von Volk und Hochschule herstellen.

KdF-Urlaub und Landverschickung

17. Februar. 1000 Berliner Arbeiter fahren in Urlaubszügen der nationalsozialistischen Gemeinschaft »Kraft durch Freude« (KdF) nach Oberbayern. Gleichzeitig wirbt die Hitlerjugend um Unterstützung für die sog. Kinderlandverschickung: »Es gilt, Tausenden von Großstadtkindern für einige Wochen einen kostenlosen Landaufenthalt zu ermöglichen. Kränkliche, unterernährte Stadtkinder sollen für kurze Zeit aus dem Steinmeer der Großstädte heraus, damit sie durch frische Luft und derbe Landkost bei Erholung und Arbeit auf Feld und Acker und in Wäldern wieder körperlich und seelisch gesunde, jugendstarke Menschen werden.«

Wirtschaft 1934:

Nationalsozialistische Politik stärkt Unternehmerposition

Die Aktivitäten der nationalsozialistischen Machthaber im Deutschen Reich erstrecken sich nicht nur auf das politische und gesellschaftliche Leben, sondern auch auf die Gestaltung der Wirtschaft. Reichswirtschaftsminister Kurt Schmitt (parteilos) führt in diesem Zusammenhang aus: »Auf keinen Fall wollen wir das tausendfältige Eigenleben unserer Wirtschaft zerstören. Wir brauchen auch in Zukunft den selbständigen Unternehmer, der mit seinem Unternehmen auf Gedeih und Verderb verbunden ist. Wer ein Unternehmen führt, muß die Verantwortung tragen ... Das entspricht dem nationalsozialistischen Leistungsprinzip und ist Voraussetzung für die Wiedergewinnung eines Wohlstands, sei es auf dem Binnenmarkt oder auf dem Weltmarkt, auf den wir als hochindustrialisiertes Land besonders angewiesen sind ... Hieraus ergibt sich die Forderung, daß alle Unternehmungen in Zukunft notwendigerweise ihren Fachgruppen angehören müssen, um sich den Interessen des Ganzen, allerdings nur den im Interesse des Ganzen erforderlichen Maßnahmen unterzuordnen und sich daneben den aufzustellenden Grundsätzen loyaler und anständiger Konkurrenz zu unterwerfen.«

Das am 20. Januar im Deutschen Reich in Kraft getretene Gesetz zur Neuordnung der nationalen Arbeit stärkt entschieden die Rechte der Unternehmer. Jede Form der Mitbestimmung in den Betrieben wird endgültig abgeschafft. Auch die Befugnisse der Deutschen Arbeitsfront (DAF) werden weiter eingeschränkt.

Die Befugnisse der »Treuhänder der Arbeit« werden erweitert. Die von der Reichsregierung ernannten Treuhänder hatten seit 1933 – ähnlich den staatlichen Schlichtern in der Weimarer Republik – die Aufgabe, die Rahmenbedingungen von Arbeitsverträgen zu regeln und den Arbeitsfrieden aufrechtzuerhalten; damit ersetzte die Institution der Treuhänder die Tarifautonomie der Sozialpartner. Durch das neue Gesetz werden die Treuhänder in Zukunft die Arbeit der Vertrauensärzte überwachen, für die Durchführung der Betriebsordnung sorgen und Tarifordnungen festsetzen. Die Hauptaufgabe der Vertrauensräte als Vertretung der Belegschaften ist die »Förderung des Betriebszwecks«. Ihnen ist untersagt, sich für »Sonderinteressen« der Arbeiter einzusetzen. Vertrauensräte haben keine Mitbestimmungsrechte, sondern lediglich beratende Funktion. Der als »Betriebsführer« bezeichnete Unternehmens-Direktor ist gleichzeitig Vorsitzender des Vertrauensrats. Die Betriebsführer haben nach dem neuen Arbeitsrecht die alleinige Entscheidungsbefugnis im Betrieb, werden aber in einem moralischen Appell aufgefordert, sich in allen Fällen »für das Wohl der Gefolgschaft« einzusetzen.

Die Ruhrindustrie – die Abbildung zeigt das Eisen- und Stahlwerk Union in Dortmund – ist eine der wirtschaftlichen Stützen des NS-Regimes; schon vor der Machtergreifung wurde die NSDAP von Ruhrindustriellen finanziell unterstützt; seit 1933 werden die Rechte der Arbeiter immer mehr abgebaut

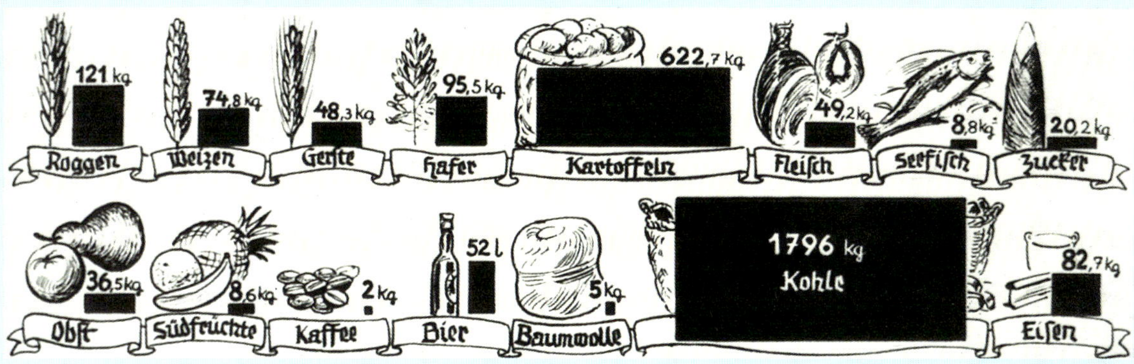

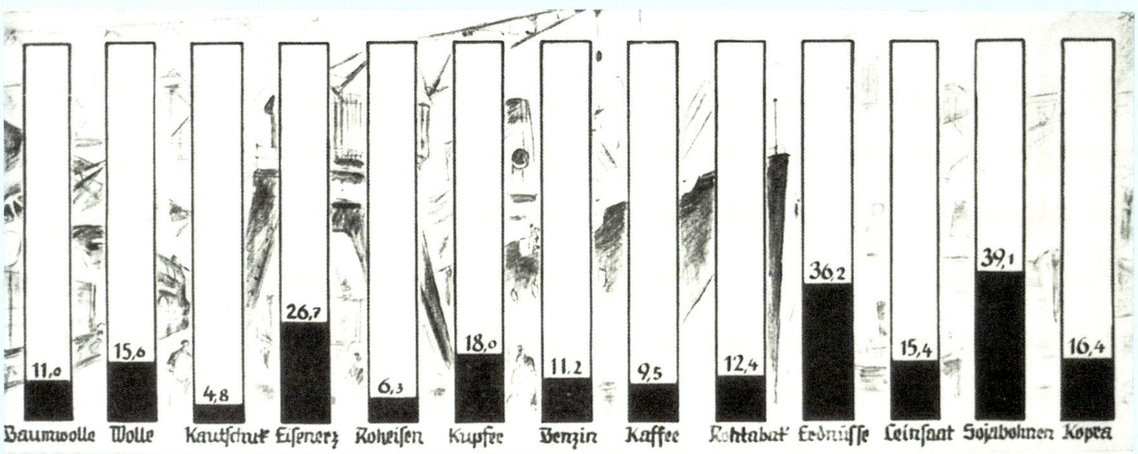

Die Abbildung oben gibt einen Überblick über den Pro-Kopf-Verbrauch eines Deutschen an wichtigen Lebensmitteln, Baumwolle, Kohle und Eisen, berechnet nach Statistiken des Jahres 1933; die untere Abbildung zeigt, wieviel Prozent das Deutsche Reich vom Weltgesamtexport einführen muß, um lebensfähig zu sein; die beiden Übersichten sind Teil einer Propagandaaktion, in der dem In- und Ausland klargemacht werden soll, daß künftig das Deutsche Reich »nicht mehr der bedeutende Kunde« bleiben wird, der es bislang gewesen ist; das wirtschaftspolitische Schlagwort, mit dem die Nationalsozialisten diese Bestrebungen bezeichnen, heißt »Autarkie«, d. h. Unabhängigkeit von allen Importen lebenswichtiger Güter aus dem Ausland durch Erschließung neuer, eigener Rohstoffquellen

Albert I. von Belgien stürzt in den Tod

17. Februar. Albert I., seit 1909 König der Belgier, verunglückt bei einer Felsbesteigung in der Nähe von Namur tödlich. Nachfolger wird sein Sohn, Kronprinz Leopold, der am 23. Februar als Leopold III. vor Senat und Kammer den Eid ablegt. Albert, ein leidenschaftlicher Bergsteiger, fuhr am Samstagnachmittag in Begleitung seines Kammerdieners in die Nähe von Namur und erklärte dem Diener, daß er den etwa 200 m hohen Felsen Marche-les-Dames besteigen wolle und in einer Stunde zurück sei. Nach Ablauf der Stunde suchte der Diener vergeblich nach dem Monarchen und forderte telefonisch Hilfe an. Eine Rettungsexpedition fand den Gesuchten mit einem Schädelbruch tot auf. Der König war zwölf Meter auf die direkt unter den Felsen vorbeiführende Straße gestürzt.

König Albert hatte in Belgien den Beinamen »Koning-Ridder« (König-Ritter) wegen seiner bewaffneten Verteidigung der belgischen Neutralität während des Ersten Weltkriegs

△ Die Leiche des im Fels verunglückten Königs Albert I. in der khakifarbenen Felduniform eines Generals auf der Bahre in der Trauerkapelle; der tragische Todessturz des begeisterten Bergsteigers löst in der ganzen Welt größte Anteilnahme aus

◁ König Albert beim Klettern in den Dolomiten; wenn die längere Abwesenheit des Königs von Brüssel unmöglich war, suchte Albert die landschaftlich reizvolle Gegend von Namur auf, wo er, meist ganz allein, längere Fußwanderungen und kleinere Felsbesteigungen unternahm; bei diesen Reisen trat er unter dem Namen eines Grafen von Rethy auf

Gekrönte Häupter bei Hitler in Berlin

28. Februar. König Boris III. von Bulgarien trifft aus Koburg, wo er seinen Vater, den früheren Zaren Ferdinand von Bulgarien, besucht hat, zu einem politischen Meinungsaustausch in Berlin u. a. mit Reichspräsident Paul von Hindenburg und Reichskanzler Adolf Hitler (NSDAP) zusammen. Am Festessen in der bulgarischen Gesandtschaft nehmen Vizekanzler Franz von Papen (parteilos), der Reichsminister des Auswärtigen, Konstantin Freiherr von Neurath (parteilos), der Reichsminister für Volksaufklärung und Propaganda, Joseph Goebbels (NSDAP), und der Reichsminister der Luftfahrt und preußische Ministerpräsident Hermann Göring (NSDAP) teil.

Um 13 Uhr legt der Monarch am Ehrenmal Unter den Linden einen Kranz für die Gefallenen des Deutschen Reiches, den bulgarischen »Waffenbrüdern« während des Ersten Weltkriegs, nieder.

Am 6. Februar war König Gustav V. von Schweden in Berlin von Hindenburg und Hitler empfangen worden. Der schwedische Monarch hielt sich auf der Durchreise in den Süden nur für einen Tag in der deutschen Reichshauptstadt auf. Einen Tag später besuchte König Christian X. von Dänemark Berlin.

Wetterextreme in der ganzen Welt

26. Februar. Schwere Schneestürme fordern in den USA fast 60 Tote. Nach tagelangem permanentem Schneefall ist der Autoverkehr in New York zusammengebrochen, der Flugverkehr wurde eingestellt. Auf Long Island sind viele Familien von der Umwelt abgeschnitten. Ein mit acht Personen besetztes Verkehrsflugzeug stürzt während eines Schneesturms über den Bergen von Utah ab, kein Passagier überlebt. Aus dem Süden der USA, aus Mississippi, Alabama und Georgia, werden Wirbelstürme gemeldet, die ebenfalls zahlreiche Opfer fordern. Im Kaspischen Meer treiben seit 24 Stunden 400 Fischer mit 190 Pferden auf einer riesigen Eisscholle, die abgebrochen ist. Der Eisbrecher »Stalin« ist ausgelaufen, um den Fischern Hilfe zu bringen.

△ Skyline von New York hinter dem vereisten Hudson River; am Morgen des 9. Februar fallen die Temperaturen auf - 25,7 °C

◁ Die niedrige Tide läßt die Kanäle von Venedig bis auf kleine Rinnsale austrocknen, der Gondelverkehr wird eingestellt

▷ Ein Schutzmann hilft einer Passantin in Edinburgh, wo heftige Stürme toben mit Böen von bis zu 80 km/h

Atlantikpost im Dornier-Wal

3. Februar. *Die »Deutsche Luft-Hansa« nimmt in Stuttgart den planmäßigen Postflugdienst von Europa nach Südamerika ins brasilianische Natal auf.*
Die Linie führt von Stuttgart ins spanische Sevilla. Von dort bringt ein Junkers Ju-52-Flugzeug die Post nach Las Palmas auf der Kanarischen Insel Gran Canaria. Am dritten Tag startet ein Flugboot nach Bathurst in Britisch-Gambia. Am vierten Tag fliegt ein Dornier-Wal-Flugboot mit der Post in den Südatlantik zum Flugstützdampfer »Westfalen« (Bild), wo das Flugboot aufgetankt wird. Dann wird die letzte Etappe nach Natal in Brasilien zurückgelegt.
Auf der Abbildung ist am Heck der »Westfalen« das ausgebrachte Schleppsegel zu erkennen; auf dem Katapult steht ein Dornier-Wal der Luft-Hansa, startbereit für den letzten Teil des Ozeanflugs nach Südamerika.

Kampf der Malaria

17. Februar. *Die Türkei hat einer der schwersten Landplagen den Kampf angesagt, der Malaria. Die Brunnen der türkischen Städte werden wöchentlich einmal desinfiziert, weil sie Stechmücken beherbergen. Der Stich dieser Mücken überträgt die Keime der Malariaerreger auf das Blut von Menschen und führt zu einer bösartigen fiebrigen Krankheit, die schwere Gesundheitsstörungen zur Folge hat. Noch bis vor kurzem fielen in der Türkei viele Tausende dieser Seuche zum Opfer. Nun ist die Malariabekämpfung gesetzlich geregelt.*

Verzweiflungskampf im Eis

13. Februar. *Die dramatische Rettungsaktion zur Bergung der 111köpfigen Besatzung des sowjetischen Eisbrechers »Tscheljuskin« beginnt. Das Schiff ist auf dem Weg von Murmansk nach Wladiwostok vom Eis eingeschlossen worden. Seit Wochen treibt die Besatzung auf einer immer kleiner werdenden Eisscholle. Der Versuch der »Tscheljuskin«, die nördliche Durchfahrt durch die Behringstraße in den Pazifischen Ozean zu erzwingen, ist bereits im Oktober 1933 im Eis gescheitert. Ein Teil der Besatzungsmitglieder hat das Schiff verlassen, um mit Hundeschlitten über Eis und Inseln den Weg zum Festland zu suchen. Die Abbildung zeigt die Bergung eines Bootes auf eine Scholle; rechts (mit Bart) steht der Gelehrte Otto J. Schmidt, der Leiter der Rettungsexpedition. Die letzte Gruppe von Geretteten wird am 13. April ausgeflogen.*

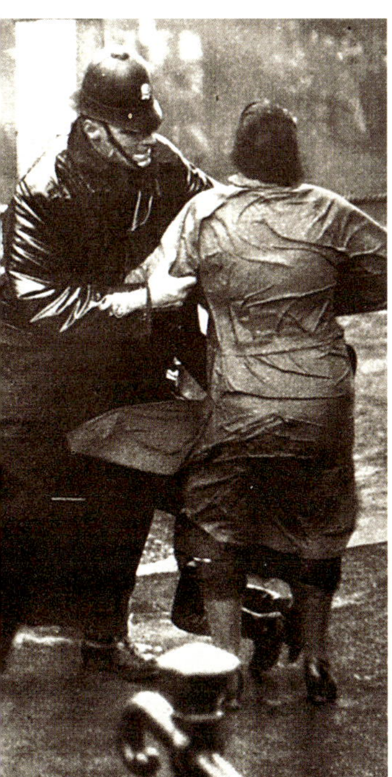

Kölner Rosenmontagszug: Panzer mit Friedenstaube

München: Der Emigrantenkröte wird das Maul gestopft

Prinz Karneval als NS-Propagandachef unter der Schellenkappe

12. Februar. *Auch die Karnevals- und Faschingsumzüge in Köln, Mainz und München haben sich auf den Nationalsozialismus eingestellt. Die Wagen zeigen Motive und Bilder der NS-Propaganda, die politische Gegner verunglimpfen: Der die »Hetz-Emigranten« symbolisierenden »Unke« wird das Maul gestopft. Der Tank, aus dessen Mörser ein Friedensengel lugt, steht für den immer wieder geäußerten Abrüstungswillen Großbritanniens und Frankreichs, der nach Meinung des NS-Regimes über die tatsächliche Aufrüstung hinwegtäuschen soll.*

Film 1934:

Kinofilme mit einer »gesunden Tendenz«

Demonstrative Kinobesuche von Mitgliedern der nationalsozialistischen deutschen Reichsregierung zeigen, daß dem Film im Dritten Reich besondere Aufmerksamkeit zuteil wird. Die NS-Regierung ist, wie der Reichsminister für Volksaufklärung und Propaganda, Joseph Goebbels (NSDAP), bei einer international beachteten Rede vor Filmschaffenden am 10. Februar in Berlin erklärt, »der Überzeugung, daß der Film eines der modernsten und weitestreichenden Mittel zur Beeinflussung der Masse ist. Eine Regierung darf deshalb den Film nicht sich selbst überlassen.«
»Wir sind nicht kleinlich oder bürokratisch«, meint Goebbels, von starkem Beifall unterbrochen, »sondern so großzügig wie möglich, denn wir wußten, die Kunst bedarf der Großzügigkeit. Eine Regierung mag die innere Disziplin eines Volkes noch so fest in die Zügel nehmen, sie muß die Zügel um so lockerer lassen, wenn es sich um Dinge künstlerischer oder intuitiver Betätigung handelt.« Diese scheinbar liberalen Worte des Propagandaministers stehen im Gegensatz zur tatsächlichen NS-Kulturpolitik. Der »Filmkurier«, das offizielle Organ des Reichsverbands deutscher Filmtheater, bringt immer wieder Leitartikel, in denen der Kritiker gefordert wird, »der nicht zerpflückt und belächelt, sondern ein Arbeiter am Aufbauwerk ist«. Hauptaugenmerk soll die sog. Tendenz sein: »In seiner Grundstellung Soldat Adolf Hitlers, hat der Kritiker zwangsläufig in erster Linie über die Tendenz zu wachen ... Zwangsläufig geschieht es, daß ein unkünstlerischer Film mit gesunder Tendenz nicht eine so schroffe Ablehnung erfahren kann wie ein künstlerischer Film mit einer feindlichen Tendenz.«
Auch das Verhältnis zwischen Kinopublikum und Film soll geändert werden. Zielgruppe des nationalsozialistischen Films darf nicht mehr der kunstfremde »Amüsierpöbel« sein. Der neue, nationalsozialistische Film wird, so Propagandaminister Joseph Goebbels, erst dann geschaffen sein, wenn es der Regierung gelungen ist, den breiten Volksmassen den Hunger nach Kitsch und Happy-End, die Sucht nach Feierabendvergnügen, in dem »alles Problematische des ernsten Lebens ins Operettenhafte umgelogen wird, auszutreiben.«
Viele der offen propagandistischen Nazifilme — »Hitlerjunge Quex« (1933) — finden bei der Bevölkerung im Deutschen Reich nur wenig Anklang. Regisseure wie Lenz Riefenstahl verbinden jedoch Propaganda und Ästhetik zu künstlerischen Höchstleistungen.
Während die Nationalsozialisten ihre Auffassung vom Film als Mittel der Propaganda nach und nach in die Praxis umsetzen — z. B. durch die Einführung von Zensurbestimmungen (→ 16. 2./S. 49) —, wird dieses Medium in der Sowjetunion schon lange zur »Erziehung des Volkes« eingesetzt. Die sowjetische Führung hat sich geniale Regisseure wie Sergej M. Eisenstein (»Panzerkreuzer Potemkin«, 1925) dienstbar gemacht. In ihren Werken weicht das Künstlerische vor dem Propagandistischen zurück.

»So ein Flegel« mit H. Rühmann (r.), R. Platte (M.) ist die erste Verfilmung des Romans »Die Feuerzangenbowle«

Marianne Hoppe (l.) und Mathias Wiemann (r.) sind die Stars des Films »Der Schimmelreiter« nach der gleichnamigen Novelle von Theodor Storm

Käthe von Nagy und Albin Skoda in »Liebe, Tod und Teufel«

I. Bergmann erstmals vor der Kamera in »Der Graf von der Mönchsbrücke«

Alfred Hithcocks Thriller »Der Mann, der zuviel wußte« zählt 1934 zu den wichtigen englischsprachigen Filmen mit F. Vosper, P. Lorre und L. Banks

Film im Dienst des Regimes

16. Februar. Die nationalsozialistische deutsche Reichsregierung verabschiedet das Lichtspielgesetz. Es sieht eine grundlegende Neuregelung der Filmprüfung vor. Zentrale Prüfinstanz für in- und ausländische Filme, die im Deutschen Reich aufgeführt werden, wird der staatliche Reichsfilmdramaturg. Mit der Schaffung einer Filmbank und der Reichsfilmkammer gelten damit die staatlichen Maßnahmen zum Wiederaufbau des deutschen Filmwesens als »auf wirtschaftlichem Gebiet zunächst abgeschlossen.«

Nur durch intensive Beratung und Betreuung, so das Filmgesetz, kann verhindert werden, daß Filme zur Vorführung gelangen, die »dem Geiste der Zeit zuwiderlaufen«. Die Vorprüfung von Filmen ist Aufgabe des Reichsfilmdramaturgen, der bei seiner »zielsicheren Beurteilung« nach einheitlichen Vorgaben und »nach festen Grundsätzen« vorgeht. Dadurch ergibt sich der Wegfall der bisherigen Nachprüfung reichsgeprüfter Filme. Paragraph 5 des neuen Gesetzes geht davon aus, daß die moralischen, sozialen, ästhetischen und ethischen Anschauungen in der Welt verschieden sind. Die Prüfstelle wird deshalb ermächtigt, die für das Inland verbotene Darstellung z. B. eines Stierkampfs in einem deutschen Film zur Aufführung im Ausland zuzulassen, um die Exportchancen der deutschen Filmwirtschaft nicht zu beeinträchtigen. Durch das Verbot von Filmen, die »das nationalsozialistische, religiöse, sittliche oder künstlerische Empfinden verletzen«, soll durch Gesetz die »Wahrung der nationalen Würde auch im Film« durchgesetzt werden. Die Filmprüfstelle führt auch eine Wertung der Filme durch. Mit den Prädikaten sind wirtschaftliche Vergünstigungen wie Steuerermäßigung oder Steuerbefreiung verbunden. Die Prädikate sind: staatspolitisch wertvoll, künstlerisch, künstlerisch wertvoll, volksbildend, Lehrfilm, besonders wertvoll.

Die Filmprüfstelle entscheidet über die Zulassung der Filme für Jugendliche bzw. über ein Jugendverbot. Das Jugendverbot als Lockmittel für die Filmreklame anzuwenden, ist untersagt. Künstlerisch »schwache« Filme dürfen nicht mehr durch »anreizerische Reklame« werbemäßig aufgewertet werden.

Amateur- und Schmalfilmkinematographen sind von der Verpflichtung, ihre Filme der Prüfstelle vorzulegen, befreit. Die zur Zensur nötige Überwachung der Schmalfilme wird künftig von der Ortspolizeibehörde ausgeübt.

Durch das neue Lichtspielgesetz verschafft sich das NS-Regime die totale Kontrolle über das deutsche Filmschaffen. Die Faszination Kino soll künftig hauptsächlich dem Zweck dienen, nationalsozialistische Ideologie zu vermitteln.

Viktor de Kowa und Hilde Weissner in »Die Finanzen des Großherzogs«, bei dem Gründgens Regie führte

»Treffpunkt Paris« mit C. Lombard, S. Temple und G. Cooper

William Powell und Myrna Loy avancieren durch »Der dünne Mann« zum populärsten Gespann in US-Krimis

Die deutsche Mannschaft (im dunklen Dress) setzt sich im Mailänder Eispalast mit physischer Stärke und Kampfkraft nach Verlängerung gegen die Schweizer durch, die ihr spielerisch überlegen waren

Deutscher Erfolg bei Eishockey-EM

11. Februar. Durch einen 2:1-Sieg nach Verlängerung über die Schweiz wird die deutsche Eishockey-Mannschaft in Mailand Europameister. Den Weltmeistertitel holt sich am 12. Februar Kanada, das die USA 2:1 schlägt.

Das Endspiel um die Europameisterschaft geht für die Schweizer, die ihren Gegnern während der regulären Spielzeit überlegen sind, durch viel Pech verloren. Dem Spielverlauf zufolge hätten die Schweizer mit wenigstens zwei Toren Vorsprung siegen müssen. Sie liefern ein herrliches Spiel, gehen in der vierten Minute durch einen Schuß von Cattini I in Führung, und nur der großen Abwehrkunst von Leineweber im deutschen Tor ist es zu verdanken, daß es beim 0:1 bleibt. Roemers Ausgleichstreffer 20 Sekunden vor Ende der regulären Spielzeit erzwingt eine Verlängerung von je zweimal fünf Minuten.

Die Schweizer zeigen sich in der Verlängerung erschöpft und ausgelaugt. Sie werden schließlich von den Deutschen ausgespielt, die mit großer Härte spielen und dafür eine Verwarnung hinnehmen müssen. In der vierten Minute der zweiten Verlängerung feuert der deutsche Stürmer Strobel einen Weitschuß ab, der Schweizer Torwart duckt sich, und der Puck wandert ins Netz zum 2:1-Endstand.

Das physisch stärkere Team ist Europameister 1934 geworden.

Skimeisterschaften in Berchtesgaden

11. Februar. Die Meisterschaftswoche des Deutschen Skiverbands in Berchtesgaden findet ihren Höhepunkt, als sich 10 000 Zuschauer bei strahlendem Sonnenschein an der Berchtesgadener Sprungschanze einfinden. Der Schirmherr der Deutschen Skimeisterschaften, der preußische Ministerpräsident Hermann Göring (NSDAP), wohnt den Spielen bei.

Star der Spiele, die am 12. Februar zu Ende gehen, ist der Berchtesgadener Alfred Stoll. Er zeigt auf der heimischen Schanze Sprünge von 56 und 59 Metern. Allerdings ist seine Haltung nicht einwandfrei, so daß der erste Platz und der Meistertitel im Sprunglauf an den Münchner Karl Dietl gehen, der 51 und 52 Meter in tadelloser Haltung steht. Stoll wird jedoch im Gesamtklassement des Lang- und Sprunglaufs Deutscher Meister 1934. Er gewinnt damit den Wanderpreis des Deutschen Skiverbands, den Goldenen Ski. Die Plätze hinter Stoll sichern sich der Breslauer Herbert Leupold und der Münchner Walter Motz. Die Deutsche Skimeisterschaft für Damen gewinnt Christl Cranz (Freiburg im Breisgau) vor Lisa Resch (Partenkirchen) und Käthe Grasegger (Partenkirchen). Die im Rahmen der Deutschen Skimeisterschaft durchgeführte Staffelmeisterschaft gewinnt die Mannschaft Bayern I (Reiser, Zeller, Motz, Bogner) in 3:04:33 Stunden vor dem Allgäuer Team (3:13:25).

Wahl, Sieger im 50-km-Langlauf

Christl Cranz, Slalom-Siegerin

Sandter, Gewinner im Eisschnellauf

Winterkampfspiele wieder mit Skeleton

4. Februar. In Schierke und Braunlage im Harz gehen die vierten Deutschen Winterkampfspiele zu Ende. Nach 20jähriger Pause ist erstmals wieder eine deutsche Skeletonmeisterschaft ausgetragen worden, die Winkl aus Schreiberhau gewinnt. Der Meister der Vorkriegszeit, der 48jährige Zentzytzki, belegt Platz fünf. Skeleton ist ein bäuchlings gefahrener Rennschlitten.

Den 50-km-Langlauf der Spiele gewinnt Otto Wahl (Zella-Mehlis) in 3:59:54 Stunden vor Lenze (Oberkochem, 4:2:57) und Gaiser (Bayersbronn, 4:7:11).

Meisterschaften und Rekorde auf dem Eis

17. Februar. Bei schwachem Besuch, aber idealen Eisverhältnissen beginnen in Stockholm die zweitägigen Weltmeisterschaften im Eiskunstlauf. Wie erwartet, erringt der Wiener Titelverteidiger Karl Schäfer den Sieg — zum fünften Mal. Auf den nächsten Plätzen liegen der Berliner Ernst Baier, der Österreicher Erich Erdös und der Finne Nikkaanen. Siegerin bei den Damen wird zum achten Mal die 22jährige Norwegerin Sonja Henie, vor Megan Taylor aus Großbritannien und der Österreicherin Liselotte Landbeck.

Das Paar Maxie Herber und Ernst Baier (Berlin) erringt bei den Deutschen Winterkampfspielen im Harz die Meisterschaft im Eis-Paarlaufen

Die am 3./4. Februar im norwegischen Hamar durchgeführten Europameisterschaften im Eiskunstlauf gewinnt bei den Damen ebenfalls Sonja Henie, Platz zwei erringt Liselotte Landbeck. Welt- und Europameister im Paarlauf werden die Ungarn Rotter/Szollas vor den Österreichern Papetz/Zwack. Die am 28. Januar in Klagenfurt zu Ende gegangenen österreichischen Eisschnellaufmeisterschaften enden mit dem Sieg von Max Stiepl.

Neue Rekorde melden die Damen: Die Norwegerin Undis Blikken verbessert im norwegischen Horten den von Liselotte Landbeck im Eisschnellaufen über 1000 m aufgestellten Weltrekord von 1:48,5 auf 1:45,9 Minuten; über 1500 stellt sie mit 2:48,8 Minuten einen weiteren Weltrekord auf, den bisher die Finnin Verne Lesche hielt; Ende Februar verbessert sie ihren eigenen Rekord auf 2:40 Minuten.

Bei der Weltmeisterschaft im Eisschnellaufen für Herren in Helsinki belegen die Norweger Evensen und Petersen die Plätze eins und, der Finne Wasenius kommt in der Gesamtwertung auf Platz zwei.

Bob-Weltmeister

4. Februar. *Bei der Weltmeisterschaft der Bobfahrer im schweizerischen Engelberg sichert sich bei den Zweierbobs Rumänien den Titel vor der Mannschaft aus dem Deutschen Reich.*

Bereits im ersten Lauf gibt es zahlreiche Stürze, Großbritannien und Österreich scheiden aus. Die beste Leistung auf der 2175 m langen Strecke zeigt der Bob aus der Schweiz mit 2:21,1 Minuten. Im dramatischen Endlauf stürzt der schweizerische Bob jedoch 20 m vor dem Ziel. Der Weltmeistertitel fällt dadurch an den Bob Rumänien II. Steuermann Hanns Kilian und sein Bremser Sebastian Huber kommen mit dem Bob Deutschland I auf den zweiten Platz. Sie werden jedoch von der Rennleitung disqualifiziert, da sie ohne Genehmigung ihre Maschine während des Wettbewerbs gewechselt hatten. Hanns Kilian wird in diesem Jahr aber noch Weltmeister als Steuermann des deutschen Viererbobs. Die Abbildung zeigt den Weltmeisterbob bei einem Rennen in Garmisch-Partenkirchen.

März 1934

Mo	Di	Mi	Do	Fr	Sa	So
			1	2	3	4
5	6	7	8	9	10	11
12	13	14	15	16	17	18
19	20	21	22	23	24	25
26	27	28	29	30	31	

1. März, Donnerstag

P'u I, der letzte Kaiser von China, wird zum Kaiser von Mandschukuo gekrönt. →S. 62

Im Saargebiet wird die Deutsche Front als »deutsche Einheitspartei« all derer gegründet, die den Anschluß an das Dritte Reich wünschen (→ 16. 1./S.19; 3. 12./S. 204).

Der spanische Ministerpräsident Alejandro Lerroux y García tritt zurück nach der Demission zweier dem linken Kabinettflügel angehöriger Minister. Die Radikale Partei des Ministerpräsidenten hatte eine Zusammenarbeit mit den Rechten beschlossen. Am 3. März bildet Lerroux y García eine neue Koalitionsregierung.

In Miami in den USA schlägt Boxschwergewichtsweltmeister Primo Carnera (Italien) seinen Herausforderer Tommy Loughran in 15 Runden nach Punkten.

Beim Verlag Mittler & Sohn in Berlin erscheint das Buch »Aufbau einer Nation« des preußischen Ministerpräsidenten Hermann Göring (NSDAP). »Kämpferisch, fortreißend und bezwingend« stellt Göring den »nationalen Umschwung« dar, heißt es in der Presseankündigung.

2. März, Freitag

Österreich erhält eine Einheitsgewerkschaft. →S. 61

Das geistliche Ministerium der Deutschen Evangelischen Kirche beschließt das Gesetz, wonach die Deutsche Evangelische Kirche unter der Führung von Reichsbischof Ludwig Müller als Landesbischof die Leitung der Evangelischen Kirche der Altpreußischen Union übernimmt.

In Düsseldorf beschlagnahmt die Kriminalpolizei von Mitgliedern der katholischen Jugend verteilte Flugblätter, auf denen, so die Behörden, »Propaganda für die katholischen Jugendverbände« gemacht wurde. Am selben Tag verfügt die Polizei ein »Betätigungsverbot« für die konfessionellen Jugendverbände.

Der wegen Mordes zum Tod auf dem elektrischen Stuhl verurteilte US-Bürger Harley Edwards unternimmt vor der Hinrichtung in Michigan einen Selbstmordversuch. Als er sterbend mit aufgeschnittenen Pulsadern gefunden wird, erhält er mehrere Bluttransfusionen, damit das Urteil korrekt vollstreckt werden kann.

3. März, Sonnabend

Die Stadt Berlin übernimmt die Ehrenpatenschaft von dritten und vierten Kindern aus »erbgesunden Familien«. → S. 59

Der US-amerikanische Bankräuber John Dillinger bricht aus dem Crownpoint-Gefängnis im US-Bundesstaat Indiana aus. →S. 63

Staatsrat Willi Börger (NSDAP) veröffentlicht in Berlin einen »Aufruf an die schaffende Bevölkerung Deutschlands«, in dem er zu mehr Weingenuß auffordert. Marxistische Gleichmacherei habe das Weintrinken als »kapitalistische Genußsucht« verpönt.

4. März, Sonntag

Der deutsche Reichsminister für Volksaufklärung und Propaganda, Joseph Goebbels (NSDAP), eröffnet die Leipziger Frühjahrsmesse.

5. März, Montag

In Indien wütet die Pest. Nach offiziellen Angaben sind in der vorletzten Woche 918 und in der letzten Woche 1210 Menschen gestorben.

6. März, Dienstag

Der deutsche Reichskanzler Adolf Hitler (NSDAP) legt den Grundstein zum Richard-Wagner-Nationaldenkmal in Leipzig.

In Wien findet eine Versammlung der österreichischen und ungarischen Legitimisten statt. Sie fordern die Rückkehr der Habsburger auf den österreichischen Thron mit Otto, dem ältesten Sohn des verstorbenen letzten Kaisers Karl I.

Der österreichische Unterrichtsminister Kurt Schuschnigg (CP) betont in einer Rede vor den Ostmärkischen Sturmscharen in Graz, daß die sog. Habsburger Gesetze Unrecht seien. Die Habsburger treffe keinerlei Schuld am Ersten Weltkrieg, deshalb entbehre auch die Entrechtung und Enteignung der Dynastie jeder rechtlichen Grundlage.

Der deutsche Automobilrennfahrer Hans Stuck stellt auf der Avus in Berlin drei Rekorde auf. →S. 67

Auf deutschen Antrag hin wird die französische Ausgabe des Buches »Mein Kampf« von Adolf Hitler (NSDAP) beschlagnahmt. Sie war ohne Genehmigung des Verfassers erschienen. Hitler hatte mehrmals erklärt, er wolle keine französische Übersetzung seines Buches.

7. März, Mittwoch

Deutsche und polnische Regierungsvertreter unterzeichnen in Warschau ein Zollfriedensprotokoll, das den deutsch-polnischen Zollkrieg endgültig beendet (→ 26. 1./S. 18).

In Spanien wird der verschärfte Alarmzustand verhängt, nachdem es zu mehreren Streiks gekommen ist (→25. 4./S. 76).

8. März, Donnerstag

Bei den Wahlen zum London County Council erringt die Labour Party erstmals die Mehrheit. →S. 61

Die Internationale Automobil- und Motorrad-Ausstellung in Berlin wird eröffnet. →S. 60

9. März, Freitag

Im Alter von 78 Jahren stirbt in Grünberg der Seifensiedermeister Richard Kalide, der letzte schlesische Seifensieder, der die Seifensiederei handwerksmäßig betrieb.

Im Berliner »Capitol am Zoo« findet die deutsche Erstaufführung des englischen Films »Katharina die Große« von Paul Czinner statt. Laut Presseberichten nimmt »das Publikum« gegen den Film des »jüdischen Regisseurs«, dessen »jüdische Frau« Elisabeth Bergner, in der Titelrolle zu sehen ist, »eine außerordentlich scharfe ablehnende Haltung ein und protestiert lebhaft gegen die Aufführung«. Der Film wird auf Anweisung der Berliner NS-Führung vom Spielplan abgesetzt.

Das Sondergericht für das Land Sachsen in Dresden verurteilt neun Angeklagte zu mehrjährigen Zuchthausstrafen wegen Fortführung der (verbotenen) SPD. Die Angeklagten hatten u. a. die in Prag herausgegebene SPD-Exilzeitung, den »Neuen Vorwärts«, ins Deutsche Reich eingeführt und vertrieben.

Aus den badischen Konzentrationslagern Kislau und Anckerbuck werden 40 Häftlinge entlassen, darunter ehemalige »Marxisten«. Nach Pressemitteilungen gaben die Entlassenen »freiwillige Loyalitätserklärungen« ab, aus denen hervorgeht, »daß sie ihre Meinung über den Nationalsozialismus gründlich gewandelt haben und heute erkennen, daß er allein das deutsche Volk retten kann«.

10. März, Sonnabend

In einer Pressemitteilung tritt der preußische Ministerpräsident und Reichsminister ohne Geschäftsbereich Hermann Göring (NSDAP) Gerüchten entgegen, die Geheime Staatspolizei (Gestapo) bespitzele »alle Lebensvorgänge« und bediene sich unlauterer Methoden. → S. 58

Der preußische Ministerpräsident Hermann Göring (NSDAP) fordert eine Verschärfung der Maßnahmen gegen die Schwarzarbeit. → S. 57

Reichsminister Rudolf Heß, Stellvertreter des Führers der NSDAP, gewinnt den Zugspitzflug 1934. → S. 67

In Berlin wird der Reichsverein für Sippenforschung und Wappenkunde gegründet.

11. März, Sonntag

Der preußische Ministerpräsident Hermann Göring (NSDAP) ändert die Schutzhaftbestimmungen. → S. 58

Die Schweizer Bevölkerung verwirft in einer Volksabstimmung das Staatsschutzgesetz. → S. 63

Der deutsche Reichskanzler und NSDAP-Führer, Adolf Hitler, sagt in München: »Die Hauptstadt der Kunst und unserer Bewegung ist München und wird München bleiben.« → S. 58

Die rechtsradikale französische Frontkämpferorganisation Croix de feux (Feuerkreuz) unter dem ehemaligen Oberst François de La Rocque führt in Paris und Rouen einen Generalappell durch. Dem antiparlamentarischen, nationalistischen Wehrverband gehören rund 200 000 Mitglieder an, darunter zahlreiche Jugendliche und Frauen (→ 6. 2./S. 36).

Bei einem Ausscheidungsspiel für die Fußballweltmeisterschaft in Italien besiegt die deutsche Mannschaft Luxemburg 9:1.

Der Zentralverlag der NSDAP in München gibt bekannt, daß zu dem Zeitungsleserwettbewerb »Mit Hitler in die Macht« über 200 000 Einsendungen eingegangen seien. Mit »welch gefühlsmäßig richtiger Einstellung das deutsche zeitungslesende Publikum der dem Wettbewerb zugrundeliegenden Idee gefolgt ist, beweist nicht nur die außerordentlich starke Teilnahme der deutschen Öffentlichkeit an dem Preisausschreiben, sondern auch die über Erwarten große Zahl der richtigen Lösungen: Von den über 200 000 Einsendern haben 1069 das Richtige getroffen«, schreibt der Verlag.

12. März, Montag

Juden werden aus der deutschen Wehrmacht ausgeschlossen. Reichswehrminister Werner von Blomberg (parteilos) verfügt die Anwendung des Gesetzes über das Beamtentum vom 7. April 1933, das von Beamten einen Nachweis ihrer arischen Abstammung verlangt, auf die Reichswehr. Jüdische Soldaten aller Dienstgrade müssen ihren Dienst sofort quittieren. →S. 58

Im Vorfeld der Präsidentenwahlen in Estland wird nach blutigen Zusammenstößen zwischen Anhängern der Regierung Konstantin Päts und der Organisation der Frontkämper der Ausnahmezustand verhängt.

Der Leiter des schweizerischen Justiz- und Polizeidepartements, Bundesrat Heinrich Häberlin (freisinnig), tritt zurück, nachdem das von der Regierung beschlossene Gesetz zum Schutze der öffentlichen Ordnung durch die Volksabstimmung am →11. März abgelehnt worden ist (S. 63). Zum Nachfolger Häberlins wird am 23. März Johannes Baumann (freisinnig) gewählt.

Der deutsche Reichsminister für Volksaufklärung und Propaganda, Joseph Goebbels (NSDAP), weist darauf hin, daß öffentlich auftretende Künstler Mitglieder der Reichskulturkammer sein müssen, die wiederum ihm untersteht. → S. 66

Unter der Leitung des Dirigenten Wilhelm Furtwängler wird in Berlin die Sinfonie »Mathis der Maler« von Paul Hindemith uraufgeführt. → S. 66

13. März, Dienstag

Die Zusammenfassung der gewerblichen Wirtschaft im Deutschen Reich in sog. Fachgruppen wird in Berlin bekanntgegeben. →S.57

In Berlin-Plötzensee wird der 23 Jahre alte Kommunist Richard Bahr vom Magdeburger Scharfrichter hingerichtet. Er hat — laut Urteilsverkündung — gestanden, planmäßig kommunistische Terrorakte verübt zu haben, z. B. Scheunen und Kuhställe in Brand gesteckt zu haben.

14. März, Mittwoch

Nach Meldung der »Reichspost« sind in Österreich rund 100 Lehrer und Schuldirektoren entlassen worden, weil sie der nach den Februarunruhen verbotenen Sozialdemokratischen Arbeiterpartei angehört hatten. (→12. 2./S. 38).

Die Vorgänge in Frankreich nach der Stavisky-Affäre nimmt die in Berlin erscheinende politisch-satirische, national ausgerichtete Wochenschrift »Kladderadatsch« auf dem Titelblatt ihrer Ausgabe von Anfang März aufs Korn

15. März, Donnerstag

Das Zentralkomitee der Kommunistischen Partei der Sowjetunion (KPdSU) und der Rat der Volkskommissare erlassen in Moskau das Dekret über den Umbau der Sowjetbehörden und Wirtschaftsorgane. Ziel dieser Maßnahme ist die Verkleinerung des bürokratischen Apparats, die Stärkung der »einheitlichen Befehlsgewalt« und der persönlichen Verantwortung der leitenden Persönlichkeiten.

Die im Deutschen Reich und Polen bestehenden gegenseitigen Zeitungsverbote werden aufgehoben (→ 26. 1./S. 18).

Die Eröffnungssitzung der Danziger Gesellschaft zum Studium Polens findet in Anwesenheit von Danzigs Senatspräsident Hermann Rauschning (NSDAP) statt. → S. 62

16. März, Freitag

Der deutsche Reichsbankpräsident Hjalmar Schacht betont in einer Grundsatzrede, daß die deutschen Schulden politische Schulden seien.

Der Führer des lettischen Bauernbunds, Karlis Ulmanis, übernimmt zum fünften Mal das Amt des Ministerpräsidenten in Lettland. Er löst die Übergangsregierung Adolf Blodneek ab.

17. März, Sonnabend

Die Römischen Protokolle werden von den Regierungschefs Italiens, Österreichs und Ungarns unterzeichnet. → S. 61

Die Deutsche Kinderschar wird aufgelöst. Kinder unter zehn Jahren sollen nicht mehr in einer Organisation zusammengeschlossen werden. Ab dem zehnten Lebensjahr können Kinder dem Deutschen Jungvolk in der Hitler-Jugend beitreten.

18. März, Sonntag

Der italienische Duce und Ministerpräsident Benito Mussolini bezeichnet auf der alle fünf Jahre stattfindenden Gesamttagung des Partito Nazionale Fascista (PNF) in Rom Demokratie, Sozialismus, Liberalismus und Freimaurertum als überholte Erscheinungsformen des 19. Jahrhunderts.

US-Präsident Franklin D. Roosevelt (Demokrat) schlägt in einer Botschaft an den Kongreß die Gründung von zwölf Kreditbanken zur Unterstützung der Privatwirtschaft vor. Das Gründungskapital soll dem Gewinn entnommen werden, der dem Schatzamt aus der Entwertung des Dollars entstanden ist (→ 30. 1./S. 24; 5. 8./S. 156).

Aus Anlaß des 13. Jahrestags des Friedensvertrags von Riga (1921), in dem die polnische Ostgrenze beträchtlich vorgeschoben wurde, findet in Warschau ein »Huldigungsumzug« für Marschall Józef Klemens Pilsudski statt. Dabei kommt es zu antitschechischen Ausschreitungen. 130 Demonstranten bewerfen das Gesandtschaftsgebäude der Tschechoslowakei mit Steinen.

19. März, Montag

Das US-Repräsentantenhaus in Washington genehmigt die Vorlage über die Unabhängigkeit der Philippinen (→ 1. 2./S. 41).

In München findet in Anwesenheit von SA-Stabschef Ernst Röhm der feierliche Revolutionsappell der alten Kämpfer statt. Reichskanzler Adolf Hitler (NSDAP) bezeichnet die Vorgänge des November 1918 als Regierungswechsel, die Machtübernahme des Jahres 1933 als Revolution: »Der Sieg einer Partei ist ein Regierungswechsel, der Sieg einer Weltanschauung ist eine Revolution, und zwar eine Revolution, die den Zustand eines Volkes tiefinnerlich und wesenhaft umgestaltet.«

20. März, Dienstag

Der sudetendeutsche Politiker Konrad Henlein gründet in der Tschechoslowakei die Sudetendeutsche Partei (SdP). → S. 62

In der UdSSR wird durch eine Verordnung die Einkommensmindestgrenze für Kolchosen-Bauern aufgehoben und eine leistungsorientierte Entlohnung eingeführt.

Der preußische Ministerpräsident und deutsche Reichsminister der Luftfahrt, Hermann Göring (NSDAP), bezeichnet in einem Interview mit der Pariser Zeitung »Le Jour« die Regelung der deutsch-französischen Beziehungen als Grundlage für einen dauerhaften Frieden in Europa und schlägt ein Treffen der führenden Staatsmänner beider Länder vor.

Emma, Königin der Niederlande, stirbt im Alter von 75 Jahren in Den Haag. → S. 64

21. März, Mittwoch

Der deutsche Reichskanzler Adolf Hitler (NSDAP) eröffnet die zweite Arbeitsschlacht im Deutschen Reich. →S. 56

Das Schiffshebewerk Niederfinow wird feierlich eingeweiht. Es ersetzt die Schleusenanlage zwischen dem Hohenzollernkanal und der Alten Oder. → S. 64

Ein Großfeuer zerstört die japanische Hafenstadt Hakodate. → S. 63

22. März, Donnerstag

Auf einer Konferenz der Reichsstatthalter in Berlin spricht Reichskanzler Adolf Hitler (NSDAP) über die Aufgaben der Reichsstatthalter als Träger des Willens der obersten Führung des Reichs, nicht als Sachwalter der einzelnen Länder (→ 30. 1./S. 16).

Das deutsche Reichskabinett in Berlin verabschiedet den Reichshaushalt 1934, der mit 6,458 Milliarden in Einnahmen und Ausgaben um 500 Millionen Reichsmark höher abschließt als der Etat von 1933.

Das deutsche Reichskabinett in Berlin beschließt das Gesetz zur Hebung der nationalen Kaufkraft. Es sieht u. a. eine Ermäßigung der Arbeitslosenabgabe vor.

Der Chef des eidgenössischen Finanz- und Zolldepartements, Bundesrat Jean-Marie Musy (katholisch-konservativ), reicht seine Demission ein, nachdem seine Forderung nach einem berufsständisch aufgebauten Staat auch in der eigenen Partei heftig kritisiert wird. Zum Nachfolger wird am 23. April Albert Meyer (freisinnig) gewählt.

Der US-Kongreß und US-Präsident Franklin D. Roosevelt genehmigen ein Gesetz, nach dem die in US-amerikanischem Besitz befindlichen Philippinen durch einen Konvent eine Verfassung ausarbeiten lassen sollen. Wenn diese der US-Gesetzgebung entspricht, wird sie der US-Präsident bestätigen (→ 1. 2./S. 41).

23. März, Freitag

Der bulgarische Ministerpräsident Nikolaus Muschánow erklärt in Bukarest, er denke nicht daran, diplomatische Beziehungen zwischen seinem Land und der Sowjetunion aufzunehmen.

Das deutsche Reichskabinett in Berlin beschließt ein Gesetz zur Änderung der Kraftfahrzeugsteuer, wonach Steuerermäßigungen bzw. -befreiungen für ausländische Kraftfahrzeuge festgesetzt werden, um den Fremdenverkehr zu fördern.

24. März, Sonnabend

Zwischen dem Jemen und Saudi-Arabien kommt es zu einem Grenzkrieg. → S. 62

Regierungsvertreter des Deutschen Reiches und Finnlands unterzeichnen in Berlin einen neuen Handelsvertrag.

25. März, Sonntag

Bei den Wahlen zur italienischen Abgeordnetenkammer in Rom stimmen über zehn Millionen Wähler für die faschistische Einheitsliste; nur rund 25% der italienischen Bevölkerung sind wahlberechtigt. → S. 61

Der österreichische Bundeskanzler Engelbert Dollfuß (CP) erklärt auf einer »vaterländischen Kundgebung« in Klosterneuburg bei Wien, er liebe es nicht, wenn man sich im Ausland mit dem »Problem Österreich« beschäftige. Österreich sei kein Problem und kein Objekt, sondern ein Subjekt der Politik.

Der französische Kriegsminister Marschall Philippe Pétain fordert in einer Rede vor dem Gesamtverband der Reserveoffiziere in Paris die Wehrerziehung der Jugend.

26. März, Montag

In der Schweiz wird die Beschimpfung ausländischer Staatsmänner verboten. → S. 63

In Paris werden Waffenrazzien durchgeführt. Das Waffenverbot wird auf Gummiknüppel und Dolche ausgedehnt. (→ 6. 2./S. 36).

27. März, Dienstag

US-Präsident Franklin D. Roosevelt erleidet erstmals eine Niederlage im Kongreß. Trotz seines Vetos nehmen das Repräsentantenhaus und einen Tag später der Senat die Vorlage über eine Erhöhung der Entschädigungszahlungen an Teilnehmer am Ersten Weltkrieg und Kriegsveteranen an.

Der deutsche Reichsarbeitsminister Franz Seldte (NSDAP) führt in einer Rede vor Vertretern der Auslandspresse in Berlin die wirtschaftlichen Erfolge der Regierung auf das wiedererstandene Vertrauen des deutschen Volkes in die NS-Führung zurück.

Das Großlogengebäude der Freimauer in Cannes ist Ziel eines Bombenanschlags, den die Polizei mit der Stavisky-Affäre in Verbindung bringt. → S. 61

28. März, Mittwoch

Die sowjetische Führung schlägt der deutschen Regierung vor, durch ein gemeinsames Protokoll die Unabhängigkeit Finnlands und der baltischen Staaten Estland, Lettland und Litauen zu garantieren. In ihrer Antwort begrüßt die deutsche Regierung den Wunsch der UdSSR, die Beziehungen zum Deutschen Reich »vertrauensvoller zu gestalten«, bezeichnet jedoch den sowjetischen Vorschlag als ungeeignet.

Der 1918 vom jetzigen deutschen Reichsarbeitsminister Franz Seldte (NSDAP) gegründete Frontsoldatenbund Stahlhelm wird als Nationalsozialistischer Deutscher Frontkämpferbund (NSDFB) neugegründet. 1933 wurden Stahlhelmmitglieder unter 35 Jahren der SA eingegliedert.

Das preußische Staatsministerium erläßt das Gesetz über das Landjahr. Jugendliche aus der Stadt sind danach verpflichtet, nach dem Verlassen der Schule ein Jahr unter Betreuung in Heimen auf dem Land zu verbringen. Das Landjahr 1934 beginnt an Ostern. Rund 25 000 Jugendliche sind von dem neuen Gesetz betroffen.

Die deutschen Rundfunkgesellschaften werden in die Reichsrundfunkgesellschaft integriert. → S. 59

29. März, Donnerstag

Albert Einstein und Oskar Maria Graf werden aus dem Deutschen Reich ausgebürgert. → S. 60

Hans Albers spielt die vielbeachtete Hauptrolle in Karl Hartls Ufa-Film »Gold«, der in Berlin uraufgeführt wird.

30. März, Karfreitag

Der italienische Duce und Ministerpräsident, Benito Mussolini, erklärt in einem Interview mit der französischen Zeitung »Paris-Soir«, daß sich das Verhältnis zwischen Italien und Frankreich in letzter Zeit gebessert habe. An den Ausbruch eines Kriegs in Europa glaube er nicht.

31. März, Sonnabend

Die Sperre für Neugründungen von Zeitungen und Zeitschriften im Deutschen Reich, die bis zum 31. März 1934 vorgesehen war, wird um ein Jahr verlängert.

Die letzte Nummer der 1617 gegründeten »Vossische Zeitung« erscheint. → S. 59

Vom 1. April 1933 bis zum 31. März 1934 ist die Zahl der Übernachtungen von Ausländern im Deutschen Reich stark zurückgegangen. → S. 64

Das Wetter im Monat März

Station	Mittlere Lufttemperatur (°C)	Niederschlag (mm)	Sonnenscheindauer (Std.)
Aachen	4,7 (5,5)	30 (49)	— (125)
Berlin	5,6 (3.9)	19 (31)	— (151)
Bremen	5,2 (4,0)	39 (42)	— (117)
München	3,8 (3,3)	39 (46)	— (142)
Wien	7,2 (4,9)	16 (42)	146 (135)
Zürich	4,7 (4.2)	53 (69)	120 (149)

( ) Langjähriger Mittelwert für diesen Monat
— Wert nicht ermittelt

Der britischen Zeitschrift »The Illustrated London News« ist das »Oxford and Cambridge Boat Race«, ein Ruderwettbewerb von Putney nach Mortlake, ein Titelblatt im März 1934 wert

THE ILLUSTRATED LONDON NEWS,

The Copyright of all the Editorial Matter, both Engravings and Letterpress, is Strictly Reserved in Great Britain, the Colonies, Europe, and the United States of America.

SATURDAY, MARCH 24, 1934.

THE GREAT "DOUBLE-RECORD" BOAT RACE, IN WHICH BOTH CREWS BEAT THE PREVIOUS FASTEST TIME, AND KEPT PERFECT STYLE THROUGHOUT: A VIEW FROM HAMMERSMITH BRIDGE—CAMBRIDGE DRAWING AHEAD.

The Oxford and Cambridge Boat Race of 1934, rowed from Putney to Mortlake (4 miles, 1 furlong, 180 yards) on March 17, and won by Cambridge by 4¼ lengths, was unique in the history of the event for the fact that both crews beat the record time (18 minutes 29 seconds), established by Oxford in 1911. This year Cambridge, individually the strongest crew that has ever rowed in the race, finished in 18 min. 3 seconds, while Oxford's time was 18 min. 18 sec. Both crews maintained perfect style throughout. The tide was unusually fast, but the wind—though slight—unfavourable. Cambridge, it is said, might have done a still faster time (perhaps under 18 minutes) if they had not got athwart the tide and too near the Middlesex shore just beyond Hammersmith Bridge. Having won the toss, they had the advantage of the Surrey side. Oxford had been unlucky, during training, in having to make various changes of crew.

»Arbeiter! Fanget an!«

21. März. Am Tag des Frühlingsbeginns eröffnet der deutsche Reichskanzler Adolf Hitler (NSDAP) an der Reichsautobahnbaustelle Unterhaching bei München die zweite »Arbeitsschlacht«. Sie wird im Rahmen der Arbeitsbeschaffungsmaßnahmen der Regierung durchgeführt, die u. a. mit staatlichen Baumaßnahmen die Arbeitslosigkeit bekämpfen, gleichzeitig aber auch die Voraussetzungen für militärische Vorhaben schaffen will. Im ganzen Deutschen Reich beginnt der »Arbeitsfrühling«. Nach der Besichtigung der Baustelle hält der Kanzler vor den rund 10 000 angetretenen Arbeitern eine Rede, die im ganzen Deutschen Reich im Rundfunk während einer »Arbeitsfeierstunde« ausgestrahlt wird:

»Deutsche Volksgenossen und -genossinnen! Meine deutschen Arbeiter! Ich glaube nicht, daß jemals eine Regierung eine schlimmere Erbschaft übernommen hat als wir am 30. Januar 1933 ... Wieviele haben damals das deutsche Volk vor dem Nationalsozialismus gewarnt mit der Behauptung, wir hätten vor allem keine Köpfe und unser Sieg würde gerade die deutsche Wirtschaft vollends vernichten. Wenn wir aber heute am Beginn des zweiten Jahresangriffs gegen die deutsche Wirtschaftsnot vor die Nation hintreten, können wir trotz allen Kritikern und Besserwissern auf Leistungen hinweisen, die diese selbst vor einem Jahre noch als unmöglich erklärten ... Wir müssen in diesem vor uns liegenden Jahr den Feldzug gegen die Arbeitslosigkeit mit noch größerem Fanatismus und mit noch größerer Entschlossenheit führen als im vergangenen. Mit rücksichtsloser Schärfe müssen wir jeden zurückweisen, der sich an diesem Gedanken und seiner Erfüllung versündigt. Möge jeder in Deutschland begreifen, daß nur eine wahrhaft sozialistische Auffassung dieser Gemeinschaftsaufgabe ihre Lösung ermöglicht. Möge sich jeder über seinen Egoismus erheben und seine Ichsucht überwinden. Lohn und Dividende, sie müssen, so schmerzlich es in diesem ersten Falle auch sein mag, zurücktreten gegenüber der überlegenen Erkenntnis, daß wir erst die Werte schaffen müssen, die wir dann zu verzehren gedenken ... Ungeheure Voraussetzungen mußten erst geschaffen werden, um endlich an die Arbeit selbst gehen zu können. Wir haben ein Beispiel in den Reichsautostraßen: eine Armee von Vermessungsbeamten und Ingenieuren, von Zeichnern und Arbeitern ist ja nötig, um allein die Planungen vorzunehmen. In immer schnellerer Folge aber wird nun eine Strecke nach der anderen in Bau genommen werden ... Möge endlich die Einsicht der anderen Völker begreifen, daß der Wunsch und Wille des deutschen Volkes und seiner Regierung kein anderer ist, als in Freiheit und Frieden mitzuhelfen am Aufbau einer besseren Welt ... Arbeiter! Fanget an!«

△ Hitler bei der Eröffnung einer Autobahnbaustelle; die Arbeitsschlacht soll Millionen Erwerbsloser Arbeit verschaffen (Propagandagemälde von Fritz Gärtner)

Erste Autobahnstrecken im Bau

Die Routen der Reichsautobahnen werden nicht nur nach wirtschaftlichen und verkehrstechnischen Gesichtspunkten geplant, sondern auch nach militärstrategischen.

Bremen-Hamburg-Lübeck	169 km
Hannover-Magdeburg	135 km
Duisburg-Dortmund	66 km
Düsseldorf-Köln	24 km
Frankfurt-Heidelberg-Mannheim	100 km
Stuttgart-Ulm	85 km
München-Landesgrenze	100 km
Halle-Leipzig	20 km
Meerane-Dresden	105 km
Breslau-Liegnitz	70 km
Elbing-Königsberg	110 km
Stettin-Berlin	92 km
Gesamt	1076 km

Stand: 21. 3. 1934

▽ Vor der Eröffnung der »Arbeitsschlacht« läßt sich Hitler vom Generalinspekteur der Reichsautobahn, Fritz Todt (NSDAP, r.), Pläne von weiteren Bauvorhaben erläutern (unten links)

Propagandabild in der »Berliner Illustrierten Zeitung«: Arbeiter und Unternehmer sollen, durch Adolf Hitler geeint, Träger der deutschen Wirtschaft sein (Mitte)

Materialzüge in Senftenberg/Niederlausitz: Verbesserung der Straßen durch Ausbaggerung von Torf, der durch Sand und Schotter ersetzt wird (rechts).

Führerprinzip jetzt auch in der Wirtschaft

13. März. Der deutsche Reichwirtschaftsminister Kurt Schmitt (parteilos) verkündet in Berlin die neue Organisationsform der gewerblichen Wirtschaft. Zugleich werden die Wirtschaftsführer der Wirtschaftsgruppen ernannt.
Am 27. Februar hat die NS-Regierung das »Gesetz zur Vorbereitung des organischen Aufbaus der deutschen Wirtschaft« beschlossen. Alle Unternehmen werden nun zwingend in Fachgruppen zusammengeschlossen, denen — nach dem Führerprinzip — ein verantwortlicher ehrenamtlicher Führer vorzustehen hat, der seinerseits aktiv in der Wirtschaft stehen, d. h. Führer eines Unternehmens sein muß. Ihm steht ein Führerrat zur Seite. Jährlich einmal müssen sich Führer und Führerrat einem Vertrauensvotum ihrer Gefolgschaft stellen. Da die Verbindung von wirtschaftlicher Erfahrung und Nationalsozialismus nach Meinung Schmitts noch nicht so häufig sei, stehe die Frage der Heranbildung künftiger nationalsozialistischer Wirtschaftsführer im Vordergrund der Aufgaben dieser Fachgruppen.

Hauptgruppen der Wirtschaft

Gruppe 1: Bergbau, Eisen- und Metallgewinnung
Gruppe 2: Maschinenbau, Elektrotechnik, Optik und Feinmechanik
Gruppe 3: Eisen-, Blech- und Metallwaren
Gruppe 4: Steine und Erden, Holz-, Bau-, Glas- und keramische Industrie
Gruppe 5: Chemie, technische Öle und Fette, Papier und papierverarbeitende Industrie
Gruppe 6: Leder, Textilien und Bekleidung
Gruppe 7: Nahrungsmittelindustrie
Gruppe 8: Handwerk
Gruppe 9: Handel
Gruppe 10: Banken und Kredit
Gruppe 11: Versicherungen
Gruppe 12: Verkehr

Die bisherige Organisation der Wirtschaft, so der Minister, sei lückenhaft gewesen. Mangels Beitrittszwangs zu den Verbänden habe sich eine große Zahl Außenstehender dauernd jeglicher Einflußnahme durch den Staat entzogen; jedes Unternehmen habe sich wirtschaftlich betätigen können, wie es wollte, und auch auf die Verbände, ausgenommen die Kartelle, habe der Staat keinen Einfluß nehmen können.
Regional werden die Unternehmen von den örtlich zuständigen Industrie- und Handelskammern erfaßt. Damit ist jedes Unternehmen durch diese und die zuständige Fachgruppe kontrollierbar.

Reichsminister Schmitt verkündet das Gesetz zum Aufbau der Wirtschaft

Staatsrat Rudolf Blohm von Blohm & Voß Hamburg, Führer der Gruppe 2

Gottfried Dierig von der Dierig AG Langenbielau/Schlesien, Führer der Gruppe 6

Otto Christian Fischer von der Reichskreditgesellschaft, Führer Gruppe 10

Karl Graf von der Goltz, Stellvertreter des Gesamtführers der Wirtschaft

Eduard Hilgard, Allianz und Stuttgarter Verein Versicherungs-AG, Führer 11

Philipp Keßler, Führer der Gesamtorganisation der gewerblichen Wirtschaft

Gustav Krupp von Bohlen und Halbach, Führer Gruppe 1 und Gesamtindustrie

Handelskammerpräsident Luer, Frankfurt am Main, Führer der Gruppe 9

Albert Pietzsch, Industrie- und Handelskammer München, Führer Gruppe 5

W. G. Schmidt, Berlin, Reichshandwerksführer, Führer der Gruppe 8

Oberbürgermeister Schüler, Dortmunder Union-Brauerei, Führer Gruppe 7

Albert Vögler, Essen, Führer der Gruppe 4, Steine und Erden, Holz-, Bauindustrie

»Feldzug gegen Schwarzarbeit«

10. März. Der preußische Ministerpräsident Hermann Göring (NSDAP) kündigt einen »Feldzug gegen die Schwarzarbeit« an, gegen die systematischer vorgegangen werden müsse. Allein in Berlin seien nach Schätzungen je nach Saison 45 000 bis 60 000 Schwarzarbeiter tätig, die öffentliche Unterstützung beanspruchten, auf der anderen Seite aber der gelernten Arbeiterschaft die ihr zukommenden Arbeitsplätze fortnähmen. Strafen müßten den treffen, der Arbeitslose zur Schwarzarbeit heranziehe.

»Deutsche Schulden sind politischer Art«

16. März. Der deutsche Reichsbankpräsident Hjalmar Schacht hält im Berliner Hotel »Adlon« auf dem Jahresbankett der US-Handelskammer im Deutschen Reich eine Grundsatzrede über die deutschen Auslandsschulden. Die deutschen Schulden seien nicht Wirtschafts-, sondern politische Schulden, die sich aus den Reparationsforderungen der Siegermächte des Ersten Weltkriegs ergäben:

»Seit vier Jahren leben wir in einer Krisis, die den Bestand der Weltwirtschaft langsam untergräbt. Wenn auch einzelne Volkswirtschaften eine gewisse interne Belebung zeigen, so wollen wir doch nicht verkennen, daß international gesehen das Geschäft nach wie vor außerordentlich schlecht liegt. Beruhte die Krisis lediglich auf ökonomischen Ursachen, so würde sie sich längst abreagiert haben, denn die Schrumpfung von Produktion und Absatz ist so groß und der Bedarf nach Gütern so bedeutend, daß ein solcher Kontrast sich bei einer freien Wirtschaftsentwicklung längst ausgeglichen haben würde. Wir haben aber keine freie Wirtschaftsentwicklung, weil die Politik ... die Wirtschaft unter Druck hält ... In dem bekannten Laytonbericht 1931 können Sie nachlesen, daß 10,3 Milliarden Reichsmark aus den kommerziellen Anleihen (des Dawesplans) niemals in die deutsche Volkswirtschaft hineingelangt, sondern direkt zu Reparationszahlungen verwendet wurden. Diese Schulden aber bestehen nun in kommerzieller Form weiter. Wenn Sie zu ihnen noch die Zinsen hinzuzählen, die wir, von 1924 angefangen, im Laufe der Zeit darauf gezahlt haben, wenn Sie ferner beachten, daß unsere Auslandsschuld heute, nach den ungeheuren Rückzahlungen, nur noch 15 Milliarden Reichsmark beträgt, so sehen Sie, daß der gesamte deutsche Auslandsschuldenbetrag genau seinem politischen Ursprung entspricht, während wir alle diejenigen kommerziellen Schulden, die nicht für Reparationen, sondern für die deutsche Wirtschaft verwandt worden sind, restlos zurückgezahlt haben.«

Im Berliner Hotel »Adlon« spricht Reichsbankpräsident Hjalmar Schacht vor Finanzexperten aus den Vereinigten Staaten von Amerkia

Kriegsschulden und Finanzkrise

Nach dem Kriegsschuldartikel 231 des Versailler Vertrags muß das Deutsche Reich für die den Alliierten im Ersten Weltkrieg entstandenen Kriegsschäden und -kosten aufkommen. Als Vorleistung sollten 20 Milliarden Goldmark entrichtet werden. 1921 nahm die deutsche Regierung das Londoner Ultimatum an, das u. a. die Anerkennung einer Reparationsschuld von 132 Milliarden Goldmark forderte. Termingerechte Rückzahlungen waren nur mit Hilfe teurer Auslandskredite möglich, die zu weiterer Verschuldung führten.

Der 1924 vereinbarte Dawesplan ging davon aus, daß die deutsche Wirtschft durch die Reparationen nicht gefährdet werden dürften, und modifizierte den Rückzahlungsmodus. Er wurde 1929 durch den Youngplan abgelöst, der Reparationszahlungen von jährlich rund zwei Milliarden Goldmark (bis 1987/88) vorsah. Diese Zahlungen wurden 1931 eingestellt, da sich die Belastungen als wirtschaftlich untragbar herausstellten.

Wehrmacht ohne jüdische Soldaten

12. März. Der deutsche Reichswehrminister Werner von Blomberg (parteilos) verfügt die sinngemäße Anwendung der Bestimmungen des Gesetzes zur Wiederherstellung des Berufsbeamtentums auf die Offiziere, Deckoffiziere, Unteroffiziere und Mannschaften der Wehrmacht.

Das entsprechende Gesetz vom 7. April 1933 schreibt vor, daß Beamter nur sein kann, wer arischer Abstammung ist. Beamte, die den Nachweis ihrer arischen Abstammung nicht erbringen, sind aus dem Dienst zu entfernen. Ein ergänzendes Gesetz vom 30. Juni 1933 macht die Berufung zum Beamten davon abhängig, daß der Bewerber unter anderem arischer Abstammung und nicht mit einer nichtarischen Frau verheiratet ist. Bei späterer Heirat mit einer nichtarischen Frau ist er zu entlassen.

»Gestapo keine Spitzel«

11. März. Der deutsche Reichsminister und preußische Ministerpräsident Hermann Göring (NSDAP) ändert durch eine Verordnung die Bestimmungen über die Schutzhaft. Binnen 24 Stunden muß künftig nach der Festnahme eines Verdächtigen ein richterlicher Haftbefehl erwirkt sein.

»Der nationalsozialistische Staat hat sich als starker Staat eine starke Polizei und innerhalb dieser in der Geheimen Staatspolizei ein besonders schlagkräftiges Instrument geschaffen«, sagt Göring. »Der nationalsozialistische Staat ist kein Polizeistaat, der es nötig hätte, überall und zu jeder Zeit nach vermeintlichen Gegnern zu fahnden und sich damit vielleicht erst künstlich die Opfer für den polizeilichen Zugriff zu schaffen.«

Trotz dieser Verlautbarung zur Beruhigung der Bevölkerung geht die Terrorpraxis der Gestapo weiter. Hausdurchsuchungen ohne richterliche Genehmigung, Verhaftungen und Folter, Verschleppung politisch Andersdenkender finden weiterhin statt.

Verhaftungen sind im Deutschen Reich eine fast tägliche Erscheinung

Bayern »freiwillig« im Dritten Reich

11. März. Beim Staatsakt in der Münchner Ausstellungshalle anläßlich des ersten Jahrestags der nationalsozialistischen Machtübernahme (→ 30. 1./S. 16) betont Reichskanzler Adolf Hitler (NSDAP) unter dem stürmischen Beifall der auf der Theresienwiese versammelten Zuhörer: »Die Hauptstadt der Kunst und unserer Bewegung ist München und wird München bleiben.« Er fährt fort: »Ich will aber, daß nicht nur diese Stadt, sondern daß dieses ganze Land für alle Zukunft mit ein Pfeiler sei des neuen Reiches.«

Der bayerische Ministerpräsident Ludwig Siebert (NSDAP) legt in seiner Festrede das Bekenntnis ab, daß Bayern nunmehr freiwillig in dem »einigen Dritten Deutschen Reich« aufgehe, daß es von nun an in der deutschen Geschichte kein »bayerisches Problem« mehr gebe.

Rundfunkgesellschaften gleichgeschaltet

28. März. Die bisherigen Namen der deutschen Rundfunkgesellschaften – Berliner Funkstunde, Bayrischer, Mitteldeutscher, Norddeutscher, Ostmarken-, Südwestdeutscher, Westdeutscher Rundfunk usw. – gibt es nicht mehr. Statt der gewohnten alten Namen lesen die Abonnenten der Zeitungen in den Programmübersichten »Reichssender Berlin«, »Reichssender Breslau«, »Reichssender Köln« usw.

Die alten Sender gehen völlig auf in der vom Reichsministerium für Volksaufklärung und Propaganda beherrschten Reichsrundfunkgesellschaft, die 1925 als Spitzenorganisation der Rundfunkgesellschaften im Deutschen Reich mit Sitz in Berlin gegründet wurde.

Mit der Machtübernahme der Nationalsozialisten 1933 ist der Rundfunk im Deutschen Reich als Staatsrundfunk in der Hand der Reichsregierung zu einem Mittel der »Volksführung« und der Meinungsbildung geworden wie das gesamte Pressewesen (→ 1. 1./S. 28). Durch die Übertragung von großen politischen Ereignissen und Reden dient der Rundfunk in einer bis 1933 unbekannten Weise der Propaganda. Die Programmgestaltung als »Ausdruck des neuen deutschen Kulturwillens« zielt u. a. darauf ab, volkstümliche Unterhaltung zu bringen.

Der Reichsminister für Volksaufklärung und Propaganda, Joseph Goebbels (NSDAP), betont am 10. April gegenüber den Intendanten der Reichssender, daß der nationalsozialistische Rundfunk der erste politische Rundfunk der Welt sei und die nationalsozialistische Politik die selbstverständliche Grundlage jeder Programmgestaltung zu bilden habe, auch wenn Politik nicht ständig zitiert werden müsse. Die Geldmittel, die der Staat für den Rundfunk zur Verfügung stelle, seien nicht für Spesen und Verwaltung, sondern ausschließlich »für den Kulturaufbau« bestimmt. Der Rundfunk müsse die Aufgaben freischaffender Künstlerschaft erfüllen und neue Dichter und Künstler heranziehen. Der Intendant sei der Führer eines Senders, der »autoritativ verantwortlich« sei.

Der ostpreußische Sender Heilsberg als Motiv des Propaganda-Gemäldes von K. Albrecht »Die Brücke zu den abgetrennten Ostgebieten«

Vossische Zeitung

Berlin

Kommende Verfassung

Abschied vom Leser

Die letzte Ausgabe der traditionsreichen »Vossischen Zeitung«

»Vossische« Zeitung stellt Erscheinen ein

31. März. Die »Vossische Zeitung«, eine der traditionsreichsten deutschen Zeitungen, stellt ihr Erscheinen ein. Ursache ist das Berufsverbot für viele Redakteure der linksliberal orientierten Berliner Tageszeitung (→1. 1./S. 28).

Die »Vossische« erschien ab 1617 mit wechselnden Titeln, ab 1914 im Ullstein-Verlag. Bekannte Mitarbeiter waren Gotthold Ephraim Lessing und Theodor Fontane.

NS-»Erbpflege« durch Propaganda und Sterilisierungen

3. März. Die Stadt Berlin gibt bekannt, daß sie die Ehrenpatenschaft für dritte und vierte Kinder aus erbgesunden Familien übernimmt, die nach dem 20. April dieses Jahres, dem Geburtstag von Adolf Hitler (NSDAP), gezeugt werden. Jedes Kind erhält während des ersten Lebensjahres eine »Ehrengabe« von monatlich 30 Reichsmark und während weiterer 13 Jahre von monatlich 20 Reichsmark.

Erbgesunde Familien werden im nationalsozialistischen Dritten Reich durch »Erbpflegemaßnahmen« gefördert. Dadurch soll der Bestand der für das deutsche Volk »wertvollen, leistungsfähigen und erbgesunden« Familien vergrößert und der Anteil der als »erbkrank und erbuntüchtig« bezeichneten Familien verringert werden.

Nach dem Gesetz zur Verhütung erbkranken Nachwuchses vom 14. Juli 1933 kann, wer erbkrank ist oder an schwerem Alkoholismus leidet, durch chirurgischen Eingriff »unfruchtbar« gemacht (sterilisiert) werden. Als erbkrank gilt im NS-Staat z. B., wer an »angeborenem Schwachsinn«, »Schizophrenie«, »zirkulärem (manisch-depressivem) Irresein«, »erblicher Epilepsie«, »erblichem Veitstanz«, »erblicher Blindheit«, »erblicher Taubheit« oder »schwerer erblicher körperlicher Mißbildung« leidet.

NS-Propagandabilder von »Erbkrankheiten«: Größenwahnsinn, Idiotie und Schizophrenie als »Musterbeispiele für die Notwendigkeit des Erbgesetzes«; links oben ein »Größenwahnsinniger«, unten Mitte »Endzustand der Schizophrenie«

Den Antrag zur »Unfruchtbarmachung« kann der Erbkranke selbst oder sein gesetzlicher Vertreter, aber auch der beamtete Arzt für die Insassen einer Kranken-, Heil- oder Pflegeanstalt stellen. Zuständig für die Entscheidung sind die den Amtsgerichten angegliederten Erbgesundheitsgerichte.

Vertreter des NS-Regimes weisen wiederholt darauf hin, daß »Schwachsinnige und andere erblich Lebensuntüchtige« Geburtenziffern von vier und mehr Kindern je Ehe aufwiesen.

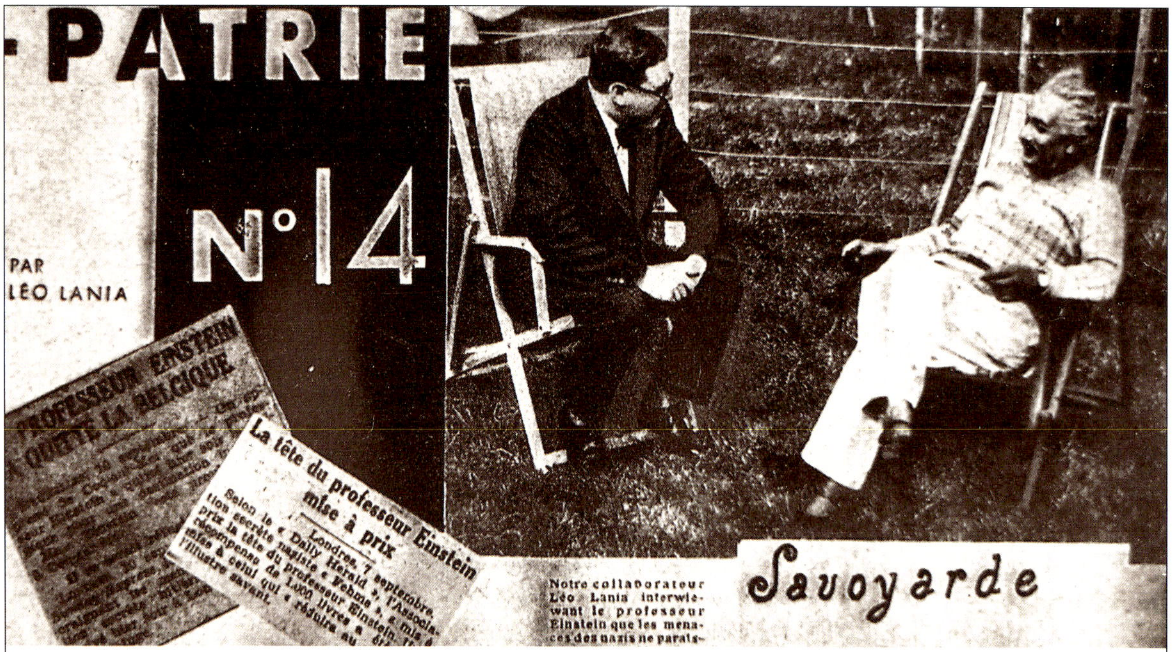

Albert Einstein als »deutsch-feindlicher Hetzer« ausgebürgert

29. März. *Das Reichsministerium des Innern in Berlin gibt bekannt, daß erneut mehreren Personen die deutsche Staatsangehörigkeit entzogen wurde; unter ihnen sind der als »deutsch-feindlicher Hetzer« und »marxistischer Pazifist« bezeichnete Jude Albert Einstein und der »kommunistische Literat« Oskar Maria Graf. Der Physiknobelpreisträger Einstein wird von der NS-Presse als »König der Emigranten« verschrien. Die Propagandafotomontage zeigt den »Relativitätsprofessor«, der »an allen salonbolschewistischen Aktionen im Novemberdeutschland« (Weimarer Republik) beteiligt gewesen sei und nun »seine Staatsangehörigkeit wie sein Hemd zu wechseln« pflege, bei einem Interview, in dem er angeblich die Reichsregierung verunglimpft.*

Prinzen in der SA

Die Enkel des letzten deutschen Kaisers Wilhelm II. posieren in Potsdam mit ihrer Schwester Prinzessin Cecilie in SA-Uniformen. Prinz Hubertus (l.) und Prinz Friedrich sind die Söhne von Ex-Kronprinz Wilhelm.

Wirtschaftsankurbelung durch Förderung des Autos

8. März. Der deutsche Reichskanzler, Adolf Hitler (NSDAP), eröffnet die Internationale Automobil- und Motorrad-Ausstellung in Berlin mit einer Rede über die weitreichenden Ziele seiner Regierung hinsichtlich des Kraftfahrzeugwesens: »Es ist daher der Wille der nationalsozialistischen Staatsführung, durch die Förderung des Automobilwesens nicht nur die Wirtschaft anzukurbeln und Hunderttausenden von Menschen Arbeit und Brot zu geben, sondern auch immer größeren Massen unseres Volkes die Gelegenheit zu bieten, dieses modernste Verkehrsmittel zu erwerben ... Die Reichsregierung wird der Entwicklung des Automobilsports die höchste irgendwie mögliche Förderung angedeihen lassen. Sie wird vor allem weiterfahren, dieses neueste Verkehrsmittel in eine enge Zweckverbindung zu bringen zur bisherigen großen Verkehrsinstitution der Reichsbahn. Das Problem der nationalen Sicherung und Herstellung des Brennstoffes wird gelöst.«

Halle I der Automobil- und Motorrad-Ausstellung am Kaiserdamm in Berlin; unter der NS-Regierung wird die Automobilindustrie im Deutschen Reich systematisch zur Großindustrie ausgebaut

Hitler erkannte frühzeitig die Bedeutung des Automobils; hier zeigt er sich in »Automobilistenpose« (Foto: Hoffmann)

Dollfuß-Erlaß für die Gewerkschaften

2. März. Durch Verordnung der österreichischen Bundesregierung unter Engelbert Dollfuß (Christlichsoziale Partei) wird die Einheitsgewerkschaft »Gewerkschaftsbund der österreichischen Arbeiter und Angestellten« geschaffen. Sie tritt nach der Zerschlagung der österreichischen Sozialdemokratie (→ 12. 2./S. 38) an die Stelle der bisher bestehenden Gewerkschaften »politischer Färbung«. Der neue Gewerkschaftsbund »hat seine Aufgaben im christlichen, vaterländischen und sozialen Geist unter Ausschluß jeder parteipolitischen Tätigkeit zu erfüllen«. Als Einrichtung des öffentlichen Rechts untersteht die Einheitsgewerkschaft der Aufsicht des Bundesministeriums für soziale Verwaltung. Die Satzungen werden vom Bundesminister festgesetzt. Der Beitritt zum Gewerkschaftsbund ist frei, doch kann die Aufnahme verweigert werden, wenn der Eintrittswillige wegen eines Vergehens »gegen die öffentliche Ruhe und Ordnung oder die öffentliche Sittlichkeit« oder »wenn er wegen staats- oder regierungsfeindlicher Betätigung zu einer Verwaltungsstrafe verurteilt worden ist; außerdem, wenn der begründete Verdacht besteht, daß der Betreffende seine Mitgliedschaft zu klassenkämpferischer oder politischer Agitation innerhalb des Gewerkschaftsbundes mißbrauchen« kann.

Mussolini (l.) bei der Unterzeichnung der Römischen Protokolle; rechts außen Gömbös neben Dollfuß

Mussolini (Mitte) zwischen Dollfuß (l.) und Gömbös in Rom; ganz rechts der italienische Staatssekretär Suvich

Bündnis sichert Vorherrschaft Italiens

17. März. Im Palazzo Venezia in Rom unterzeichnen der italienische Duce und Ministerpräsident Benito Mussolini, der österreichische Bundeskanzler Engelbert Dollfuß und der ungarische Ministerpräsident Gyula Gömbös von Jákfa die Römischen Protokolle. Italien sichert dadurch seine Vorherrschaft im Donauraum gegen französische und deutsche Einflußnahme.

Von den drei Protokollen, die unterzeichnet werden, betrifft das erste die politische und das zweite die wirtschaftliche Zusammenarbeit der drei Staaten, während sich Protokoll III auf den Ausbau des italienisch-österreichischen Wirtschaftsverkehrs bezieht.

Im ersten Protokoll verpflichten sich die drei Regierungschefs »in dem Bestreben, die Erhaltung des Friedens und den wirtschaftlichen Wiederaufbau Europas auf der Grundlage der Achtung der Selbständigkeit und der Rechte jedes einzelnen Staates zu fördern«, über alle Probleme sowie Fragen allgemeiner Natur einander zu konsultieren, um künftig eine Politik der Eintracht zu verfolgen.

Der Text der Protokolle verrät große Vorsicht, so daß Frankreich, das Deutsche Reich und die Staaten der Kleinen Entente, Jugoslawien, Rumänien und Tschechoslowakei (→ 22. 1./S. 22), keine Einwendungen politischer Art erheben können; so wird allgemein von der Selbständigkeit der drei Staaten gesprochen ohne besondere Erwähnung Österreichs (→ 17. 1./S. 18).

Doch geht das politische Protokoll über einen Konsultivpakt hinaus, da Mussolini, Dollfuß und Gömbös sich verpflichten, ihre auswärtige Politik abzustimmen.

Die Vereinbarung bewirkt eine starke innenpolitische Entlastung für den österreichischen Bundeskanzler, dessen Prestige gegenüber den Heimwehrführern gestärkt wird. Er kann sich bei weiteren Aktionen gegen den Nationalsozialismus auf die Unterstützung des Faschismus berufen. Dollfuß wertet die Unterzeichnung der Römischen Protokolle als »Anfang einer neuen Epoche unter der genialen Führung Mussolinis«. Die italienische Zeitung »Popolo d'Italia« spricht vom Beginn einer politischen »Neuordnung größeren Ausmaßes«.

Wahlen in Italien: 99 % für Faschisten

25. März. Bei den Wahlen zur italienischen Abgeordnetenkammer in Rom erhält die faschistische Einheitsliste 10,042 Millionen Ja- und 15 000 Nein-Stimmen. Die Wahlbeteiligung liegt bei 96,25%, allerdings sind nur etwa 25% der Bevölkerung wahlberechtigt.

Bei der alle fünf Jahre stattfindenden Wahl zur Deputiertenkammer erhalten die Wähler zwei verschiedenfarbige Stimmzettel für »Ja« und »Nein«. Der Stimmzettel wird in der Wahlzelle in einen Umschlag gegeben. Frauen besitzen im faschistischen Staat kein Wahlrecht. Wahlberechtigt sind Männer ab dem 21. Lebensjahr, die bei einem Syndikat – oder, falls arbeitslos, bei einem Arbeitsamt – geführt werden.

Labour Party siegt erstmals in London

8. März. Bei den Wahlen zum London County Council (Grafschaftsrat) erhält die britische Labour Party 69 und die konservative Municipal Reform Party 55 Mandate. Damit erringt die linksgerichtete Labour Party erstmals im County Council die Mehrheit. Die Liberalen hingegen erhalten kein Mandat.

Die Befugnisse des London County Council erstrecken sich auf lokale Verwaltungsangelegenheiten, Kontrolle der städtischen Verwaltungen, Finanz- und Schulfragen. Unter die lokalen Verwaltungsangelegenheiten fallen u. a. die Erteilung von Lizenzen für Theater und Music-Halls. Auch bei der Fürsorge für Arbeiterwohnungen steht dem Council ein Mitspracherecht zu.

Die Eröffnungssitzung des erstmals von der Labour Party kontrollierten Londoner County Council

Der neue Rat will gerade auf diesem Gebiet seinen Einfluß stärker geltend machen.

Bombenattentat auf Loge in Cannes

27. März. Im Zusammenhang mit der Affäre um den Finanzier Serge Alexandre Stavisky (→ 27. 1./S. 22), die in Frankreich eine schwere innenpolitische Krise ausgelöst hat (→ 6. - 12. 2./S. 36), wird in Cannes ein Bombenanschlag auf das Großlogengebäude der Freimaurer verübt. Die Hintergründe der Stavisky-Affäre werden von Tag zu Tag undurchsichtiger. Während in Londoner Pfandanstalten ein Teil des Juwelenschatzes von Stavisky gefunden wurde, wird in Paris und Marseille eine vierköpfige Gangsterbande ausgehoben, die wegen der Pfandscheine der Juwelen einen Mord begangen haben soll. Im Zusammenhang mit der Affäre werden sechs Selbstmorde gemeldet.

Annäherung von Danzig und Polen

15. März. In Danzig findet in Anwesenheit des Senatspräsidenten Hermann Rauschning (NSDAP) die Eröffnungssitzung der Danziger Gesellschaft zum Studium Polens statt. Die Gesellschaft will eine deutsch-polnische Verständigung und Wiedergutmachung anstreben, wie sie die Diplomatie bisher nicht erreicht habe.

Vor allem der Abschluß des Deutsch-Polnischen Nichtangriffspakts (→ 26. 1./S. 18) wirkt sich entspannend auf das Verhältnis zwischen dem ehemals deutschen Danzig und Polen aus. Rauschning fordert eine »neue Gemeinschaft« zwischen Deutschen und Polen: »Hier im Ostraum liegt ein gemeinsamer Raum mehrerer Nationen. Über den wechselnden Staatsgrenzen hat die Gemengelage der Völker einen einzigartigen Zustand der Raumgemeinschaft geschaffen, der die Politik sowohl wie die Wirtschaft, aber auch die geistige Führung Rechnung tragen müssen.«

Danzig ist nach der Verfassung von 1920 eine Freie Stadt unter dem Schutz des Völkerbunds, der die Unabhängigkeit Danzigs garantiert. Das Deutsche Reich mußte im Versailler Vertrag auf alle Hoheitsrechte über die Stadt und das Gebiet um Danzig verzichten. Danzig ist kein polnisches Protektorat, gehört jedoch zum polnischen Zollgebiet und muß seine auswärtige Vertretung — außer beim Völkerbund — und den Schutz seiner Staatsangehörigen im Ausland durch Polen wahrnehmen lassen. Der militärische Schutz obliegt dem Völkerbund, soll aber im Einzelfall Polen übertragen werden können. Der vom Völkerbundsrat bestellte Hohe Kommissar entscheidet als erste Instanz in Streitfragen zwischen Polen und Danzig.

Marschall Pilsudski (l.) will Polen zur Führungsmacht in Osteuropa machen; der außenpolitischen Absicherung dient der deutsch-polnische Vertrag

Sudetendeutsche gründen Partei

20. März. Konrad Henlein meldet die von ihm gegründete Sudetendeutsche Heimatfront in der Tschechoslowakei als politische Partei an unter dem Namen Sudetendeutsche Partei (SdP). Auf der ersten Reichstagung der Heimatfront am 28. Januar in Aussig (Ústí nad Labem) hatte sich Henlein noch gegen Versuche gewehrt, die sudetendeutsche Heimatfrontbewegung als Partei zu charakterisieren.

Die Grundsätze der SdP sind: »Positive Aufbaupolitik« durch »Schaffung einer unter einheitlicher politischer Führung stehenden sudetendeutschen Volksgemeinschaft«, in der die »berechtigten Interessen der einzelnen Volksschichten durch Anwendung des ständischen Gliederungsprinzips gesichert« werden. Finanziert wird die Partei von der nationalsozialistischen deutschen Führung. Das NS-Regime sichert sich auf diese Weise seinen Einfluß auf die innenpolitisch nicht unbedeutende sudetendeutsche Volksgruppe in der Tschechoslowakei.

Krieg Jemen - Saudi-Arabien

24. März. *Zwischen den Königreichen Jemen und Saudi-Arabien kommt es zum Krieg um den Besitz des strittigen Grenzgebiets Nadschran. Bis Mai erobern die Truppen des saudischen Königs Abd Al Asis Ibn Saud (Bild) die Küstengebiete und Hafenstädte des Jemen. Am 14. Mai wird der Waffenstillstand unterzeichnet. In Taif, der saudischen Sommerresidenz vor Mekka, unterzeichnen am 27. Juni Ibn Saud und der König von Jemen, Hamid Ad Din Jahja, den Frieden.*

Reich für Chinas Ex-Kaiser

1. März. *P'u I, der letzte Kaiser von China (Abb.), wird in Hsinking (Tschangtschun) zum Kaiser des japanischen Satellitenstaats Mandschukuo gekrönt. P'u I, geboren 1906, wurde 1908 Kaiser von China und dankte während der Revolution 1912 als letzter Herrscher der Mandschudynastie ab. 1917 war er vorübergehend noch einmal Kaiser. 1932 desiginierten ihn die Japaner zum Kaiser ihres Schutzstaats Mandschukuo im Nordosten von China.*

Siam-Königspaar in Europa

März. *König Rama VII. Prajadhipok von Siam (Thailand; Abb. M.) und seine Frau, Königin Rambai Barni, haben im Januar Bangkok verlassen und eine Reise nach Europa angetreten. Für Schlagzeilen sorgt Rambai Barni als Tennis-Spielerin in Nizza und Monte Carlo, wo sie u. a. gegen den britischen Champion Henry Austin antritt. Rama VII. konsultiert in Europa mehrere berühmte Ärzte, um sich wegen eines Augenleidens behandeln zu lassen.*

Schweizer gegen Staatsschutzgesetz

11. März. In einer Volksabstimmung verwirft die Bevölkerung der Schweiz das von der Regierung beschlossene Gesetz zum Schutze der öffentlichen Ordnung mit 486 000 zu 416 000 Stimmen. Das Gesetz war von den Sozialdemokraten, den Kommunisten und den Frontisten (Faschisten) als »Maulkorbgesetz« bekämpft worden.

Der Gesetzentwurf sah u. a. eine Verschärfung der Strafbestimmungen bei radikalen Umsturzversuchen vor, die Gewaltanwendung gegen politische Gegner sollte mit besonderen Strafen geahndet werden. Durch das Gesetz sollte dem Staat die Möglichkeit gegeben werden, umstürzlerische Bestrebungen schon im Vorbereitungsstadium zu ersticken, und gegen Spionage- und Spitzelwesen vorzugehen.

Bundesrat Heinrich Häberlin (freisinnig), für die Ausarbeitung des Entwurfs verantwortlich, kündigt nach der Ablehnung des Staatsschutzgesetzes seinen Rücktritt an. Sein Nachfolger wird am 23. März Johannes Baumann (freisinnig).

Maulkorb für die Schweizer Presse

26. März. Der Bundesrat in Bern erläßt eine Verordnung, durch die Beschimpfungen ausländischer Staatsmänner und Staatseinrichtungen unter Strafe gestellt werden: »Presseorgane, die durch besonders schwere Ausschreitungen die guten Beziehungen der Schweiz zu anderen Staaten gefährden, werden verwarnt. Bei Nichtbefolgung der Verwarnung wird ihr Erscheinen auf bestimmte Zeit verboten.«

Betroffen sind vor allem die kommunistische und sozialistische Presse (»Kämpfer«, »Vorwärts«) sowie Emigrantenzeitungen («Deutsche Freiheit«, »Gegenangriff«, »Deutsche Volkszeitung«). Das Politische Departement weist auf die Nummern des »Kämpfers« und des »Vorwärts« vom 10. Februar hin, in denen der deutsche Reichskanzler Adolf Hitler (NSDAP) als Meuchelmörder bezeichnet wird. In den gleichen Ausgaben wird von »Hitlerbestien«, »bestialischen Mordtaten der Hitler-Regierung« und von den »blutigen Tatzen des Henkers Göring« gesprochen.

Dillinger bricht aus

3. März. *Der Bankräuber John Dillinger (in Hemdsärmeln), »Feind Nr. 1« der USA, flieht unter spektakulären Umständen aus dem Crownpoint-Gefängnis in Indiana. Er zwingt einen Gefängniswärter, seine Zelle zu öffnen, indem er ihn mit einer holzgeschnitzten Pistole bedroht. Mit den vier anderen Zelleninsassen dringt er ins Büro des Gefängnisdirektors ein, ergreift ein Maschinengewehr, nimmt einen Beamten als Geisel und flieht im Wagen des weiblichen Sheriffs (links) Richtung Chicago. 22 000 Mann setzt die Polizei ein, um den Schwerverbrecher wieder einzufangen.*

Massenhochzeit

März. *In der Frauenkirche Dresden lassen sich 68 Brautpaare der Chlorodont-Fabrik gemeinsam trauen (Abb.). Die Firma hat die Kosten für die Trauung der Paare, von denen jeweils ein Partner Angehöriger des Unternehmens ist bzw. war, sowie für die anschließenden Festlichkeiten mit Verwandten und Hochzeitsgästen übernommen. Außerdem wurde 60 Arbeiterinnen, die durch ihren Eintritt ins Eheleben ihren Arbeitsplatz für andere, unverheiratete Frauen freigemacht haben, eine Ehestandsbeihilfe von je 300 Reichsmark ausgezahlt.*

Feuer in Hakodate

21. März. *Die japanische Hafenstadt Hakodate wird durch ein Großfeuer zu zwei Dritteln zerstört. Hakodate ist der wichtigste Hafen von Hokkaido, der nördlichsten der vier japanischen Hauptinseln. Von 38 000 Häusern, die zum größten Teil aus Holz und Papiermaschee erbaut waren, werden 30 000 vollkommen zerstört (Abb.). Die Katastrophe fordert mehr als 1000 Menschenleben, etwa 150 000 Menschen werden obdachlos. Um dem Feuer zu entrinnen, flüchten viele auf die Holzbrücken über den Fluß Schinkawa. Unter der Last brechen die Brücken ein, viele ertrinken.*

Weniger Touristen ins Deutsche Reich

31. März. Die Zahl der Ausländer, die im nationalsozialistischen Deutschen Reich Urlaub machen, sinkt. Im Sommerhalbjahr — ab 1. April — nach der Machtergreifung ging die Zahl der Besucher gegenüber der Vorjahressaison um 19,3% auf 900 000, im Winter 1933/34 um 22,7% auf 2 851 000 zurück.

Woher die Touristen kommen:

Niederlande	18,8% (- 12,8%)
Schweiz	11,7% (- 3,2%)
USA	9,8% (- 43,7%)
Großbritannien	8,4% (- 6,1%)
Österreich	7,8% (- 41,8%)
Tschechoslowakei	7,7% (- 22,8%)
Skandinavien	7,2% (- 2,0%)
Frankreich	4,4% (- 16,2%)
Italien	4,1% (+ 24,4%)
Belgien, Luxemburg	3,7% (+ 14,5%)
Danzig	3,1% (+ 22,6%)
sonstiges Ausland	13,3% (- 29,1%)

Quelle: Wirtschaft und Statistik

Den stärksten Rückgang gab es bei Urlaubern aus den USA, aus Österreich und der Tschechoslowakei. Ein Besucherzuwachs hingegen ist aus Italien, Belgien und Luxemburg sowie aus der Freien Stadt Danzig zu verzeichnen.
Die veröffentlichte Untersuchung basiert auf der Auswertung der Fremdenmeldungen und Übernachtungen in 2339 (Sommer) bzw. 2006 (Winter) Berichtsorten.

Thermometer

März. *Der Eiffelturm, das Wahrzeichen von Paris, präsentiert sich als riesiges Thermometer, das während der Nacht beleuchtet ist und auch aus vielen Kilometern Entfernung das problemlose Ablesen der Lufttemperatur erlaubt (Abb.)*

US-Industrieller will auf Andorras Thron

3. März. Aus Andorra wird gemeldet, daß der Generalrat des Pyrenäenstaats das Angebot eines namentlich nicht genannten Katalaniers abgelehnt habe, gegen Zahlung von 800 000 Peseten jährlich König von Andorra zu werden. Wie eine Woche später bekannt wird, handelt es sich nicht um einen Kaufmann aus Barcelona, sondern um einen US-amerikanischen Industriellen aus Chicago mit dem spanischen Namen Di Parilla Roca.
Der Thronanwärter traf einige Wochen zuvor mit einer amtlich beglaubigten Bescheinigung über sein Bankkonto in Andorra ein und machte den Landesvätern des Freistaats den Vorschlag, ihn zum König zu wählen. Dies sei im Grunde nur eine Formsache, die aber dem Staat Gutes bringe, da Andorra jährlich eine bedeutende Summe Geldes dafür erhalte.
Die Antwort der andorranischen Regierung ist ein kategorisches »Nein«. Sie sei nichts willens, ihre republikanische Unabhängigkeit zu verlieren, obwohl der reiche Kronprätendent ausdrücklich zugesichert hatte, daß er sich nie in Regierungsfragen einmischen wolle, sondern nur Thron und Titel beanspruche. »Stolz, wie es sich für ein freies Volk geziemt, haben die rauhen Bergbauern ihre Unabhängigkeit nicht für Silberlinge an einen Ausländer verschachert«, kommentiert beifällig die »Neue Zürcher Zeitung«.

Holland in Trauer um Königin Emma

20. März. Die niederländische Königinmutter Emma stirbt im Alte[r] von 75 Jahren in Den Haag. Die au[s] Deutschland stammende Monarchin, Tochter des Fürsten Geor[g] Viktor von Waldeck-Pyrmont wurde 1879 die zweite Gemahli[n] von König Wilhelm III. der Niederlande. Nach dessen Tod 1890 führte sie die Regentschaft für ih[r] einziges Kind, Prinzessin Wilhelmina, bis zu deren Regierungsantritt 1898. Emma engagierte sic[h] sozial und karitativ u. a. im Kamp[f] gegen die Tuberkulose.

Die niederländische Königinmutte[r] Emma, die »Großmutter der Nation«

Größtes Hebewerk überwindet 36 m

21. März. Der deutsche Reichsverkehrsminister Paul Freiherr von Eltz-Rübenach (parteilos) übergibt das Schiffshebewerk Niederfinow am Hohenzollernkanal in Brandenburg seiner Bestimmung. Es ist das größte Schiffshebewerk der Welt. Kernstück der Anlage ist ein 84 000 Zentner schwerer Schiffs-»Fahrstuhl« mit einer Fläche von 88 x 16 m. Er ersetzt die vierfache Schleusentreppe, mit der die von Berlin kommenden Schiffe bisher um Kirchturmhöhe (36 m) in die Niederung der Alten Oder abgesenkt wurden. Das Hebewerk schafft die 36 m in fünf Minuten. — Mit dem Bau des Hebewerks wurde 1926 begonnen.

◁◁ Ein Dampfer fähr[t] in den Fahrstuhl des He[-]bewerks ein; der Hebe[-] bzw. Senkvorgang dau[-]ert jetzt nur noch fünf mit Ein- und Ausfahr[t] 20 Minuten, früher da[-]gegen waren es run[d] zwei Stunden

◁ Die Fahrstuhlkabin[e] mit den beiden Moto[r-]renhäusern, darunte[r] das Wasserbecken, i[n] dem vier Lastkähn[e] gleichzeitig beförder[t] werden können; da[s] Becken wird wie ei[n] Fahrstuhl bewegt, auf[-]gehängt an Zugseilen die über riesige Seil[-]scheiben laufen

Werbeanzeige für Kleinkindertrokkennahrung aus der Schweiz

Dieser Cognac ist »sich immer gleich«, suggeriert die Werbung

Makkaroni und Fadennudeln werden in Europa immer beliebter

Bierwerbung auch für die feinste Gesellschaft in Großbritannien

Das im Deutschen Reich durchgeführte Winterhilfswerk soll laut NS-Propaganda den Kindern von in Not geratenen Familien zugute kommen; Hunger gibt es in Europa auch 1934

Die Gulaschkanone kommt im Deutschen Reich häufig zum Einsatz; sie soll Gleichheitsgefühle bei allen Essern wecken

Essen und Trinken 1934:

Neue Nationalspeise: Eintopfmahl — deutsches Opfermahl

»Ein neues Gebiet ist der deutschen Hausfrau für die Entwicklung ihrer Fähigkeiten entstanden: Der Eintopfsonntag gibt allmonatlich Gelegenheit, im beschränkten Rahmen die wirkliche Kunst des Kochens zu entfalten.«

Im nationalsozialistischen Deutschen Reich machen Politik und Propaganda auch vor dem Essen nicht halt. Im Rahmen des erstmals durchgeführten Winterhilfswerks soll jede deutsche Familie am ersten Sonntag im Monat, dem Eintopfsonntag, eine schlichte, aber vollwertige, in einem einzigen Topf gekochte Mahlzeit zu sich nehmen. Die Differenz zwischen den Kosten für das Eintopfgericht und dem Preis für eine gewöhnliche Sonntagsmahlzeit wird als Spende an das Winterhilfswerk abgeführt.

Dies ist die »materielle« Seite des Eintopfsonntags, an dem die Deutschen Schusterpastete, Hamburger Frikassee mit Kohl, Kalbsbrust im Topf oder geschmorte Wurstkartoffeln mit Blutwurst aus dem gemeinsamen Topf löffeln. »Ideell« soll der Eintopf der deutschen Volksgemeinschaft dienen. So genügt es laut offizieller Propaganda nicht, daß vermögende Deutsche eine Eintopfspende in Form von Geld geben, aber ihre gewohnte Sonntagsspeise verzehren. Das ganze deutsche Volk soll beim Eintopfgericht bewußt »opfern«.

Die »ernste Opferhandlung« des Eintopfessens wird völkisch-religiös verbrämt: »So wie es ein Volksbrauch geworden ist, an jedem Freitag im Gedenken an den Kreuzestod Christi zu fasten oder wenigstens nur Fisch zu essen«, erläutert die NS-Presse, »so ist auch das Eintopfgericht in kurzer Zeit ein deutscher Volksbrauch geworden. Die deutsche Nation begeht diese ernste Feier zum Gedächtnis an die Toten des Weltkrieges, in dessen Granatfeuer die Volksgemeinschaft aller Menschen deutschen Blutes geboren wurde. So wie damals Offizier und Mann, Arbeiter und Akademiker aus einem Kessel speisten, so vereinigt uns auch heute einmal im Monat das Eintopfessen zu einer Gemeinschaft, die keine Unterschiede der Klasse oder des Standes kennt.«

Grund zur Freude haben in diesem Jahr die Winzer. Mit 62 Hektolitern Wein pro Hektar Anbaufläche wird eine Rekordernte eingebracht. Die Lese bringt zudem Weine hoher Qualität hervor.

Keine Nichtarier auf deutschen Bühnen

12. März. Der Reichsminister für Volksaufklärung und Propaganda, Joseph Goebbels (NSDAP), erinnert daran, daß öffentlich auftretende Künstler ausnahmslos Mitglieder der Reichskulturkammer (RKK) sein müssen. In den letzten Monaten seien im Deutschen Reich häufiger nichtarische Bühnenkünstler aufgetreten, die nicht der Kammer angehören.

Die 1933 geschaffene Reichskulturkammer — Chef ist der Reichspropagandaminister — ist die berufsständische Zusammenfassung und Gliederung aller »Kulturschaffenden« im Deutschen Reich in Körperschaften des öffentlichen Rechts (»Kammern«). Nach Goebbels soll die Reichskulturkammer die »kulturschaffenden« und nicht die »kulturkonsumierenden« Menschen erfassen und eine Elite darstellen. Es gebe keinen Arierparagraphen in der Reichskulturkammer, doch dürften nicht alle aus dem Beamten-, Anwalts-, Ärzte- und Schriftleiterberuf »ausgeschiedenen« Juden nunmehr in den Kulturberufen auftauchen. Ein Jude sei zur Verwaltung deutschen Kulturgutes »im allgemeinen ungeeignet«.

Die NS-Ideologie lehrt, so fährt Goebbels fort, daß ein arisches Musik- oder Theaterstück nur in »arischer Ausdeutung« zur ihm gemäßen Wirkung kommen kann. Dementsprechend könne ein jüdischer Musiker niemals arische Künstler wie Robert Schumann interpretieren. Wo Juden — wie Gustav Mahler — angeblich Schöpferisches hervorgebracht hätten, zeige der Vergleich mit zeitgenössischen arischen Werken, daß sich die Juden die arische Technik zwar angeeignet hätten, in der »seelenlosen Verarbeitung ihnen rassisch fremder Mittel aber nichts Eigenes« hätten schaffen können.

Die Zwangsmitgliedschaft aller Kunstschaffenden in der RKK ermöglicht es der NS-Führung, alle kulturellen Aktivitäten im Deutschen Reich zu kontrollieren. Ihr vorrangiges Ziel, die Ausschaltung der Juden aus allen Bereichen des gesellschaftlichen Lebens, erreicht sie dadurch, daß jüdische Künstler meist nicht in die RKK aufgenommen werden und damit Auftrittsverbot erhalten. Sie werden auf diesem Weg zur Emigration gezwungen.

Gegen das Lied von der rassereinen Lola

März. Als »Produkt geistigen Tiefstandes« und Beispiel einer grassierenden Flut von »nationalem Kitsch« gerät das »Lied von der Lola« ins Kreuzfeuer der NS-Presse. Es sollte in der »Fanfare«, dem Organ der Hitlerjugend, gedruckt werden. Das Lied erzählt von einem Jäger, der aus dem »Kampf fürs Vaterland« zurückkehrt und seine geliebte Lola tot findet. Dann heißt es: »Nimm dir eine neue Lola, eine Lola frisch und drall. Lola ist ein deutsches Mädchen, nicht bemalt und rasserein. Auch die Großmama von unsrer Lola müßte wirklich arisch sein. Und dann schenke dir die Lola stets ein Kind im Monat Mai, daß die deutsche Hitlerjugend blühe, wachse und gedeih.«

Paul Hindemith als »Musikbolschewist«

12. März. Im Rahmen eines philharmonischen Konzerts in Berlin wird unter der Leitung von Wilhelm Furtwängler die Sinfonie »Mathis der Maler« des als »jüdisch versippt« bezeichneten Komponisten Paul Hindemith uraufgeführt. Damit beginnt im Deutschen Reich eine kulturpolitische Kontroverse, die Ende des Jahres darin gipfelt, daß Furtwängler seine Ämter als Vizepräsident der Reichsmusikkammer, als Leiter des Berliner Philharmonischen Orchesters und als Direktor der Berliner Staatsoper niederlegt (→25. 11./S. 198).

In der Abendausgabe der »Düsseldorfer Nachrichten« vom 12. März heißt es noch überschwenglich, man müsse »den künstlerischen Wert dieser Symphonie rückhaltlos anerkennen« Dieses Werk werde »bei einem nicht ausbleibenden Siegeszug durch Deutschland überall starke Beachtung finden«.

Völlig anders lautet das Urteil von Paul Zschorlich in der »Deutschen Zeitung« vom 17. März, der den Komponisten im Zusammenhang mit »musikalischem Bolschewismus, Dilettantismus und Atonalismus« erwähnt.

Hindemith, einer der wichtigen Komponisten der Moderne, wird von NS-Kulturfunktionären vorgeworfen, sich während der Weimarer »Systemzeit« dem »Musikbolschewismus« ergeben zu haben.

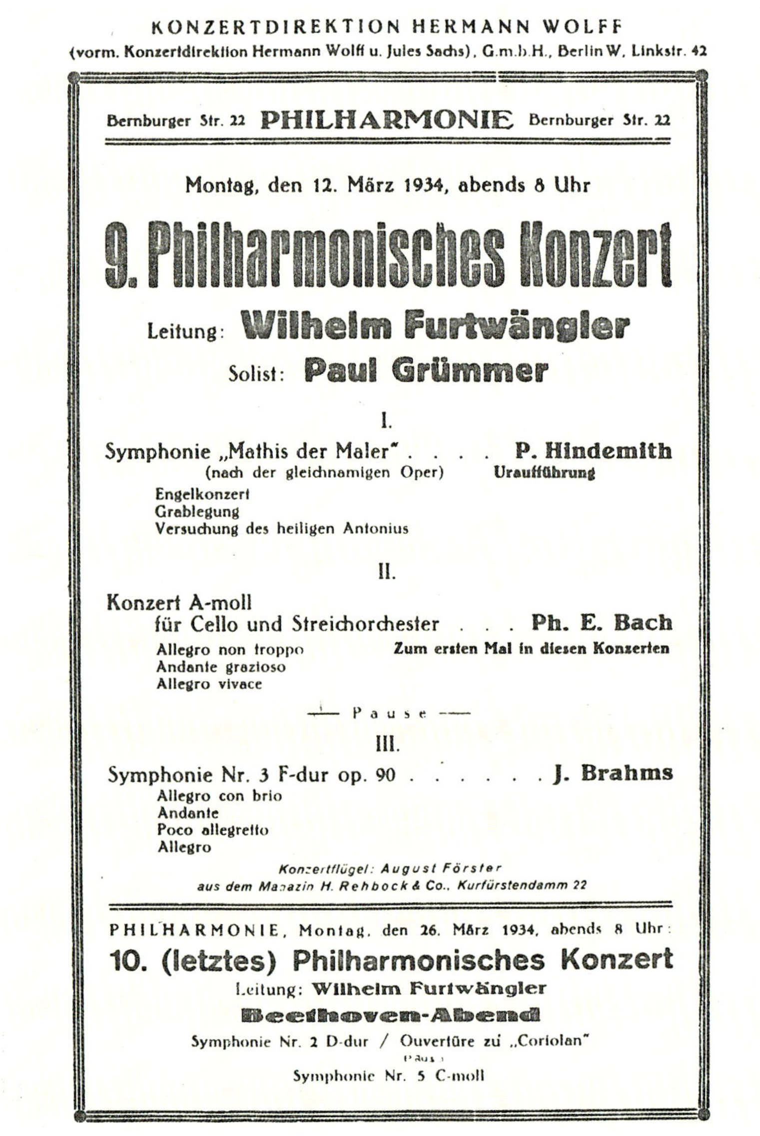

KONZERTDIREKTION HERMANN WOLFF
(vorm. Konzertdirektion Hermann Wolff u. Jules Sachs), G.m.b.H., Berlin W. Linkstr. 42

Bernburger Str. 22 PHILHARMONIE Bernburger Str. 22

Montag, den 12. März 1934, abends 8 Uhr

9. Philharmonisches Konzert

Leitung: **Wilhelm Furtwängler**

Solist: **Paul Grümmer**

I.

Symphonie „Mathis der Maler" . . . . **P. Hindemith**
(nach der gleichnamigen Oper) Uraufführung
Engelkonzert
Grablegung
Versuchung des heiligen Antonius

II.

Konzert A-moll
für Cello und Streichorchester . . . **Ph. E. Bach**
Allegro non troppo
Andante grazioso
Allegro vivace
Zum ersten Mal in diesen Konzerten

— Pause —

III.

Symphonie Nr. 3 F-dur op. 90 . . . . . . **J. Brahms**
Allegro con brio
Andante
Poco allegretto
Allegro

Konzertflügel: August Förster
aus dem Magazin H. Rehbock & Co., Kurfürstendamm 22

PHILHARMONIE, Montag, den 26. März 1934, abends 8 Uhr:
10. (letztes) Philharmonisches Konzert
Leitung: **Wilhelm Furtwängler**
Beethoven-Abend
Symphonie Nr. 2 D-dur / Ouvertüre zu „Coriolan"
Pause
Symphonie Nr. 5 C-moll

Ankündigung der Uraufführung von »Mathis der Maler«; eine Sinfonie aus der gleichnamigen Hindemith-Oper über Matthias Grünewald

Wilhelm Furtwängler zählt zu den bekanntesten deutschen Dirigenten

Die NS-Propaganda bezeichnet Hindemith als »Viertelton-Mixer«

Drei Rekorde von Stuck auf Porsche

6. März. Der deutsche Automobilrennfahrer Hans Stuck stellt in einem von Ferdinand Porsche konstruierten Rennwagen auf der Avus in Berlin drei neue Rekorde auf: 100 Meilen in 44:31,4 min und 200 Meilen in 55:16,6 min. Den Stundenrekord verbessert der Rennfahrer von 214,064 auf 217,110 km.

Der 33jährige Hans Stuck hatte seine Karriere in Österreich auf einem Dürkop-Sportwagen begonnen. Zwischen 1927 und 1930 siegte er auf Austro Daimler in zahlreichen Bergrennen und 1930 wurde er auf einem Mercedes Benz der erste Europa-Bergmeister. Von Mercedes Benz wechselte Stuck kurze Zeit später zu Auto-Union, für die er in diesem Jahre mehrere große Rennen gewinnt.

Stucks Wagen wurde konstruiert von Ferdinand Porsche. Wie Stuck war auch er aus Österreich gekommen, wo er ab 1906 bei der Daimler-Motoren KG, Bierenz tätig war. Inzwischen konstruiert er in seinem eigenen Unternehmen die verschiedensten Wagen.

Heß gewinnt den Zugspitzflug 1934

10. März. Der deutsche Reichsminister und Stellvertreter des Führers, Rudolf Heß (NSDAP), gewinnt mit einer Messerschmitt 33 das vom Deutschen Luftsportverband veranstaltete Wettfliegen von Oberwiesenfeld zum Schneefernerhaus auf der Zugspitze.

Der Zugspitzflug 1934 ist wegen schlechten Wetters mehrfach verschoben worden; noch am Sonnabendmittag muß der Veranstalter wegen der ungünstigen Witterung die Bestimmungen ändern. So wird der Flug mit Start in München-Oberwiesenfeld und Ziel am Schneefernerhaus, wo eine Ziellinie zu überfliegen ist und die Wertung erfolgt, durchgeführt. Wegen des Wetters haben viele Flieger abgesagt, darunter der bekannte Kunstflieger Ernst Udet.

Obwohl der Vorjahressieger Kirsch lange Zeit gut im Rennen liegt, siegt am Ende Rudolf Heß. In Presseberichten heißt es dazu, daß der Stellvertreter des Führers gezeigt hat, »daß auch ein Reichsminister ein Flugzeug zu meistern versteht.«

Die US-Amerikaner werden als die schärfsten Konkurrenten der Deutschen dargestellt: Walter Marty in Fresno

Meilenspezialist Glenn Cunningham, als Olympia-Favorit angekündigt

Angstgegner der Deutschen: Jack Torrance stößt 15 Pfund 16,30 m

Keith Browns Rekordstabhochsprung über 4,37 m soll die deutsche Olympiajugend anspornen, immer höher, immer weiter, immer schneller zu werden

Auswahlwettkampf für Olympia 1936

März. Im Deutschen Reich laufen die Vorbereitungen für die Olympischen Sommerspiele, die 1936 in Berlin ausgetragen werden (→23. 1./S. 31). In allen Teilen des Landes finden Sportveranstaltungen statt, die u. a. die Bevölkerung auf die Spiele einschwören sollen. Ausländische Spitzenathleten werden in Zeitungsberichten als die Konkurrenten der Deutschen für das Jahr 1936 vorgestellt.

Als »das bestbesetzte Schwimmfest, das Deutschland bisher sah«, gilt eine Veranstaltung am 17./18. März in Magdeburg, wo sich die deutsche Schwimmelite trifft. Von den Schwimmern aus dem ganzen Deutschen Reich wird hier eine Auslese getroffen. Am 10./11. März findet in Düsseldorf ein Olympia-Werbefest statt. »Die Olympischen Spiele 1936 sind eine Angelegenheit der Nation«, ist in der deutschen Presse zu lesen. »Alle Völker der Erde werden im neuen Deutschland vertreten sein, und man darf es als einen guten Gedanken des Führers bezeichnen, wenn er die Olympischen Spiele zu einer Propaganda für das Dritte Reich gestalten will. Da mögen die Sportsleute aus aller Herren Länder kommen, denen gewissenlose Hetze das Bild über das wahre Deutschland getrübt hat, sie werden ein geeintes Volk, ein Reich der Ordnung und Disziplin vorfinden...«

April 1934

Mo	Di	Mi	Do	Fr	Sa	So
						1
2	3	4	5	6	7	8
9	10	11	12	13	14	15
16	17	18	19	20	21	22
23	24	25	26	27	28	29
30						

1. April, Ostersonntag

Das erste Winterhilfswerk im nationalsozialistischen Deutschen Reich wird beendet. → S. 78

Der italienische Priester und Sozialpädagoge Giovanni Bosco wird in Rom heiliggesprochen. → S. 80

Im Deutschen Reich werden als verbraucherfreundliche Maßnahme einheitliche Sorten von Käse und Butter eingeführt. → S. 78

In Paris wird der (kommunistische) Internationale Bund der Bau- und Holzarbeiter gegründet.

2. April, Ostermontag

Das außerordentliche Heilige Jahr wird von Papst Pius XI. in Rom feierlich beendet. → S. 80

Am Schluß eines zweitägigen Kongresses in Utrecht beschließen die niederländischen Sozialdemokraten, die Sociaal-Democratische Arbeiderpartij, eine grundlegende Kursänderung. Sie bekennen sich ausdrücklich zur Legalität und zur Loyalität gegenüber der bürgerlichen Regierung, schwören allen revolutionären Forderungen ab, wollen auf Propaganda für einseitige Abrüstung verzichten und erkennen die militärische Landesverteidigung an.

3. April, Dienstag

Der deutsche Reichskanzler Adolf Hitler (NSDAP) fordert in einem Interview eine Verdreifachung der deutschen Truppenstärke. → S. 77

Mit Unterstützung des diensthabenden Justizwachbeamten fliehen zwei nationalsozialistische Häftlinge und drei sozialistische Schutzbündler aus dem landesgerichtlichen Gefangenenhaus in Linz. Der Beamte und die entsprungenen Häftlinge flüchten ins Deutsche Reich (→ 25. 7./S. 136).

Der spanische Ministerrat beschließt die Aufhebung des Alarmzustands und kündigt die Wiedereinführung der Todesstrafe an (→ 25. 4./S. 76).

Das Sondergericht in Düsseldorf verurteilt einen Mann, der in einer Gastwirtschaft in betrunkenem Zustand »Greuelmärchen« über die nationalsozialistische deutsche Regierung verbreitet hatte, zu sechs Monaten Gefängnis.

4. April, Mittwoch

In Moskau werden von Regierungsvertretern die Nichtangriffspakte zwischen der Sowjetunion und den baltischen Staaten Litauen, Lettland und Estland um zehn Jahre verlängert. → S. 72

5. April, Donnerstag

Vor dem Sondergericht in Köln wird der pensionierte katholische Priester Leonhard Jansen wegen böswilliger Verleumdung der Reichsregierung zu sechs Monaten Gefängnis und Überführung in eine geschlossene Anstalt verurteilt. Jansen hatte u. a. behauptet, 400 katholische Priester seien in Konzentrationslager gebracht worden.

In Stettin werden acht Kriminalangestellte und Beamte der Polizeiverwaltung wegen Mißhandlung von Häftlingen zu Zuchthaus- und Gefängnisstrafen zwischen neun Monaten und 13 Jahren verurteilt. In der NS-Presse wird betont, daß der preußische Ministerpräsident und deutsche Reichsminister der Luftfahrt, Hermann Göring (NSDAP), persönlich die Anklageerhebung veranlaßt habe.

Tauwetter und starke Regenfälle verursachen im Norden und Südwesten der USA schwere Überschwemmungen. Etwa 50 Menschen ertrinken.

Das Schwurgericht in Chemnitz (Karl-Marx-Stadt) verurteilt das ehemalige KPD-Mitglied Hans Beck wegen Mordes zum Tode. Laut Urteil hatte Beck 1932 bei einer Auseinandersetzung mit Nationalsozialisten einen SS-Mann so schwer verletzt, daß dieser kurze Zeit später starb.

6. April, Freitag

Die österreichische Regierung Engelbert Dollfuß (Christlichsoziale Partei) gibt die Ausbürgerung von fünf Sozialisten — darunter Otto Bauer und Julius Deutsch —, einem Kommunisten und zwölf Nationalsozialisten wegen hochverräterischer bzw. regierungsfeindlicher Tätigkeit bekannt (→ 12. 2./S. 38).

7. April, Sonnabend

In Rumänien tritt ein Staatsschutzgesetz in Kraft, das die Mitarbeit in verbotenen politischen Organisationen sowie jede Propaganda gegen die Monarchie, den Parlamentarismus und das allgemeine Stimmrecht unter Strafe stellt.

In Moskau wird der sowjetisch-finnische Nichtangriffspakt von 1932 um zehn Jahre verlängert (→ 4. 4./S. 72).

Der deutsche Reichsbankpräsident Hjalmar Schacht dementiert in Basel Gerüchte, das Deutsche Reich verhandle mit dem Ausland, um neue Kredite für die Beschaffung von Rohstoffen zu erhalten. Die deutsche Regierung wolle keine neuen Schulden machen, ehe nicht die alten beglichen seien (→ 16. 3./S. 59).

Bei einer Massenkundgebung der Nationalsozialistischen Deutschen Arbeiterpartei (NSDAP) in der Freien Stadt Danzig betont Senatspräsident Hermann Rauschning (NSDAP), daß es die besondere staatsrechtliche Situation Danzigs nicht erlaube, den revolutionären nationalsozialistischen Gestaltungswillen verfassungsmäßig sofort zu verwirklichen (→ 15. 3./S. 62).

8. April, Sonntag

Auf einer Versammlung in Paris fordern die sog. Generalstände der Arbeit (Gewerkschaften) zur Verhinderung eines Bürgerkriegs die Auflösung und Entwaffnung aller bestehenden halbmilitärischen Verbände (→ 6.2./S. 36).

Der Führer der indischen Unabhängigkeitsbewegung, Mohandas Karamchand Gandhi, formuliert die Strategie des bürgerlichen Ungehorsams neu, da sie bislang nicht die erhoffte Wirkung erzielt hat. → S.75

9. April, Montag

Im Deutschen Reich wird die Sonntagsnummer der »Basler Nachrichten« beschlagnahmt wegen eines kritischen Artikels »Zur Lage der deutschen Juden«.

Der deutsche Reichsminister und Stellvertreter des Führers, Rudolf Heß (NSDAP), gibt in der Presse bekannt, daß Nichtreichsdeutsche auch nicht Mitglieder der NSDAP werden können.

Im Deutschen Reich beginnen die Reichsberufswettkämpfe. → S. 80

In der Nacht auf den 10. April entgleist der D-Zug Salzburg-Frankfurt am Main zwischen Hörsching und Marchtrenk hinter Linz. Auf einer Länge von 15 m waren hier die Schienen von den Schwellen gelöst worden. Der Hintergrund des Anschlags, der ein Todesopfer und mehrere Verletzte fordert, bleibt unaufgeklärt.

10. April, Dienstag

Die polnische Delegation setzt sich beim Völkerbund in Genf für ein allgemeines Schutzabkommen für ethnische Minderheiten ein. → S.76

Jean Cocteau (1889-1963) verarbeitet in seinem Drama »Die Höllenmaschine«, das im Théâtre Louis Jouvet in Paris uraufgeführt wird, den antiken Ödipus-Stoff in freier Form.

11. April, Mittwoch

Nach einer Meldung der »Jüdischen Rundschau« hat sich die Einwanderung von Juden nach Palästina aus dem Deutschen Reich stark erhöht. → S. 75

Im polnischen Lublin kommt es zu blutigen Auseinandersetzungen, als etwa 3000 Arbeitslose Beschäftigung bei den Notstandsarbeiten der Gemeindeverwaltung erzwingen wollen. Als Demonstranten die Polizei mit Steinen bewerfen, eröffnet diese das Feuer; eine Person wird getötet, 15 werden schwer verletzt.

12. April, Donnerstag

In Spanien schließen sich die drei Parteiorganisationen Republikanische Aktion, Galizische Republikaner und Unabhängige Radikalsozialisten zur Republikanischen Linken unter dem früheren Ministerpräsidenten Manuel Azaña y Díaz zusammen (→ 25. 4./S. 76).

Die deutsche Gesandtschaft in Prag protestiert gegen eine vom tschechischen Künstlerverein »Manes« veranstaltete Karikaturenausstellung, in der »in unerhört beleidigender Form« der deutsche Reichspräsident, der Reichskanzler und führende Persönlichkeiten der deutschen NS-Führung verhöhnt würden. — Die tschechoslowakische Regierung veranlaßt die sofortige Entfernung der beanstandeten Karikaturen.

13. April, Freitag

Im Deutschen Reich wird die »Prawda«, das Zentralorgan der Kommunistischen Partei der Sowjetunion (KPdSU), vorübergehend verboten. Grund für das Verbot sind Anschuldigungen, die der bulgarische Politiker Georgi M. Dimitrow gegen NS-Politiker in der »Prawda« veröffentlicht hat (→ 27. 2./S. 40).

Die sowjetische Gesandtschaft in Warschau wird in eine Botschaft umgewandelt.

14. April, Sonnabend

Der deutsche Reichsminister des Auswärtigen, Konstantin Freiherr von Neurath (parteilos), erklärt, das Deutsche Reich erstrebe keine Autarkie. → S. 78

Der deutsche Reichskanzler Adolf Hitler (NSDAP) tritt die Heimreise von Norwegen an. Hitler hat ohne Kenntnis der norwegischen Regierung auf dem Panzerschiff »Deutschland« eine einwöchige Fahrt durch die westnorwegischen Fjorde unternommen, ohne sich an Land zu begeben. Es war die erste Auslandsreise des Kanzlers.

Der italienische Sportflieger Renato Donati erreicht in einem Caproni-Doppeldecker mit zwei 500 PS starken Alfa-Romeo-Pegasus-Motoren eine Höhe von 14 500 m und stellt damit einen neuen Höhenweltrekord auf (→ 31. 1./S. 27).

15. April, Sonntag

Erstmals seit 1918 werden in Berlin 15 Bühnenkünstler durch den preußischen Ministerpräsidenten Hermann Göring (NSDAP) zu preußischen Kammersängern bzw. Staatsschauspielern ernannt.

In Hagen in Westfalen kommt es bei einer Kundgebung des oppositionellen Pfarrernotbunds zu tätlichen Auseinandersetzungen mit Anhängern der nationalsozialistisch beeinflußten Deutschen Christen.

Der Leiter des Reichsrechtsamts der NSDAP, Hans Frank, gründet in Hamburg das Amt zur Rechtsbetreuung des deutschen Volkes. In den kommenden Wochen gründet das Amt 2000 Rechtsbetreuungsstellen.

16. April, Montag

Bei Zusammenstößen zwischen Streikenden und der Polizei im spanischen Barcelona werden zwei Menschen getötet und 15 verletzt (→ 25. 4./S. 76).

Großbritannien lehnt die Forderung der südafrikanischen Regierung ab, Betschuanaland, Basutoland und Swasiland nach Südafrika einzugliedern. → S. 75

In der UdSSR wird der Titel »Held der Sowjetunion« eingeführt.

In Italien wird der Handel mit Margarine verboten. Das Verbot ist eine Maßnahme zur Förderung der Milchwirtschaft.

»Die Woche« bringt als Titelgeschichte einen Bericht zur bevorstehenden Fußball-Weltmeisterschaft in Italien

17. April, Dienstag

In einer China-Erklärung des japanischen Außenministeriums wird die »natürliche Verantwortung« Japans für die Aufrechterhaltung des Friedens im Fernen Osten unterstrichen. Die Einmischung fremder Mächte in dieser Region wird strikt abgelehnt.

Der deutsche Reichskanzler Adolf Hitler (NSDAP) und der Reichsminister für Volksaufklärung und Propaganda, Joseph Goebbels (NSDAP), danken in Berlin den Leitern und Helfern des Winterhilfswerks. Hitler betont, das Winterhilfswerk solle nicht nur die Not beseitigen, die durch öffentliche Maßnahmen nicht beseitigt werden könne, sondern auch dazu beitragen, das Volk zu sozialistischem Denken zu erziehen (→ 1. 4./S. 78).

Im Deutschen Reich wird eine parteiamtliche Prüfungskommission der NSDAP zum Schutz des nationalsozialistischen Schrifttums eingerichtet. → S. 83

18. April, Mittwoch

Im Deutschen Reich werden 16 Luftämter zur Verwaltung von Luftfahrtangelegenheiten errichtet. → S. 77

Frankreich weist den sowjetischen Exilpolitiker Leo Trotzki aus. → S. 75

Der Stabschef der SA, Ernst Röhm (NSDAP), bezeichnet die SA als Garant des Friedens in Europa. → S. 77

Laut Meldung des nationalsozialistischen »Hakenkreuzbanners« ist das Gebäude des »Neuen Mannheimer Volksblattes«, einer ehemaligen Zentrumszeitung, von einer »erregten Menschenmenge« gestürmt worden. »Durch den glücklichen Umstand, daß zufällig eine Abteilung SA die Straße passierte, konnten weitere Ausschreitungen verhütet werden.« Vier Redakteure des katholischen Blatts, wurden »zum Schutze der eigenen Person« inhaftiert.

In Berlin stört ein nationalsozialistisches Kommando ein Konzert des schweizerischen Dirigenten Edwin Fischer. → S. 82

In Esbjerg und Kopenhagen kommt es während eines Streiks der dänischen Handelsmatrosen zu blutigen Unruhen.

19. April, Donnerstag

Die französische Beamtenschaft legt aus Protest gegen die von der Regierung Gaston Doumergue verfügten Gehalts- und Pensionskürzungen für eine Stunde die Arbeit nieder.

Egon Erwin Kisch und andere prominente Deutsche im Exil sprechen in der französischen Hauptstadt Paris auf einer Versammlung deutscher Emigranten, bei der die Freilassung im Deutschen Reich inhaftierter Schriftsteller gefordert wird. → S. 83

Die Staatspolizeistelle für den Regierungsbezirk Arnsberg warnt die konfessionellen Jugendverbände, das Verbot zu übertreten, nach dem Aufmärsche, das Tragen von Uniformstücken, das Mitführen eigener Musikkapellen sowie sportliche Betätigung im Rahmen eines konfessionellen Jugendverbands untersagt ist. Übertretungen dieses Verbots würden künftig unnachsichtig mit »Polizeistrafen« geahndet.

20. April, Freitag

Der preußische Ministerpräsident und deutsche Reichsminister der Luftfahrt, Hermann Göring (NSDAP), beruft den Reichsführer der SS, Heinrich Himmler (NSDAP), zum Leiter des Geheimen Staatspolizeiamts.

In Wien wird amtlich bekanntgegeben, daß 81 Sozialisten und Kommunisten, die bisher in Wien inhaftiert waren, in das Anhaltelager Wöllersdorf verlegt wurden (→ 30. 4./S. 74).

Im Deutschen Reich finden die Feierlichkeiten anläßlich des 45. Geburtstags des deutschen Reichskanzlers Adolf Hitler (NSDAP) statt. → S. 79

Die Würzburger Katholikenzeitung »Fränkisches Wochenblatt« wird für acht Tage verboten, der Hauptschriftleiter in Schutzhaft genommen. Das Blatt hatte in einem Bericht über einen internationalen Presseempfang im Vatikan geschrieben, daß alle Besucher, gleichgültig ob Juden, Christen, Chinesen oder deutsche Neuheiden vor dem Papst das Knie gebeugt hätten.

Die Deutsche Reichspost läßt die Farbe ihrer Fahrzeuge ändern; zukünftig werden Postfahrzeuge rot lackiert. → S. 79

21. April, Sonnabend

In Berlin wird die Ausstellung »Deutsches Volk — deutsche Arbeit« eröffnet. → S. 78

Die konservative Regierung des schweizerischen Kantons Wallis verbietet dem sozialdemokratischen Regierungspräsidenten des Kantons Genf, Léon Nicole, die Einreise. Nicole wollte auf der Jahrestagung der Sozialdemokratischen Partei des Kantons Wallis eine Rede halten.

Das spanische Parlament (Cortes) in Madrid nimmt ein Amnestiegesetz an für alle, die vor dem 14. April wegen politischer und militärischer Delikte verurteilt wurden. Die Zahl der Amnestierten, die überwiegend der politischen Rechten angehören, liegt bei rund 9000 (→ 25. 4./S. 76).

22. April, Sonntag

Die Vertreter der oppositionellen Bekennenden Kirche schließen sich in Ulm zur Bekenntnisgemeinschaft der Deutschen Evangelischen Kirche zusammen, die sich als rechtmäßige evangelische Kirche im Deutschen Reich versteht (→ 20. 10./S. 181)

Auf dem ersten bayerischen Bauerntag in München bezeichnet der deutsche Reichsminister für Ernährung und Landwirtschaft, Richard Walther Darré (NSDAP), das Reichserbhofgesetz als unerschütterliche Grundlage der neuen bäuerlichen Wirtschaftsgestaltung (→ 19. 1./S. 17).

23. April, Montag

Die Berliner Polizeibehörde verbietet Wahrsagerei. → S. 79

Die Stadtverwaltung von Düsseldorf meldet, ähnlich wie andere deutsche Städte, einen Anstieg der Eheschließungen und vermehrtes Ausscheiden von Frauen aus dem Arbeitsleben. → S. 78

Der deutsche Reichspräsident Paul von Hindenburg ernennt Joachim von Ribbentrop (NSDAP) zum Beauftragten für die Abrüstungsfrage.

Die österreichische Bundesregierung unter Engelbert Dollfuß (CP) erteilt dem im Schweizer Exil lebenden Erzherzog Eugen die Erlaubnis zur Rückkehr nach Österreich (→ 24. 5./S. 93).

24. April, Dienstag

Im Deutschen Reich wird durch Gesetz der Volksgerichtshof als oberste Instanz zur Verhandlung »politischer Delikte« geschaffen. → S. 77

25. April, Mittwoch

Der spanische Staatspräsident Niceto Alcalá Zamora y Torres verhängt den Belagerungszustand über das Land. → S. 76.

Der spanische Ministerpräsident Alejandro Lerroux y García tritt wegen unüberbrückbarer Gegensätze zu Staatspräsident Niceto Alcalá Zamora y Torres in der Frage des Amnestiegesetzes von seinem Amt zurück (→ 25. 4./S. 76).

Der Rat der Volkskommissare in Moskau verabschiedet die Resolution über die Verlegung der Akademie der Wissenschaften von Leningrad nach Moskau. Die Akademie war 1725 von Zar Peter dem Großen im damaligen Petersburg gegründet worden.

26. April, Donnerstag

Fanatische Hindus aus höheren Kasten überfallen den Freiheitskämpfer Mohandas Karamchand Gandhi aus Protest gegen sein Eintreten für die Parias, die für Kastenangehörige zu den »Unberührbaren« zählen (→ 8. 4./S. 75).

Nach Angaben der »Neuen Zürcher Zeitung« bestehen in den USA mehrere faschistische Organisationen. Die bedeutendsten sind die sog. Weißhemden mit 200 000 Mitgliedern, die Silberhemden mit 100 000 Mitgliedern und die Khaki-Hemden mit 25 000 Mitgliedern.

27. April, Freitag

In Berlin beginnt die sog. Transferkonferenz, auf der über die deutsche Auslandsverschuldung beraten wird. Sie dauert bis 29. Mai (→ 29. 5./S. 92).

Der deutsche Reichsminister des Auswärtigen, Konstantin Freiherr von Neurath (parteilos), nimmt auf einer Pressekonferenz in Berlin Stellung zu Abrüstungsfragen. Er führt u. a. aus, daß es erstaunlich sei, daß Frankreich, dessen Wehrausgaben in Höhe von 16 Milliarden Franc liegen, gegen die Aufstockung des deutschen Wehretats auf 890 Millionen Reichsmark protestiere (→ 4. 4./S. 77).

28. April, Sonnabend

Nach dem Rücktritt des spanischen Ministerpräsidenten Alejandro Lerroux y García (Radikale Partei) bildet sein Parteikollege Ricardo Samper Ibáñez ein Kabinett, das sich von dem Lerroux' kaum unterscheidet. Auslöser der Kabinettskrise waren gegen die Regierung gerichtete Proteststreiks, die nach dem harten Eingreifen der Polizei zu bürgerkriegsähnlichen Unruhen eskalierten (→ 25. 4./S. 76).

In Rom wird das neugewählte Parlament eröffnet. Der Duce und Ministerpräsident, Benito Mussolini, vereidigt die neuen Abgeordneten auf die Verfassung. In seiner Thronrede hebt König Viktor Emanuel III. die Bedeutung des Faschismus hervor (→ 25. 3./S. 61).

Der deutsche Reichsminister des Innern, Wilhelm Frick (NSDAP), ersucht die Landesregierungen, den Polizeidienststellen eine scharfe Bekämpfung des Denunziantentums zur Pflicht zu machen. Die Nachprüfung der bei den Behörden wegen angeblich staatsfeindlicher Äußerungen erstatteten Anzeigen ergäben sehr oft, daß der Grund für die Anzeigen persönliche Streitigkeiten seien. Namentlich bei Hausstreitigkeiten werde der Gegner oft politisch verdächtigt.

Im britischen Fußball-Pokalfinale besiegt die Mannschaft von Manchester City im Londoner Wembley-Stadion Portsmouth 2:1. → S. 83

29. April, Sonntag

Oswald Mosley, der Führer der britischen Faschisten (Schwarzhemden), erklärt auf einer Massenversammlung in London, seine Partei ahme weder das deutsche noch das italienische Vorbild nach. Der gemeinsame Feind aller faschistischen Parteien sei jedoch der Kommunismus.

30. April, Montag

Der österreichische Nationalrat, das Bundesparlament, tritt zum letzten Mal zusammen. Mit 72 zu zwei Stimmen beschließt das Parlament, dem die Abgeordneten der im Februar verbotenen Sozialdemokratischen Arbeiterpartei nicht mehr angehören, die »Verfassung 1934«. Danach ist Österreich nicht mehr Republik, sondern ein ständisch geordneter Bundesstaat. → S. 74

In Bombay streiken über 75 000 Textilarbeiter. Es ist der Beginn einer Streikwelle, die 1934 ganz Britisch-Indien erfaßt. Sie wendet sich gegen das System der Arbeitsintensivierung und die Verschärfung der Ausbeutung.

Die Berliner »Deutsche Tageszeitung«, der »Hamburger Correspondent« und die »Frankfurter Nachrichten« stellen ihr Erscheinen ein. Durch wirtschaftliche Repressionen und politischen Terror erzwingt das NS-Regime die Schließung von ihr nicht genehmen Zeitungen (→ 1. 1./S. 28).

Das Wetter im Monat April

Station	Mittlere Lufttemperatur (°C)	Niederschlag (mm)	Sonnenscheindauer (Std.)
Aachen	11,2 (8,8)	57 (63)	— (178)
Berlin	11,5 (8,3)	48 (41)	— (193)
Bremen	11,2 (8,2)	32 (50)	— (185)
München	10,7 (8,0)	31 (59)	— (173)
Wien	12,6 (9,6)	23 (54)	233 (173)
Zürich	11,9 (8,0)	23 (88)	227 (173)

( ) Langjähriger Mittelwert für diesen Monat
— Wert nicht ermittelt

Die Zeitschrift »East African Annual« informiert ihre Leser über aktuelle Ereignisse und die Situation in den ostafrikanischen Ländern

Europa 1934: Ringen um die Macht durch Bündnissysteme

4. April. In Moskau werden der sowjetisch-litauische, der sowjetisch-lettische und der sowjetisch-estländische Nichtangriffspakt um zehn Jahre verlängert.

Der sowjetische Volkskommissar des Äußern, Maxim M. Litwinow, erklärt, daß die UdSSR ihre friedlichen Absichten ohne Rücksicht auf die derzeit in der Welt festzustellenden Rüstungstendenzen unterstreichen wolle. Die Sowjetunion habe mit keinem fremden Land Streit und bestehe auch nicht auf der Revision bestehender Verträge einschließlich des Friedensvertrags von Versailles und der anderen, nach dem Ersten Weltkrieg abgeschlossenen Pariser Vorortverträge.

Durch den Austritt aus dem Völkerbund 1933 hat das Deutsche Reich eine Phase der Paktschließungen in Europa ausgelöst, die 1934 ihren ersten Höhepunkt erreicht. In diesem Jahr werden unter anderem folgende wichtige Bündnisse und Pakte geschlossen: Der Deutsch-Polnische Nichtangriffspakt (→ 26. 1./S. 18), der Balkanpakt zwischen Griechenland, Jugoslawien, Rumänien und der Türkei (→ 9. 2./S. 41), die Römischen Protokolle zwischen Italien, Österreich und Ungarn (→ 17. 3./S. 61), der Baltenpakt zwischen Estland, Lettland und Litauen (→ 12. 9./S. 168). Am 14. August schließen Frankreich und Rumänien ein Defensivabkommen.

Noch am 15. Juli 1933 hatten sich Italien, das Deutsche Reich, Frankreich und Großbritannien im Vierer- bzw. Viermächtepakt zur Beratung über alle Probleme von gemeinsamem Interesse verpflichtet. Der Austritt des Deutschen Reiches aus dem Völkerbund am 14. Oktober 1933 machte den Viererpakt jedoch hinfällig.

Die internationale Politik in Europa wird gekennzeichnet durch ein Netz von Pakten, in dessen Mittelpunkt Frankreich und Italien stehen. Das Funktionieren des Völkerbunds als »Weltpakt« wird mehr und mehr in Frage gestellt, obwohl ihm Staaten der ganzen Welt angehören. Nicht nur die europäischen Regierungen suchen neue Sicherheitsgrundlagen. Dem Völkerbund gehören die Vereinigten Staaten von Amerika nicht an, das Deutsche Reich und Japan sind 1933 ausgetreten. Im September 1934 tritt jedoch die Sowjetunion dem Völkerbund bei (→ 18. 9./S. 168). Seit dem Abschluß des Deutsch-Polnischen Nichtangriffspakts ist die UdSSR aber auch gezwungen, ihre Öffnungspolitik gegenüber dem Westen voranzutreiben, um weltpolitisch nicht isoliert zu werden (→ 8. 1./S. 23).

Der eigentliche Grund für die Kriegs- und Krisenstimmung in Europa sind die Pariser Vorortverträge. Nach dem Weltkrieg wurde die Sowjetunion durch Abtrennung der Westgebiete (Polen, baltische Länder) ebenso wie die Türkei aus Europa verdrängt.

Österreich-Ungarn zerfiel in mehrere Staaten. Rumänien, Jugoslawien und Italien wurden beträchtlich vergrößert, Polen wiederhergestellt. Das Deutsche Reich wurde an seinen Grenzen beschnitten. Frankreich, das in Polen, der Tschechoslowakei und Rumänien enge Verbündete in Osteuropa hat, besitzt zur Zeit das militärische Übergewicht im kontinentalen Europa. Durch die Bestimmungen des Versailler Vertrages und der anderen Pariser Vorortverträge sind Gegensätze zwischen den europäischen Staaten heraufbeschworen worden, die den Frieden zunehmend bedrohen.

Frankreichs Außenminister Barthou (r.) in Warschau mit Präsident Mościcki (2. v. r.) und Außenminister Beck (l.)

Eden (2.v.r.), britischer Lordsiegelbewahrer bei Reichsaußenminister Neurath (2.v.l.)

Der italienische Staatssekretär Fulvio Suvich (r.) in Paris bei Ministerpräsident Gaston Doumergue

Fulvio Suvich auf dem Weg zu Abrüstungsverhandlungen in London

Frankreichs Außenminister Barthou zwischen dem tschechoslowakischen Außenminister Beneš (l.) und Staatspräsident Masaryk in Prag

Frankreich als Hegemonialmacht auf dem Kontinent verfolgt das Ziel der kollektiven Sicherheit, gekoppelt mit weitgehendem Antirevisionismus, d. h. es will die Bestimmungen vor allem des Versailler Vertrags nicht geändert wissen.

Das engmaschige militärische Bündnissystem, das Frankreich zu osteuropäischen Staaten aufgebaut hat, nimmt aber die nationalsozialistische deutsche Führung zum Anlaß, Frankreich vorzuwerfen, es wolle das Deutsche Reich einkreisen. Die Politiker in Berlin werfen Frankreich vor, mit der Forderung »Erst Sicherheit, dann Abrüstung!« die internationale Aufrüstung provoziert zu haben. Das NS-Regime in Berlin ist außenpolitisch weitgehend isoliert, obwohl es 1933 durch den Abschluß des Reichskonkordats mit dem Heiligen Stuhl einen außenpolitischen Prestigegewinn erzielen konnte.

Der Abschluß des Nichtangriffspakts mit Polen zu Beginn dieses Jahres markiert eine Neuorientierung der deutschen Ostpolitik, die vielfach mit dem Schlagwort »Mit Warschau gegen Moskau« umrissen wird. Der NS-Staat hat mit dem deutsch-polnischen Pakt den Weg der »direkten Fühlungnahme« und der »zweiseitigen Nichtangriffsverträge« beschritten. Die nationalsozialistische Regierung lehnt das französische Konzept der kollektiven Sicherheit mit der Begründung ab, daß der Begriff der Nichteinmischung, der in engem Zusammenhang mit kollektiver Sicherheit steht, einer sorgfältigen Klärung bedürfe, solange ein Staat wie die Sowjetunion in das Sicherheitssystem einbezogen werden soll. Sie betrachtet die UdSSR als einen Staat, dessen ganzes Wesen die ständige Einmischung in die inneren Angelegenheiten anderer Nationen mit sich bringt, und dessen Ziel die Unterhöhlung der innenpolitischen Stabilität anderer Staaten ist.

Großbritannien schließlich beharrt auf seinem Konzept des Gleichgewichts der Mächte und lehnt die weltanschauliche Spaltung Europas ab, die faktisch bereits vollzogen ist. Vom nationalsozialistischen Deutschen Reich erhofft sich die britische Politik eine Bollwerkfunktion gegen den »Bolschewismus«.

Bündnisse seit 1918

Kleine Entente (1920/21): Auf Initiative des tschechoslowakischen Außenministers Eduard Beneš gründen die österreichisch-ungarischen Nachfolgestaaten Tschechoslowakei, Rumänien und Jugoslawien die Kleine Entente. Sie tritt für die Aufrechterhaltung der Pariser Vorortverträge von Saint-Germain-en-Laye und Trianon ein und richtet sich gegen die ungarische Revisionspolitik. Zudem bekämpft sie Versuche, das Herrscherhaus der Habsburger wieder an die Macht zu bringen. Die Kleine Entente ist eine Stütze der französischen Außenpolitik (→ 22. 1./S. 22).

Rapallovertrag (1922): Das Deutsche Reich und die Sowjetunion normalisieren ihre Beziehungen, verzichten auf Ersatz ihrer Kriegskosten und Kriegsschäden und räumen sich Meistbegünstigung ein. Der Rapallovertrag ist der erste selbständige Schritt deutscher Außenpolitik seit dem Ersten Weltkrieg.

Französisch-tschechoslowakischer Freundschafts- und Bündnisvertrag (1924): Durch diesen Vertrag wird die Tschechoslowakei, die bereits der Kleinen Entente angehört, in das französische Paktsystem einbezogen.

Locarnopakt (1925): Das Deutsche Reich, Belgien und Frankreich verzichten auf eine gewaltsame Revision der deutsch-französischen und der deutsch-belgischen Grenze (»Ostlocarno«); Garantiemächte sind Großbritannien und Italien.

Französisch-rumänische Verträge (1926): Frankreich bezieht Rumänien, das der Kleinen Entente angehört, durch einen Freundschafts- und Schiedsvertrag, durch einen politischen Vertrag und durch ein Militärabkommen in sein Paktsystem ein.

Tirana-Verträge (1926/27): Durch Bank-, Anleihe-, Bündnis- und Militärverträge sichert sich Italien weitreichenden Einfluß auf Albanien.

Französisch-jugoslawischer Freundschaftsvertrag (1927): Wie die Tschechoslowakei und Rumänien schließt sich Jugoslawien dem französischen Paktsystem an.

Briand-Kellogg-Pakt (1928): Das Deutsche Reich, Belgien, Frankreich, Großbritannien, Italien, Japan, Polen, die Tschechoslowakei und die USA unterzeichnen in Paris einen internationalen Kriegsächtungspakt, dem bis 1934 63 der 76 bestehenden souveränen Staaten beigetreten sind.

Französischer-sowjetischer Nichtangriffs- und Freundschaftspakt (1932): Durch dieses Abkommen mit Frankreich, dem Protektor Ostmitteleuropas, wird ein indirekter Anschluß der UdSSR an die ostmitteleuropäischen und südosteuropäischen Paktsysteme hergestellt. Im selben Jahr schließt die Sowjetunion Nichtangriffsverträge mit Finnland, Lettland, Estland und Polen ab.

Italienisch-sowjetischer Nichtangriffsvertrag (1933): Nach Frankreich gewinnt die Sowjetunion durch diesen Vertrag einen weiteren wichtigen Bündnispartner in Europa.

Deutsch-Polnischer Nichtangriffspakt (1934): Das Abkommen sieht für einen Zeitraum von zehn Jahren den friedlichen Ausgleich der deutsch-polnischen Differenzen vor (→26. 1./S. 18).

Balkanpakt (1934): Griechenland, Jugoslawien, Rumänien und die Türkei schließen einen Pakt zur Sicherung des territorialen Status quo auf der Balkanhalbinsel gegenüber bulgarischen Gebietsansprüchen (→9.2./S. 41).

Italienisch-französisch-britische Garantie der Unabhängigkeit Österreichs (1934): Großbritannien, Italien und Frankreich verabschieden am 17. Februar 1934 eine gemeinsame Erklärung, in der »die Unabhängigkeit und Integrität Österreichs gemäß den geltenden Verträgen« garantiert wird. Diese Garantie ist gegen Annexionsabsichten des nationalsozialistischen Deutschen Reichs gerichtet.

Römische Protokolle (1934): Italien, Österreich und Ungarn unterzeichnen Protokolle, durch die Italien seine Vorherrschaft im Donauraum gegen französischen und deutschen Einfluß absichert (→ 17.3./S. 61).

Ende der Ersten Republik in Österreich

30. April. Auf der 126. und letzten Nationalratssitzung der Ersten Republik Österreich in Wien werden die von der Regierung unter Engelbert Dollfuß (Christlichsoziale Partei) erlassenen Notverordnungen mit 74 zu zwei Stimmen angenommen, darunter auch die »Bundesverfassung 1934«. Nur drei oppositionelle Abgeordnete sind anwesend, die Sozialdemokratische Arbeiterpartei wurde im Februar verboten (→ 12.2./S. 38).

Die Regierung legt dem Nationalrat ein »Bundesverfassungsgesetz über außerordentliche Maßnahmen im Bereich der Verfassung« vor. Dieses Gesetz hebt die Bestimmungen der bisher nominell geltenden Bundesverfassung über die Notwendigkeit einer Volksabstimmung im Fall einer Totaländerung der Verfassung auf; es erklärt die vom Dollfuß-Regime am 24. April veröffentlichte Verfassungsurkunde zum gültigen Bundesgesetz und ermächtigt die Regierung, diese Verfassungsurkunde als »Verfassung 1934« am 1. Mai bekanntzugeben; einen Tag später werden National- und Bundesrat für aufgelöst erklärt; alle Befugnisse, die bisher dem Nationalrat oder dem Bundesrat bzw. ihren Ausschüssen und Organen zustanden, einschließlich der Verfassungsgesetzgebung, werden der Bundesregierung übertragen.

Dies ist das Ende der parlamentarischen Demokratie in Österreich, das Ende der 1918 ausgerufenen Ersten Republik. Laut »Verfassung 1934« ist Österreich keine »Republik« mehr, sondern ein ständisch geordneter Bundesstaat, der aus der bundesunmittelbaren Stadt Wien und acht Ländern besteht. Die Verfassungsurkunde wird durch folgende Präambel eingeleitet: »Im Namen Gottes des Allmächtigen, von dem alles Recht ausgeht, erhält das österreichische Volk für seinen christlichen, deutschen Bundesstaat auf ständischer Grundlage diese Verfassung.«

Sozialdemokraten sind im Parlament des totalitären Dollfuß-Staats nicht mehr vertreten. Zwei der oppositionellen Abgeordneten wenden sich in Reden gegen das Ermächtigungsgesetz. So prangert der großdeutsche Abgeordnete Foppa die Dollfuß-Diktatur vor der Abstimmung, die zur Farce gerät, mit folgenden Worten an: »Wir erheben feierlich vor unserem Volke, vor der ganzen Welt Einspruch gegen das Regime, das, ohne über eine Mehrheit des Volkes in diesem Staate zu verfügen, sich über ein Jahr außer der Verfassung gestellt hat und mit der Brachialgewalt der Bajonette den wahren Volkswillen zu beugen versuchte. Wir erheben feierlich Einspruch gegen die verfassungs- und gesetzwidrigen Beschränkungen der geistigen und körperlichen Freiheit, gegen die maßlosen Verfolgungen unschuldiger Männer, Frauen und Kinder, gegen die willkürliche Vernichtung von Existenzen, gegen das jeder Humanität Hohn sprechende Geiselverfahren, gegen das System der Anhaltelager und gegen das Denunziantenwesen. Wir erheben Einspruch gegen die heutige Tagung des Parlaments, das die Verfassungswidrigkeiten eines Jahres legalisieren, das eine bereits oktroyierte Verfassung, deren Inhalt in diesem Hause noch niemand kennt, sanktionieren und ein Verfassungsgesetz beschließen soll, das der Regierung nicht nur eine Blankovollmacht für ein gleichfalls unbekanntes Verfassungsübergangsgesetz geben, sondern auch die wichtigste Bestimmung unserer gegenwärtigen Verfassung für das Zustandekommen einer neuen Verfassung beseitigen soll.«

Die Abstimmung ergibt schließlich 72 zu zwei Stimmen zugunsten der Regierung. Rudolf Ramek, der Präsident des österreichischen Rumpfparlaments, stellt ausdrücklich fest, daß die notwendige Zweidrittelmehrheit gegeben sei. Daraufhin wird das Ermächtigungsgesetz in dritter Lesung angenommen.

Viele Oppositionelle fliehen 1934 aus Österreich; die Abb. zeigt den früheren Sozialdemokraten (ab 1934 KPÖ) Ernst Fischer

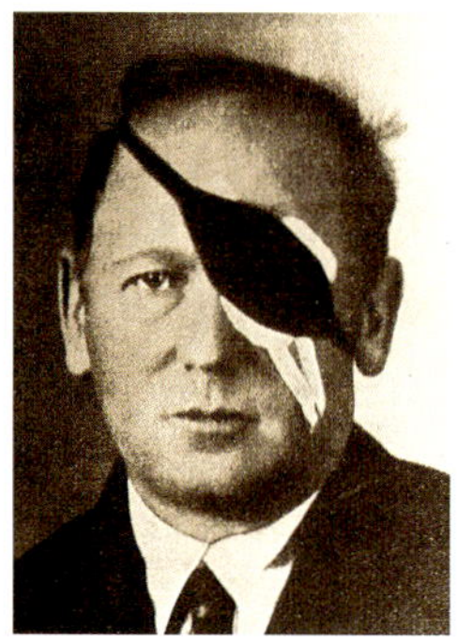

Der Sozialdemokrat Julius Deutsch flieht in die Tschechoslowakei; 1923 hatte er den Republikanischen Schutzbund gegründet

Johann Koplenig, seit 1924 Generalsekretär der Kommunistischen Partei Österreichs, flieht wie viele seiner Parteigenossen nach Prag

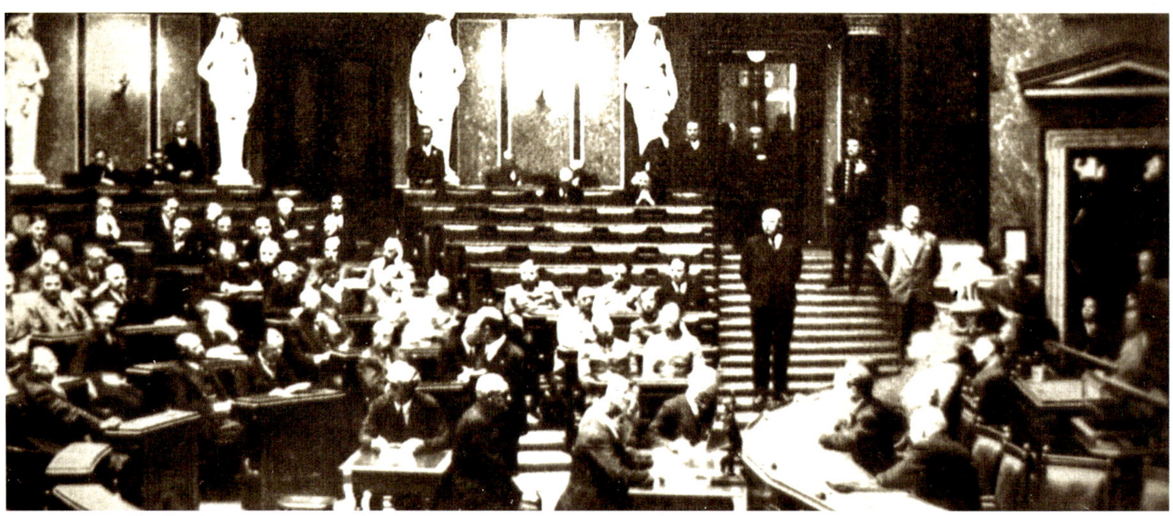

Am 30. April findet die letzte Sitzung des Nationalrats in Wien statt, der mit 72 zu zwei Stimmen die ständische Verfassung beschließt und sich selbst auflöst; Österreich ist keine Republik mehr; rechts die Ministerbank; auf den leeren Bänken hinten waren die Plätze der Abgeordneten der nun verbotenen Sozialdemokratischen Arbeiterpartei

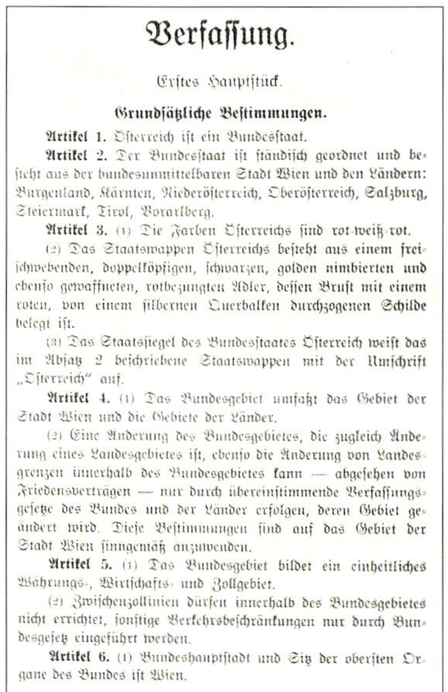

Verfassung.

Erstes Hauptstück.

Grundsätzliche Bestimmungen.

Artikel 1. Österreich ist ein Bundesstaat.

Artikel 2. Der Bundesstaat ist ständisch geordnet und besteht aus der bundesunmittelbaren Stadt Wien und den Ländern: Burgenland, Kärnten, Niederösterreich, Oberösterreich, Salzburg, Steiermark, Tirol, Vorarlberg.

Artikel 3. (1) Die Farben Österreichs sind rot-weiß-rot.

(2) Das Staatswappen Österreichs besteht aus einem freischwebenden, doppelköpfigen, schwarzen, golden nimbierten und ebenso gewaffneten, rotbezungten Adler, dessen Brust mit einem roten, von einem silbernen Querbalken durchzogenen Schilde belegt ist.

(3) Das Staatssiegel des Bundesstaates Österreich weist das im Absatz 2 beschriebene Staatswappen mit der Umschrift „Österreich" auf.

Artikel 4. (1) Das Bundesgebiet umfaßt das Gebiet der Stadt Wien und die Gebiete der Länder.

(2) Eine Änderung des Bundesgebietes, die zugleich Änderung eines Landesgebietes ist, ebenso die Änderung von Landesgrenzen innerhalb des Bundesgebietes kann — abgesehen von Friedensverträgen — nur durch übereinstimmende Verfassungsgesetze des Bundes und der Länder erfolgen, deren Gebiet geändert wird. Diese Bestimmungen sind auf das Gebiet der Stadt Wien sinngemäß anzuwenden.

Artikel 5. (1) Das Bundesgebiet bildet ein einheitliches Währungs-, Wirtschafts- und Zollgebiet.

(2) Zwischenzollinien dürfen innerhalb des Bundesgebietes nicht errichtet, sonstige Verkehrsbeschränkungen nur durch Bundesgesetz eingeführt werden.

Artikel 6. (1) Bundeshauptstadt und Sitz der obersten Organe des Bundes ist Wien.

»Verfassung 1934«

Die »Verfassung 1934« (Abb.) sieht im wesentlichen folgende Neuerungen vor: Österreich wird ein Bundesstaat auf christlicher und ständischer Grundlage. Die vier »gesetzgebenden Körperschaften« (Staatsrat, Bundeskulturrat, Bundeswirtschaftsrat und Länderrat) haben nur vorberatende Funktion; sie wählen den Bundesrat, der über Gesetzesvorlagen der Regierung entscheidet. Der Bundespräsident wird von den Bürgermeistern aller Ortsgemeinden gewählt.

Die Grund- und Freiheitsrechte wurden mit wenigen Ausnahmen aus der alten Verfassung übernommen. Die Kirche erhält dadurch bedeutenden Einfluß auf Schul- und Ehewesen.

Paris weist Exil-Revolutionär Trotzki aus

18. April. Das französische Innenministerium verfügt die Ausweisung des sowjetischen Exilpolitikers Leo Trotzki. Als Grund für diese Maßnahme gelten die Pläne Trotzkis zur Gründung einer Vierten Internationale.
Trotzki, Vertreter der These von der »permanenten Revolution«, war einer der wichtigsten sowjetischen Politiker während und nach der Oktoberrevolution von 1917. In der Sowjetregierung wurde er nach dem Sturz des Zarismus Volkskommissar des Äußeren und leitete die Friedensverhandlungen mit den Mittelmächten des Ersten Weltkriegs in Brest-Litowsk. 1918 wurde er Volkskommissar für Verteidigung, baute die Rote Armee auf und schuf damit die Grundlage für den Sieg seiner Partei im Bürgerkrieg 1918-22. Nach dem Tod Wladimir I. Lenins 1924 begann seine systematische Ausschaltung durch Josef W. Stalin. Im November 1924 wurde er als Volkskommissar für Verteidigung durch Lew B. Kamenew ersetzt, mit dem er später die »Vereinigte Opposition« gegen Stalin bildete. 1926/27 verlor er alle Parteiämter, wurde 1928 nach Kasachstan verbannt und 1929 ins Exil geschickt. Da alle anderen Länder seine Aufnahme verweigerten, lebte er bis 1933 in der Türkei und wechselte dann nach Frankreich.
Im Exil bekämpft er publizistisch den Stalinismus. Trotzkis Theorien fußen auf dem Marxismus; Kernpunkte sind die Theorie der permanenten Revolution und das Festhalten am proletarischen Internationalismus. Seine wichtigsten Werke: »Die permanente Revolution« (1930), »Mein Leben« (russisch und deutsch 1930), »Geschichte der russischen Revolution« (russisch und deutsch 1931 - 1933).

Herr und Frau Trotzki werden nach Norwegen, ihr drittes Exilland, gehen

Gandhi: Strategie bringt wenig Erfolg

8. April. Mohandas Karamchand Gandhi, einer der Führer der indischen Unabhängigkeitsbewegung, plädiert dafür, die Kampagne des bürgerlichen Ungehorsams abzubrechen, da sie weder auf die Kolonialmacht Großbritannien noch auf die Tätigkeit indischer Terroristen einen wesentlichen Einfluß ausgeübt habe.

Trotz der Beendigung der Aktionen des bürgerlichen Ungehorsams (»civil disobedience«) will Ghandi dieses Kampfmittel weiterhin bei Protesten gegen Einzelmaßnahmen der Kolonialmacht einsetzen

Kein Zugeständnis an Apartheidsstaat

16. April. Mehrere Zeitungen melden aus London, daß die Regierung der Südafrikanischen Republik die Eingliederung der britischen Protektoratsgebiete Betschuanaland, Basutoland und Swasiland fordert. Die britische Regierung werde dies jedoch so lange ablehnen, wie die weiße Regierung in Pretoria den Schwarzen keinerlei politische Rechte einräume.
Das Leben in Südafrika wird geprägt durch die gesellschaftliche Trennung von Weiß und Schwarz (»colour bar«). Die Bantu sind in jeder Beziehung den Weißen untergeordnet, etwas besser gestellt sind Hottentottenmischlinge und Asiaten (»Coloured«).
Die Rassentrennung (»Apartheid«) ist in der Verfassung festgeschrieben. Das »Urban Areas«-Gesetz von 1924 führte nach Rassen getrennte Wohngebiete ein.

General Jan Christiaan Smuts war von 1919 bis 1924 Premierminister in Südafrika und hat 1933 das Justizministerium des Landes übernommen

Mehr Einwanderer

11. April. *30 300 Juden wanderten nach Angaben der »Jüdischen Rundschau« in Palästina ein. In den Jahren von 1920 bis 1932 sind laut amtlichen Zählungen 118 400 Juden nach Palästina eingewandert, davon 3 300 aus dem Deutschen Reich. Die Einwanderung aus dem nationalsozialistischen Deutschen Reich, wo die Juden diskriminiert und brutal unterdrückt werden, war mit 5 400 im Jahr der Machtübernahme durch die Nationalsozialisten größer als in den vorausgegangenen zwölf Jahren zusammen.*
Diese Zahlen betreffen nur die offizielle Einwanderung der nach Einkommen unterschiedenen »Kapitalisten«, »Handwerker« und »Arbeiter« sowie 14 weiterer Kategorien von Immigranten. Die illegale Einwanderung von Juden aus allen Teilen der Welt wird für das Jahr 1933 auf 10 000 geschätzt.
Die Bevölkerung des britischen Mandatsgebiets Palästina wird für Sommer 1934 auf 1,2 Millionen geschätzt, davon 275 000 Juden. Die größten Städte sind Jerusalem (106 000 Einwohner), Tel Aviv (95 000) und Haifa (70 000). Die Abbildung zeigt die spärlich besiedelte Mittelmeerküste Palästinas 1909 (o.) und die dort gewachsene, heutige Stadt Tel Aviv (u.).

Blutige Kämpfe in Spanien

25. April. Der spanische Staatspräsident Niceto Alcalá Zamora y Torres verhängt den Belagerungszustand über das Land, nachdem es im Zusammenhang mit Proteststreiks gegen die konservativradikale Koalitionsregierung des »bürgerlich-radikalen« Ministerpräsidenten Alejandro Lerroux y García zu bürgerkriegsähnlichen Unruhen gekommen ist.

1931 wurde in Spanien die Zweite Republik ausgerufen, König Alfons XIII. verließ das Land ohne formelle Abdankung. Die Wahlen zur verfassunggebenden Versammlung ergaben eine überwältigende Mehrheit für die Republikaner und Sozialisten; Alcalá Zamora, der jetzige Staatspräsident, bildete eine republikanisch-sozialistische Koalition, am 9. Dezember 1931 erhielt Spanien eine liberale Verfassung. Seither kam es wiederholt zu Aufständen gegen die Republik. Nicht nur anarchistische Gruppen, Monarchisten, die Großgrundbesitzer und das Großbürgertum stehen in Opposition zur Republik, sondern auch die katholische Kirche, die auf seiten der Großgrundbesitzer steht und sich zunehmend in der Ausübung ihres Glaubens bedroht fühlt. Hinzu kommen Spannungen zwischen den marxistischen Sozialisten und den »bürgerlichen« Republikanern der Regierungskoalition. Gewalttätige Auseinandersetzungen bestimmen zu Beginn des Jahres 1934 die spanische Innenpolitik. Die Stimmung ist zusätzlich dadurch angeheizt worden, daß Ende 1933 bei den Parlamentswahlen die Sozialisten, denen es nicht gelungen ist, durch Sozialreformen das Problem der steigenden Arbeitslosigkeit zu lösen, eine schwere Niederlage erlitten. Die bürgerlichen Radikalen konnten sich im wesentlichen behaupten. Sehr stark wuchsen bei diesen Wahlen die Stimmenanteile der Rechtsparteien; die Confederación Española de Derechas Autónomas (CEDA; = Spanischer Bund der Autonomen Rechten) wurde unter der Führung von José María Gil Robles Quiñones stärkste Partei. Gil Robles ist zugleich Führer der Acción Católica (Katholische Aktion).

Ministerpräsident Alejandro Lerroux y García tritt wegen Meinungsverschiedenheiten mit Staatspräsident Zamora am 25. April zurück. Sein Parteifreund Ricardo Samper Ibáñez bildet am 28. ein Kabinett, das sich von Lerroux' kaum unterscheidet (→ 5. 10./S. 178).

△ Marokkanische Soldaten, die auf seiten der Regierungstruppen gegen die Aufständischen kämpfen, haben in einem Kloster in Asturien eine Stellung eingerichtet; die spanische Regierung kann ihre Position nur mit Waffengewalt aufrechterhalten. Linke wie rechte politische Gruppen gehören zu ihren Gegnern

◁ Unter der Leitung des Katholikenführers Gil Robles ist die CEDA (Spanischer Bund der Autonomen Rechten) stärkste Partei bei den Parlamentswahlen im Dezember 1933 geworden

Die Minderheitenfrage verursacht Spannungen in Europa

10. April. Die polnische Vertretung überreicht dem Völkerbund in Genf einen Antrag auf ein allgemeines Minderheitenschutzabkommen. Die Minderheitenfrage ist nach dem Ersten Weltkrieg eines der zentralen Probleme europäischer Politik. Das Nationalitätsprinzip, das jeder Nation den Anspruch auf ihren eigenen Staat zuerkennt, gilt für Europa als nicht verwirklichbar. Nach dem Weltkrieg haben die Völker der österreichisch-ungarischen Doppelmonarchie die staatliche Selbständigkeit erlangt (Tschechoslowaken, Rumänen, Serben, Kroaten und Slowenen) ebenso wie die Finnen, Esten, Letten und Litauer nach dem Zusammenbruch Rußlands. Die Nationalsozialisten fördern Minderheitenkämpfe von Deutschen: Der Memelländer in Litauen, der Ostmarkdeutschen in Polen, der Sudetendeutschen in Böhmen und der Tschechoslowakei, der Siebenbürger Sachsen in Rumänien usw.

»Schutzhaft« für religiöse Minderheiten in Rumänien

126 Memelländer in Litauen vor Gericht

Aus Jugoslawien deportierte ungarische Familie

Hitler fordert Verdreifachung des Heeres

. April. Der deutsche Reichskanzer Adolf Hitler (NSDAP) fordert in inem Interview, das er in Berlin ouis P. Lochner von der USmerikanischen Nachrichtenagenur »Associated Press« (AP) gibt, ine 300 000 Mann starke Wehracht. Nach den Bestimmungen es Versailler Friedensvertrags darf as Reichsheer jedoch eine Stärke on 100 000 Mann einschließlich 000 Offiziere nicht überschreiten. inleitend weist er darauf hin, daß r ein überzeugter Anhänger der ersönlichen Absprache, der Mann-zu-Mann-Diplomatie« sei. Nichts sei ihm lieber, als die verantvortlichen Führer der wichtigen Nationen einschließlich der USA nter vier Augen sprechen zu könen. Wörtlich sagt Hitler: »Ein jeder Vertreter einer fremden Macht wird ei seiner Aussprache mit mir finlen, daß ich mit absolutem Freimut age, was Deutschland bereit ist zu un, und daß ich meine Forderunen nicht höher ansetze, als nötig st. Wenn ich z. B. sage, daß wir eine Vehrmacht von 300 000 Mann benötigen, so lasse ich mich nicht dazu erbei, nachher auf 250 000 herunerzugehen. Ich will Deutschlands Wort und Unterschrift wieder zur Geltung bringen ... Als Staatsmann, der für das Wohl seines Volkes verantwortlich ist, kann ich es nicht zulassen, daß Deutschland der Möglichkeit ausgesetzt wird, daß etwa ein Nachbar es überfallen könnte oder Bomben auf unsere industriellen Anlagen herabwürfe oder einen sogenannten Präventivkrieg führte, nur um von den eigenen internen Schwierigkeiten abzulenken. Nur aus diesem Grunde — und aus keinem anderen — fordern wir eine Wehrmacht, die Verteidigungsansprüchen genügt.« Vertreter der nationalsozialistischen Führung haben in den letzten Wochen häufiger derartige Interviews gegeben. Sie bereiten so die Weltöffentlichkeit auf die geplante Aufrüstung des Deutschen Reiches vor.

Berliner Schulkinder lernen Gasschutz; eines der wichtigsten Teilgebiete des Luftschutzes ist der Gasschutz, dem in der Aufklärungsarbeit der Schulen eine besondere Rolle zukommt; die Kinder werden nicht nur mit der Theorie, sondern auch mit der Praxis vertraut gemacht; hier wird Schulmädchen gezeigt, wie der Filter richtig mit der Gasmaske verschraubt wird; um die Aufklärung der Schuljugend zu fördern, werden auch Preisausschreiben veranstaltet; die Schule mit den meisten Preisträgern soll das Material zum Selbstbau eines Segelflugzeuges erhalten; derartige Propagandamaßnahmen sind Teil der Kriegsvorbereitung

Luftämter werden Göring unterstellt

18. April. Im Deutschen Reich wird durch die Verordnung über den Ausbau der Reichsluftverwaltung die gesamte Verwaltung der deutschen Luftfahrt als eigenständige Institution gegründet. Die aufgrund der Verordnung neugeschaffenen 16 Luftämter werden dem Reichsminister der Luftfahrt und preußischen Ministerpräsidenten, Hermann Göring (NSDAP), unmittelbar unterstellt. Die Zuständigkeit der Ämter erstreckt sich auf Luftfahrt, Luftpolizei, zivilen Luftschutz, Flugsicherung und Wetterdienst.

Die gleichgeschaltete Presse lobt »die Tatkraft des ersten Luftfahrtministers der nationalsozialistischen Erhebung«, durch die dieses lange Zeit »unerreichbar« scheinende Ziel verwirklicht worden sei: »Die technische Eigenart der Luftfahrzeuge, die in wenigen Stunden das ganze Reich durcheilen, zwingt dazu, auch ihre verwaltungsmäßige Betreuung und Überwachung in Dienststellen zusammenzufassen.«

Volksgerichtshof als politische Instanz

24. April. Im nationalsozialistischen Deutschen Reich wird durch Gesetz der Volksgerichtshof geschaffen als Erst- und Letztinstanz bei Hoch- und Landesverrat und anderen politischen Delikten. Er tritt am 14. Juli in Berlin erstmals zusammen.

Das Rechtswesen im Deutschen Reich soll nach den Worten von Franz Gürtner (parteilos), dem Reichsminister der Justiz, trotz der Gleichschaltung der Justiz (→ 16. 2./S. 43) unverändert bleiben. Andererseits bezeichnet der Staatssekretär im Reichsjustizministerium, Roland Freisler (NSDAP), den Willen zur Veränderung als »das die Welt Bewegende«: Im deutschen Strafrecht müsse in Zukunft die Abgrenzung zwischen Versuch und vollendeter Tat weitgehend entfallen. Bei einer Strafrechtsverletzung müsse durch die Strafe nicht nur der Träger der gerade vorliegenden anarchistischen bösen Handlung getroffen werden, sondern gleichzeitig auch der Typus des Trägers im Volk überhaupt, also alle zu ähnlichen Taten bereiten Personen. In diesem Sinn werde das neue deutsche Strafrecht ein »Willensstrafrecht« sein, zumal auch das Sühnebedürfnis danach verlange, daß der Wille des Täters bestraft werde. Ein »Willensstrafrecht« sei jedoch kein »Gesinnungsstrafrecht«, und der Grundsatz »Voluntas non fit iniuria« (lateinisch, der Wille allein schafft kein Unrecht) werde auch in Zukunft gültig bleiben, doch werde das neue Strafrecht eine gewisse Erweiterung gegenüber der bisherigen »ungesunden Einschränkung der Strafbarkeitssphäre« bringen. Sobald die Ausführung der Tat beginne, also bei Vorbereitungshandlungen, werde der Täter voll strafbar, da er nicht mehr eine bloße Gefahr, sondern bereits ein tätiger Feind des Volkes sei.

Gegen die Urteile des neu geschaffenen Volksgerichtshofes ist »... kein Rechtsmittel zulässig«. Gefällt werden die Urteile von Gremien, zu denen sog. Laienrichter gehören, die von Hitler ernannt werden.

Justizminister Gürtner begrüßt die Mitglieder des Volksgerichtsfofs

Röhm: SA ist der Garant des Friedens

18. April. Der Stabschef der SA, Ernst Röhm (NSDAP), bezeichnet in einer Rede vor dem diplomatischen Korps in Berlin die SA als Garant des Friedens in Europa, da sie für jeden Angreifer einen Einbruch in Deutschlands Grenzen zu einem gewaltigen Risiko machen würde. Die SA sei außerdem die Fleischwerdung des Nationalsozialismus, die Willens- und Ideenträgerin der nationalsozialistischen Revolution im Innern des Staates.

Röhm, SA-Stabschef und Reichsminister ohne Geschäftsbereich, erregt mit seiner Berliner Rede über »Die nationalsozialistische Revolution und die SA« den Unwillen höchster NS-Stellen

Frauen aus dem Arbeitsleben verdrängt

23. April. Die Stadt Düsseldorf meldet einen Anstieg der Eheschließungen um 67% gegenüber dem Vorjahr. Immer mehr Frauen scheiden aus dem Berufsleben aus und widmen sich nur noch der Familie.
Nach den Worten des Reichsministers für Volksaufklärung und Propaganda, Joseph Goebbels (NSDAP), ist die nationalsozialistische Bewegung ihrer Natur nach eine männliche Bewegung. Da sich die Männer wieder auf ein männliches Ideal besinnen, besteht für Frauen keine Veranlassung, ihnen auf dem Gebiet der Männerarbeit Konkurrenz zu machen: »Die Politik muß der Mann absolut und einschränkungslos beanspruchen.«
Nach einem von Goebbels oft verwendenten Bild ist der Mann der Intendant und die Frau der Regisseur des Lebens. Während der Mann dem Leben die großen Linien und Formen geben muß, so ist es Aufgabe der Frau, »diese Linien- und Formgebung mit innerer Fülle, mit innerer Bereitschaft, mit Farbe zu erfüllen«. Dies bedeutet keine Degradierung der Frau. Es sind zwar, so der Minister, artgemäße Differenzen festzustellen, aber keine Leistungs- und rangmäßigen Differenzen. Die Verschiedenheit der Geschlechter weist darauf hin, daß die Frau sich mehr für das Leben im Hause, weniger aber für das Leben in der Öffentlichkeit eignet. Folgerung aus dieser Zielsetzung ist, daß der Frau »als ureigenstes Gebiet auch die Fürsorge für das kommende Geschlecht gebührt.«
Die Propagierung der nationalsozialistischen Vorstellungen von den verschiedenen Aufgaben der Geschlechter hat jedoch nicht nur ideologische, sondern auch wirtschaftspolitische Gründe. Durch die Verdrängung der Frauen aus dem Arbeitsleben sollen Stellen freigemacht werden für Männer. Die NS-Führung schönt so die Arbeitslosenstatistik und feiert sie als Erfolg ihrer Politik.

Mit dem Schlagwort »Gesunde Frauen — gesunde Mütter« wirbt die gleichgeschaltete Presse für mehr sportliche Betätigung junger Frauen

Neurath: »Autarkie« nicht angestrebt

14. April. Der deutsche Reichsminister des Auswärtigen, Konstantin Freiherr von Neurath (parteilos), erklärt auf der Jahresveranstaltung des Ibero-amerikanischen Instituts in Hamburg das Schlagwort »Autarkie« für überwunden, das in der Diskussion der Außen- und Wirtschaftspolitik der nationalsozialistischen deutschen Reichsregierung eine große Rolle gespielt habe. Die Reichsregierung strebe keine Isolierung des Deutschen Reichs vom Ausland an. Es sei aber nötig, die Wareneinfuhr künftig planvoller in die Hand zu nehmen und dabei die Länder zu bevorzugen, die bereit seien, dem Deutschen Reich entsprechende Werte abzunehmen.
Der Außenminister weist ferner darauf hin, daß große Anstrengungen gemacht würden, das Deutsche Reich vom Bezug ausländischer Rohstoffe und Lebensmittel unabhängiger zu machen. Die Notwendigkeit, Rohstoffe einzuführen, verlange freundschaftliche Beziehungen zu den Nachbar- und überseeischen Ländern.

Deutsches Volk - deutsche Arbeit

21. April. *In Berlin wird die Ausstellung »Deutsches Volk — Deutsche Arbeit« eröffnet. Sie ist gedacht als große »Schau«, die »in der Beziehungsetzung zwischen Volk und Arbeit die großen schöpferischen Leistungen des deutschen Genius plastisch und eindrucksvoll zur Darstellung bringen« und »Wesen und Inhalt des neuen Staatsgefüges in die Erscheinung treten« lassen soll. Die Abb. zeigt das Modell eines Dammbaus.*

Erfolgreiches Winterhilfswerk

1. April. *Im Deutschen Reich wird das erstmals durchgeführte Winterhilfswerk des deutschen Volkes 1933/34 abgeschlossen. Nach offiziellen Angaben wurden mehr als 16 Millionen bedürftige Menschen unterstützt, jedoch nur, wenn sie zu »rassisch wertvollen, erbgesunden Familien« gehören. Die Abbildung zeigt den Reichsminister für Luftfahrt Hermann Göring beim Kauf von Winterhilfslosen.*

Einheitliche Sorten bei Butter und Käse

1. April. Im Deutschen Reich treten die Verordnungen »über die Schaffung einheitlicher Sorten für Butter und Käse« in Kraft. Von nun an gibt es nach Fettstufen eingeteilte Käsesorten, u. a. Doppelrahm-, Rahm-, Vollfett-, Dreiviertelfett-, Halbfett-, Viertelfett- und Magerkäse. Außerdem werden die Buttersorten Markenbutter, feine Molkereibutter, Landbutter und Kochbutter unterschieden. Die Vermischung der Buttersorten ist unzulässig.
Butter darf nur noch mit Angabe der Sorte und der Herkunft verkauft werden. Inländische Butter muß die Kennzeichnung »deutsche« tragen, ausländische Butter muß mit dem Namen des Herkunftslandes in deutscher Sprache gekennzeichnet sein. Auch jeder Käse, ausgenommen Magerkäse, ist nach Herkunft und Fettstufe zu kennzeichnen. Dies gilt auch für Speisekarten in Gastwirtschaften und für Annoncen in Zeitungen. Die nationalsozialistische Regierung will durch diese Verordnung die deutsche Milchwirtschaft fördern.

Hitler wird 45 — »Berlin ein Flaggenmeer«

20. April. *»Die Liebe und Verehrung, die das deutsche Volk seinem Führer entgegenbringt, zeigt sich heute am 45. Geburtstag des Volkskanzlers in ganz besonderem Maße. Die ganze Reichshauptstadt ist in ein Flaggenmeer verwandelt. Kein Haus, an dem nicht die Flaggen der nationalsozialistischen Revolution auf die Bedeutung dieses Tages hinweisen. Alle Dienstgebäude des Reiches, des Staates und der Stadtverwaltung, alle Wohnhäuser und Fabriken sind beflaggt. Besonders eindrucksvoll sind die Dekorationen vieler Geschäfte in der Berliner Innenstadt. In den Schaufenstern sind Bilder und Skulpturen des Führers aufgestellt, umrahmt von Blumen und frischem Grün, mit Fahnenband duchwirkt... Auf ausdrücklichen Wunsch des Kanzlers, der mit seiner Einfachheit und Bescheidenheit dem ganzen Volke Vorbild ist, wurde von offiziellen Feiern aus Anlaß seines Geburtstages abgesehen.« Diesen Bericht über den sorgfältig in Szene gesetzten »Führergeburtstag« präsentieren die »Düsseldorfer Nachrichten« auf der ersten Seite ihrer Abendausgabe. Zu Hitlers Geburtstag geben die Nationalsozialisten ein neues offizielles Portrait heraus, das Hitlers Fotograf Heinrich Hoffmann aufgenommen hat (Abb.).*

Zukunftsdeutung wird verboten

23. April. Die Berliner Polizeibehörde verbietet entgeltliche Wahrsagerei, Kartenlegen, Horoskope und Zukunftsdeutung sowie den Handel mit Druckschriften, in denen Horoskope u. a. auftauchen.
Die Astrologie gilt im nationalsozialistischen Staat als Unwesen und Betrug. In der Verbotsbegründung heißt es, schon die Angriffe des Reformators Martin Luther in seinen Tischreden ließen erkennen, wie fremd das Wesen der aus dem Orient kommenden Astrologie der deutschen Sinnesart sei. Trotz einer Art Gestirnkult — Sonnenwendfeier, Regelung der Zusammenkünfte nach den Mondvierteln bei den Germanen — gebe es keinerlei astrologische Überlieferung aus den deutschen Vorzeit. Auch werde der in der germanischen Gedankenwelt zu findende Weltuntergang nicht von Gestirnskonstellationen abhängig gemacht, sondern als Schicksalsfügung angesehen.

Reichspost künftig in Rot statt Gelb

20. April. In den Straßen Berlins fahren erstmals zwei Kraftomnibusse der Deutschen Reichspost nicht mehr in der gewohnten gelben Farbe, sondern in einem leuchtenden Rot. Wie der »Völkische Beobachter« dazu erfährt, will die Deutsche Reichspost die Farbe Gelb aufgeben und für ihre Fahrzeuge und sonstigen öffentlichen Einrichtungen die »Farbe der Bewegung« verwenden.
Künftig sollen die bisher gelben Fahrzeuge der Deutschen Reichspost eine hellrote Lackierung erhalten, die mit Weiß abgesetzt ist. Auf den Breitseiten wird das Hoheitszeichen der Nationalsozialistischen Deutschen Arbeiterpartei (NSDAP) zu sehen sein. Die Reichspost übermittelt Nachrichten, Kleingüter und Geld und befördert Personen. Damit erfüllt sie im NS-Reich staatspolitische, volkswirtschaftliche, sozialpolitische und kulturelle Aufgaben.

»Kundendienst« der Reichsbahn (aus der »Berliner Illustrirten Zeitung«)

Aprilscherze zu Ostern

1. April. Die »Berliner Illustrirte Zeitung« berichtet zu diesem Tag, der 1934 mit dem Ostersonntag zusammenfällt, über einen neuen Service der Deutschen Reichsbahn. Reisende, die künftig die Schnellzuglinie D 44 Berlin-Frankfurt am Main befahren wollten, werden künftig vor ihrer Haustür abgeholt. Die Waggons, die zu diesem Zweck mit einem speziellen Fahrgestell ausgerüstet seien, könnten am Tag vor der Reise bestellt werden.
Die Sitte, Mitmenschen am 1. April in den April zu schicken, ist auch im nationalsozialistischen Deutschen Reich sehr beliebt. In Zeitungen werden unterschiedliche Berichte zur Herkunft dieser Sitte veröffentlicht. In einigen Artikeln ist die Rede davon, daß der Aprilscherz ursprünglich auf die kirchliche Veranschaulichung des Leidenswegs Christi zurückgeht, der während seines Prozesses von »Pontius nach Pilatus« geschickt wurde. Andere Berichte erklären den Aprilscherz als Überrest eines Festes, bei dem die Ankunft des Frühlings mit Possen und Späßen gefeiert wurde.

Pius XI. beendet das Heilige Jahr 1933

2. April. Papst Pius XI. beschließt das Heilige Jahr durch die Vermauerung der Heiligen Pforte an der Peterskirche in Rom. Am 1. April 1933 ist dieses außerordentliche Heilige Jahr eröffnet worden, aus Anlaß des 1900. Jahrestags des Kreuzestodes Jesu Christi.

Das Heilige Jahr oder Jubeljahr geht auf eine Bulle des Papstes Bonifatius VIII. im Jahre 1300 zurück. Der Papst versprach darin vollkommenen Ablaß allen Römern, die 30 Tage lang wenigstens einmal täglich die Kirchen der Apostel Petrus und Paulus in Rom besuchen würden. Seit dem 15. Jahrhundert finden Jubeljahre alle 25 Jahre statt.

Pius XI., Papst seit 1922; das Scheitern der großen Ziele seiner Politik beruht zu einem großen Teil auf der Fehleinschätzung des Faschismus und des Nationalsozialismus.

Don Bosco versöhnt Staat mit der Kirche

1. April. Papst Pius XI. spricht in Rom den Priester und Sozialpädagogen Giovanni Bosco, genannt Don Bosco, heilig. Don Bosco (1815 - 1888) gründete zur Erziehung verwahrloster Knaben 1857 die Kongregation der Salesianer Don Boscos, für die Erziehung der Mädchen die Kongregation der Töchter Mariens. In Italien wird Don Bosco als Apostel der Wiederaussöhnung zwischen Kirche und Staat verherrlicht. Zum ersten Mal nehmen an der weltlichen Feier anläßlich der Heiligsprechung kirchliche Würdenträger teil, bei der kirchlichen Feier sind faschistische Politiker vertreten.

Seit den Lateranverträgen (1929) sind der Vatikan und der faschistische Staat inoffiziell ausgesöhnt; die Heiligsprechung Don Boscos (Abb.) bewirkt eine weitere, inoffizielle Annäherung

»Berufswettkampf 1934«

9. April. Im Deutschen Reich wird der »Reichsberufswettkampf der deutschen Jugend 1934« eröffnet. Eineinhalb Millionen Jungen und Mädchen aus dem gesamten Deutschen Reich treten für eine Woche zum Wettkampf an, »um Zeugnis abzulegen von ihrem Können und ihrem Wert für die deutsche Zukunft.« Die Sieger in dieser »Schlacht des Friedens« werden am 1. Mai vom Reichskanzler und Führer Adolf Hitler (NSDAP) persönlich empfangen (→ 1.5./S. 88). In nationalsozialistischen Propagandaschriften heißt es, der Berufswettkampf werde darüber entscheiden, »ob das deutsche Volk in Zukunft ein Volk von fähigen und hochbegabten Arbeitern sein wird, eine durch gemeinsame Arbeit zusammengeschweißte Gemeinschaft der Schaffenden, oder ob eine dahinvegetierende Masse von unfähigen kraftlosen Drohnen seinen Platz einnehmen wird.«

Lehrlinge der Deutschen Reichsbahn in Berlin bei der Anfertigung von Werkstücken für den Reichsberufswettkampf; die jeweils 15 Besten der 15 Berufsgruppen nehmen am 28. April am Ausscheidungskampf teil

Atomzertrümmerungsapparat in Washington; die Atomzertrümmerung ist die Umwandlung von Atomkernen durch Stoßprozesse

Atomzertrümmerungsapparat in Halle/Saale; durch Hochspannungen werden die winzigen Geschosse zur Bombardierung der Atome erzeugt

Wissenschaft und Technik 1934:

»Konkretes Denken« statt »intellektualistischer Spielerei«

Freie Forschung in Wissenschaft und Technik ist im NS-Staat nicht mehr möglich. Die Forschungsarbeit steht »im Dienste der Volks- und Kulturgemeinschaft«, die dem Forscher »sowohl die geistigen Voraussetzungen wie die materiellen Mittel bereitstellt«. Der Forscher ist mit seinen Ergebnissen der Gemeinschaft gegenüber verpflichtet. Appelliert wird an den sittlichen Ernst, der den Forscher vor »intellektualistischen Spielereien« bewahren soll, deren Ergebnisse »weder für die Gestaltung des Weltbildes noch für die praktische Verwendung Wert haben«. Im Dritten Reich wird »zweckgerichtete Forschung« betrieben, die festumrissene Parteiziele verfolgt.

Entdeckungen im Jahr 1934

Künstliche Radioaktivität: Das französische Forscherehepaar Frédéric und Irène Joliot-Curie entdeckt am Institut du radium in Paris die künstliche Radioaktivität durch den Beschuß von Atomen der Elemente Bor und Aluminium mit Alphateilchen.

Molekularstrahlmethode: Der polnisch-US-amerikanische Physiker Isidor Isaac Rabi mißt mit der Molekularstrahlmethode den Kernspin beim Natrium und bestimmt magnetische Kernmomente.

Theorie des Betazerfalls: Der italienische Physiker Enrico Fermi, Professor für theoretische Physik in Rom, schafft auf der Grundlage der Neutrinotheorie die Theorie des Betazerfalls (neben dem Alphazerfall eine der beiden Arten des radioaktiven Zerfalls) und führt die »schwachen Wechselwirkungen« in die Atomphysik ein.

Funknavigation »Knickebein«: Der deutsche Ingenieur Hans Plendl erfindet ein System zur zielgenauen Navigation von Flugzeugen bei Nacht. Das System »Knickebein« wird später bei der deutschen Luftwaffe eingesetzt.

Grundlage dieser zweckgerichteten Forschung ist sog. konkretes Denken, worunter die NS-Führung freies, schöpferisches, anschaulich-unmittelbares Denken versteht; verliert das Denken die Verbindung zum Konkreten, wird es abstraktes Denken genannt; abstraktes Denken aber gilt als ein von den tieferen seelischen Kräften abgeschnittenes und damit »entwurzeltes« bzw. «entartetes« Denken. So wird die Relativitätstheorie des Juden Albert Einstein abgelehnt, weil sie »infolge ihres rein begrifflichen und formalen Charakters ... wenig praktische Bedeutung erlangen konnte.«

Der Unterschied zwischen arischer und jüdischer Wissenschaft wird so gesehen: »Die arische Wissenschaft sucht eine zunächst offene Frage zu beantworten, wendet feststehende wissenschaftliche Methoden auf einen bekannten Sachverhalt an, um dadurch einen neuen zu erschließen.«

Kennzeichen der jüdischen Wissenschaft sei hingegen »ein völlig widersinniger Formalismus, der vom konkreten Sinn und der Wirklichkeit gänzlich absieht«.

Wissenschaft und technologische Forschung konzentrieren sich im Deutschen Reich angesichts der Forderung nach »konkretem Denken« auf die Entwicklung von Technologien, die sich zur Kriegführung eignen. Das Funknavigationssystem »Knickebein« von Hans Plendl gehört ebenso zu den »Großtaten deutscher Techniker und Wissenschaftler« wie der Feldeffekt-Transistor zur Verstärkung und Schaltung von Signalen.

Vorführung der automatischen Selbststeuerung eines Flugzeugs

Wissenschaftler in verschiedenen Ländern der Welt beschäftigen sich intensiv mit Fragen der Atom- und Kernphysik. Irène Joliot-Curie, gelingt gemeinsam mit ihrem Mann Frédéric die Entdeckung der künstlichen Radioaktivität, die einen weiteren Fortschritt bei der Kernforschung darstellt.

Eine technische Entwicklung des Jahres 1934, die sich im Alltag vieler Menschen sichtlich auswirkt, ist die Verbesserung der Glühbirne. Die Glühfäden aus Wolfram werden ab sofort um einen flexiblen dünnen Stab gelegt, der wiederum um einen festen dickeren Stab gewickelt wird. Dieses Doppelwendel macht die Glübirnen heller und länger haltbar.

1934 beginnt die Reichsrundfunkgesellschaft mit der Ausstrahlung von Fernseh-Versuchsprogrammen; ein Illustrierten-Zeichner zeigt, wie er sich die Arbeit eines Fernsehteams vorstellt, nicht ohne darauf hinzuweisen, was vom Fernsehen erwartet wird: »Vielleicht wird man schon von der Berliner Olympiade 1936 drahtlose Berichte in Wort und Bild übertragen können«

Das Fernkino gilt als Vorstufe des Fernsehens; drahtlos übertragene elektrische Impulse ergeben auf der Braunschen Röhre ein Bildmosaik aus verschiedenen hellen Lichtflecken, aus denen sich das Bild zusammensetzt; die Braunsche Röhre wurde bereits 1897 von dem deutschen Physiker und späteren Physiknobelpreisträger Karl Ferdinand Braun entwickelt

Kunst 1934:

Deutscher Stilwille — deutscher Heroismus

Nach der Zeit des »Kulturbolschewismus« und der völligen »Anarchie« während der Weimarer Republik wird die Kunst im Deutschen Reich seit der Machtübernahme der Nationalsozialisten von einem »deutschen Stilwillen« getragen, der durch einen Hang zum Heroischen gekennzeichnet ist. Da der Heroismus »der Grundtypus aller nordischen Völker« ist, wie der NS-Chefideologe Alfred Rosenberg verkündet, soll auch das »stille Heldentum des Alltags«, der »Heroismus im Leben der Frau und Mutter« nicht ausgeklammert werden.

Berühmte Gemälde im Jahr 1934

Max Beckmann:	Selbstbildnis mit Kappe
Felice Casorati:	Blonde Venus
Salvador Dalí:	Atavistische Ruinen nach dem Regen
Robert Delaunay:	Endloser Rhythmus
Lyonel Feininger:	Der rote Geiger
Arshile Gorky:	Nacht, Rätsel und Sehnsucht
Wassily Kandinsky:	Blaues Königreich
René Magritte:	Hommage à Mack Sennett
Henri Matisse:	Magnolienzweig
Ernst Wilhelm Nay:	Weißer Stier
Oskar Nerlinger:	Stadtbahn
Kusma S. Petrow-Wodkin:	Alarm

Neben der Architektur (→ S. 170) artikuliert sich der Sinn für das Monumentale vor allem in der Bildhauerei. Das Vorbild in der Natur soll nicht als einmalige, flüchtige Erscheinung dargestellt werden, sondern der Künstler muß »das Wesen« des Dargestellten herausarbeiten. Ein Adler darf keine naturalistische Tierplastik sein; der Künstler muß Kraft, Kühnheit und Majestät sichtbar machen: »Des Kunstwerkes höchste Aufgabe ist, die formende Tatkraft unserer Seele zu steigern« (Rosenberg).

△ Während eines längeren Spanienaufenthaltes holt sich Pablo Picasso Anregungen und Eindrücke, die er in einer Serie von Stierkampfbildern verarbeitet. Das Ölbild aus dem Juli 1934 zeigt einen solchen Kampf

◁ Der Expressionist Max Beckmann, der nach der Machtübernahme der Nationalsozialisten 1933 sein Lehramt am Städelschen Kunstinstitut in Frankfurt am Main aufgeben mußte, malt 1934 das Gemälde »Selbstbildnis mit schwarzer Kappe«

▽ Salvador Dalí vollendet das Gemälde »Atmosphärischer Schädel, der einen Konzertflügel sodomiert«

Fischer-Konzert von SA-Trupp gesprengt

18. April. Bei einem Konzert des Basler Pianisten und Dirigenten Edwin Fischer und des Berner Baritons Felix Löffel in Berlin kommt es zu einem Zwischenfall, der den Judenboykott im Dritten Reich auf groteske Weise beleuchtet. Die Störung eines angeblich »jüdischen« Konzerts durch ein nationalsozialistisches Sturmkommando verläuft allerdings nicht so reibungslos wie viele andere Aktionen dieser Art.

Im Beethovensaal, einem der größten Konzerträume Berlins, dirigiert Fischer sein eigenes Kammerorchester, das sich aus deutschen und schweizerischen Musikern zusammensetzt. In den lebhaften Applaus, den das zahlreich erschienene Publikum schon dem ersten Teil des Programms, einem altitalienischen Orchesterstück von Andrea Gabrieli, spendet, mischt sich plötzlich Protestgeschrei. Eine Gruppe junger Nationalsozialisten, offensichtlich SA-Leute in Zivil, die sich im ganzen Saal verteilt haben, springt auf und stürmt unter den Rufen »Juden raus! Wir brauchen keine Juden!« gegen das Podium vor. Dieser Anlauf zur Sprengung eines Konzerts von Künstlern, die von keinem Arierparagraphen etwas zu befürchten haben, verblüfft das Publikum. Die Verwirrung erreicht ihren Höhepunkt, als die Ruhestörer im Sprechchor die Forderung erheben: »Guttmann raus! Wolf raus!« Nach kurzer Verhandlung unter Assistenz eines herbeigeeilten Polizeioffiziers stellt sich heraus, daß die Eindringlinge den Saal verwechselt haben. Die Demonstration war für den Bechsteinsaal bestimmt und sollte sich gegen zwei jüdische Musiker namens Guttmann und Wolf richten. Stattdessen ist der nationalsozialistische Sturmtrupp in den Beethovensaal geraten.

Das Konzertprogramm wird mit Johann Sebastian Bach fortgesetzt. In der zweiten Pause begibt sich ein im Saal zurückgebliebener Vertreter der nationalsozialistischen Störer zum Podium. Das Publikum reagiert mit Trampeln und Pfeifen, als der ungebetene Gast eine Entschuldigung für die Zwischenfälle vorbringen will. Nach diesem Versuch, die Aktion der antisemitischen Kunstrichter wiedergutzumachen, geht das Konzert ohne weitere Störungen zu Ende.

Unbedenklichkeitssiegel für NS-Schriften

17. April. Der deutsche Reichsminister und Stellvertreter des Führers, Rudolf Heß (NSDAP), richtet eine parteiamtliche Prüfungskommission zum Schutz des nationalsozialistischen Schrifttums ein. Reichsleiter wird der Reichsgeschäftsführer der Nationalsozialistischen Deutschen Arbeiterpartei (NSDAP), Philipp Bouhler. Am selben Tag übernimmt Alfred Rosenberg, der Reichsleiter der NSDAP (→ 24. 1./S. 17), die Führung der Reichsstelle zur Förderung des deutschen Schrifttums.

Die Maßnahme ist eine Folgerung aus der Erkenntnis, daß die ungeheure Flut von sog. nationalsozialistischer Literatur, die unaufhörlich unter das deutsche Volk gebracht wird, jeder festen programmatischen Richtlinie entbehrt. Die nationalsozialistische Führung fürchtet, daß diese Entwicklung zu einer politischen Gefahr für sie werden kann, falls es ihr nicht gelingt, die Veröffentlichungsschwemme unter ihre Kontrolle zu bringen.

Bouhler (NSDAP) leitet die NS-Schrifttums-Prüfungskommission

Deswegen wird nun der Unbedenklichkeitsvermerk einer »parteiamtlichen« Stelle für literarische Erzeugnisse eingeführt, die Anspruch auf das Prädikat »nationalsozialistisch« erheben. Darüber hinaus stehen hinter dieser Monopolisierung nationalsozialistischer Literaturerzeugung wirtschaftliche Interessen, da die NS-Führung nun Auflagenhöhe, Titelangebote und Erscheinungstermine kontrolliert.

Heß trifft seine Entscheidung in seiner Eigenschaft als Stellvertreter des Führers: »Die NSDAP hat das souveräne Recht und die Pflicht, darüber zu wachen, daß das nationalsozialistische Ideengut nicht von Unberufenen verfälscht und in einer die breite Öffentlichkeit irreführenden Weise geschäftlich ausgewertet wird. Die Kommission, die im engsten Einvernehmen mit dem Reichsministerium für Volksaufklärung und Propaganda... arbeiten wird, hat die Aufgabe, alle einschlägigen Bücher und Schriften zu prüfen. Bücher des bezeichneten Inhalts dürfen nur ... als nationalsozialistisch ausgegeben werden, wenn sie der Prüfungskommission vorgelegen haben und deren Unbedenklichkeitsvermerk tragen.«

»Der rasende Reporter« Kisch setzt sich für Verfolgte im Dritten Reich ein

Kundgebung für Autoren in KZ-Haft

19. April. Egon Erwin Kisch, Gustav Regler u. a. sprechen in Paris auf einer Versammlung deutscher Emigranten für die im nationalsozialistischen Deutschen Reich inhaftierten Schriftsteller Carl von Ossietzky (»Die Weltbühne«), Ludwig Renn (»Krieg«) und Erich Mühsam (→ 10./11. 7./S. 144). Die drei wurden 1933 verhaftet.

Neusel siegt in den USA

April. *Die deutsche Presse berichtet in großer Aufmachung über den Punktsieg des deutschen Schwergewichtsboxers Walter Neusel aus Bochum (r.) im Madison Square Garden in New York in einem Zehn-Runden-Kampf über den US-amerikanischen Schwergewichtler Tommy Loughran. Gleichfalls im April schlägt im Weltmeisterschaftskampf der Mittelgewichtsklasse Marcel Thil (Frankreich) den belgischen Herausforderer Gustave Roth, der 1930 und 1931 seinen Europameistertitel gegen Gustav Eder verteidigen konnte, in 15 Runden nach Punkten.*

Autos über Stock und Stein

April. *Im Harz wird eine dreitägige Geländeprüfungsfahrt durchgeführt. 323 Automobilisten beteiligen sich an dieser Prüfung, die hohe Anforderungen an »Fahrkunst, Entschlußkraft und Zähigkeit« fordert. Die Fahrt geht durch unwegsames Gelände (Abb.), über steile Abhänge und scharfe Steinspitzen, bergauf und bergab. Die Prüfung wird »ein Triumph für Mensch und Maschine«. Organisiert wurde diese propagandistische Veranstaltung von SA-Obergruppenführer Adolf Hühnlein, dem Organisator der Motor-SA und Träger des Blutordens der NSDAP.*

Manchester gewinnt Cup

28. April. *Im britischen Cup-Finale besiegt Manchester City vor fast 100 000 Zuschauern im Wembley Stadion in London in einem dramatischen Spiel Portsmouth 2:1. Noch 17 Minuten vor Schluß lag die Mannschaft von Portsmouth 1:0 in Führung, dann fielen die entscheidenden Tore für Manchester, das den Treffer zum 2:1-Endstand erst drei Minuten vor Schluß erzielte. Der britische König Georg V. überreicht dem Kapitän des Cup-Gewinners den Pokal (Abb.). — Britischer Fußballmeister 1934 wird der FC Arsenal London.*

Mai 1934

Mo	Di	Mi	Do	Fr	Sa	So
	1	2	3	4	5	6
7	8	9	10	11	12	13
14	15	16	17	18	19	20
21	22	23	24	25	26	27
28	29	30	31			

1. Mai, Maifeiertag

Zwei Millionen Menschen nehmen auf dem Tempelhofer Feld in Berlin am Festakt der nationalsozialistischen Regierung zum Feiertag der nationalen Arbeit teil. → S. 88

Nach offiziellen Angaben werden anläßlich des Feiertags der nationalen Arbeit fast 200 politische Häftlinge aus dem Konzentrationslager Dachau entlassen.

Im 13. Bezirk von Paris, dem Arbeiterviertel, kommt es in der Nacht zum 2. Mai zu Barrikadenkämpfen und Straßenschlachten. Es gibt mehrere Tote.

Der deutsche Reichskanzler und Führer der NSDAP, Adolf Hitler, erklärt in seiner Rede zum 1. Mai, daß Hammer und Sichel wieder Symbol der deutschen Arbeiter und Bauern seien. → S. 89

Bernhard Rust (NSDAP) wird zum Leiter des neugebildeten Reichsministeriums für Wissenschaft, Erziehung und Volksbildung ernannt. → S. 92

Der deutsche Reichskanzler Adolf Hitler (NSDAP) entbindet den preußischen Ministerpräsidenten, Hermann Göring (NSDAP), vom Amt des preußischen Innenministers und überträgt es dem Reichsminister des Innern, Hermann Frick (NSDAP). Damit besteht eine weitere Personalunion bei einem Reichs- und einem preußischen Ministerium (→ 1. 5./S. 92).

Das Konkordat zwischen Österreich und dem Heiligen Stuhl tritt in Kraft. → S. 90

Der österreichische Bundeskanzler Engelbert Dollfuß (Christlichsoziale Partei) ernennt den Bundesführer der Heimwehren, Ernst Rüdiger Starhemberg, zum Vizekanzler als Nachfolger von Emil Fey (Heimwehr), der das Sicherheitsministerium übernommen hat.

In Berlin werden erstmals die Buch- und Filmpreise verliehen. → S. 107

Anton Adriaan Mussert, der Führer der von ihm 1931 gegründeten Nationaal-Socialistische Beweging der Niederlande, verkündet auf einer Maifeier in Den Haag, daß die Mitgliederzahl nun bei über 30 000 liege. Kommunisten und Sozialisten stören die Versammlung.

In Japan tritt ein Ermächtigungsgesetz in Kraft, das der Regierung erlaubt, Maßnahmen gegen Staaten zu treffen, die japanische Ausfuhren behindern (→ 23. 5./S. 96).

In Preußen haben innerhalb eines Jahres 1 364 nichtarische Rechtsanwälte ihren Beruf aufgegeben. → S. 91

Der aus der Ukraine stammende sowjetische Dramatiker Alexandr J. Korneitschuk erringt mit »Der Untergang des Geschwaders« seinen ersten großen Erfolg. Das auf die Richtlinien der Kommunistischen Partei der Sowjetunion (KPdSU) abgestimmte Stück, das im Armee-Theater in Moskau uraufgeführt wird, gilt in der Sowjetunion als eines der klassischen Werke der Revolutionsliteratur.

Die in Berlin im Verlag Ullstein erscheinende Illustrierte »Grüne Post« wird für drei Monate verboten. Sie hatte in einem Leitartikel gegen die zunehmende Uniformität der deutschen Presse Stellung bezogen (→ 8. 5./S. 92).

2. Mai, Mittwoch

Die Reichsanstalt für Arbeitsvermittlung und Arbeitslosenversicherung in Berlin kündigt die Einführung eines Hauswirtschaftlichen Jahres für schulentlassene Mädchen an. → S. 91

Der bayerische Ministerpräsident Ludwig Siebert (NSDAP) wendet sich auf einer Versammlung in Würzburg gegen die »politisierende Kirche« (→ 29. 5./S. 90).

Die Maifeiern in Berlin finden in der ausländischen Presse starke Beachtung. Hervorgehoben wird vor allem die Disziplin und Ordnung, mit der die Veranstaltungen trotz eines Aufgebots von zwei Millionen Menschen durchgeführt wurden.

Das Hanseatische Sondergericht in Hamburg fällt das Urteil im Prozeß gegen die sog. Rote Marine. Acht Kommunisten werden wegen Terroranschlägen in den Jahren 1932/33 zum Tode verurteilt, 33 weitere Angeklagte erhalten Zuchthausstrafen bis zu 15 Jahren.

3. Mai, Donnerstag

Die deutsche Reichsregierung erläßt einen Aufruf an alle »Saarabstimmungsberechtigten«, die nicht mehr im Saargebiet leben, sich bis zum 12. Mai bei ihren Einwohnermeldeämtern zu melden (→ 16. 1./S. 19).

In mehreren italienischen Städten werden Razzien in Geschäften und Gaststätten durchgeführt. Läden und Lokale, in denen die Preissenkungsvorschriften nicht befolgt wurden, werden geschlossen, die Inhaber werden aus der Faschistischen Partei ausgeschlossen.

Die nationalsozialistische Gemeinschaft »Kraft durch Freude« (KdF) stellt die ersten Dampfer zur Verfügung, mit denen Mitglieder des Werks in die Ferien fahren werden. Über 100 000 Arbeiter sollen in den Sommermonaten in den Genuß einer Seereise gelangen (→ S. 104).

Bei einer Rede in Würzburg spricht der bayerische Ministerpräsident Ludwig Siebert (NSDAP) den Kirchen das Recht zur politischen Betätigung ab. »Niemals mehr darf es in Deutschland politisierende Geistliche geben.« Die Mitarbeit der Konfessionen sei willkommen, nur ihre politische Betätigung müsse verschwinden, fordert Siebert.

4. Mai, Freitag

Aus Moskau wird gemeldet, daß mit dem Bau einer 1000 km langen Erdölleitung von den Embaer Ölfeldern am Kaspischen Meer nach Orsk am Südfuß des Ural begonnen wurde. Die Leitung soll Ende 1935 in Betrieb genommen werden.

5. Mai, Sonnabend

Der deutsche Reichsminister für Volksaufklärung und Propaganda, Joseph Goebbels (NSDAP), rechnet auf einer Saarkundgebung in Zweibrücken mit dem »landesverräterischen Treiben der Emigranten« ab und skizziert die Aufbaupläne der Nationalsozialisten nach der Rückkehr des Saargebiets in das Deutsche Reich (→ 16. 1./S. 19; 28. 2./S. 42).

In Moskau wird der sowjetisch-polnische Nichtangriffspakt von 1932 bis 1945 verlängert (→ 4. 4./S. 72).

Das Sobranje, die Volksvertretung des Königreichs Bulgarien in Sofia, nimmt den Gesetzentwurf über die Errichtung einer Spielbank im bekannten Schwarzmeerseebad Warna an.

In Berlin findet in Anwesenheit von Reichskanzler Adolf Hitler (NSDAP) die Grundsteinlegung zum Neubau der Reichsbank statt. Die Kosten werden auf 40 Millionen Mark veranschlagt.

6. Mai, Sonntag

Beim Grenzübertritt nach Österreich wird ein 17jähriger Deutscher aus Dresden verhaftet, der in der Absicht nach Österreich einreisen wollte, ein Attentat auf Bundeskanzler Engelbert Dollfuß (CP) zu verüben (→ 25. 5./S. 93). Die deutsche Reichsregierung hatte die österreichischen Behörden vorher entsprechend informiert.

Die fünf mittelamerikanischen Republiken Costa Rica, Guatemala, Honduras, Nicaragua und El Salvador schließen in Guatemala einen Freundschafts- und Friedensvertrag, der langfristig die Vereinigung der Länder zu einem einzigen Staat vorsieht.

7. Mai, Montag

In der UdSSR wird das Jüdische Autonome Gebiet Birobidschan in der Region Chabarowsk errichtet. → S. 97

Der deutsche Reichsbischof Ludwig Müller übernimmt durch Kirchengesetz die Leitung der Landeskirchen in Sachsen und Hessen-Nassau (→ 29. 5./S. 90).

8. Mai, Dienstag

Der deutsche Reichsminister für Volksaufklärung und Propaganda, Joseph Goebbels (NSDAP), gibt den Erlaß über die Handhabung der Pressepolitik bekannt. → S. 92

Die rumänische Regierung verbietet wegen einer anhaltenden Dürre die Ausfuhr von Getreide.

Aus Berlin wird die Beschlagnahmung des »Katholischen Kirchenblatts für Berlin« durch die geheime Staatspolizei (Gestapo) gemeldet. Das Blatt hatte einen »völlig unzuverlässigen« Bericht über Hitlerjungen gebracht, die gotteslästerliche Lieder gesungen haben sollen. »Die irreführenden Berichte haben das deutsche Ansehen im Auslande stark geschädigt«, heißt es.

9. Mai, Mittwoch

Die belgische Regierung erläßt ein Uniformverbot für alle politischen Wehrformationen.

In San Francisco treten die Hafenarbeiter in den Ausstand, um bessere Arbeitsbedingungen und gewerkschaftliche Vertretung durchzusetzen. → S. 97

Die Deutsche Arbeitsfront in Berlin läßt mitteilen, daß »das Braunhemd und die anderen Trachten der Bewegung« zwar »das schönste und liebste Gewand« für die deutschen Männer geworden sei, an eine Uniformierung der Frau jedoch nicht gedacht sei: »Für die deutsche Frau ist das Arbeitskleid das Ehrenkleid.«

10. Mai, Christi Himmelfahrt

30 000 Menschen nehmen in Salzburg an einer Massenkundgebung teil, mit der die Regierung unter Engelbert Dollfuß (Christlichsoziale Partei) die nationale Eigenständigkeit demonstrieren will. → S. 93

In Paris wird am ersten Jahrestag der Bücherverbrennung in Berlin von deutschen Emigranten die Deutsche Freiheitsbibliothek mit im Dritten Reich verfemten Büchern gegründet. → S. 107

11. Mai, Freitag

In Berlin eröffnet der Reichsminister für Volksaufklärung Propaganda, Joseph Goebbels (NSDAP), den »Feldzug gegen Miesmacher und Kritikaster«. → S. 91

SA-Stabschef Ernst Röhm (NSDAP) untersagt jede Teilnahme von SA-Mannschaften an kirchenpolitischen Veranstaltungen (→ 29. 5./S. 90).

12. Mai, Sonnabend

Nach tätlichen Auseinandersetzungen zwischen Studenten unterschiedlicher Richtungen verfügt das spanische Innenministerium die Schließung der Universität Madrid sowie der Zentren der faschistischen und der republikanischen Studentenvereinigungen. Die Bekanntgabe dieser Maßnahme löst weitere schwere Ausschreitungen aus (→ 25. 4./S. 76).

Deutsche Zeitungen berichten über die Verhaftung eines jüdischen Bankangestellten namens Jakob Wassermann in Berlin durch die Gestapo. Der Mann soll »systematisch und mit zynischer Frechheit aufreizende Verunglimpfungen« des preußischen Ministerpräsidenten Hermann Göring (NSDAP) verbreitet haben. »Wassermann wird im Konzentrationslager Oranienburg längere Zeit Gelegenheit haben, darüber nachzudenken, wie man sich als Gast des deutschen Volkes in Deutschland zu benehmen hat.«

13. Mai, Sonntag

Am Muttertag wird im nationalsozialistischen Deutschen Reich der Reichsmütterdienst gegründet zur Vorbereitung von Frauen auf die »Mutterschaft«. → S. 92

In einer Volksabstimmung wird die neue Verfassung von Uruguay mit Zweidrittelmehrheit angenommen. Die Verfassung stärkt die Stellung des Präsidenten. Präsident ist seit 1931 Gabriel Terra, der 1933 nach einem unblutig verlaufenen Staatsstreich Sozialisten und Kommunisten aus dem politischen Leben des südamerikanischen Landes ausgeschaltet hat.

Die Münchner »Illustrierte Presse« zeigt aus Anlaß der Feiern zum 1. Mai deutsche Bauern, die der NS-Propaganda zufolge neben den Arbeitern »Grundpfeiler des Neuaufbaus im nationalsozialistischen Staat« sind

10. Mai 1934
11. Jahrgang / Nr. 19
Verlag Knorr & Hirth, G. m. b. H., München

Preis: 20 Pfennig
Österr.: 40 Grosch. / Tschechosl.: 2 Kron. Schweiz: 30 Rappen / Italien: 1,50 Lire Frankreich: 1,50 Frs. / Elsaß-Lothringen: 1,25 Frs. / Holland: 15 Cent Jugoslawien: 5 Dinar / Estland: 40 Cent

Münchner Illustrierte Presse

Aufnahme: Männer

Oberbayerische Bauern hören in ihrer Heimat die Mairede Adolf Hitlers

Deutsches Volk am ersten Mai

Leo Kozlowski wird neuer polnischer Ministerpräsident als Nachfolger des zurückgetretenen Johannes Jędrzejewicz. Außenminister bleibt Józef Beck.

Die »Gesellschaft der Freunde des neuen Deutschland« unternimmt in den USA eine Propagandaaktion gegen den Boykott deutscher Waren. → S. 102

Der Braunschweiger Hafen wird eingeweiht. → S. 102

In den USA werden am Muttertag öffentliche Sammlungen für bedürftige Mütter durchgeführt.

14. Mai, Montag

Im Krieg zwischen dem Imamat Jemen und dem Königreich Nedschd (Saudi-Arabien) wird der Waffenstillstand unterzeichnet (→ 24. 3./S. 62).

In Rom wird ein österreichisch-italienisches Außenhandelsabkommen unterzeichnet (→ 17. 3./S. 61).

In Cosel (Koźle) findet in Anwesenheit des Reichsministers und Führerstellvertreters Rudolf Heß (NSDAP) die feierliche Grundsteinlegung für den Bau des Adolf-Hitler-Kanals (Gleiwitzkanal) statt. Er soll das oberschlesische Industriegebiet mit der Oder bei Cosel verbinden und den alten Klodnitzkanal ersetzen.

15. Mai, Dienstag

Das deutsche Reichskabinett in Berlin beschließt das Gesetz zur Regelung des Arbeitseinsatzes, das die freie Wahl des Arbeitsplatzes einschränkt. → S. 91

Das deutsche Reichskabinett in Berlin verabschiedet das Theatergesetz, wonach alle Theater dem Reichspropagandaministerium unterstellt werden. → S. 107

Die deutsche Reichsregierung in Berlin beschließt die Stiftung eines Ehrenkreuzes für alle Kriegsteilnehmer und für Witwen und Eltern von gefallenen, gestorbenen und verschollenen Kriegsteilnehmern.

Kriminalpolizei, Feldjäger und SS verhaften in einer gemeinsamen Aktion in Erfurt 33 Mitglieder einer kommunistischen Organisation. Bei Hausdurchsuchungen werden nach offiziellen Angaben Waffen, Munition und kommunistisches Propagandamaterial sichergestellt.

16. Mai, Mittwoch

In Lettland wird der Ausnahmezustand verhängt; Parteien und Parlament werden aufgehoben, die Regierung unter Ministerpräsident Karlis Ulmanis herrscht von nun an diktatorisch. → S. 97

Der Deutsche Reichskanzler Adolf Hitler (NSDAP) eröffnet in Berlin den zweiten Kongreß der Deutschen Arbeitsfront. In seiner Rede bezeichnet er den Nationalsozialismus als »nichts anderes, als daß zur Erhaltung unserer Gemeinschaft auf jedem Platz unseres Lebens die höchsten Fähigkeiten ausschließlich und autoritär zum Einsatz gebracht« würden.

Der preußische Ministerpräsident und deutsche Reichsminister der Luftfahrt, Hermann Göring (NSDAP), trifft zu einem zweitägigen Besuch in der jugoslawischen Hauptstadt Belgrad ein. Vor der Presse bekundet er die aufrichtige Freundschaft des »neuen Deutschland« zu Jugoslawien.

In der österreichischen Hauptstadt Wien beginnt die zweite Paneuropäische Wirtschaftskonferenz. Sie tagt bis zum 18. Mai.

17. Mai, Donnerstag

Eine Verordnung des deutschen Reichsarbeitsministers Franz Seldte (NSDAP) regelt die Zulassung von Ärzten zu den Krankenkassen neu. Kassenärzte müssen eine Landpraxis geführt haben. Nichtarische Ärzte oder Ärzte mit nichtarischen Ehegatten werden nur zugelassen, wenn sie Frontkämpfer oder mindestens seit 1914 zugelassen waren (→ 1. 5./S. 91).

Das 300-Jahres-Jubiläum des Oberammergauer Passionsspiels beginnt. → S. 103

18. Mai, Freitag

Zur Bekämpfung der Arbeitslosigkeit beschließt die niederländische Regierung in Den Haag ein Arbeitsbeschaffungsprogramm, das den Bau eines schiffbaren Kanals von Amsterdam bis zum Rhein und von Groningen in den Zuidersee sowie die Regulierung der Maas vorsieht.

19. Mai, Sonnabend

Nach einem Armeeputsch wird Kimon S. Georgiew neuer bulgarischer Ministerpräsident. Er unterstützt das autoritäre Regime von König Boris III.

Das Storting, das norwegische Parlament in Oslo, lehnt den Antrag der oppositionellen Arbeiterpartei auf Austritt aus dem Völkerbund mit 59 zu 55 Stimmen ab.

20. Mai, Pfingstsonntag

Der deutsche Vizekanzler Franz von Papen (parteilos) eröffnet in Trier die zweitägige Pfingsttagung des Vereins für das Deutschtum im Ausland. Er fordert den Völkerbund auf, an der Saar die Grenzen wiederherzustellen, die seit einem Jahrtausend »deutsches Volkstum umfaßten« (→ 16. 1./S. 19).

In deutschen Zeitungen wird darauf hingewiesen, daß Pfingsten »durchaus nicht artfremd« sei. → S. 101

21. Mai, Pfingstmontag

Aus der brasilianischen Hauptstadt Rio de Janeiro wird gemeldet, daß der bewaffnete Konflikt zwischen Kolumbien und Peru durch Vermittlung des früheren brasilianischen Außenministers Afrânio de Melo Franco beigelegt wurde. Das umstrittene Grenzgebiet Leticia bleibt im Besitz Kolumbiens, Peru wird jedoch das Recht eingeräumt, Verhandlungen über den Erwerb Leticias durch Gebietstausch zu führen.

In Scharzfeld im Harz wird die Deutsche Glaubensbewegung gegründet, die sich die Verbreitung des »arteigenen deutschen Glaubens« zum Ziel gesetzt hat. → S. 90

Ein Großfeuer vernichtet das Viehhofviertel von Chicago, das auch »Bauch von Chicago« genannt wird. → S. 100

22. Mai, Dienstag

In Theresienstadt (Terezín) wird das vom tschechoslowakischen Ministerium für soziale Fürsorge errichtete erste Lager der Arbeitsgemeinschaft der Jugend eröffnet. In das Lager werden jugendliche Arbeitslose nach Anmeldung zum freiwilligen Arbeitsdienst aufgenommen.

Die spanischen Royalisten dementieren Pressemeldungen, laut denen der nach dem Wahlsieg der republikanischen Parteien außer Landes gegangene König Alfons XIII. auf den Thron verzichtet hat. Alfons wolle seinen jüngeren Sohn, den Infanten Juan, als Kronprinzen erziehen (→ 25. 4./S. 76).

23. Mai, Mittwoch

Japan verkündet eine »Hände weg von China«-Erklärung, in der es alle Länder der Welt auffordert, keine Verhandlungen mit Vertretern Chinas zu führen ohne japanische Zustimmung. → S. 96

Das Völkerbundsmitglied El Salvador erkennt als erstes Land nach Japan den japanischen Satellitenstaat Mandschukuo an. Die Sowjetunion hat Mandschukuo indirekt durch Ernennung von Konsuln anerkannt (→ 1. 3./S. 62; 23. 5./S. 96).

Die gesetzgebende Versammlung von South West Africa (Namibia), der ehemaligen deutschen Kolonie Deutsch-Südwestafrika, nimmt einstimmig einen Entschluß an, in der die Regierung der Südafrikanischen Union ersucht wird, South West Afrika als fünfte Provinz der Union einzugliedern. South West Africa ist seit 1920 südafrikanisches Mandatsgebiet.

Der deutsche Reichsminister für Volksaufklärung und Propaganda, Joseph Goebbels (NSDAP), fordert die Bauverwaltungen im Deutschen Reich auf, mehr Aufträge an bildende Künstler und Kunsthandwerker zu vergeben. → S. 107

Der Bau des Damms zur deutschen Ostseeinsel Rügen beginnt (fertiggestellt 1936).

24. Mai, Donnerstag

Tomáš Garrigue Masaryk wird zum vierten Mal zum Präsidenten der Tschechoslowakei gewählt. → S. 97

Die seit Anfang dieses Monats andauernden Streiks in den USA führen in Toledo im Bundesstaat Ohio zu blutigen Straßenkämpfen (→ 9. 5./S. 97).

Der österreichische Erzherzog Eugen kehrt nach 15jährigem Exil in seine Heimat zurück. → S. 93

Ehemalige Freimaurer können in der Nationalsozialistischen Deutschen Arbeiterpartei (NSDAP) grundsätzlich keine Führerpositionen innehaben. Die einfache Mitgliedschaft in der NSDAP ist für sie nur möglich, wenn sie vor dem 30. Januar 1933, dem Tag der nationalsozialistischen Machtergreifung, ihren Austritt aus der Freimaurerei erklärt haben.

25. Mai, Freitag

In Österreich werden die Standrechtsbestimmungen erweitert, um gegen den politischen Terror vorgehen zu können. → S. 93

26. Mai, Sonnabend

Das deutsche Luftschiff »Graf Zeppelin« startet in Friedrichshafen zum ersten Südamerikaflug. → S. 102

In einer Rede in Rom fordert der italienische Duce und Ministerpräsident, Benito Mussolini, die Verjüngung der Einrichtungen Europas; andernfalls werde Europa »morgen« dem Vergleich mit den Vereinigten Staaten oder Japan nicht mehr standhalten können. Mussolini führt weiter aus, er glaube nicht an den ewigen Frieden, da der Krieg dasselbe für den Mann bedeute, was die Mutterschaft für die Frau sei.

27. Mai, Sonntag

In Dresden beginnt die erste Reichstheaterwoche. → S. 106

In Berlin findet das neunte Internationale Avus-Rennen Deutschlands statt. → S. 105

28. Mai, Montag

Erstmals werden die Opernfestspiele im britischen Glyndebourne (Sussex) veranstaltet. → S. 103

In Kanada gebiert eine 26jährige Farmersfrau Fünflinge. → S. 100

29. Mai, Dienstag

In Genf beginnen die Beratungen der sog. Abrüstungskonferenz. → S. 94

Die USA verzichten auf ihre Eingriffsrechte in Kuba. → S. 97

Die Berliner Transferkonferenz geht zu Ende; sie hatte sich mit der deutschen Auslandsverschuldung befaßt. → S. 92

In Barmen (Wuppertal) tagt die erste Bekenntnissynode der Deutschen Evangelischen Kirche. → S. 90

Der japanische Admiral Heihachivo Togo stirbt 86jährig in Tokio. → S. 100

30. Mai, Mittwoch

Aufgrund des Gesetzes über den Neuaufbau des Reiches vom 30. Januar werden die diplomatischen Vertretungen Preußens und Bayerns beim Vatikan sowie die Münchner apostolische Nuntiatur aufgehoben.

31. Mai, Donnerstag

Der Chemiekonzern IG Farbenindustrie AG übernimmt die Mehrheitsanteile der »Frankfurter Zeitung«. → S. 92

In Budapest beginnt die Turn-Weltmeisterschaft, an der zum ersten Mal seit 1914 wieder deutsche Athleten teilnehmen. → S. 105

Das Wetter im Monat Mai

Station	Mittlere Lufttemperatur (°C)	Niederschlag (mm)	Sonnenscheindauer (Std.)
Aachen	13,0 (12,8)	41 (67)	— (205)
Berlin	14,5 (13,7)	21 (46)	— (239)
Bremen	13,6 (12,8)	25 (56)	— (231)
München	13,7 (12,5)	31 (103)	— (217)
Wien	16,4 (14,6)	56 (71)	268 (173)
Zürich	15,3 (12,5)	43 (107)	258 (207)

( ) Langjähriger Mittelwert für diesen Monat
— Wert nicht ermittelt

Sonderausgabe der französischen Illustrierten »L'Illustration« zum Thema »Das Kind«

1. Mai: Propagandaschau

1. Mai. Zu einer gigantischen Propagandaschau nutzt die nationalsozialistische deutsche Reichsregierung den 1. Mai, der durch Gesetz zum »Nationalfeiertag der Arbeit« bestimmt worden ist. Allein zwei Millionen Menschen nehmen am Staatsakt auf dem Tempelhofer Feld in Berlin teil. Reichskanzler Adolf Hitler (NSDAP) spricht in einer über einstündigen Rede über den Kampf gegen die Arbeitslosigkeit, die Überwindung der Klassengegensätze und die Friedensbereitschaft der Nationalsozialisten (→ 1. 1./S. 89). Im ganzen Deutschen Reich sind die Maifeiern auf den Berliner Staatsakt abgestimmt, »verbunden durch die Wellen des Äthers« nimmt »das schaffende deutsche Volk« im ganzen Deutschen Reich an der Zeremonie teil. Die strenge Parteidisziplin bürgt für rege Teilnahme an den militärisch geordneten Aufzügen, auch die Arbeitgeber marschieren mit. Die gemeinsame Maifeier soll der Arbeiterschaft den Beweis liefern, daß es im neuen Reich für Klassenunterschiede keinen Raum mehr gibt. Arbeiterdelegationen aus allen Teilen des Reiches sind mit Flugzeugen nach Berlin geholt und in den besten Hotels einquartiert worden. Die Kosten für die riesige Festveranstaltung unter Leitung von Propagandaminister Joseph Goebbels (NSDAP) sollen durch den Verkauf einer 20-Pfennig-Metall-Plakette finanziert werden. Auf den Plaketten, von denen 25 Millionen Stück geprägt wurden, sind Hammer und Sichel, das Kopfbild Johann Wolfgang von Goethes und der deutsche Reichsadler abgebildet. Der »sozialistische« Charakter der neuen deutschen Wirtschaftsordnung soll jedem vor Augen geführt werden, Bauern und Arbeiter werden zu Grundpfeilern des staatlichen Neuaufbaus proklamiert.

Der reibungslose Auf- und Abmarsch des Millionenheers von »Arbeitern der Faust und der Stirn« ist eine organisatorische Meisterleistung. Ab den frühen Morgenstunden sammeln sich die Belegschaften der Fabriken und Werkstätten sowie das Personal der Banken, Geschäfte und Büros an wichtigen Punkten Berlins. Sie bewegen sich auf den vorgesehenen Straßen strahlenförmig auf das Tempelhofer Feld, einen ehemaligen Exerzierplatz, zu. Auf stundenlanges Marschieren folgt stundenlanges Warten, bis am Nachmittag der Führer im offenen Wagen erscheint.

Adolf Hitler, gefolgt von Reichsministern, auf dem Weg zur fünf Meter hohen Rednertribüne auf dem Tempelhofer Feld; der Führer soll für jeden sichtbar sein

Maifeier an der Bavaria auf der Theresienwiese in München; hier wurde in der Nacht zum 1. Mai, dem nationalen Feiertag, ein Riesenfeuerwerk abgebrannt

Am Vormittag spricht Adolf Hitler im Lustgarten zur Berliner Schuljugend, die er als das »Deutschland der Zukunft« bezeichnet

Propaganda-Zeitschrift »Die Woche« zum 1. Mai, dem »Tag der nationalen Arbeit«

Die Organisation des Zwei-Millionen-Menschen-Spektakels in Berlin ist perfekt; auch das Wetter spielt mit: Sonne und strahlend blauer Himmel über Hitler

»Zur Feier eines neuen deutschen Menschen«

1. Mai. In seiner Rede auf dem Tempelhofer Feld in Berlin geht der deutsche Reichskanzler Adolf Hitler (NSDAP) auch auf die Zerschlagung der Gewerkschaften und Parteien ein:

»Wenn wir am 2. Mai im vergangenen Jahr die Vernichtung des deutschen Parteiwesens durch die Besetzung der Gewerkschaften einleiteten, dann geschah es nicht, um irgendwelchen Deutschen zweckmäßige Vertretungen zu nehmen, sondern um das deutsche Volk zu befreien von jenen Organisationen, deren größter Schaden es war, daß sie Schäden pflegen mußten, um die Notwendigkeit ihrer eigenen Existenz zu begründen. Wir haben damit das deutsche Volk von unendlich viel innerem Streit und Hader erlöst, der niemandem nutzte, außer den direkt Interessierten, dem ganzen Volke aber stets verhängnisvolles Unheil zufügte ...
Der Nationalfesttag des 1. Mai, den wir heute in ganz Deutschland feiern, hat in diesem Programm der Neubildung unseres Volkes aber eine besondere und gewaltige Bedeutung. Wir alle reden von der menschlichen Kultur und den persönlichen Leistungen, aber nur die wenigsten sehen darin das Ergebnis einer gemeinsamen Arbeit von Geist und körperlicher Kraft. Nur zu sehr hat man sich im Laufe der Jahrhunderte angewöhnt, vom Unternehmer zu reden, vom Künstler, vom Bauherrn, die Techniker zu preisen und die Ingenieure zu loben, die Architekten zu bewundern, die Chemiker und Physiker mit Staunen in ihrer Arbeit zu verfolgen. Den Arbeiter hat man meist vergessen. Man redete von der deutschen Wissenschaft, dem deutschen Handwerk, der deutschen Wirtschaft überhaupt und meinte doch immer nur die eine Seite, und nur so konnte es geschehen, daß man den treuesten Helfer nicht nur vergaß, sondern am Ende auch verlor. Wenn Sie das Abzeichen des heutigen Festes — das ein deutscher Künstler uns geschaffen hat — besehen, dann soll es Ihnen folgendes sagen: Sichel und Hammer sind einst Symbole des deutschen Bauern und des deutschen Arbeiters gewesen. Hochmut und Unvernunft eines bürgerlichen Zeitalters haben diese Symbole preisgegeben und verloren. Jüdisch-internationale Literaten stahlen endlich die Werkzeuge schaffender Menschen und waren nahe daran, deren Träger endgültig ihren Plänen und Zielen zu unterwerfen. Der nationalsozialistische Staat wird diese Entwicklung überwinden. Der Hammer wird wieder zum Symbol des deutschen Arbeiters und die Sichel zum Zeichen des deutschen Bauern, und der Geist muß mit ihnen einen unlösbaren Bund bilden, so wie wir seit anderthalb Jahren dies predigten ... So sind wir an diesem Tage nicht nur zur Feier der deutschen Arbeit, sondern auch eines neuen deutschen Menschen zusammengetreten.«

Die Kolonnen bewegen sich in stundenlangen Umzügen zum Tempelhofer Feld; auch die Arbeitgeber müssen marschieren

Barmer Erklärung löst Gestapo-Terror aus

29. Mai. Auf der ersten Bekenntnissynode der Deutschen Evangelischen Kirche in Barmen, die bis zum 31. Mai dauert, konstituiert sich die Bekennende Kirche. Diese tritt der nationalsozialistisch bestimmten Haltung der Deutschen Evangelischen Kirche und den von dieser unterstützten Deutschen Christen offen entgegen.

Verabschiedet wird die Barmer Theologische Erklärung, das theologisch bedeutsamste Dokument des Kirchenkampfs im nationalsozialistischen Deutschen Reich. Diese Erklärung bekennt sich zur Ausschließlichkeit der Christus-Offenbarung und der Christus-Herrschaft und wendet sich gegen den staatlichen Totalitätsanspruch gegenüber der Kirche. Vorbereitet wurde dieses Bekenntnis von einem theologischen Ausschuß unter Leitung von Karl Barth, Hans Christian Asmussen und Thomas Breit. Jedem Kernsatz geht ein Bibelzitat und eine Erläuterung voraus:

»... Wir verwerfen die falsche Lehre, als könne und müsse die Kirche als Quelle ihrer Verkündigung außer und neben diesem einen Wort Gottes auch noch andere Ereignisse und Mächte, Gestalten und Wahrheiten als Gottes Offenbarung anerkennen.

... Wir verwerfen die falsche Lehre, als gebe es Bereiche unseres Lebens, in denen wir nicht Jesus Christus, sondern anderen Herren zu eigen wären...

... Wir verwerfen die falsche Lehre, als dürfe die Kirche die Gestalt ihrer Botschaft und ihrer Ordnung ihrem Belieben oder dem Wechsel der jeweils herrschenden weltanschaulichen und politischen Überzeugungen überlassen.

... Wir verwerfen die falsche Lehre, als könne und dürfe sich die Kirche abseits von diesem Dienst besondere, mit Herrschaftsbefugnissen ausgestattete Führer geben oder geben lassen.

... Wir verwerfen die falsche Lehre, als wolle und könne der Staat über seinen besonderen Auftrag hinaus die einzige und totale Ordnung menschlichen Lebens werden und also auch die Bestimmung der Kirche erfüllen.

... Wir verwerfen die falsche Lehre, als solle und könne sich die Kirche über ihren besonderen Auftrag hinaus staatliche Art, staatliche Aufgaben und staatliche Würde aneignen und damit selbst zu einem Organ des Staates werden.

... Wir verwerfen die falsche Lehre, als könne die Kirche in menschlicher Selbstherrlichkeit das Wort und Werk des Herrn in den Dienst irgendwelcher eigenmächtig gewählter Wünsche, Zwecke und Pläne stellen ...«

Im gesamten Deutschen Reich werden Abdrucke dieser Erklärungen von der Geheimen Staatspolizei (Gestapo) beschlagnahmt, während die Flugblätter der NS-treuen Christen mit hemmungslosen Angriffen gegen die bekenntnistreuen Kreise nicht beanstandet werden. Die Gestapo veranstaltet Hausdurchsuchungen und nimmt willkürliche Verhaftungen vor.

Niemöller führt Kirchenkampf

Die Bekennende Kirche geht hervor aus dem 1933 von Pfarrer Martin Niemöller, dem Führer der kirchenpolitischen Opposition in Berlin, gegründeten Pfarrernotbund. Dieser unterstützt vom NS-Regime verfolgte Pfarrer (→ 4. 1./S. 17), kämpft gegen den Arierparagraphen, sammelt Laien in sog. Bekennenden Gemeinden und verpflichtet seine Mitglieder zur alleinigen Bindung an die Bibel und das christliche Bekenntnis. In allen Landeskirchen sind seither solche Bekenntnisgesellschaften gegründet worden. — Niemöller selbst wird nach einem Zusammenstoß mit Hitler vom Dienst beurlaubt.

Österreich: Kirche erhält Garantien

1. Mai. Der österreichische Bundespräsident Wilhelm Miklas ratifiziert das 1933 zwischen Österreich und dem Heiligen Stuhl abgeschlossene Konkordat. Es tritt nach dem Austausch der Ratifikationsurkunden am selben Tag in Kraft.

Nach den Bestimmungen des Konkordats genießt die katholische Kirche öffentlich-rechtliche Stellung. Ihr steht das Recht auf Erteilung des Religionsunterrichts zu, wobei die Verbindlichkeit des Religionsunterrichts und der religiösen Übungen im bisherigen Ausmaß gewährleistet wird (→ 10. 5./S. 93).

Kurz nach Mitternacht tauschen Bundespräsident Miklas und Nuntius Sibilia die Ratifikationsurkunden aus; links Bundespräsident Dollfuß

Der erste Spatenstich für den ersten deutschen Thingplatz bei Halle

»Deutscher Glaube« wird formuliert

21. Mai. In Scharzfeld im Harz wird die 1933 gegründete Arbeitsgemeinschaft der Deutschen Glaubensbewegung in die nach dem Führerprinzip organisierte Deutsche Glaubensbewegung umgewandelt unter der Führung des früheren Indienmissionars und jetzigen Tübinger Indologen und Religionswissenschaftlers Jakob Wilhelm Hauer. Die Deutsche Glaubensbewegung hat sich die Gestaltung und Durchsetzung eines »arteigenen« Glaubens, des »deutschen Glaubens«, zum Ziel gesetzt. Die Deutsche Glaubensbewegung vertritt die These, daß jedes Volk von seinem Blut her einen nur ihm gemäßen Glauben hat und verneint die Existenz einer »universalen Welt- oder Menschheitsreligion.« Sie ist überzeugt, daß deutscher Glaube nur in vorchristlicher germanischer Zeit rein existiert hat.

Leitsätze der Glaubensbewegung

»Die Deutsche Glaubensbewegung will die religiöse Erneuerung des deutschen Volkes aus dem Erbgrunde der deutschen Art.

Die deutsche Art ist in ihrem göttlichen Urgrund Auftrag aus dem Ewigen, dem wir gehorsam sind.

In diesem Auftrag allein sind Wort und Brauchtum gebunden. Ihm gehorchen heißt, sein Leben deutsch führen.«

Keine freie Wahl des Arbeitsplatzes

15. Mai. Die nationalsozialistische deutsche Reichsregierung in Berlin verabschiedet das »Gesetz zur Regelung des Arbeitseinsatzes«. Es soll den Bedarf der Landwirtschaft mit den notwendigen Arbeitskräften sicherstellen und die Bekämpfung der Arbeitslosigkeit in den Großstädten wirksamer gestalten.

Das Gesetz schafft die Möglichkeit, Bezirke mit hoher Arbeitslosigkeit für zuziehende Personen, die dort arbeiten wollen, zu sperren. Gedacht ist zuerst an eine entsprechende Anordnung für das Wirtschaftsgebiet Groß-Berlin. Die Beschäftigung von Personen, die »mit dem Lande verwurzelt« und mit landwirtschaftlichen Arbeiten vertraut sind, in nichtlandwirtschaftlichen Betrieben kann auf der Grundlage des neuen Gesetzes verhindert werden. Betroffen von dem neuen Gesetz, das eine Einschränkung des Rechtes auf freie Arbeitsplatzwahl bedeutet, sind Arbeiter und Angestellte ebenso wie Lehrlinge, Hausgewerbetreibende, die Heimarbeiter und die Hausangestellten.

Nach der Schule ein Haushaltsjahr

2. Mai. Die deutsche Reichsanstalt für Arbeitsvermittlung und Arbeitslosenversicherung in Berlin gibt bekannt, daß sie wegen der Schulentlassung von geburtenstarken Jahrgängen gemeinsam mit dem Bund Deutscher Mädel (BDM) in der Reichsjugendführung und der Nationalsozialistischen Frauenschaft eine Aktion für die Einstellung von Schulabgängerinnen in der Hauswirtschaft durchführen wird. Die jungen Frauen sollen ein sog. Hauswirtschaftliches Jahr absolvieren.

Das 1934 erstmals durchgeführte Hauswirtschaftliche Jahr hat die Funktion, schulentlassene Mädchen »auf arteigenem, hauswirtschaftlichem Gebiet« zu erziehen, Lust und Liebe für den hauswirtschaftlichen Beruf »zu wecken und zu festigen«, für die Befriedigung des erheblichen Bedarfs an Hausgehilfinnen zu sorgen und eine Arbeitslosigkeit der Mädchen zu verhindern. Das »Hausjahrmädel« wird durch einen Anlernvertrag für eine bestimmte Familie verpflichtet, und zwar als »Familienmitglied« ohne Barentgelt. Nach dem Abschluß des Jahres erhalten die Mädchen ein Zeugnis. Die Einführung des Hauswirtschaftlichen Jahres soll nicht zur Entlassung von Hausaltsgehilfinnen führen.

Freizeitgestaltung und Gemeinschaftserziehung werden vom BDM übernommen.

Nicht alle Schulabgängerinnen sind erfreut über das Haushaltsjahr

Jüdische Anwälte aus Beruf gedrängt

1. Mai. Nach amtlichen Angaben sind von 10 885 in Preußen zugelassenen Rechtsanwälten 2 009 Nichtarier. Seit April 1933 sind 1 364 Nichtarier ausgeschieden, darunter 1 084 wegen Zurücknahme der Zulassung, die übrigen »aus privaten Gründen«. Unter den 5 216 Notaren gibt es noch 852 Nichtarier, seit April 1933 sind 1 199 Nichtarier ausgeschieden, davon 1 055 wegen Zurücknahme der Zulassung. In der Verlautbarung heißt es weiter, in den Bezirken Berlin und Frankfurt am Main betrage der Anteil der Nichtarier bei Anwälten und Notaren immer noch rund 50%.

Die seit 1933 geltende Arierklausel bezeichnet als nichtarisch all jene, die von nichtarischen, insbesondere jüdischen Eltern oder Großeltern abstammen, wobei es genügt, daß ein Eltern- oder Großelternteil nichtarisch ist. Durch Reichsgesetz von April 1933 kann die zur Berufsausübung notwendige amtliche Zulassung von Rechtsanwälten nichtarischer Abstammung zurückgenommen werden. Ausgenommen sind nichtarische Anwälte, die vor dem 1. August 1914 zugelassen wurden und solche, die im Ersten Weltkrieg an der Front kämpften oder deren Väter und Söhne im Ersten Weltkrieg gefallen sind. Dieses Gesetz gilt auch für Notare, Rechtsberater, Steuerberater, Patentanwälte, Schöffen, Geschworene und Laienrichter. Nach dem Erlaß des Gesetzes wurde z. B. jüdischen Notaren vom preußischen Innenministerium »dringend nahegelegt«, die Ausübung ihrer amtlichen Tätigkeit einzustellen.

Das NS-Regime begründet diese Gesetzgebung mit der angeblichen Überfremdung der Anwaltsberufe durch Juden. Der Anteil an Juden bei den Rechtsanwälten in Preußen habe Ende 1933 bei 29,8% und bei den Notaren bei 31,2% gelegen. Der Reichsminister für Volksaufklärung und Propaganda, Joseph Goebbels (NSDAP), betont, die Juden hätten bis zur Machtübernahme 1933 im Deutschen Reich das geistige Leben »maßgebend beeinflußt«, Presse, Literatur und Film »uneingeschränkt in der Hand gehabt«, in Berlin »75% des Ärzte- und Juristenstandes gestellt«: »Kein anderes Volk hätte dies auf die Dauer geduldet.«

»Feldzug gegen Miesmacher und Kritikaster«

11. Mai. Der deutsche Reichsminister für Volksaufklärung und Propaganda, Joseph Goebbels (NSDAP), eröffnet mit einer Großkundgebung des NSDAP-Gaus Groß-Berlin im Berliner Sportpalast den bis Ende Juni dauernden »Feldzug gegen Miesmacher und Kritikaster«. Den »ewig Unzufriedenen« im nationalsozialistischen Staat soll endlich einmal die Wahrheit gesagt werden: »Früher schimpften sie über die Parteien, jetzt schimpfen sie, daß keine Parteien mehr da sind; früher schimpften sie, daß die Regierungen so oft wechselten, heute schimpfen sie, daß diese Regierung so lange bleibt«, erklärt Goebbels unter stürmischem Beifall. »Früher waren ihnen die Zeitungen zu zweitönig, jetzt sind sie ihnen zu eintönig; früher schimpften sie, daß jeden Abend so und so viele Tote im politischen Kampf zu verzeichnen seien, jetzt schimpfen sie, daß nichts mehr passiert. Es ist ihnen zu langweilig in Deutschland geworden, es geht ihnen zu gut… Jetzt sollen sie uns kennenlernen!« Durch diese Propagandaaktion sollen Kritiker mundtot gemacht werden.

Meckerer arbeiten nicht effektiv (Karikatur)

Ein Aufruf des Gauleiters!

Parteigenossen im Gau Westfalen-Süd! Deutsche Volksgenossen!

Die nationalsozialistische Bewegung steht im

Angriff gegen Miesmacher und Meckerer

und gegen die heimlich wühlenden Kräfte der **Reaktion.** Dieser Kampf wird heute — wie früher in den Kampfjahren — in Versammlungen, von Mund zu Mund, durch Flugblätter und durch die **nationalsozialistische Presse** erfolgreich geführt.

Es hat sich eindeutig gezeigt, daß in diesem Kampfe gerade unsere **südwestfälische Gaupresse** von besonderem Wert ist. Unsere **Gauzeitungen** und ihre Schriftleiter sind in jahrelangem Kampf im Dienst der Bewegung geschult. Sie können naturgemäß das, was jetzt gesagt werden muß, **wirksamer ausdrücken** als die Blätter, die erst seit der Gleichschaltung sich zum neuen Staate bekennen.

Im Sinne des großen Aufbauwerkes des Führers und im Sinne des Weitertragens unserer Idee bis zum letzten Volksgenossen ist es daher **gerade heute mehr denn je erforderlich, für unsere Gaupresse zu werben, sie zu lesen und vor allem zu beziehen.** Jeder Parteigenosse muß sich klar sein, daß er nur dann wirklich Nationalsozialist ist, wenn er nationalsozialistisches Gedankengut beherrscht. **Dieses Gedankengut kann, soweit Zeitungen in Betracht kommen, nur aus unserer amtlichen nationalsozialistischen Gaupresse gewonnen werden.**

NS-Blätter nutzen die Aktion zur Eigenwerbung

Transferkonferenz

29. Mai. Die seit 27. April in Berlin tagende internationale Transferkonferenz geht zu Ende. Sie befaßte sich mit dem Problem der Übertragung (Transfer) deutscher Schuldenrückzahlungen in fremde Währungen (→ 16. 3./S. 59).
Die Delegierten der Gläubigerländer erkennen an, daß die Probleme der deutschen Schuldentilgung nicht auf Zahlungsunfähigkeit, sondern auf Transferschwierigkeiten zurückzuführen sind. Sie erklären sich zu Konzessionen bereit, um dem Deutschen Reich bei der Überwindung dieser Schwierigkeiten zu helfen. Die Abbildung zeigt Reichsbankpräsident Hjalmar Schacht (2. v.l.) mit Mitgliedern des Reichsbankdirektoriums und den Vertretern Schwedens, Großbritanniens und der USA.

I. G. Farben kauft die Frankfurter Zeitung

31. Mai. Die I. G. Farbenindustrie AG übernimmt die Mehrheitsanteile der »Frankfurter Zeitung«. Die bisherigen Besitzer, insbesondere Heinrich Simon, der Vorsitzender der Redaktionskonferenz war, scheiden aus der Leitung des Unternehmens aus. Die liberale Zeitung war trotz ihrer demokratischen und antinationalsozialistischen Haltung 1933 nicht verboten worden, hat jedoch zu Beginn des Jahres 1934 eine nationalsozialistische Hauptschriftleitung erhalten.

Die „Frankfurter Zeitung"

Der Verlag der „Frankfurter Zeitung" (Frankfurter Societäts-Druckerei G. m. b. H.) ist in das Eigentum des langjährigen Inhabers der Minderheit der Anteile übergegangen. Die Mitglieder der Gründerfamilie, Frau Therese Simon-Sonnemann, Dr. Heinrich Simon und Dr. Kurt Simon, scheiden damit aus Besitz und Leitung des Unternehmens aus.

Im Sinne des Schriftleitergesetzes und entsprechend der Tradition der „Frankfurter Zeitung" liegt die redaktionelle Führung des Blattes wie bisher allein in den Händen der Schriftleitung.

Der Verlag der „Frankfurter Zeitung".

•

Die Entscheidung, die unseren Lesern durch diese Mitteilung unseres Verlages bekanntgegeben wird, greift tief in die Geschichte unseres Blattes ein. Während dreier Generationen war die „Frankfurter Zeitung" der Besitz und der Stolz der Familie ihres Gründers.
Alles, was unsere Zeitung in den vergangenen Dezennien an Glück und Mißgeschick erlebte, hat Heinrich Simon stärker erlebt als jeder andere aus unserem Kreise; denn auf ihm lastete zugleich die Sorge der geschäftlichen Leitung, die ihm und lange Jahre auch seinem Bruder Kurt anvertraut war. Die verlegerischen Erfolge der Zeitung konnten nur durch Hochhaltung der Qualität erzielt werden. Das bedingte und bedingt einen kostspieligen Apparat. Die wirtschaftliche Krise der letzten Jahre, die sich auch bei unserem Unternehmen fühlbar machen mußte, verlangte Opfer. Die Gründerfamilie brachte sie, zunächst allein, später durch die Hilfe bewährter Partner-Freunde. Diese übernehmen heute den Verlag.

Verlagsmitteilung zum Wechsel in der Leitung der Zeitung

NS-Richtlinien für deutsche Zeitungen

8. Mai. Der deutsche Reichsminister für Volksaufklärung und Propaganda, Joseph Goebbels (NSDAP), hält auf der Reichspressetagung der Nationalsozialistischen Deutschen Arbeiterpartei in Berlin eine Rede über Staat und Presse und gibt gleichzeitig einen Erlaß bekannt, der eine Auflockerung der Berichterstattung bringen soll.
Der Erlaß »über die Handhabung der Pressepolitik« stellt folgende Grundsätze auf: Wenn nicht gewichtige Gründe eine andere Regelung erfordern, ist die Berichterstattung über öffentliche Veranstaltungen den Zeitungen selbst zu überlassen. Soweit es die Staatserfordernisse gestatten, soll von einer Nachrichten- und Berichterstattersperre abgesehen werden. Für die redaktionelle Arbeit der deutschen Zeitungen soll als Richtlinie gelten, daß ihr innerhalb der Grenzen, die sich aus dem Schriftleitergesetz ergeben, ein möglichst weiter Spielraum zu lassen ist. Der freien Kommentierung nach eigenen Gesichtspunkten ist der Vorzug zu geben. Auflagen können von behördlicher Seite gemacht werden.
Eine Lockerung der Pressekontrolle fällt den Machthabern leicht, da nahezu alle Zeitungen gleichgeschaltet sind und die Berichterstattung, durch Schriftleiter überwacht, im Sinne des Regimes ausfällt.

Ausbildung für die »Mutterpflichten«

13. Mai. Die deutsche Reichsfrauenführerin Gertrud Scholtz-Klink (NSDAP) übergibt am Muttertag, der zum Gedenk- und Ehrentag der deutschen Mutter erhoben wurde, dem deutschen Volk den Reichsmütterdienst »als Geschenk der deutschen Frau.« Der Mütterdienst hat die Aufgabe, körperlich und seelisch tüchtige, in Pflege und Erziehung der Kinder erfahrene Frauen heranzubilden, die überzeugt sind von den »hohen Pflichten der Mutterschaft.«

Die NS-Volkswohlfahrt propagiert die »deutsche Frau als Mutter«

Bernhard Rust Erziehungsminister

1. Mai. Der deutsche Reichspräsident Paul von Hindenburg ernennt den preußischen Kultusminister Bernhard Rust (NSDAP) zum Leiter des neugebildeten Reichsministeriums für Wissenschaft, Erziehung und Volksbildung. Rust unterstehen u. a. alle Universitäten. Mit dem Eintritt von Rust in die Reichsregierung schreitet die staatliche Auflösung Preußens weiter voran: Bei immer mehr Ministerien besteht Personalunion zwischen Reichsregierung und preußischem Kabinett.

Preußens Kultusminister Bernhard Rust wird Reichserziehungsminister

»Ein Staat nach den Lehren des Papstes«

.0. Mai. Rund 30 000 Menschen ıehmen in Salzburg an einer »vaterändischen« Massenkundgebung eil, auf der u. a. Bundeskanzler En-;elbert Dollfuß (Christlichsoziale ›artei) und Vizekanzler Ernst Rüdi-;er Starhemberg (Heimwehr) spre-:hen. Der Landeshauptmann von ;alzburg betont, die Bewohner Österreichs seien bereit, jedem die Hand zu reichen, seien aber ınter keinen Umständen gewillt, ›Alpenpreußen« zu werden.

/izekanzler Starhemberg erklärt in ;einer Rede, das Kabinett Dollfuß ;ei jederzeit bereit, Deutschland die Hand zum Friedensschluß zu rei-:hen, wenn das Selbstbestim-nungsrecht und die Zukunft Österreichs, seine Freiheit und Un-ıbhängigkeit garantiert würden. Wo Österreich sei, da sei Groß-leutschland zu Hause.

3undeskanzler Dollfuß wendet ;ich auf der Veranstaltung ener-;isch gegen die Methoden der ·eichsdeutschen Propaganda. Im-ner wieder habe man auf öster-·eichischer Seite bewußt vermie-len, den Kampf gegen den un-reundlichen großen deutschen Bruder zu beginnen; aber man möge auch jenseits der Grenze feststellen, daß Österreich lebe.

Hinsichtlich der neuen »Verfassung 1934« (→ 30. 4./S. 74) erklärt Dollfuß, man habe in Österreich den kühnen Versuch unternommen, einen »Staat nach den Lehren des Papstes« zu organisieren. Der Bundeskanzler bezeichnet die katholische Kirche als »die verständigste Führerin der Menschheit« und erklärt: »Wir wollen als schlichte Katholiken beweisen, daß am katholischen Wesen die Welt wirklich genesen kann.«

Die Diskussion über die neue Verfassung hält in Österreich an, auch nachdem das alte Parlament nach Artikel 3 des Ermächtigungsgesetzes am 1. Mai aufgelöst wurde. Die »Reichspost« nennt den Sturz des Parlamentarismus den Abschied von einer Illusion und bezeichnet die neue Verfassung als Meisterwerk der Gesetzgebung, da es sich um ein »Bekenntnis zur Volksgemeinschaft« handle. Dagegen schreibt die »Neue Freie Presse«, daß die »schicksalsschweren Bestimmungen« der neuen Verfassung einer genauen Prüfung bedürfen.

Vizekanzler und Heimwehrführer Starhemberg

Fey leitet das Ministerium für Sicherheit

Steidle, der militärische Führer der Heimwehr

Standrecht gegen politischen Terror

25. Mai. Durch österreichisches 3undesgesetz wird das Standrecht ıuch für den Fall anwendbar er-klärt, wenn Mord, Raub, Brandstif-ung, Sprengstoffanschläge u. a. in ›esonders gefahrdrohender Weise ım sich greifen.

Das Gesetz bestimmt, das Standge-richt habe in der Regel auf Todes-strafe zu erkennen. Mit dieser Maßnahme versucht die diktatori-sche Regierung des Bundeskanzlers Engelbert Dollfuß, den national-sozialistischen Terroranschlägen wirksamer zu begegnen. Vor der Reise des Bundeskanzlers zu einer »vaterländischen« Großkundge-›ung in Salzburg (→ 10. 5./S. 93) wurden z. B. an mehreren Stellen die Bahngleise aufgerissen, bei Vi-;aun wurden die Schienen ge-sprengt, am Tatort 30 weitere Sprengkörper gefunden. Auf dem Flugplatz Salzburg wurden vor der Ankunft von Bundeskanzler Doll-fuß 55 Sprengpatronen, verbunden mit einer Sprengkapsel, gefunden (→ 25. 7./S. 136).

Erzherzog Eugen kehrt nach Wien zurück

24. Mai. *Der österreichische Erzherzog und frühere österreichisch-ungarische Feldmarschall Eugen (l.) darf trotz der Habsburgergesetze, die 1919 alle Herrscherrechte von Habsburg-Lothringen aufhoben, wegen seines hohen Prestiges und seiner außergewöhnlichen Beliebtheit nach 15jährigem Exil nach Wien zurückkehren. Er wird vom Bundesminister für Landesverteidigung, Alois Schönburg-Hartenstein, mit den Worten begrüßt: »Im Namen von Bundeskanzler Dollfuß heiße ich Sie willkommen zurück in Österreich.« Die Rückkehr sei »ein Symbol, daß alles Unrecht gegenüber den Habsburgern bald wiedergutgemacht« werde.*

»Autoritärer Staat und Katholizismus«

Der französische Journalist und Schriftsteller Wladimir d'Ormesson, seit 1924 Redakteur für Außenpolitik der Pariser Tageszeitung »Le Temps«, veröffentlicht einen international vielbeachteten Artikel, in dem er die Diktatur in Österreich (→ 30. 4./S. 74) positiv bewertet, weil sie um der Unabhängigkeit des Landes willen ausgeübt wird. Der Artikel findet ferner wegen der Beleuchtung der Beziehungen zwischen Österreich und dem Heiligen Stuhl (→ 1. 5./S. 90) große Beachtung:

»Gewiß ist der klassische Parlamentarismus aufgehoben, wenn nicht tot in Österreich, vorausgesetzt, daß politische Formen überhaupt sterben können; aber durch seine Preisgabe wurde die Unabhängigkeit Österreichs gerettet. Die österreichische Wiederaufrichtung ist das Werk des Katholizismus.

Diese Grundtatsache darf man nicht vergessen. Es ist töricht zu sagen, Österreich hat sich gegen das Deutsche Reich aufgelehnt; es ist deutsche Erde, aber unter romanisiertem Einfluß. Es erhebt den Anspruch auf geistige Unabhängigkeit, welche mit einer totalitären Staatsideologie unverträglich ist. Papst Pius XI. hat denn auch der österreichischen Regierung die ganze Unterstützung seiner moralischen Autorität geliehen ... Das neue österreichische Regime Engelbert Dollfuß entspricht genau den gegenwärtigen Staatsauffassungen des Heiligen Stuhls. Dieser ist überzeugt, daß die Autorität des Staats verstärkt werden muß, um dem öffentlichen Leben möglichst starke Disziplin zu sichern; aber er fürchtet, daß die Autorität in einem antichristlichen Sinn ausgeübt wird und der Staat in seiner Tendenz zur Vergottung noch fortschreitet. Die neue österreichische Verfassung, welche von den sozialen Grundsätzen des Papsttums diktiert ist, verkörpert genau das gewünschte Gleichgewicht zwischen dem Prinzip der Autorität und den christlichen Grundsätzen. Man sagt, daß unsere Epoche durch das Interesse und den Materialismus beherrscht sei. Österreich beweist das Gegenteil ... Wenn Europa noch ein freies Österreich besitzt, dann verdankt es dies der katholischen Idee.«

Genfer Verhandlungen: Keine Chance für die Abrüstung

29. Mai. In Genf tritt der Hauptausschuß der Abrüstungskonferenz zu seiner dritten Tagung zusammen. Damit soll eine neue Etappe bei den Bemühungen um eine Begrenzung der weltweiten Aufrüstung eingeleitet werden. Die Außenminister der folgenden Staaten nehmen teil: Belgien, Dänemark, Frankreich, Griechenland, Großbritannien, Jugoslawien, Niederlande, Polen, Rumänien, Schweden, Schweiz, Tschechoslowakei, Türkei, UdSSR und Ungarn sowie die Bevollmächtigten der USA, Italiens und Japans. Der Präsident der Konferenz, der Brite Arthur Henderson, bezeichnet in der Eröffnungsrede vor allem drei Probleme als lösungsbedürftig: Das der allgemeinen Sicherheit, das Problem des drohenden Wettlaufs bei der Luftrüstung und die Schwierigkeiten der internationalen Kontrolle des Waffenhandels.

Aus den Reden der Vertreter aller Länder geht hervor, daß zum gegenwärtigen Zeitpunkt ein internationales Abrüstungsabkommen nicht möglich ist. Starke Beachtung findet der sowjetische Vorschlag, die Abrüstungskonferenz in eine ständige Sicherheitskonferenz umzuwandeln. Die Meinungsverschiedenheiten, so der sowjetische Volkskommissar des Äußeren Maxim M. Litwinow, machten eine Lösung des Abrüstungsproblems zur Zeit unmöglich; das Programm einiger Staaten — gemeint ist u. a. das namentlich nicht genannte Deutsche Reich — sehe die Eroberung fremder Gebiete vor; weder die bisherigen Konferenzen noch die Methode der direkten Verhandlungen hätten Ergebnisse erbracht; es sei ehrlicher, offen zu erklären, daß die politischen Ereignisse »in gewissen Ländern« es der Konferenz unmöglich gemacht hätten, ihr Ziel zu erreichen. Für die Abrüstung sei die Zustimmung aller Staaten nötig, für die Sicherheit dagegen nur die einer Mehrheit.

Der französische Außenminister Louis Barthou erklärt in Genf, Frankreich könne an Abrüstung nicht denken, wenn das Deutsche Reich sein Aufrüstungsprogramm verwirkliche. Durch die Veröffentlichung ihres Militärbudgets 1934/35 habe die deutsche Reichsregierung offen zugegeben, daß sie auf diplomatische Verhandlungen keinen Wert lege und nach dem Austritt aus dem Völkerbund volle Handlungsfreiheit bezüglich der Aufrüstung für sich in Anspruch nehme. »Ist das ein Grund«, sagt Barthou vor den Konferenzteilnehmern, »daß die übrigen Mächte vor der deutschen Herausforderung zurückweichen? Frankreich hat seine Militärkredite herabgesetzt, während Deutschland das Budget für die Reichswehr allein um 33% und das Budget für die Luftschiffahrt um 160% erhöhte.« Der französische Minister betont, daß sein Land für die großen kulturellen und wissenschaftlichen Leistungen des Deutschen Reiches die größte Achtung empfinde und wisse, was Männer wie Immanuel Kant, Johann Wolfgang von Goethe, Johann Sebastian Bach, Ludwig van Beethoven oder Richard Wagner für die Menschheit bedeuteten. Eine andere Frage sei jedoch der preußische Militarismus und sein Wille, Deutschland zu unterjochen und die übrige Welt zu bedrohen. Frankreich hingegen bedrohe niemanden.

Der Vertreter der USA, Norman Davis, erklärt u. a.: »Die Vereinigten Staaten werden sich nicht an europäischen politischen Verhandlungen und Regelungen beteiligen und werden keinerlei Verpflichtungen übernehmen.«

Parade in Moskau; Volkskommissar Kliment J. Woroschilow erklärt: »Wir halten fest an der allgemeinen Friedensidee; doch wären wir keine wahren Nachfolger Lenins, wären wir nicht ebenfalls bereit, jederzeit den Kampf aufzunehmen«

Die hochtechnisierte, motorisierte Armee ist das Rückgrat der militärischen Vormachtstellung von Frankreich auf dem europäischen Kontinent

Die Nationen sind schwer gerüstet

Nach Angaben des vom Völkerbund herausgegebenen »Annuaire militaire« (Militärisches Jahrbuch) verfügen die Landheere der wichtigen Staaten über folgende Stärken: Bei den Divisionen (Div) sind Infanterie und Kavallerie, bei den Maschinengewehren (MG) und Geschützen (Gesch) jeweils leichte und schwere zusammengerechnet. »Bat« steht in der Tabelle für »Infanteriebataillone«, »Eska« ist eine Abkürzung für »Eskadron« und »Kw« bezeichnet die Anzahl der »Kampfwagen«.

Weltweite Hochrüstung

Land	Div	Bat	MG	Eska	Gesch	Kw
Belgien	8	64	2630	30	534	100
Bulgarien	—	26	300	12	209	—
Dänemark	2	32	1488	12	132	?
Deutsches Reich	10	63	1926	79	310	?
Estland	3	18	1020	5	130	30
Finnland	3	26	1200	10	136	16
Frankreich	31	277	32700	190	2814	1700
Großbritannien	19	136	14200	20	2400	600
Italien	37	254	10580	60	2466	200
Jugoslawien	19	158	6350	40	1380	120
Lettland	5	28	862	6	127	6
Litauen	3	17	945	10	96	12
Niederlande	4	—	694	10	211	—
Norwegen	6	55	?	13	?	—
Österreich	—	42	420	6	90	—
Polen	31	324	10800	250	2100	600
Portugal	—	65	1159	40	414	—
Rumänien	27	223	5000	96	1577	90
Schweden	4	44	3294	25	140	20
Schweiz	—	149	5550	72	548	—
Spanien	11	96	4690	42	704	90
Tschechoslowakei	18	172	10500	61	1248	200
Türkei	26	180	?	80	?	?
UdSSR	52	687	23000	562	3120	600
Ungarn	—	49	1192	23	104	—
USA	7	100	35000	69	3800	1000

△ US-Präsident Franklin D. Roosevelt (M.) nimmt an Bord des schweren Kreuzers »Indianapolis« eine Parade ab, bei der erstmals große Teile der Atlantik- und der Pazifikflotte in einer Gesamtstärke von 96 Einheiten versammelt sind; die USA sprechen sich in Genf für die allmähliche Abschaffung der Angriffswaffen aus: Tanks, schwere Artillerie, Gaswaffen und Bombenflugzeuge

Die britischen Kriegsschiffe »Nelson« (Hintergrund) und »Rodney«

Reichswehrparade (Kradschützen) auf dem NSDAP-Parteitag in Nürnberg

Japans Anspruch auf Alleinherrschaft im Fernen Osten

23. Mai. Die japanische Regierung verkündet eine »Hände weg von China«-Erklärung. Darin werden alle Staaten aufgefordert, sich nicht in die inneren Angelegenheiten Chinas einzumischen, da Japan allein verantwortlich sei für die Politik im ostasiatischen Raum. Dies ist die japanische Antwort auf die Völkerbundspläne für den Wiederaufbau Chinas und zugleich eine Warnung an die Sowjetunion, die den chinesischen Kommunisten Unterstützung gewährt.

Die Grundziele der japanischen China-Politik sind nach dieser Erklärung folgende: Japan widersetzt sich internationaler finanzieller Unterstützung Chinas, ist jedoch selbst bereit, China die größtmögliche finanzielle Hilfe zuteil werden zu lassen; Japan stellt jedoch die Bedingung, daß China seine Politik aufgibt, »eine fremde Macht gegen eine andere auszuspielen.« Falls China eine Politik verfolgen sollte, die der Wohlfahrt, dem Frieden und der Ordnung in Ostasien abträglich ist, indem es eine dritte Partei anruft, wird Japan angemessene Maßregeln zur Vereitelung dieser Ziele treffen.

Einen Monat zuvor, am 24. April, hatte der japanische Botschafter in Washington, Saito, erklärt, Japan werde jedes Abkommen, das eine dritte Macht mit China gegen Japans Einspruch tätige, als unfreundliche Handlung betrachten. Nach diplomatischem Sprachgebrauch bedeutet das den letzten Schritt vor dem Abbruch der diplomatischen Beziehungen. Japan verlangt, künftig bei allen Verhandlungen dritter Staaten oder Angehöriger dritter Staaten mit der chinesischen Regierung gehört zu werden. Nach Auffassung der Regierung in Tokio ist die chinesische Regierung unfähig, das Land zu regieren. Begründet wird diese Meinung mit den »chaotischen Verhältnissen« in China.

Japan hat 1931 drei mandschurische Provinzen Chinas besetzt und 1932 den Staat Mandschukuo proklamiert. Da die Großmächte den Satellitenstaat nicht anerkannten, trat Japan 1933 aus dem Völkerbund aus. Am 1. März 1934 (→ S. 62) wurde P'u I, der letzte Kaiser von China, als japanischer Marionettenherrscher zum Kaiser von Mandschukuo gekrönt.

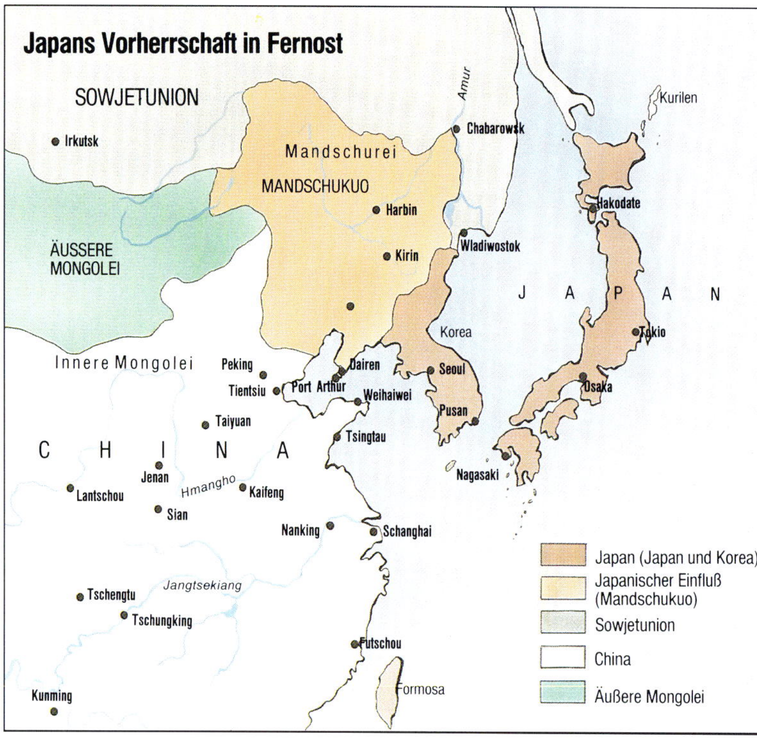

Die japanischen Einflußsphären

Nach seinem Sieg im Russisch-Japanischen Krieg (1904/05) konnte Japan seine Position in Ostasien ausbauen und festigen; so setzte die japanische Regierung im Frieden von Portsmouth (1905) vor allem ihre Ansprüche auf Korea durch; mit Zustimmung der USA und Großbritanniens wurde das Chosonreich zunächst japanisches Protektorat und 1910 als Generalgouvernement Chosen dem Kaiserreich einverleibt; seit 1933 kämpfen von der UdSSR unterstützte Partisanengruppen gegen die japanische Herrschaft; die Mandschurei, die seit 1931 von japanischen Truppen besetzt ist, wurde nach der Proklamation des Staates Mandschukuo 1932 Protektorat Japans; die Insel Formosa (Taiwan) steht seit dem Ende des Chinesisch-Japanischen Krieges (1894/95) unter japanischer Herrschaft

△ Der japanische Satellitenstaat Mandschukuo in China ist ein Agrarland, 85% der Bevölkerung sind landwirtschaftlich tätig; die Japaner wollen das Straßennetz um 5 000 km erweitern (r.); moderne Wohnbauten entstehen in der Hauptstadt Hsinking (Tschangtschun) mit ihren einer Million Einwohnern (l.)

◁ Maschinengewehrschützen der »Rote-Banner-Armee« in Sibirien; der sowjetische Einfluß in der Mandschurei ist fast ganz auf den Norden zurückgedrängt worden; der stark gefährdete sowjetische Vorposten im Süden ist Wladiwostok, die bestausgebaute Stadt von Sibirien

Autonomes Gebiet für Sowjet-Juden

7. Mai. In der Sowjetunion wird in dem überwiegend von Juden bewohnten Distrikt Birobidschan ein jüdisches Autonomes Gebiet errichtet. Birobidschan liegt in der Region Chabarowsk im sumpfreichen Tiefland des Amur an der Transsibirischen Eisenbahn.
Autonome Gebiete werden in der Sowjetunion als nationale Verwaltungsgebiete geschaffen, die als Teil einer Unionsrepublik mit eigener Amts- und Schulsprache privilegiert sind. Gegenüber den Autonomen Republiken besitzen sie jedoch nur unvollständige Kulturautonomie, z. B. haben sie keinen eigenen Volkskommissar. 1926 gab es in der Sowjetunion 14 Autonome Gebiete und 16 Autonome Republiken (Autonome Sozialistische Sowjetrepubliken), davon die meisten in der Russischen Sozialistischen Sowjetrepublik, der größten Sowjetrepublik. Nach Schätzungen der sowjetischen Regierung von 1933 sind von den rund 160 Millionen Sowjetbürgern 52% Russen, 22% Ukrainer, 3% Weißrussen, 2% Tataren, 1,7% Juden, je 1,2% Armenier, Turkmenen, Usbeken und Georgier, je 1% Deutsche und Tschuwaschen sowie 0,7% Tadschiken.

Tomáš G. Masaryk, Philosoph und Politiker, genießt weltweit Ansehen

Zum vierten Mal: Masaryk Präsident

24. Mai. Thomáš Garrigue Masaryk wird von der Nationalversammlung zum vierten Mal zum Präsidenten der Tschechoslowakei gewählt. Die Wahl findet erstmals im historischen Wadislaw-Saal des Hradschin, der Prager Burg, statt. Masaryk wurde 1918 zum provisorischen Präsidenten der Republik gewählt. 1920 fand aufgrund der endgültigen Verfassung die erste Präsidentschaftswahl statt.

Kein Eingreifen der USA in Kuba

29. Mai. In Washington wird ein Vertrag unterzeichnet, in dem die USA auf ihre seit 1901 bestehenden Eingriffsrechte in Kuba verzichten. US-Präsident Franklin D. Roosevelt verzichtet damit auf folgende Rechte aus einem Vertrag aus der Zeit des Dollarimperialismus der Jahrhundertwende: Recht zur bewaffneten Intervention, falls dies zur Aufrechterhaltung der Ordnung oder der Unabhängigkeit notwendig sein sollte; Aufsicht über die Finanzen Kubas; Vetorecht gegen politische und Finanzverträge Kubas mit dritten Staaten; Errichtung eines zweiten Flottenstützpunkts neben dem bereits bestehenden in Guantanamo. Auch nach Abschluß des Vertrags bleibt Guantanamo US-Flottenstützpunkt.
Spanien trat seine Kolonie Kuba nach dem Spanisch-Amerikanischen Krieg (1898) an die USA ab, die 1902 die Insel zwar räumten, doch unterstand die neugegründete Republik politisch und finanziell den Vereinigten Staaten, den Hauptabnehmern für kubanischen Zucker und Tabak. Kuba geriet in völlige Abhängigkeit von US-Firmen und bleibt dies auch nach dem neuen Vertrag.

Staatsstreich von oben in Lettland

16. Mai. Die Regierung Karlis Ulmanis verhängt in Lettland den Ausnahmezustand, angeblich, um einem bewaffneten Staatsstreich zuvorzukommen. Die Tätigkeit der Parteien und des Parlaments wird bis zur Durchführung einer Verfassungsreform aufgehoben, die Pressevorzensur wird eingeführt. Nach diesem Staatsstreich werden alle drei Baltenstaaten, Lettland, Estland (→ 24. 1./S. 23) und Litauen, totalitär regiert.

Militär sichert strategische Punkte in der lettischen Hauptstadt Riga

US-Hafenstreik erfaßt die ganze Westküste

9. Mai. In San Francisco treten die Hafenarbeiter in den Ausstand. Der Streik weitet sich während des Sommers auf fast die gesamte Westküste der USA aus. Ende des Monats kommt es bei Streiks in Toledo im Bundesstaat Ohio zu blutigen Straßenkämpfen. Streiks werden aus mehreren Industriestädten und Seehäfen gemeldet. Vielfach werden Polizei und Militär eingesetzt, wobei es wegen des brutalen Vorgehens der Ordnungskräfte zu blutigen Zusammenstößen kommt. Zu den Hauptforderungen der Arbeiter gehören die Anerkennung der Rechte der Gewerkschaften.

Szene aus Minneapolis: Baseballschläger gegen Gummiknüppel

In Seattle wirft die Polizei Tränengasbomben gegen die Streikenden

Streikende in San Francisco fliehen vor Tränengaseinsatz der Polizei

Erster systematischer Gaseinsatz beendet die Unruhen in Toledo

Wohnen und Design 1934:

Schmucklos praktische Wohnmaschinen setzen sich durch

Viele Menschen wehren sich dagegen, daß die moderne Wohnung zur »Wohnmaschine« degradiert wird. Mit Absicht wird in der Presse immer wieder dieses als brutal empfundene Wort gewählt, um darauf hinzuweisen, daß die mit Maschinen aller Art vollgestellte Wohnung nichts Behagliches, »Feierabendliches« mehr an sich habe: Radiostörfreier Staubsauger mit Mottenvertilgungsdüse, elektrischer Bodeneinwichs- und Blockapparat, wartungsfreier vollautomatischer Kühlschrank und andere Geräte sollen der Hausfrau die Arbeit erleichtern und auch bei der Hausarbeit einen Feierabend ermöglichen. Doch viele Hausfrauen wehren sich gegen diese Neuerungen mit der Begründung, es sei auf die alte Weise gut gegangen und gemütlich gewesen. Sie können sich jedoch dem Argument, neue Geräte könnten sparen helfen, in manchen Fällen nicht verschließen. Beim sog. Turmkocher z. B. werden die Töpfe beim Kochen nicht neben-, sondern übereinandergestellt; dadurch läßt sich Gas sparen.

Auch bei der Möblierung wird die Auswahl an nützlichen und künstlerisch anspruchslosen Gebrauchsmöbeln immer größer, Schnitzereien u. a. Verzierungen werden als unnütze Staubfänger abgelehnt. Die Ausstattung des Korridors mit Garderobengestellen anspruchsvoller Bauart ist angesichts der weltweiten Wirtschaftskrise nicht mehr zeitgemäß. Gewählt wird ein Ensemble, das Kleiderrechen, Schirmständer, Spiegel und Kästchen als leicht bewegliche Einzelgegenstände in farbigem Lack oder Metall umfaßt. Im Wohn- und Eßraum zirkuliert der Servierboy als »freundlicher Diener«; aus den umständlichen Etagéren früherer Zeit sind praktische Serviertischchen geworden mit »denkenden Rädern«, die sich besonders beim Passieren der Türschwellen bewähren.

Auch beim Geschirr wird aufs Praktische Wert gelegt. Fruchtteller im neuen Stil haben eine kleine Seitenabteilung für die Kirschkerne oder den Streuzucker für die Erdbeeren. Die neuen, ganz leichten Zitronenpressen sind demontierbar und lassen den Saft allein durch ein versilbertes Sieb in die Unterschale ablaufen. Der mit einer Sanduhr versehene Eierkocher wird einfach in eine Pfanne gestellt.

Im nationalsozialistischen Deutschen Reich erhält die Hausfrau speziellen Unterricht für die Gestaltung der Wohnung, dieses Fach heißt »Heimtechnik« und lehrt u. a.: In der neuzeitlichen Wohnung wird zweckgemäße Heimtechnik erleichtert durch wegesparende Anordnung der Räume und Stellung der Möbel. Eingebaute Schränke verhüten Staubansammlung, sparen Platz und Arbeit. Unnötige raumverkleinernde Möbel sind zu vermeiden.

△ *Einfache und schmucklose, aber funktionale Wohnungseinrichtungen werden in der gleichgeschalteten Presse als deutsches Wohnideal angepriesen*

◁ *Das Wohnzimmer wird zum Ort des Familienlebens; hier setzt sich die Familie am Abend nach getaner Arbeit in trauter Gemeinsamkeit zu Spiel oder Gespräch zusammen, so sieht es die nationalsozialistische Propaganda*

Gemusterter, farbiger Linoleum-Fußbodenbelag soll die »Behaglichkeit des Wohnraums steigern«

Hygiene-Gesichtspunkte bestimmen die Einrichtung der Schlafzimmer

Linoleum auch in der Küche: »sauber und schmuck« soll die Küche der deutschen Hausfrau sein

Eleganz bestimmt die französische Wohnungseinrichtung

Französischer Luxus, nur für wenige erschwinglich

Eisbären und Ibisse spenden zartes Licht

Die Zusammenarbeit von Kunstgewerblern und Elektrotechnikern führt in Frankreich allmählich zu einer Auflockerung der modernen Sachlichkeit auf dem Gebiet der Beleuchtungskörper, die das Heim erst richtig gemütlich machen sollen. Der Alabastereisbär, der einen Eisberg erklettern will, welcher im Innern die Lichtquelle enthält, und dabei von zwei Pinguinen neugierig beobachtet wird; ein Seehund, der eine Leuchtkugel balanciert; eine Japanerin, die ein Lampion trägt, und die kniende, das heilige Feuer hütende Vestalin sind nur einige Motive der neuartigen Lampenkonstruktionen. Ein Hersteller hat sich auf das Maiglöckchen verlegt, das ein- oder zweikelchig als Lichtspender einer Stehlampe fungiert, dann als vierfacher Wandleuchter und schließlich als Salonbeleuchter mit 18 Lampen. Beliebt sind auch die bronzenen, mit Glasflügeln versehenen Ibisse.

Der Maschinenpark in der modernen Küche

In der modernen Küche hat das Maschinenzeitalter Einzug gehalten: Zerkleinerungs-, Nudel-, Brotschneide-, Aufschnitt-, Reibemaschinen sind die Hilfsmittel, die der Hausfrau die Arbeit erleichtern. Da die Anschaffungskosten relativ hoch sind, können sich aber nur wenige Familien einen solchen Maschinenpark leisten. Kühleinrichtungen haben im Deutschen Reich noch meist Eiskühlung, obwohl Elektro- und Gaskühlschränke, in der Anschaffung teurer, den Vorteil automatischer Eisbeschaffung bieten und im Betrieb oft billiger sind. Gekocht wird auf dem Kohlen-, Gas- oder Elektroherd. Zum Warmhalten der Speisen und zum Garen von Hülsenfrüchten wird aus Spargründen jedoch die altbewährte »Kochkiste« verwendet: Die Töpfe werden mit dem kochenden Inhalt in einen größeren Behälter gestellt und dort mit schlecht leitenden bzw. gut isolierenden Stoffen wie Heu (»Heukiste«), altem Zeitungspapier oder Holzwolle umgeben. So bleiben die Töpfe lang genug heiß, um die Speisen gar werden zu lassen.

Neu: Kippbare elektrische Bratpfanne

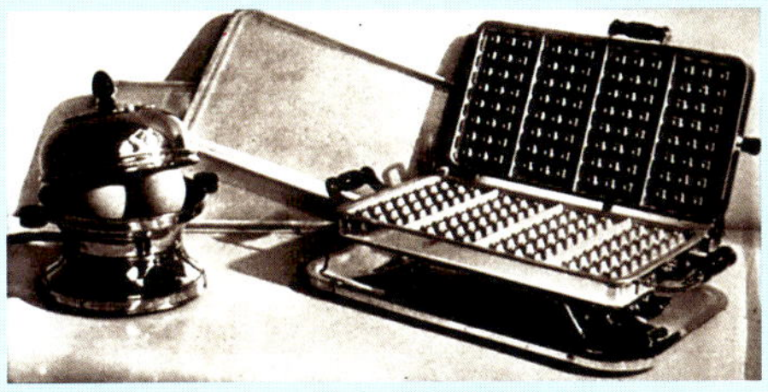

Eierkocher, Toaster und Waffeleisen

Heizung mit Warmwassertank

Tischlampe mit elektrischer Uhr

Elektrische Waschmaschine (USA)

Geschirrspülautomat

Elektro-»Ringmuldenherd«

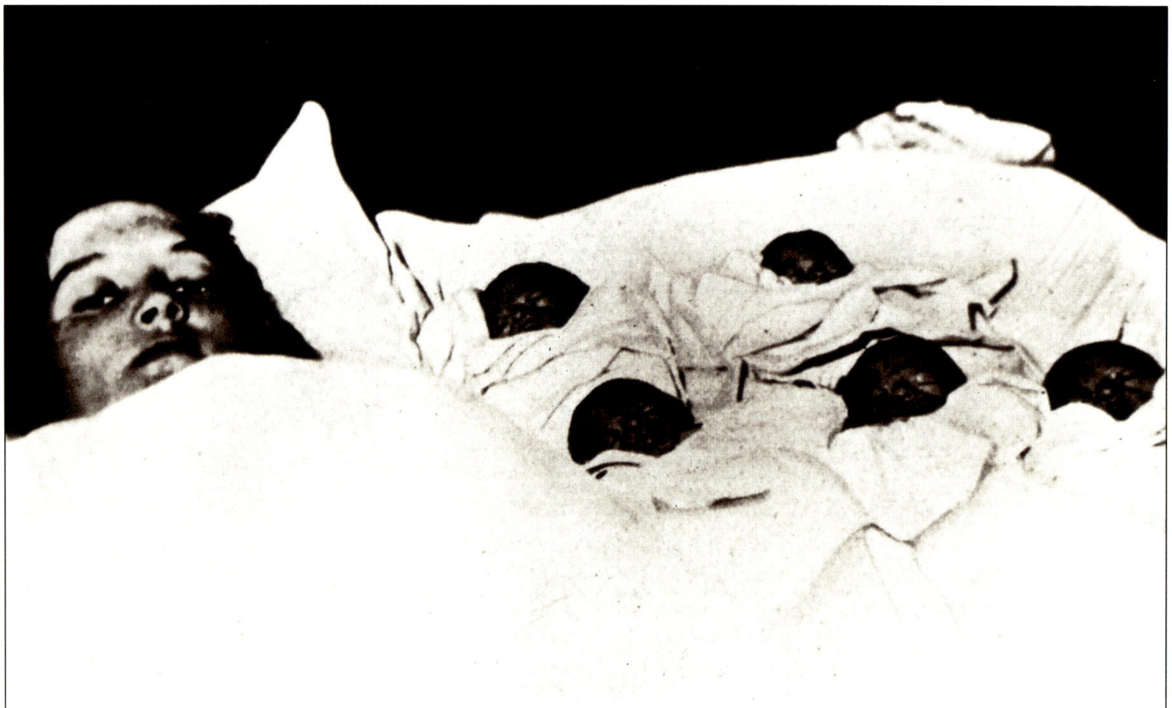

Reicher Kindersegen: 26jährige Kanadierin gebiert Fünflinge

28. Mai. *Die 26 Jahre alte kanadische Farmersfrau Olivia Djonne kommt mit Fünflingen nieder. Die Abbildung zeigt die Mutter mit ihren Sprößlingen im Wochenbett. Die US-amerikanische Öffentlichkeit nimmt regen Anteil an diesem Ereignis und setzt sich für die Erhaltung des Lebens der Mädchen mit Spenden ein. Tatsächlich gelingt es, die Mehrlinge trotz erheblichen Untergewichts am Leben zu erhalten. Während bei 80 bis 90 Geburten einmal Zwillinge zur Welt kommen, werden Drillinge nur einmal bei rund 10 000 Geburten geboren, Vierlinge einmal bei rund einer Million und Fünflinge einmal bei rund 100 Millionen Geburten.*

Japan trauert um Held von Tsuschima

29. Mai. Der japanische Großadmiral Heihachiro Togo, der Sieger der Seeschlacht von Tsuschima, stirbt in Tokio im Alter von 86 Jahren. Auf die Nachricht vom Ableben des Seehelden hin gehen alle Fahnen in der Hauptstadt auf Halbmast, vor dem Haus des Verstorbenen verneigt sich eine mehrtausendköpfige Menschenmenge im Gebet.

Togo war im Russisch-Japanischen Krieg 1904/05 Oberkommandant der japanischen Flotte; am 27. Mai 1905 besiegte er die Russen in der kriegsentscheidenden Seeschlacht bei Tsuschima, einer Inselgruppe in der Koreastraße

Togo, Sohn eines Samurai, studierte von 1871 bis 1878 im Marine College in Greenwich in Großbritannien und machte nach der Rückkehr rasch Karriere. Beim Ausbruch des Chinesisch-Japanischen Kriegs 1894 war er Kommandant des Kreuzers »Naniwa«.

Großbrand zerstört »Bauch Chicagos«

21. Mai. Das Viehhofviertel von Chicago, der »Bauch von Chicago«, wird von einer Brandkatastrophe heimgesucht, wie sie die Stadt seit dem Großfeuer von 1871 nicht mehr erlebt hat. Mindestens drei Personen kommen ums Leben, 25 werden schwer verletzt, über 2000 werden obdachlos, mehrere tausend Stück Vieh verbrennen.

Das Feuer bricht in einer Scheune im Viehhofviertel aus, ausgelöst vermutlich durch eine brennende Zigarette. Wegen der großen Trockenheit breiten sich die Flammen mit rasender Geschwindigkeit aus. Obwohl fast die gesamte Feuerwehr von Chicago im Einsatz ist, fallen drei riesige Viehställe, zwei große Verladehallen, ein Hotel mit wertvollen Kunstschätzen, zwei Banken, eine Brauerei und ein Eisenbahnbürogebäude den Flammen zum Opfer. Zahlreiche kleinere Gebäude und Läden werden zerstört. Explodierende Ammoniaktanks und Ölbehälter übertönen die Schreie des verbrennenden Viehs.

Großfeuer in den Schlachthöfen von Chicago; durch die Flammen rast das scheu gewordene Vieh und behindert die 2000 Feuerwehrleute beim Löschen

Als das Feuer am Brandherd fast erloschen ist, wandern die Flammen weiter nach Nordosten auf die Wohnviertel zu. Die Bewohner bilden wegen des Wassermangels Feuerketten und reichen die Löscheimer von Hand zu Hand weiter. Die Löscharbeiten werden besonders dadurch erschwert, daß infolge der großen Trockenheit der letzten Tage der Wasserdruck erheblich nachgelassen hat. Über 200 Wohnhäuser werden vom Feuer vernichtet, meist Häuserblocks, in denen Arbeiter und Angestellte des Viehhofs wohnten. Nur ein plötzliches Umschlagen des Windes verhindert eine weitere Ausdehnung des Brandes.

Kirchenaltäre mit Bildern von Hitler

Ende Mai. Der Bruderrat der Bekenntnissynode Berlin-Brandenburg (→ 29. 5./S. 90) teilt in einem Brief an Reichskanzler Adolf Hitler (NSDAP) mit, daß in verschiedenen evangelischen Kirchen Hitler-Bilder auf den Altären aufgestellt wurden. Einen solchen Götzendienst mit der Person Hitlers, so heißt es in dem Schreiben, werde diesem selbst von Grund auf zuwider sein und bedeute für jeden ernsthaften Christen ein unerträgliches Ärgernis. Daran knüpft die Synode die Bitte, derartiges gotteslästerliches Treiben zu verbieten.

In seinem Antwortschreiben vom 3. Juni gibt der Staatssekretär und Chef der Reichskanzlei, Hans Heinrich Lammers (NSDAP), die Tatsache zu, daß in mehreren evangelischen Kirchen Hitler-Bilder auf die Altäre gestellt wurden. Er fährt fort mit der Bemerkung, der Führer mißbillige derartige Vorkommnisse auf das entschiedenste und habe Anweisung gegeben, Wiederholungen zu unterbinden.

Deutsche Pfingsten: »Kraft, Liebe, Zucht«

20. Mai. Für viele Deutsche stellt sich an Pfingsten die Frage, ob Germanengeist und Pfingstgeist vereinbar sind. Die gleichgeschaltete Presse stellt die Verbindung zwischen »Deutschtum« und Christentum her: »Denn der Pfingstgeist ist der deutschen Volksseele durchaus nicht artfremd, sondern arteigen. Paulus offenbart uns den heiligen Geist in seiner heldischen Haltung, wenn er sagt, er sei der Geist der Kraft und der Liebe und der Zucht«, meinen die »Düsseldorfer Nachrichten«. »Hat nicht Jesus, der kühne Degen und Herzog, wie ihn der altsächsische Heliand feiert, seinen Jüngern zugerufen, er sei gekommen, ein Feuer auf Erden anzuzünden? Und starb er nicht als Führer heldischen Tod? Haben nicht viele seiner Gefolgsmannen nach ihm die Bluttaufe empfangen?«

Nationalsozialistische Ideologen scheuen sich nicht, christliche Glaubensinhalte mit ihren Vorstellungen zu verbrämen. Das NS-Regime fühlt sich noch nicht stark genug, um mit Atheismus die Gläubigen zu verprellen.

Fest zum Holzsturz in den Königssee

Mai. Erstmals seit sechs Jahren wird an der Burgstallerwand am bayerischen Königssee wieder der Holzsturz durchgeführt. Das auf dem Rücken der 400 m aus dem Wasser aufragenden Steilwand geschlagene Holz wird zersägt und in den See gestürzt. Von dort wird es nach Berchtesgaden gedriftet.

Freudenböller kündigen den Holzsturz an; ausgehöhlte Holzklötze werden dafür mit Pulver gefüllt

Den zweiten Preis bei den Entwürfen für die Innenausstattung des Panthéon gewinnt das Team d'Orsay & de Cédrac

Prunkbestattung für berühmte Franzosen

Mai. Zahlreiche französische Architekten beteiligten sich mit Entwürfen an einem Ideenwettbewerb zu »Projekten für die Dekoration bei Staatsbegräbnissen.« Im Mittelpunkt steht dabei die Ausgestaltung des Panthéon, der nationalen Gedenk- und Grabstätte im fünften Pariser Arrondissement.

»Pantheon« war im klassischen Altertum ein der Verehrung »aller Götter« geweihter Tempel. Das Wort bezeichnete aber auch Gebäude, die dem Andenken berühmter Männer gewidmet waren. Das Pariser Panthéon wurde vor der Französischen Revolution von Jacques Germain Soufflot als der heiligen Genoveva, der Schutzpatronin von Paris, geweihte Kirche begonnen, nach der Revolution jedoch in ein »Panthéon français« berühmter Franzosen umgewandelt. 1791 wurde als erster der Publizist und Revolutionär Honoré Gabriel Riqueti, Graf von Mirabeau, beigesetzt, im selben Jahr folgten die sterblichen Überreste Voltaires, 1794 die Jean-Jacques Rousseaus. Zwischen 1822 und 1830 und ab Napoleon III. (1851-1870) wurde das Bauwerk wieder als Kirche genutzt. Mit der Beisetzung Victor Hugos 1885 wurde es erneut in eine nationale Grabstätte umgewandelt.

Rue Soufflot und Panthéon; erster Preis für Bovet und Berthelot

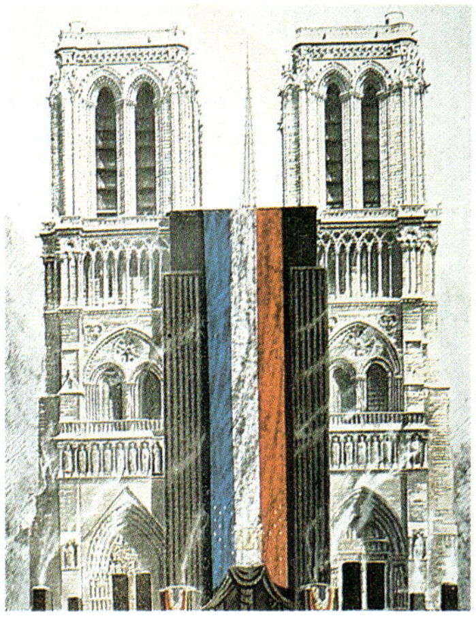

Fassade von Notre-Dame; Preis 2 für Aillaud, Meunier, Kohlmann

Der Platz vor dem Panthéon; dritter Preis für das Architektenteam Émile Aillaud und Jean Meunier und den Dekorateur Étienne Kohlmann

Boykott deutscher Waren im Ausland

13. Mai. Die »Gesellschaft der Freunde des neuen Deutschland« in den USA beginnt eine Propagandaaktion gegen den Boykott deutscher Waren durch Juden und Mitglieder der Antinaziliga (→ 24. 1./S. 19). Zur Finanzierung der Aktion werden Plakatmarken an Geschäftsleute abgegeben.

Der deutsche Reichsminister für Volksaufklärung und Propaganda, Joseph Goebbels (NSDAP), äußert sich am 11. Mai zum Boykott deutscher Waren durch NS-Gegner im Ausland: »Wenn noch ein Teil des Auslandes uns mit dem anonymen Boykott begegnen und deutsche Waren nicht abnehmen will, so wissen wir sehr wohl, daß das auf unsere jüdischen Mitbürger zurückzuführen ist. Ich kann aber nicht, weil die Juden im Auslande uns boykottieren, im Innern die Judengesetzgebung zurückziehen, sondern wir müssen diese Krise eben durchstehen. Die Juden meinen vielleicht, ihren jüdischen Mitbürgern in Deutschland damit einen Dienst zu tun. Sie tun das Schlimmste, was sie überhaupt tun können, denn sie sollen nicht glauben, wenn sie in der Tat den Boykott so weit trieben, daß er wirklich eine ernstliche Bedrohung unserer wirtschaftlichen Situation darstellen würde, daß wir deshalb die Juden frei ausgehen ließen. Haß und Wut und Verzweiflung des deutschen Volkes würden sich dann zuerst an die halten, die im Lande greifbar sind.«

Mit der Eröffnung des Braunschweiger Hafens erhält die Industriestadt Anschluß an den Mittellandkanal, die große norddeutsche Binnenwasserstraße

Braunschweiger Hafen eingeweiht

13. Mai. Der deutsche Reichsverkehrsminister Paul Freiherr von Eltz-Rübenach (parteilos) weiht den seit 1932 im Bau befindlichen Braunschweiger Hafen ein. Die Anlage, die schon seit Herbst 1933 mit Wasser gefüllt ist, wird für die nächsten Jahre Endpunkt des Mittellandkanals sein, dessen letzte Häfen sich bisher bei Hildesheim und Peine befanden. Die fertiggestellte Kanalstrecke Weser-Braunschweig beträgt 118 km. Seine volle Bedeutung wird der neue Hafen nach der frühestens für 1938 erwarteten Vollendung des Mittellandkanals, also der Strecke Braunschweig-Elbe (Magdeburg), erhalten.

»Graf Zeppelin« während seiner ersten Fahrt von Friedrichshafen am Bodensee nach Südamerika bei der Zwischenlandung in Pernambuco/Nordost-Brasilien

»Graf Zeppelin« in drei Tagen nach Rio

26. Mai. Das deutsche Luftschiff »Graf Zeppelin« startet in Friedrichshafen zu seinem ersten Südamerikaflug. Die Fahrt nach Rio de Janeiro mit Zwischenlandung in Pernambuco in Nordost-Brasilien kostet in der Vor- und Nachsaison 1 500 Reichsmark (RM), in der Hauptsaison 1 650 RM.

Wie die Deutsche Wetterwarte in Hamburg am 28. Mai mitteilt, fliegt das Luftschiff mit einer Durchschnittsgeschwindigkeit von 150 km/h. Am 29. Mai landet »Graf Zeppelin« in Rio. Ein Dampfer legt die Strecke von Europa nach Südamerika in 16 Tagen zurückglegt.

G. B. Shaw in der Karikatur-Kamera

Mai. George Bernhard Shaw, der große alte Mann des englischen Dramas, läßt sich mit einer Kamera fotografieren, die ihn völlig verzerrt wiedergibt. Der für seine geistvoll-witzigen, ironisch-satirischen Dramen bekannte Ire hatte 1925 den Literaturnobelpreis erhalten »für sein dichterisches Werk, das sich durch Idealismus und Menschlichkeit auszeichnet, besonders für seine kräftige Satire, in die häufig eine eigenartige dichterische Schönheit eingeflossen ist.« Der inzwischen 78jährige hat auch privat eine Vorliebe für ironischen Witz; so ordnete er für sein Begräbnis an, daß kein gewöhnlicher Trauerzug ihm das Geleit geben soll; er verfügt, daß eine Herde von Ochsen, Schafen, Schweinen, viele Hühner und ein kleines Reiseaquarium voller Fische – alle mit weißen Halstüchern – seinem Sarg folgen sollen; mit Ausnahme der Arche Noah könne diese Beerdigung das spektakulärste Ereignis sein, das der Mensch je erlebt habe, meinte Shaw.

Auch sein politisches Glaubensbekenntnis, der 1928 erschienene »Wegweiser für die intelligente Frau zum Sozialismus und Kapitalismus«, zeigt Shaw nicht als doktrinären Sozialisten. Die Beurteilungen dieses Werks reichen von »das wichtigste Buch der Menschheit neben der Bibel« (Labour-Premier James Ramsay MacDonald) bis »Hirngespinst« (Aldous Huxley).

Der für seinen provozierenden Individualismus bekannte irische Dramatiker Shaw in der Karikatur-Kamera

300 Jahre Passionsspiele

Verrat Jesu durch den Judaskuß; dem Jesus-Darsteller Alois Lang bescheinigt die Presse die Verkörperung eines »heldischen Christus«

17. Mai. In Oberammergau werden die Jubiläumsfestspiele anläßlich des 300jährigen Bestehens des Passionsspiels eröffnet. Die Oberammergauer Dramatisierung des Leidens und Sterbens Christi wurde erstmals 1634 aufgeführt. Im Pestjahr 1633 hatte die Gemeinde gelobt, nach dem Ende der Seuche das Leiden und Sterben Christi dramatisch zu gestalten. Seither wird das Spiel alle 10 Jahre wiederholt.

Die Aufführungen werden in der gleichgeschalteten deutschen Presse hoch gelobt. Der Text des Spiels wurde für die Jubiläumsveranstaltungen eigens überarbeitet.

Der hohe Rat; die Passion wird als »Gesamtkunstwerk« gelobt, bei dem Wort, Musik, Bild und Gestik miteinander harmonieren

Die Kreuzigung; Johannes zu Füßen des Gekreuzigten

Jesus im Gebet; Szene der Jubiläumsfestspiele in Oberammergau

Mozart-Festspiele im privaten Opernhaus von Glyndebourne

28. Mai. Das erste Glyndebourne-Festival in der südostenglischen Grafschaft Sussex wird mit einer Aufführung von Wolfgang Amadeus Mozarts Oper »Die Hochzeit des Figaro« eröffnet. Die privaten Opernfestspiele sollen künftig alljährlich im Sommer stattfinden. Begründer sind der musikbegeisterte Captain John Christie und seine Frau Audrey, geborene Mildmay, die auf ihrem Landsitz Glyndebourne bei Lewes in Sussex ein Opernhaus errichten ließen. Audrey Mildmay verkörpert die Susanna in der Eröffnungsvorstellung. Das erste Festival dauert zwei Wochen, bis zum 10. Juni.

Die Veranstalter hoffen, daß die Eröffnungsspiele auch international einen starken Widerhall finden und »Glyndebourne ein künstlerisches und musikalisches Zentrum wird, zu dem Besucher aus allen Teilen der Welt wie nach Salzburg oder Bayreuth kommen werden«. Dirigent der ersten Festspiele ist der frühere Stuttgarter bzw. Dresdner Operndirektor Fritz Busch, der 1933 das Deutsche Reich verlassen hat. Seine Mozart-Interpretation in Glyndebourne – als zweite Oper wird 1934 »Così fan tutte« gegeben – bezeichnen Kritiker als beispielhaft. Zusammen mit dem ebenfalls aus dem Deutschen Reich emigrierten Schauspieler, Regisseur und Intendanten Carl Ebert hat Busch die künstlerische Leitung des Glyndebourne-Festivals übernommen. Die Bühnenbilder und Kostüme entwirft der Brite Hamish Wilson.

Gäste, die mit der Eisenbahn zu den Festspielen anreisen, werden in Lewes mit Motorwagen abgeholt und bei der Abreise zum Bahnhof zurückgebracht. Abendtoilette wird »empfohlen«, ist jedoch nicht obligatorisch. Essen wird in der Dining-Hall serviert, doch können die Besucher selbst Erfrischungen mitbringen und sich in diesem Fall von der eigenen Dienerschaft aufwarten lassen. Wert gelegt wird allerdings auf frühes Eintreffen.

Selbst mit Eisenbahnen und Linienbussen kommen Musikliebhaber zum Mozartfestival in Glyndebourne

Im Schloßpark der Veranstalter des Festivals vertreiben sich die Besucher die Zeit in den Pausen

Unter Fanfarenklängen sticht die »Dresden« zur KdF-Urlaubsfahrt in See; KdF wirbt mit preiswerten Reisen für deutsche Arbeiter und Arbeiterinnen

Eine Fernreise können sich nur wenige leisten; die »Illustrierte Zeitung« erweckt mit diesem Bild den Eindruck, dies sei für jeden möglich

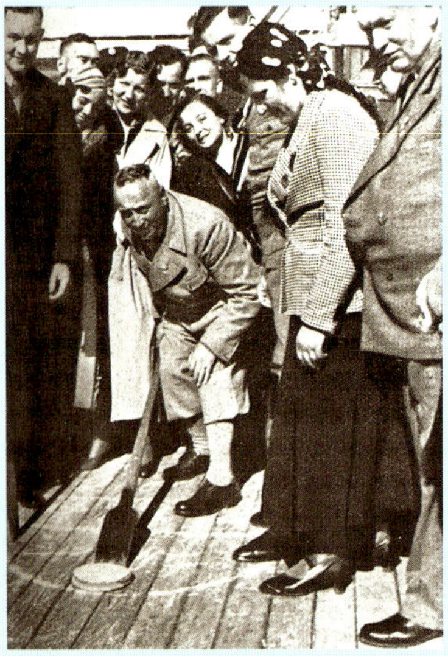

KdF-Chef Robert Ley (NSDAP) mit KdF-Urlaubern beim Spielen

Urlaub und Freizeit 1934:

»Kraft durch Freude« — das erste KdF-Jahr

Im Deutschen Reich hat der nationalsozialistische Staat ein Jahr nach der Machtübernahme auch die Bereiche Freizeit und Urlaub unter seiner Kontrolle. Im November 1933 wurde die nationalsozialistische Gemeinschaft »Kraft durch Freude« (KdF) mit dem Ziel gegründet, der deutschen Bevölkerung eine »kulturelle Betreuung« während Arbeit, Freizeit und Urlaub zu gewähren.

KdF sorgt im Freizeitbereich für Veranstaltungen auf den Gebieten Kunst, Unterhaltung, Brauchtum. Dem offiziellen Programm zufolge soll insbesondere der Arbeiterschaft der Zugang zu allen Zweigen und allen Einrichtungen des Kulturlebens eröffnet werden; dadurch soll umgekehrt der Kunst »ein dankbarer Nährboden im ganzen Volk« entstehen. Auf dem Gebiet der Kunst umfassen die Angebote Theater, Musik künstlerischen Tanz, bei der sog. leichteren Unterhaltung Kabarett, Varieté, Zirkus und Bunte Abende. Erstmals im Frühjahr 1934 durchgeführt werden Seereisen mit Schiffen der KdF-Flotte.

Der dritte Bereich in der Zuständigkeit des KdF ist der Sport. Durch »freudebetonte« Leibesübungen sollen die Gesundheit des »schaffenden deutschen Menschen« gestärkt und seine Leistungsfähigkeit und Lebenskraft erhöht werden. Ziele sind die Schaffung von Übungsmöglichkeiten, die Verbilligung des Sportbetriebs, die Erschließung von Sportarten wie Tennis, Rudern und Reiten für alle Bürger. Goebbels räumt am Ende des Jahres ein, daß »der sozialistische Teil« dieses Programms nur zu einem Teil verwirklicht sei.

Nach Angaben von Robert Ley (NSDAP), der als Leiter der Deutschen Arbeitsfront auch für KdF verantwortlich ist, verreisen 1934 mit KdF 2,17 Millionen Arbeiter, darunter 80 000 auf Dampfern nach Norwegen und Großbritannien. Eine siebentägige Fahrt von Berlin ins Riesengebirge habe einschließlich Verpflegung pro Kopf 28 Reichsmark (RM) gekostet. Ferner seien 66 700 kulturelle Vorstellungen veranstaltet worden, wobei allein in Berlin 500 000 Arbeiter für 0,70 RM ein Theater besuchten und 700 000 ein Konzert.

Das NS-Regime versucht über die Einrichtung von KdF das Leben der Bevölkerung auch im Freizeitbereich zu kontrollieren und zu steuern. Die Bürger sollen keinen Raum finden, der sich dem staatlichen Zugriff entzieht. Die Ankündigung günstiger Urlaubsreisen ist Anreiz für viele, sich an KdF-Veranstaltungen zu beteiligen.

Schulungskurs für »Freizeitgestalter« in einem Arbeitslager

Die niedrigen Preise für Urlaubsreisen sind für rund 2,17 Millionen Arbeiter ein Grund, an KdF-Fahrten teilzunehmen; hier der erste KdF-Zug

Die Zugspitze, der höchste deutsche Berg, ist ein beliebtes Ausflugsziel; Zugspitzbahn bringt auch Nicht-Bergsteiger auf den Gipfel

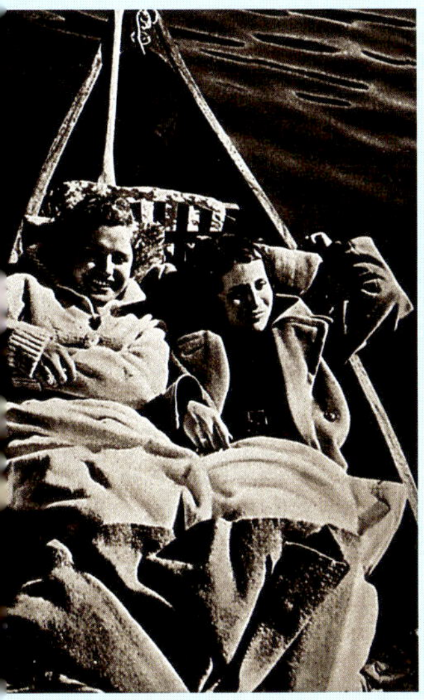

Zwei Berlinerinnen beim Bootsausflug zum Frühlingsbeginn

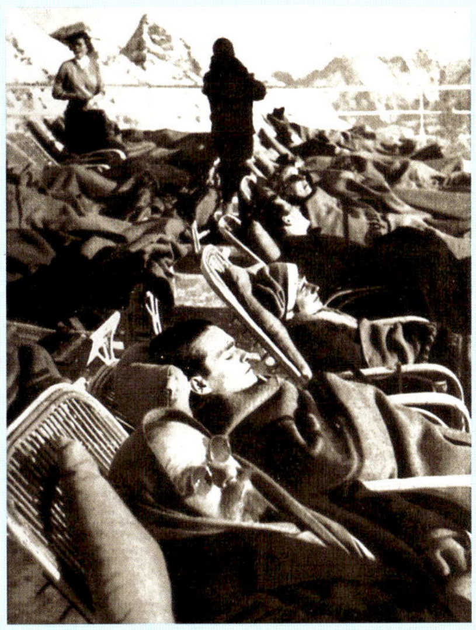

Sonnenkur auf der Terrasse des Schneefernerhauses an der Zugspitze

In Großbritannien schon lange bekannt, im Deutschen Reich noch eine relativ aufsehenerregende Neuigkeit: Urlaub mit Wohnwagen

Am 31. Mai werden die Deutschen in den Internationalen Turnverband aufgenommen; die deutsche Riege belegt bei der Weltmeisterschaft den dritten Platz

Schweizer Sieg bei Turn-WM

31. Mai. In Budapest beginnt die Turner-Weltmeisterschaft. 13 Nationen, darunter das Deutsche Reich, beteiligen sich an den bis zum 3. Juni dauernden Wettkämpfen. Zum ersten Mal seit 1914, seit dem Ausbruch des Ersten Weltkriegs, nimmt die deutsche Turnerschaft wieder an einer offiziellen internationalen Veranstaltung teil. Im Länderklassement erringen die Deutschen mit 769,60 Punkten den dritten Platz. Erster wird die Schweiz mit 787,30 Punkten vor der Tschechoslowakei (772,90), Österreich hat keine Mannschaft entsandt. Der herausragende Sportler der Weltmeisterschaft ist der Schweizer Eugen Mack, der im Pferdsprung, am Barren und im Pferdpauschen (Turnen am Seitpferd) die meisten Punkte erhält.

Deutsches Pech beim Berliner Avus-Rennen

27. Mai. *Enttäuschung beim neunten internationalen Avus-Rennen Deutschlands in Berlin (Abb.): Mercedes-Benz — und damit Rudolf Caracciola — startet nicht wegen Problemen mit der Benzinförderpumpe, Hans Stuck (Auto-Union), der ansonsten erfolgreichste Fahrer in diesem Jahr, gibt wegen eines Materialschadens auf. Das Rennen gewinnt der Franzose Guy Moll auf Alfa Romeo in 1:27:30,3 Stunden.*

Theaterwoche in Dresden eröffnet

27. Mai. In Dresden wird die erste deutsche Reichstheaterwoche eröffnet. Reichskanzler Adolf Hitler (NSDAP) und der Reichsminister für Volksaufklärung und Propaganda, Joseph Goebbels (NSDAP), wohnen in der Oper einer Aufführung von Richard Wagners »Tristan und Isolde« bei. Unter der Leitung von Karl Böhm singt Gunnar Grarud den Tristan, Lilly Hafgren-Dinkela verkörpert Isolde.

Kurz vor 20 Uhr betritt Hitler unter begeisterten Heilrufen die große Loge der Staatsoper. Vor Beginn der Aufführung hält Goebbels eine Ansprache und eröffnet offiziell die erste Reichstheaterwoche. Er führt zum Zusammenhang zwischen Nationalsozialismus und Theater aus: »Jede Revolution, die vor der Geschichte Bestand hat, ist ein geistiger Akt. Die Bewegungen auf dem Felde der Machtpolitik, die dadurch ausgelöst werden, sind die sichtbaren Ausdrucksformen dieses Prozesses. Hinter jeder Revolution steht eine Idee, und es ist ihr Sinn, daß diese Idee auf allen Gebieten zum Durchbruch kommt. Es ist das Wesen der Revolution, neue Beziehungen zwischen den Menschen und Dingen zu schaffen. Sie ergeht sich nicht in ideologischen Beweisführungen, sie erhärtet sich vielmehr durch Tatsachen. Im Ergebnis führt sie eine neue Haltung herauf, die die Menschen zur Welt und zum Leben einnehmen. Diese neue Haltung zwingt alles in ihren Bannkreis, und nichts bleibt davon unberührt. Unter diesem Gesichtswinkel gesehen, ist die Revolution eine geistige Auseinandersetzung, die an der Kunst und an der die Kunst nicht teilnahmslos vorbeigehen kann... Eine Umwälzung von der dynamischen Gewalt etwa der deutschen Revolution macht deshalb vor den Toren der Theater nicht halt.«

Am 30. Mai wohnen Hitler, Goebbels und Reichserziehungsminister Bernhard Rust einer Aufführung des Dramas »Peer Gynt« von Henrik Ibsen im Schauspielhaus Dresden bei. Norwegens Peer Gynt wird von den NS-Politikern als »nordischer Faust« interpretiert.

Als der Führer in der Pause auf dem Balkon erscheint, wird er von einer begeisterten Menschenmenge gefeiert. Die NS-Führung inszeniert den Aufenthalt Hitlers bei der Reichstheaterwoche als ein Massenspektakel, um der Öffentlichkeit die Beliebtheit des Reichskanzlers zu demonstrieren.

Eine begeisterte Menschenmenge jubelt Adolf Hitler in Dresden zu, als er sich auf dem Rathausbalkon zeigt

Der Kanzler liebt das Bad in der Menge; unter den Heilrufen der Besucher begibt er sich in die Loge der Oper

Reichspropagandaminister Joseph Goebbels (r.) bei einem Gespräch mit dem populären Komponisten und Dirigenten Richard Strauss bei der Reichstheaterwoche in Dresden; 1933 berief ihn die NS-Führung zum Präsidenten der Reichsmusikkammer; zeitlebens politisch uninteressiert, engagiert sich Strauss für die berufsständischen Belange der Musiker, nahm das Amt an, »um Gutes zu tun und größeres Unheil zu verhüten«

»Unsterblicher deutscher Genius«

Der deutsche Reichsminister für Volksaufklärung und Propaganda, Joseph Goebbels (NSDAP), hebt in der Eröffnungsrede der Reichstheaterwoche u. a. die Bedeutung des Komponisten Richard Wagner hervor:

»Und es ist weiter kein Zufall, daß jener unsterbliche Meister zu Wort kommt, von dem der Satz stammt, daß 'Deutschsein heiße, eine Sache um ihrer selbst willen tun'... Wenn wir mit Wagners 'Tristan und Isolde' die Reichstheaterwoche eröffnen, um sie mit seinen 'Meistersingern' zu beschließen, so huldigen wir damit dem großen deutschen Genie, das unserer Zeit am nächsten steht und deshalb auch von der wertearmen und pietätlosen Vergangenheit, die wir überwanden, am heftigsten begeifert und befehdet wurde. Zu ihm sich bekennen, das heißt Bekenntnis ablegen für die deutsche Kunst der Töne... Das neue Reich erfüllt nur eine selbstverständliche Dankespflicht tiefgeneigter Ehrfurcht, wenn es in Richard Wagner seinem unsterblichen Genius huldigt.«

Pflicht der Bühne: »Nationale Erziehung«

15. Mai. Das nationalsozialistische deutsche Reichskabinett in Berlin beschließt ein Theatergesetz, durch das die Stellung der Theater grundlegend verändert wird. Alle Theater werden nun dem Reichsminister für Volksaufklärung und Propaganda unterstellt.
Sämtliche Theater einschließlich der privaten Bühnen und geschlossener Vereinsaufführungen gelten nach dem neuen Gesetz nicht mehr als Erwerbsunternehmungen, sondern ihre Aufgabe ist die »nationale Erziehung und Führung des Volkes«. Jedes Theater gilt von nun an als eine der Anstalten des öffentlichen Lebens, von denen aus »mit ungeheurer Gewalt« auf die »Seele der Nation eingewirkt« wird.
Jeder Theaterveranstalter muß eine besondere Lizenz beantragen, bereits erteilte können entzogen werden. Leitende Personen — Bühnenleiter, Intendanten, Theaterdirektoren, erste Kapellmeister und Oberspielleiter — bedürfen der Bestätigung durch den Reichspropagandaminister. Ihnen kann die Berufsausübung untersagt werden, wenn das Ministerium »mangelnde Zuverlässigkeit oder Eignung« annimmt. Der Theaterleiter hat nach wie vor künstlerische Freiheit, ist jedoch für die Erfüllung der propagandistischen und ideologischen Aufgaben seines Theaters verantwortlich. Der Reichspropagandaminister kann die Aufführung einzelner Stücke untersagen und die Aufführung bestimmter Stücke verlangen. Das neue Gesetz gilt zunächst nur für Oper, Operette und Schauspiel, nicht für die sog. Kleinkunstbühnen.

Dietrich Eckart († + 1923) zählt zu den genehmen Dramatikern (Szene aus »Ein Kerl, der spekuliert«); von ihm stammt der Ruf »Deutschland erwache«

Buch- und Filmpreis erstmals verliehen

1. Mai. Der deutsche Reichsminister für Volksaufklärung und Propaganda, Joseph Goebbels (NSDAP), verleiht in Berlin erstmals den 1933 geschaffenen Buch- und Filmpreis. Mit dieser Auszeichnung will das NS-Regime ihm genehmes Kulturschaffen fördern. Den mit 12 000 Reichsmark dotierten Stefan-George-Preis erhält Richard Euringer für das Bühnenspiel »Deutsche Passion 1933«, den Filmwanderpreis erhält Gustav Ucicky für den Film »Flüchtlinge«.
In der Begründung heißt es über die beiden Werke: »Sie halten sich fern von aufdringlicher und darum verstimmender Absicht, ohne indes die Nähe zu dem dramatischen Geschehen unserer Tage zu verlieren... Sie fassen hinein ins volle Menschenleben, und wo sie es fassen, da ist es interessant. Sie haben zwar nicht das Programm des Nationalsozialismus dialogisiert, aber in ihnen ist Geist von unserem Geist, Kraft von unserer Kraft und Wille von unserem Willen.«

Goebbels-Ruf nach mehr Kunst am Bau

23. Mai. Der deutsche Reichsminister für Volksaufklärung und Propaganda, Joseph Goebbels (NSDAP), fordert alle Bauverwaltungen im Deutschen Reich auf, bei Hochbauten in einem angemessenen Prozentsatz Aufträge an bildende Künstler und Kunsthandwerker zu vergeben. Dadurch sollen bildenden Künstlern neue Arbeits- und Gestaltungsmöglichkeiten geboten werden. Die Vergabe von Aufträgen an Künstler, die einen Lehrauftrag haben oder in einem Beamten- oder Angestelltenverhältnis stehen, soll nur ausnahmsweise erfolgen.
Welche Art von Baukunst bevorzugt wird, zeigt die »Ausschreibung eines Wettbewerbs an alle deutschen Künstler« des Reichsjugendführers Baldur von Schirach für ein »Schlageter-Forum in Düsseldorf« am 27. Mai: Das Bauprogramm umfaßt einen »Schlageter-Hain« mit einem Aufmarschgelände für 300 000 Personen, über den der Düsseldorfer Gauleiter Friedrich Karl Florian sagt: »Seine Bäume werden in mit deutschem Blut getränkter Erde wurzeln, und ihre Wipfel sollen raunen und rauschen von deutschem Opferwillen und stillem Heldenmut«; eine »Führerschule« mit Ehrenhalle (»für tausend kraftgestählte deutsche Männer«); eine Sportarena für 50 000 Personen; ein Gemeinschaftshaus; eine Thingstätte für 10 000 Personen.

Modell des Königsplatzes in München nach der Umgestaltung; hinten Parteigebäude und die sog. Ehrentempel

Entwurf eines Gebäudes auf dem geplanten »Feld der Reichsparteitage« in Nürnberg von Albert Speer

Freiheitsbibliothek verfemter Autoren

10. Mai. Am ersten Jahrestag der nationalsozialistischen Bücherverbrennung auf dem Opernplatz in Berlin gründen Lion Feuchtwanger, Heinrich Mann und Romain Rolland in Paris die Deutsche Freiheitsbibliothek mit im Dritten Reich verfemten Büchern. Dazu zählen Werke von August Bebel, Richard Beer-Hofmann, Max Brod, Feuchtwanger, Walter Hasenclever, Rudolf Hilferding, Egon Erwin Kisch, Karl Liebknecht, Heinrich, Klaus und Thomas Mann, Hugo Preuß, Erich Maria Remarque, Arthur Schnitzler, Bertha von Suttner, Ernst Toller, Kurt Tucholsky, Arnold Zweig, Stefan Zweig u. a.
In einer Stellungnahme weisen Bibliothekare im Deutschen Reich darauf hin, daß aus den Bibliotheken keine Bücher entfernt würden, die Bücherverbrennungen hätten nur symbolischen Charakter gehabt. Die gesamte marxistische, pornographische und Asphaltliteratur werde von den deutschen Bibliotheken jedem ausgehändigt, der sie zum Zweck ernsthaften Studiums benötige.

Juni 1934

Mo	Di	Mi	Do	Fr	Sa	So
				1	2	3
4	5	6	7	8	9	10
11	12	13	14	15	16	17
18	19	20	21	22	23	24
25	26	27	28	29	30	

1. Juni, Freitag

Frankreich und das Deutsche Reich einigen sich im Genfer Völkerbundsausschuß auf den 13. Januar 1935 als Tag für die Volksabstimmung im Saargebiet zur Staatszugehörigkeit dieser Region (→ 3. 12./S. 204).

2. Juni, Sonnabend

Der deutsche Reichsminister des Innern, Wilhelm Frick (NSDAP), erklärt auf einer Pressekonferenz, über die künftige Organisation des Deutschen Reichs sei noch nicht endgültig entschieden, doch sei die Untergliederung in Reichsgaue statt Länder wahrscheinlich.

Die französischen internationalen Tennismeisterschaften in Paris gewinnt der Deutsche Gottfried Freiherr von Cramm durch einen Fünfsatzsieg über den Australier Jack Crawford. → S. 129

3. Juni, Sonntag

Manfred von Brauchitsch gewinnt das Internationale Eifelrennen auf dem Nürburgring in 2:47:36,4 Stunden auf Mercedes und stellt mit 122,5 km/h einen neuen Rekord auf. Zweiter wird Hans Stuck in 2:48:56,1 Stunden auf einem Porsche-Wagen der Auto-Union.

Im Halbfinalspiel der Fußballweltmeisterschaft in Italien unterliegt die deutsche Mannschaft der Tschechoslowakei in Rom 1:3 (→ 10. 6./S. 128).

4. Juni, Montag

Der Armeebefehl über die »Pflichten des deutschen Soldaten« wird erlassen. → S. 120

Der Stadtrat von Zürich verbietet politische Kundgebungen, nachdem es zu gewalttätigen Ausschreitungen bei Demonstrationen gekommen ist. → S. 125

In Kassel findet eine Demonstration vor der Woolworth-Filiale statt, da sich das Unternehmen Gerüchten zufolge am Boykott deutscher Waren beteiligt. → S. 125

5. Juni, Dienstag

In Fulda wird die deutsche Bischofskonferenz feierlich eröffnet. → S. 120

Nach offiziellen Angaben ist die Zahl der Schwerverbrechen in Preußen durch die Einführung der »Sicherheitsverwahrung« um rund 60% zurückgegangen. → S. 121

In Preußen sollen alle verheirateten Beamtinnen aus dem Amt scheiden, um Arbeitsplätze für Männer zu schaffen. → S. 121

Rund 20 000 Katholiken nehmen an den Feierlichkeiten zum 800. Todestag des Ordensstifters Norbert von Xanten teil.

6. Juni, Mittwoch

Anhänger des 1929 gestürzten litauischen Ministerpräsidenten Augustin Voldemaras unternehmen in der Nacht auf den 7. Juni in Kowno (Kaunas) einen Militärputsch und proklamieren Voldemaras zum Staatspräsidenten. Der Putsch scheitert, Voldemaras wird verhaftet (→ 8. 2./S. 41).

Nationalsozialistische Studenten fordern in Berlin die Absetzung des Films »Die blonde Kathrein«, einer Komödie über das Studentenleben. → S. 125

7. Juni, Donnerstag

Der Stabschef der SA, Reichsminister Ernst Röhm, tritt nach einer Unterredung mit Reichskanzler Adolf Hitler (NSDAP) einen Krankheitsurlaub an. Für die SA wird gleichzeitig ein »wohlverdienter Juli-Urlaub« angekündigt (→ 30. 6./S. 112).

Ein Redakteur der »Deutschen Wochenschau« wird wegen eines Berichtes über angetrunkene SA-Männer zu einer Geldstrafe verurteilt. → S. 124

Bei der Fußballweltmeisterschaft in Italien gewinnt die deutsche Nationalmannschaft beim Spiel um den dritten Platz in Neapel 3:2 gegen Österreich (→ 10. 6./S. 128).

8. Juni, Freitag

Bei einer Versammlung der britischen Schwarzhemden in London kommt es zu Ausschreitungen. → S. 124

Deutsche Strafgefangene kultivieren das Emsländische Moor zur Ansiedlung von Bauern. → S. 122

9. Juni, Sonnabend

Regierungsvertreter der Sowjetunion, der Tschechoslowakei und Rumäniens unterzeichnen in Genf ein Abkommen über die Aufnahme diplomatischer Beziehungen. (→ 8. 1./S. 23).

Im Deutschen Reich wird der Sonnabend zum Staatsjugendtag proklamiert, der Aktivitäten der Hitlerjugend (HJ) vorbehalten ist. → S. 121

Anläßlich des Beginns der Verkehrserziehungswoche, die das deutsche Reichsministerium für Volksaufklärung und Propaganda durchführt, wird in München die Ausstellung »Die Straße« eröffnet (→ 1. 10./S. 183).

In Paris findet die erste Jahrestagung der Französischen Faschistischen Bewegung statt. Führer der französischen »Francistes« ist Marcel Bucard.

10. Juni, Sonntag

Durch Bundesgesetz werden in Österreich die Standrechtsbestimmungen erweitert. Mit einer Verurteilung zum Tod muß rechnen, wer Sprengstoffattentate verabredet, wer Sprengstoff herstellt, verwahrt oder anschafft in der Absicht, ein Verbrechen zu begehen oder andere Personen mit Sprengstoff zu versorgen (→ 24. 5./S. 93).

Durch Dekret des autoritär regierenden Königs Boris III. wird in Bulgarien ein Ministerium der nationalen Erneuerung errichtet, das nach dem Vorbild des deutschen Reichspropagandaministeriums tätig werden soll.

Die Familie Ullstein verkauft auf massiven Druck des NS-Regimes den Rest ihrer Anteile am Berliner Ullstein Verlag an die Cautio GmbH, die im Auftrag des Reichspropagandaministeriums handelt. → S. 127

Das Gastgeberland Italien gewinnt in Rom die Fußballweltmeisterschaft mit einem 2:1-Sieg gegen die Mannschaft der Tschechoslowakei. → S. 128

Der Italiener Learco Guerra gewinnt vor zwei Landsleuten das Etappenradrennen Giro d'Italia 1934. → S. 129

11. Juni, Montag

Fritz Reinhardt (NSDAP), Staatssekretär im deutschen Reichsfinanzministerium und Initiator des nach ihm benannten Reinhardt-Programms zur Arbeitsbeschaffung, kündigt auf einer Tagung der Kommission für Wirtschaftspolitik der NSDAP in München an, daß es gelingen werde, die Arbeitslosigkeit von derzeit 2,5 Millionen Menschen innerhalb von zwei Jahren restlos zu beseitigen; Voraussetzung sei jedoch, daß alle Maßnahmen der Regierung strengstens eingehalten werden.

Die österreichische Bundesregierung unter Engelbert Dollfuß fordert die Bevölkerung auf, sie beim Kampf gegen den Terror aktiv zu unterstützen. Sie erhöht die Belohnungen für Hinweise auf »politische Gewalttäter« und kündigt die Bildung von Ortswehren an (→ 25. 5./S. 93).

12. Juni, Dienstag

Durch Dekret des autoritär regierenden Königs Boris III. werden in Bulgarien alle politischen Parteien aufgelöst; Zeitschriften und Druckschriften mit parteipolitischer Tendenz müssen ab sofort ihr Erscheinen einstellen.

13. Juni, Mittwoch

Der deutsche Reichsminister für Volksaufklärung und Propaganda, Joseph Goebbels (NSDAP), trifft zu einem Besuch in Warschau ein. → S. 124

In Österreich wird — nach mehreren Terroranschlägen von Nationalsozialisten — der freiwillige Ortsschutz aufgebaut. Die Mitglieder des Ortsschutzes erhalten die Erlaubnis, sich mit Schlag- und Handfeuerwaffen auszurüsten. Der Ortsschutz bewacht öffentliche Gebäude, Bahnanlagen, Straßen und andere wichtige Objekte (→ 25. 5./S. 93).

14. Juni, Donnerstag

Der deutsche Reichskanzler Adolf Hitler (NSDAP) trifft zu einem zweitägigen Besuch in Venedig ein. → S. 119

In Polen werden drei oppositionelle Tageszeitungen und das Wochenmagazin »Literarische Nachrichten« verboten. Die »Nachrichten« hatten die Veranstaltung der Intellektuellen-Union, auf der Joseph Goebbels, der deutsche Reichspropagandaminister, eine Rede hielt, als »Bankett der Vegetarier zu Ehren eines Menschenfressers« bezeichnet (→ 13. 6./S. 124).

Der sowjetische Volkskommissar des Äußeren, Maxim M. Litwinow, unterbreitet dem deutschen Reichsminister des Auswärtigen, Konstantin Freiherr von Neurath (NSDAP), den Vorschlag, das Deutsche Reich, die UdSSR, Polen und die baltischen Staaten sollten ein Sicherheitsbündnis schließen. Die deutsche Reichsregierung lehnt diesen Vorschlag ab (→ 4. 4./S. 72).

Die niederländische Regierung in Den Haag weist die Polizeibehörden an, den Zustrom deutscher Emigranten einzudämmen.

Der US-Amerikaner Max Baer gewinnt die Boxweltmeisterschaft im Schwergewicht durch einen Sieg über den Italiener Primo Carnera. → S. 129

15. Juni, Freitag

Der polnische Innenminister Bronislaus Pieracky fällt in Krakau einem Revolverattentat zum Opfer. Nach dem Anschlag kommt es zu Massenverhaftungen von Mitgliedern radikalnationaler Gruppen. Die polnische nationalsozialistische Partei in Schlesien wird aufgelöst, das Tragen von Uniformen und Abzeichen wird verboten.

Die Deutsche Luft-Hansa eröffnet den »Blitzflugverkehr« zwischen mehreren deutschen Großstädten. → S. 121

Das Erbgesundheitsgericht in Baden hat bis zum 15. Juni in 997 Fällen (bei 3025 Anträgen) die Sterilisierung angeordnet. In Hamburg waren es 761 (von 1325) und im Landgerichtsbezirk Düsseldorf 200 (von 465) Sterilisierungen (→ 3. 3./S. 59).

16. Juni, Sonnabend

Der deutsche Reichspräsident Paul von Hindenburg ernennt auf Vorschlag von Reichskanzler Adolf Hitler (NSDAP) den preußischen Justizminister Hanns Kerrl (NSDAP) zum Reichsminister ohne Geschäftsbereich. Kerrl bleibt preußischer Staatsminister. Der Reichsminister der Justiz, Franz Gürtner, wird mit der Wahrnehmung der Geschäfte des preußischen Finanzministers betraut.

Der Schah von Persien, Resa Pahlawi, besucht die Türkei. → S. 125

Die Regierung von Britisch-Indien erklärt, daß die Partei Indian National Congress nicht mehr als illegal angesehen wird, nachdem Mohandas Karamchand Gandhi die Kampagne des zivilen Ungehorsams für beendet erklärt hat (→ 8. 4./S. 75).

Im sog. zweiten Horst-Wessel-Prozeß werden in Berlin die Kommunisten Sally Epstein und Hans Ziegler zum Tod und Peter Stoll zu siebeneinhalb Jahren Zuchthaus und zehn Jahren Ehrverlust verurteilt, obwohl keiner der Angeklagten mit der Ermordung des NS-Kampflieddichters 1930 direkt zu tun hatte. Die internationale Presse wertet den Richterspruch als »Racheurteil«.

17. Juni, Sonntag

Der deutsche Vizekanzler Franz von Papen (parteilos) hält in Marburg eine aufsehenerregende Rede, in der er vorsichtig Kritik am Einparteiensystem und an der Unfreiheit der Presse übt. → S. 118

Ausführlich berichtet die deutsche Presse über den Besuch Hitlers in Venedig; mit Genugtuung glaubt man, eine Lockerung der internationalen Isolierung des Deutschen Reiches registrieren zu können

Nummer 25 24. Juni 1934 43. Jahrgang Preis 20 Pfennig

Berliner Illustrirte Zeitung

Die Zusammenkunft, von der die Welt spricht:

Der Führer und der Duce.

Adolf Hitler wird bei seiner Ankunft auf dem Flugplatz von Venedig, St. Nicolo, von Mussolini begrüßt.

Die polnische Regierung beschließt die Einrichtung von Isolationslagern zur Inhaftierung von »Störern der öffentlichen Ordnung und von politischen Hetzern«. Betroffen von dieser politischen Zwangsmaßnahme sind vor allem ukrainische Nationalisten und Mitglieder der verbotenen Kommunistischen Partei. → S. 124

In Marseille, Paris und Toulouse kommt es zu blutigen Zusammenstößen zwischen rechten und linken Gruppierungen und der Polizei (→ 6. 2./S. 36).

Der deutsche Reichskanzler Adolf Hitler (NSDAP) betont auf dem Gauparteitag in Gera den Friedenswillen des Deutschen Reiches. → S. 119

Die Kieler Woche wird eröffnet. Das nationalsozialistische Deutsche Reich benutzt diese internationale Segelsportveranstaltung mit großem propagandistischen Aufwand zur Selbstdarstellung des »neuen Deutschland«.

London meldet mit 30,5 °C den bisher heißesten Tag des Jahres. Aus Paris werden 31 ° im Schatten gemeldet. Die Trockenheit ist in einigen französischen Regionen so groß, daß Engpässe in der Wasserversorgung auftreten.

18. Juni, Montag

Die österreichische Bundesregierung unter Engelbert Dollfuß (CP) beschließt die Wiedereinführung der Todesstrafe im ordentlichen Gerichtsverfahren (→ 25. 5./S. 93).

Im Deutschen Reich wird die Ausfuhr von Weizen, Weizenmehl und Hafer gesperrt, da infolge der langen Trockenheit mit einer wenig ergiebigen Ernte gerechnet wird.

Der preußische Ministerpräsident und deutsche Reichsminister der Luftfahrt, Hermann Göring (NSDAP), hebt bei einer Rede im Staatsrat in Potsdam die feste organische Verbindung zwischen Preußen und dem Reich hervor. Der alte preußische Staat sei im Reich aufgegangen, Preußen sei kein souveräner Staat mehr.

Die Fluglinie von Algier in Algerien nach Brazzaville in Französisch-Äquatorialafrika wird eröffnet.

In Toulouse kommt es zu blutigen Auseinandersetzungen zwischen Anhängern der französischen Rechten und Kommunisten. Bei den Unruhen, die die ganze Nacht fortdauern, werden Tankstellen in Brand gesetzt und zahlreiche Geschäfte zerstört.

19. Juni, Dienstag

Das Schwurgericht I beim Landgericht Berlin fällt nach einem monatelangen Prozeß die Urteile im sog. Polizistenmörderprozeß. Es werden drei Todesurteile und neun Zuchthaus- bzw. Gefängnisstrafen gegen KPD-Mitglieder verhängt, die 1931 zwei Polizeihauptleute ermordet haben sollen.

Aus Berlin wird gemeldet, daß der Geschäftsführer des aufgelösten Reichsverbands der deutschen Fischhändler, Paul Winkler, »in Schutzhaft« genommen wurde. »Winkler hatte sich der angeordneten Auflösung des Reichsverbandes widersetzt und versuchte, Unruhe in der Fischwirtschaft zu stiften.«

20. Juni, Mittwoch

Der deutsche Reichsarbeitsminister, Franz Seldte (NSDAP), hebt die Bestimmung, daß in den an Arbeitsbeschaffungsmaßnahmen beteiligten Betrieben höchstens 40 Stunden pro Woche gearbeitet werden darf, mit sofortiger Wirkung auf. In einigen Wirtschaftszweigen habe sich ein Mangel an Facharbeitern bemerkbar gemacht.

21. Juni, Donnerstag

Der deutsche Reichsminister für Volksaufklärung und Propaganda, Joseph Goebbels (NSDAP), wendet sich bei einer Rede in Berlin gegen die »Reaktion«. Die Kritiker der Bewegung hätten die nationalsozialistische Revolution nicht verstanden und würden den »Marsch des Jahrhunderts« nicht aufhalten. Die Worte des Ministers werden als Antwort auf die Marburger Rede von Vizekanzler Franz von Papen (parteilos) am 17. Juni verstanden (→ 17. 6./S. 118; → 25. 6./S. 118).

Die Düsseldorfer Ortsgruppe der Deutschen Gesellschaft für Rassehygiene meldet die Einrichtung einer Eheberatungsstelle, in der jeder Volksgenosse sich in allen einschlägigen Fragen kostenlosen Rat durch Fachleute holen kann.

22. Juni, Freitag

Die Regierung der Ukraine siedelt von Charkow nach Kiew über.

In Dresden wird ein Mann wegen Ehebruchs zu einem Monat Gefängnis verurteilt. → S. 121

Aus Texas wird der Lynchmord an einem 30jährigen Farbigen gemeldet, der in Gesellschaft eines 17jährigen weißen Mädchens gesehen worden war. Der Mann wird an einen Baum gehängt und erschossen, danach wird die Leiche an einen Kraftwagen gebunden und durch die Straßen geschleift.

23. Juni, Sonnabend

Im Deutschen Reich nehmen nach offiziellen Angaben rund fünf Millionen Jungen und Mädchen am zweiten Deutschen Jugendfest teil. Den Abschluß dieses schulfreien Tags, der Spiel und Sport gewidmet ist, bilden die Sonnwendfeiern. → S. 121

In der Freien Stadt Danzig wird die einjährige Arbeitsdienstpflicht für alle arbeitsfähigen männlichen Bürger zwischen dem 17. und dem 25. Lebensjahr eingeführt.

24. Juni, Sonntag

Ein Geschwader der italienischen Kriegsmarine läuft unangemeldet die albanische Hafenstadt Durazzo (Durrës) an. → S. 125

Reichspropagandaminister Joseph Goebbels (NSDAP) erklärt bei einer Veranstaltung in Essen, der Feind des Nationalsozialismus sitze nicht unter den Arbeitern, sondern unter den vornehmen Herren, für die der Nationalsozialismus nur eine Zeiterscheinung sei. Es sei an der Zeit, daß das Volk diese Clique in die Flucht jage.

Der FC Schalke 04 besiegt im Endspiel um die Deutsche Fußballmeisterschaft den 1. FC Nürnberg 2:1 und wird erstmals Deutscher Fußballmeister. → S. 128

25. Juni, Montag

Der deutsche Reichsminister und Stellvertreter des Führers, Rudolf Heß (NSDAP), warnt in Köln in einer Rundfunkrede vor Provokateuren, die unter dem Deckmantel einer »zweiten Revolution« gegen die NS-Führung hetzen. → S. 118

Der Publizist Edgar Julius Jung, der Verfasser der Marburger Rede von Vizekanzler Franz von Papen (parteilos), wird verhaftet (→ 17. 6./S. 118).

Im Reichsministerium des Innern in Berlin beginnen die Verhandlungen zwischen der Delegation der deutschen katholischen Bischöfe und den Vertretern der Reichsregierung über Fragen, deren Lösung im Reichskonkordat von 1933 späterer Verhandlung überlassen worden waren (→ 5. 6./S. 120).

26. Juni, Dienstag

Fritz Reinhardt (NSDAP), Staatssekretär im Reichsfinanzministerium, verkündet in der Akademie für Deutsches Recht in Berlin den Steuerreformplan der Regierung. Die Steuerpolitik im »Adolf-Hitler-Staat« sei von drei »großen Gedanken« getragen: Dem Kampf um die Verminderung der Arbeitslosigkeit, der Förderung der Familie, der Betonung des Wertes der Persönlichkeit und der persönlichen Verantwortung in der Wirtschaft.

Der österreichische Schauspieler Max Pallenberg stirbt im Alter von 56 Jahren in Karlsbad. → S. 127

In Düsseldorf wird die Schwimmende Braune Messe 1934 eröffnet. Sie gilt als »Gradmesser deutscher Wertarbeit«: »Deutsch die Kleidung, deutsch der Hausrat, deutsch die gesamte Handwerksarbeit« ist das Prinzip dieser Wanderausstellung, die auch in anderen Hafenstädten auf Schiffen gezeigt wird.

Bei blutigen Zusammenstößen zwischen rund 200 Faschisten und Sozialisten in London werden zwölf Personen verletzt.

27. Juni, Mittwoch

In Taif, der Sommerresidenz von Mekka, unterzeichnen der saudische König Abd Al Asis Ibn Saud und der König von Jemen, Hamid Ad Din Jahja, einen Friedensvertrag; damit ist der Grenzkrieg beider Länder beendet. (→ 24. 3./S. 62).

In Polen wird allen politischen Organisationen das Tragen von Uniformen bzw. Uniformhemden verboten. Ausgenommen ist die Marschall Józef Klemens Pilsudski nahestehende Wehrsportorganisation »Schützenverband«.

28. Juni, Donnerstag

Der deutsche Reichsminister und Stellvertreter des Führers, Rudolf Heß (NSDAP), prangert auf einem Tee-Empfang anläßlich der Tagung der Auslandshandelskammern in Berlin den Boykott deutscher Waren in mehreren Staaten als Einmischung in die inneren Verhältnisse Deutschlands an. Er sagt, der Boykott sei ein zweischneidiges Schwert, das z. B. die ausländischen Juden in Deutschland in eine gefährliche Situation bringen könne (→ 13. 5./S. 102).

Der deutsche Reichskanzler Adolf Hitler (NSDAP) nimmt in Essen an der Trauung von Gauleiter Josef Terboven (NSDAP) teil. Er tarnt so die laufenden Vorbereitungen zur Ausschaltung der SA-Führung. → S. 116 (→ 30. 6./S. 118).

Der deutsche Reichskanzler Adolf Hitler (NSDAP) bestellt telefonisch die höheren Führer der SA für den 30. Juni zu einer Tagung in das Hotel »Hanslbauer« in Bad Wiessee (→ 30. 6./S. 116).

Der deutsche Reichswehrminister Werner von Blomberg (parteilos) läßt von Berlin aus die Reichswehr in Alarmzustand versetzen (→ 30. 6./S. 116).

Während einer Sitzung in Speyer überträgt die pfälzische Landeskirche als erste evangelische Kirche Süddeutschlands ihre Rechte auf die Reichskirche.

Am 15. Jahrestag der Unterzeichnung des Versailler Friedensvertrags wird auf Anordnung der nationalsozialistischen deutschen Reichsregierung auf allen Dienstgebäuden des Reichs, der Länder und der Gemeinden sowie Gebäuden der Körperschaften des öffentlichen Rechts und der öffentlichen Schulen halbmast geflaggt.

29. Juni, Freitag

Der deutsche Reichskanzler Adolf Hitler (NSDAP) besucht Arbeitsdienstlager in Westfalen (→ 30. 6./S. 118).

In München findet der Deutsche Bauerntag statt. Das NS-Regime schenkt den Bauern als Träger der Nahrungsmittelversorgung besondere Aufmerksamkeit.

Nach einem Blaubuch der britischen Regierung herrschen in der afrikanischen Republik Liberia menschenunwürdige Zustände. In großem Stil werde Sklavenhandel betrieben; bei Strafexpeditionen zur Eintreibung von Steuern würden ganze Dörfer niedergebrannt.

Aus dem Vatikan wird gemeldet, daß die Werke des antifaschistischen Philosophen und Historikers Benedetto Croce auf den »Index librorum prohibitorum« gesetzt worden seien. → S. 127

30. Juni, Sonnabend

Im Deutschen Reich wird die sog. Röhm-Revolte niedergeschlagen. Der Stabschef der SA, Ernst Röhm, und andere Funktionäre der SA werden während einer SA-Führertagung in Bad Wiessee festgenommen. → S. 112

Das neue Panzerschiff »C« der deutschen Reichsmarine, das dritte deutsche Panzerschiff, läuft in Wilhelmshaven vom Stapel. Es wird nach dem Sieger der Schlacht bei Coronel in Chile 1914 »Admiral Graf Spee« getauft. → S. 122

Das Wetter im Monat Juni

Station	Mittlere Lufttemperatur (°C)	Niederschlag (mm)	Sonnenscheindauer (Std.)
Aachen	16,4 (15,9)	67 (77)	— (200)
Berlin	18,2 (16,5)	14 (62)	— (244)
Bremen	16,7 (16,0)	80 (59)	— (218)
München	15,7 (15,8)	179 (121)	— (201)
Wien	17,8 (17,6)	58 (68)	243 (—)
Zürich	16,7 (15,5)	163 (138)	224 (220)

( ) Langjähriger Mittelwert für diesen Monat
— Wert nicht ermittelt

Mit dem Programm des New Deal versucht US-Präsident Franklin D. Roosevelt, die Folgen der Weltwirtschaftskrise in den Vereinigten Staaten zu überwinden. Die deutsche Zeitschrift »Simplicissimus« karikiert diese Politik im Juni

München, 24. Juni 1934 | **Preis 60 Pfennig** | 39. Jahrgang Nr. 13

SIMPLICISSIMUS

Amerika, du hast's nicht besser

(Karl Arnold)

Da soll nun Roosevelt die Wirtschaft ankurbeln: die Finanzkräfte beten, und die Arbeitskräfte streiken!

»Röhm-Revolte«: Blutige Zerschlagung der SA-Opposition

30. Juni. Der deutsche Führer und Reichskanzler Adolf Hitler (NSDAP) verhaftet den Stabschef der SA, Ernst Röhm, und andere Funktionäre der SA während einer SA-Führertagung in Bad Wiessee. Parallelaktionen finden im gesamten Deutschen Reich statt, rund 200 Menschen werden ermordet (→ 30. 6./S. 117).

Die Aktion gegen Ernst Röhm und seine Gefolgsleute war von der NS-Führung sorgfältig vorbereitet worden. Nachdem Röhm von Hitler vor weiterer Agitation für eine Fortführung der »nationalsozialistischen Revolution« gewarnt worden war, wurde für die gesamte SA ein Monat Urlaub im Juli angekündigt. Die SA-Führung lud Hitler am 28. Juni zu einer Tagung nach Bad Wiessee ein. Um nicht das Mißtrauen der versammelten SA-Leute zu erregen, reiste Hitler noch am gleichen Tag zur Hochzeit des Essener Gauleiters Josef Terboven und besuchte am 29. Juni Arbeitsdienstleute in Westfalen und im Rheinland (→28. 6./S. 116). Am 30. Juni, nachts um zwei Uhr fliegt Hitler mit einer kleinen Gruppe von NS-Leuten nach München und fährt von dort weiter zum Tegernsee, wo Ernst Röhm mit seinen Leuten gefeiert hatte. Die vollkommen überraschte SA-Führung wird festgesetzt, ohne daß sie Widerstand leisten könnte. Noch in der gleichen Nacht ernennt Hitler Viktor Lutze zum Stabschef der SA. Die nationalsozialistische Schlägertruppe spielt unter Lutze fortan keine bedeutende Rolle mehr innerhalb der NSDAP.

Die Machtkämpfe zwischen der SA und der Parteiführung der Nationalsozialistischen Deutschen Arbeiterpartei (NSDAP) veranlassen Hitler zu diesem Schlag gegen die SA. Röhm plante, die Reichswehr und die SA zu einer Truppe unter seiner Führung zu vereinen.

Als der inhaftierte Röhm sich weigert, Selbstmord zu begehen, wird er am 1. Juli erschossen (→ 1. 7./S. 134). Ebenfalls ermordet wird der größte Teil der SA-Führung, aber auch andere, nicht zur SA gehörende Konservative und Nationalsozialisten bezahlen ihre Opposition zu Hitler mit dem Leben, so Gregor Strasser und der General a. D. und ehemalige Reichskanzler Kurt von Schleicher. Offiziell begründet Hitler seine Mordaktion mit Putschplänen der SA. Röhm wird zum »entwurzelten« Revolutionär abgestempelt (→ S. 114).

Röhms Sturmabteilung (SA) ging hervor aus der »Ordnertruppe«, die in den ersten Jahren der nationalsozialistischen Bewegung die Kundgebungen der Partei gegen Gewalt politischer Gegner zu verteidigen und die nationalsozialistische Idee nach außen hin »kraftvoll und entschlossen« zu vertreten hatte. Damit verkörperte sie den Wehrwillen der Bewegung. »Sie wollte nicht die Gewalt als das Ziel hinstellen«, betont Hitler, »sondern die Verkünder des geistigen Ziels vor der Bedrängung durch Gewalt schützen.« Der 4. November 1921 gilt als der eigentliche Geburtstag der SA: 46 nationalsozialistische Ordner schlugen bei einer Massenveranstaltung im Münchner Hofbräuhaus »etwa 1 000 Marxisten« zum Saal hinaus. Von diesem Tag an nannte der Führer seine Ordner Sturmabteilung. Leitgedanke für den weiteren Ausbau der SA war, »sie neben aller körperlichen Ertüchtigung zu einer unerschütterlich überzeugten Vertreterin der nationalsozialistischen Idee auszubilden und ihre Disziplin im höchsten Maße zu festigen«. Die SA ist mit über 2 Millionen Mitgliedern eine der größten Gruppierungen innerhalb der NSDAP. Nach Auffassung von SA-Funktionären ist sie bei der Besetzung führender Positionen nicht genügend berücksichtigt worden.

Göring, Röhm und Hitler arbeiteten während der »Kampfzeit der Bewegung« vor der Machtübernahme eng zusammen

»Mit einem homosexuellen Jüngling im Bett«

30. Juni. Die gleichgeschaltete deutsche Presse veröffentlicht den Bericht eines »Augenzeugen«, der die Verhaftung des SA-Stabsführers Ernst Röhm miterlebt haben will:

»Mit nur wenigen Begleitern fuhr der Führer und Reichskanzler dann nach Bad Wiessee am Tegernsee, wo sich Röhm aufhielt. In dem Landhaus, das Röhm bewohnte, verbrachte auch Heines die Nacht. Der Führer betrat mit seinen Begleitern das Haus. Röhm wurde in seinem Schlafzimmer vom Führer persönlich verhaftet. Röhm fügte sich wortlos und ohne Widerstand der Haft. In dem unmittelbar gegenüberliegenden Zimmer von Heines bot sich den Eintretenden ein schamloses Bild. Heines lag mit einem homosexuellen Jüngling im Bett.

Die widerliche Szene, die sich daran bei der Verhaftung von Heines und seinen Genossen abspielte, ist nicht zu beschreiben. Sie wirft schlagartig ein Licht auf die Zustände in der Umgebung des bisherigen Stabschefs.«

Einzelnummer 10 Pfg

Extra-Blatt

Oberbayer. Gebirgsbote, Holzkirchen · Miesbacher Anz., Miesbach · Tegernseer Ztg., Tegernsee, Aiblinger Ztg., Bad Aibling · Rosenheimer Tagbl., Rosenheim · Kolbermoorer Volksblatt, Kolbermoor · Chiemgau-Ztg., Prien · Tölzer Ztg., Bad Tölz · Wolfratshauser Tagbl., Wolfratshausen, Wasserburger Anzeiger, Wasserburg a. J. · Grafinger Zeitung, Grafing.

Samstag, 30. Juni 34

Röhm verhaftet und abgesetzt

Röhm aus Partei und S.A. ausgeschlossen

München, 30. Juni

Die Reichspressestelle der N.S.D.A.P. teilt folgende Verfügung des Führers mit:

Ich habe mit dem heutigen Tage den Stabschef Röhm seiner Stellung enthoben und aus Partei und S.A. ausgestoßen. Ich ernenne zum Chef des Stabes Obergruppenführer Lutze.

S.A.-Führer und S.A.-Männer, die seinen Befehlen nicht nachkommen oder zuwiderhandeln, werden aus S.A. und Partei entfernt bzw. verhaftet und abgeurteilt.

gez. **Adolf Hitler**
Oberster Partei- und S.A.-Führer

Aufruf des neuen Stabschefs

Der Führer hat mich an seine Seite als Chef des Stabes berufen. Das mir dadurch bewiesene Vertrauen muß und werde ich rechtfertigen durch unverbrüchliche Treue zum Führer und restlosen Einsatz für den Nationalsozialismus und dadurch für unser Volk.

Als ich vor etwa 12 Jahren zum erstenmal Führer einer kleinen S.A. war, habe ich drei Tugenden an die Spitze meines Handelns gestellt und sie von der S.A. gefordert. Diese drei Tugenden haben die S.A. groß gemacht und heute, wo ich in schicksalsschwerer Stunde meinem Führer an hervorragender Stelle dienen darf, sollen sie erst recht Richtschnur für die ganze S.A. sein:

Unbedingte Treue!

Schärfste Disziplin!

Hingebender Opfermut!

So wollen wir, die wir Nationalsozialisten sind, gemeinsam marschieren.

Ich bin überzeugt, dann kann es nur ein Marsch zur Freiheit werden.

Es lebe der Führer! Es lebe unser Volk!

Der Chef des Stabes:
gez. Lutze.

Der Führer an den neuen Stabschef

München, 30. Juni

Der Führer hat folgendes Schreiben an den Obergruppenführer der S.A. Lutze gerichtet:

An Obergruppenführer Lutze.

Mein lieber S.A.-Führer Lutze!

Schwerste Verfehlungen meines bisherigen Stabschefs zwangen mich, ihn seiner Stellung zu entheben. Sie, mein lieber Obergruppenführer Lutze, sind seit vielen Jahren **in guten und schlechten Tagen ein immer gleich treuer und vorbildlicher S.A.-Führer gewesen.** Wenn ich Sie mit dem heutigen Tage zum Chef des Stabes ernenne, dann geschicht dies in der festen Ueberzeugung, daß es Ihrer treuen und gehorsamen Arbeit gelingen wird, **aus meiner S.A. das Instrument zu schaffen, das die Nation braucht und ich mir vorstelle.**

Es ist mein Wunsch, daß die S.A. **zu einem treuen und starken Glied der Nationalsozialistischen Bewegung** ausgestaltet wird. Erfüllt von **Gehorsam** und **blinder Disziplin,** muß sie mithelfen, den neuen deutschen Menschen zu bilden und zu formen.

gez. **Adolf Hitler**

Befehl des Obersten S.A.-Führers Adolf Hitler

Adolf Hitler hat an den Chef des Stabes, Lutze, folgenden Befehl gegeben:

Wenn ich Sie heute zum Chef des Stabes der S.A. ernenne, dann erwarte ich, daß Sie sich hier eine Reihe von Aufgaben angelegen sein lassen, die ich Ihnen hiermit stelle:

1. Ich verlange vom S.A.-Führer genau so wie er vom S.A.-Mann blinden Gehorsam und unbedingte Disziplin.

2. Ich verlange, daß jeder S.A.-Führer wie jeder politische Führer sich dessen bewußt ist, daß sein Benehmen und seine Aufführung vorbildlich zu sein haben für seinen Verband, ja für unsere gesamte Gefolgschaft.

3. Ich verlange, daß S.A.-Führer — genau so wie politische Leiter —, die sich in ihrem Benehmen in der Öffentlichkeit etwas zuschulden kommen lassen, unnachsichtlich aus der Partei und der S.A. entfernt werden.

4. Ich verlange insbesondere vom S.A.-Führer, daß er ein Vorbild in der Einfachheit und nicht im Aufwand ist. Ich wünsche nicht, daß der S.A.-Führer kostbare Diners gibt oder an solchen teilnimmt. Man hat uns früher hierzu nicht eingeladen, wir haben auch jetzt dort nichts zu suchen. Millionen unserer Volksgenossen fehlt auch heute noch das Notwendigste zum Leben, sie sind nicht neidig dem, den das Glück mehr gesegnet hat, aber es ist eines Nationalsozialisten unwürdig, den Abstand, der zwischen Not und Glück ohnehin ungeheuer groß ist, noch besonders zu vergrößern. Ich verbiete insbesondere, daß Mittel der Partei, der S.A. oder überhaupt der Öffentlichkeit für Festgelage und dergleichen Verwendung finden. Es ist unverantwortlich, von Geldern, die zum Teil sich aus den Groschen unserer ärmsten Mitbürger ergeben, Schlemmereien abzuhalten. Das luxuriöse Stabs-Quartier in Berlin, in dem, wie nunmehr festgestellt wurde, monatlich bis zu 30 000 Mark für Festessen usw. ausgegeben wurden, ist sofort aufzulösen.

Ich untersage daher für alle Parteiinstanzen die Veranstaltung sogenannter Festessen und Diners aus irgendwelchen öffentlichen Mitteln. Und ich verbiete allen Partei- und S.A.-Führern die Teilnahme an solchen. Ausgenommen davon ist nur die Erfüllung der von Staats we-

Folgende sieben Verräter wurden bereits erschossen:

Im Zusammenhang mit dem aufgedeckten Komplott wurden folgende Meuterer erschossen:

Obergruppenführer A. Schneidhuber;
Obergruppenführer Edmund Heines;
Gruppenführer Ernst, Berlin;
Gruppenführer Schmidt, München;
Gruppenführer Hans Heym;
Gruppenführer Heydebreck;
Standartenführer Graf Spretti, München.

Druck: Münchner Buchgewerbehaus M. Müller & Sohn, G. m. b. H. München. Verantwortlich: Hauptschriftleiter W. Rettich.

Hitler: »Man konnte das dumme Geschwätz nicht mehr abtun«

Adolf Hitler bezeichnet Ernst Röhm nach der Mordaktion vom 30. Juni 1934 als »entwurzelten« Revolutionär »um der Revolution willen«. Nach der nationalsozialistischen Revolution von 1933 hat die SA unter Stabschef Röhm selbstbewußt den Anspruch auf Kontrolle der innenpolitischen Entwicklung im Dritten Reich verfolgt (→ 18. 4./S. 77). Eine von der SA angestrebte zweite Revolution sollte dem Millionenheer von Röhms Braunhemden durch Eindringen in staatliche Kompetenzen (»SA-Staat«) u. a. soziale Absicherung bringen. Hitler interpretiert diese Bestrebungen so:

»Eine dritte Gruppe destruktiver Elemente [im nationalsozialistischen Staat] ergibt sich aus jenen Revolutionären, die 1918 in ihrem früheren Verhältnis zum Staat erschüttert und entwurzelt worden sind und damit überhaupt jede innere Beziehung zu einer geregelten menschlichen Gesellschaft verloren haben. Es sind Revolutionäre geworden, die der Revolution als Revolution huldigen und in ihr einen Dauerzustand sehen möchten. Wir alle haben einst unter der furchtbaren Tragik gelitten, daß wir [1918] als gehorsame und pflichtgetreue Soldaten einer Revolte von Meuterern gegenüberstanden, die es fertig brachten, sich in den Besitz des Staates zu setzen. Jeder von uns war einst erzogen worden in der Achtung der Gesetze und im Respekt vor der Autorität, im Gehorsam gegenüber den von ihr ausgehenden Befehlen und Anordnungen, in der inneren Ergebenheit gegenüber der Repräsentanz des Staates. Nun zwang uns die Revolution der Deserteure und Meuterer die innere Loslösung von diesen Begriffen auf. Wir konnten den neuen Usurpatoren keine Achtung schenken. Ehre und Gewissen zwangen uns, ihnen den Gehorsam aufzusagen. Liebe zur Nation und zum Vaterland verpflichtete uns, sie zu bekriegen. Die Amoral ihrer Gesetze löschte in uns die Empfindung für die Notwendigkeit ihrer Befolgung, und so sind wir Revolutionäre geworden. Allein auch als Revolutionäre hatten wir uns nicht losgelöst von der Verpflichtung, die natürlichen Gesetze des souveränen Rechtes unseres Volkes auch auf uns zu beziehen und sie zu respektieren. Nicht den Willen und das Selbstbestimmungsrecht des deutschen Volkes wollten wir vergewaltigen, sondern nur die Vergewaltiger der Nation verjagen. Und als wir endlich, legitimiert durch das Vertrauen dieses Volkes, die Konsequenzen aus unserem 14jährigen Kampfe zogen, da geschah es nicht, um in einem Chaos ungezügelte Instinkte austoben zu lassen, sondern nur um eine neue und bessere Ordnung zu begründen. Für uns war die Revolution, die [1933] das zweite Deutschland zertrümmerte, nichts anderes als der gewaltige Geburtsakt, der das Dritte Reich ins Leben rief. Wir wollten wieder einen Staat schaffen, an dem jeder Deutsche mit Liebe hängen kann. Ein Regiment begründen, zu dem jeder mit Achtung emporzusehen vermag, Gesetze finden, die der Moral unseres Volkes entsprechen, eine Autorität befestigen, der sich jeder Mann in preußischem Gehorsam unterwirft. Die Revolution ist für uns kein permanenter Zustand. Wenn der natürlichen Entwicklung eines Volkes mit Gewalt eine tödliche Hemmung auferlegt wird, dann mag die künstlich unterbrochene Evolution durch einen Gewaltakt sich wieder die Freiheit der natürlichen Entwicklung öffnen. Allein es gibt keinen Zustand einer permanenten Revolution oder gar eine segensreiche Entwicklung mittels periodisch wiederkehrender Revolutionen ...

Das erste vereinzelte Geschwätz von einer »neuen Revolution«, von einer neuen Umwälzung, von einem neuen Aufstand wurde allmählich so intensiv, daß nur eine leichtsinnige Staatsführung darüber hätte hinweggehen können. Man konnte nicht mehr einfach das alles als dummes Gerede abtun, was in Hunderten und endlich Tausenden von Berichten mündlich oder schriftlich darüber einging. Noch vor drei Monaten war die Parteiführung überzeugt, daß es sich einfach um das leichtsinnige Geschwätz politischer Reaktionäre, marxistischer Anarchisten oder aller möglichen Müßiggänger handeln würde, dem jede tatsächliche Unterlage fehle. Mitte März habe ich veranlaßt, Vorbereitungen zu treffen für eine neue Propagandawelle. Sie sollte das deutsche Volk gegen den Versuch einer neuen Vergiftung immunisieren. Gleichzeitig damit aber gab ich auch an einzelne Parteidienststellen den Befehl, den immer wieder auftauchenden Gerüchten einer neuen Revolution nachzugehen und, wenn möglich, die Quellen dieser Gerüchte aufzufinden. Es ergab sich, daß in den Reihen einiger höherer SA-Führer Tendenzen auftraten, die zu ernstesten Bedenken Anlaß geben mußten. Es waren zunächst allgemeine Erscheinungen, deren innere Zusammenhänge ohne weiteres nicht klar waren:

1. Entgegen meinem ausdrücklichen Befehl und entgegen mir gegebenen Erklärungen durch den Stabschef Röhm war eine Auffüllung der SA in einem Umfang eingetreten, die die innere Homogenität dieser einzigartigen Organisation gefährden mußte.

2. Die nationalsozialistische weltanschauliche Erziehung trat in den

Oberleutnant Röhm zu Beginn des Ersten Weltkriegs

1929 und 1930 war Röhm Generalstabsoffizier in der bolivianischen Armee

1931 übernahm Röhm die Führung und Organisation der SA als Stabschef

1933 avancierte Röhm u.a. zum Reichsminister

Noch kurze Zeit vor der Zerschlagung der SA präsentierte sich Führer und Reichskanzler Adolf Hitler mit »seiner Sturmabteilung« in Frankfurt

erwähnten Bereichen einzelner höherer SA-Dienststellen mehr und mehr zurück.
3. Das naturgegebene Verhältnis zwischen Partei und SA begann sich langsam zu lockern. Mit einer gewissen Planmäßigkeit konnten Bestrebungen festgestellt werden, die SA von der ihr von mir gestellten Mission mehr und mehr zu entfernen und sie anderen Aufgaben oder Interessen dienstbar zu machen.
4. Die Beförderungen zu SA-Führern ließen bei Nachprüfung eine vollständig einseitige Bewertung eines rein äußeren Könnens oder oft auch nur einer vermeintlichen intellektuellen Fähigkeit erkennen. Die große Zahl ältester und treuester SA-Männer trat immer mehr bei Führerernennungen und Stellenbesetzungen zurück, während der in der Bewegung nicht sonderlich hoch geachtete Jahrgang 1933 eine unverständliche Bevorzugung erfuhr.
5. Das Auftreten dieser zum großen Teil mit der Bewegung überhaupt nicht verwachsenen SA-Führer war ebenso unnationalsozialistisch wie manchesmal geradezu abstoßend. Es konnte aber nicht übersehen werden, daß gerade in diesen Kreisen eine Quelle der Beunruhigung der Bewegung auch dadurch empfunden wurde, als ihr mangelnder praktischer Nationalsozialismus sich in sehr unangebrachten neuen Revolutionsforderungen zu verschleiern versuchte.«

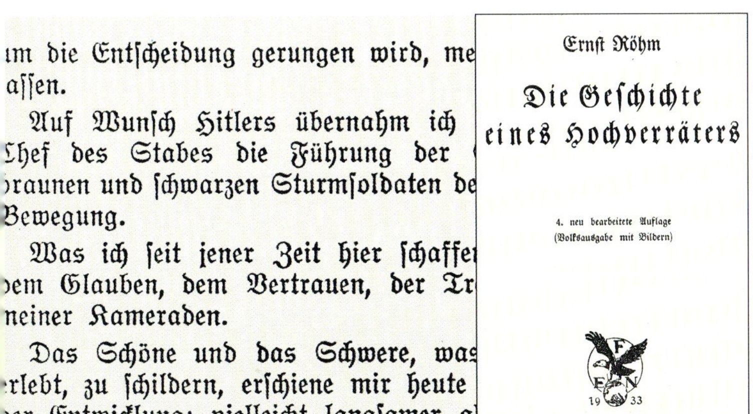

um die Entscheidung gerungen wird, me
assen.

Auf Wunsch Hitlers übernahm ich
Chef des Stabes die Führung der
braunen und schwarzen Sturmsoldaten de
Bewegung.

Was ich seit jener Zeit hier schaffe
dem Glauben, dem Vertrauen, der Tr
meiner Kameraden.

Das Schöne und das Schwere, was
erlebt, zu schildern, erschiene mir heute
der Entwicklung; vielleicht langsamer a
doch rascher, als viele ahnen.

Ob die Schilderung dieses Kampfabschnittes dereinst ein Kapitel zur „Geschichte eines Hochverräters" sein wird, bleibt wohl auch besser für heute unentschieden.

Ernst Röhm

Die Geschichte eines Hochverräters

4. neu bearbeitete Auflage
(Volksausgabe mit Bildern)

19 33

Verlag Frz. Eher Nachf., G.m.b.H., München 2, NO.

Die 1928 erschienene autobiographische »Geschichte eines Hochverräters« von Ernst Röhm wurde 1933 bereits zum vierten Mal aufgelegt

»Gehorsam bis zum Tode«

SA-Stabschef Ernst Röhm hielt am 18. April im Reichsministerium für Volksaufklärung und Propaganda vor dem Diplomatischen Korps und der ausländischen Presse in Berlin eine Grundsatzrede über »Die nationalsozialistische Revolution und die SA«. Der Chef der braun uniformierten SA-Armee, der zu diesem Zeitpunkt besondere Aktivität entfaltet und während seiner Besuche bei SA-Gruppen in allen Teilen des Deutschen Reiches zur Fortsetzung der Revolution aufruft, betont den noch unverwirklichten sozialistischen Charakter der nationalsozialistischen Revolution und prangert die »unbegreifliche Milde« des NS-Regimes an:
»Wir haben keine nationale, sondern eine nationalsozialistische Revolution gemacht«, bekennt Röhm. In seiner SA sieht er die Verkörperung dieser Revolution, die »Fleischwerdung des Nationalsozialismus«. Eine Armee von Gläubigen und Bekennern, von Agitatoren und Soldaten habe Hitler zur Macht verholfen. »Mit der zuschlagenden Faust hat die SA der nationalsozialistischen Idee den Weg in die Zukunft, zum Siege gebahnt. Durch ihren Marsch hat sie die Zweifelnden und Schwankenden mit hineingerissen in den gewaltigen Aufbruch der Nation.«
Dieser Kämpfertyp des SA-Mannes soll weiter ausgebildet werden, fährt Röhm in seiner Rede fort. Der Erziehungsprozeß werde erst abgeschlossen sein, wenn der letzte deutsche Mensch im Denken und Handeln hundertprozentiger Nationalsozialist geworden, der Schuttberg jahrzehnte- und jahrhundertealten »falschen Denkens« abgeräumt sei. Von der SA werde sich der neue Lebensstil auf das gesamte Volk ausdehnen, kein Unterschied mehr zwischen arm und reich, hoch und nieder, keine Vorrechte von Namen, Stand, Geburt und Besitz. Das Braunhemd sei die deutsche Tracht und werde es bleiben. Wer es anziehe, unterwerfe sich widerspruchslos dem Gesetz der SA, das Röhm formuliert: »Gehorsam bis zum Tode dem obersten SA-Führer Adolf Hitler!«
Diesem neuen Soldatentum weist Röhm seine Aufgaben im Innern des Deutschen Reiches zu.
Und so beurteilte Röhm die »Reaktion«, mit der noch aufgeräumt werden müsse: »Sie klammert sich krampfhaft und verzweifelt an das Gestern oder Vorgestern, als ihre Träger etwas zu sagen und zu bestimmen hatten, und sie bemüht sich nun, ihr Geistesgut unter völlig veränderten Verhältnissen wieder zur Geltung zu bringen. Leider haben sich im Gefolge der nationalsozialistischen Revolution solche reaktionäre Kreise an unsere Rockschöße gehängt, haben sich wohl gleichgeschaltet oder gar das Hakenkreuz angesteckt, indem sie heftig beteuerten, sie seien doch schon immer national gewesen ... Wenn sie meinen, wir würden ihnen zuliebe auch nur die geringsten Abstriche von unserem konsequent sozialistischen Wollen machen, irren sie gewaltig! Reaktion und Revolution sind natürliche Todfeinde. Es führen keine Brücken hinüber und herüber. In einer unbegreiflichen Milde hat das neue Regiment in Deutschland bei der Machtübernahme mit den Trägern und Handlangern des alten Systems nicht rücksichtslos aufgeräumt. Heute noch sitzen in Beamtenstellen Menschen, die des Geistes der nationalsozialistischen Revolution noch keinen Hauch verspürt haben. Wir nehmen es ihnen nicht übel, daß sie eine durch die Entwicklung überholte Gesinnung haben, obwohl wir es nicht für glücklich halten, daß man sie gleich- statt ausgeschaltet hat. Wir brechen ihnen aber bestimmt und erbarmungslos das Genick, wenn sie diese reaktionäre Gesinnung zu betätigen wagen!«
Der letzte Teil der Rede ist ein Kampfruf gegen die reaktionären Kräfte: »Weil ihnen zum offenen Kampf von Hause aus der Mut und tatsächlich auch die Kraft fehlt, suchen sie das Gift ihrer angesäuerten Denkungsart in das Getriebe des Neuwerdens der Nation aus dem Geiste des Nationalsozialismus zu spritzen!« Gegen diese Gefahr will Röhm seine »ungeduldige Millionenarmee« in Bewegung setzen: »Als Bollwerk gegen Reaktion, Spießer- und Muckertum steht die SA — denn in ihr verkörpert sich alles, was den Begriff der Revolution ausmacht.«

Die Mordaktion vom 30. Juni: »Ein Stück Weltgeschichte«

30. Juni. Der deutsche Reichskanzler Adolf Hitler (NSDAP) fliegt um zwei Uhr morgens in Begleitung des Reichsministers für Volksaufklärung und Propaganda, Joseph Goebbels (NSDAP), und des SA-Obergruppenführers Viktor Lutze vom Flughafen Hangelar bei Bonn nach München, wo er zum Teil persönlich die Verhaftung von oppositionellen SA-Führern, darunter von SA-Stabschef Ernst Röhm, vornimmt. Währenddessen läßt der preußische Ministerpräsident Hermann Göring (NSDAP) auf Anordnung Hitlers in Berlin verschiedene SA-Führer verhaften (→ 30. 6./S. 117).

Am 28. Juni hat Hitler telefonisch die höheren Führer der SA für den 30. Juni zu einer Tagung in das Hotel »Hanslbauer« in Bad Wiessee am Tegernsee bestellt. Am selben Tag hat Reichswehrminister Werner von Blomberg (parteilos) die Reichswehr in Alarmzustand versetzen lassen.

Der Reichsminister und Stellvertreter des Führers, Rudolf Heß (NSDAP), faßt die Ereignisse des Tages so zusammen: »Um zwei Uhr morgens startet der Führer in Bonn. Sofort nach der Landung eilt er mit wenigen Begleitern vom Münchener Flughafen ins Bayerische Innenministerium, um dort bereits die ersten Verhaftungen vorzunehmen. Der Bayerische Innenminister Wagner kann dem Führer kurz berichten, da eilt dieser schon weiter nach Wiessee. Hier nimmt er selbst wiederum die Verhaftung vor und zertritt so der Verschwörung das Haupt. Im kritischen Augenblick, als unerwartet die Stabswache Röhm anrückt, wendet er die ihm und seinen Begleitern drohende Augenblicksgefahr durch Einsatz seiner selbst und seiner Autorität. Die Wagen mit dem Führer und den Verhafteten rasen auf der Straße nach München zurück. Entgegenkommende Wagen mit SA-Führern werden angehalten, Schuldige verhaftet, die Wagenkolonnen zurückdirigiert. Wiederum im Innenministerium nimmt Hitler Bericht über Parallelaktionen entgegen und gibt weitere Befehle für deren Durchführung. Dann fährt er herüber ins Braune Haus und spricht im Senatorensaal zu den versammelten politischen und SA-Führern. Nicht die geringste Notwendigkeit des Augenblicks entgeht dem Führer. Selbst für die Veröffentlichung durch Presse und Rundfunk gibt er Anweisung! Und im gleichen Augenblick, in dem der letzte die Aktion betreffende Befehl gegeben ist, kommt das Startkommando. Es war schon so, wie eine Berliner Zeitung schrieb: Morgens um zwei verließ ein Flugzeug mit dem Kanzler an Bord den Flughafen Hangelar bei Bonn — abends um zehn Uhr landete dieselbe Maschine in Berlin. Dazwischen lag ein Stück Weltgeschichte!«

Vor der Öffentlichkeit wird die Verhaftungsaktion und die Zerschlagung der SA-Führung mit einem Putschplan begründet, den Röhm verfolgt haben soll. Zugleich wird in Presseberichten und Veröffentlichungen der NSDAP auf angeblich homosexuelle Neigungen Röhms hingewiesen.

Für Hitler und die NSDAP-Spitze bedeutet die Liquidierung Röhms und seiner Gefolgsleute die Beseitigung einflußreicher Gegenspieler, denen das Vorgehen Hitlers nicht radikal genug war.

Viktor Lutze neuer SA-Chef

Adolf Hitler verfügt die Absetzung Ernst Röhms und die Ernennung Viktor Lutzes zum SA-Stabschef:

»Ich habe mit dem heutigen Tage den Stabschef Röhm seiner Stellung enthoben und aus Partei und SA ausgestoßen. Ich ernenne zum Chef des Stabes Obergruppenführer Lutze. SA-Führer und SA-Männer, die seinen Befehlen nicht nachkommen oder zuwiderhandeln, werden aus SA und Partei entfernt bzw. verhaftet und abgeurteilt.«

Gez. Adolf Hitler
Oberster Partei- und SA-Führer

Hitlers Ablenkungsmanöver im Ruhrgebiet und im Rheinland:

28. Juni. Der deutsche Reichskanzler Adolf Hitler (NSDAP) nimmt in Essen an der standesamtlichen und kirchlichen Trauung von Gauleiter Josef Terboven (NSDAP) teil, anschließend besucht er die Kruppwerke. Am 29. besucht er das Arbeitsdienstlager Buddenburg bei Dortmund, während schon längst die Vorbereitungen für die geplante Zerschlagung der SA am 30. Juni laufen. Seine äußere Erscheinung wird von Augenzeugen als »unordentlich« und »wirr« bezeichnet.

Am Abend des 29. wohnt er in Bad Godesberg einem großen Zapfenstreich bei, den Arbeitsdienstgruppen vor der Rheinfront des Hotels »Dreesen« spielen. Auf den Hängen des gegenüberliegenden Siebengebirges erstellen währenddessen 600 Arbeitsdienstangehörige ein brennendes Hakenkreuz. Diese Demonstrationen von Volksnähe und parteiinterner Einigkeit, sollen von den Vorbereitungen für die Aktion gegen die SA ablenken. Die SA-Führer sollen sich in Sicherheit wiegen.

Hitler spricht vor den Beschäftigten der Krupp-Werke in Essen, der »Waffenschmiede des Reiches«; durch die großangelegten Propagandaauftritte Hitlers soll die laufende Vorbereitung zur Zerschlagung der SA vertuscht werden

SA-Führer Heines †

Gruppenführer K. Ernst †

Standartenführer v. Spreti †

Hitler-Kritiker Strasser †

Gruppenführer W. Schmid †

Widerständler Klausener †

Neuer SA-Chef Viktor Lutze

Reichsführer SS Himmler

Erschießungen bei Nacht und Nebel

30. Juni. Viele der im Zusammenhang mit der Röhm-Revolte Verhafteten werden noch am selben Tag oder am 1. Juli ohne Verfahren erschossen (→ 1. 7./S. 134). Während der Reichskanzler und oberste SA-Führer Adolf Hitler (NSDAP) in München aktiv ist, läßt der preußische Ministerpräsident Hermann Göring (NSDAP) in Berlin den dortigen SA-Gruppenführer Karl Ernst, sieben andere SA-Führer und eine große Zahl von »Verdächtigen« in der SS-Kaserne in Lichterfelde erschießen.

Die Hinrichtungen erfolgen ohne jedes Verhör und ohne Möglichkeit der Verteidigung. Schwarze Listen und nicht überprüfte Denunziationen genügen als Gründe für die Exekutionen. In einigen Fällen werden nicht einmal die Personalien überprüft, so daß es zu Personenverwechslungen kommt. Hitler und Göring nutzen die Situation, um Gegner zu beseitigen, die nichts mit Ernst Röhms Plänen zu tun haben.

ochzeitsbesuch und Abnahme des großen Zapfenstreiches

△ *Am 28. Juni nimmt Reichskanzler Adolf Hitler (Mitte) an der kirchlichen und an der standesamtlichen Trauung des dortigen Gauleiters Josef Terboven (NSDAP) teil; ganz rechts der Reichsminister und preußische Ministerpräsident Hermann Göring*

◁ *Am 29. Juni um zehn Uhr trifft der Führer mit seinen Begleitern, von Essen kommend, im westfälischen Arbeitslager Buddenberg ein, wo er mit dem Staatssekretär für den Arbeitsdienst, Konstantin Hierl (Mitte), zusammentrifft: »Das, lieber Hierl«, sagt Hitler, »ist Ihr großer, geschichtlicher Verdienst. Den NS-Arbeitsdienst haben Sie geschaffen, und dafür danke ich Ihnen, und dafür dankt Ihnen das deutsche Volk.«*

Brisante Marburger Papen-Rede verboten

17. Juni. Der deutsche Vizekanzler Franz von Papen (parteilos) wendet sich auf der 14. Jahresversammlung des Universitätsbundes Marburg mit aufsehenerregender Schärfe gegen die revolutionären Nationalsozialisten, die konservative Kreise zu »Reaktionären« zu stempeln versuchen (→ S. 115).
Die Veröffentlichung und Verbreitung der Rede wird vom Reichsminister für Volksaufklärung und Propaganda, Joseph Goebbels (NSDAP), verboten. Begründet wird das Verbot mit dem Hinweis, Papen habe mit Bemerkungen über den Feldzug gegen Miesmacher und Kritikaster (→ 11. 5./S. 91) Goebbels angegriffen. Die Montagsausgabe der »Frankfurter Zeitung«, in der die Marburger Rede veröffentlicht wird, lassen die NS-Behörden beschlagnahmen. Der Autor der Rede, der Publizist und konservative Politiker Edgar J. Jung, wird am 25. Juni verhaftet und im Zusammenhang mit der Niederschlagung der sog. Röhm-Revolte (→ 30. 6./S. 112) am 1. Juli im Konzentrationslager Oranienburg erschossen.
Der konservative Papen spricht in Marburg über innenpolitische Entwicklungen nach der sog. nationalsozialistischen Revolution und führt dabei folgendes aus: Wenn allzu eifrige »jugendliche Revolutionäre« mit dem Schlagwort »reaktionär« auch diejenigen Volkskräfte abtun wollten, die sich in vollem Umfang der von der Zeit gestellten Aufgabe unterzögen, so müsse darauf verwiesen werden, daß das Bündnis vom 30. Januar 1933 zwischen Nationalsozialismus und konservativen Kräften in voller Übereinstimmung des Erneuerungsziels abgeschlossen wurde. Papen fährt mit der Aussage fort, daß der Einparteienstaat, der an die Stelle des Mehrparteiensystems getreten sei, nur solange eine Berechtigung habe, wie es zur Sicherung des Umbruchs notwendig sei und bis die neue personelle Auslese wirksam werde.
Auch künftig müsse es eine Auslese geben, aber eine natürliche. Der Geist dürfte nicht mit dem Schlagwort »Intellektualismus« abgetan werden. Es sei nicht richtig, daß dem geistigen Menschen die Vitalität mangle. Hier handle es sich um eine gefährliche Verwechslung von Vitalität und Brutalität, sagt Papen. Menschlichkeit sowie Freiheit und Gleichheit vor dem Richter seien keine liberalen, sondern germanisch-christliche Begriffe. Große Männer würden nicht durch Propaganda gemacht, sondern sie wüchsen durch ihre Taten und würden von der Geschichte anerkannt.
Die Rede hat eine sensationelle Wirkung. Wie im Ausland berichtet wird, erhält Papen Glückwunschtelegramme von Reichspräsident Paul von Hindenburg und von mehreren Großindustriellen, die ihren politischen Einfluß durch die Aktivitäten radikaler Nationalsozialisten bedroht sehen. Papens Rede wird als Vorstoß interpretiert, Reichskanzler Adolf Hitler (NSDAP) zu einem Eingreifen im Konflikt zwischen dem gemäßigten nationalen Flügel und den Radikalen — vor allem Goebbels und SA-Stabschef Ernst Röhm — zu veranlassen. Goebbels verlangt die Demission Papens, der selbst ein Rücktrittsgesuch einreicht. Hitler versucht zwar einerseits, Papen als bürgerlich-konservatives Aushängeschild des Regimes zu halten, bestätigt jedoch gleichzeitig das Veröffentlichungsverbot des Propagandaministeriums. Er ist noch auf eine Zusammenarbeit mit bürgerlichen Kreisen angewiesen, duldet aber keine Kritik an seiner Herrschaft.

Der parteilose Vizekanzler Papen (mit Frau) war 1932 Reichskanzler

»Kampf den Saboteuren nationalsozialistischer Aufbauarbeit!«

25. Juni. Reichsminister Rudolf Heß (NSDAP), der Stellvertreter des Führers, erläßt in einer Rundfunkrede einen eindringlichen Appell gegen die Entfesselung einer »zweiten Revolution«, wie sie von SA-Stabschef Ernst Röhm gefordert wird (→ S. 115). Die Rede, die dem gemäßigten Standpunkt der verbotenen Marburger Rede Vizekanzlers Franz von Papen (→ 17. 6./S. 118) gerecht zu werden versucht, ohne den radikalen Flügel der NS-Führer allzusehr anzugreifen, wird international als Beweis für den Ernst der Krise im Deutschen Reich gewertet:
»Alles wird verziehen, nur nicht das Vergehen am eigenen Volke! Und weil der Nationalsozialismus das Vergehen am Volke nicht verzeiht, hat er mit der ihm eigenen Entschlossenheit auch den Kampf gegen die Art von Saboteuren aufgenommen, die heute glauben, durch böswillige Kritik und Kritisiererei der nationalsozialistischen Aufbauarbeit Schaden zufügen zu können. Ich gehöre nicht zu denjenigen, die in jeder Kritik gleich ein Verbrechen sehen. Ich weiß auch, daß hier und da Anlaß zu begründeter Kritik besteht: Um so schärfer wende ich mich aber gegen diejenigen, die kaum vermeidbare Mängel, wie sie ein so tiefgehender Umsturz durch eine Millionenbewegung naturnotwendig mit sich bringt, zum Anlaß nehmen, um Mißtrauen zu säen, Unruhe zu stiften und ihre eigenen politischen Geschäfte zu betreiben. Seien wir nachsichtig mit denen, die das Schicksal zum Abseitsstehen, zum Nichtverstehen, zum Nichtskönnen verdammt hat, und richten wir die Stoßkraft unseres ganzen Kampfes gegen die, die aus Böswilligkeit nicht wollen. Aus welcher Gedankenwelt heraus und in welcher Sprache die Böswilligen daherreden, das zeigen uns die Blätter, die draußen in der Emigration entstehen. Lehnen wir eine Auseinandersetzung mit diesen Kritikern ab, so sind wir andererseits jeder Art sachlicher Kritik, die dem Wesen nationalsozialistischen Denkens entspricht, zugänglich, sofern sie auf geeignetem Wege vorgebracht wird. Der Weg führt über die Nervenstränge der Partei, des lebendigen Bindeglieds zwischen Führer und Volk ... Zu einer besonderen Vorsicht möchte ich jene idealistischen Leichtgläubigen unter meinen Parteigenossen mahnen, die manchmal in der Erinnerung an den Heroismus in den Kampfzeiten der Bewegung dazu neigen, sich Provokateuren zuzuwenden, die Volksgenossen gegeneinander zu hetzen versuchen und dieses verbrecherische Spiel mit dem Namen einer 'zweiten Revolution' bemänteln ... Die einen reden revolutionär, aber das Handeln derer, die in stiller Arbeit bei kargem Lohn dem revolutionären nationalsozialistischen Wollen sichtbaren Ausdruck geben, ist viel größer. Wer beispielsweise planend und praktisch arbeitend an den für die Jahrhunderte gebauten Autobahnen mitarbeitet, leistet mehr für die deutsche Revolution, als wer da glaubt, in blutrünstiger Rede über seine Impotenz hinwegtäuschen zu können.«

Heß, Führerstellvertreter und Minister ohne Geschäftsbereich

Feierlicher Rahmen für Treffen von Hitler und Mussolini

14. Juni. Der deutsche Reichskanzler Adolf Hitler (NSDAP) trifft zu einem zweitägigen Besuch in Venedig ein, wo er vom italienischen Duce und Ministerpräsidenten, Benito Mussolini, empfangen wird.

Die deutschen Zeitungen schildern in aller Ausführlichkeit den festlichen Empfang Hitlers. Die beiden Diktatoren treffen u. a. im Prunkschloß von Stra zusammen und konferieren in der goldbeschlagenen Staatsgondel in den Lagunen von Venedig. Das Interesse, das international dieser Begegnung entgegengebracht wird, wird im Deutschen Reich freudig registriert. In Zeitungskommentaren wird mit Genugtuung festgestellt, daß die internationale politisch-geistige Isolierung des nationalsozialistischen Deutschen Reiches sich spürbar auflockert. Die auf deutsche Initiative zurückgehende Begegnung von Venedig wird als Erfüllung des Wunsches beider Partner dargestellt, sich kennenzulernen und einen Gedankenaustausch zu pflegen. Konkrete diplomatische Ergebnisse werden von beiden Seiten nicht angestrebt.

Das »Giornale d'Italia« bezeichnet die Zusammenkunft als eine Kundgebung der Stärke des Friedens und der Abklärung. Es sei eine Zusammenkunft der Führer von zwei europäischen Großmächten und von zwei nationalen Erneuerungsbewegungen, die zusammen eine der stärksten politischen und sozialen Kraftzentren Europas darstellen: »Hinter den Führern dieser beiden Regime stehen zwei starke Völker, die ihr nationales Gewissen erneuert haben. Das Bestehen dieser beiden starken Mächte kann und darf für Europa keinen Grund zur Beunruhigung bieten.« Das Blatt weist darauf hin, daß Mussolini ein Gegner der Politik geheimer »Blöcke« und Koalitionen sei.

Der äußere Rahmen des Hitler-Besuchs kann aber nicht über eine Abkühlung des deutsch-italienischen Verhältnisses hinwegtäuschen. Die Unterstützung Italiens für die anti-nationalsozialistische Regierung in Österreich überschattet das deutsch-italienische Verhältnis, insbesondere seit Unterzeichnung der Römischen Protokolle (→ 17. 3./S. 61). Darin hatte Italien mit Österreich und Ungarn eine enge Zusammenarbeit verabredet.

Reichskanzler Hitler fährt mit dem Motorboot zur internationalen Kunstausstellung in Venedig

V.l.n.r.: Botschafter Ulrich von Hassell, Reichsaußenminister Konstantin von Neurath, Hitler, Staatssekretär Fulvio Suvich, Mussolini

Mussolini und Hitler im Park des Golfplatzes Alberoni am Lido

Hitler auf dem Flugplatz in Venedig, wo er von Mussolini begrüßt wird

70 000 Menschen lauschen auf dem Markusplatz einer Rede Mussolinis, der Hitler auf einem Balkon des Palazzo Reale beiwohnt

Hitler: »Fanatisch für deutsche Ehre«

17. Juni. Auf dem nationalsozialistischen Gauparteitag in Gera betont der deutsche Reichskanzler Adolf Hitler (NSDAP) den Friedenswillen der Deutschen. Durch die nationalsozialistische Revolution sei ein Volk zum Bewußtsein seiner Kraft erwacht:

»Dieser Staat steht erst in seiner ersten Jugend. Ein Volk ist zum Bewußtsein seiner Kraft erwacht. Wenn nun die andere Welt daran die Frage knüpft: Was wollt ihr damit? Dann können wir sagen: Nach innen alles, nach außen nur, daß ihr uns in Ruhe laßt. Wir Nationalsozialisten haben ein gigantisches Programm im Innern. Das verpflichtet uns, Friede und Freundschaft mit der anderen Welt zu suchen. Das verpflichtet uns aber auch, genauso dafür zu sorgen, daß die andere Welt uns in Frieden und Ruhe läßt ... Wenn uns jemand sagt: Wenn ihr Nationalsozialisten die Gleichberechtigung wünscht, müssen wir aufrüsten; so können wir nur sagen: Unseretwegen könnt ihr das tun, denn wir haben ja nicht die Absicht, euch anzugreifen. Allein wir wollen so stark sein, daß auch jedem anderen die Absicht vergeht, uns anzugreifen ... So bedingungslos unsere Friedensliebe ist, ... so fanatisch werden wir für die deutsche Freiheit eintreten.«

Bischöfe für Verhandlung

5. Juni. 20 000 Menschen nehmen an der Eröffnung der katholischen Bischofskonferenz in Fulda teil. Die Bischöfe treten unter dem Vorsitz von Erzbischof Adolf Johannes Bertram, dem Metropoliten der ostdeutschen Kirchenprovinz, und in Anwesenheit von Kardinal Michael von Faulhaber zu mehrtägigen Beratungen über die Ausführungsbestimmungen zum Reichskonkordat zusammen; das Konkordat war 1933 in der Vatikanstadt zwischen dem Deutschen Reich und dem Heiligen Stuhl unterzeichnet worden. Fünf Erzbischöfe, 14 Bischöfe und drei Prälaten nehmen an den Besprechungen in Fulda teil.

Die Verhandlungen mit der nationalsozialistischen Reichsregierung über die Verwirklichung der Konkordatsbestimmungen sind ins Stocken geraten. In Fulda werden nun gemeinsame Richtlinien des deutschen Episkopats für die Weiterbehandlung der Streitfragen festgelegt. Die Bischöfe bringen den Wunsch zum Ausdruck, alle Unstimmigkeiten mit der NS-Führung auf dem Verhandlungsweg auszuräumen.

Besonders aktuell ist die Frage der katholischen Jugendverbände, deren Wirkungskreis durch behördliche Verbote zunehmend eingeschränkt wird. In vielen Landesteilen sind die Jugendorganisationen faktisch gezwungen, »unsichtbar« zu wirken. So ist in Köln und Umgebung sowie in Ober- und Mittelfranken den Jungkatholiken jedes geschlossene Auftreten in der Öffentlichkeit, das Tragen uniformähnlicher Kleidungsstücke, das Führen von Fahnen und Wimpeln, das gemeinsame Wandern und die Errichtung von Jugendlagern untersagt worden. Die bischöfliche Konferenz beschäftigt sich mit einem Vermittlungsvorschlag, wonach den Mitgliedern der katholischen Jugendverbände empfohlen werden soll, sich auch in die Hitler-Jugend aufnehmen zu lassen; Voraussetzung dafür wäre, daß die katholischen Organisationen auf Straßen und Plätzen und auf Wanderungen in der Natur mit ihren Uniformen und Fahnen geschlossen auftreten dürfen.

Eine weitere Forderung der katholischen Bischöfe zielt auf Einrichtung einer besonderen Seelsorge für die katholischen Mitglieder des Arbeitsdienstes und der Landhilfe, die jugendliche Arbeitslose in größeren Abteilungen für die Ernte und andere bäuerliche Arbeiten einstellt. Ferner werden Garantien für die ungehinderte Veröffentlichung der bischöflichen Hirtenbriefe gewünscht. Die Bischofskonferenz benennt schließlich drei Unterhändler für die Verhandlungen mit der Reichsregierung, den Freiburger Erzbischof Conrad Gröber – er vertritt die These von der »Zähmbarkeit« des Nationalsozialismus –, Bischof Wilhelm Berning von Osnabrück und Bischof Nicolaus Bares von Berlin.

Michael von Faulhaber, Erzbischof von München-Freising

Die deutschen Bischöfe in Fulda; die Aufnahme entstand bei der Bischofskonferenz 1933; 1934 wurde ein Fotografierverbot verhängt

»Dienst in der Wehrmacht ist Ehrendienst am deutschen Volk«

4. Juni. Der deutsche Reichspräsident Paul von Hindenburg erläßt einen Armeebefehl über »Die Pflichten des deutschen Soldaten«. Dieser ersetzt die bisherigen, aus dem Jahr 1930 stammenden Bestimmungen über die »Berufspflichten des deutschen Soldaten«. Die Abweichungen liegen in bedeutsamen Änderungen der Formulierung. Es wird nicht mehr von Berufspflichten, sondern von Soldatenpflichten gesprochen. Das Wort »Reichswehr« ist überall durch die umfassendere Bezeichnung »Wehrmacht« ersetzt. Was an den exklusiven Charakter des früher 100 000 Mann zählenden Heers erinnert, wurde im neuen Text gestrichen. Durch das Hervorheben der »ruhmreichen Vergangenheit« wird gleichzeitig dem Reichspräsidenten, Generalfeldmarschall von Hindenburg als dem Oberbefehlshaber der Wehrmacht und dem Sieger in der Schlacht von Tannenberg, eine Referenz erwiesen. Der Kerngedanke der nationalsozialistischen Ideologie von »Blut und Boden« wird andererseits in freier Umschreibung (»Volkstum und Erde«) in das militärische Pflichtenheft eingeführt. Der Schutz des NS-Staats wird ausdrücklich als Aufgabe formuliert.

Reichswehrminister Werner von Blomberg (parteilos) befiehlt, daß »Die Pflichten des deutschen Soldaten« jedem Soldaten sofort bekanntzumachen und von ihm auswendig zu lernen sind.

Im Pflichtenkatalog heißt es:

»1. Die Wehrmacht ist der Waffenträger des deutschen Volkes. Sie schützt das Deutsche Reich und Vaterland, das im Nationalsozialismus geeinte Volk und seinen Lebensraum. Die Wurzeln ihrer Kraft liegen in einer ruhmreichen Vergangenheit, im deutschen Volkstum, deutscher Erde und deutscher Arbeit. Der Dienst in der Wehrmacht ist Ehrendienst am deutschen Volk.

2. Die Ehre des Soldaten liegt im bedingungslosen Einsatz seiner Person für Volk und Vaterland bis zur Opferung seines Lebens.

3. Höchste Soldatentugend ist der kämpferische Mut. Er fordert Härte und Entschlossenheit. Feigheit ist schimpflich, Zaudern unsoldatisch.

4. Gehorsam ist die Grundlage der Wehrmacht, Vertrauen die Grundlage des Gehorsams. Soldatisches Führertum beruht auf Verantwortungsfreude, überlegenem Können und unermüdlicher Fürsorge.

5. Große Leistungen in Krieg und Frieden entstehen nur in unerschütterlicher Kampfgemeinschaft von Führer und Truppe.

6. Kampfgemeinschaft erfordert Kameradschaft. Sie bewährt sich besonders in Not und Gefahr.

7. Selbstbewußt und bescheiden, aufrecht und treu, gottesfürchtig und wahrhaft, verschwiegen und unbestechlich soll der Soldat dem ganzen Volk ein Vorbild männlicher Kraft sein. Nur Leistungen berechtigen zum Stolz.

8. Größten Lohn und höchstes Glück findet der Soldat im Bewußtsein freudig erfüllter Pflicht.«

Ehebruch wird mit Gefängnis bestraft

22. Juni. In Dresden werden ein Mann wegen Ehebruchs zu einem Monat Gefängnis und seine Geliebte zu zwei Wochen Gefängnis verurteilt. Vor der nationalsozialistischen Machtübernahme im Jahr 1933 war in solchen Fällen eine Strafe von einem Tag üblich.
Nach nationalsozialistischer Auffassung richtet sich ein Ehebruch gegen Ehe und Familie als die Grundlagen des Staats und der Kultur. Die Ehe gilt als der alleinige Lebensquell der Nation. Deshalb darf sie nie Selbstzweck sein und z. B. aus persönlichen oder egoistischen Gründen (Geschäftsinteresse) geschlossen werden. Wer die Verantwortung für Ehe und Familie ablehnt, schließt sich aus dem »Blutstrom des Volkes« aus. Ehebruch wird vor diesem ideologischen Hintergrund als ein Angriff auf die Grundfeste des nationalsozialistischen Staates betrachtet.

Gewohnheitstäter in Vorbeugehaft

5. Juni. Das preußische Justizministerium in Berlin gibt bekannt, die Zahl der Schwerverbrechen in Preußen sei in den letzten Monaten um rund 60% zurückgegangen. Dies wird u. a. auf die Anwendung der Sicherheitsverwahrung zurückgeführt. Zur Zeit befinden sich etwa 600 sog. Gewohnheitsverbrecher in Sicherheitsverwahrung.
Als Gewohnheitsverbrecher gilt, wer »infolge eines eingewurzelten Hanges zum Verbrechen« wiederholt Straftaten begeht und trotz Bestrafung rückfällig wird. Zweck der Sicherheitsverwahrung ist die »Unschädlichmachung und die Verhütung einer weiteren Schädigung der Volksgemeinschaft«.
Die Sicherheitsverwahrten müssen wie die Strafgefangenen arbeiten. Sie dürfen in der Regel alle zwei Monate Besuch empfangen und alle vier Wochen einen Brief schreiben.

Maßnahmen gegen Doppelverdiener

5. Juni. Nach einer Anordnung des deutschen Reichs- und des preußischen Finanzministeriums in Berlin sollen alle verheirateten Beamtinnen in Preußen schriftlich befragt werden, ob sie aus dem Dienst ausscheiden wollen. Bei Frauen, die dies verneinen, sei die Entlassung von Amts wegen zu veranlassen, falls ihre wirtschaftliche Versorgung sichergestellt sei.
Doppelverdiener werden im Dritten Reich ungern gesehen, da sie »Nahrungsplätze für Bedürftigere versperren«. Wegen der Kompliziertheit der Verhältnisse sieht die NS-Regierung jedoch von einer gesetzlichen Beschränkung des Doppelverdienertums ab. Durch »Erziehungsmaßnahmen« und beamtenrechtliche Vorschriften soll das Doppelverdienertum eingedämmt werden. Gezielte Propaganda stempelt die Doppelverdiener zu »Volksschädlingen«.

Sonnabend nur für Aktivitäten der HJ

9. Juni. Der deutsche Reichsminister für Wissenschaft, Erziehung und Volksbildung, Bernhard Rust (NSDAP), proklamiert auf einer Kundgebung des Nationalsozialistischen Lehrerbunds in München den Sonnabend zum »Staatsjugendtag«, an dem der Schulunterricht ausfällt. Der Sonnabend sei für die staatspolitische Erziehung der Jugend durch die Hitlerjugend (HJ) bestimmt, der Sonntag sei der Tag der Familie, die anderen Tage seien der Schule vorbehalten.
Damit wird die HJ neben Schule und Elternhaus als gleichberechtigte Institution der Erziehung anerkannt. Die Konkurrenz zwischen HJ und Schule wird verringert. Die bisherige Beanspruchung der Schüler durch Marschübungen und nächtliche Totenwachen an den Särgen verstorbener Kameraden hatte Bedenken bei Lehrern und Eltern hervorgerufen.

Berlin - Hamburg nun in 50 Minuten

15. Juni. Die Deutsche Luft-Hansa eröffnet den »Blitzflugverkehr« zwischen Berlin, Frankfurt am Main, Köln und Hamburg. Die eingesetzten Schnellverkehrsflugzeuge vom Typ Heinkel He 70 erreichen Reisegeschwindigkeiten von über 300 km/h, so daß die Flugdauer von Berlin nach Frankfurt nur noch 85 Minuten beträgt.

Flugdauer mit »Blitzflugverkehr«

Berlin - Frankfurt	85 Min.
Berlin - Frankfurt - Köln	120 Min.
Berlin - Hamburg	50 Min.
Hamburg - Köln	70 Min.

Die He 70 kann fünf Personen befördern und erreicht eine Höchstgeschwindigkeit von 377 km/h. Das mit einem 670-PS-BMW-Motor ausgerüstete Flugzeug steigt in 2,3 Minuten auf 1000 und in etwa 25 Minuten auf 5000 Meter Höhe. Die größte erreichbare Höhe liegt bei 7000 Metern.
Das neue deutsche Blitzflug-Netz schafft eine enge Verknüpfung der auch international bedeutsamen Verkehrsknotenpunkte im Deutschen Reich.

Sonnenwendfeiern als Ersatz für christliches Weihnachtsfest

23. Juni. *In der Nacht von Sonnabend auf Sonntag finden im ganzen Deutschen Reich mit großem propagandistischen Aufwand der Nationalsozialisten Sonnenwendfeiern statt. Die Abbildung zeigt die Feier auf dem Fehrbelliner Platz in Berlin. An den »Weihestätten« werden Fackeln für die Teilnahme ausgegeben, Flugzeuge kreisen in der Luft, und zahlreiche Gebäude sind hell erleuchtet. Die örtlichen Kreisleiter halten NS-Einheitsreden, die vor allem den Nationalsozialismus und weniger das Fest der Sonnenwende zum Thema haben: »So wie diese Flammen zum nächtlichen Himmel lodern, so hat die innere Glut der nationalsozialistischen Bewegung wie eine flammende Kraft immer mehr die Herzen unseres Volkes erleuchtet... Heute sollen unsere Herzen in Liebe zu unserem Führer auflodern, ihm wollen wir treu und ergeben sein...«*
Die nationalsozialistische Führung plant, durch die Wiederbelebung solcher Feste wie der Sonnenwendfeier langfristig christliche Feiern wie Weihnachten und Ostern zu ersetzen. Ihr Vorhaben bleibt aber trotz des Propagandaaufwandes erfolglos, da die christlichen Feste in der Bevölkerung verwurzelt sind.

Arbeitseinsatz im Moor

8. Juni. Strafgefangene kultivieren die rund 50 000 ha Ödlandflächen des Emsländischen Moors in Oldenburg. Die Aktion erfolgt auf Vorschlag des preußischen Justizministeriums in Absprache mit dem preußischen Landwirtschaftsministerium. Die zur Arbeit eingesetzten Strafgefangenen sind zur Zeit in vier Lagern mit einer Kapazität von 1000 Mann eingesetzt. Zur Durchführung des Gesamtplans sind 21 Lager erforderlich. Ziel der Maßnahme ist die Gewinnung von Ackerboden für 2 300 Siedler.
Die nationalsozialistische Regierung stellt für Siedlungsprojekte dieser Art namhafte Summen zur Verfügung. So erhält 1934 Oberschlesien zwei Millionen Reichsmark (RM), das Waldenburger Notstandsgebiet eine halbe Million RM; die für das Aachener Gebiet bereitgestellten zwei Millionen RM werden auf fünf Millionen erhöht. Erstrebt wird eine Bodenordnung, bei der bäuerliche, im wesentlichen mit Familienangehörigen arbeitende Betriebe vorherrschen. Der sog. Reagrarisierung dienen im nationalsozialistischen Deutschen Reich u. a. die Neulandgewinnung an der Küste und die Kultivierung von Moor-, Heide- und Ödland.

Landgewinnung an der Nordsee; in Kleinbahnzügen wird Erde vom Festland auf einen Deich gefahren, siebeneinhalb Meter über dem Meeresspiegel

Stapellauf der »Graf Spee«

Stapellauf der »Admiral Graf Spee«; das dritte deutsche Panzerschiff ist etwas über 180 m lang und 21 m breit

30. Juni. In Wilhelmshaven läuft das neue Panzerschiff »C« der deutschen Reichsmarine vom Stapel. Es wird nach dem Sieger der Schlacht bei Coronel auf den Namen »Admiral Graf Spee« getauft. Der deutsche Vizeadmiral Maximilian Reichsgraf von Spee hatte 1914 ein britisches Geschwader südlich der chilenischen Stadt Coronel besiegt. Speesche Sinnesart sei »Geist der Ritterlichkeit und der Seelengröße«, sagt Admiral Erich Raeder, der Chef der Marineleitung, in seiner Ansprache.
Die »Admiral Graf Spee« ist das dritte deutsche Panzerschiff. Wie seine Schwesterschiffe »Deutschland« und »Admiral Scheer« erhält es eine Artillerieausrüstung von sechs 28-cm-Geschützen und zwei Drillingstürmen sowie Torpedos.

Göring zeigt sich gern mit »Arbeitskameraden«, um zu demonstrieren, daß die Kluft zwischen Arbeit und Politik im NS-Staat »aufgehoben« sei

Arbeit und Soziales 1934:

Arbeitsplätze um jeden Preis

Seit der Machtübernahme der Nationalsozialisten im Januar 1933 versucht die Regierung unter Reichskanzler Adolf Hitler (NSDAP), die Zahl der Arbeitslosen möglichst stark zu verringern, um die Bevölkerung von den wirtschaftspolitischen Fähigkeiten des Regimes zu überzeugen. Eingeleitet werden Arbeitsbeschaffungsmaßnahmen im großen Stil wie der Bau von Reichsautobahnen (→ 21. 3./S. 56) und öffentlichen Gebäuden oder die Kultivierung von Brachflächen wie das Emsländische Moor. Nach offiziellen Statistiken schafft sie es, die Arbeitslosenzahl im Vergleich zum Vorjahr um 43,4% auf 2,7 Millionen zum vermindern!

Solche Ergebnisse erreicht die NS-Führung aber auch durch eine Vielzahl von Maßnahmen zur Verdrängung von Frauen aus dem Arbeitsleben. Behördliche Aktivitäten wie eine Anordnung zur Bekämpfung des Doppelverdienertums (→ 5. 6./S. 121) und massive Propaganda weisen Frauen die Hausfrauen- und Mutterrolle zu, während jede berufstätige Frau als »eigennützig« verunglimpft wird. Auch die Verdrängung von Juden aus dem Arbeitsleben eröffnet neue Stellen.
Die große Zahl der Schulabgänger, die den Arbeitsmarkt zu belasten drohen, werden im Arbeitsdienst eingesetzt, für Mädchen wird das Haushaltsjahr eingeführt.

Berufswettkämpfe u.a. Propagandaaktionen sind im NS-Staat häufig

Großprojekte, als »Arbeitsschlachten« bezeichnet

Die Weltwirtschaftskrise hat in allen europäischen Ländern zu großer Vere-
'endung geführt; hier ein als Wohnung genutzter Bauwagen bei Paris

Auch die arbeitsrechtliche Situa-
:ion in den Betrieben wird durch
die NS-Regierung auf neue gesetzli-
che Grundlagen gestellt. Die Geg-
nerschaft von Unternehmern und
Arbeitern wird aufgehoben und durch eine am Führerprinzip orientierte Betriebsordnung ersetzt. Nicht mehr »marxistischer Klassenkampf« soll das Verhältnis der Tarifparteien prägen, sondern ein »Treueverhältnis«.

Die NS-Presse zeigt mit Vorliebe Bilder vom Elend der Arbeiter in ausländischen Städten, so dieses »Baby im Käfig« einer englischen Arbeiterfamilie

Führerprinzip auch in Wirtschaftsunternehmen

Das Gesetz zur nationalen Arbeit, das am 1. Mai 1934 in Kraft getreten ist, hat im Deutschen Reich eine neue rechtliche Grundlage für die Arbeitswelt geschaffen. Mit dem Inkrafttreten sind u. a. das Betriebsrätegesetz, die Tarifvertrags- und die Schlichtungsverordnung außer Kraft gesetzt und neue Prinzipien in die Betriebsverfassung eingeführt:

Führerprinzip: Nach dem neuen Gesetz ist der Unternehmer »Führer« des Betriebs. Die Angestellten und Arbeiter stehen als »Gefolgschaft« zum Führer im Treueverhältnis. Sie arbeiten gemeinsam zur Förderung der Betriebszwecke und »zum gemeinen Nutzen von Volk und Staat«, wobei der Führer in allen betrieblichen Angelegenheiten entscheidet.

Vertrauensrat: Bei Unternehmen mit mindestens 20 Beschäftigten werden aus der Gefolgschaft »Vertrauensmänner« gewählt. Unter der Leitung des Führers bilden die Vertrauensmänner den Vertrauensrat, der dafür sorgt, daß »das Vertrauen in der Betriebsgemeinschaft vertieft« wird, und Maßnahmen berät, die der Steigerung der Arbeitsleistung dienen.

Ehrengerichtsbarkeit: Das Gesetz schafft den Begriff der sozialen Ehre. Verletzungen gegen gewissenhafte Pflichterfüllung werden durch »Ehrengerichte« gesühnt. Derartige Verstöße gegen die soziale Ehre liegen z. B. vor, wenn die Gefolgschaft durch »böswillige Verhetzung« den Arbeitsfrieden gefährdet oder den Gemeinschaftsgeist böswillig stört.

*'rauen werden aus dem
Berufsleben gedrängt*

Arbeitende Frauen werden als »eigennützig« bezeichnet

Lehrerinnen sind im NS-Staat wenig gefragt; Lehrer ist laut offizieller Propaganda ein »Männerberuf«

Mutter und Gattin, »eigentlicher Beruf der Frau« in der NS-Ideologie

Goebbels Gast der Intellektuellen-Union

13. Juni. *Der deutsche Reichsminister für Volksaufklärung und Propaganda, Joseph Goebbels (NSDAP), trifft zu einem dreitägigen Besuch in der polnischen Hauptstadt Warschau ein, wo er u. a. die Rede »Die Wahrheit über Deutschland« hält und von Marschall Jósef Klemens Pilsudski empfangen wird. Goebbels hält sich nicht zu einem offiziellen Staatsbesuch in Polen auf, sondern besucht das Land als Gast der Union für intellektuelle Zusammenarbeit, die von dem bekannten klassischen Philologen Tadeusz Zieliński präsidiert wird. Die Abbildung zeigt v. l. den deutschen Gesandten Hans-Adolf von Moltke, Marschall Pilsudski, Goebbels und den polnischen Außenminister Józef Beck.*

Kundgebung der britischen Schwarzhemden

8. Juni. *Bei einer Versammlung von 15 000 britischen Faschisten (Schwarzhemden) in der Londoner Olympia Hall (Abb.) kommt es zu blutigen Zusammenstößen mit Kommunisten und unabhängigen Sozialisten; bei den Auseinandersetzungen verhaftet die Polizei 23 Personen. Faschistenführer Oswald Mosley muß wegen Störungen immer wieder seine Rede über die Abschottung des englischen Binnenmarkts und die Friedenspolitik des britischen Faschismus unterbrechen, ehe seine Anhänger die Demonstranten aus der Halle geprügelt haben. Die »Times« veröffentlicht einen Tag später einen Leserbrief, in dem gegen die »ganz ungerechtfertigte Brutalität« der faschistischen Schläger protestiert wird.*

Konzentrationslager in Ländern Europas

17. Juni. Die polnische Regierung beschließt die Errichtung von Isolationslagern zur Inhaftierung von »Störern der öffentlichen Ordnung und von politischen Hetzern«. Am 26. Juni beschließt die spanische Regierung die Errichtung von Konzentrationslagern (KZ) für »Vagabunden und verdächtige Personen«. Am 10. Dezember ordnet die estländische Regierung die Errichtung von Konzentrationslagern für staatsgefährdende Personen an.

Inhaftierte Nationalsozialisten im österreichischen »Anhaltelager« Messendorf bei Graz; fast überall in Europa gibt es mit den deutschen »Vorzeige«-Konzentrationslagern vergleichbare Lager für Oppositionelle

Schätzungen über die Zahl der in Lagern Internierten in der UdSSR schwanken zwischen 100 000 und drei Millionen.
Der polnische Ministerpräsident Leo Kozlowski rechtfertigt am 1. August vor dem Parlament in Warschau die Errichtung eines KZs für Anhänger terroristischer Methoden unter den ukrainischen Nationalisten, für Mitglieder der verbotenen Kommunistischen Partei und die rechtsradikalen polnischen Nationalisten als außerordentliche Maßnahme, die aufgrund des verstärkten Terrors in der letzten Zeit notwendig geworden sei.
Nicht nur im nationalsozialistischen Deutschen Reich gibt es Konzentrationslager (→ 17. 2./S. 43). In anderen Ländern haben sie jedoch oft andere Namen. So werden die österreichischen Internierungslager, z. B. in Wöllersdorf, nicht als Konzentrations-, sondern als Anhaltelager bezeichnet. In Polen heißen die Lager Isolationslager.
Über die Konzentrationslager im Deutschen Reich liegen widersprüchliche Berichte vor. Ehemalige Häftlinge berichten in der Emigration von menschenunwürdiger Behandlung, von Folter und Mord. In Vorzeigekonzentrationslagern führt das NS-Regime der internationalen Presse hingegen ein hartes, aber erträgliches Lagerleben vor. In den seit 1933 im Deutschen Reich eingerichteten KZs, werden Kommunisten, Sozialdemokraten, Christen »und andere Feinde des nationalsozialistischen Staates« interniert.

Zu Zwangsarbeiten eingesetzte Insassen eines Lagers in der UdSSR

Strafe für Bericht über betrunkene SA

7. Juni. Ein durch KZ-Haft vorbestrafter Redakteur von der »Deutschen Wochenschau« wird wegen »Nachlässigkeit in der Berichterstattung« zu einer Geldstrafe verurteilt. Er hatte von betrunkenen SA-Männern an Silvester berichtet. Dies wird als Versuch gewertet, di[e] Geschlossenheit der SA zu stören.

Treffen von Resa Pahlawi und Kemal Atatürk

16. Juni. *Der Schah von Persien, Resa Pahlawi (r.), trifft zu einem offiziellen Besuch in der türkischen Hauptstadt Ankara ein. Nach einer offiziellen Verlautbarung besprechen Resa und der türkische Staatspräsident Kemal Atatürk (l.) die Gründung eines Ostpakts zwischen der Türkei, Persien, Afghanistan und dem Irak. Der Besuch ist Anlaß für öffentliche Kundgebungen, wie sie die Türkei seit ihrer Gründung nicht mehr erlebt hat. Während des Schah-Besuchs werden fast 200 000 persische Fahnen verkauft, die Stadt ist ein einziges Flaggenmeer; Militärparaden und festliche Empfänge wechseln sich ab. Aus Angst vor einem Attentat hat die türkische Führung umfassende Sicherheitsvorkehrungen getroffen.*

Gewalt und Terror auch in der Schweiz

4. Juni. Nach blutigen Straßenschlachten zwischen Sozialisten, Kommunisten und Frontisten (Faschisten) verbietet der Stadtrat von Zürich »bis auf weiteres alle öffentlichen politischen Kundgebungen, Versammlungen und dergleichen sowohl unter freiem Himmel als auch in geschlossenen Räumen.« Eine für den 5. Juni angekündigte frontistische »Protestversammlung gegen den roten Terror« kann nicht stattfinden. Die »Neue Zürcher Zeitung« kommentiert das Verbot und die zunehmend gewalttätiger werdenden Auseinandersetzungen der politischen Flügel so: »Am Dienstag und Freitag vergangener Woche mußte die Stadtpolizei, deren Führung es anerkennenswerter Weise an Zielbewußtheit und Schneid nicht fehlen ließ, umfassende Vorkehrungen treffen, um ein Blutbad zu vereiteln, aus dem eine grauenhafte politische Saat hätte aufgehen müssen. Die Sprache der sozialdemokratischen und kommunistischen, wie auch der frontistischen Presse legten es dem Stadtrat nahe, durch ein Machtwort das rasch unlösbar zu werden drohende Feuer der niedrigsten politischen Leidenschaften einzudämmen. Die davon Betroffenen mögen sich für die eingeengte Versammlungsfreiheit dort bedanken, wo in den letzten Monaten kein Mittel gescheut wurde, um eine eigentliche Pogrom-Stimmung zu schüren.«

Zürichs Stadtpräsident Klöti, mit politischer Gewalt konfrontiert

Woolworth-Boykott nicht durchgesetzt

.. Juni. Eine Demonstration von etwa 200 Menschen vor dem Woolworth-Einheitspreisgeschäft in Kassel führt zur polizeilichen Schließung der Filiale. Als sie am folgenden Tag wieder geöffnet wird, wiederholt sich die Demonstration. Die Polizei ordnet daraufhin an, daß der Betrieb vorläufig ganz geschlossen zu bleiben hat.
Ausgelöst wurden die Demonstrationen durch eine Meldung der »Kurhessischen Zeitung«, nach der die Leitung des Warenhauskonzerns Woolworth in New York zum Generalboykott deutscher Waren übergegangen sei (→ 13. 5./S. 102) und in großen US-Zeitungen Inserate mit der Schlagzeile »Wir führen kein Stück deutscher Ware!« veröffentlicht habe.
Fünf Tage später wird die Kasseler Woolworth-Filiale wieder eröffnet. Zur Beruhigung der Bevölkerung wird mitgeteilt, Woolworth — vor dem 1. April 1933 als »arisches Unternehmen« anerkannt — verkaufe im Deutschen Reich fast nur deutsche Waren.

Der Kreuzer »Bartolomeo Colleoni« im Mittelmeer; die Kriegsschiffe Italiens provozieren Zwischenfälle, um die Stärke ihres Landes zu demonstrieren

Italien »besucht« Albanien

24. Juni. Ein italienisches Marine-Geschwader stattet der albanischen Stadt Durazzo (Durrës) einen zweitägigen »Besuch« ab. Nach einer Erklärung des albanischen Pressebüros ist diese Flottendemonstration weder im Einvernehmen mit der albanischen Regierung vorbereitet noch angekündigt worden. Die Regierung in Tirana verlangt eine Erklärung vom italienischen Gesandten. Dieser vertritt den Standpunkt, angesichts der engen Beziehungen zwischen den beiden Ländern brauchte sich die Flotte nicht anzumelden; ihr Kommen sei lediglich ein Akt der Höflichkeit. Die italienische Führung nutzt im Mittelmeerraum jede Gelegenheit zur Demonstration ihrer Stärke.

Filmkomödie erregt NS-Studentenschaft

6. Juni. Zu feindseligen Kundgebungen kommt es in Berlin bei der Premiere des Films »Die blonde Kathrein«. Die künstlerisch und filmpolitisch unbedeutende Komödie bringt die trinkselige Studentenherrlichkeit vergangener Jahre auf die Leinwand. Diese Bier- und Burschenromantik stößt bei nationalsozialistischen Studenten auf Ablehnung. Vor dem Kino verlangen Demonstranten, darunter SA-Männer in Uniform, die Absetzung des Films. Nach einer Auseinandersetzung mit Feldjägern ziehen die Demonstranten zur Reichskanzlei, wo ihnen ein Adjutant Adolf Hitlers zusichert, der Film werde unverzüglich dem Führer vorgeführt werden.
Wenige Tage später erscheint bei den Vorführungen des Films ein Vorspann: »Dieser Film parodiert ein Studentenleben, wie es immer wieder aus einer falschen Romantik heraus der Bevölkerung gezeigt wurde, während das wirkliche Leben des Studenten heute Arbeit und Dienst am Volk ist.«

Theater 1934:

Deutsche Klassiker und der Mythos von Opfer und Erlösung

Das Jahr 1934 bringt einschneidende Änderungen für die deutschen Theater. Der preußische Ministerpräsident Hermann Göring (NSDAP) übernimmt die Verwaltung der Staatstheater in Preußen (→ 18. 1./S. 30); das Reichstheatergesetz schafft die gesetzliche Grundlage für die Umfunktionierung der Bühne zum nationalsozialistischen Propagandaforum (→ 15. 5./S. 107); in Dresden findet erstmals die Reichstheaterwoche statt (→ 27. 5./S. 106); der Reichsminister für Volksaufklärung und Propaganda, Joseph Goebbels (NSDAP), bekräftigt das Auftrittsverbot für alle nichtarischen Künstler (→ 12.3./S. 66).

Seit 1933 ist der durch seine Gedichtsammlung »Das Lied vom Stahlhelm« bekannte Schriftsteller Rainer Schlösser Reichsdramaturg mit richtunggebendem Einfluß auf die Spielplangestaltung aller deutschen Theater. Die Reichstheaterkammer unter der Führung von Otto Laubinger, Werner Krauss, Wilhelm Rode, Schlösser, Otto Leers und Heinz Hilpert ist die berufsständische Körperschaft aller deutschen Theaterschaffenden. In ihr aufgegangen sind von früheren Fachverbänden die Genossenschaft deutscher Bühnenangehöriger, der Deutsche Bühnenverein, der Deutsche Chorsängerverband und Tänzerbund, die Vereinigung der Bühnenverleger, die Internationale Artistenloge und der Internationale Varieté-, Theater- und Zirkusdirektorenverband.

Der Nationalsozialismus fordert dem Volksschicksal verbundene Dramen, die »politisch-sittliche Entscheidungen treffen«. Die großen Vorbilder sind Johann Wolfgang von Goethe und Friedrich Schiller, da sie »die metaphysische Idee des Menschentums« gestalten; dazu gehören aber auch Heinrich von Kleist, der mit dem »Prinz von Homburg« die »Gipfelleistung eines politischen deutschen Dramas« schuf, und Christian Friedrich Hebbel mit seinem »tragischen Weltbewußtsein«.

Zu Beginn der NS-Herrschaft beherrschen neben Klassikerinszenierungen auffällig viele Aktionsstücke die Bühne, die sich mit dem Ersten Weltkrieg beschäftigen. Der Mythos von Opfer und Erlösung soll beim Publikum eine Handlungsbereitschaft schaffen, die nicht nach geschichtlichen Voraussetzungen fragt, sondern blind zustimmt und sich unbedingt unterwirft. Andererseits verschwinden ab 1934 solche Stücke von den Bühnen, die sich mit nationalsozialistischen Tagesthemen beschäftigen. Nationalsozialistische Vorstellungen und Werte bilden vielmehr den Hintergrund für Stücke und Motive, die »ins volle Menschenleben … fassen«.

In Berlin hat das Stück »Aufbruch 1933« als erstes »Arbeiter-Werkspiel« Premiere

Szene aus dem Kriegsschauspiel »Reims« von F. Bethge, der im NS-Staat als Vertreter des »neuen deutschen Dramas« gilt

Gotthold Ditter als Michael Kohlhaas in einer Dramatisierung der Kleist-Novelle

Werner Krauss spielt den französischen Kaiser Napoleon I. in dem historischen Schauspiel »100 Tage« von Benito Mussolini

Szenenfoto aus dem Dramenzyklus »Die Nibelungen« von Friedrich Hebbel; dieses Trauerspiel hat am Deutschen Theater in Berlin Premiere

Alfred Rosenberg auf dem Index

29. Juni. Aus der Vatikanstadt wird gemeldet, daß sämtliche Werke des Philosophen und liberalen Politikers Benedetto Croce auf den »Index librorum prohibitorum« gesetzt worden seien, auf das amtliche Verzeichnis der vom Apostolischen Stuhl für Katholiken verbotenen Bücher. Croce, Vertreter des italienischen Neuidealismus, hatte sich u. a. gegen den Faschismus gewendet. Auch Alfred Rosenbergs (NSDAP) »Der Mythus des 20. Jahrhunderts« ist in diese Index-Liste aufgenommen worden.
Es ist eine Sünde, indizierte Werke zu lesen, aufzubewahren, zu verteilen, zu übersetzen oder auf eine andere Weise mitzuteilen. So darf kein Katholik Immanuel Kants »Kritik der reinen Vernunft« oder Leopold von Rankes »Die römischen Päpste« lesen, es sei denn, er hat eine bischöfliche Erlaubnis. Auch die französischen Philosophen sind verboten: Jean-Jacques Rousseau, Voltaire usw. Betroffen sind auch die Romanciers Victor Hugo, George Sand und Émile Zola.

Pallenberg stirbt bei Flugzeugabsturz

26. Juni. Der österreichische Schauspieler Max Pallenberg kommt bei einem Flugzeugabsturz in Karlsbad (Karlovy Vary) in der Tschechoslowakei ums Leben.
Pallenberg, geboren 1877 in Wien, ging 1895 zum Theater und wirkte ab 1904 an verschiedenen Wiener Bühnen, 1911 am Münchner Künstlertheater. 1914 wurde er von Max Reinhardt entdeckt und für das Deutsche Theater in Berlin verpflichtet. In der Folgezeit stieg er zu einem der bekanntesten Charakterdarsteller auf (Zawidil, der Geizige, der eingebildete Kranke, Liliom, der Unbestechliche).
Als Komiker erzielte er seine stärksten Wirkungen durch Improvisationen, die sich an Wort und Wortspiel entzündeten. Trotz zuweilen bissigen und galligen Humors war der tragische Grundton seiner Menschengestaltung nicht zu übersehen. 1918 heiratete er die Sängerin und Schauspielerin Fritzi Massary. Nach dem Ersten Weltkrieg feierte er Triumphe bei Gastspielreisen im In- und Ausland.

Ein »Gruppenbild der fünf Brüder Ullstein« des deutschen Malers Wilhelm Jaeckel; das Gemälde bekam die Firmenleitung im Jahr 1927 zum 50jährigen Jubiläum des Ullstein-Verlages geschenkt

Familie Ullstein zum Aufgeben gezwungen

10. Juni. Die Cautio GmbH, eine vom Reichsministerium für Volksaufklärung und Propaganda vorgeschobene Gesellschaft, kauft für sechs Millionen Reichsmark (RM) den Berliner Ullstein-Verlag, dessen tatsächlicher Wert auf mehr als das Zehnfache geschätzt wird. Mit dem Besitzwechsel werden aus dem traditionsreichen Verlag die letzten Mitglieder der Familie Ullstein verdrängt, in der sich das Unternehmen seit mehr als 50 Jahren vererbt hat. Bei Ullstein erscheinen u. a. die »Berliner Morgenpost«, die — zur Zeit verbotene — »Grüne Post«, die »B. Z. am Mittag« und die »Berliner Illustrirte Zeitung« sowie zahlreiche Fachzeitschriften und Magazine.
Mit dem erzwungenen Verkauf wird die Ausschaltung des Judentums aus dem Zeitungs- und Verlagswesen mit unerbittlicher Konsequenz weitergeführt. Trotz einiger Anpassungsversuche nach der Machtübernahme der Nationalsozialisten blieb die Lage der Familie Ullstein schwierig, auch als der Verlag die »Vossische Zeitung« einstellen ließ (→31. 3./S. 59). Die gespannten Beziehungen zu den Staats- und Parteistellen führten zu Zwischenfällen wie dem Verbot des preußischen Ministerpräsidenten Hermann Göring (NSDAP), eine Artikelserie über seine Taten als Flieger im Ersten Weltkrieg fortzusetzen, oder dem Verbot der beim Propagandaministerium unbeliebten »Grünen Post«.

Ullstein: Berliner Verlag mit Weltruf

Die Geschichte des Verlags Ullstein beginnt 1877, als der Papierhändler Leopold Ullstein das Druckerei- und Verlagsgeschäft der Berliner Firma Stahl & Aßmann, »insbesondere das Neue Berliner Tageblatt nebst sämtlichen in dem Geschäftslokal befindlichen Inventar« für 60 000 Mark übernimmt. Bereits vier Jahre später werden die Geschäftsräume zu klein, Ullstein kauft das Haus in der Kochstraße 23 und legt damit den Grundstock für den Ullstein-Komplex.
1887 bringt Leopold Ullstein mit Unterstützung seiner Söhne Hans und Louis die erste selbst konzipierte Zeitung heraus, die »Berliner Abendpost«. 1894 kommt die »Berliner Illustrirte Zeitung« dazu. 1898, ein Jahr vor seinem Tod, gibt er die »Berliner Morgenpost« heraus. Die Söhne Leopolds, Hans, Franz, Louis, Rudolf und Hermann, übernehmen im Laufe der Jahre Bereiche des expandierenden Unternehmens. Neben der wachsenden Tagespresse kommen Zeitschriften, anspruchsvolle Publikationen, Fachbücher und Belletristik hinzu. Ab 1908 erscheint die »Ullstein Weltgeschichte«, 1910 werden die ersten »Ullstein-Bücher« verlegt, Vorläufer der späteren Taschenbuchreihe. Im 1919 gegründeten Propyläen Verlag erscheinen Klassikerausgaben, Kunst- und Bildbände sowie enzyklopädische Werke. 1921 wird der Verlag in eine Aktiengesellschaft umgewandelt.
Die Erhaltung des Unternehmens nach dem erzwungenen Verkauf wird durch die NS-Regierung sichergestellt, damit nicht 8000 Arbeiter und Angestellte brotlos werden. Schon das Verbot der wöchentlich in 750 000 Exemplaren erscheinenden »Grünen Post« hat eine Papierfabrik an den Rand des Konkurses gebracht und ist deshalb vorzeitig aufgehoben worden.

Leopold Ullstein gründete im Jahr 1877 das Berliner Verlagshaus

Die WM wird zu einer Propagandaschau für das faschistische Regime; hier der Einlauf der Azurri vor dem Finale

Die Sieger; die WM wird vielfach als Farce bezeichnet, da erstklasssige Mannschaften wie Uruguay nicht teilnehmen

Italien wird Fußball-Weltmeister

10. Juni. Gastgeber Italien gewinnt in Rom die zweite Fußballweltmeisterschaft durch einen 2:1-Sieg über die Tschechoslowakei nach Verlängerung. Am 7. Juni hat das Deutsche Reich beim Spiel um den dritten Platz in Neapel Österreich 3:2 geschlagen.

Das Endspiel der Fußballweltmeisterschaft, das im erweiterten Stadio Nazionale in Rom ausgetragen wird, gestaltet sich nach entsprechender Propaganda des faschistischen Staates zu einer Massenkundgebung. Mit 50 000 Zuschauern ist das Stadion fast ausverkauft, was bei den hohen Eintrittspreisen eine Rekordeinnahme bedeutet. Italien hat Anstoß, doch zunächst stürmen die Tschechen, die in der 69. Minute durch Puc in Führung gehen. Die vom einheimischen Publikum angefeuerten Italiener gleichen in der 80. Minute durch Raimondo Orsi aus. In der 7. Minute der Verlängerung sichert Angelo Schiavio durch das Siegtor den Titelgewinn für Italien.

Aufstellung im Spiel um Platz 3

Deutsches Reich: Hans Jakob, Paul Janes, Willy Busch, Paul Zielinski, Reinhold Münzenberg, Jakob Bender, Ernst Lehner, Otto Siffling, Edmund Conen, Fritz Szepan, Matthias Heidemann

Österreich: Peter Platzer, Franz Cisar, Karl Sesta, Franz Wagner, Josef Smistik, Johann Urbanek, Karl Zischek, Georg Braun, Josef Bican, Johann Horvath, Rudolf Viertel

Als Favoriten galten neben Italien Ungarn, das »Wunderteam« aus Österreich, und die Tschechoslowakei. Argentinien, der Vizeweltmeister von 1930, ist nur mit einer Amateurmannschaft vertreten, Brasilien stellt die einzige südamerikanische Elf mit Profistatus. Großbritannien nimmt in Italien ebensowenig teil wie bei der ersten WM in Uruguay.

Wie sehr die Begeisterung für den Fußballsport seit 1930 gewachsen ist, zeigt die Tatsache, daß sich 32 Länder für die Teilnahme gemeldet haben, während in Uruguay nur 13 spielten. Da nur 16 Länder um die »Coupe Jules Rimet« spielen können, wurden erstmals Qualifikationsspiele durchgeführt. Der Franzose Jules Rimet, seit 1921 Präsident des Internationalen Fußballverbandes (FIFA), ist der Initiator der 1930 zum ersten Mal ausgetragenen Fußballweltmeisterschaft; der Wanderpokal, um den die besten Mannschaften der Welt spielen, trägt seinen Namen.

Die Spiele der Weltmeisterschaft

Erste Runde:	
Italien — USA	7:1
Deutschland — Belgien	5:2
Österreich — Frankreich	3:2 n.V.
Schweiz — Niederlande	3:2
Tschechoslowakei — Rumänien	2:1
Ungarn — Ägypten	4:2
Schweden — Argentinien	3:2
Spanien — Brasilien	3:1
Viertelfinale:	
Österreich — Ungarn	2:1
Deutschland — Schweden	2:1
Tschechoslowakei — Schweiz	3:2
Italien — Spanien	1:1 n. V.
Wiederholungsspiel	1:0
Halbfinale:	
Tschechoslowakei — Deutschland	3:1
Italien — Österreich	1:0
Spiel um den 3. Platz	
Deutschland — Österreich	3:2
Finale:	
Italien — Tschechoslowakei	2:1 n. V.

In Italien nehmen weder Großbritannien noch der amtierende Weltmeister Uruguay teil. Italien hatte beim Wettbewerb um die Ausrichtung der ersten WM 1930 gegenüber Uruguay den Kürzeren gezogen und war der ersten WM ferngeblieben; aus Verärgerung darüber nimmt nun der Titelverteidiger bei den Spielen in Italien nicht teil.

Titel für Schalke in letzter Minute

24. Juni. Der FC Schalke 04 wird vor 45 000 Zuschauern im Berliner Post-Stadion durch einen 2:1-Sieg über den 1. FC Nürnberg erstmals Deutscher Fußballmeister.

In der 27. Minute der zweiten Halbzeit geht Nürnberg in Führung. Die »Düsseldorfer Nachrichten« berichten: »Schalke drängt. Ecke um Ecke, Schuß um Schuß. Die Minuten vergehen, Nürnberg verteidigt. Es ist Körpereinsatz gegen letzten Willen zum Sieg. Und — drei Minuten vor Schluß kommt ein wundervoller Höhepunkt ... Eine hohe Eingabe von Rothardt, Szepan springt hoch, reißt seinen Körper über drei Nürnberger, ein kurzer Schlag mit dem Kopf. Das Stadion tobt. 1:1. Schalke 04 drängt sofort wieder. Kalwitzki ist am Ball, Munkert greift ihn an, stolpert. Über den am Boden liegenden Nürnberger lenkt Kalwitzki den Ball zur Mitte, Popp will an den Ball. Kuzorra ist um Bruchteile schneller. Ein Bombenschuß. Hoch im Winkel hängt der Ball. Wie erstarrt stehen die Nürnberger, Schalke 04 jubelt. Die Massen feiern den deutschen Meister.«

Ötte Tibulski, rechter Läufer der glücklichen »Kohlenpottmannschaft«

Ernst Kalwitzki, Rechtsaußen der Knappen aus Gelsenkirchen

Spielführer Ernst Kuzorra mit Schalke-Präsident Fritz Unkel

Fritz Szepan, Mittelläufer, erzielt das 1:1 gegen den 1. FC Nürnberg

Binda reißt den Reifen mit den Zähnen von der Felge

Erfrischung an der Kontrollstelle

Der siegreiche Guerra vor Binda

Giro d'Italia — 3700 Kilometer Höllenfahrt unter der sengenden Sonne Italiens

10. Juni. *Der Italiener Learco Guerra gewint den Giro d' Italia 1934, der in 17 Etappen über 3 713 Kilometer durch Italien führt. Guera siegt in einer Gesamtzeit von 121:17:17 h und durchfährt das Ziel in Rom mit nur wenigen Minuten Vorsprung vor seinen Landsleuten Francesco Camusso (121:18:08 h) und Giovanni Cazzulani (121:22:16 h).*

Von den 105 Teilnehmern, die am 10. Mai an den Start gegangen sind, erreichen nur 52 das Ziel. Der Giro stellt hohe Anforderungen an die Fahrer u.a. wegen der zahlreichen Bergetappen, auf deren Abfahrten Spitzengeschwindigkeiten von mehr als 70 km/h gestoppt werden. Außerdem macht den Fahrern die Hitze zu schaffen; an manchen Tagen werden Temperaturen von bis zu 35° C gemessen. Bei Etappenlängen von rund 200 km sind die Fahrer bis zu zwölf Stunden im Sattel. Nur kurze Pausen zum Luftholen und Verschnaufen bringen Aufenthalte an den Kontrollstellen, wo die Fahrer sich einschreiben müssen und sich erfrischen können.

Auch in diesem Jahr dominieren italienische Fahrer den Giro. In der Geschichte dieser Rundfahrt, die 1909 von der italienischen Sportzeitung »Gazetta dello Sport« begründet wurde, konnten nur zwei ausländische Fahrer Etappensiege herausfahren: Der Belgier Joseph Delmuysere und der Deutsche Hermann Buse.

Der Giro-Sieger des Vorjahres Alfredo Binda, der diesen Wettbewerb schon viermal gewonnen hat, kann in diesem Jahr nicht in die Entscheidung eingreifen. Er führt jedoch in der Liste der Etappensieger des Giro. In seiner Profilaufbahn (1921-1936) entscheidet er insgesamt 41 Etappen für sich und liegt damit vor Learco Guera mit 31 Siegen.

Baer entthront Carnera

14. Juni. In einem überaus harten Kampf besiegt der US-Amerikaner Max Baer im New Yorker Madison Square Stadion vor 80 000 Zuschauern den amtierenden Weltmeister Primo Carnera (Italien) durch technischen K.o. in der 11. Runde und sichert sich damit den Weltmeistertitel im Schwergewicht. Baer ist weniger als Techniker denn als harter Schläger bekannt. Technisches Boxen ist auch nicht die Stärke Carneras, der seine Gegner durch Gewicht und Masse zu überwältigen pflegte. Baer besiegte 1933 Max Schmeling.

Zu Beginn der zehnten Runde greift Max Baer (r.) seinen Gegner Primo Carnera sofort in dessen Ecke an und läßt sich einige Fouls zuschulden kommen; kurz vor Ende der Runde gelingt es ihm, Carnera mit der Rechten zu erwischen; der Italiener geht zu Boden, doch als der Ringrichter bis 4 gezählt hat, ertönt der Gong und rettet Carnera

Crawford (vorn) und Cramm im Nahkampf am Netz; von Cramm holt zum Rückhandschlag aus

Cramm feiert Sieg bei French Open

2. Juni. Die französischen internationalen Tennismeisterschaften in Paris gewinnt der Deutsche Gottfried Freiherr von Cramm durch einen Fünfsatzsieg über den Australier Jack Crawford. In einem harten, spannenden Spiel ringt der Deutsche Meister vor 10 000 Zuschauern im Roland-Garros-Stadion den Titelverteidiger nieder. Mit 6:4, 7:9, 3:6, 7:5 und 6:3 gibt er dem Australier das Nachsehen.

Zum ersten Mal seit dem Ersten Weltkrieg ist es einem deutschen Tennisspieler gelungen, ins Herren-Einzelfinale eines der großen internationalen Turniere vorzudringen. Während Cilly Aussem 1931 Paris und Wimbledon gewann und Hilde Krahwinkel im selben Jahr in Wimbledon das Endspiel bestritt, war den deutschen Herren ein solcher Erfolg nicht beschieden. Dem beim Publikum beliebten von Cramm gelang es 1933, gemeinsam mit Hilde Krahwinkel das Mixed-Finale in Wimbledon zu gewinnen. 1934 spielt er im Endspiel der French Open und gewinnt. Die Internationalen Deutschen Meisterschaften gewann Cramm erstmals 1932.

Juli 1934

Mo	Di	Mi	Do	Fr	Sa	So
						1
2	3	4	5	6	7	8
9	10	11	12	13	14	15
16	17	18	19	20	21	22
23	24	25	26	27	28	29
30	31					

1. Juli, Sonntag

Der am → 30. Juni (S. 112) von Reichskanzler Adolf Hitler (NSDAP) verhaftete SA-Stabschef Ernst Röhm wird erschossen. → S. 134

Nach amtlicher Meldung ist die Niederschlagung der Röhm-Revolte im Deutschen Reich bis zum Abend des 1. Juli abgeschlossen. → S. 134

Der deutsche Reichswehrminister Werner von Blomberg (parteilos) hebt den Alarmzustand der Reichwehr auf. → S. 134

Der deutsche Reichsminister für Volksaufklärung und Propaganda, Joseph Goebbels (NSDAP), ordnet nach dem Ende des Feldzugs gegen Miesmacher und Kritikaster einen Urlaub für alle Partei- und Gauredner bis Ende Juli an (→ 11. 5./S. 91).

Die Abstimmungskommission des Genfer Völkerbunds trifft im Saargebiet ein. Sie soll die freie, geheime und unbeeinflußte Stimmabgabe sicherstellen (→ 26. 8./S. 154).

Jean Puppe wird zum deutschen Reichskommissar für Rohstoffwirtschaft ernannt. → S. 139

Im Deutschen Reich tritt das Gesetz zur Ordnung der Getreidewirtschaft in Kraft. Nach diesem Gesetz kann der Reichsminister für Ernährung und Landwirtschaft u. a. die Erzeugerpreise vorschreiben.

In Leitmeritz (Litoměřice) in der Tschechoslowakei findet die 40. Hauptversammlung des Bunds der Deutschen in Böhmen statt. Er endet mit der Gründung des Bunds der Deutschen, der alle entsprechenden Verbände in der Tschechoslowakei umfaßt.

2. Juli, Montag

Der deutsche Reichspräsident Paul von Hindenburg dankt Reichskanzler Adolf Hitler (NSDAP) in einem Telegramm für die Niederschlagung der sog. Röhm-Revolte (→ 1. 7./S. 134).

Die »Düsseldorfer Nachrichten« berichten über Betroffenheit und Fassungslosigkeit in der Bevölkerung nach der Ermordung führender SA-Leute (→ 30. 6./S. 112)

In Saarbrücken wird das Einheitsfrontabkommen zwischen der KPD im Saargebiet und der Sozialdemokratischen Landespartei des Saargebiets, die sich Ende 1933 von der SPD gelöst hatte, geschlossen. Ziel ist der Kampf gegen den Anschluß des Saargebiets an das nationalsozialistische Deutsche Reich (→ 26. 8./S. 154).

Der deutsche Reichsminister des Innern, Wilhelm Frick (NSDAP), ermahnt die deutsche Beamtenschaft nach der Niederschlagung der sog. Röhm-Revolte zu Gehorsam gegenüber der NS-Regierung. → S. 140

Aus verschiedenen Städten des Deutschen Reichs wird gemeldet, daß Personen in Schutzhaft genommen worden sind, die »anläßlich der letzten Maßnahmen des Führers glaubten, die SA in gehässiger Weise beschimpfen und herabsetzen zu können«.

Der deutsche Reichskanzler Adolf Hitler (NSDAP) stattet in Berlin dem siamesischen Königspaar einen Höflichkeitsbesuch ab (→ S. 62).

3. Juli, Dienstag

Das nationalsozialistische deutsche Reichskabinett erklärt die Niederschlagung der sog. Röhm-Revolte nachträglich per Gesetz »als Staatsnotwehr gegen Hoch- und Landesverrat« für rechtens. → S. 134

Das deutsche Reichskabinett in Berlin verabschiedet das Gesetz zur Änderung des Reichswahlgesetzes, wonach ein Abgeordneter seinen Reichstagssitz verliert, wenn er aus der Fraktion der NSDAP austritt oder aus ihr ausgeschlossen wird.

Der preußische Ministerpräsident und deutsche Reichsminister Hermann Göring (NSDAP) wird zum Reichsforstmeister ernannt. → S. 139

Der deutsche Reichskanzler Adolf Hitler (NSDAP) berichtet Reichspräsident Paul von Hindenburg auf dessen Gut Neudeck in Preußen über die Niederschlagung der sog. Röhm-Revolte (→ 1. 7./S. 134).

4. Juli, Mittwoch

In London wird das deutsch-britische Transferabkommen unterzeichnet. Es regelt die künftigen deutschen Zinszahlungen für die Reparationsleistungen an die Siegermächte des Ersten Weltkriegs (→ 29. 5./S. 92).

In Amsterdam kommt es zu blutigen Straßenschlachten zwischen Arbeitslosen und der Polizei. → S. 142

Die französisch-polnische Physikerin Marie Curie stirbt in Sancellemoz in Savoyen im Alter von 66 Jahren. → S. 144

Ein Bauernaufstand im Süden Chiles wird durch Militär niedergeworfen.

5. Juli, Donnerstag

Die US-amerikanische Nachrichtenagentur United Press Association meldet, der französische Außenminister Louis Barthou sei seit langem über die Putschpläne von Ernst Röhm im Deutschen Reich unterrichtet gewesen. Die französische Botschaft in Berlin weist diese Meldung entschieden zurück (→ 1. 7./S. 134).

Der Dritte Strafsenat des Reichsgerichts in Leipzig bestätigt, daß »die Verweigerung des deutschen Grußes« in Gerichtsverfahren »eine erhebliche Störung« darstellt. Ein Verteidiger, der sich geweigert hat, mit erhobenem Arm zu grüßen, wird von der weiteren Teilnahme an einem Prozeß ausgeschlossen.

In Rumänien werden die deutschen NS-Organisationen aufgelöst, die sich im Banat und bei den Siebenbürger Sachsen gebildet hatten. → S. 142

6. Juli, Freitag

Der deutsche Reichspräsident Paul von Hindenburg ernennt Reichsarbeitsführer Konstantin Hierl (NSDAP) zum Reichskommissar für den Arbeitsdienst. Bisher war für den Reichsarbeitsdienst Reichsarbeitsminister Franz Seldte (NSDAP) zuständig.

In Berlin wird den Vertretern des Reichsstandes des deutschen Handwerks die »Führer-Amtskette des deutschen Handwerks« überreicht, eine Stiftung des Reichspräsidenten Paul von Hindenburg, die »vom Führer des deutschen Handwerks altem Brauche gemäß bei nationalen und dienstlichen Anlässen angelegt werden« soll.

Der neue Stabschef der SA, Viktor Lutze, schließt eine zahlenmäßige Verringerung der SA nicht aus. Er sei entschlossen, »aus den braunen Formationen ein unbedingt sauberes und politisch zuverlässiges Instrument der Bewegung« zu machen.

In New York wird die Rekordtemperatur von 55 °C gemessen. Die Ostküste der USA wird seit über einem Monat von einer Hitzewelle heimgesucht, die seit 1901 ohne Beispiel ist.

7. Juli, Sonnabend

Der deutsche Reichsminister des Innern, Wilhelm Frick (NSDAP), verbietet aus Gründen der öffentlichen Sicherheit, Ordnung und Ruhe alle Auseinandersetzungen über den evangelischen Kirchenstreit in öffentlichen Versammlungen, in der Presse und in Flugblättern. Ausgenommen sind amtliche Kundgebungen des Reichsbischofs Ludwig Müller (→ 23. 9./S. 165).

Hans-Heinrich Sievert stellt in Hamburg mit 8790,46 Punkten einen Weltrekord im Zehnkampf auf. → S. 145

Der Brite Fred Perry gewinnt das Wimbledon-Finale gegen Titelverteidiger Jack Crawford aus Australien. → S. 145

8. Juli, Sonntag

Der deutsche Reichsminister und Stellvertreter des Führers, Rudolf Heß (NSDAP), dankt auf dem Königsberger Gauparteitag den SS-Mannschaften für ihre vorbildliche Pflichterfüllung bei der Niederschlagung der Röhm-Revolte.

Auf dem Jahreskongreß der französischen Frontkämpfer in Paris lehnt das »Frontkämpferparlament« mit großer Mehrheit die Sparmaßnahmen der Regierung unter Gaston Doumergue ab, beschließt jedoch, die Bewährungsfrist für die Regierung bis zum Herbst zu verlängern.

Auf einer Wallfahrt nach Mariazell erklärt der österreichische Bundeskanzler Engelbert Dollfuß (Christlichsoziale Partei), tiefes Grauen müsse jeden erfüllen, der sähe, zu welchen Ergebnissen die nationalsozialistische Bewegung im Deutschen Reich gelangt sei, die sich eingebildet und versprochen habe, das deutsche Volk in eine glückliche Zukunft zu führen.

Der US-amerikanische Industrielle John Davison Rockefeller feiert seinen 95. Geburtstag. → S. 143

9. Juli, Montag

Die Konzentrationslager im Deutschen Reich werden der Befehlsgewalt von Reichsführer SS, Heinrich Himmler (NSDAP), unterstellt und erhalten SS-Wachmannschaften (→ 20. 7./S. 139).

Das amtliche Deutsche Nachrichtenbüro in Berlin meldet, daß ein sechsmonatiges Einfuhrverbot für die »Neue Zürcher Zeitung«, die »Basler Nationalzeitung« und den »Berner Bund« erlassen worden sei, nachdem die Schweiz die Einfuhr des »Völkischen Beobachters«, des »Angriffs« und der »Berliner Börsenzeitung« verboten habe.

Der deutsche Reichsminister des Innern, Wilhelm Frick (NSDAP), ordnet in einem Rundschreiben den verstärkten Einsatz des Films als gleichberechtigtes Lehrmittel neben dem Buch in der Schule an.

Der italienische Duce und Ministerpräsident, Benito Mussolini, arbeitet in Vittoria drei Stunden lang als Drescher und läßt sich den Stundenlohn auszahlen. Anschließend erklärt er, das Zeitalter des Faschismus bedeute das Ende der Vorherrschaft der sog. Intellektuellen.

Nach amtlichen Meldungen sind bei den blutigen Unruhen in Amsterdam wegen der Kürzung der Arbeitslosenunterstützung sieben Menschen getötet worden (→ 4. 7./S. 142).

Die Geheime Staatspolizei (Gestapo) nimmt bei Hausdurchsuchungen in Singen, Radolfzell und Konstanz mehr als 70 Personen fest »wegen Besitzes verbotener, durchweg von der Schweiz eingeschmuggelter Druckschriften kommunistischen Inhalts oder wegen kommunistischer Zellenbildung«.

10. Juli, Dienstag

Der deutsche Reichsminister des Auswärtigen, Konstantin Freiherr von Neurath (parteilos), empfängt in Berlin die Botschafter Großbritanniens, Frankreichs, Italiens und Japans und weist sie auf die für die deutsche Minderheit unwürdigen Verhältnisse im zu Litauen gehörenden Memelgebiet hin. Er fordert das Eingreifen der Signatarmächte des Memelstatus.

Propagandaminister Joseph Goebbels (NSDAP) wendet sich in einer Rundfunkrede gegen die Berichterstattung zur sog. Röhm-Revolte im Ausland. Er bezeichnet die Zeitungsberichte als »deutschfeindliche« Hetze. → S. 135

Die Kongobahn in Französisch-Äquatorialafrika wird eröffnet. Sie verbindet Brazzaville mit dem Hafen Pointe Noire.

In der Universität von Freiburg im Breisgau bricht ein Großfeuer aus, das sich aufgrund der Trockenheit ausbreitet und großen Sachschaden anrichtet. → S. 143

In den USA bereitet die »Liga der Sittlichkeit« einen Feldzug gegen anstößige Darstellungen in Filmen, Theaterstücken und Varietéveranstaltungen vor. → S. 143

Der Dichter und Anarchist Erich Mühsam wird im Konzentrationslager Oranienburg ermordet. Der prominente NS-Gegner war nach dem Reichstagsbrand festgenommen worden. → S. 144

Immer wieder ist im deutschen »Kolonialgedenkjahr 1934« die Zeit vor dem Ersten Weltkrieg, »als Deutschlands Flagge noch über Afrika« wehte, ein Titelblatthema für deutsche Zeitschriften, wie hier der Berliner »Woche«

11. Juli, Mittwoch

Der österreichische Bundeskanzler Engelbert Dollfuß (CP) bildet sein zweites Kabinett. Er übernimmt neben dem Amt des Bundeskanzlers erneut das Außen-, Innen- und Landwirtschaftsministerium sowie — erstmals — die Ressorts Landesverteidigung und Sicherheit. Vizekanzler bleibt Ernst Rüdiger Fürst Starhemberg (Heimwehr).

Genrich G. Jagoda wird Leiter des neugeschaffenen Volkskommissariats für Innere Angelegenheiten der Sowjetunion. → S. 142

Der deutsche Reichswirtschaftsminister Kurt Schmitt (parteilos) beruft den Führer der Wirtschaft, Generaldirektor Philipp Keßler, mit sofortiger Wirkung von seinem Posten ab.

Die deutschen Kreuzer »Königsberg« und »Leipzig« treffen zu einem Besuch in der britischen Hafenstadt Portsmouth ein.

12. Juli, Donnerstag

Der deutsche Reichskommissar für den Arbeitsdienst, Reichsarbeitsführer Konstantin Hierl (NSDAP), kündigt die Einführung der Arbeitsdienstpflicht für 1935 an. Bisher ist der Arbeitsdienst freiwillig. Der Reichskommissar bezeichnet die Einführung des weiblichen Arbeitsdienstes ebenfalls als notwendig.

Das Reichsgericht in Leipzig fällt eine Grundsatzentscheidung über die Anfechtbarkeit arisch-nichtarischer Mischehen. → S. 140

In Mettmann werden zwei Jugendliche zu je 150 Reichsmark Geldstrafe verurteilt, weil sie im Anschluß an einen Gottesdienst eine Zeitschrift des katholischen Jugendverbands verteilt hatten. Die Zeitschrift war am Vortag vom Regierungspräsidenten verboten worden.

Das Landesarbeitsgericht Berlin weist eine Klage des Filmschauspielers Hans Albers gegen die Filmgesellschaft Ufa auf Zahlung von 68 000 Reichsmark (RM) ab. Albers hatte den Standpunkt vertreten, die Dreharbeiten für einen langen Spielfilm dürften drei Monate nicht überschreiten ohne eine Erhöhung des Honorars; die Aufnahme für »Gold« hätten jedoch fünfeinhalb Monate gedauert.

Die Bevölkerung des US-Bundesstaats Mississippi spricht sich mit einer Mehrheit von fast zwei Dritteln für die Beibehaltung der Prohibiton (Herstellungs-, Transport- und Verkaufsverbot von Alkohol) aus.

Aus der Mandschurei wird der Ausbruch der Pest gemeldet. 17 Menschen sind Pressemeldungen zufolge der Krankheit bereits zum Opfer gefallen.

13. Juli, Freitag

Der deutsche Reichskanzler Adolf Hitler (NSDAP) rechtfertigt in einer Rede vor dem Deutschen Reichstag in Berlin die Niederschlagung der sog. Röhm-Revolte. → S. 134

In Liegnitz wird ein Landwirt »wegen unsozialen, arbeitnehmerfeindlichen Verhaltens und dauernder Sabotage des Aufbauwerkes der nationalsozialistischen Regierung« in Schutzhaft genommen.

14. Juli, Sonnabend

Im Preußenhaus inBerlin tritt erstmals der neu eingerichtete Volksgerichtshof zusammen (→ 24. 4./S. 77).

Der deutsche Reichspräsident Paul von Hindenburg stiftet ein Ehrenkreuz für alle deutschen Kriegsteilnehmer.

Am 14./15. Juli wird im Deutschen Reich der »Tag der deutschen Rose« begangen. Dabei werden 20 Millionen Rosen zugunsten der »Mütterschulung« und des Hilfswerks »Mutter und Kind« an die Bevölkerung verkauft.

15. Juli, Sonntag

Durch preußisches Gesetz erhält Berlin am 15. Juli den vollen Rang einer Provinz. Der nach dem Führerprinzip aufgebauten Verwaltung steht der Oberbürgermeister vor, der von der preußischen Regierung berufen wird.

In Italien wird das Presseamt des Regierungschefs gegründet, das Galeazzo Ciano übernimmt, der Schwiegersohn von Ministerpräsident und Duce Benito Mussolini.

Hans Stuck gewinnt auf dem Nürburgring den Großen Preis von Deutschland. → S. 145

Die Münchnerin Gisela Mauermayer stellt in Warschau mit 16,48 m einen Weltrekord im Kugelstoßen auf. → S. 145

16. Juli, Montag

Die Presse veröffentlicht eine Klarstellung einer Aussage von Polizeigeneral Kurt Daluege, dem Befehlshaber der preußischen Polizei. Der General habe nicht erklärt, daß jeder Polizeibeamte Parteigenosse werden, sondern von echt nationalsozialistischem Geist erfüllt werden müsse.

Im Gebiet von San Francisco wird erstmals in der Geschichte der USA ein Generalstreik durchgeführt. Der Ausstand wird als Solidaraktion für die 12 000 streikenden Hafenarbeiter durchgeführt. (→ 9. 5./S. 97)

Die verfassunggebende Nationalversammlung in Rio de Janeiro genehmigt eine neue Bundesverfassung für Brasilien. Sie stärkt die Exekutivgewalt des Präsidenten Getúlio Dornelles Vargas. → S. 142

Die tschechoslowakische Regierung erklärt die von Mißernten betroffenen Gegenden des Landes zu Notstandsgebieten.

17. Juli, Dienstag

Das ungarische Innenministerium verfügt die Auflösung der nationalsozialistischen Kampforganisation.

18. Juli, Mittwoch

Das britische Kabinett unter Premierminister James Ramsey MacDonald (Labour) beschließt ein Programm zur Verstärkung der Luftwaffe. Danach soll die Zahl der Flugzeuggeschwader von 94 auf 131 erhöht werden (→ 29. 5./S. 94).

In Italien wird die Zeit der vormilitärischen Ausbildung von zwei auf drei Jahre verlängert. Sie dauert nun vom 18. bis zum 21. Lebensjahr (→ 27. 8./S. 157).

In Großbritannien wird von König Georg V. der Mersey-Straßentunnel eröffnet; er verbindet Liverpool mit Birkenhead. → S. 143

19. Juli, Donnerstag

Das amtliche Deutsche Nachrichtenbüro (DNB) in Berlin meldet, daß nach Angaben von Reichsbischof Ludwig Müller von den 28 Landeskirchen bereits 22 in der Evangelischen Reichskirche aufgegangen seien. Während sich bei drei weiteren die Verhandlungen problemlos gestalteten, machten die Landeskirchen von Bayern, Württemberg und Hannover noch Schwierigkeiten (→ 23. 9./S. 165).

20. Juli, Freitag

Die SS wird im Rahmen der Nationalsozialistischen Deutschen Arbeiterpartei (NSDAP) eine selbständige Organisation. → S. 139

21. Juli, Sonnabend

In Baden-Baden starten 1 700 Fahrzeuge zur zweitägigen Wertungsrundfahrt »2000 Kilometer durch Deutschland«. Etwa 60% der Fahrer erreichen am nächsten Tag das Ziel.

Tagelanger wolkenbruchartiger Regen verursacht eine Überschwemmungskatastrophe in Polen, bei der rund 150 Menschen ums Leben kommen und 50 000 Familien obdachlos werden → S. 143

22. Juli, Sonntag

In Bayreuth beginnen die Wagner-Festspiele. Richard Strauss dirigiert das Bühnenweihfestspiel »Parsifal«.

23. Juli, Montag

Der deutsche Reichsminister und Stellvertreter des Führers, Rudolf Heß (NSDAP), unterzeichnet einen Erlaß gegen Denunzianten und Ehrabschneider. → S. 140

Aus Madrid wird gemeldet, daß sich ein aus Wien stammender Abenteurer namens Kossiner unter dem Namen König Boris I. zum Herrscher von Andorra hat ausrufen lassen. Nach Auseinandersetzungen mit der Polizei flüchtete er auf spanisches Territorium und erließ hier eine neue Verfassung für den Pyrenäenstaat. Die spanischen Behörden verhafteten den Mann (→ 3. 3./S. 64).

24. Juli, Dienstag

Durch einen Notenaustausch in der türkischen Hauptstadt Ankara werden die diplomatischen Beziehungen zwischen der Sowjetunion und Bulgarien aufgenommen (→ 18. 9./S. 168).

25. Juli, Mittwoch

Ein nationalsozialistischer Putschversuch in Österreich scheitert. Bundeskanzler Engelbert Dollfuß (CP) wird jedoch von den Putschisten ermordet. → S. 136

26. Juli, Donnerstag

Der österreichische Vizekanzler Ernst Rüdiger Fürst Starhemberg (Heimwehr) übernimmt die Geschäfte des Bundeskanzlers (→ 25. 7./S. 136).

Der italienische Duce und Ministerpräsident, Benito Mussolini, entsendet Truppen an die italienisch-österreichische Grenze (→ 25. 7./S. 136).

Der deutsche Reichskanzler Adolf Hitler (NSDAP) designiert Vizekanzler Franz von Papen (parteilos) zum Sondergesandten in Wien. Von Papen scheidet aus dem Reichskabinett aus. → S. 139

27. Juli, Freitag

Die Reichspressestelle der NSDAP meldet, daß der Reichsminister und Stellvertreter des Führers, Rudolf Heß (NSDAP), künftig an der Bearbeitung von Gesetzentwürfen sämtlicher Reichsressorts zu beteiligen ist. Dadurch soll eine weitere Vereinheitlichung von Partei und Staat erzielt werden.

28. Juli, Sonnabend

Der ermordete österreichische Bundeskanzler Engelbert Dollfuß (CP) wird in Wien beigesetzt. → S. 138

In den USA stürzt ein Stratosphärenballon mit drei Mann Besatzung aus der Rekordhöhe von 17 000 m ab. → S. 143

29. Juli, Sonntag

Der Franzose Antonin Magne gewinnt die Tour de France. → S. 145

30. Juli, Montag

Kurt Schuschnigg (CP) wird neuer österreichischer Bundeskanzler als Nachfolger des am 25. Juli ermordeten Engelbert Dollfuß (CP). → S. 138

Der deutsche Reichsarbeitsminister Franz Seldte (NSDAP) untersagt die Auswanderung von Facharbeitern aus dem Deutschen Reich.

Ein wegen undeutschen Verhaltens aus seinem Betrieb entlassener Arbeiter scheitert vor dem Duisburger Arbeitsgericht mit einer Klage auf Wiedereinstellung. → S. 140

Reichsbankpräsident Hjalmar Schacht (parteilos) wird kommissarisch auch Reichswirtschaftsminister. → S. 139

31. Juli, Dienstag

Die österreichischen Putschisten Otto Planetta und Friedrich Holzweber, die Bundeskanzler Engelbert Dollfuß ermordet hatten, werden in Wien durch den Strang hingerichtet (→ 25. 7./S. 136).

Das Wetter im Monat Juli

Station	Mittlere Lufttemperatur (°C)	Niederschlag (mm)	Sonnenscheindauer (Std.)
Aachen	18,4 (17,5)	31 (75)	— (190)
Berlin	19,6 (18,3)	79 (70)	— (242)
Bremen	18,2 (17,4)	32 (92)	— (207)
München	18,1 (17,5)	104 (137)	— (226)
Wien	21,5 (19,5)	14 (84)	295 (—)
Zürich	19,1 (17,2)	98 (139)	293 (238)

( ) Langjähriger Mittelwert für diesen Monat
— Wert nicht ermittelt

Der Tour de France, bei der die Franzosen einen überwältigenden Sieg erringen, widmet die französische Zeitschrift »Le Rire« eine Spezialnummer

»Röhm-Revolte« blutig niedergeschlagen

1. Juli. Nach amtlichen Meldungen wird die Niederschlagung der Röhm-Revolte im Deutschen Reich (→ 30. 6./S. 112) bis zum Abend des 1. Juli abgeschlossen, »weitergehende Aktionen« finden angeblich nicht statt. »Somit hat der gesamte Eingriff zur Wiederherstellung und Sicherung der Ordnung in Deutschland 24 Stunden gedauert. Im ganzen Reich herrscht völlige Ruhe und Ordnung. Das gesamte Volk steht in unerhörter Begeisterung hinter dem Führer«, meldet das amtliche Deutsche Nachrichtenbüro (DNB) aus der Reichshauptstadt.

Reichswehrminister Werner von Blomberg (parteilos) hebt den Alarmzustand der Reichswehr auf. Die Führung der Reichswehr hatte die Zerschlagung der oppositionellen SA-Spitze unter Ernst Röhm befürwortet und unterstützt.

Laut DNB wurde dem verhafteten SA-Stabschef und Reichsminister Ernst Röhm Gelegenheit gegeben, »die Konsequenzen aus seinem verräterischen Handeln zu ziehen. Er tat das nicht und wurde erschossen«. Im Zug der »Säuberungsaktion« wurde auch der frühere Reichswehrminister General a. D. Kurt von Schleicher ermordet; die offizielle Berichterstattung beschreibt den Hergang so: »General von Schleicher widersetzte sich mit der Waffe. Durch den erfolgten Schußwechsel wurden er und seine dazwischentretende Frau tödlich verletzt.«

Reichspräsident Paul von Hindenburg gratuliert Hitler telegrafisch: »Aus den mir erstatteten Berichten ersehe ich, daß Sie durch Ihr entschlossenes Zugreifen und die tapfere Einsetzung Ihrer Person alle hochverräterischen Umtriebe im Keime erstickt haben. Sie haben das Deutsche Volk aus einer schweren Gefahr errettet!«

Hitler erstattet am 4. Juli Reichspräsident Hindenburg in Neudeck Bericht; die Abbildung zeigt ihn nach der Ankunft auf dem Marienburger Flugplatz

Hitler: »Ich war oberster Gerichtsherr des deutschen Volkes«

13. Juli. *In einer mehrstündigen Rede vor dem Deutschen Reichstag in Berlin (Abb.) rechtfertigt Reichskanzler Adolf Hitler (NSDAP) sein Vorgehen am → 30. Juni (S. 112): »In dieser Stunde war ich verantwortlich für das Schicksal der deutschen Nation, und damit des deutschen Volkes oberster Gerichtsherr! Meuternde Divisionen hat man zu allen Zeiten durch Dezimierung wieder zur Ordnung gerufen... Ich habe den Befehl gegeben, die Hauptschuldigen an diesem Verrat zu erschießen, und ich gab weiter den Befehl, die Geschwüre unserer inneren Brunnenvergiftung und der Vergiftung des Auslandes auszubrennen bis auf das rohe Fleisch... Und es soll jeder, für alle Zukunft, wissen, daß, wenn er die Hand zum Schlag gegen den Staat erhebt, der sichere Tod sein Los ist... jedes Volk ist selbst schuldig, wenn es nicht die Kraft findet, solche Schädlinge zu vernichten.«*

Mordaktion war »Staatsnotwehr«

3. Juli. Der deutsche Reichskanzler Adolf Hitler (NSDAP) berichtet dem Reichskabinett in Berlin über die Niederschlagung der sog. Röhm-Revolte. Reichswehrminister Werner von Blomberg (parteilos) dankt Hitler im Namen des Kabinetts für sein »entschlossenes und mutiges Handeln«, durch das er das deutsche Volk vor einem Bürgerkrieg bewahrt habe.

Das Kabinett genehmigt sodann ein Gesetz über Maßnahmen der Staatsnotwehr, dessen einziger Artikel lautet: »Die zur Niederschlagung hoch- und landesverräterischer Angriffe am 30. Juni und am 1. und 2. Juli 1934 vollzogenen Maßnahmen sind als Staatsnotwehr rechtens.« Damit wird die Mordaktion, die am → 30. Juni (S. 112) mit Rückendeckung und praktischer Hilfe der Reichswehr durchgeführt wurde und etwa 200 Opfer gefordet hat, nachträglich legalisiert.

Die nationalsozialistische Führung nutzte die Zerschlagung der SA-Führung auch zur Beseitigung anderer führender Vertreter der Opposition innerhalb der »nationalsozialistischen Bewegung«. Denn diese gefährdeten durch ihre radikalen Forderungen das Bündnis des NS-Regimes mit Reichswehr und Hochfinanz. Zu ihnen gehört Gregor Strasser, der 1933 aus der NSDAP, die ihm nicht revolutionär genug war, ausgeschlossen wurde. Auch der letzte Reichskanzler der Weimarer Republik, General a. d. Kurt von Schleicher, wurde von Männern der Geheimen Staatspolizei in seiner Berliner Wohnung erschossen.

Opfer der NS-Mordaktion sind aber auch andere Oppositionelle. So werden der Vorsitzende der Katholischen Aktion des Bistums Berlin, Erich Klausener, der sich der NS-Kirchen- und Rassenpolitik widersetzt hatte, ermordet sowie der Publizist Edgar Julius Jung, der die kritische Marburger Rede von Vizekanzler Franz von Papen (parteilos) verfaßt hatte (→ 17. 6./S. 118).

Fassungslosigkeit der Bevölkerung nach NS-Mordaktion

2. Juli. Unter dem Titel »Der Spuk ist vorbei!« veröffentlichen die »Düsseldorfer Nachrichten« einen Leitartikel, der trotz seines Bemühens, der NS-Führung gefällig zu sein, von der tiefen Betroffenheit und »Fassungslosigkeit« — in diesem Artikel das Wort für »Ungläubigkeit« und »Mißtrauen« — der meisten Deutschen nach der Niederschlagung der sog. Röhm-Revolte zeugt:

»Als der deutsche Mann und die deutsche Frau am letzten Junitag ihr Tagewerk begonnen hatten, ahnten sie nichts davon, daß zur selben Zeit dunkle Schatten über dem Schicksal des Reiches lagerten. Und doch spielten sich in jenen Stunden Ereignisse ab von einer Wucht, von einer fast atemraubenden Schnelligkeit und von einer dramatischen Steigerung, wie sie im Buch der Weltgeschichte nicht oft zu verzeichnen sind. Das deutsche Volk, das im Dezember des letzten Jahres mit einer beispiellosen Abstimmung dem Volkskanzler eine außen- und innenpolitische Autorität sondergleichen verliehen hatte, mußte zwar in den letzten Wochen und Monaten aus dem Munde von Ministern und von Führern der Partei wiederholt die Warnungen vernehmen, die sich an das Schlagwort einer zweiten Revolution knüpften, vermochte aber weder mit der Warnung noch mit der Andeutung einer zweiten Umsturzwelle etwas Rechtes anzufangen. Deshalb nicht, weil es in allen seinen Teilen der Arbeit und der Pflicht hingegeben war und seinen Blick nur auf das eine Ziel gerichtet hatte: auf die Beseitigung der sozialen und Wirtschaftsnöte, auf die Rettung von Land und Nation, auf den Wiederaufstieg des Reiches. Dafür wurde allenthalben geschafft und gewerkelt, hat man sich gemeinsam gerührt.

So traf denn auch die Kunde von der Verschwörung eines Klüngels hoher SA-Führer unter der Leitung des Stabschefs Röhm ein völlig unvorbereitetes und ahnungsloses Volk wie ein Keulenschlag. Fassunglos erkannte es, daß die allgemein formulierten Warnrufe in allererster Linie ja einer Anzahl Oberführer der Parteitruppe gegolten hatten, daß es sich hier um eine Verschwörung von auserwählten Mitarbeitern und Vertrauten des Führers handelte, und daß sich jenes heimliche, umstürzlerische Planen als ein unerhörter menschlicher Treuebruch gegen den führenden Weggenossen, als ein soldatischer Verrat am Führer und an der Partei und darüber hinaus als ein Verbrechen an der gesamten deutschen Nation darstellte. An dem Gewicht solcher Tateinheit ist es zu erklären, daß sich der Kanzler als Führer der Partei noch aus dem Zauber einer spontanen Huldigung in milder Rheinlandschaft losriß, um — alle menschlichen Regungen niederzwingend … — die Abtrünningen und Revolutionslüsternen in München und am Tegernsee persönlich zu fassen, Auge in Auge von ihnen Rechenschaft zu fordern und vor der Nation wie insbesondere vor der Parteitruppe entschlossen, hart und unerbittlich ein Exempel zu statuieren. Es ist statuiert, das Urteil sofort vollzogen worden — an Ort und Stelle — nach dem der Revolution ureigensten Gesetz — gemäß dem Machtspruch des Führers. Als Adolf Hitler so entschied, mögen die Gefühle persönlicher Empörung über Freundesverrat längst überwunden gewesen sein. Er hatte erkannt: sein Werk, sein Planen, sein Ziel waren hinterrücks angegriffen worden, und da zeigte er sich als der von seiner Mission beseelte Mann: Er griff durch…«

Hermann Göring (NSDAP) leitet die Aktionen gegen Oppositionelle in Berlin und Preußen

Goebbels-Propaganda: »30. Juni im Spiegel des Auslandes«

10. Juli. Der deutsche Reichsminister für Volksaufklärung und Propaganda, Joseph Goebbels (NSDAP), hält über die deutschen Rundfunksender eine zynische Rede über das Thema »Der 30. Juni im Spiegel des Auslandes«. Er zieht die internationalen Presseberichte über die Niederschlagung der sog. Röhm-Revolte zugleich ins Lächerliche, indem er zahlreiche offenkundige Falschmeldungen zitiert:

»Während der 'Daily Herald' am 6. Juli berichtet, daß der Führer erschossen worden sei, wußte 'Œuvre' zu vermelden, daß es überhaupt kein Komplott gegen Adolf Hitler gegeben habe. Die 'République' aber brachte zwei Tage vorher die erstaunenswerte Neuigkeit, daß Adolf Hitler eine Diktatur im Namen der Reichswehr ausübe und nur noch als ihr Beauftragter handele. Der 'Matin' meldete am nächsten Tage, daß die Stellung des Reichskanzlers durch die letzten Ereignisse stark geschwächt sei, während der 'Intransigeant' gleich zwei Attentate auf den Führer mitzuteilen wußte. Nachdem also Adolf Hitler erschossen worden war, wurden auf ihn zwei Attentate versucht, seine Stellung wurde dadurch außerordentlich geschwächt, und als sich obendrein noch herausstellte, daß gar kein Komplott gegen ihn bestanden hatte, übte er nunmehr im Namen der Reichswehr die Diktatur aus …

Die 'Morning Post' hat Einblick in ein ganz geheimes Testament des Herrn Reichspräsidenten getan und dort entdeckt, daß er Herrn von Papen zu seinem Nachfolger eingesetzt habe. Der 'Daily Telegraph' meldet 24 Stunden später, daß der Herr Reichspräsident im Sterben liege. Am selben Tag empfängt Hindenburg den Führer und am folgenden Tage das siamesische Königspaar in Neudeck. Infolgedessen sah sich der 'Manchester Guardian' veranlaßt mitzuteilen, daß er zurücktreten wolle …

Sondernummer Preis 15 Pfennig „Freiheit und Brot" Für alle Ausgaben

München, Sonntag, 1. Juli 1934

VÖLKISCHER BEOBACHTER

Kampfblatt der national-sozialistischen Bewegung Großdeutschlands

Röhm verhaftet und abgesetzt

Durchgreifende Säuberung in der S.A. – Obergruppenführer Lutze der neue Stabschef

Extrablatt des NS-Kampfblatts »Völkischer Beobachter« zur Röhm-Revolte

Am 1. Juli meldet 'Information' die Verhaftung von Papens, Schwerin-Krosigks und Seldtes, worauf der Wiener Rundfunk vor Neid erblaßt und prompt und gottesfürchtig behauptet, daß soeben — man bedenke soeben!, wie wahrheitsgetreu das klingt — soeben also Reichsbankpräsident Dr. Schacht in Lichterfelde erschossen worden sei. Unterdes meldet Radio Straßburg, daß die deutschen Städte menschenleer sind und durch die Straßen bis an die Zähne bewaffnete Polizei und SA herumziehen. Von Rußland erfahren wir zur gleichen Zeit, daß die Reichswehr in schweren blutigen Kämpfen mit der SA in Pommern, Schlesien und Bayern liege … Da lob ich mir doch den Luxemburger Sender, der am 7. Juli entdeckt, daß in Rumänien und Bulgarien von der Donau massenhaft Leichen angeschwemmt worden sind.«

Österreich: Putsch gegen Kanzler Dollfuß

25. Juli. Bei einem Putschversuch der Nationalsozialisten in Österreich wird Bundeskanzler Engelbert Dollfuß (Christlichsoziale Partei) in Wien ermordet. Die Putschisten, die Bundesheer- und Polizeiuniformen tragen, dringen gegen Mittag in das Bundeskanzleramt und die Senderäume der österreichischen Rundfunkgesellschaft »RAVAG« ein. Über Radio geben sie den Rücktritt von Dollfuß bekannt und übermitteln die Nachricht, der österreichische Gesandte in Rom, Anton Rintelen, habe die Geschäfte als Bundeskanzler übernommen. Diese vorher vereinbarte Rundfunkmeldung löst einen Aufstand der Nationalsozialisten in weiten Teilen Österreichs aus, in Innsbruck wird der Leiter der Stadtpolizei von Nationalsozialisten erschossen.

Im Eckzimmer des Kanzleramts trifft kurz nach 13 Uhr ein Schuß aus der Pistole Otto Planettas den Bundeskanzler; einen zweiten Schuß feuert ein Polizeibeamter auf den Kanzler, der kurz vor 16 Uhr seinen Verletzungen erliegt; ärztliche Hilfe oder der Beistand eines Priesters sind ihm verweigert worden. Unterdessen hat eine Alarmabteilung der Polizei die Nationalsozialisten im Rundfunkgebäude überwältigt. Unterrichtsminister Kurt Schuschnigg erhält von Bundespräsident Wilhelm Miklas den Auftrag, »mit allen Machtmitteln des Staates die gesetzliche Ordnung wiederherzustellen«.

Die Putschisten, die freien Abzug zugesichert erhalten haben, falls kein Todesopfer zu beklagen sei, öffnen nach 19 Uhr die Tore des Bundeskanzleramts. Schuschnigg erklärt, daß durch den Tod des Kanzlers die Bedingung des freien Abzugs aufgehoben sei. Die Putschisten werden als Gefangene in die Polizeikaserne in der Marokkanergasse gebracht. In Wien und der Steiermark wird das Standrecht proklamiert, ab 26. Juli müssen alle Haustüren um 20 Uhr versperrt und alle öffentlichen Gast- und Schankstätten geräumt sein.

Der bisherige österreichische Vizekanzler Ernst Rüdiger Starhemberg (Heimwehr) übernimmt am 26. Juli vorübergehend die Geschäfte des Bundeskanzlers. Ein unter seinem Vorsitz zusammengetretener Ministerrat beschließt das Bundesverfassungsgesetz über die Einführung eines Militärgerichtshofs als Ausnahmegerichtshof zur Aburteilung der im Zusammenhang mit dem Putsch begangenen strafbaren Handlungen. Am 30. Juli wird Kurt Schuschnigg als neuer Bundeskanzler (→ 30. 7./S. 138) vereidigt. Die Putschisten Otto Planetta und Friedrich Holzweber werden am 31. Juli nach der Verurteilung durch den Militärgerichtshof in Wien durch den Strang hingerichtet (→ 2. 8./S. 156).

Noch am 26. Juli kommandiert der italienische Duce und Ministerpräsident, Benito Mussolini, Truppen an die italienisch-österreichische Grenze und versichert Fürst Starhemberg in einem Telegramm, daß die Unabhängigkeit Österreichs, für die Dollfuß gefallen sei, ein Grundsatz sei, den Italien verteidigen werde. Die deutsche Reichsregierung weist jede Verantwortung für die Vorgänge in Österreich zurück (→ 28. 7./S. 138).

In Österreich finden nach dem Putschversuch Verhaftungen statt

Leibesvisitation in Wien, Passanten werden nach Waffen durchsucht

Schwerbewaffnete prägen das Bild in Wien auch nach dem Putsch

»Pulverfaß vom Balkan nach Wien verlegt«

Die Nachrichten vom gescheiterten NS-Putsch in Wien schlagen in Europa wie eine Bombe ein. Die nationalsozialistische deutsche Führung wird vielfach als der eigentlich Schuldige an den Vorgängen in Österreich und dem Mord an Bundeskanzler Engelbert Dollfuß bezeichnet (→ 1. 1./S. 18).

Die im Besitz des italienischen Duce und Ministerpräsidenten, Benito Mussolini, befindliche Zeitung »Popolo d'Italia« bezeichnet Dollfuß als Märtyrer der Unabhängigkeit. Das dem römischen Außenministerium nahestehende »Giornale d'Italia« schreibt: »Die blutigen Hände, die sich gegen Dollfuß erhoben haben, beweisen in diesem tragischen Schlußakt die völlige Willensbereitschaft zur Gewalt, die sich gegen den Frieden einer Nation und gegen den Frieden und die Ordnung in ganz Europa richtet. Die ganze Welt ruft heute nach dem Gericht über diese Verbrecher und alle jene wohlbekannten Kräfte, die sie inspiriert haben. Dieser österreichische Terror hat seine Grundlagen, seinen geistigen Einfluß, seine Waffen, seine Finanzierung, seine gesamte Organisation und die Leitung der Aktionen auf deutschem Gebiet.« Das Blatt macht »einen großen Teil der deutschen Regierung« verantwortlich: »Diese Hartnäckigkeit des österreichischen Terrorismus läßt sich nicht anders erklären als durch einen dunklen Plan verzweifelter Abenteuerlust, auch um den Preis schwerer internationaler Verwicklungen die neuen Schwierigkeiten der deutschen innenpolitischen Lage zu verschleiern.«

Die angesehene liberal-republikanische Pariser Abendzeitung »Journal des Débats« wendet sich in einem wütenden Artikel gegen das »verbrecherische Deutschland«. Der liberale »Temps«, der als führendes Qualitätsblatt der dritten französischen Republik gilt, spricht von einem Verbrechen gegen Europa und die Zivilisation, das ernste Folgen mit sich bringen könnte, und erklärt kategorisch, die von Dollfuß betriebene Politik sei notwendig für den Frieden Europas und müsse fortgesetzt werden. Die Hilfe der Mächte (Italien, Ungarn, Frankreich, Großbritannien), die im Februar die Unabhängigkeit Österreichs bekräftigt hätten (→ 12. 2./S. 38), werde der Regierung in Wien nicht fehlen, wenn sie ihrer Pflicht nachkomme. Die Ereignisse hätten eine Lage geschaffen, die am Frieden Mitteleuropas interessierte Mächte nicht gleichgültig lassen könne.

Im britischen »Daily Telegraph« heißt es: »Die politische Unabhängigkeit Österreichs ist von vitalem Interesse für alle Mächte... Deutschland wird zweifellos jede Kenntnis von dem sensationellen Handstreich von sich weisen, der wahrscheinlich mehr auf Nachahmung als auf Anstiftung zurückzuführen ist... Das europäische Pulverfaß ist vom Balkan nach Wien verlegt worden.«

Ein Toter wird aus dem RAVAG-Gebäude abtransportiert; die Senderäume wurden von den Aufständischen besetzt und von der Polizei zurückerobert

Bundeskanzler Dollfuß stirbt nach den Schüssen im Bundeskanzleramt; ärztliche Hilfe oder den Beistand eines Geistlichen verweigern die Putschisten

Polizei versucht, die von den Aufständischen verbarrikadierten Tore des Wiener Rundfunkgebäudes zu rammen; der Kampf dauert nicht lange

Für das Bundeskanzleramt in Wien, wo die tödlichen Schüsse auf Dollfuß fielen, und für andere öffentliche Gebäude wird Trauerbeflaggung angeordnet

Um 13 Uhr besetzen die Putschisten das Rundfunkgebäude und verkünden die Absetzung der Regierung; wenig später werden sie von Polizei abgeführt

Dollfuß, erschossen von einem Austrofaschisten, wird im Arbeitszimmer des Bundeskanzleramts aufgebahrt; Bundesheersoldaten halten Totenwache

Studenten vor dem Wiener Rathaus mit dem Sarg des ermordeten Dollfuß während der Ansprache von Bundespräsident Wilhelm Miklas (l.)

Dollfuß »Märtyrer des Österreichertums«

28. Juli. Der am 25. Juli von Nationalsozialisten ermordete österreichische Bundeskanzler Engelbert Dollfuß (→25. 7./S. 136) wird unter großer Beteiligung der Bevölkerung auf dem Hietzinger Friedhof in Wien beigesetzt.

Bundespräsident Wilhelm Miklas sagt: »Ein fluchwürdiges Verbrechen ist begangen worden nicht nur an dem Bundeskanzler, sondern an ganz Österreich. Dr. Dollfuß ist für Österreich als Märtyrer gestorben. Ich will es für ihn bezeugen, in keinem Augenblick seines öffentlichen Wirkens hat Dollfuß selbst den Kampf mit seinen politischen Gegnern gewollt. Er hat aber verhindert, daß Österreich zum Schlachtfeld Europas werde und schließlich in einem mitteleuropäischen Chaos untergehe. Nicht nur Österreich hat er damit gerettet, sondern auch Europas Frieden, und diese Tat hat er schließlich mit seinem Herzblut als Märtyrer des Österreichertums besiegelt.«

Vizekanzler Ernst Rüdiger Starhemberg (Heimwehr), der die Amtsgeschäfte des Bundeskanzlers führt, hält in der Nacht vor den Beisetzungsfeierlichkeiten eine Rundfunkrede, die gegen das Deutsche Reich gerichtet ist, deren Wortwahl jedoch an das Vokabular der NS-Machthaber in Berlin erinnert: »Die Bundesregierung wird in treuester Kampfgemeinschaft mit dem toten Führer ihr Bestes daransetzen, um seine Idee zum Siege zu bringen. Verantwortungslose, zum Verbrechen geführte Elemente haben geglaubt, daß der Tod des Führers Österreichs das Signal sei, um ihre dunklen Pläne zu verwirklichen. Um deutsch zu sein und unsere deutsche Sendung in der Welt zu erfüllen und unserem Deutschtum zu dienen, dazu brauchen wir in Österreich keinen Nationalsozialismus. Daher erkläre ich im eigenen Namen und im Namen der Bundesregierung, daß wir niemals den geringsten Kompromiß mit dem Nationalsozialismus eingehen, niemals das geringste Zugeständnis machen werden, das unsere Freiheit, unsere Ehre und Würde beeinträchtigen könnte ... Die Regierung ist gewillt, mit unnachsichtiger Strenge gegen die mittelbaren und unmittelbaren Verantwortlichen an den Ereignissen der letzten Tage, aber auch mit strenger Gerechtigkeit vorzugehen. Wenn wir auch heute feststellen können, daß der Versuch gemacht wird, die Verantwortung an diesen Ereignissen außerhalb Österreichs abzuwälzen, so hindert das die Regierung trotzdem nicht, mit aller Strenge gegen die Beteiligten vorzugehen. Wir haben genug mitgemacht, um mit Mißtrauen diesen Beteuerungen gegenüberzustehen, und wir wollen erst abwarten, ob gewissen Erklärungen auch die Taten folgen werden.«

Die Trauergemeinde während der Rede von Bundespräsident Miklas; Mutter und Stiefvater des Ermordeten, Minister Stockinger, die Witwe Alwine Dollfuß

Neuer Kanzler

30. Juli. *Der österreichische Bundespräsident Wilhelm Miklas ernennt den Bundesminister für Unterricht, Kurt Schuschnigg (Abb.), zum Bundeskanzler als Nachfolger des am 25. Juli ermordeten Engelbert Dollfuß. Der 36jährige Christlichsoziale Schuschnigg, der seit langem als Vertrauensmann von Miklas gilt, übernimmt zugleich das Bundesministerium für Landesverteidigung und bleibt Unterrichtsminister. Ernst Rüdiger Starhemberg (Heimwehr) bleibt Vizekanzler und wird mit der Führung der Angelegenheiten des gesamten Sicherheitswesens betraut. Dem neuen Kabinett gehören vier Heimwehr-Vertreter an.*

Göring wird erster Reichsjägermeister

3. Juli. Der deutsche Reichskanzler Adolf Hitler (NSDAP) ernennt anläßlich des Beschlusses zur Überleitung des Forst- und Jagdwesens den preußischen Ministerpräsidenten und Reichsminister der Luftfahrt, Hermann Göring (NSDAP), zum Reichsforstmeister, der in Jagdsachen die Bezeichnung Reichsjägermeister führt. Er hat die Stellung

Hermann Göring, seit 1922 führendes Mitglied der NSDAP, wird für seine Loyalität zu Hitler mit mehreren hohen Staats- und Parteiämtern belohnt; er gilt als zweitmächtigster Mann im Deutschen Reich

und die Befugnisse eines Reichsministers. Nach dem neuen Reichsjagdgesetz sollen Wild und Wald als wertvolle deutsche Kulturgüter dem deutschen Volk erhalten bleiben. Der passionierte Jäger Göring soll hierüber Aufsicht führen.

Mißliebiger Papen nach Wien entsandt

26. Juli. Der deutsche Reichskanzler Adolf Hitler (NSDAP) nutzt die Situation nach dem Putschversuch in Österreich (→ 25. 7./S. 136), um den wegen seiner Marburger Rede (→ 17. 6./S. 118) ins Kreuzfeuer der Kritik geratenen Vizekanzler Franz von Papen abzuschieben. Er ernennt ihn zum Sondergesandten in Wien, von Papen scheidet aus dem

Der parteilose Franz von Papen führte 1932 als Ministerpräsident eine Präsidialregierung; am 30. Januar 1933 ebnete er den Nationalsozialisten den Weg zur Macht, als er in das Kabinett Hitlers als Vizekanzler eintrat

Reichskabinett aus, das Amt des Vizekanzlers wird nicht neu besetzt. Der bisherige Gesandte, Rieth, ist wegen eigenmächtigen Handelns während des Umsturzversuchs österreichischer Nationalsozialisten seines Postens enthoben worden.

Kommissar für Rohstoffwirtschaft

1. Juli. Die deutsche Reichsregierung in Berlin ernennt Jean Puppe zum Reichskommissar für Rohstoffwirtschaft. Nach Angaben des Reichsbankpräsidenten Hjalmar Schacht (parteilos) weigern sich vielfach ausländische Exporteure, Rohstoffe ins Deutsche Reich zu liefern, weil sie bezüglich der Bezahlung keine Sicherheit hätten (→ 16. 3./S. 58). Puppe soll Maßnahmen ergreifen und koordinieren, um der deutschen Wirtschaft die Rohstoffe zu verschaffen, die sie benötigt. Die nationalsozialistische Regierung kündigt an, daß »andere Wege gesucht werden«, falls das Deutsche Reich über bestehende Handelswege nicht beliefert werde.
Die deutsche Wirtschaft ist dringend auf die Lieferung von Rohstoffen wie Eisenerzen, Metallen und Öl angewiesen, um den angestrebten Ausbau der Produktion verwirklichen zu können. Ziel ist die Förderung von Industrien, die im Krieg durch Produktionsumstellung schnell in Rüstungszulieferbetriebe umgewandelt werden können.

Schacht übernimmt Wirtschaftsressort

30. Juli. Der deutsche Reichspräsident Paul von Hindenburg betraut den Reichsbankpräsidenten Hjalmar Schacht (parteilos) kommissarisch zunächst für sechs Monate ab dem 3. August mit der Leitung des Reichswirtschaftsministeriums anstelle des erkrankten Kurt Schmitt (parteilos). Schmitt hatte Ende Juni einen Ohnmachtsanfall erlitten.

Schacht wurde 1923 Reichsbankpräsident, trat 1930 zurück und übernahm diesen Posten erneut 1933; der politisch rechtsstehende Parteilose förderte 1933 die Ernennung Hitlers zum Reichskanzler

Einflußreiche Kreise aus Politik, Reichswehr und aus Wirtschaft und Industrie, die an einer beschleunigten Aufrüstung interessiert sind, versprechen sich von Schacht eine stärkere Berücksichtigung ihrer Interessen.

SS selbständige Organisation der NSDAP

20. Juli. Der deutsche Reichskanzler, Führer der NSDAP und Oberste SA-Führer, Adolf Hitler, erhebt in München die SS zu einer selbständigen Organisation innerhalb der NSDAP, die nicht mehr der SA-Führung untersteht. Der Reichsführer SS, Heinrich Himmler, wird dem Führer direkt unterstellt. Die Verfügung hat folgenden Wortlaut: »Im Hinblick auf die großen Verdienste der SS, besonders im Zusammenhang mit den Ereignissen des 30. Juni 1934, erhebe ich dieselbe zu einer selbständigen Organisation im Rahmen der NSDAP. Der Reichsführer der SS untersteht daher gleich dem Chef des Stabes dem Obersten SA-Führer direkt. Der Chef des Stabes [der SA] und der Reichsführer der SS bekleiden beide den parteimäßigen Rang eines Reichsleiters.«
Am 9. Juli wurden die deutschen Konzentrationslager dem Reichsführer der SS unterstellt. Heinrich Himmler baut die SS in der Folgezeit zu einer mächtigen Organisation aus, deren Terror zur wichtigen Stütze des Nationalsozialismus wird.

Die Sig-Rune in Doppelform (SS), weiß auf schwarzem Grund, ist das Symbol der Schutzstaffel; die Abbildung zeigt eine SS-»Weihestunde«

Himmler, Reichsführer SS und Stellvertretender Chef der Gestapo

Elitetruppe für den politischen Terror

SS (Schutzstaffel) ist die Bezeichnung der politischen Kampfgruppe der NSDAP. Sie wurde 1925 von Adolf Hitler (NSDAP) aus der SA als eine Truppe ausgewählt, die dem Führer zu besonderer Treue verpflichtet sein soll. Hauptaufgabe der SS ist der Schutz des Führers und anderer hoher Parteifunktionäre.
1929 hatte die SS 280, Anfang 1933 bereits 50 000 Mitglieder. 1931 gründete Reinhard Heydrich den Sicherheitsdienst (SD) als SS-Nachrichtendienst.
Der SS-Mann soll nach Maßgabe der NS-Führung mindestens 1,76 m groß und körperlich gewandt sein. Wie der SA-Mann trägt er das Braunhemd, nur mit einem schwarzem Binder. Alle Ausrüstungsstücke sind schwarz. Schwarze Kappe und Totenkopf erinnern an Hitlers treueste Kämpfer vom Novemberputsch 1923. Die SS sieht sich als NS-Führungsorden.

Erlaß gegen Denunzianten

23. Juli. Der deutsche Reichsminister und Stellvertreter des Führers, Rudolf Heß (NSDAP), gibt in München einen Erlaß gegen böswillige Denunzianten und Ehrabschneider heraus: »Ich bin nach wie vor fest entschlossen, im Interesse der Sauberkeit und Reinheit notfalls auch gegen verdiente Führer der NSDAP, die durch Verfehlungen das Ansehen der Bewegung schädigen, mit den schärfsten Maßnahmen vorzugehen ... Ich kann aber nicht zulassen, daß meine Anordnung vom 18. April von gewissenlosen, berufsmäßigen Denunzianten mißbraucht wird, um verdiente und makellose Führer, die seit Jahren treu ihre Pflicht erfüllt haben, bewußt oder leichtfertig in den Schmutz zu ziehen und damit auch das Ansehen der Bewegung in weiten Kreisen des Volkes herabzusetzen. Daß dies von Feinden der Bewegung und des Volkes, die sich teilweise in die Partei einzuschleichen verstanden haben, immer wieder versucht wird, geht aus einer großen Anzahl von Beschwerden hervor, die von meinen Beauftragten an Ort und Stelle untersucht worden sind.«
Nach der Zerschlagung der SA-Führung unter Ernst Röhm durch Reichskanzler Adolf Hitler (→ 30. 6./S. 112) ist es innerhalb der NSDAP zu einer Welle von Denunziationen gekommen. Viele Funktionäre versuchen sich durch Verunglimpfung von Parteifreunden bessere Positionen zu verschaffen.

Beamtenschaft zu Gehorsam ermahnt

2. Juli. Der deutsche Reichsminister des Innern, Wilhelm Frick (NSDAP), ermahnt nach der sog. Röhm-Revolte (→ 30. 6./S. 112) in einem Erlaß die Beamtenschaft: »Wenn mir auch irgendein Sabotageakt aus den Reihen der an Pflichterfüllung und Gehorsam sowie an die Beachtung der gesetzlichen Bestimmungen gewöhnten Beamten nicht bekanntgeworden ist, will ich doch keinen Zweifel darüber lassen, daß ich jeden Versuch von Ungehorsam und Sabotage am großen Werke unseres Führers entsprechend ahnden werde.«

Undeutsch: Gericht bestätigt Entlassung

30. Juli. Das Duisburger Arbeitsgericht weist die Klage eines als »undeutsch« entlassenen Arbeiters kostenpflichtig ab. Während der Führer-Treuekundgebungen nach der sog. Röhm-Revolte (→ 30. 6./S. 112) hatte sich der Arbeiter ausgeschlossen und sich abfällig über die »Affäre« geäußert. Die Betriebsvertretung der NSDAP forderte die Entfernung des undeutschen Arbeiters. Laut Urteil des Arbeitsgerichts verrät das Verhalten des Mannes einen Geist, der sich nicht mit der Einstellung eines deutschbewußten Arbeiters vereinen lasse.

Urteilsspruch zu Mischehe

12. Juli. Der Vierte Zivilsenat des Reichsgerichts in Leipzig fällt eine Grundsatzentscheidung über die Auflösbarkeit arisch-nichtarischer Mischehen: Eine solche Ehe ist nur anfechtbar, wenn bei Abschluß der Ehe dem einen Teil die Zugehörigkeit des anderen Teils zur jüdischen Rasse nicht bekannt war. Im vorliegenden Fall — Ries gegen Ries — hebt das Reichsgericht eine Entscheidung des Oberlandesgerichts Karlsruhe auf und stellt ein Urteil des Landgerichts Heidelberg wieder her, da der die Ehe anfechtende Mann die Zugehörigkeit seiner Frau zur jüdischen Rasse gekannt habe. Das Reichsgericht stellt klar, daß die Bindung des Richters an das Gesetz gilt. Solange die Bestimmungen des Paragraphen 1333 nicht abgeändert seien, sei die Anfechtung von Mischehen nicht möglich.
Die NS-Regierung strebt eine Reform des Eherechts an mit dem Ziel, »die Reinheit des deutschen Blutes« zu schützen. Nach diesen Plänen sollen Eheschließung und nichtehelicher Geschlechtsverkehr zwischen Juden und »deutschblütigen« Staatsangehörigen unter Strafe verboten werden. Zahlreiche Bürger und Bürgerinnen, die mit jüdischen Partnern verheiratet sind, versuchen vor der Änderung der gesetzlichen Bestimmungen ihre Ehen annulieren zu lassen.

Reichsführer SS Himmler (l.), Reichsbildungsminister Rust (r.) und Reichswehrminister Blomberg (2.v.r.) besichtigen eine Erziehungsanstalt

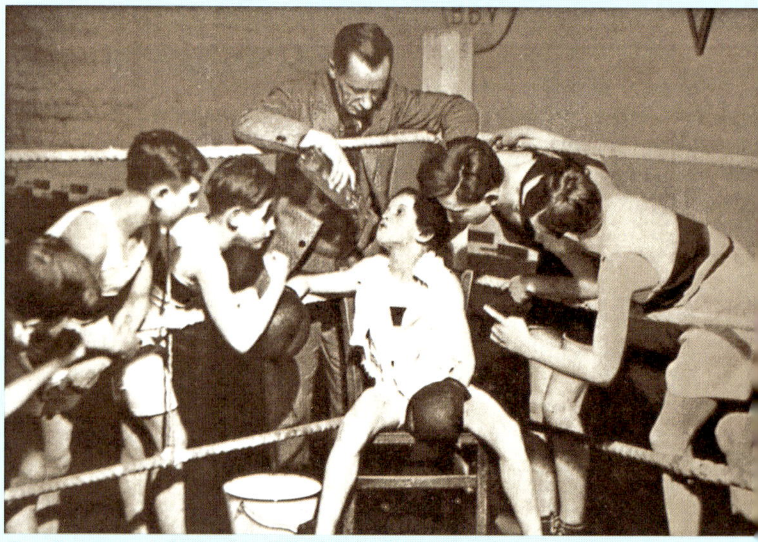

Der Boxunterricht in den Schulen ist keine Spielerei, sondern wird unter fachmännischer Leitung durchgeführt; Mitschüler erteilen Ratschläge

Der »deutsche Gruß« mit der erhobenen rechten Hand gehört in den Schulen des Deutschen Reichs auch bei den Jüngsten zum Alltag

Bildungswesen 1934:

Rassisch begründete Erziehung statt Alleswisser-Bildung

Im nationalsozialistischen Deutschen Reich erfährt der Begriff Bildung eine neue Auslegung. Der gebildete Mensch soll nicht »Viel- oder Alleswisser« sein, er darf überhaupt nicht nur Wissender und Denkender sein, sondern muß zugleich »Fühlender und Schauender, Wollender und Könnender« sein. Nationalsozialistische Bildung will den Gesamtmenschen erfassen, doch wird das Wort »Bildung« im allgemeinen vermieden, da ihm der NS-Ideologie zufolge eine einseitige verstandesmäßige Ausrichtung anhaftet. An die Stelle von »Bildung« tritt »Erziehung«.

Das Bildungsziel der nationalsozialistischen Führung ist, scharf abgegrenzt vom Universalmensch der Renaissance oder dem als »harmonistisch« bezeichneten Menschenideal des Idealismus, die Herausbildung des rassisch einwandfrei geborenen deutschen Menschen mit allen seinen Fähigkeiten und Kräften zur vollentwickelten willensstarken und charakterfesten Persönlichkeit im Rahmen der Volksgemeinschaft. Diese Bildung soll durch völkische Erziehung verwirklicht werden.

Nicht Wissen allein, nicht die im Verlauf eines Studiums erworbenen Kenntnisse gelten als ausschlaggebend, sondern die Kraft, Vorbild zu sein. Die starke Persönlichkeit soll typenbildend wirken: »Typus ist die zeitgebundene plastische Form eines ewigen rassisch-seelischen Gehaltes. Ein Lebensgebot, kein mechanisches Gesetz«, formuliert NS-Chef-Ideologe Alfred Rosenberg (→ 24. 1./S. 17). »Das Erleben des Typus aber, das ist die Geburt der nordischen Rassenseele und das innerliche Anerkennen ihrer Höchstwerte als des Leitsterns unseres gesamten Daseins ... Alle Kräfte, welche unsere Seelen formten, hatten ihren Ursprung in großen Persönlichkeiten. Sie wirkten zielsetzend als Denker, typenbildend als Staatsmänner, wesenenthüllend als Dichter.«

Wie in dieser Schule werden auf den Dörfern mehrere Jahrgänge in einer Klasse unterrichtet

Anschauungsunterricht auf der Straße; Magdeburger Schulkinder werden vom Lehrer über Aufgaben einer Poststelle aufgeklärt

»Mütterschule« im französischen Gennevilliers; die noch nicht schulpflichtigen Kinder erhalten Unterricht, können sich aber auch selbst beschäftigen

Nationalsozialistische Erziehung wurzelt, so will es die NS-Führung, im biologischen Denken, richtet sich nationalpolitisch aus und fließt im »Dreiklang« von Geist, Seele und Leib zusammen. Körperliche Ertüchtigung, Rassesinn und Rassegefühl, soldatische Zucht, Mannesmut, Kameradschaftsgeist, Verantwortungsfreudigkeit, Willens- und Entschlußkraft, Verschwiegenheit, Opferwilligkeit, Treue, Ehre und andere »rassisch begründete und volkhaft gebundene Charakterwerte« zählen zu den Idealen nationalsozialistischer Erziehung. Sie gelten als Tugenden, »wie sie zutiefst im germanischen Wesen schlummern und sorgfältig hochgezüchtet werden müssen« (Rosenberg).

Die tragenden Säulen der Erziehung, die in allen Lebensbereichen von Geburt an wirksam ist, sind:

1. Die Familie als »Keimzelle des Volkes« und »Grundlage des Staates« ist die erste »organische Erziehungsstätte« der heranwachsenden Jugend. Durch seine Bevölkerungspolitik fördert der NS-Staat die »erbgesunde«, kinderreiche, nach NS-Prinzipien lebende »Voll-Familie« (im Gegensatz zur »erbkranken, asozialen Groß-Familie«). Damit dem Staat nicht die Kontrolle über diesen Lebensbereich entgleitet, gibt es seit Juni nur noch einen »Familientag«, den Sonntag (→ 9. 6./S. 121).
2. Der Staat sorgt mit seinem gegliederten Schul- und Bildungssystem für die allgemeine und die Berufserziehung, wobei das Lager und die Gemeinschaft einen immer stärkeren Anteil an der staatlichen Erziehung gewinnen: Der Sonnabend wurde zum Staatsjugendtag der Hitlerjugend erklärt (→ 9. 6./S. 121); beim staatlichen Landjahr, das 1934 eingeführt wird, werden schulentlassene männliche und weibliche Jugendliche in Lagern und im bäuerlichen Betrieb weltanschaulich und arbeitspraktisch geschult; aufgebaut wird das System der Nationalpolitischen Erziehungsanstalten (Napola), in denen Jungen und Mädchen im nationalsozialistischen Bewußtsein erzogen werden; der Erziehungsplan verlangt z. B. von den »Jungmannen« (vom zehnten bis zum 18. Lebensjahr) neben geistiger und körperlicher Ausbildung Reiten, Fechten, Boxen, Kraftfahren, Geländeübungen, kunsthandwerkliche Tätigkeit, In- und Auslandsfahrten, Dienst beim Bauern und in der Industrie, selbständige Führungsleistungen, Einfügung in Lebensgemeinschaften usw.
3. Die Gemeinschaftsbünde, z. B. die SA (→ 30. 6./S. 112), die SS (→ 20. 7./S. 139), die Hitlerjugend HJ, der Bund Deutscher Mädel BDM, der Arbeitsdienst und die Wehrmacht (→ 4.6./S. 120).

Rumänien verbietet NS-Organisationen

5. Juli. Der rumänische Ministerrat beschließt die Auflösung der nationalsozialistischen Organisationen der deutschen Minderheit, darunter der Nationalen Erneuerungsbewegung der Deutschen Rumäniens. Nach Angaben des rumänischen Instituts für Volkskunde sind von den 18,79 Millionen Einwohnern Rumäniens 775 000 Deutsche.
Seit der Machtübernahme der Nationalsozialisten im Deutschen Reich agitiert die Auslands-Organisation der NSDAP in vielen Ländern verstärkt unter den Auslandsdeutschen, gründet Ortsgruppen und Stützpunkte der Partei als »Kraftquellen« für das Deutschtum im Ausland; das NS-Regime will die innenpolitische Lage der europäischen Nachbarstaaten so destabilisieren. In Rumänien beweisen die Deutschen, so heißt es, eine große Aufgeschlossenheit für das Ideengut des Nationalsozialismus.

Arbeitslosenprotest in den Niederlanden

4. Juli. In Amsterdam und Rotterdam kommt es zu Massendemonstrationen von Erwerbslosen. Die Kundgebungen, die in zum Teil blutigen Auseinandersetzungen zwischen Polizei und Demonstranten münden, dauern bis zum 11. Juli an. Die unter Führung der Kommunistischen Partei der Niederlande organisierten Aktionen richten sich gegen die Herabsetzung der Arbeitslosenunterstützung und werden durch Solidaritätsstreiks in den Betrieben unterstützt. Es kommt vielerorts zu Barrikadenkämpfen. Die Demonstranten werfen Straßenbahnwagen um und hissen die rote Flagge. Die Polizei fährt Panzerwagen auf und setzt Maschinengewehre ein. Allein in der Nacht vom 6. auf den 7. Juli sterben zwei Menschen, elf werden schwer, 50 leicht verletzt. Die Niederschlagung der Proteste ist begleitet von Massenverhaftungen.

Propaganda in Rom weiter aufgewertet

15. Juli. In Italien wird das Presseamt des Regierungschefs gegründet. Es wird Anfang September zum »Staatssekretariat für Presse und Propaganda« erhoben. Leiter wird Galeazzo Ciano, der Schwiegersohn des italienischen Duce und Ministerpräsidenten, Benito Mussolini. Dem 31jährigen Ciano, Sohn des Verkehrsministers Costanzo Ciano, wird eine großartige politische Karriere vorausgesagt. Ab 1925 war er im diplomatischen Dienst u. a. in Rio de Janeiro, in Peking und beim Vatikan. 1930 wurde er Generalkonsul in Schanghai, dann Geschäftsträger in Peking. 1930 heiratete er Mussolinis Tochter Edda. 1933 avancierte er zum Pressechef des Duce. Als Leiter des neuen Amts wird von ihm erwartet, daß er eine ebenso schlagkräftige Organisation aufbaut wie das deutsche Reichsministerium für Volksaufklärung und Propaganda.

Vargas beherrscht Republik Brasilien

16. Juli. Die verfassunggebende Nationalversammlung in Rio de Janeiro genehmigt die neue Bundesverfassung, die der seit 1930 amtierende Präsident, Getúlio Dornelles Vargas, hat ausarbeiten lassen. Der brasilianische Estado Novo (»neuer Staat«) hat ein autoritäres Regierungssystem. Am 20. Juli konstituiert sich die verfassunggebende Nationalversammlung als ordentliches Parlament der sog. Zweiten Republik Brasilien. Sie nimmt den Eid des neugewählten (alten) Präsidenten Vargas entgegen, der gelobt, den »Geist der Revolution« wachzuhalten.
1930 hatte Vargas die Macht der Plantagenherren und Großgrundbesitzer beschnitten. Mit Hilfe der Armee hat er eine autoritär-nationalistische persönliche Diktatur errichtet. Durch Sozialreformen versucht er, die Lage der unteren Volksschichten zu verbessern.

Jagoda übernimmt das Innenministerium

11. Juli. Genrich G. Jagoda, seit 1924 Stellvertretender Vorsitzender der politischen Staatspolizei GPU und seit 1930 Chef der Zwangsarbeitslager in der Sowjetunion, übernimmt die Leitung des neugeschaffenen Volkskommissariats für Innere Angelegenheiten (Innenminister), dem auch die GPU eingegliedert worden ist. Damit ist Jagoda vor allem zuständig für die politische Überwachung, den Nachrichtendienst, die politische Strafjustiz, die Verwaltung der Straf- und Verbannungslager und den Grenzschutz. Ihm obliegt die Verfolgung und Bestrafung der politischen Opposition gegen das diktatorische Regime von Staatschef Josef W. Stalin.
Über den stalinistischen Terror und die Straf- und Verbannungslager in der Sowjetunion dringen nur wenige genaue Angaben nach außen, die Berichte sind widersprüchlich. Die »Neue Zürcher Zeitung« schreibt dazu: »Es ist wohl unmöglich, die Zahl der Internierten in den russischen Konzentrationslagern zu schätzen. Die Schätzungen schwanken zwischen hunderttausend und einer Million. In Solowki sollen allein etwa 250 000 Gefangene sein, in Wjatka (Kirow) und Kotlas etwa 200 000 und in Sibirien, namentlich in Kungor, im Baikal und dem am Amur gelegenen Gebiet weitere 500 000. Die Lagerinsassen werden, neben dem bisherigen Holzfällen in Sibirien, vor allem mit Bauten beschäftigt. Petrosawodsk befaßt sich vor allem mit dem Bau des Kanals zwischen dem Weißen und dem Baltischen Meer, sibirische Lager sind stark mit Eisenbahnbauten beschäftigt, andere mit dem Bau des Moskau-Wolga-Kanals. In der Nähe von Perm ist ein großes Lager, wo die Frauen und Kinder derjenigen untergebracht sind, die verschickt wurden oder in Gefängnissen gestorben sind. Für den Unterhalt einer Person sind drei Rubel im Monat ausgesetzt, wobei harte Arbeit geleistet werden muß. Die Lager werden durch die GPU verwaltet, die vor allem kommerzielle Zwecke verfolgt. Die Lage der Priester und Bauern ist besonders schwer, ebenso die der sogenannten »lishentzi«, Leute, die ihrer Rechte und Rationierungskarten beraubt sind, weil sie nicht proletarischen Ursprungs sind.«

Soldaten der politischen Staatspolizei GPU stellen Verdächtige; jede Opposition in der UdSSR wird unterdrückt

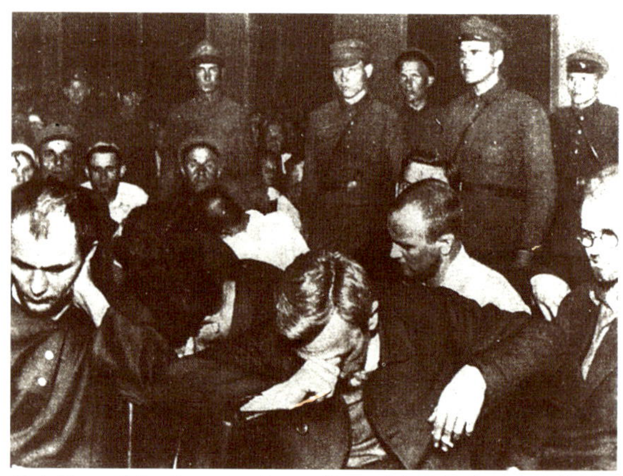
Urteilsverkündung in einem Prozeß in Moskau; viele der Verfahren gegen Oppositionelle enden mit Todesurteilen

Jagoda wurde 1920 Präsidiumsmitglied des Geheimdienstes Tscheka

Rockefeller wird 95

8. Juli. *Der US-amerikanische Industrielle John D. Rockefeller begeht seinen 95. Geburtstag. Die Abbildung zeigt den Mann, der die Universität Chicago gegründet hat und mit seinem Standard Oil Trust fast die gesamte Erdölwirtschaft der USA beherrscht, beim Anschneiden des Geburtstagskuchens.*

Uni Freiburg brennt

10. Juli. *Im Dachgeschoß der Universität Freiburg im Breisgau bricht Feuer aus, das sich aufgrund der Trockenheit rasch ausbreitet (Abb.). Die Kuppel des von 1906 bis 1911 errichteten Baus stürzt ein, die mit wertvollen Gemälden geschmückte Aula wird zum Trümmerfeld, kostbare Bücher verbrennen.*

17 000-Meter-Sturz

28. Juli. *In Rapid City in South Dakota steigt ein Stratosphärenballon mit drei Mann Besatzung auf. Nachdem er eine Höhe von rund 17 000 m erreicht hat, reißt die Hülle (Abb.), der Ballon stürzt in der Nähe von Holdrege in Nebraska ab. Die drei Besatzungsmitglieder können sich mit Fallschirmen retten.*

Mersey-Tunnel

18. Juli. *Der britische König Georg V. eröffnet den zwei Meilen (etwa vier Kilometer) langen Mersey-Straßentunnel unter dem Fluß Mersey zwischen Liverpool und Birkenhead in Nordwestengland. Die Abbildung zeigt einen der 30 Ventilatoren, die für die Entlüftung des Tunnels sorgen.*

Katastrophen in allen Teilen der Welt

21. Juli. Tagelanger wolkenbruchartiger Regen verursacht eine Überschwemmungskatastrophe in Polen, bei der rund 150 Menschen ums Leben kommen und 50 000 Familien obdachlos werden.

Naturkatastrophen werden in diesem Monat aus der ganzen Welt gemeldet. Durch Überschwemmungen in der chinesischen Provinz Jehol (Chengteh) werden 50 000 Menschen obdachlos, 200 sterben. Bei schweren Unwettern in Oberitalien wird fast die gesamte Weinernte vernichtet; dabei gehen Hagelschläge mit bis zu 200 g schweren Körnern nieder.

Unter einer Hitzewelle leiden die Menschen in den USA. In Kansas City werden 27 Tage nacheinander Temperaturen von bis zu 47 °C und in Oklahoma von bis zu 46 °C gemessen. Nachts fallen die Temperaturen nicht unter 26 °C. Gärten, Felder und Weiden sind entweder ausgedörrt oder liegen unter fußtiefem Flugstaub begraben, mittelgroße Flüsse sind ausgetrocknet. Am 18. Juli erschießen Landwirte in West-Oklahoma 600 Stück Vieh, für die kein Wasser mehr aufzutreiben ist. Das Elend wird durch eine Heuschrecken- und Käferplage noch vergrößert. Aus Missouri werden außerdem mehrere Typhusfälle gemeldet, aus Massachusetts Waldbrände. Wolkenbrüche beenden am Abend des 18. Juli in Großbritannien eine Hitzeperiode, drei Menschen sterben durch Blitzschlag. Am selben Tag werden im mittelamerikanischen Staat Panama 24 Erdstöße gezählt, Gebäude stürzen zusammen, Öl und Wasserleitungen platzen, die Stromversorgung fällt aus, der Telefonverkehr ist unterbrochen.

Bahnhof in einem Vorort von Warschau während der katastrophalen Überschwemmungen; in der Weichsel kommen auch Rettungsleute ums Leben

US-Sittenliga mit Präsidentengattin

10. Juli. In den USA bereitet die von der katholischen, evangelischen und jüdischen Geistlichkeit New Yorks gegründete »Liga der Sittlichkeit« einen Feldzug gegen die Sittenlosigkeit und die Verherrlichung des Verbrechens in Theater, Film, Kabarett und Literatur vor. An der Spitze der Liga steht der katholische Erzbischof von New York, Kardinal Patrick J. Hayes. Der Liga ist auch die Frau von US-Präsident Franklin D. Roosevelt, Eleanor Roosevelt, beigetreten. Ein New Yorker Rechtsanwalt hat unterdessen eine Gegenorganisation zur Aufrechterhaltung der Freiheit von Film und Theater gegründet.

Der Einfluß der »Liga der Sittlichkeit« wächst in den folgenden Jahren. Filmgesellschaften, Varieté- und Theaterveranstalter beugen sich vielen Forderungen der Liga auch ohne gesetzliche Regelungen; denn die Boykottaufrufe der Sittlichkeitswächter finden in der Bevölkerung große Resonanz. Auch die Wiedereinführung der Prohibition wird vielfach gefordert.

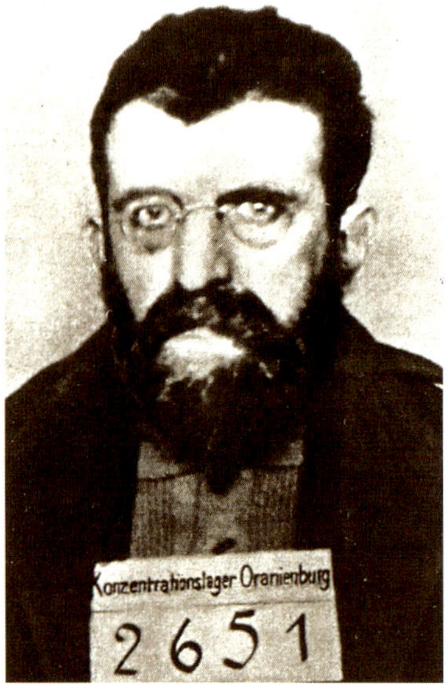

Mühsam stand trotz mehrfacher Inhaftierung zu seinen Ansichten

Erich Mühsam stirbt im KZ Oranienburg

10./11. Juli. Der deutsche Dramatiker, Lyriker und Essayist Erich Mühsam stirbt im Konzentrationslager Oranienburg an den Folgen von Mißhandlungen.

Der radikale Anarchist gab 1918/19 die Monatsschrift »Kain. Zeitschrift für Menschlichkeit« heraus. Nach dem Sturz der Münchner Räterepublik, deren Zentralrat er angehört hatte, wurde er von einem Standgericht zu 15 Jahren Festungshaft verurteilt, von denen er sechs Jahre abbüßte. 1933 wurde er nach dem Reichstagsbrand festgenommen und in das Konzentrationslager Oranienburg eingeliefert.

Curie — zweifache Nobelpreisträgerin

4. Juli. Die aus Polen stammende französische Chemikerin und Physikerin Marie Curie, geborene Sktodowska, stirbt in Sancellemoz in Savoyen. Sie entdeckte 1898 die Radioaktivität des Thoriums und mit ihrem Mann Pierre die radioaktiven Elemente Polonium und Radium. 1903 erhielt das Forscherehepaar zusammen mit Antoine Henri Becquerel den Nobelpreis für Physik. Nach dem Tod ihres Mannes (1906) wurde sie auf dessen Lehrstuhl für Physik an der Pariser Universität Sorbonne berufen. 1911 erhielt sie auch den Chemienobelpreis verliehen. 1914 übernahm sie die Leitung des Institut du radium in Paris.

Musik 1934:

Gemeinschaftsgefühl als Ideal der Musik

»Die Eigenart deutschen Wesens, die Betonung von Fantasie, Gefühl, Unendlichkeitsstreben vermag sich am besten in der Musik auszudrücken«, propagieren nationalsozialistische Musiktheoretiker im Deutschen Reich. Zwei Kennzeichen weist demzufolge die »deutsche« Musik auf: Das harmonische Bewußtsein des Dreiklangs und die Bevorzugung eines linearen Stils, der sich auf der Grundlage des Dreiklangs in der Einstimmigkeit oder in Mehrstimmigkeit äußert, bei der jede einzelne Stimme ihren Wert behält. Darin erkennen NS-Ideologen das in der Musik verwirklichte Beispiel des »nordisch-germanischen Lebensideals«: Die Einzelpersönlichkeit (die einzelne Stimme) als gleichberechtigtes Glied der Volksgemeinschaft (der Musik). In »Selbstbesinnung auf die Grundkräfte deutschen Wesens« fördert der Nationalsozialismus daher das »kraftvolle Lied in Jugend und Volk«.

Zwar gilt der Komponist Richard Wagner als das deutsche Musikgenie schlechthin (→27. 5./S. 106), doch soll der »künstlerische Individualismus« durch ein neues Gemeinschaftsgefühl überwunden werden: Die Volksgemeinschaft ist wichtiger als die einzelnen Namen von Komponisten. Das politische Kampflied der nationalsozialistischen Verbände (»Die Fahne hoch, die Reihen fest geschlossen«), das neben dem »Deutschlandlied« zur Nationalhymne erhoben worden ist, soll Ausgangspunkt einer »neuen musikalischen Erhebung des Volkes« werden.

Die Entwicklung zum Gemeinschaftsgefühl durch Musik wird gepflegt und gefördert. Volksmusikschulen wollen zu Musizieren in Familie, Schule und im geselligen Leben anregen. Männerchöre werben für das deutsche Volkslied, laden groß und klein an »Liedertagen« zum Mitsingen in der freien Natur ein.

Werner Egk bei einer Probe

Der Musiktheoretiker Fritz Steege äußert sich 1934 über »Chorgesang und Charakterbildung« so: »Das Lied kann uns vom Leben wegführen, statt uns für die rauhen Anforderungen des Lebens zu stählen. Aber umgekehrt können wir dem Liede den Mut zu zielbewußter Arbeit entnehmen, das Lied kann uns beseelen und bestärken in unserm Lebenswillen, es kann uns Begeisterung schenken, Glauben und Zukunft, Vertrauen zu unserer eigenen Kraft. Dadurch erhält das Chorlied unserer Tage seinen eigenen stilistischen Ausdruck... es ist hart und rauh, gegenwartsnahe ... Im wuchtigen Rhythmus dieses Chorliedes klingt der Marschtritt der Zeit.«

Die musiktheoretischen Vorstellungen der NS-Führung schlagen sich im gesamten Musikschaffen im Deutschen Reich nieder, wo künstlerische Ambitionen dem Marschrhythmus weichen müssen. Musiker, die, wie der Komponist Paul Hindemith, sich diesen Vorstellungen nicht unterordnen, werden aus dem kulturellen Leben verdrängt (→ 12. 3./S. 66).

In Berlin findet 1934 der erste deutsche Komponistentag statt; die Abb. zeigt vorn von links nach rechts: Joseph Marx, Wilhelm Kienzl, Hugo Rasch, Hans Pfitzner, Clemens Schmalstich, Richard Strauss, Emil Nikolaus von Reznicek und Paul Graener bei einem Interview für die Ufa

Franzose siegt bei 28. Tour de France

29. Juli. Der Franzose Antonin Magne gewinnt die Tour de France 1934 in 147:13:58 Stunden vor dem Italiener Giuseppe Martano (147:41:20) und dem Franzosen René Lapébie (148:06:13). 60 Fahrer sind vor drei Wochen, am 3. Juli, zur 28. Tour de France gestartet, die über eine Gesamtlänge von 4256 km durchgeführt wurde. 39 kehren nach Paris zurück.

Antonin Magne, Sieger der 28. Tour de France, einem Rennen, das zu einem Triumph des französischen Radsports geworden ist; Magne hatte schon 1931 die Tour gewonnen

40 000 Zuschauer umsäumen die Ränge des Prinzenparkstadions, um das Ende der 23. und letzten Etappe mitzuerleben. Tausende von begeisterten Radsportanhängern stehen auf den Straßen von Paris und feiern die Fahrer, vor allem Antonin Magne.

Fred Perry siegt in Wimbledon

7. Juli. *In der Schlußrunde des Herreneinzels beim Tennisturnier in Wimbledon schlägt der Brite Fred Perry (l.) Titelverteidiger Jack Crawford (Australien) 6:3, 7:5 und 6:1. Damit gewinnt zum ersten Mal seit 24 Jahren wieder ein Brite das Wimbledon-Finale, das als inoffizielle Weltmeisterschaft gilt. Die fieberhafte Spannung am Centre Court — Perry liegt im ersten Satz noch 1:3 zurück — entlädt sich nach dem Sieg Perrys in nicht abreißendem Jubel der Zuschauer über den britischen Sieg. Perry, Sohn eines Handwerkers und Tischtennisweltmeisters von 1929, war erst vor fünf Jahren zum Tennisspielen gekommen.*

Triumph für Stuck und Porsche

15. Juli. *Hans Stuck gewinnt auf dem Nürburgring den Großen Preis von Deutschland auf dem von Ferdinand Porsche konstruierten Wagen der Auto-Union in 4:38:19,1 Stunden. Die Siegesfahrt Stucks gilt als bedeutendster deutscher Sporterfolg bei Automobilrennen in diesem Jahr: Der Große Preis von Deutschland bleibt im Deutschen Reich. Die Tatsache, daß zwei deutsche Wagen — Zweiter wird der Italiener Luigi Fagoli auf Mercedes-Benz — gewinnen, wird als großer Erfolg der deutschen Automobilindustrie gewertet. Die Abbildung zeigt Stuck in der elften Runde beim Reifenwechsel und Tanken.*

Weltrekord im Zehnkampf von Sievert

7. Juli. Bei den Leichtathletik-Meisterschaften des Gaus Nordmark in Hamburg stellt Hans-Heinrich Sievert mit 8790,46 Punkten einen neuen Weltrekord im Zehnkampf auf. Der stämmige Holsteiner beweist, daß er der beste Leichtathlet der Welt ist. Schon im Vorjahr hatte Sievert den Weltrekord des US-Athleten James Bausch um 328,23 Punkte verbessert.

Vor 2000 Zuschauern im Hammer Park zeigt Sievert Leistungen, mit denen deutsche Einzelmeisterschaften zu gewinnen sind. Als er am Sonnabend beim Hochsprung stürzt und eine leichte Rippenprellung festgestellt wird, scheint der Weltrekord in Frage gestellt. Doch am Sonntagnachmittag steigert er seine Leistungen noch einmal und kommt im Diskuswerfen auf 47,23 m. Als der Weltrekord nach Speerwerfen, Stabhochsprung und 1500 m Lauf dann verkündet wird, kennt der Jubel keine Grenzen. Lediglich in den Einzeldisziplinen Kugelstoßen (15,32 m), Speerwerfen (61,91 m) und Stabhochsprung (4,00 m) weist der alte Rekord von James Bausch bessere Werte auf.

Auf den Schultern tragen Sievert seine Freunde vom Platz.

Sievert übertrifft in Hamburg seine Leistungen der letzten Jahre und wird der beste Leichtathlet der Welt

Weltrekorde von Zehnkämpfer Hans-Heinrich Sievert

	Rekord 1934		Rekord 1933
100 Meter	11,1 sec.	881,00 P.	11,4 sec.
Weitsprung	7,48 m	970,60 P.	7,09 m
Kugelstoßen	15,31 m	997,99 P.	14,55 m
Hochsprung	1,80 m	818,00 P.	1,852 m
400 Meter	52,2 sec.	849,60 P.	54,0 sec.
110 Meter Hürden	15,8 sec.	924,00 P.	16,2 sec.
Diskuswerfen	47,23 m	1076,76 P.	46,66 m
Speerwerfen	58,32 m	960,95 P.	59,58 m
Stabhochsprung	3,43 m	719,20 P.	3,40 m
1500 Meter	4:58,8 min.	628,00 P.	4:59,8 min.

Rekord in Polen

15. Juli. *Mit 64:35 Punkten gewinnt die Vertretung der deutschen Leichtathletinnen in Warschau ihren ersten Länderkampf gegen die Sportlerinnen aus Polen. Die Abbildung zeigt die Münchnerin Gisela Mauermayer (Abb.), die beim Kugelstoßen mit 14,38 m einen Weltrekord aufstellt.*

August 1934

Mo	Di	Mi	Do	Fr	Sa	So
		1	2	3	4	5
6	7	8	9	10	11	12
13	14	15	16	17	18	19
20	21	22	23	24	25	26
27	28	29	30	31		

1. August, Mittwoch

In der Schweiz wird der Bundesfeiertag begangen. → S. 157

Im nationalsozialistischen Deutschen Reich wird die Einführung des sog. Staatsjugendtags verkündet. → S. 154

Der durch Gesetz vom 24. April geschaffene Volksgerichtshof nimmt in Berlin seine Tätigkeit mit Verhandlungen in allen drei Senaten auf. Die ersten Strafsachen, die zur Verhandlung anstehen, sind Fälle von »Vorbereitung zum Hochverrat durch Versuche der Zersetzungspropaganda bei Angehörigen der Polizei bzw. Reichswehr«.

In Breslau werden in einem Hochverratsprozeß gegen 55 Kommunisten die Urteile gefällt. Neun Angeklagte werden freigesprochen, die anderen erhalten Zuchthaus- und Gefängnisstrafen von insgesamt 86 Jahren.

Der indische Freiheitskämpfer Mohandas Karamchand Gandhi, gen. Mahatma, beendet eine neunmonatige Propagandafahrt gegen die Unterdrückung der Parias, der kastenlosen »Unberührbaren« in Britisch-Indien (→ 8. 4./S. 75).

Der polnische Ministerpräsident Leo Kozlowski rechtfertigt vor dem Parlament in Warschau die Errichtung eines Konzentrationslagers für die Anhänger terroristischer Methoden unter den ukrainischen Nationalisten, für Mitglieder der verbotenen Kommunistischen Partei und die rechtsradikalen polnischen Nationalisten (→ 17. 6./S. 124).

Pius XI. ist der erste Papst seit 1870, der sich in die außerhalb Roms gelegene päpstliche Sommerresidenz Castel Gandolfo begibt.

2. August, Donnerstag

Der deutsche Reichspräsident Paul von Hindenburg stirbt auf seinem Gut Neudeck bei Freystadt in Westpreußen im Alter von 86 Jahren. → S. 150

Im Deutschen Reich wird das Amt des Reichspräsidenten mit dem des Reichskanzlers vereinigt. → S. 152

Der deutsche Reichsminister und Stellvertreter des Führers, Rudolf Heß (NSDAP), ordnet nach dem Tod von Reichspräsident Paul von Hindenburg eine 14tägige Trauer für alle Parteigliederungen (SA, SS, Hitlerjugend, Arbeitsfront, Arbeitsdienst) an. Den gleichen Befehl gibt Reichswehrminister Werner von Blomberg (parteilos) für alle Offiziere der Reichswehr sowie für Beamte im Offiziersrang der Wehrmacht aus.

3. August, Freitag

Der österreichische Bundeskanzler Kurt Schuschnigg (Christlichsoziale Partei) berichtet vor der Presse in Wien über Hintergründe des Putschversuchs vom → 25. Juli (S. 136) (→ 30. 8./S. 156).

Auf einer Kundgebung des Erzbischofs von Canterbury wird die Zahl der in den vergangenen Jahren in der Sowjetunion verhungerten Menschen auf sechs Millionen beziffert. Wegen der Mißernte von 1934 wird eine neue Katastrophe befürchtet.

Aus China wird gemeldet, daß Peking als erste Stadt die neue chinesische Verfassung mit entsprechenden Wahlen verwirklicht habe (→ 12. 1./S. 23).

4. August, Sonnabend

Rund 1 500 Teilnehmerinnen aus 24 Ländern treffen sich in der französischen Hauptstadt Paris zum Internationalen Frauenkongreß gegen Krieg und Faschismus. Der Kongreß dauert bis zum 7. August.

In Lüttich beginnt das zweitägige Dritte Internationale Sozialistische Jugendtreffen.

In Constantine in Nordostalgerien kommt es zu blutigen Zusammenstößen zwischen Juden und Moslems.

In Frankfurt am Main beginnt die zweitägige Arbeitstagung des Nationalsozialistischen Lehrerbunds. Reichserziehungsminister Bernhard Rust (NSDAP) bezeichnet es als Hauptaufgabe der »deutschen« Erzieher, an die Stelle der allgemeinen Bildung die nationalsozialistische Erziehung treten zu lassen (→ S. 141).

5. August, Sonntag

Der deutsche Führer und Reichskanzler Adolf Hitler (NSDAP) weist der britischen Zeitung »Daily Mail« gegenüber Gerüchte über angebliche deutsche Kriegspläne zurück. → S. 153

US-Präsident Franklin D. Rossevelt kündigt in einer Rundfunkansprache neue Maßnahmen zur Verbesserung der wirtschaftlichen Situation an. → S. 156

Schnellster Fahrer beim 10. Klausen-Rennen, das der Automobilklub der Schweiz veranstaltet, ist der Deutsche Rudolf Caracciola auf Mercedes-Benz.

6. August, Montag

Die USA räumen nach 19 Jahren Haiti. Die US-Finanzkontrolle über das Land bleibt jedoch weiter bestehen (→ 29. 5./S. 97).

Der Deutsche Reichstag tritt in der Berliner Krolloper zu einer Trauerkundgebung für den am 2. August verstorbenen Reichspräsidenten Paul von Hindenburg zusammen (→ 2. 8./S. 152).

Der Platz »vor dem Brandenburger Tor« in Berlin wird im Gedenken an den verstorbenen Reichspräsidenten in »Hindenburg-Platz« umbenannt.

Die Freie Stadt Danzig (Gdańsk) und die polnische Regierung schließen mehrere wirtschaftliche Verständigungsabkommen (→ 15. 3./S. 62).

In der Nähe von Harbin im japanischen Satellitenstaat Mandschukuo (Mandschurei) wird ein japanischer Munitionszug in die Luft gesprengt. Die mandschurische Regierung macht dafür indirekt sowjetische Bahnbeamte der Ostchinesischen Eisenbahn verantwortlich.

Die Regierung von Britisch-Indien erklärt die Kommunistische Partei des Landes für illegal. Das Parteivermögen der Kommunisten wird beschlagnahmt.

In der polnischen Hauptstadt Warschau beginnt der Kongreß der Auslandspolen. Er endet am 9. August mit der Gründung eines Weltbunds der Polen im Ausland.

7. August, Dienstag

Der am 2. August verstorbene deutsche Reichspräsident Paul von Hindenburg wird im sog. Hindenburg-Turm des Tannenbergdenkmals im westlichen Masuren in Anwesenheit des Führers und Reichskanzlers Adolf Hitler (NSDAP) beigesetzt (→ 2. 8./ S. 150).

Zu Ehren des verstorbenen Reichspräsidenten Paul von Hindenburg ruht im Deutschen Reich um 11.45 Uhr für eine Minute der gesamte Verkehr und in den Betrieben wird für eine Minute die Arbeit niedergelegt.

Die deutsche Reichsregierung beschließt eine Amnestie für geringfügige Straftaten, die hauptsächlich nationalsozialistischen Straftätern zugute kommt. → S. 154

Das »Deutsche Kriminalpolizeiblatt« weist erneut darauf hin, daß sämtliche von dem russisch-sowjetischen Dichter Maxim Gorki verfaßten und in deutscher Sprache erschienenen Druckschriften seit 1933 in Preußen »beschlagnahmt und eingezogen« werden.

Der deutsche Führer und Reichskanzler Adolf Hitler (NSDAP) überreicht Vizekanzler Franz von Papen (parteilos) die noch von Reichspräsident Paul von Hindenburg unterzeichneten Urkunden der Enthebung vom Amt als Reichsminister und Vizekanzler und der Ernennung zum außerordentlichen Gesandten und Bevollmächtigten Minister in besonderer Mission in Wien. Das Amt des Vizekanzlers bleibt von nun an unbesetzt (→ 26. 7./S. 139).

Der im Februar zum Präsidenten Kolumbiens gewählte Liberale Alfonso López Pumarejo tritt sein Amt an, als Nachfolger von Enrique Olaya Herrera. Dieser Wechsel markiert das Ende der 50jährigen Vorherrschaft der Konservativen in dem südamerikanischen Staat.

8. August, Mittwoch

Auf einer Gedenkfeier auf dem Heldenplatz der Wiener Hofburg für den am 25. Juli ermordeten Bundeskanzler Engelbert Dollfuß bezeichnet der österreichische Bundeskanzler Kurt Schuschnigg (CP) den Putschversuch des → 25. Juli (S.136) als »vorbedachten und gewollten Dolchstoß in das Herz Österreichs« (→ 30. 8./S. 156).

In Costa Rica beginnt ein Streik der Plantagenarbeiter der US-Gesellschaft »United Fruit Company«. Die Arbeiter wenden sich gegen Lohnsenkungen und fordern die Verbesserung der Arbeits- und Lebensbedingungen, vor allem die Versorgung mit Trinkwasser und eine medizinische Betreuung. Am 25. August handeln sie mit dem Unternehmen einen Kompromiß aus, der jedoch nicht erfüllt wird.

9. August, Donnerstag

Nach Pressemeldungen hat der deutsche Reichsminister für Wissenschaft, Erziehung und Volksbildung, Bernhard Rust (NSDAP), »den ihm wiederholt aus der Bevölkerung Magdeburgs vorgebrachten Wünschen Rechnung getragen und zugestimmt, daß das seinerseits auf Kosten des Staates aufgestellte Ehrenmal von Ernst Barlach aus dem Magdeburger Dom entfernt wird«. Barlachs Kriegerehrenmal zählt zu den bedeutendsten Antikriegskunstwerken.

In Kopenhagen wird der Leiter einer Arbeitslosenversammlung, in der eine Protestentschließung gegen »das deutsche Mörderregiment« angenommen worden war, zu drei Monaten Gefängnis verurteilt. Das Verfahren gegen den Mann war auf Veranlassung der deutschen Botschaft in Kopenhagen eingeleitet worden.

Die schwedische Zeitung »Goeteborg Handels- und Sjöfarts-Tidning« wird im Deutschen Reich für sechs Monate verboten wegen »unerhörter Beschimpfung des Führers und Reichskanzlers sowie anderer Mitglieder der deutschen Reichsregierung« in einem Artikel nach dem Tod des Reichspräsidenten Paul von Hindenburg.

Marschall Chiang Kai-shek übernimmt das Kommando über die chinesischen Regierungstruppen, nachdem es in der Gegend der Hafenstadt Futschou in der Provinz Fukien zu erbitterten Kämpfen zwischen Regierungstruppen und kommunistischen Aufständischen um Reis- und Salzlager gekommen ist. (→12. 1./S. 23).

Reichsbischof Ludwig Müller betont auf der Deutschen Evangelischen Nationalsynode in Berlin, daß es darum gehe, »dem Führer für die Aufgaben der Zukunft eine wirklich geschlossene und starke Evangelische Kirche zu bauen«.

Bei den Leichtathletik-Europameisterschaften in Turin erringen sechs deutsche Sportler Siege.

In London beginnen die IV. Internationalen Frauenweltspiele. → S. 157

10. August, Freitag

Der österreichische Bundeskanzler Kurt Schuschnigg (CP) trifft in Budapest zu Gesprächen mit dem ungarischen Ministerpräsident Gyula Gömbös von Jákfa zusammen. Das Treffen gilt als Auftakt für eine Vertiefung der wirtschaftlichen und politischen Beziehungen zwischen Österreich und Ungarn, die von dem ermordeten österreichischen Bundeskanzler Engelbert Dollfuß (CP) geknüpft worden waren (→ 17. 3./S. 61).

Die Verwaltung der Kohlengrube Escarpelles bei Lens in Nordfrankreich entläßt 135 polnische Bergarbeiter fristlos, 80 von ihnen werden aus Frankreich ausgewiesen. Aus Protest gegen die Ausweisung von zwei Kameraden durch die französischen Behörden hatten 200 polnische Bergarbeiter zuvor ihre französischen Kollegen in 300 m Tiefe 36 Stunden gefangengehalten.

Auf den Tod des deutschen Reichspräsidenten Paul von Hindenburg am 2. August nimmt das Berliner politische Wochenblatt »Kladderadatsch« Bezug

In einem Heeresbefehl teilt der deutsche Reichswehrminister Werner von Blomberg (parteilos) mit, daß der Führer und Reichskanzler Adolf Hitler (NSDAP) als Oberbefehlshaber der Wehrmacht befohlen habe, die Anrede aller Soldaten an ihn solle lauten: »Mein Führer!«

Im Deutschen Reich wird die seit Dezember 1933 bestehende Sperre für Neugründungen von Zeitungen und Zeitschriften bis zum 31. März 1935 verlängert. Begründet wird dies u.a. damit, »daß immer noch neue Pläne und Projekte auftauchen, deren Durchführung das Gesamtbild der deutschen Presse im Hinblick auf die pressemäßige Leistung kaum irgendwie bereichern würde, den Aufbau auf einer wirtschaftlichen Grundlage zur Zeit aber schwer stören müßte«.

11. August, Sonnabend

Der deutsche Führer und Reichskanzler Adolf Hitler (NSDAP) ernennt den pfälzischen Gauleiter Joseph Bürckel (NSDAP) zum Saarbevollmächtigten der Reichsregierung als Nachfolger von Franz von Papen (parteilos).

In Paris beginnt das von der Roten Sportlerinternationale initiierte Internationale Treffen antifaschistischer Sportler. Es dauert bis zum 15. August.

Der US-amerikanische Tiefseeforscher William Charles Beebe taucht in einer Taucherkugel bei den Bermudainseln 830 m tief. → S. 155

12. August, Sonntag

Die deutsche Reichsregierung protestiert in Prag gegen »die Hetze« der Emigrantenpresse. → S. 153

In Magdeburg an der Elbe beginnen die Schwimm-Europameisterschaften, bei denen deutsche Sportler sechsmal siegreich sind. → S. 157

Gottfried Freiherr von Cramm gewinnt das Herreneinzel der Deutschen Tennismeisterschaften. Siegerin bei den Damen wird die Deutsche Hilde Krahwinkel-Sperling (→ 2. 6./S. 129).

13. August, Montag

Der deutsche Reichsminister für Volksaufklärung und Propaganda, Joseph Goebbels (NSDAP), spricht auf einer Veranstaltung im Stadion Neukölln in Berlin über die Autorität der nationalsozialistischen Regierung (→ 12. 8./S. 153).

14. August, Dienstag

Frankreich und Rumänien schließen ein Defensivabkommen (→ 4. 4./S. 72).

Paraguay beginnt eine neue Offensive im Chacogebiet gegen Bolivien (→ 8. 1./S. 24; 28. 11./S. 192).

15. August, Mittwoch

Der ehemalige deutsche Vizekanzler, Franz von Papen (parteilos), überbringt dem Führer und Reichskanzler, Adolf Hitler (NSDAP), das politische Testament des verstorbenen Reichspräsidenten Paul von Hindenburg und macht es dann öffentlich bekannt. → S. 150

16. August, Donnerstag

In Wien überreicht der ehemalige deutsche Vizekanzler, Franz von Papen (parteilos), dem österreichischen Bundespräsidenten Wilhelm Miklas sein Beglaubigungsschreiben als deutscher Gesandter. Er bezeichnet es als seine vornehmste Aufgabe, dahin zu wirken, daß in den staatlichen Beziehungen der beiden Länder die Gefühle der Freundschaft wiederhergestellt werden (→ 26. 7./S. 139).

17. August, Freitag

In Moskau beginnt der erste Allunionskongreß der sowjetischen Schriftsteller. Auf der bis zum 1. September dauernden Veranstaltung wird der sozialistische Realismus zur Grundlage von Literatur und Literaturkritik bestimmt.

Der deutsche Führer und Reichskanzler, Adolf Hitler (NSDAP), hält während eines Staatsbesuchs in Hamburg eine Rundfunkrede anläßlich der Volksabstimmung am 19. August, bei der die Zusammenlegung der Ämter des Reichspräsidenten und des Reichskanzlers bestätigt werden soll. → S. 153

In Berlin wird die elfte Funkausstellung eröffnet. → S. 153

Das von der österreichischen Regierung unter Bundeskanzler Kurt Schuschnigg (CP) beschlossene Verfassungsgesetz über den »Wirkungskreis des Generalkommissars für außerordentliche Maßnahmen zur Bekämpfung staats- und regierungsfeindlicher Bestrebungen in der Privatwirtschaft« tritt in Kraft. Danach kann der Generalstaatskommissar, Bundesinnenminister Emil Fey (Heimwehr), u. a. staatsfeindlichen Arbeitgebern die Konzession entziehen oder die Schließung ihrer Betriebe veranlassen; bei staatsfeindlichen Arbeitnehmern kann er die sofortige Entlassung verfügen (→ 30. 4./S. 74).

18. August, Sonnabend

Nach Pressemeldungen aus Polen sind in den letzten Wochen 4 500 polnische Arbeiter aus Frankreich in ihre Heimat zurückgekehrt. Zum Teil waren sie von französischen Behörden ausgewiesen worden.

19. August, Sonntag

Bei einer Wahlbeteiligung von 95,71% entscheiden sich 89,93% der deutschen Wähler für die Zusammenlegung der Ämter des Reichspräsidenten und des Reichskanzlers in der Person Adolf Hitlers. → S. 152

20. August, Montag

Das Standgericht in Wien verurteilt zwei Männer wegen Aufbewahrung von Sprengstoffen zum Tod durch den Strang. Das Urteil wird noch am selben Tag vollzogen.

Der österreichische Bundeskanzler Kurt Schuschnigg (CP) reist nach Florenz zu einer Zusammenkunft mit dem italienischen Duce und Ministerpräsidenten, Benito Mussolini. Vor dem Abflug in Wien bezeichnet er in einem Interview mit dem »Giornale d'Italia« Italien als die größte Stütze Österreichs (→ 17. 3./S. 61).

Der deutsche Führer und Reichskanzler, Adolf Hitler (NSDAP), betont in einem Dankschreiben an Reichswehrminister Werner von Blomberg (parteilos) seine Absicht, »die Armee als einzigen Waffenträger in der Nation zu verankern« (→ 2. 8./S. 152).

21. August, Dienstag

Das am 25. Juli in Wien verhängte Standrecht wird aufgehoben (→ 25. 7./S. 136).

Paula Wessely gibt in »Maskerade« ihr Filmdebüt und wird quasi über Nacht zum gefeierten Star. Der im Wien des Jahres 1905 zur Faschingszeit spielende Film wird in Berlin uraufgeführt und erhält das Prädikat »künstlerisch«. Der Film ist die zweite Regiearbeit des Schauspielers Willi Forst.

22. August, Mittwoch

Die deutsche Reichsregierung in Berlin erläßt ein Gesetz, nach dem alle Beamten auf den Führer und Reichkanzler zu vereidigen sind. Der Diensteid lautet: »Ich schwöre: Ich werde dem Führer des Deutschen Reiches und Volkes, Adolf Hitler, treu und gehorsam sein, die Gesetze beachten und meine Amtspflicht gewissenhaft erfüllen, so wahr mir Gott helfe.«

Die Dritte Jüdische Weltkonferenz in Genf beschließt, den 1933 proklamierten Boykott gegen das nationalsozialistische Deutsche Reich fortzuführen. → S. 156

Der erste Jahreskongreß der konservativen Blue Shirts (Blauhemden) in Dublin fordert alle irischen Bauern zur Steuerverweigerung auf. → S. 156

Im Deutschen Reich werden die Industrie- und Handelskammern der Aufsicht des Reichswirtschaftsministeriums unterstellt. Sie werden künftig nach dem Führerprinzip geleitet (→ 13. 3./S. 57).

23. August, Donnerstag

Die Landessynode der Evangelisch-lutherischen Landeskirche in Bayern lehnt auf einer Tagung in München ihre Eingliederung in die nationalsozialistisch orientierte Reichskirche ab.

24. August, Freitag

In Griechenland wird eine Verschwörung aufgedeckt, die den Sturz der Republik und die Errichtung einer Militärdiktatur unter General Nikolaos Plastiras zum Ziel hatte. Zahlreiche Offiziere werden verhaftet.

Auf der dänischen Nordseeinsel Fanø beginnt die Tagung des ökumenischen Rats der Protestantischen Kirche. Der bis zum 30. August dauernde Kongreß bekundet gegen den Protest der meisten Mitglieder der deutschen Delegation seine Sympathie mit der oppositionellen Bekennenden Kirche im Deutschen Reich (→ 29. 5./S. 90).

25. August, Sonnabend

Die mandschurischen Polizeibehörden geben bekannt, daß in den vergangenen Tagen 70 sowjetische Beamte der Ostchinesischen Eisenbahn verhaftet wurden. Ihnen werden Sabotage, Anschläge, Diebstähle u. a. vorgeworfen.

26. August, Sonntag

Auf der Feste Ehrenbreitstein bei Koblenz findet eine »Treuekundgebung für das Saargebiet« der deutschen Reichsregierung statt. → S. 154

In Köln wird die Ausstellung »Deutsche Saar« eröffnet.

Der deutsche Reichsbankpräsident Hjalmar Schacht (parteilos) eröffnet als kommissarischer Reichswirtschaftsminister die Leipziger Herbstmesse (→ 30. 7./S. 139).

Der deutsche Schwergewichtsboxer Max Schmeling siegt in einem Kampf gegen Walter Neusel in der 9. Runde. Dieser Sieg ist der Beginn von Schmelings Comeback auch im internationalen Boxsport.

27. August, Montag

Der italienische Duce und Ministerpräsident, Benito Mussolini, fordert in Rom die Militarisierung des gesamten Lebens in Italien. → S. 157

28. August, Dienstag

Die Belgische Nationalbank in Brüssel senkt den Diskontsatz von 3 auf 2,5%, um die Kreditvergabe der Banken und damit das wirtschaftliche Leben anzukurbeln.

29. August, Mittwoch

Der deutsche Reichsjugendführer, Baldur von Schirach (NSDAP), bezeichnet in einer Rundfunkrede »An die deutschen Eltern« Elternhaus, Schule und Hitlerjugend (HJ) als die drei Faktoren, die an der Gestaltung der jungen Generation in kameradschaftlicher Verbundenheit zusammenarbeiten müßten (→ 1. 8./S. 154).

30. August, Donnerstag

Lettland, Estland und Litauen unterzeichnen in der lettischen Hauptstadt Riga den »Vertrag über das Einvernehmen und die Zusammenarbeit der drei baltischen Staaten«. Er sieht u. a. enge außenpolitische Zusammenarbeit vor (→ 4. 4./S. 72).

Der österreichische Vizekanzler Ernst Rüdiger Starhemberg (Heimwehr) erklärt in Wien, daß er den Frieden in Österreich nach wie vor für gefährdet halte. → S. 156

31. August, Freitag

Nach Angaben der deutschen Reichsanstalt für Arbeitsvermittlung und Arbeitslosenversicherung gibt es im Deutschen Reich nur mehr 2 398 000 Arbeitslose gegenüber 4 124 000 im August 1933.

Das Wetter im Monat August

Station	Mittlere Lufttemperatur (°C)	Niederschlag (mm)	Sonnenscheindauer (Std.)
Aachen	17,0 (17,2)	39 (82)	— (188)
Berlin	17.4 (17.2)	110 (68)	— (212)
Bremen	17.3 (17,1)	55 (79)	— (182)
München	16,1 (16,6)	169 (96)	— (211)
Wien	19,4 (18,6)	106 (68)	195 (—)
Zürich	16,5 (16,6)	180 (132)	172 (219)

( ) Langjähriger Mittelwert für diesen Monat
— Wert nicht ermittelt

Die Trauerfeier für den am 25. Juli während eines nationalsozialistischen Putschversuchs ermordeten österreichischen Bundeskanzler Engelbert Dollfuß zeigt die in Paris erscheinende Zeitschrift »L'Illustration« auf ihrem Titelblatt im August

L'abonné à l'édition N° 1 reçoit avec ce numéro LA PETITE ILLUSTRATION contenant la deuxième partie de SA DESTINÉE, roman, par M. Gaston Chérau.

92e ANNÉE — N° 4772

L'ILLUSTRATION

18 AOUT 1934

LOUIS BASCHET, Directeur-adjoint. RENÉ BASCHET, Directeur. GASTON SORBETS, Rédacteur en chef.

L'HOMMAGE NATIONAL ET POPULAIRE DE L'AUTRICHE A SON CHANCELIER ASSASSINÉ

La foule massée, le 8 août, sur la place des Héros, devant la Hofburg où est exposé, tout en haut, sur un drap noir, un colossal agrandissement du portrait de Dollfuss.

A gauche, dominant la foule, statue équestre du prince Eugène (de Savoie-Carignan) qui servit l'Autriche avec éclat de 1683 à 1736.

Die Beisetzung des Reichspräsidenten Paul von Hindenburg im sog. Hindenburg-Turm des Tannenberg-Denkmals

Reichspräsident Paul von Hindenburg tot

2. August. Der deutsche Reichspräsident und Generalfeldmarschall Paul von Beneckendorff und von Hindenburg stirbt um neun Uhr im Alter von 86 Jahren auf seinem Gut Neudeck bei Freystadt in Westpreußen. Noch am selben Tag übernimmt Reichskanzler Adolf Hitler (NSDAP) auch das Amt des Staatspräsidenten (→ 2. 8./S. 152).

Hindenburg, den die Nationalsozialisten in ihren Nachrufen als »treuen Ekkehardt des deutschen Volkes« bezeichnen, war 1925 zum Reichspräsidenten gewählt worden. 1932 war er mit Unterstützung der Sozialdemokraten in diesem Amt bestätigt worden.

Am Tag zuvor hat Hitler zum letzten Mal den im Sterben liegenden Reichspräsidenten auf Gut Neudeck besucht. Dem behandelnden Arzt Ferdinand Sauerbruch gegenüber äußerte der Reichskanzler nach dem Besuch, Hindenburg habe ihn zuletzt nur noch mit »Majestät« angesprochen.

Der Reichsminister und Stellvertreter des Führers, Rudolf Heß (NSDAP), erläßt zum Tod des Reichspräsidenten an die Bevölkerung folgenden Aufruf: »Hindenburg ist tot! Hindenburg lebt in seinem Volke! Er lebt in unseren Herzen fort als der Sieger von Tannenberg — er lebt fort als der Generalfeldmarschall des Weltkrieges — er lebt als der Vater eines großen Volkes! Die Kämpfer für Deutschlands Freiheit senken die Fahnen vor dem großen Deutschen in Trauer, Ehrfurcht und Dankbarkeit: Hindenburg rief den Führer — Hindenburg leitete damit neue deutsche Geschichte ein. Hindenburgs lebendiges Vermächtnis für Deutschland ist der Führer. Treue zu Hindenburg — heißt Treue dem Führer — heißt Treue zu Deutschland! Wir straffen uns zu neuem Kampf um die Zukunft unseres Volkes.«

»Die Stunde der Wiedererstarkung miterlebt«

15. August. Der ehemalige Vizekanzler, Franz von Papen (parteilos), übergibt das politische Testament des verstorbenen Reichspräsidenten Paul von Hindenburg der Öffentlichkeit. In dem am 11. Mai 1934 ausgestellten Dokument äußert sich der greise Generalfeldmarschall über den Nationalsozialismus:

»Ich danke der Vorsehung, daß sie mich an meinem Lebensabend die Stunde der Wiedererstarkung hat erleben lassen. Ich danke all denen, die in selbstloser Vaterlandsliebe an dem Werke des Wiederaufstiegs Deutschlands mitgearbeitet haben. Mein Kanzler Adolf Hitler und seine Bewegung haben zu dem großen Ziele, das deutsche Volk über alle Standes- und Klassenunterschiede zur inneren Einheit zusammenzuführen, einen entscheidenden Schritt von historischer Tragweite getan. Ich weiß, daß vieles noch zu tun bleibt, und ich wünsche von Herzen, daß hinter dem Akt der nationalen Erhebung und des völkischen Zusammenschlusses der Akt der Versöhnung stehe, der das ganze deutsche Vaterland umfaßt. Ich scheide in der festen Hoffnung, daß das, was ich im Jahre 1919 ersehnte und was ... zu dem 30. Januar 1933 führte, zu voller Erfüllung und Vollendung unseres Volkes reifen wird.«

Stationen aus dem Leben Hindenburgs

Paul von Beneckendorff und von Hindenburg wurde am 2. Oktober 1847 in Posen als Sohn eines Offiziers geboren. Er nahm am Deutschen Krieg 1866 und am Deutsch-Französischen Krieg 1870/71 teil. Von 1903 bis 1911 war er kommandierender General des 4. Armeekorps in Magdeburg und lebte nach seiner Verabschiedung in Hannover im Ruhestand.

Zu Beginn des Ersten Weltkriegs wurde er reaktiviert und übernahm mit Erich Ludendorff als Stabschef die Führung der 8. Armee. In den beiden Schlachten bei Tannenberg (23. - 31. August 1914) und an den Masurischen Seen (6. - 15. September 1914) wurden die russischen Truppen entscheidend geschlagen, sie mußten Ostpreußen räumen. Der Doppelsieg legte den Grundstein zu einem Hindenburg-Mythos und brachte dem Heerführer den Ruf, der »Befreier Ostpreußens« zu sein. 1916 übernahm er als Chef des Generalstabs des Feldheers gemeinsam mit Ludendorff die 3. Oberste Heeresleitung und gewann zunehmend politischen Einfluß. Nach der Novemberrevolution von 1918 wurde Hindenburg Symbolfigur konservativ-monarchistischer Kreise. 1925 wurde er nach dem Tod von Friedrich Ebert (SPD) zum Reichspräsidenten gewählt. Seine Wiederwahl gegen den ebenfalls kandidierenden Adolf Hitler (NSDAP) 1932 erfolgte mit Unterstützung von Zentrum und SPD. Die Hoffnung der Gegner des Nationalsozialismus, Hindenburg könne als »Hüter der Verfassung« deren Machtübernahme verhindern, erfüllte sich jedoch nicht. Am 30. Januar 1933 ernannte er Hitler zum Reichskanzler. Der Potsdamer Staatsakt zur Konstituierung des nationalsozialistisch beherrschten Reichstags vom 21. März 1933 in der Garnisonkirche wurde in der Weltöffentlichkeit als Ausdruck der Verbindung zwischen den »Traditionen deutscher Vergangenheit« (Hindenburg) und den »Kräften der Gegenwart« (Hitler) verstanden.

Der junge Hindenburg (rechts stehend) im Kreis seiner Eltern und Geschwister

Hindenburg (2.v.l. vorn) nach der Schlacht von Tannenberg

Der Generalfeldmarschall (l.) marschiert bei einer Truppenbesichtigung 1917 an der Spitze seines Regiments

Hindenburg, Kaiser Wilhelm II. und Ludendorff (v.l.n..r.) bei einer Lagebesprechung 1917

Hitler begrüßt Hindenburg; hinter Hitler Göring (mit Helm) und Goebbels (mit Zylinder)

Als Reichspräsident war Hindenburg der Oberbefehlshaber der deutschen Reichswehr

Als Gardeoffizier 1866 im Deutschen Krieg

Als Kavallerie-Offizier während des Deutsch-Französischen Kriegs

Von 1878 bis 1884 und ab 1885 gehörte Hindenburg dem Generalstab an

1896 wurde Hindenburg Generalstabschef des 8. Armeekorps in Karlsruhe

1914 wurde Hindenburg reaktiviert und zum Generalfeldmarschall

Hindenburg in der Tracht der Domherren von Brandenburg (1922)

Führer und Kanzler Hitler wird auch Reichspräsident

2. August. Nach dem Gesetz über das Staatsoberhaupt des Deutschen Reiches wird das Amt des Reichspräsidenten mit dem des Reichskanzlers vereinigt. Reichskanzler Adolf Hitler (NSDAP) gibt jedoch Anweisung, daß er im dienstlichen und außeramtlichen Verkehr weiterhin als »Führer und Reichskanzler« zu bezeichnen sei.

Das »Gesetz über das Staatsoberhaupt des Deutschen Reiches« ist von der nationalsozialistischen Reichsregierung bereits am 1. August beschlossen worden. Es lautet: »1. Das Amt des Reichspräsidenten wird mit dem des Reichskanzlers vereinigt. Infolgedessen gehen die bisherigen Befugnisse des Reichspräsidenten auf den Führer und Reichskanzler Adolf Hitler über. Er bestimmt seinen Stellvertreter. 2. Dieses Gesetz tritt mit Wirkung von dem Zeitpunkt des Ablebens des Reichspräsidenten von Hindenburg in Kraft.«

Adolf Hitler begründet in einem offenen Schreiben an den Reichsminister des Innern, Wilhelm Frick (NSDAP), warum er nicht den Titel Reichspräsident führen will: »Die Größe des Dahingeschiedenen hat dem Titel Reichspräsident eine einmalige Bedeutung gegeben. Er ist nach unser aller Empfinden in dem, was er uns sagte, unzertrennlich verbunden mit dem Namen des großen Toten. Ich bitte daher Vorsorge treffen zu wollen, daß ich im amtlichen und außeramtlichen Verkehr wie bisher nur als Führer und Reichskanzler angesprochen werde. Diese Regelung soll für alle Zukunft gelten.«

Am Tag der Vereinigung der beiden höchsten Staatsämter nach dem Tod Hindenburgs wird die deutsche Wehrmacht auf Befehl von Reichswehrminister Werner von Blomberg (parteilos) auf den Führer und Reichskanzler vereidigt. Die Eidesformel lautet: »Ich schwöre bei Gott diesen heiligen Eid, daß ich dem Führer des Deutschen Reiches und Volkes, Adolf Hitler, dem Oberbefehlshaber der Wehrmacht, unbedingten Gehorsam leisten und als tapferer Soldat bereit sein will, jederzeit für diesen Eid mein Leben einzusetzen.«

Trauersitzung des Deutschen Reichstags in der Berliner Krolloper am 6. August nach dem Tod Hindenburgs

Vereidigung des Berliner Wachregiments auf Adolf Hitler, der nun auch Oberbefehlshaber der Wehrmacht wird

Volksabstimmung bestätigt Hitler als Kanzler und Präsident

19. August. Bei einer Wahlbeteiligung von 95,71% entscheiden sich nach offiziellen Angaben 89,93% der deutschen Wähler für die Zusammenlegung der Ämter des Reichspräsidenten und des Reichskanzlers (→ 2. 8./S. 152). Führer und Reichskanzler Adolf Hitler (NSDAP), der nun auch Reichspräsident ist, begründet seinen Wunsch nach einer Volksabstimmung: »Ich will, daß die vom Kabinett beschlossene und und verfassungsrechtlich gültige Betrauung meiner Person und damit des Reichskanzleramtes an sich mit den Funktionen des früheren Reichspräsidenten die ausdrückliche Sanktion des deutschen Volkes erhält. Fest durchdrungen von der Überzeugung, daß jede Staatsgewalt vom Volke ausgehen und von ihm in freier und geheimer Wahl bestätigt werden muß, bitte ich, ...den Beschluß des Kabinetts...unverzüglich dem deutschen Volke zur freien Volksabstimmung vorlegen zu lassen.«

Hitler-Rede zur Volksabstimmung vor der Blohm & Voss-Belegschaft bei einem Besuch in Hamburg

Der Volksabstimmungs-Propagandazug wirbt im gesamten Deutschen Reich: »Ein Volk, Ein Führer, Ein 'Ja'«

Der frühere Vizekanzler Franz von Papen nach der »Ja«-Abstimmung

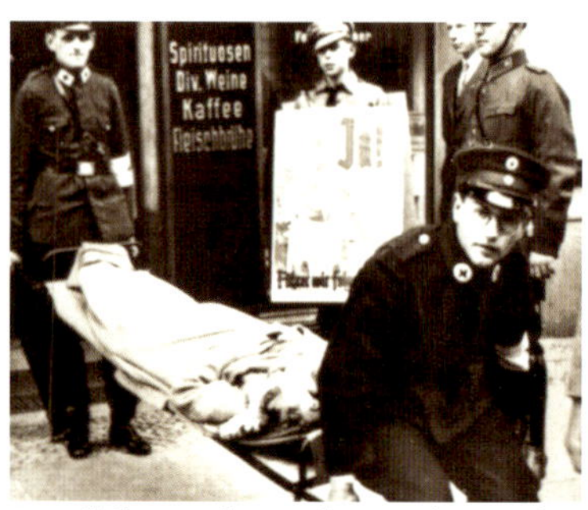

Invaliden und Kranke werden zu den Abstimmungslokalen getragen

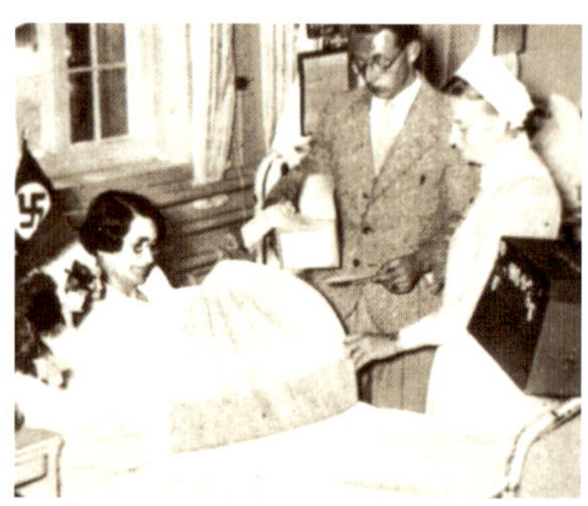

Geheime Stimmabgabe in Berliner Krankenhaus (britisches Foto)

»Die Aufrichtung einer wirklichen Autorität«

17. August. Der deutsche Führer und Reichskanzler Adolf Hitler (NSDAP) hält während eines Staatsbesuchs in Hamburg im Rathaus eine programmatische Rundfunkrede anläßlich der Volksabstimmung am →19. August (S. 152). Er erläutert unter anderem, warum das Kabinett ihn nach dem Tod des Reichspräsidenten Paul von Hindenburg zuerst gesetzlich zum Staatsoberhaupt gemacht. Er geht auch ausführlich darauf ein, warum er dann erst das Volk um Sanktionierung des Gesetzes gebeten hat:

»Meine deutschen Volksgenossen und -genossinnen! Als unser greiser Generalfeldmarschall und Reichspräsident von Hindenburg nach einem gesegneten Leben die Augen schloß, gab es nicht wenige Menschen außerhalb des Reiches, die in seinem Tode den Beginn schwerer innerer Kämpfe in Deutschland sehen wollten. Elemente, die wir nie versöhnen können, zitterten auf einmal förmlich in erwartungsvoller Besorgnis, bei der, wie so oft, der Wunsch als Vater des Gedankens Pate stand. 'Schwere Unruhen in Deutschland', 'Drohender Zerfall der nationalsozialistischen Bewegung', 'Kampf zwischen Partei und Reichswehr', 'Streit der einzelnen Führer untereinander um die Nachfolge-Frage', dies war der Inhalt der Schlagzeilen einer bestimmten Presse, deren aufrichtiges Mitempfinden mit dem Schicksal unseres Volkes und Reiches aller Welt bekannt ist. Man lebte in diesen Kreisen wohl in der angenehmen Hoffnung, daß eine wochenlange führerlose Zeit des Reiches die Möglichkeiten bieten würde, durch ein endloses Spiel von Kombinationen die Öffentlichkeit in und außer Deutschland zu verwirren, um solcher Art zur an sich schon vorhandenen Unsicherheit noch ein weiteres beizutragen. Im Interesse des deutschen Volkes und des Reiches ist dieses Spiel gestört worden! Sie dürfen mir, meine Volksgenossen, glauben, daß wir sonst natürlich den Weg gewählt hätten, erst den Appell an das Volk zu richten und dann seine Entscheidung auszuführen. Das Ergebnis wäre in diesem Fall nicht anders gewesen als so. Indem die Reichsregierung, legal berechtigt, die Zusammenlegung der beiden Ämter verkündete, hat sie getan, was nach den vorhandenen Umständen das Volk selbst gefordert haben würde...

Ich habe in meinem Leben 13 Jahre lang gegen ein Regiment gekämpft, allein nicht in negativer Kritik, sondern im positiven Hinweis auf das, was geschehen sollte. Und ich habe keine Sekunde gezögert, so wie mir der hochselige alte Herr [Paul von Hindenburg] die Verantwortung gab, sie zu übernehmen, und ich trage sie nun vor dem ganzen deutschen Volk. Und es wird keine Handlung geschehen, für die ich nicht mit Kopf und Leben vor diesem Volk einstehe. Allein ich darf zumindest dann vor diesem Volk dasselbe Recht beanspruchen, das jeder Arbeiter und Bauer und jeder Unternehmer in Anspruch nimmt. Was würde ein Bauer sagen, wenn, während er sich im Schweiß seines Angesichts abmüht, auf seinem Hof dauernd einer herumspazieren wollte, mit keiner anderen Beschäftigung als herumzunörgeln, herumzukritisieren und Unruhe zu stiften? Was würde ein Arbeiter tun, der vor seiner Maschine steht und nun dauernd von einem Menschen angeredet wird, der an sich nichts kann, auch nichts tut, aber ihn ununterbrochen benörgelt und bekrittelt? Ich weiß, sie würden solche Erscheinungen keine acht Tage aushalten, sondern sie zum Teufel jagen. Die Organisation der Bewegung gibt Hunderttausenden von Menschen die Möglichkeit, im positiven Sinne mitzuarbeiten an der Gestaltung unseres nationalen Daseins. Jede wirkliche Anregung und jede wirkliche Mitarbeit wird dankbar begrüßt. Allein Menschen, deren einzige Tätigkeit es ist, die Tätigkeit anderer zu begutachten und schlechtzumachen, ohne selbst jemals eine praktische Verantwortung zu übernehmen, vertrage ich nicht. In diesem Staate solle jeder irgendwie mitkämpfen und -schaffen. In diesem Staate kann es kein Recht auf Nörgelei geben, sondern nur ein Recht auf bessere Leistung...

Wenn ich mich aber gegen den Unfug einer solchen Zersetzung wende, dann geschieht es, weil ich als das Wichtigste für die ganze Zukunft ansehe: die Aufrichtung einer wirklichen Autorität der Führung der Nation. Die Regierung des deutschen Volkes kann nur verantwortlich sein ihrem Volke und niemals einer einzelnen Interessengruppe. Nur in dieser souveränen Stellung kann sie von allen Deutschen als unparteiische und gerechte Führung der Nation angesehen und anerkannt werden. Es ist sehr schwer, ein solches Regiment aufzurichten, allein es ist dann um so nötiger, es in Schutz zu nehmen vor allen Angriffen, die seiner souveränen Autorität Schaden zufügen könnten. Denn daran muß das ganze Volk interessiert sein, daß seine Staatsführung eine unabhängige Vertretung seiner Lebensinteressen ist. Diese Staatsführung aber wird von zwei Teilen getragen: politisch von der in der nationalsozialistischen Bewegung organisierten Volksgemeinschaft, militärisch von der Wehrmacht. Es wird für alle Zukunft mein Streben sein, den Grundsätzen Geltung zu verschaffen, daß der alleinige politische Willensträger in der Nation die Nationalsozialistische Partei, der einzige Waffenträger des Reiches die Wehrmacht ist...

Nicht meinethalben habe ich um diese Volksabstimmung gebeten, sondern des deutschen Volkes wegen. Nicht ich benötige zur Stärkung oder Erhaltung meiner Position ein solches Vertrauensvotum, sondern das deutsche Volk braucht einen Kanzler, der vor der ganzen Welt von einem solchen Vertrauen getragen wird. Denn ich bin nichts, meine Volksgenossen, als Euer Sprecher und will nichts sein als der Vertreter Eures Lebens und der Verteidiger Eurer Lebensinteressen. Schwer genug ist die Last, die das traurige Schicksal unseres Volkes uns allen auferlegt. Ich bin nicht schuldig an dieser Not, sondern ich trage sie nur mit Euch und für Euch, meine Volksgenossen. Und wenn es selbst den einen oder anderen verblendeten Deutschen gibt, der vielleicht Freude empfindet bei dem Gedanken, diese Not könnte größer sein als die Kraft meines Widerstandes, dann sollte der Wahnsinnige nicht vergessen, daß er sich nicht an meinem Mißgeschick, sondern am Unglück des deutschen Volkes weidet...

Ob in Glück oder im Unglück, ich bin meiner Fahne, die heute des Deutschen Reiches Staatsflagge ist, treu geblieben...«

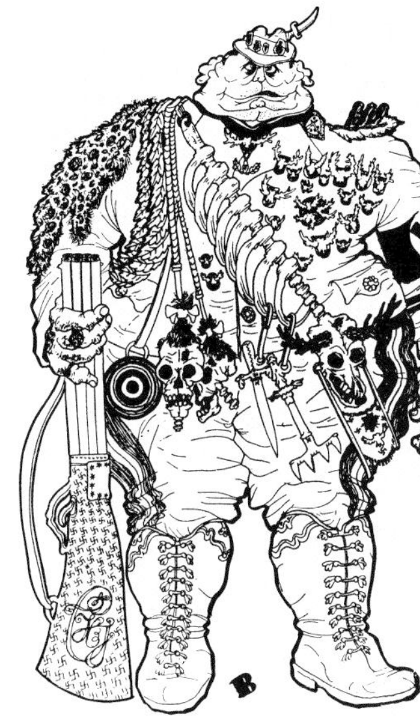

»Göring als Reichsjägermeister«, Karikatur aus der Emigrantenpresse

NS-Protest gegen Emigrantenpresse

12. August. Die deutsche Reichsregierung protestiert in Prag gegen die verschärfte »Hetze« der Emigrantenpresse seit dem Tod des Reichspräsidenten Paul von Hindenburg (→ 2. 8./S. 150). Propagandaminister Joseph Goebbels (NSDAP) betont, die Autorität der NS-Regierung beruhe nicht auf Kanonen und Maschinengewehren, wie die Emigrantenpresse behaupte, sondern auf der Gefolgschaft des deutschen Volkes.

Hitler betont seinen Willen zum Frieden

5. August. Der deutsche Führer und Reichskanzler Adolf Hitler (NSDAP) betont in einem Interview mit der britischen Zeitung »Daily Mail« den Friedenswillen des Deutschen Reiches. Einen Krieg gegen Großbritannien betrachtet die nationalsozialistische Regierung nach Hitlers Worten als »Verbrechen gegen die eigene Rasse«.

Hitler reagiert damit auf Gerüchte über Kriegsabsichten der NS-Regierung, die in der ausländischen Presse zunehmend veröffentlicht werden. Die Mutmaßungen hatten sich nach dem Putschversuch von Nationalsozialisten in Österreich (→25. 7./S. 136) verstärkt. Hitler, der solche Absichten entschieden bestreitet, fordert aber in den Interviews die Erhaltung der Grenzen des Deutschen Reiches.

Sonnabend schulfrei für alle HJ-Mitglieder

1. August. Der deutsche Reichsminister für Wissenschaft, Erziehung und Volksbildung, Bernhard Rust (NSDAP), verkündet die Einführung des Staatsjugendtags. Ab heute gelten folgende Bestimmungen: »1. Der Sonntag der Jugend gehört grundsätzlich dem Elternhaus und der Familie. 2. Für die Erziehungsarbeit der Reichsjugendführung (HJ-Bewegung) wird den ihr unterstellten Schülern der Samstag als schulfreier Tag eingeräumt (Staatsjugendtag). Daneben steht der Reichsjugendführung der Mittwochabend als Heimabend zur Verfügung, der von der Reichsjugendführung zentral gestaltet wird. 3. Für alle übrigen Schüler findet am Samstag Unterricht wie üblich statt. 4. Im übrigen stehen die Werktage uneingeschränkt der Arbeit der Schule zur Verfügung.«

Gliederung der Hitlerjugend

Die Jungen von zehn bis 14 Jahren (»Pimpfe«) bilden das »Deutsche Jungvolk in der HJ«, die Jungen von 14 bis 18 Jahren die »Hitlerjugend« (HJ), die Mädchen von zehn bis 14 Jahren den »Jungmädelbund in der HJ« (JM), die Mädchen von 14 bis 18 Jahren den »Bund Deutscher Mädel in der HJ« (BDM). Dem Reichsjugendführer Baldur von Schirach (NSDAP) unterstehen alle NS-Jugendorganisationen.

Die 1926 als Bund deutscher Arbeiterjugend gegründete Hitlerjugend ist die Jugendorganisation der NSDAP. Ziel der NSDAP-Führung ist es, die gesamte deutsche Jugend der HJ einzugliedern. Im April 1933 wurden der Reichsausschuß der deutschen Jugendverbände besetzt und der Reichsverband der deutschen Jugendherbergen gleichgeschaltet. Die marxistischen Jugendverbände wurden aufgelöst. Die Kirchen wenden sich gegen den Anspruch des NS-Staates, alleinige Träger der Jugenderziehung zu sein. So bleiben kirchliche Organisationen zwar bestehen, ihre praktische Arbeit wird jedoch stark behindert (→ 5. 6./S. 120).

600 000 Menschen bei der Kundgebung auf der Feste Ehrenbreitstein

»Treuebekundung« für das Saargebiet

26. August. Nach offiziellen Angaben nehmen rund 600 000 Menschen auf der Feste Ehrenbreitstein bei Koblenz an der sog. Treuekundgebung des Reichs für das Saargebiet teil. Hauptredner ist Reichskanzler Adolf Hitler (NSDAP). Er bezeichnet die Saarfrage als »die einzige Territorialfrage zwischen Frankreich und Deutschland«. Nach ihrer Lösung »besteht kein Grund mehr, daß sich zwei große Nationen ewig weiter befehden«.

Parade der Hitlerjugend; übers Wochenende geht die HJ auf Fahrt, 1934 beginnt die Einrichtung großer Zeltlager, die der Erholung und Ertüchtigung und erhöhter Leistungsfähigkeit dienen; nach offiziellen Angaben fahren in diesem Jahr rund 100 000 Hitler-Jungen und Pimpfe in 450 Lager

Der Bund Deutscher Mädel (BDM), der Ende 1932 erst 20 000 Mitglieder hatte, entwickelt sich zur größten Mädchenorganisation der Welt

Amnestie vor allem für NS-Anhänger

7. August. Die deutsche NS-Reichsregierung beschließt aus Anlaß der Vereinigung der Ämter von Reichspräsident und Reichskanzler (→ 2. 8./S. 152) eine Amnestie »ohne Rücksicht auf die Art der Straftat«. Darunter fallen Straftäter, die zu Haftstrafen bis zu sechs Monaten oder Geldstrafen bis zu 1 000 Reichsmark verurteilt wurden, falls sie zum Zeitpunkt der Tat unbestraft oder nur unerheblich vorbestraft waren. Außerdem müssen die Straftaten vor dem 2. August 1934 begangen worden sein. Folgende Delikte fallen unter die Amnestie: Straftaten, zu denen sich der Täter durch Übereifer im Kampf für den nationalsozialistischen Gedanken hat hinreißen lassen, Beleidigungen und Körperverletzungen im politischen Meinungsstreit.

Die Hitlerjugend nimmt häufig an politischen Massenveranstaltungen teil (Abb. Angehörige der Hitlerjugend auf dem Parteitag der NSDAP in Nürnberg); ihre Mitglieder werden auf die NS-Ideologie eingeschworen

Große Teile der weiblichen Jugend und der erwachsenen Frauen huldigen im BDM dem Nationalsozialismus; das NS-Regime will das Leben aller Bürger in jedem Stadium unter Kontrolle haben und beeinflussen

Straßen und Verkehr 1934:

7 000 km Autobahn im Deutschen Reich

Das überragende verkehrspolitische Thema 1934 im Deutschen Reich ist der Bau der Reichsautobahnen. Nach den Plänen des Führers und Reichskanzlers, Adolf Hitler (NSDAP), soll ein geschlossenes Netz von 7 000 km Reichsautobahnen entstehen.
Nach dem ersten Jahresbericht des Generalinspektors für das deutsche Straßenwesen, Fritz Todt (NSDAP), werden bis zum 1. Juli 1934 1 600 km zum Bau freigegeben, für weitere 2 500 km sind die Vorentwürfe fertiggestellt. Am Stichtag des Berichts, dem 5. Juli, erreicht die Gesamtzahl der an Autobahnbaustellen Beschäftigten 38 600 Mann. Bis zum Ende des Baujahrs 1934 soll die Belegschaft der Baustellen auf 80 000 bis 100 000 Mann gesteigert werden. Die Zahl der indirekt Beschäftigten, z. B. in Zulieferbetrieben, ist offiziellen Angaben zufolge etwa eineinhalbmal so groß wie die der auf den Baustellen Tätigen.
In den kommenden fünf Jahren sollen je 1 000 bis 1 500 km Autobahn fertiggestellt werden. Die erste Strecke zwischen Frankfurt am Main und Mannheim soll im Frühjahr 1935 eröffnet werden. Die Fahrbahnen der Autobahnen sind so gebaut, daß auf ihnen Geschwindigkeiten von 120 km/h gefahren werden können.

Reisezeiten im Vergleich*

Strecke	Auto	Zug
München-Berlin	6	9
München-Stuttgart	2	4
München-Frankfurt	2,5	5
München-Breslau	8—9	15
München-Köln	5—6	9

*Angaben in Stunden

Die nationalsozialistische Regierung treibt den Ausbau des Autobahn- und Straßennetzes voran, da durch die Arbeiten neue Arbeitsplätze geschaffen werden. Die verbesserte Infrastruktur kommt zudem der deutschen Wirtschaft zugute. Mit dem neuen Autobahnnetz verbinden sich aber auch militär-strategische Überlegungen des Regimes.

△ Viele Großstädte zeigen sich der rapide ansteigenden Zahl von Autos nicht gewachsen; die Abbildung zeigt, wie in Chicago neue Parkplätze geschaffen werden; dem Michigansee wurde Land abgewonnen

◁ Der Bau der Reichsautobahnen erfüllt nicht nur verkehrstechnische Funktionen; die Arbeitslosenzahl wird gesenkt, die Wirtschaft wird angekurbelt, auf Autobahnen geht ein militärischer Aufmarsch schneller vonstatten

△ Linienflüge sind 1934 nichts Außergewöhnliches mehr (Abb. Flughafen von Paris), doch die ganze Welt ist noch nicht erschlossen; als Herausforderung gilt eine Flugverbindung in die USA

◁ Durch die Reichsautobahnen erwächst dem Zug neue Konkurrenz; durch die Autobahnen ist das Auto bis zu doppelt so schnell am Ziel wie der Zug; die Abbildung zeigt den in Frankreich getesteten Hochgeschwindigkeitszug Bugatti P.L.M.

Beebe: 923 m unter dem Meeresspiegel

11. August. Der US-amerikanische Zoologe und Tiefseeforscher William Charles Beebe läßt sich mit seiner selbstkonstruierten Taucherkugel, der Bathysphäre, in der Nähe der Bermudainseln 830 m tief ins Meer hinab. Dem Führer des Hilfsschiffs schildert er telefonisch seine Eindrücke vom Leben unter Wasser und macht Filmaufnahmen von Fischen und anderen Meerestieren. Im selben Jahr erreicht Beebe mit seiner an einem Kabel hängenden, stählernen Tauchkugel, die einen Innendurchmesser von 1,37 m und eine Wandstärke von 3,2 cm hat, zusammen mit Otis Barton die Rekordtiefe von 923 m. Ebenfalls in diesem Jahr erscheint sein Buch »Half mile down« (»923 Meter unter dem Meeresspiegel«).

Beebe bei der Tiefseeforschung in der selbstkonstruierten Taucherkugel

Mehr Radiohörer durch Propaganda

17. August. Der deutsche Reichsminister für Volksaufklärung und Propaganda, Joseph Goebbels (NSDAP), eröffnet die elfte Deutsche Funkausstellung in Berlin. »Einer großzügigen Propaganda der nationalsozialistischen Rundfunkorganisationen gelang es«, so der Minister, »das Interesse am Rundfunk in so breite Volkskreise hineinzutragen, daß eine manchmal geradezu sprunghafte Steigerung der Rundfunkhörerzahl einsetzte. Gegenüber 4 100 000 Hörern am 1. Juli 1932 und 4 300 000 am 1. Januar 1933 haben wir heute 5 360 000 Hörer.« Die Statistik der NS-Regimes meldet, daß über 700 000 Volksempfänger seit der letzten Funkausstellung gebaut wurden.

Putschversuch in Wien lange vorbereitet

30. August. Der österreichische Vizekanzler Ernst Rüdiger Starhemberg (Heimwehr) erklärt bei einem Generalappell des militärähnlichen Wiener Heimatschutzes, der Friede sei in Österreich noch nicht eingekehrt.
Die Schlagkraft der Wehrformationen dürfe durch österreichische Kompromisse nicht beeinträchtigt werden, es müsse der hundertprozentige Sieg gegen den Nationalsozialismus und den Bolschewismus errungen werden.
Am 3. August hat Bundeskanzler Kurt Schuschnigg (Christlichsoziale Partei) vor der Presse in Wien berichtet, beim Putschversuch vom 25. Juli (→ 25. 7./S. 136) habe es sich nicht um die »zufällige Explosion« einer Bewegung von 100 bis 200 Menschen gehandelt oder um den »Husarenstreich einiger Desperados«. Der 25. Juli sei als Tag der Erhebung nicht nur in Wien, sondern in ganz Österreich vorgesehen gewesen. Es bestehe kein Zweifel, daß der Mord an Bundeskanzler Engelbert Dollfuß vorbereitet und gewollt war. Schuschnigg weist darauf hin, daß der »außerordentlich geschickt ausgedachte« Putschversuch nur einen kleinen Teil der Bevölkerung bewegen konnte, sich hinter den Aufrührern zu versammeln.
An die Adresse des Deutschen Reichs gerichtet, fährt der Kanzler fort: »Wir wollen keinen Krieg, in keiner wie immer gearteten Form. Wir sind weit davon entfernt, irgendeine Diktaturform als die Idealform eines Staates anzusehen. Ein weises Mitbestimmungsrecht des Volkes ist notwendig. Wir halten es für ausgeschlossen, daß die Form der parlamentarischen Demokratie in Österreich in absehbarer Zeit wiederkommen könnte... Wir bekennen uns als eine Regierung der Arbeiter, Bauern und Bürger. Die Regierung will Realpolitik treiben im Sinne des deutschen österreichischen Stammes. Gewalt wird dort angewendet werden, wo es notwendig ist, unbotmäßige Gewalt niederzubrechen. Im übrigen bekennen wir uns aber zum Frieden und zu friedlichen Methoden.«

Katholische österreichische Priester segnen Heimwehrfahnen; die paramilitärische Heimwehrbewegung ist seit 1933 in der Bundesregierung durch Minister vertreten; sie beteiligte sich an der Zerschlagung der Sozialdemokratie

Steuer verweigern

22. August. *Die rechtskonservativen Blue Shirts (Blauhemden) fordern in Dublin alle irischen Bauern auf, die Zahlung der Steuern, solange sich die Lage der Landwirtschaft nicht verbessert, zu verweigern. Die Abbildung zeigt Polizisten vor einem Hof, der bei Unruhen in Cork beschädigt wurde*

Roosevelts New Deal in USA

5. August. US-Präsident Franklin D. Roosevelt verkündet in einer Rundfunkansprache den »Schutz des Volksvermögens vor der Selbstsucht des Einzelwesens« als Parole der künftigen Regierungspolitik. Zugleich sagt er den großen Unternehmenszusammenschlüssen der Trusts den Kampf an. Den größeren Teil der Schlacht um das Wiedererstarken der US-Wirtschaft sieht Roosevelt als gewonnen an, doch kündigt er als weitere wichtige Aufgabe an: das bereits »eroberte Terrain« vor dem Zugriff der Trustindustrie zu schützen und die erzielten Erfolge der Gemeinschaft zugute kommen zu lassen.

Konservative Kräfte greifen die Sozial- und Wirtschaftspolitik von US-Präsident Roosevelt als »bolschewistisch« und »unamerikanisch« an; seine Gegner sind auch die großen Konzerne

Sein Programm, das mit dem Schlagwort »New Deal« (Neue Politik) charakterisiert wird, hat Roosevelt zuvor als »dreistufig« bezeichnet: Milderung der sozialen Not, Erholung von Landwirtschaft und Industrie, Reform und Wiederaufbau. Mit seinen Maßnahmen zur Behebung der Arbeitslosigkeit, zur Erhöhung niedriger Einkommen, Verbesserung der Arbeitsbedingungen u. a. stößt Roosevelt auf den Widerstand zahlreicher konservativer Organisationen und Politiker.
1934 werden in den USA folgende wichtigen New-Deal-Gesetze erlassen: Der Gold Reserve Act ermöglicht der Regierung Eingriffe in die Preisgestaltung für landwirtschaftliche Güter (→ 30. 1./ S.24). Der Farm Mortgage Refinancing Act sichert die Gewährung günstiger Kredite an verschuldete Farmer; durch den Civil Works Emergency Relief Act werden 950 Millionen US-Dollar (2,3 Milliarden Reichsmark) zur Fortführung öffentlicher Arbeiten zur Verfügung gestellt; der Crop Loan Act gewährt Farmern Anleihen zur Finanzierung der Ernte.

Jüdische Weltkonferenz

22. August. Die Dritte Jüdische Weltkonferenz in Genf beschließt, den 1933 proklamierten Boykott gegen das nationalsozialistische Deutsche Reich mit aller Energie fortzuführen (→ 13. 5./S. 102). Die Konferenz bedauert, daß die Einfuhr deutscher Waren nach China gestiegen sei. Hauptziel der Weltkonferenz, an der Delegierte von 40 jüdischen Organisationen in 26 Staaten teilnehmen, ist die Schaffung eines Jüdischen Weltkongresses als Dachorganisation der Juden in der ganzen Welt. Dieses Ziel wird nach langen Verhandlungen verwirklicht.
Nahum Goldmann, der 1933 aus dem nationalsozialistischen Deutschen Reich geflohen ist, setzt sich in einem vielbeachteten Referat mit den wichtigsten Tendenzen auseinander, die zum Antisemitismus in zahlreichen Staaten geführt haben. Die Lage der Juden sei eigentlich in keinem Land außer in Frankreich, der Tschechoslowakei und dem faschistischen Italien zufriedenstellend. Neben dem deutschen sei das sowjetische Judentum, das osteuropäische Judentum überhaupt und das Judentum in vielen südamerikanischen Staaten bedroht. Nur in der Schaffung einer einflußreichen Organisation aller Juden sieht Goldmann einen Weg zur Verbesserung der Situation der Juden.

Chaim Weizmann ist einer der Vertreter des politischen Zionismus

»Italien ist eine Nation des Kriegs«

27. August. Zum Abschluß von Manövern der italienischen Armee erklärt der italienische Duce und Ministerpräsident Benito Mussolini, daß ein Krieg im Bereich des Möglichen liege. Man müsse für den Krieg ab sofort und jederzeit bereit sein. »Wir sind eine kriegerische Nation und werden es immer mehr, denn wir wollen es. Und da ich keine Furcht vor Worten habe, füge ich hinzu: eine militärische Nation. Um die Rüstungen für den Krieg zu vervollständigen, muß das ganze Leben der Nation, das politische, wirtschaftliche und geistige Leben, sich auf den militärischen Notwendigkeiten aufbauen.« Trotz aller Konferenzen und Protokolle, so Mussolini, werde der Krieg die Menschheit immer begleiten.

Regime bestreitet Massenverhaftung

23. August. Die gleichgeschaltete deutsche Presse reagiert auf Berichte in ausländischen Zeitungen über Massenverhaftungen von Regimegegnern: »In der ausländischen Presse sind Meldungen verbreitet, daß als Beginn einer großen Aktion gegen die Nein-Sager gestern von zuständiger Stelle 150 Personen verhaftet worden seien, die im Verdacht stünden, gegen Hitler gestimmt zu haben. Nach den Meldungen einiger Auslands-Blätter soll es sich bei den Verhaftungen vorzugsweise um Angehörige zweier verschiedener Bevölkerungsgruppen, nämlich Juden und Katholiken, handeln. Das sei, nach Ansicht dieser Blätter, das Signal zu allgemeinen Unterdrückungsmaßnahmen und zu einer Jagd nach den Nein-Sagern. Diese Jagd besteht nur in der Phantasie der ausländischen Presse. Die Meldungen sind natürlich von Anfang bis Ende erlogen. Verhaftungen aus dem angegebenen Grunde sind selbstverständlich in keinem Fall vorgekommen. Es scheint, daß hier wieder übelwollende und sensationslüsterne Berichterstatter einzelne in den letzten Tagen vorgekommene Verhaftungen von Kommunisten, die im Rahmen eines laufenden Hochverratsverfahrens vorgenommen wurden, zum Anlaß einer verleumderischen Hetze genommen haben.«

Bergfrieden und Kriegsübung — die Schweiz braucht eine starke Armee

1. August. *Anläßlich des Bundesfeiertags in der Schweiz erklärt Bundesrat Rudolf Minger (BGB), der Leiter des Militär-Departements, die Schweiz brauche eine Armee, die jedem Angreifer auf der Erde und in der Luft ernsthaften Widerstand entgegensetzen könne. Das kleine Alpenland muß befürchten, zum Spielball der Interessen der wachsenden europäischen Großmächte zu werden. Zur Ausbildung des Schweizer Bundesheers gehört auch die sichere Beherrschung des Bergsteigens. Die »Münchner Illustrierte Presse« berichtet zu diesem Thema: »... auf dem felsigen Gelände müssen sich die Truppen oft auf schmalen Steigen fortbewegen, die einen Marsch in geschlossener Kolonne nicht zulassen. Die Soldaten werden zu zuverlässigen und ausdauernden Alpinisten geschult, ... die in feldmarschmäßiger Ausrüstung die Berge erklimmen können. Für die harten Anforderungen werden diese Soldaten durch die überwältigende Schönheit ihres Exerzierplatzes entschädigt.« Die Abbildung zeigt diesen Gegensatz zwischen Bergfrieden und Kriegsübung.*

Autogrammjäger belagern die Siegerinnen Schieche und Jentsch-Jordan

Die siegreiche niederländische Damenstaffel über 4 x 100 m Freistil

Die polnische Diskuswerferin und Weltrekordlerin Jadwija Wajsowna

Sechs deutsche EM-Titel

12. August. In Magdeburg, der »Hochburg des deutschen Schwimmsports«, beginnen die Europameisterschaften im Schwimmen. Bei dem internationalen Schwimmwettkampf holen deutsche Athleten in sechs Disziplinen Europameistertitel: Herta Schieche im Turmspringen mit 35,43 Punkten, Olga Jentsch-Jordan beim Kunstspringen mit 74,78 Punkten und Martha Genenger mit 3:09,1 min über 200 m Brust heißen die neuen Rekordhalterinnen bei den deutschen Damen. Bei den Herren gewinnen Erwin Sietas in 2:49,0 min über 200 m Brust, Leo Esser mit 137,74 Punkten beim Kunst- und Hermann Stork mit 98,99 Punkten beim Turmspringen.

Frauenweltspiele in Großbritannien

9. August. Im Londoner White City Stadion beginnen die IV. und letzten Internationalen Frauenweltspiele. In der Nationenwertung erreicht Deutschland den ersten Platz mit 95 Punkten vor Polen (33), Großbritannien (31) und Kanada (22). Die deutschen Frauen bringen neun Einzel-Siege mit nach Hause.

September 1934

Mo	Di	Mi	Do	Fr	Sa	So
					1	2
3	4	5	6	7	8	9
10	11	12	13	14	15	16
17	18	19	20	21	22	23
24	25	26	27	28	29	30

1. September, Sonnabend

Die bulgarische Regierung erläßt eine Verordnung zum Schutz des Staats, die sich vor allem gegen kommunistische Aktivitäten richtet. Zuwiderhandlungen gegen die Verordnung sollen künftig in Schnellverfahren von den Kreis- und Militärgerichten abgeurteilt werden.

Der deutsche Reichsbankpräsident Hjalmar Schacht (parteilos) fordert einen mehrjährigen Aufschub für die Rückzahlung der deutschen Auslandsschulden. → S. 164

In den Vereinigten Staaten treten die Textilarbeiter in den Streik, um eine gewerkschaftliche Interessenvertretung durchzusetzen (→ 24. 9./S. 169).

In der Freien Stadt Danzig beginnt eine zweitägige Konferenz der Bundesleitung des Vereins für das Deutschtum im Ausland. Der Danziger Senatspräsident Hermann Rauschning (NSDAP) betont, Danzig schöpfe seine Kraft aus der Weltanschauung des Nationalsozialismus, »dem stärksten inneren Halt des deutschen Volkes und des Auslandsdeutschtums«.

Auf Anordnung des deutschen Führers und Reichskanzlers, Adolf Hitler (NSDAP), wird die Motor-SA dem Nationalsozialistischen Kraftfahrkorps (NSKK) eingegliedert und dem Führer direkt unterstellt. Leiter des NSKK wird SA-Obergruppenführer Adolf Hühnlein.

Der Deutsche Ludwig Geyer gewinnt das 1474,4 km lange Radrennen Tour de Suisse in 45:01:11 Stunden. → S. 173

2. September, Sonntag

Die deutsche Reichsanstalt für Arbeitsvermittlung und Arbeitslosenversicherung untersagt den Zuzug von Arbeitern nach Bremen, Hamburg, Altona, Wandsbek, Harburg-Wilhelmsburg, Delmenhorst, Nordenham und Wesermünde (Bremerhaven), da dort keine weiteren Arbeitskräfte gebraucht würden (→ 15. 5./S. 91).

Bei einer Heldenehrung auf dem Berge Isel in Tirol bezeichnet es der österreichische Bundeskanzler Kurt Schuschnigg (Christlichsoziale Partei) als die Aufgabe der Österreicher, dafür zu sorgen, »daß nicht ein Fußbreit deutschen Bodens dieses Landes irgendwann und irgendjemandem überantwortet werde« (→ 30. 8./S. 156).

In Prag wird der Achte Internationale Philosophenkongreß eröffnet. Er steht unter der Schirmherrschaft des tschechoslowakischen Staatspräsidenten Tomáš Garrigue Masaryk, der auch international bekannt ist als Soziologe und Philosoph.

Hans Stuck gewinnt auf einem Wagen der Auto-Union den Großen Berg-Preis von Deutschland auf der Schauinslandstrecke bei Freiburg im Breisgau.

3. September, Montag

Die evangelischen Landeskirchen Bayerns und Württembergs werden trotz massiver Widerstände der deutschen Reichskirche eingegliedert (→ 23. 9./S. 165).

Das »Prager Montagsblatt« veröffentlicht ein Interview mit dem früheren österreichischen Vizekanzler Franz Winkler (Landbund), der schwere Vorwürfe gegen die Politik der österreichischen Regierung vor und nach dem Putschversuch vom 25. Juli erhebt. Auf Sozialdemokraten und Nationalsozialisten habe die Regierung durch die Artillerie mit Maschinengewehren schießen lassen (→ 25. 7./S. 136).

4. September, Dienstag

In Nürnberg wird der sechste Reichsparteitag der Nationalsozialistischen Deutschen Arbeiterpartei (NSDAP) eröffnet. → S. 162

Die Schauspielerin und Regisseurin Leni Riefenstahl führt die Oberleitung bei den Tonfilmaufnahmen vom Reichsparteitag der NSDAP in Nürnberg. → S. 163

Der deutsche Reichsminister des Innern, Wilhelm Frick (NSDAP), schließt Beamte von der Beförderung aus, die früher Mitglied der Sozialdemokratischen Partei Deutschlands (SPD) waren, die sich »gegen die nationale Erhebung gestellt« haben, die nicht rein arischer Abstammung oder mit einer Nichtarierin verheiratet sind.

Der deutsche Reichsminister und Stellvertreter des Führers, Rudolf Heß (NSDAP), verbietet die Verwendung von Kontrollkarten, mit denen die Anwesenheit von NSDAP-Mitgliedern bei Parteiversammlungen überprüft wird. Die NSDAP sei auf freiwilliger Mitarbeit und freiwilligem Gehorsam aufgebaut, nicht auf Zwang.

Die Deutsche Reichspost gibt in einem neuen Aushang in den Schalterräumen der Postämter die wichtigsten Bestimmungen über die Devisenbewirtschaftung im Postverkehr mit dem Ausland bekannt. Danach ist die Versendung von deutschen Reichsmarknoten sowie von deutschen Goldmünzen ins Ausland oder in das Saargebiet verboten.

Durch Erlaß von König Boris III. wird in Bulgarien das Staatsmonopol für Spiritus und Pflaumen- bzw. Zwetschgenbranntwein (Slibowitz) eingeführt.

5. September, Mittwoch

Die Konkordatsverhandlungen zwischen der spanischen Regierung und dem Vatikan werden ergebnislos abgebrochen.

Aus Anlaß der Eröffnung des Reichsparteitages der NSDAP erläßt der Führer und Reichskanzler, Adolf Hitler, einen Appell, in dem er die nationalsozialistische Revolution als abgeschlossen bezeichnet. → S. 162

6. September, Donnerstag

Bei einem Appell von 52 000 Arbeitsmännern auf dem Reichsparteitag der NSDAP in Nürnberg sagt der deutsche Führer und Reichskanzler, Adolf Hitler (NSDAP), daß die ganze deutsche Nation künftig durch die Schule des Arbeitsdienstes gehen werde (→ 4. 9./S. 162).

Der österreichische Ministerrat unter Bundeskanzler Kurt Schuschnigg (CP) beschließt ein Bundesgesetz über die Aufrechterhaltung der Disziplin unter den Studierenden an den Hochschulen. Jeder Student, der zur Förderung der Ziele einer verbotenen Partei ein Vergehen begangen hat, kann von allen Hochschulen des Landes verwiesen werden (→ 28. 9./S. 169).

Durch eine Verordnung des deutschen Reichswirtschaftsministeriums unter Leitung von Reichsbankpräsident Hjalmar Schacht (parteilos) wird die Neugründung von Geldinstituten und Zweigstellen bis zum 31. Dezember 1936 untersagt.

In der schwedischen Hauptstadt Stockholm beginnt eine zweitägige Konferenz der Außenminister Schwedens, Norwegens, Dänemarks und Finnlands. Sie beschließen die Intensivierung der wirtschaftlichen Zusammenarbeit ihrer Länder.

7. September, Freitag

Der deutsche Führer und Reichskanzler, Adolf Hitler (NSDAP), nimmt auf dem Reichsparteitag in Nürnberg einen Appell von 181 000 Amtswaltern der NSDAP ab (→ 4. 9./S. 162).

Der Generalinspekteur für das deutsche Straßenwesen, Fritz Todt (NSDAP), gibt in Nürnberg bekannt, daß 52 000 Menschen an den 51 Reichsautobahnbaustellen und weitere 100 000 in den Lieferwerken beschäftigt seien. Bis Ende des Jahres soll die Zahl der Beschäftigten nahezu verdoppelt werden.

8. September, Sonnabend

In der Republik China wird eine Devisenordnung eingeführt, die vor allem dem spekulativen Erwerb ausländischer Währungen entgegenwirken soll.

Ein Brand auf dem US-amerikanischen Dampfer »Morro Castle« südlich der Küste von Neuschottland (USA) fordert 150 Menschenleben. → S. 171

Im Deutschen Reich wird der Verkauf von Eisenbahnfahrkarten für Reisen ins Ausland auf die Grenzstationen beschränkt. Ausgenommen bleiben Fahrten in die Schweiz.

9. September, Sonntag

In London findet eine Großdemonstration gegen eine Kundgebung der britischen Faschisten statt. → S. 169

Trotz eines Abkommens zwischen spanischen Kommunisten und Sozialisten dauern die Unruhen und Streiks in Spanien weiter an. Vor allem betroffen sind die Provinzen Viscaya, Guipúzcoa und Álava.

Anläßlich des 20. Jahrestags der Marneschlacht lobt der französische Kriegsminister Philippe Pétain auf einer Veranstaltung in Maux die kriegerischen Tugenden der deutschen »Rasse«. Er warnt aber vor dem deutschen »Gefallen an der Gewalt« sowie vor der »dauernden Neigung« des Deutschen, »seine Waffen zu schwenken, um seine Politik zu unterstützen«.

Das deutsche Reichsluftfahrtministerium weist darauf hin, daß die Mitnahme und Verwendung von Fotoapparaten in Flugzeugen verboten ist.

Bei einem Treffen der tschechischen und slowakischen Katholiken in Leitomischl (Litomyšl) in Ostböhmen erklärt Andrej Hlinka, der Führer der slowakischen Volkspartei, die Slowaken würden gemeinsam mit den Tschechen die tschechoslowakische Republik bis zum letzten Blutstropfen verteidigen.

10. September, Montag

110 000 Mitglieder der SA, SS und des Nationalsozialistischen Kraftfahrkorps treten auf dem Nürnberger Reichsparteitag zu einem Appell vor dem Führer und Reichskanzler Adolf Hitler (NSDAP) an. Der Parteitag geht nach dem Appell zu Ende (→ 4. 9./S. 162).

Das amtliche Deutsche Nachrichtenbüro (DNB) in Berlin teilt mit, daß die deutsche Reichsregierung den Abschluß eines Ostpakts gegenüber den Regierungen von Estland, Finnland, Lettland, Litauen, Polen und der Sowjetunion abgelehnt habe. Die Reichsregierung ist nicht bereit, einem solchen internationalen Paktsystem beizutreten, solange die »Gleichberechtigung des Deutschen Reichs auf dem Gebiet der Rüstung nicht international anerkannt ist« (→ 4. 4./S. 72).

In den USA sind nach neuesten Meldungen im freiwilligen Arbeitsdienst 350 000 Jugendliche beschäftigt. → S. 169

11. September, Dienstag

Die evangelischen Kirchen Bayerns und Württembergs lehnen ihre Eingliederung in die Reichskirche ab. Die Eingliederung war am 3. September durch Reichsbischof Ludwig Müller auf dem Verordnungsweg erfolgt (→ 23. 9./S. 165).

12. September, Mittwoch

Anläßlich der Übernahme des bisherigen Amts des Reichspräsidenten (→ 2. 8./S. 152) empfängt der deutsche Führer und Reichskanzler Adolf Hitler (NSDAP) in Berlin erstmals das Diplomatische Korps. »Nicht Macht und Gewalt sollen die Beziehungen unter den Völkern bestimmen«, führt Hitler aus, »sondern der Geist der Gleichberechtigung sowie die Achtung vor der Arbeit und Leistung eines jeden anderen Volkes«.

Vor der Völkerbundversammlung in Genf weist der österreichische Bundeskanzler Kurt Schuschnigg (CP) den Vorwurf zurück, die österreichische »Verfassung 1934« enthalte reaktionäre Tendenzen (→ 28. 9./S. 169).

In Genf unterzeichnen die Außenminister von Estland, Lettland und Litauen den sog. Baltenpakt. → S. 168

Die litauischen Behörden verfügen, daß im überwiegend von Deutschen besiedelten Memelgebiet Aushängeschilder sowie Bekanntmachungen ab 15. Oktober in litauischer Sprache gehalten sein müssen.

Im nordfranzösischen Bergwerk »Bruay« werden mehrere hundert polnische Arbeiter entlassen. Sie sollen aus Frankreich ausgewiesen werden.

Der Brand des US-Dampfers »Morro Castle« am 8. September zählt für die »Illustrated London News« zu den herausragenden Ereignissen im Monat September

THE ILLUSTRATED LONDON NEWS

SATURDAY, SEPTEMBER 15, 1934.

THE BURNING OF THE "MORRO CASTLE" AT THE END OF A PLEASURE CRUISE: THE SHIP ON FIRE OFF THE NEW JERSEY COAST—A DISASTER WITH A DEATH-ROLL OF OVER 130.

The United States liner "Morro Castle," returning to New York from a pleasure cruise to Cuba, was destroyed by fire early on September 8 off the New Jersey coast. According to the latest figures at the moment of writing, she had on board 557 persons, of whom 237 passengers and 187 of the crew survived. The dead were estimated at 133, and 116 bodies had been found. Among the first ships to arrive in response to an S.O.S. call was the British liner "Monarch of Bermuda," which rescued 71 survivors. Airmen flew low round the blazing ship to locate people in the water. The gutted vessel eventually grounded off Asbury Park, New Jersey, and subsequently explosions occurred on board. At an inquiry held by the U.S. Department of Commerce, the acting-captain, Mr. William F. Warms, made sensational suggestions as to the origin of the fire. An investigation before a grand jury was also announced.

DRAWN BY OUR SPECIAL ARTIST, G. H. DAVIS, FROM DETAILS WIRELESSED FROM AMERICA

13. September, Donnerstag

Polen fordert vor dem Völkerbund in Genf zum zweiten Mal in diesem Jahr eine internationale Minderheitenschutzregelung. → S. 168 (→ 10. 4./S. 76)

Das österreichische Bundeskanzleramt in Wien verlängert das Einfuhrverbot für alle im Deutschen Reich erscheinenden Tageszeitungen sowie zahlreiche deutsche Zeitungen.

14. September, Freitag

Das Deutsche Opernhaus in Berlin wird mit einer Aufführung von Richard Wagners Oper »Tannhäuser und Der Sängerkrieg auf der Wartburg« eröffnet (→ 27. 5./S. 106).

15. September, Sonnabend

Bei den australischen Parlamentswahlen verliert die regierende Vereinigte Australische Partei von Joseph Alois Lyons die absolute Mehrheit. Während die Labour Party ihren Stimmenanteil halten kann, gelingt der Labour Party of New South Wales der Sprung ins Parlament, auch die Radikalen stellen erstmals sieben Abgeordnete.

16. September, Sonntag

Bei den Wahlen zu den schwedischen Provinziallandtagen verbuchen Sozialdemokraten, Sozialisten und Kommunisten erhebliche Gewinne, während die Volkspartei, der Bauernbund und die Konservativen große Verluste hinnehmen müssen.

17. September, Montag

Das Königreich Albanien und die Sowjetunion nehmen diplomatische Beziehungen auf (→ 8. 1./S. 23).

Der französische General Maurice Gustave Gamelin, Chef des Generalstabs der Armee, trifft in Prag ein. Er nimmt an Manövern der tschechoslowakischen Armee teil (→ 4. 4./S. 72).

18. September, Dienstag

Die Sowjetunion wird in Genf in den Völkerbund aufgenommen. → S. 168

In ihrer Thronrede anläßlich der Parlamentseröffnung in Den Haag stellt Königin Wilhelmina fest, die Niederlande würden 1934 noch stärker als im Vorjahr unter den Folgen der weltweiten politischen und wirtschaftlichen Krise leiden.

Die Überlebenden der gescheiterten deutschen Himalaja-Expedition treffen in München ein. → S. 172

Frankreich hat den größten Kfz-Bestand aller europäischen Länder. → S. 165

19. September, Mittwoch

Der italienische Ministerrat beschließt das Gesetz über die vor- und nachmilitärische Ausbildung von Jugendlichen und Männern. → S. 165

Die Arbeitsgemeinschaft katholischer Deutscher löst sich auf, ihre Aufgaben übernimmt die Abteilung für kulturellen Frieden der NSDAP-Reichsparteileitung. Der ehemalige Vizepräsident der Arbeitsgemeinschaft, der frühere Vizekanzler Franz von Papen (parteilos), sieht die Aufgaben der Konfessionellen als erfüllt an, nachdem das Reichskonkordat von 1933 zustande gekommen ist (→ 5. 6./S. 120).

20. September, Donnerstag

Die Pariser Zeitung »L'Intransigeant« veröffentlicht eine Erklärung des deutschen Reichsministers und Stellvertreters des Führers, Rudolf Heß (NSDAP), in der es u. a. heißt: »Eine Verständigung mit Frankreich ist bei gutem Willen auf beiden Seiten meines Erachtens unbedingt möglich.«

Ab Wintersemester 1934/35 müssen die Studienneulinge im Deutschen Reich zwei Semester an derselben Hochschule studieren. → S. 165

In Österreich werden mehrere Razzien gegen Kommunisten durchgeführt. Allein in Wien werden 87 und in Linz 50 Kommunisten festgenommen.

Zwischen Hochmais und Fuschertörl wird die vorletzte Teilstrecke der Großglockner-Hochalpenstraße feierlich eröffnet.

21. September, Freitag

Der Außenhandelsausschuß der Federation of British Industries wirft in einem Schreiben an das britische Wirtschaftsministerium der deutschen Reichsregierung vor, die deutschen Firmen daran zu hindern, ihren ausländischen Verpflichtungen nachzukommen. Das Deutsche Reich sei in der Lage, erheblich größere Auslandszahlungen zu leisten, als die amtlichen Stellen zugäben (→ 1. 9./S. 164).

Wegen einer Scharlachepidemie werden in Magdeburg alle Schulen geschlossen.

22. September, Sonnabend

In der Schweiz wird die Dauer der Ausbildung in den Rekrutenschulen verlängert: In der Infanterie um 23 auf 88 Tage, Artillerie um 13 auf 88 Tage, Genie (Ingenieurtruppe) um 21 auf 88 Tage, in der Kavallerie um 14 auf 102 Tage.

Während eines Empfangs für die deutsche Sportfliegerin Elly Beinhorn in der deutschen Gesandtschaft in Mexiko kommt es zu Demonstrationen gegen die »Nazi-Agentin« und »Botschafterin des deutschen Faschismus«. Die Demonstranten versuchen vergeblich, in das Gebäude einzudringen.

In Österreich beginnt die Erste Internationale Alpenwertungsfahrt für Kraftfahrzeuge mit Ersatzbrennstoffen. Sie dauert bis zum 2. Oktober.

Die Regierung der spanischen autonomen Region Katalonien teilt mit, daß die katalonischen Frauen als erste in Spanien ab 1. Januar 1935 mit dem Mann voll zivilrechtlich gleichgestellt werden. Bisher ist den spanischen Frauen verfassungsmäßig nur das Wahlrecht zugestanden worden.

23. September, Sonntag

Ludwig Müller wird im Dom zu Berlin offiziell in sein Amt als deutscher Reichsbischof eingeführt. → S. 165

In der finnischen Hauptstadt Helsingfors (Helsinki) finden Demonstrationen gegen die Aufnahme der UdSSR in den Völkerbund statt (→ 18. 9./S. 168).

24. September, Montag

Der österreichische Ministerrat unter Bundeskanzler Kurt Schuschnigg (CP) beschließt ein Gesetz, durch das die Anrufung des Bundesgerichtshofs in Beschwerden gegen Maßnahmen zur Abwehr staatsfeindlicher Bestrebungen ausgeschlossen wird. So ist eine Berufung bei der Internierung in einem Anhaltelager (Konzentrationslager) unter drei Monaten nicht zulässig (→ 17. 6./S. 124).

In einer Rundfunkrede über »Ein Jahr nationalsozialistischer Agrarpolitik« bezeichnet der deutsche Reichsminister für Ernährung und Landwirtschaft, Richard Walther Darré (NSDAP), als Grundpfeiler der neuen Agrarpolitik das Reichsnährstandgesetz (→ 19. 1./S. 17).

25. September, Dienstag

In Genf beginnt eine Konferenz der Goldblockländer. Das zentrale Thema der Gespräche ist die Wiederbelebung der internationalen Zusammenarbeit.

In den USA geht ein Streik der Textilarbeiter zu Ende, der am 1. September begonnen hatte. → S. 169

26. September, Mittwoch

Nach offiziellen Angaben sind im österreichischen Anhaltelager (Konzentrationslager) Wöllersdorf nur noch 740 Personen interniert gegenüber 5 230 im August (→ 17. 6./S. 124).

In allen deutschen Schulen wird des 20. Todestags des Schriftstellers Hermann Löns als eines »Künders des Dritten Reiches« gedacht.

In Anwesenheit des britischen Königspaars läuft in Clydebank bei Glasgow die »Queen Mary« vom Stapel, das bislang größte Passagierschiff der Welt. → S. 171

27. September, Donnerstag

König Alexander I. von Jugoslawien trifft zu einem viertägigen Besuch des bulgarischen Königs Boris III. in Sofia ein. Dieser Besuch bildet den Höhepunkt der im Dezember 1933 eingeleiteten Versöhnung zwischen beiden Ländern.

Die Regierungen Großbritanniens, Frankreichs und Italiens veröffentlichen eine gemeinsame Erklärung über die Notwendigkeit, die Unabhängigkeit und Integrität Österreichs zu erhalten (→ 28. 9./S. 169).

In den Schulen des zu Litauen gehörenden Memelgebiets wird der Gebrauch der deutschen Sprache durch einen Erlaß des memelländischen Direktoriums wesentlich eingeschränkt.

Der schweizerische Bundesrat in Bern gibt bekannt, daß der freiwillige Arbeitsdienst weiterhin gefördert werde, daß jedoch an die Einführung eines obligatorischen Arbeitsdienstes nicht gedacht sei (→ 10. 9./S. 169).

28. September, Freitag

Nach Angaben der Geheimen Staatspolizei (Gestapo) sind in Berlin vier führende KPD-Funktionäre festgenommen worden, darunter der ehemalige Reichstagsabgeordnete Thielen aus Koblenz.

Die österreichische Christlichsoziale Partei (CP) löst sich auf. → S. 169

Die Sowjetunion bestätigt Meldungen über den Verkauf der sowjetischen Anteile der Ostchinesischen Eisenbahn an Mandschukuo bzw. Japan.

Gaston Doumergue, der Ministerpräsident des französischen Kabinetts der Nationalen Einheit und frühere Staatspräsident Frankreichs, fordert in einer Rundfunkrede eine Stärkung der Autorität des Staats. Er wendet sich gegen den Sozialismus und die Vielzahl der Parteien, die eine Regierung zu schnell stürzen könne.

Das Reichstabakforschungsinstitut in Forchheim gibt bekannt, daß gegenwärtig auf den Feldern von etwa 250 Pflanzern im Deutschen Reich nikotinfreier Tabak angebaut wird: »Um die Herstellung dieser Produkte beneidet uns die Welt.«

29. September, Sonnabend

In Hamburg wird der vom Hanseatischen Sondergericht zum Tode verurteilte Kommunist Johann Wilhelm Jasper durch das Beil hingerichtet. Jasper war laut Urteil beteiligt an mehreren Feuerüberfällen auf Angehörige der SA und der Hitlerjugend (HJ), bei denen zwei Menschen ums Leben kamen.

In der Schweiz ist ein einheitlicher Benzinpreis von 35 Rappen (Reichsmark) je Liter eingeführt worden. Bisher bewegten sich die Zonenpreise zwischen 35 und 43 Rappen.

30. September, Sonntag

Auf dem Bückeberg bei Hameln wird das NS-Erntedankfest von Propagandaminister Joseph Goebbels (NSDAP) eröffnet. An dem Festakt nehmen laut offiziellen Angaben 700 000 Menschen teil. → S. 165

Nach Angaben des Internationalen Arbeitsamts in Genf haben Ende September die Niederlande mit 30,2% die höchste Arbeitslosenquote in Europa vor Österreich (23,4%) und Belgien (17,4%). Im Deutschen Reich liegt die Quote bei 13,0%, in der Schweiz bei 11,9%.

Hans Stuck gewinnt das Grand-Prix-Rennen auf dem Masaryk-Ring im tschechoslowakischen Brünn vor dem Italiener Luigi Fagioli auf Mercedes-Benz. Mit einem Stundendurchschnitt von 127,320 km/h stellt Stuck einen Rekord auf. → S. 173

Das Wetter im Monat September

Station	Mittlere Lufttemperatur (°C)	Niederschlag (mm)	Sonnenscheindauer (Std.)
Aachen	17,4 (14,5)	50 (68)	— (160)
Berlin	16,3 (13,8)	43 (46)	— (194)
Bremen	17,0 (14,0)	40 (60)	— (164)
München	14,8 (13,4)	68 (84)	— (176)
Wien	16,5 (15,0)	39 (56)	241 (—)
Zürich	16,0 (13,5)	122 (101)	190 (166)

( ) Langjähriger Mittelwert für diesen Monat
— Wert nicht ermittelt

Mit einer verspäteten »Mittsommer-Nudisten-Nummer« wartet die britische Zeitung »Ballyhoo« im September auf; »Ballyhoo« bedeutet wörtlich »marktschreierische Propaganda«

Arbeitsdienstkolonnen marschieren an Hitler vorbei

Massenaufmärsche prägen das Bild des Parteitags

NS-Reichsparteitag »Triumph des Willens«

4. September. In Nürnberg wird der VI. Parteitag der Nationalsozialistischen Deutschen Arbeiterpartei (NSDAP) eröffnet, der bis zum 10. September dauert. Er steht unter dem Motto »Triumph des Willens«.

»Die Straßen Nürnbergs sind nun wieder flammend rote Wege. Links und rechts steht Fahnenmast an Fahnenmast. Von den Masten wallen, im Winde sich bauschend, die langen roten Hakenkreuzfahnen. Wieder ziehen sich die grünen Girlanden von Haus zu Haus. Der Adolf-Hitler-Platz bietet nun wieder ein Bild, wie er es vielleicht während eines Tournierspiels im Mittelalter geboten haben könnte«, heißt es in einem Zeitungsbericht.

Die mit ungeheurem propagandistischem Aufwand veranstalteten Reichsparteitage der NSDAP, die seit 1933 jährlich durchgeführt werden sollen, sind gedacht als »Willenskundgebungen des politischen Deutschlands«, als »Höhepunkt des nationalen Lebens«, zugleich »Rechenschaftsberichte über die vergangene und Zielausrichtung für die zukünftige Arbeit«.

Auf dem Reichsparteitag 1934 umreißt der Führer und Reichskanzler, Adolf Hitler, am 7. September vor den Politischen Leitern die Stellung der Partei: »Nicht der Staat befiehlt uns, sondern wir befehlen dem Staat.« In seiner Schlußansprache am 10. September stellt er als Ziel der Partei heraus, einen Führerorden zu schaffen.

Massenaufmärsche prägen das Bild des Parteitags: Am 6. September treten 52 000 »Arbeitsmänner« zum Appell vor dem Führer an. Einen Tag später sind es 181 000 Amtswalter der NSDAP, vor denen der Führer spricht. Zu 60 000 Mitgliedern der Hitlerjugend (HJ) und des Bundes Deutscher Mädel (BDM) spricht er über neue Ideale: Die Jugend müsse Treue lernen und sich im Gehorsam üben, sie müsse friedfertig und mutig zugleich sein, müsse lernen, hart zu sein und Entbehrungen auf sich zu nehmen, und sie müsse sich schon in jüngsten Jahren zu dem Begriff Ehre bekennen; alles, was man von der Zukunft des Deutschen Reiches fordere, müsse von der Jugend verlangt werden.

Das Riesenspektakel, das auch für das Ausland inszeniert wird, geht mit einem Appell von 110 000 Mitgliedern der SA, SS und des NS-Kraftfahrkorps zu Ende.

»Die deutsche Führerschaft« in Nürnberg; v. l. n. r. Goebbels, Ley, Schwarz, Himmler, der neue SA-Stabschef Lutze, Führerstellvertreter Heß und Hitler

»Unsere Revolution ist abgeschlossen«

5. September. Aus Anlaß der Eröffnung des Reichsparteitags in Nürnberg erläßt der deutsche Führer und Reichskanzler, Adolf Hitler, eine Proklamation, in der er u. a. den Sinn von Parteitagen herausstellt:

»Es gibt überhaupt kaum eine Demonstration politischer Art in der Welt, die so sehr wie diese charakteristisch und eigenartig die herrschende politische Idee und die in ihr fundierte Staatsgewalt zum Ausdruck bringt. Erfüllt von der Selbstsicherheit und Disziplin der nationalsozialistischen Lehre und ihrer Organisation ist sie eine ebenso klassische, wie umgekehrt die Parteitagungen der bürgerlich-parlamentarischen Ordnung symbolisch waren für deren geistig-unsicheres Ideenkonglomerat und ihre turbulenten Auswirkungen. Der Entschluß, diese Manifestation des nationalsozialistischen Kampfes heuer schon wieder stattfinden zu lassen, entstand aus der Erkenntnis des Umfanges und der Bedeutung des Geschehens in dem hinter uns zurückliegenden Zeitraum von zwölf Monaten. Wir haben wahrlich ein Recht, auf fünfzig Wochen zurückzublicken, in denen mehr und Größeres geschah als manchmal in fünfzig Jahren früherer deutscher Geschichte.

Zwei Erkenntnisse wollen wir als geschichtliche Tatsachen werten: Erstens, das Jahr vom September 1933 bis zum September 1934 brachte die endgültige Festigung der nationalsozialistischen Macht in Deutschland. Der Kongreß des Sieges [Reichsparteitag der NSDAP 1933] war der Beginn eines Verfolgungskampfes, in dessen Verlauf von uns eine feindliche Stellung nach der anderen aufgebrochen und eingenommen wurde. Zweitens, dieser selbe Zeitraum war aber für die nationalsozialistische Staatsführung zugleich ein Jahr gewaltiger konstruktiver und produktiver Arbeit. Daraus ergibt sich eine notwendige und unzweifelhafte Feststellung: Die nationalsozialistische Revolution ist als revolutionärer, machtmäßiger Vorgang abgeschlossen! Sie hat als Revolution restlos erfüllt, was von ihr erhofft werden konnte... Es gibt keine Revolution als Dauererscheinung, die nicht zur vollkommenen Anarchie führen müßte.«

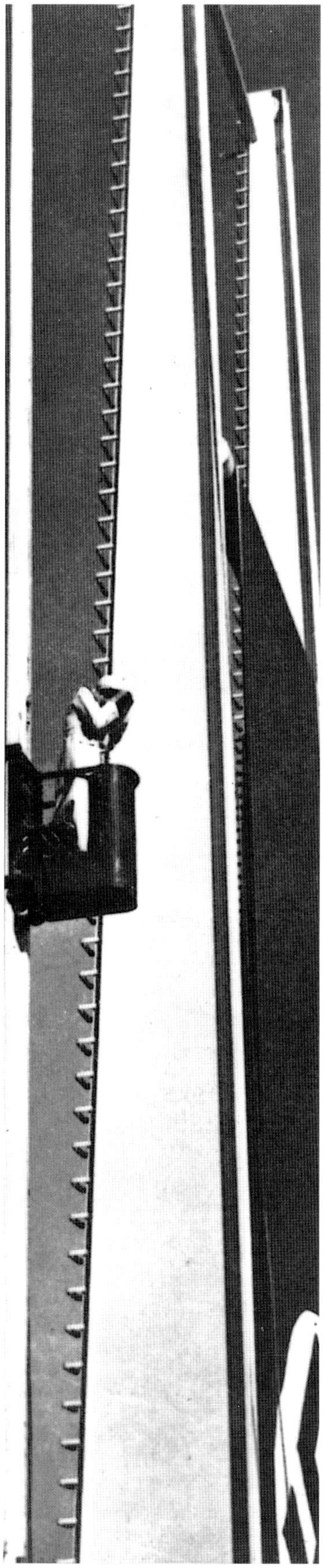

Leni Riefenstahl auf der Beobachtungskanzel an einem der Fahnentürme auf dem Parteitagsgelände

»Wir gehören zusammen — in ewiger Treue«

4. September. Die Tänzerin, Schauspielerin und Filmregisseurin Leni Riefenstahl dreht als propagandistisches Dokument des Nürnberger Reichsparteitags der NSDAP den Film »Triumph des Willens«. Riefenstahl hatte bereits die sog. Dokumentation »Sieg des Glaubens« über den Parteitag 1933 gedreht. Dieser Film hatte dem Führer und Reichskanzler, Adolf Hitler (NSDAP), so gut gefallen, daß die Regisseurin den Auftrag erhielt, auch »Triumph des Willens« filmisch zu verarbeiten.

Während »Sieg des Glaubens« weitgehend von der Improvisation lebte, waren die Vorbereitungen für den neuen Film generalstabsmäßig. 140 Mitarbeiter, darunter 40 Kameraleute mit ihren Assistenten unter der fotografischen Leitung von Sepp Allgeier, sind an der Aufzeichnung dieses 114-Minuten-Werkes beteiligt, für das Herbert Windt die Musik komponiert. Riefenstahl verzichtet in diesem Propagandafilm, der die deutsche NS-Führung im In- und Ausland bekannt machen soll, weitgehend auf die Wiedergabe von Reden. Was sie zeigt, sind ekstatische Gesichter, marschierende Kolonnen, wehende Fahnen, hunderttausendstimmige »Heil«-Rufe. Die Inhaltsangabe vom Finale aus der Zeitschrift »Der Führer« beschreibt die Tendenz dieses emotionalisierenden Propagandafilms: »Mit welcher herzlichen Güte tritt der Führer zu den in ihren alten Trachten nach Nürnberg gekommenen Bäuerinnen, ergreift die nur scheu und zaghaft gereckten Hände, lacht, lächelt und spricht mit den Frauen... Welche feierliche Kraft, welcher männliche Ernst spricht aus seinen Zügen, wenn er die Front der Standartenträger abschreitet — wie ganz anders hier, fast symbolisch heiliger Akt, der Handschlag! Und immer wieder spüren wir es mit einer beinahe mythisch zu nennenden Gewalt: Wie sehr gehört dieses Volk zu seinem Führer, wie sehr gehört dieser Führer zu ihm! Aus jedem Blick, aus jedem Druck der Hände spricht das Bekennen und das Gelöbnis: Wir gehören zusammen. In ewiger Treue zusammen.«

△ Mit »Triumph des Willens« schafft Leni Riefenstahl einen der bedeutendsten Propagandafilme des 20. Jahrhunderts; sie bringt den Zuschauer dazu, der NS-Ideologie zu huldigen; darin liegen Bedeutung und Gefahr des Films

◁ Während Leni Riefenstahl Regie führte, wurde Sepp Allgeier die fotografische Leitung übertragen in einem Film, der die NS-Botschaft in Bildern darbietet

▽ Leni Riefenstahl gibt Regieanweisungen; insgesamt werden 100 000 m Film gedreht; die Materialdurchsicht dauert 81 Stunden

Einschränkung von Rohstoffimporten

1. September. Der deutsche Reichsbankpräsident Hjalmar Schacht (parteilos), der auch mit der Leitung des Reichswirtschaftsministeriums beauftragt ist, fordert auf der Internationalen Konferenz für Agrarwissenschaften in Bad Eilsen ein mehrjähriges Vollmoratorium für das Deutsche Reich. Eine Beendigung der weltweiten Wirtschaftskrise sei ohne Aufschub der deutschen Schuldenrückzahlung höchst unwahrscheinlich.

Kurz zuvor hat Schacht während eines Presseempfangs auf der Leipziger Messe den Vorwurf des Auslands zurückgewiesen, daß die Arbeitsbeschaffungspolitik der deutschen Regierung die Zahlungsunfähigkeit des Deutschen Reichs verschulde. Die Arbeitsbeschaffungspolitik hätte durch die steigende Kaufkraft eines 60-Millionen-Volks der Weltwirtschaft nur genützt. Das Ausland sei jedoch nicht bereit, die zur Bezahlung der erhöhten Einfuhr Deutschlands notwendige Mehrausfuhr deutscher industrieller Fertigwaren abzunehmen. Das Deutsche Reich müsse daher die Rohstoffeinfuhr beschränken und die Devisenzuteilung für Importe ermäßigen, zeitlich begrenzte Einkaufsverbote für Rohstoffe erlassen und Überwachungsstellen für Rohstoffe einrichten. Schacht betont, daß damit eine empfindliche Einschränkung des Imports verbunden sein werde, doch man könne Devisenbescheinigungen nur in dem Maße ausstellen, als Devisen verfügbar seien.

Die deutsche Reichsregierung ist nicht in der Lage, kostenintensive Arbeitsbeschaffungsprogramme weiterzuführen und gleichzeitig die Reparationsschulden bei den Siegermächten des Ersten Weltkriegs abzubauen. Schacht droht zur Bekräftigung der Moratoriumsforderung mit der völligen Einstellung von Rohstoffimporten.

Förderanlagen auf dem Ölfeld von Nienhagen bei Celle/Niedersachsen

Nach offiziellen Angaben wird die deutsche Erdölerzeugung von 1929 bis 1935 um 414,5 % gesteigert; zur Deckung des erhöhten Bedarfs führt das Deutsche Reich Erdöl hauptsächlich aus den USA, aus Rumänien und aus der UdSSR ein und arbeitet neben der Gewinnung von Erdöl im eigenen Lande an der Gewinnung von Kraftstoffen aus Kohle; Benzin und Diesel sind die wichtigsten Kraftstoffe im modernen Verkehrswesen bei Auto, Flugzeug und Schiff; die deutsche Vacuum Oel Aktiengesellschaft wirbt für ein neues Autoöl »deutscher Qualität«

»Nahrungsfreiheit« Ziel der NS-Politik

Der Nationalsozialismus lehnt offiziell die Autarkie, die Unabhängigkeit von allen lebenswichtigen Zufuhren aus dem Ausland, als politisches und wirtschaftliches Ziel ab, »da das Streben nach Autarkie zum Aufhören des internationalen Waren- und Gedankenaustausches und damit zur Verarmung der Welt führen würde«. Die Wirtschaftspolitik des Nationalsozialismus ist offiziell lediglich darauf gerichtet, das Deutsche Reich von der Zufuhr lebenswichtiger Rohstoffe und Lebensmittel (»Nahrungsfreiheit«) unabhängig zu machen, um »im Kriegsfall« auch dann das Land erfolgreich verteidigen zu können, wenn z. B. eine Wirtschaftsblockade verhängt würde, wie es im Ersten Weltkrieg der Fall war (»Hungerblockade« der Alliierten).

Das erklärte Ziel der nationalsozialistischen Agrarpolitik ist die »Nahrungsfreiheit«, d. h. der Zustand völliger Selbstversorgung mit Lebensmitteln. Nahrungsfreiheit ist nach Aussagen der NS-Führung nicht nur wichtig für die Unabhängigkeit der Ernährung, sondern auch für die Wahrung der politischen Unabhängigkeit. Nahrungsfreiheit zielte nicht auf die »reichste« Versorgung des einzelnen, sondern auf »Sicherheit und Unversehrtheit völkischen Daseins«.

Ammoniakbehälter einer Fabrik bei Merseburg; hier werden u. a. Düngemittel hergestellt

Holz als Ersatzstoff: Bei der Holzverzuckerung werden die Zellulose- zu Glucosemolekülen abgebaut

Ersatzstoffe auch in der Mode: Zellophan verleiht Stoffen neuen Glanz

Hunderttausende beim offiziellen Festakt zum Erntedank

30. September. *Der deutsche Reichsminister für Volksaufklärung und Propaganda, Joseph Goebbels (NSDAP), eröffnet auf dem Bückeberg bei Hameln nach offiziellen Angaben in Anwesenheit von 700 000 Menschen den Staatsakt zum Erntedankfest. Den Höhepunkt des Fests bildet die Rede des Führers und Reichskanzlers, Adolf Hitler (NSDAP). Er betont in seiner Ansprache, daß die Teilnahme vieler Hunderttausende am Erntedankfest ein deutliches Bekenntnis des deutschen Bauerntums zur Volksgemeinschaft darstelle. Bei der Massenveranstaltung, die von der NS-Propaganda bis in alle Einzelheiten geplant ist, fahren Bauern auf festlich geschmückten Erntewagen an den Zuschauern vorbei (Abb.).*

Machtkampf entzweit Evangelische Kirche

23. September. Ludwig Müller wird im Dom zu Berlin offiziell in sein Amt als deutscher Reichsbischof eingeführt. Müller, der 1933 vom Führer und Reichskanzler, Adolf Hitler (NSDAP), zum »Vertrauensmann und Bevollmächtigten für Fragen der Evangelischen Kirche« ernannt und später zum Reichsbischof gewählt wurde, steht an der Spitze der im nationalsozialistischen Deutschen Reich »erstmalig geeinten Deutschen Evangelischen Kirche«.

Die Evangelischen Kirchen sind jedoch zerstritten über eine einheitliche Haltung gegenüber dem NS-Regime. Als am 3. September in Berlin die evangelische Bischofskonferenz tagt und dem Reichsbischof das Vertrauen ausspricht, fehlen die Bischöfe von Württemberg und Bayern, Theophil Wurm und Hans Meiser.

Am 9. Oktober wird Wurm vom Reichsbischof in den Ruhestand versetzt. Wurm zählt zu den Wortführern des Widerstands gegen die Eingriffe der NS-Regierung in kirchliche Angelegenheiten. Am 11. Oktober wird Bayern in die evangelischen Reichskirchengebiete Franken mit Bischofssitz in Nürnberg und Alt-Bayern mit Bischofssitz in München geteilt. Meiser, der Landesbischof der Evangelisch-Lutherischen Kirche in Bayern, wird mit sofortiger Wirkung abberufen. Wie unsicher die kirchenpolitische Situation im Deutschen Reich ist, zeigt die Tatsache, daß Hitler am 1. November die amtsenthobenen Landesbischöfe in Berlin empfängt. Beide werden wieder in ihre Ämter eingesetzt.

Reichsbischof Ludwig Müller (r.) ernennt Theodor Heckel zum Leiter des neugeschaffenen Außenamtes der Evangelischen Kirche

Italien: Bürger hat auch Soldat zu sein

19. September. Der italienische Ministerrat in Rom beschließt das Gesetz über die vor- und nachmilitärische Ausbildung. Vom achten bis zum 14. Lebensjahr lernen die Jugendlichen in der »Balilla« und vom 14. bis 18. Lebensjahr in der »Avantguardia« den Umgang mit der Waffe und militärische Disziplin. Vom 18. Lebensjahr bis zum Beginn der 18monatigen Dienstzeit übernimmt die faschistische Jugendorganisation Fasci Giovanili die militärische Schulung. Vom 22. bis zum 31. Lebensjahr erfolgt die nachmilitärische Ausbildung. Das Gesetz bestimmt im ersten Artikel, daß die Funktionen von Bürger und Soldat im faschistischen Staat untrennbar seien (→ 27. 8./S. 157).

Zwei Semester an einer Hochschule

20. September. Aufgrund einer Verfügung der Reichsschaftsführung der Studierenden müssen ab Wintersemester 1934/35 alle Studienneulinge die ersten zwei Semester ihres Studiums an einer Hochschule studieren. Sie müssen zudem in einem von der Deutschen Studentenschaft anerkannten »Kameradschaftshaus« wohnen. In den Kameradschaftshäusern wohnen auch »ältere Studenten«, die der NSDAP, der SA und der SS angehören.

Frankreich Europas größtes Kfz-Land

18. September. Nach neuesten Angaben hat Frankreich den größten Kraftfahrzeug-Bestand Europas, gefolgt von Großbritannien, dem Deutschen Reich und Italien. Schlußlicht ist die Sowjetunion.

Kraftwagenbestand in Europa

1. Frankreich	1 881 000
2. Großbritannien	1 701 000
3. Deutsches Reich	682 000
4. Italien	331 000
5. Spanien	155 700
6. Belgien	150 000
7. Niederlande	138 000
8. Schweden	136 000
9. Dänemark	119 000
10. Sowjetunion	105 000

Mode 1934:

Paris dominiert mit farbenfroher Eleganz

Die Silhouette der Damenmode im Jahr 1934 ist schmal und figurbetont. Als obligate Saumlänge gilt wadenlang. Die Kleidschnitte sind äußerst vielfältig und kompliziert, im Oberteil mit asymmetrischen Raffungen, Einsätzen, Abnähern oder drapiertem Halsausschnitt. Die Schultern werden betont, der Rock liegt um die Hüften an und schwingt zum Saum hin durch Glocken- und Plissee-Einsätze oder eine tiefe Kellerfalte aus. Ein etwa knielanger Kasack verleiht dem Nachmittagskleid die modische Eleganz.

Das Kostüm ist sehr beliebt, sowohl in sportlicher, aus kariertem Homespun oder genopptem Tweed, als auch in eleganter Version aus Samt oder Tuch. Die Kostümjacke ist tailliert und etwa hüftlang oder fast knielang, so daß die Jacke wie ein Kurzmantel wirkt. Unter dem Sportkostüm wird eine kurze Weste getragen. Hochmodisch ist das sogenannte Cape-Kostüm, dessen Oberteil vorne als anliegende Jacke, im Rücken jedoch als Cape geschnitten ist.

Das Abendkleid hat häufig ein tiefes Rückendekolleté und zuweilen eine kleine Nixenschleppe. Es ist aus Taft, Samt, Crêpe, Chiffon, Kunstseide oder, wie von deutschen Herstellern besonders hervorgehoben wird, aus deutscher Webspitze. Häufig ist es aus zwei Stoffen zusammengesetzt, so daß ein Matt-Glänzendeffekt entsteht. Die schmale, erst unterhalb der Knie ausschwingende Rocksilhouette wird durch den sogenannten Schrägschnitt erreicht, den die Pariser Modeschöpferin Madeleine Vionnet kreiert hat. Einzige Ausnahme bildet das Stilkleid mit weitem, schwingendem Rock. Das kleine Abendkleid wird in Paris bereits Cocktailkleid genannt und darf durch ausgefallene Garnituren und Farbigkeit auffallen.

Der Pelzmantel ist der Couture zufolge ein wichtiger Bestandteil der Garderobe. Die Artenvielfalt und Kombinationen der Pelze sind

◁ Gefragt sind Hüte von »ungekünstelter Eleganz« mit einer Neigung nach vorn zum rechten Auge

Pariser Eleganz bei einer Modenschau unter freiem Himmel im Bois de Boulogne, einem Waldpark am Westrand der Modehauptstadt Paris

groß: Breitschwanzfohlen-Mantel mit Persianerkragen, Jukatanseal-Jacke, Ozelotmantel mit Biberkragen, Ulster aus Südsee-Seehund, Sportmantel aus Somali-Leopard, Antilopenmantel und Paletot aus Saccaminer-Feh (Eichhörnchenfell). Allerdings werden veilchenroséfarbene Füchse, grüne Persianer, schwarze Hermeline und rötliche Seals, wie sie von manchen Herstellern angeboten werden, in der Regel als zu übertrieben empfunden. Der Anzug des Herrn weist ebenfalls die Tendenz zur schlanken Linie auf, erzielt durch eine hochliegende Taille. Beim Zweireiher wird daher nur der unterste Knopf geschlossen. Als Dessin wird Streif bevorzugt.

Paris bestimmt weiterhin die internationale Mode, obwohl im Deutschen Reich Bestrebungen im Gang sind, eine »Deutsche Mode« zu schaffen. Doch die Couturiers schätzen die Chancen der deutschen Bemühungen, Mode mit Weltgeltung zu kreieren, gering ein, da Mode nicht nur Internationalität der Fantasie, sondern auch internationale Gefolgschaft der Frauen bedeutet. Mode, so steht in ausländischen Journalen mit deutlichem Seitenhieb auf den nationalsozialistischen Braundhemdenstaat, ist so etwas wie ein unbewußter Weltbund der eleganten Frauen, die frei von jedem geistigen Zwang dem demokratischen Kleidprinzip huldigen.

NS-Staat kümmert sich auch um Mode

Im nationalsozialistischen Deutschen Reich wird auch die Mode staatlich beeinflußt; 1933 wurde auf Anregung des Reichsministeriums für Volksaufklärung und Propaganda das Deutsche Mode-Institut in Berlin gegründet. Es soll »die kulturellen und wirtschaftlichen Modeinteressen« zusammenfassen. Ziel ist die Ausarbeitung eines eigenen deutschen Modestils.

Die Abbildungen links zeigen einige Kreationen im deutschen Stil: Strandanzug, Abendmantel aus schwarzem Ottoman und Kleider aus kreppartigem Strickstoff (v.l.n.r.)

Sowjetunion wird Völkerbund-Mitglied

18. September. Der Völkerbundsrat in Genf stimmt über die Aufnahme der Sowjetunion in den Völkerbund ab. Dabei erhält die UdSSR 39 Ja-Stimmen von 49 anwesenden Völkerbundsmitgliedern. Sieben Mitglieder enthalten sich der Stimme, und drei — die Niederlande, Portugal und die Schweiz — stimmen mit Nein. Der Ratsbeschluß über die Aufnahme der Sowjetunion als ständiges Ratsmitglied wird mit 40 Stimmen bei zehn Enthaltungen bestätigt.

Die Aufnahme in den Völkerbund bedeutet eine internationale Aufwertung der Sowjetunion. Die US-Regierung hatte sich erst im November 1933 zur De-jure-Anerkennung der UdSSR entschlossen, und im Januar hatte die Sowjetunion ihren ersten Botschafter nach Washington entsandt (→ 8. 1./S. 23).

Sowjet-Außenminister Litwinow betont, die UdSSR werde im Völkerbund mitwirken, »ohne auf eine ihrer Eigenheiten zu verzichten«

Das sowjetische Regierungsorgan »Iswetija« mißt der Aufnahme »größte politische Bedeutung« bei. Die Sowjetunion habe nicht nur ihren Nachbarn die Hand entgegengestreckt und Nichtangriffspakte geschlossen (→ 4. 4./S. 72), sondern an allen Friedenskonferenzen des Völkerbunds teilgenommen und den radikalsten Friedensplan vorgelegt, schreibt die Zeitung in einem Kommentar. Die Ehrlichkeit der sowjetischen Friedensbestrebungen habe dazu geführt, daß die Mehrheit der Völkerbundsmitglieder sich an die Sowjetunion mit dem Vorschlag gewandt habe, dem Bund beizutreten. Die sowjetische Führung sieht sich durch die Aufnahme in den Völkerbund bestärkt in ihren Bemühungen um internationale Anerkennung. Seit der Oktoberrevolution 1917 war die UdSSR außenpolitisch weitgehend isoliert, und erst die Furcht vor dem deutschen NS-Regime veranlaßte die sowjetische Führung, eine internationale Bündnispolitik zu betreiben.

Vetorecht lähmt Völkerbundsarbeit

Der Völkerbund wurde 1919/20 gegründet als internationale Organisation zur Sicherung des Weltfriedens mit Sitz in Genf. Gründerstaaten waren 32 Siegermächte des Ersten Weltkriegs und 13 neutrale Staaten. Später aufgenommen wurden u. a. Österreich (1920), Ungarn (1922), das Deutsche Reich (1926), die Türkei (1932). 1933 traten Japan und das Deutsche Reich aus.

Jährlich im September tagt die Völkerbundsversammlung, auf der jedes Mitglied eine Stimme hat; die Beschlüsse erfordern Einstimmigkeit (bzw. Zweidrittelmehrheit bei der Aufnahme eines Landes in den Bund). Der Völkerbund leistet Bedeutendes auf humanitärem und hygienischem Gebiet, ist jedoch wegen der gebotenen Einstimmigkeit der Beschlußfassung bei der Friedenssicherung fast immer zur Untätigkeit verurteilt, wenn die Interessen von Großmächten kollidieren.

Millionen Menschen in UdSSR verhungert

September. Die Hungersnöte in der Sowjetunion fordern auch in diesem Jahr Zehntausende von Menschenleben. Der Erzbischof von Canterbury spricht von sechs Millionen Hungertoten in der UdSSR während der vergangenen Jahre. Gesichert ist bislang nur die Lebensmittelversorgung der Hauptstädte, der Armee und der Industriezentren. Die Bauern, die den größten Teil ihrer Erträge abliefern müssen, konnten keine Vorräte anlegen. Flüchtlinge berichten, wie die Bevölkerung ganzer Dörfer ihre Siedlungen verläßt. Wie schon 1933 fliehen die Bauern in die Städte. Betroffen ist vor allem der Süden der UdSSR, die Ukraine und der Nord-Kaukasus.

Auf der Suche nach einer Erklärung spricht die Zeitung »Prawda« von »falscher Verteilung« der Lebensmittel und zitiert Dekrete, die beweisen sollen, daß nicht die Regierung, sondern die Bevölkerung, der »örtliche Faktor«, schuld ist an der katastrophalen Lage.

Bündnis der drei baltischen Staaten

12. September. Die Außenminister von Estland, Lettland und Litauen unterzeichnen in Genf den Baltenpakt. In diesem »Vertrag über das Einvernehmen und die Zusammenarbeit der drei baltischen Staaten« verpflichten sich die Länder, sich über außenpolitische Fragen zu verständigen sowie sich gegenseitig politisch und diplomatisch zu unterstützen. Außenministerkonferenzen sollen mindestens zweimal jährlich stattfinden.

Nach der Unterzeichnung im Völkerbundssekretariat weisen die Außenminister der drei Staaten darauf hin, daß der Vertrag einen glücklichen Abschluß der Versuche zur Zusammenarbeit bilde, den die Regierungen Estlands, Lettlands und Litauens zur Aufrechterhaltung ihrer Unabhängigkeit seit 1919 unternähmen. Nach dem Ersten Weltkrieg hatten die drei Staaten ihre Unabhängigkeit von der Sowjetunion proklamiert. In Pressemeldungen wird ausdrücklich hervorgehoben, daß der Vertrag kein Militärbündnis darstelle und keine Abmachung für den Kriegsfall vorsehe. Die drei Staaten würden sich auch dann nur politisch-diplomatisch unterstützen, wenn einer von ihnen von einer dritten Macht angegriffen würde. Die baltischen Staaten versprechen sich durch den Pakt eine Stärkung ihrer bislang schwachen Position im Spannungsfeld zwischen dem Deutschen Reich und der UdSSR.

Karlis Ulmanis, Ministerpräsident der autoritären Regierung Lettlands

Polen fordert Minderheitenrecht

13. September. Vor der Bundesversammlung des Völkerbunds in Genf fordert der polnische Außenminister Józef Beck in ungewöhnlich scharfer Form eine für alle Staaten verbindliche Minderheitenregelung (→ 10. 4./S. 76): »In Erwartung dessen, daß ein allgemeines und uniformes System des Minderheitenschutzes in Kraft gesetzt wird, fühlt sich meine Regierung verpflichtet, von heute ab jede Zusammenarbeit mit den internationalen Organen zu verweigern, welche sich auf die Kontrolle der Anwendung des Minderheitenschutzes in Polen beziehen. Das soll nicht besagen, daß sich die Entscheidung der polnischen Regierung gegen die Interessen der Minderheiten richten wird.« Der britische Außenminister John Allsebrook Simon erklärt in einer Antwortrede auf diesen zweiten polnischen Vorstoß zur internationalen Regelung des Minderheitenschutzes im Jahr 1934, Polen könne die bestehenden Verträge nicht einseitig kündigen.

Wien: CP löst sich auf

28. September. Die Bundesführung der österreichischen katholischen Christlichsozialen Partei (CP), die seit 1919 Regierungspartei ist und der auch Bundeskanzler Kurt Schuschnigg angehört, beschließt ihre Selbstauflösung. Die

Der österreichische Bundeskanzler Schuschnigg betont in Genf, eine ernsthafte Lösung der europäischen Friedensfrage sei nicht möglich ohne Lösung der österreichischen Frage; Österreich fühlt sich vom Deutschen Reich bedroht

Mitglieder sollen der Vaterländischen Front angeschlossen werden, die durch die neue Verfassung (→ 30. 4./S. 74) einen öffentlichrechtlichen Charakter und das Monopol für die politische Betätigung erhalten hat. In einer öffentlichen Erklärung heißt es: »Im Hinblick auf die durchgreifenden Änderungen in der Verfassung ist die Christlichsoziale Partei nicht mehr in der Lage, als Faktor des öffentlichen Lebens in die Gestaltung der politischen Entwicklung einzugreifen. Sie stellt daher ihre Funktion als Partei ein mit dem Gefühl der Genugtuung darüber, daß sie ihre historische Aufgabe voll und ganz erfüllt habe. Die Zusammenfassung aller staatstreuen Elemente hat die Vaterländische Front übernommen. Die Bundesparteileitung erwartet von den Mitgliedern der Partei, daß sie ihre ganze Kraft in den Dienst der vaterländischen Bewegung stellen. Sie setzt dabei das Festhalten ihrer Mitglieder an dem Bekenntnis zu einem freien deutschen christlichen Staat auf ständischer Grundlage nach dem Willen des Dr. Dollfuß unter starker autoritärer Führung voraus.«

Am 12. September hat Schuschnigg bei seiner ersten Rede vor der Völkerbundsversammlung in Genf den Vorwurf zurückgewiesen, die ständische »Verfassung 1934« sei reaktionär; Österreich huldige der Toleranz und dem Schutz aller anerkannten Religionen, und auch die früheren Gegner des Staates könnten mit voller Gleichberechtigung rechnen.

Antifaschistische Kundgebung im Hyde Park

9. September. *150 000 Menschen demonstrieren in London gegen eine Veranstaltung der von Oswald Ernald Mosley geführten British Union of Fascists (Faschistische Union Großbritanniens). Die etwa 5 000 uniformierten Faschisten und Faschistinnen aus allen Teilen Großbritanniens marschieren mit wehenden Fahnen in den Hyde Park, von einer dichten Polizeieskorte umgeben. 10 000 Polizisten versuchen, ein menschenleeres »no-man's land« (Abb.) zwischen den Teilnehmern der Kundgebung und den antifaschistischen Demonstranten zu schaffen. Dennoch kommt es zu gewalttätigen Ausschreitungen. Bald beherrschen berittene Polizei und Krankenwagen das Bild im Hyde Park.*

Blutige Streiks in den USA

25. September. Die seit dem 1. September streikenden Textilarbeiter in den USA beenden ihren Ausstand nach dem persönlichen Eingreifen von US-Präsident Franklin D. Roosevelt (Demokrat). Er hatte die Bildung einer Behörde zur Regelung der Organisationsfreiheit der Arbeiter vorgeschlagen und die Industrie aufgefordert, Arbeiter wegen des Streiks nicht zu belangen.

Mit Bajonetten geht die Nationalgarde gegen die Streikenden vor

Am 1. September sind in den USA nach Angaben der Streikleitung 95 %, nach Angaben der Unternehmer 50 % der rund 850 000 Textilarbeiter in den Streik getreten. Sie forderten die Freiheit, sich zu einer gewerkschaftlichen Organisation zusammenzuschließen, und verlangten die Einführung der 34-Stunden-Woche ohne Lohnkürzung sowie die Wiedereinstellung aller Arbeiter, die wegen Mitgliedschaft in einer Gewerkschaft entlassen wurden. Während des Streiks kam es zu blutigen Zusammenstößen vor allem in den Bundesstaaten New Jersey und Rhode Island. Bewaffnete Nationalgardisten wurden zum Schutz der Arbeitswilligen aufgeboten. Die Streikenden hatten sich vielerorts mit Waffen versehen, bei Zusammenstößen in South Carolina und Georgia waren zahlreiche Tote zu beklagen.

Arbeitsdienst gegen Massenarbeitslosigkeit

10. September. *Nach Pressemitteilungen sind in den USA im Arbeitsdienst (Civil Conservation Corps) 350 000 Jugendliche beschäftigt. Während der sechs bis höchstens zwölf Dienstmonate erhalten sie freie Verpflegung, Kleidung und 30 Dollar (75 Reichsmark) Taschengeld monatlich. Den freiwilligen Arbeitsdienst gibt es im Deutschen Reich — wo er 1935 obligatorisch werden soll —, in Österreich, Großbritannien, den Niederlanden, der Schweiz, der Südafrikanischen Union, Kanada und den USA. Er ist eine Maßnahme gegen die Massenarbeitslosigkeit. Die Abbildung zeigt das Arbeitsdienstlager von Fort Knox in Kentucky.*

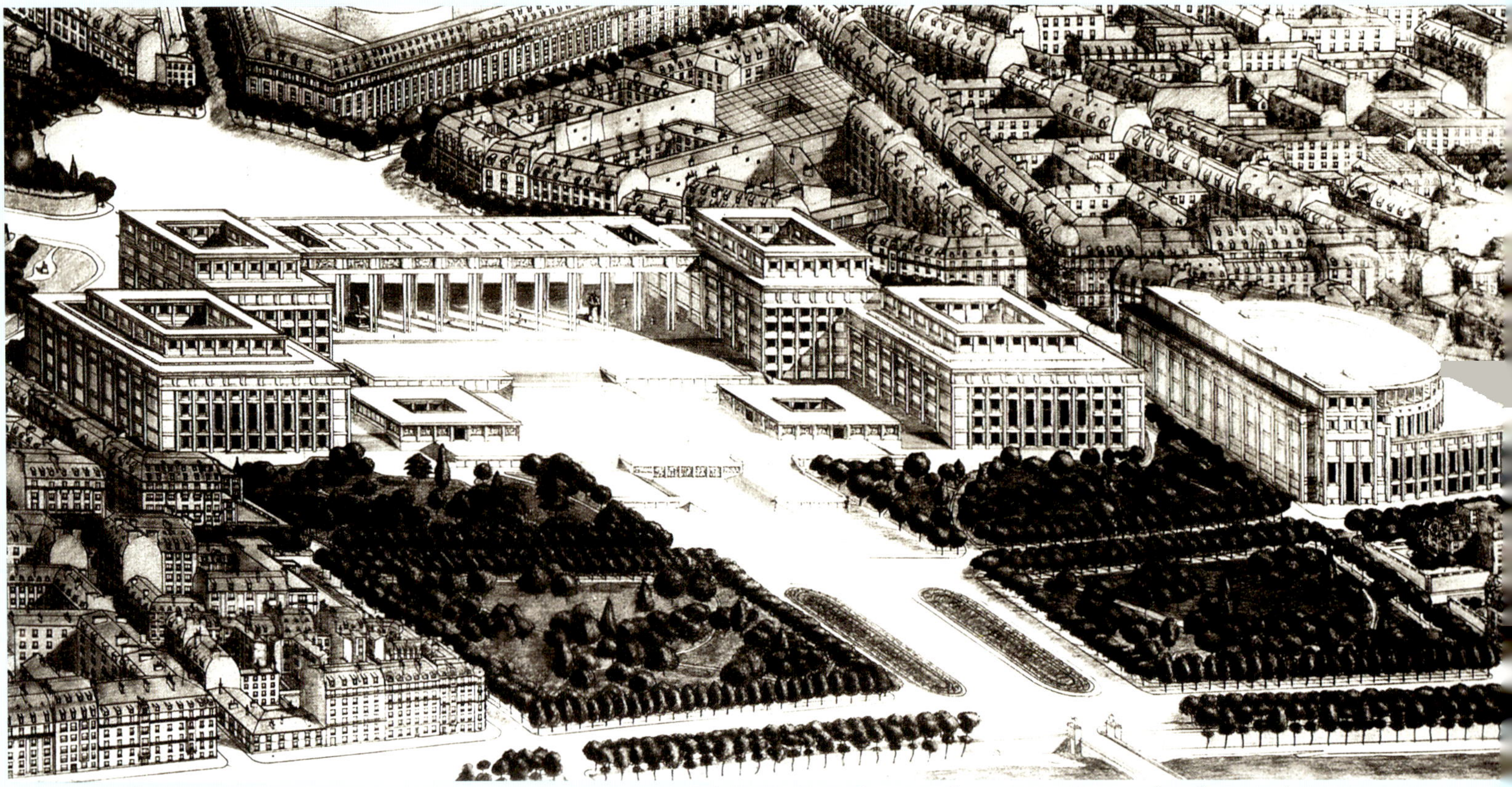

Nach dem Willen der französischen Planer der Weltausstellung 1937 soll der Komplex in der Mitte das 1878 errichtete Palais du Trocadéro in Paris ersetzen

Architektur 1934:

Monumentale Bauten statt »instinktloser Naturentfremdung«

Wie die Werke der Malerei und der Plastik sollen auch die Bauten des Dritten Reichs Monumentalität ausdrücken, Dokumente sein eines »Sinns für klare Gestaltung und Ausdruck wuchtiger Kraft«. In »edler Einfachheit« soll auf überflüssigen Schmuck verzichtet werden. Ein Beispiel dafür ist das Haus der Kunst in München nach den Plänen von Paul Ludwig Troost.

Der NS-Chef-Ideologe Alfred Rosenberg (→ 24. 1./S. 17) weist auf die »instinktlose Naturentfremdung« in der zeitgenössischen Architektur hin. Neben ehrwürdigen Bauernhäusern seien artfremde sog. Stilbauten entstanden, die modernen pseudogotischen und pseudomaurischen Bauformen seien Zeugen eines unschöpferischen Zeitalters. Rosenberg kündigt an, daß Architektur und Stadtgestaltung unter nationalsozialistischen Maßgaben grundlegende Änderungen erfahren werden. An Stelle der »volksmordenden Mietskasernen« am Rande der Großstädte sollen »blumenumrankte Arbeiterhäuser« entstehen. Die »Welt des Auges« soll dem Arbeiter durch die nationalsozialistische Bewegung wiedergegeben werden.

Das monumentale Mussolini-Forum in Rom, modernste Sportanlage der Welt

Innerhalb weniger Monate errichtete NS-Mustersiedlung in München-Ramersdorf; die von Gärten umgebenen Häuser stehen zum Verkauf

Maschinenhaus des neuen Mersey-Straßentunnels bei Liverpool

△ Die Verbindung von moderner Sachlichkeit und historischen Vorbildern kennzeichnet das neuerrichtete Rathaus von Villeurbanne in Frankreich; Villeurbanne wird seit 1932 als Vorstadt von Lyon planmäßig ausgebaut; die aufstrebende Textil- und Metallindustriestadt hat inzwischen mehr als 80 000 Einwohner

◁ Wohnanlage der Architekten Dubrenil und Hummel in Maisons-Alfort am Pariser Stadtrand; trotz der vordringlichen Notwendigkeit, hier möglichst viele Wohnungen zu schaffen — insgesamt 600 — ist es den Architekten gelungen, weite begrünte Flächen zwischen den Häuserblöcken zu erhalten

◁ Im Gegensatz zu Monumentalbauten orientiert sich der Baustil des dänischen Architekten Arne Jacobsen an rationalen Konstruktionen, die auf der Wiederholung eines Moduls basieren. Neben einem architektonischen Ensemble im Strandbad Bellevue bei Kopenhagen, bei dem die elegante Form der Kabinen und Kioske auffällt, entsteht nach einem Entwurf Jacobsens in Klempenborg die dreistöckige Wohnbebauung Bellavista mit gegeneinander versetzen Fassadenfluchten

Schiffskatastrophe vor US-Küste — 150 Tote

8. September. *Ein Brand auf dem US-amerikanischen 11 500-t-Dampfer »Morro Castle« südlich von Neuschottland fordert 150 Menschenleben. Die Flammen erfassen mit ungeheurer Geschwindigkeit das Deck, die Mannschaft muß die Fenster der Passagierkabinen von Deck aus einschlagen. Viele Fahrgäste springen ins Meer, die Leichen werden in Allenhurst (New Jersey) an Land getrieben. Das Wrack wird brennend in Asbury Park an Land gesetzt (Abb.). Spätere Untersuchungen führen die Brandursache u. a. auf unvorsichtigen Umgang mit Feuer bei einem Festgelage, bei dem große Mengen Alkohol getrunken wurden, und auf Versagen von an Bord befindlichen Feuerlöschapparaten zurück.*

»Queen Mary« — das größte Schiff der Welt

26. September. *In Anwesenheit des britischen Königspaars und des Prince of Wales läuft in Clydebank bei Glasgow der Riesendampfer »534« vom Stapel. Königin Victoria Mary tauft ihn auf den Namen »Queen Mary«. Nach der Fertigstellung wird die »Queen Mary« mit 81 235 Bruttoregistertonnen das größte Schiff der Welt sein. Die größten Passagierschiffe, die bisher in Dienst gestellt wurden, sind die britische »Majestic« (die ehemalige »Bismarck«, 56 551 t), die britische »Berengaria« (ehemals »Imperator«, 52 226 t) und die deutsche »Bremen« (51 656 t). Alle diese Riesenschiffe wurden im Deutschen Reich gebaut.*

Tragödie im Himalaja

18. September. Die Überlebenden der deutschen Himalaja-Expedition treffen in München ein. Der gescheiterte Versuch, den 8126 m hohen Gipfel des Nanga Parbat zu bezwingen, hat drei Deutsche und sechs Träger das Leben gekostet.
In einem Bericht der Überlebenden heißt es: In der Nacht auf den 7. Juli »setzte heftiger Sturm ein. Trotz dichtester Verschnürung der Zelte lag schließlich der Schneestaub zentimeterhoch auf den Schlafsäcken. Unter der Gewalt des Windes brachen die Zeltstäbe... Der Sturm war derartig stark, daß die Kocher nicht brannten. Es war daher nicht möglich, Tee und Essen zu bereiten. Die zweite Nacht war noch schlimmer als die erste. Wieder wurde sie schlaflos verbracht. Der Sturm steigerte sich von Stunde zu Stunde und wurde schließlich zum Orkan. Es galt jetzt, das Leben zu retten. Am Morgen des 8. Juli wurde der Rückzug beschlossen. Aschenbrenner und Schneider brachen mit drei Trägern auf, um im tiefen Schnee zu spuren. Merkl, Welzenbach und Wieland folgten mit acht Trägern, von denen einer kurz nach Verlassen des Lagers starb. Wahrscheinlich infolge des dadurch entstandenen Aufenthalts und eigener Erschöpfung kam die Gruppe kaum vorwärts und war gezwungen, noch vor Erreichen des Lagers 7 ein Zwischenlager zu beziehen, wo wieder ein Träger starb. Bei unverminderten Sturm mußte die Nacht ohne Zelte verbracht werden. Schwere Erfrierungen waren die Folge. Am nächsten Tage, dem 9. Juli, verstarb Wieland während des Abstiegs. Merkl und Welzenbach erreichten Lager 7 (7100 m), wo ein Zelt stand... Welzenbach starb im Lager 7. Am 13. Juli schleppte sich Merkl, der seit Tagen ohne Nahrung war, mit übermenschlicher Anstrengung in Begleitung der Träger Angtsering und Gay-Lay nach Lager 6 (6900 m), das entweder weggeweht oder vom Schnee begraben war. Deswegen mußten sie in einer selbstgegrabenen Schneehöhle Zuflucht suchen. Angtsering schlug sich am folgenden Tag nach Lager 4 durch. Der treue Gay-Lay blieb bei Merkl, seinem Bara Sahib, um mit ihm zu sterben.«

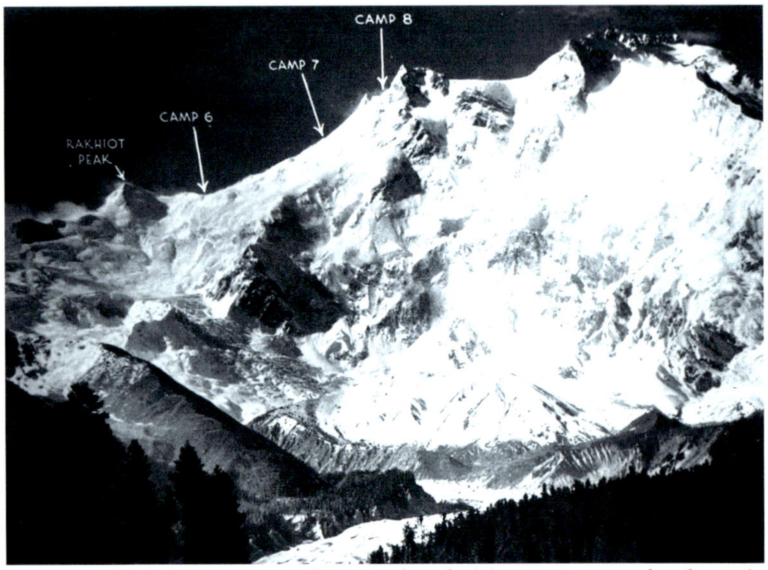

Panoramabild des Nanga Parbat mit den drei letzten Lagern der deutsch-österreichischen Expedition; Abbildung aus »The Illustrated London News«

Der Aufstieg zum Nanga Parbat führt durch eine grandiose, aber gefährliche Landschaft aus Felsen, Wächten, Spalten, Schnee, Firn, Eis und Gletschern

Willi Merkl stirbt mit seinem Träger nach Tagen in einer Schneehöhle

Ulrich Wieland stirbt während des Abstiegs vor Erreichen des Lagers 7

Welzenbach kann sich noch bis Lager 7 schleppen, dort stirbt er im Eis

Mitglieder der deutsch-österreichischen Himalaja-Expedition bei der Überquerung einer überwächteten Gletscherspalte am Nanga Parbat

Nanga Parbat — der Berg des Schreckens

Der 8126 m hohe Nanga Parbat im westlichen Himalaja ist einer der gefürchtetsten Gipfel der Erde. 1934 wird der dritte Versuch unternommen, den neunthöchsten Berg der Welt zu bezwingen. Versuche von Briten 1895 und Deutschen 1932 sind gescheitert. 1933 schlug das britische Unternehmen, den Mount Evererst, den höchsten Berg der Welt, zu besteigen, fehl. Bisher ist es noch nicht gelungen, einen Gipfel über 8000 m zu erreichen. Willi Merkl kommt 1934 bei seinem zweiten Versuch, den Parbat zu bezwingen, ums Leben. Schon 1932 hatte er die deutsche Expedition geleitet und das Unternehmen ebenfalls wegen Sturms abbrechen müssen, knapp unter der Höhe, die von der zweiten Expedition erreicht wurde.

»In unerbittlicher Größe und Grausamkeit hat an diesem 'Berg des Schreckens' das Schicksal gegen alles menschliche Wollen und Können sich entschieden«, heißt es im Bericht der Überlebenden von 1934.

Stuck-Erfolg in Brünn

30. September. Die Automobilrennsaison 1934 endet im tschechoslowakischen Brünn mit einem deutschen Triumph. Hans Stuck gewinnt auf Auto-Union das Grand-Prix-Rennen auf dem Masaryk-Ring und stellt mit einem Stundendurchschnitt von 127,320 km/h einen Rekord auf. Platz zwei erringt der Italiener Luigi Fagioli auf Mercedes Benz.

Über 200000 Zuschauer säumen den 29,142 km langen Ring. 17 Runden müssen die Fahrer der Klasse über 1500 ccm zurücklegen. Stuck liefert sich mit Fagioli einen erbitterten Zweikampf, bis der Italiener in der 13. Runde die Kerzen wechseln muß. Stuck baut seinen Vorsprung immer weiter aus und erreicht in 3:53:27,9 Std. das Ziel.

Hans Stuck zählt zu den erfolgreichsten deutschen Rennfahrern

Hans Stuck auf Auto-Union beim Grand-Prix-Rennen auf dem Masaryk-Ring

Große Erfolge für deutsche Athleten

9. September. Deutschland und Finnland heißen die überragenden Sportnationen der Leichtathletik-Europameisterschaften in Turin. In der inoffiziellen Länderklassifizierung liegen sie mit je 75 Punkten gleichauf vor Ungarn (54), Schweden (51), Italien (51) und Frankreich (34). Da Deutschland jedoch sieben Europameister stellt und Finnland nur fünf, ist Deutschland der Gewinner. Die sieben deutschen Sieger sind Adolf Metzner über 400 m (47,9 sec.), Hans Scheele über 400 m Hürden (53,2 sec.), die Staffeln über 4 x 100 m (41,0 sec.) und 4 x 400 m (3:14,1 min.), Gustav Wegner im Stabhochsprung (4,00 m), Wilhelm Leichum im Weitsprung (7,45 m) und Hans-Heinrich Sievert im Zehnkampf (8103,245 Punkte).

Ludwig Geyer siegt bei Tour de Suisse

1. September. Der Deutsche Ludwig Geyer gewinnt die Tour de Suisse, die über 1474,4 km führte, in 45:01:11 Stunden vor dem Franzosen Level (45:09:50) und dem Italiener Francesco Camusso (45:12:58). In der Länderwertung siegt Deutschland vor Italien.

Geyer hatte auf der letzten Etappe mit Reifenschäden zu kämpfen, konnte aber von dem Vorsprung zehren, den er sich auf dem ersten Teil der Rundfahrt erkämpft hatte. Level reichte nach Ende des Rennens noch einen Protest gegen den Deutschen ein wegen unerlaubter Inanspruchnahme fremder Hilfe; die Rennleitung belegte Geyer daraufhin mit drei Strafminuten, aber auch das konnte seinen Gesamtsieg nicht mehr gefährden.

Oktober 1934

Mo	Di	Mi	Do	Fr	Sa	So
1	2	3	4	5	6	7
8	9	10	11	12	13	14
15	16	17	18	19	20	21
22	23	24	25	26	27	28
29	30	31				

1. Oktober, Montag

Der spanische Ministerpräsident Ricardo Samper Ibáñez (radikal) tritt zurück, nachdem ihm die Katholische Volksaktion die weitere Unterstützung in der Koalitionsregierung aufgekündigt hat (→ 5. 10./S. 178).

In Polen wird die obligatorische militärische Hilfsdienstpflicht für Männer vom 17. bis zum 60. Lebensjahr eingeführt. Für Frauen vom 19. bis zum 45. Lebensjahr ist sie freiwillig.

Robert Ley (NSDAP), der Leiter der Deutschen Arbeitsfront, erklärt die Neuorganisation der Arbeitsfront in Blocks, Zellen, Betriebsgemeinschaften, Ortsgruppen, Kreise und Gaus für abgeschlossen.

Im Deutschen Reich tritt die neue Reichs-Straßenverkehrsordnung in Kraft. → S. 183

Nach einer Verordnung der deutschen Reichsregierung kann der Reichswirtschaftsminister Braunkohleunternehmen zu wirtschaftlichen Pflichtgemeinschaften zusammenfassen. Ziel dieser Maßnahme ist die wirtschaftliche Gewinnung von Benzin und industriellen Ölen aus deutscher Braunkohle.

In Berlin werden die neuesten Zahlen über Eheschließungen und Geburten im Deutschen Reich veröffentlicht. Danach heirateten im ersten Quartal 1934 46,2% mehr junge Paare als im ersten Quartal 1933. Die Zahl der Geburten ist den Angaben zufolge gestiegen.

Die Deutsche Arbeitsfront, die Berliner Handwerkskammer, der Bund Berliner Haus- und Grundbesitzer sowie der Verein gegen das Bestechungswesen beschließen den gemeinsamen Kampf »für die restlose Beseitigung des besonders im Haus- und Grundstückswesen eingerissenen Bestechungsunwesen«. Angeblich stellen Hausverwalter bei der Vergabe von Bau- und Reparaturaufträgen hohe Provisionsansprüche.

Im Deutschen Reich gibt es 5 547 001 Rundfunkteilnehmer, 133 535 mehr als am 1. September (→ 17. 8./S. 155).

2. Oktober, Dienstag

US-Präsident Franklin D. Roosevelt (Demokrat) betont in einer Rundfunkrede seine Entschlossenheit, an der Politik des sog. New Deal festzuhalten. Die amerikanische Nation wolle nicht mehr jene Freiheit, die früher dazu geführt habe, daß einige Mächtige das Volk beherrschten (→ 5. 8./S. 156).

Bei einer verheerenden Schlagwetterexplosion im Bergwerk Cresford bei Wrexham in Nordwales kommen 274 Menschen ums Leben. → S. 184

Über Japan wütet ein Taifun, der mehrere Städte vollkommen verwüstet. → S. 184

3. Oktober, Mittwoch

Der deutsche Reichsbischof Ludwig Müller erklärt in Stuttgart, der Staat und die Deutsche Evangelische Kirche seien eins. Er bedauert, daß noch nicht alle Pastoren den Weg zu Adolf Hitler gefunden hätten. Im Kampf gegen Bolschewismus und Marxismus habe der Nationalsozialismus die Deutsche Evangelische Kirche geschaffen (→ 20. 10./S. 181).

Der französische Generalstab in Paris beschließt die Verlegung von farbigen Regimentern von Marokko nach Frankreich, da in den kommenden fünf Jahren starke Rekrutierungsausfälle wegen des Geburtenrückgangs während des Ersten Weltkriegs zu erwarten seien.

Das chinesische Finanzministerium verbietet die Ausfuhr von Gold in Barren und den Ankauf von Gold und Silber.

4. Oktober, Donnerstag

Alejandro Lerroux y García wird zum vierten Mal spanischer Ministerpräsident (→ 5. 10./S. 178).

China und die Türkei schließen einen Freundschaftsvertrag und vereinbaren die Errichtung von Gesandtschaften.

Gaston Doumergue, der Ministerpräsident des französischen Kabinetts der Nationalen Einheit, warnt in einer Rundfunkrede vor der sozialistisch-kommunistischen Gefahr. Wer Sozialisten und Kommunisten bei den Provinzwahlen am 7. Oktober seine Stimme gebe, stimme für »Bankrott, Enteignung, Verelendung, Diktatur, Zwang, Bürgerkrieg, Weltkrieg«.

In Spanien vereinigen sich die Radikaldemokratische Partei und die Radikalsozialistische Partei zur Republikanischen Union unter der Führung des früheren Ministerpräsidenten Diego Martínez Barrio (→ 5. 10./S. 178).

In Berlin beginnt die dreitägige Arbeitstagung des Außenpolitischen Amts der NSDAP, an der auch der nationalsozialistische Bund Deutscher Juristen und Hochschullehrer der Volkswirtschaft teilnehmen. Reichsjustizkommissar Hans Frank (NSDAP) sagt in einer Grundsatzrede: »Die synthetische Zusammenfassung des Nationalsozialismus und des Sozialismus muß daher auch in den Bereichen der Wissenschaft die Idee der Volkseinheit und der Volksgeschlossenheit gegen die Atomisierung stellen, wie sie der Liberalismus auf allen Gebieten hervorgebracht hat.«

Anläßlich des Welttierschutztages wendet sich der Deutsche Tierschutzverein mit einem Appell an die deutsche Öffentlichkeit: »Der 4. Oktober gehört den Tieren. An diesem Tage soll jeder Mensch irgendeinem Tiere etwas besonders Gutes tun.«

5. Oktober, Freitag

In Spanien beginnt ein Generalstreik, den die Gewerkschaften und Linksparteien als Protest gegen das Kabinett des neuen Ministerpräsidenten Alejandro Lerroux y García ausgerufen haben. → S. 178

In Athen wird eine antifaschistische Einheitsfront gebildet zwischen der kommunistischen, der sozialdemokratischen, der sozialistischen und weiteren linksgerichteten griechischen Parteien sowie den Gewerkschaften Griechenlands.

Die von Waldemar Gurian und Otto Michael Knap herausgegebenen »Deutschen Briefe. Private Berichte aus dem religiösen, kulturellen und politischen Leben im neuen Deutschland« erscheinen. Sie zählen zu den bedeutenden periodischen Werken der deutschen Exilpublizistik.

6. Oktober, Sonnabend

In Barcelona wird die Unabhängige Katalanische Republik ausgerufen (→ S. 178)

Der spanische Staatspräsident Niceto Alcalá Zamora y Torres verhängt wegen blutiger Unruhen über das ganze Land den Kriegszustand (→ 5. 10./S. 178).

Der italienische Duce und Ministerpräsident, Benito Mussolini, hält auf dem Domplatz in Mailand eine Rede, in der er u. a. die Verstaatlichung der Wirtschaft ablehnt.

In Telgte bei Münster wird die erste Arbeitsgauführerschule eröffnet.

Nach Angaben der Deutschen Reichsbahn ist der »Fliegende Hamburger« der schnellste Zug der Welt. → S. 182

7. Oktober, Sonntag

Bei den Provinzwahlen in Frankreich verbuchen die rechten Parteien zum Teil erhebliche Gewinne, während Sozialisten und Kommunisten Verluste hinnehmen müssen.

8. Oktober, Montag

Der deutsche Reichsminister des Innern, Wilhelm Frick (NSDAP), fordert in Berlin den Ausbau der Standesämter zu Sippenämtern. → S. 184

Die deutsche Presse meldet eine »freche Herausforderung« Londoner Kommunisten. Auf dem Dach der Deutschen Botschaft in London wurde eine weiße Fahne mit der Inschrift »Laßt Thälmann frei!« entrollt. Der deutsche KPD-Führer ist seit 3. März 1933 in NS-Haft.

Der deutsche Führer und Reichskanzler, Adolf Hitler (NSDAP), besichtigt die Strafanstalt Landsberg am Lech, in der er 1923/24 inhaftiert war. Die Zellen Hitlers und seiner damals ebenfalls inhaftierten Mitkämpfer sind seit 1933 nicht mehr belegt, sondern mit Blumen geschmückt und zur Besichtigung freigegeben.

Das griechische Parlament in Athen verabschiedet ein Wahlrechtsgesetz, durch das die Opposition bei den Neuwahlen am 4. November weitgehend ausgeschaltet werden soll.

Der Schweizer Arthur Schwab verbessert in Riga die seit 1870 bestehenden Weltbestzeit im Gehen über 20 Meilen. → S. 184

9. Oktober, Dienstag

Der jugoslawische König Alexander I. und der französische Außenminister Louis Barthou werden in der südfranzösischen Hauptstadt Marseille ermordet. → S. 179

Aufständische in Spanien beschießen das Zentralregierungsgebäude in Madrid und greifen das Ministerium für öffentliche Arbeiten an (→ 5. 10./S. 178).

Der deutsche Führer und Reichskanzler, Adolf Hitler (NSDAP), eröffnet das Winterhilfswerk 1934/35. → S. 181

Theophil Wurm, der Landesbischof der Evangelischen Landeskirche in Württemberg, wird in den Ruhestand versetzt. Wurm zählt zu den Wortführern des Widerstands gegen die Eingriffe der nationalsozialistischen Regierung in kirchliche Angelegenheiten (→ 20. 10./S. 181).

10. Oktober, Mittwoch

Der frühere spanische Ministerpräsident Manuel Azaña y Díaz wird in Barcelona verhaftet als einer der Anführer des Aufstands in Katalonien (→ 5. 10./S. 178).

11. Oktober, Donnerstag

Die jugoslawische Nationalversammlung in Belgrad leistet dem neuen elfjährigen König Peter II. und dem Regentschaftsrat den Treueeid (→ 9. 10./S. 179).

Die evangelische Kirche Bayerns wird in die Reichskirchengebiete Franken mit Bischofssitz in Nürnberg und Alt-Bayern mit Bischofssitz in München aufgeteilt. Hans Meisner, der Landesbischof der Evangelisch-Lutherischen Kirche in Bayern, wird abberufen (→ 20. 10./S. 181).

12. Oktober, Freitag

Der deutsche Reichsminister für Volksaufklärung und Propaganda, Joseph Goebbels (NSDAP), erklärt auf einer Tagung des Gaus Groß-Berlin, die »Boykotthetzer« müßten nicht glauben, daß das Deutsche Reich wegen Devisenschwierigkeiten oder wegen des hervorstehenden Winters klein beigeben werde (→ 13. 5./S. 102).

13. Oktober, Sonnabend

Der frühere französische Ministerpräsident Pierre Laval (parteilos) wird im Kabinett von Gaston Doumergue zum Außenminister ernannt als Nachfolger des am → 9. September in Marseille ermordeten Louis Barthou (S. 179). Paul Marchandeau wird neuer Innenminister, nachdem Albert Sarraut als politisch Verantwortlicher für das Attentat zurückgetreten ist.

Die nationalsozialistische deutsche Reichsregierung kündigt den Handelsvertrag mit den USA von 1923. Er läuft damit am 13. Oktober 1935 aus.

Die Reichsrundfunkgesellschaft und die polnische Rundfunkgesellschaft schließen ein Abkommen über den Austausch kultureller Sendungen (→ 26. 1./S. 18).

Die deutschen Zeitungen veröffentlichen eine amtliche Mitteilung, in der die Bevölkerung gebeten wird, bei Aufenthalten in Berlin sich nicht länger als nötig vor der Reichskanzlei aufzuhalten. Das Bestreben großer Teile der Volksgenossen, »dem Führer und den Mitgliedern der Reichsregierung ihre Verehrung und Anhänglichkeit zum Ausdruck zu bringen«, führe immer öfter »zu erheblichen Behinderungen«.

Die Ermordung des jugoslawischen Königs Alexander und des französischen Außenministers Louis Barthou am 9. Oktober in Marseille ist das zentrale politische Ereignis im Oktober 1934; Titelblatt der in Berlin erscheinenden »Neuen Illustrierten Zeitung«

14. Oktober, Sonntag

An den Gemeindewahlen in Norwegen beteiligt sich erstmals die faschistische Partei Nasjonal Samling von Vidkun Abraham Lauritz Quisling und erringt mehrere Mandate. 47% aller Stimmen gehen jedoch an die Linke (Venstre).

Rund zwei Millionen Menschen nehmen am Eucharistischen Kongreß in Buenos Aires teil. → S. 180

Der konservative australische Ministerpräsident Joseph Alois Lyons von der Vereinigten Australischen Partei bleibt trotz der Wahlschlappe vom 15. September als Chef einer Minderheitsregierung im Amt. Koalitionsverhandlungen mit der Vereinigten Landwirtepartei sind gescheitert.

Der Jahreskongreß der Gewerkschaften der USA beschließt, für die Einführung der fünftägigen Arbeitswoche mit 30 Arbeitsstunden einzutreten.

Am heutigen Eintopfsonntag dürfen deutsche Gaststätten nur eines der drei folgende Gerichte anbieten: 1. Löffelerbsen mit Einlage (Wurst, Schweineohr oder Pökelfleisch), 2. Nudelsuppe mit Rindfleisch, 3. Gemüsetopf mit Fleischeinlage (zusammengekocht).

15. Oktober, Montag

Zu Beginn des Wintersemesters werden an den österreichischen Hochschulen staatliche Universitätswachen aufgestellt.

Aus Spanien wird die Verhaftung des früheren Arbeitsministers Francisco Largo Caballero gemeldet, der seit 1918 Generalsekretär des spanischen Gewerkschaftsverbands UGT ist. Largo Caballero war einer der Führer des Aufstands in Asturien (→ 5. 10./S. 178).

Der schweizerische Bundesrat wird durch Bundesbeschluß ermächtigt, Maßnahmen zur Bekämpfung der Arbeitslosigkeit zu treffen.

Robert Ley, der Leiter der Deutschen Arbeitsfront (DAF), hebt die Aufnahmesperre für die DAF auf. Zugleich ordnet er an, daß der Begriff »Führer« für politische Leiter der Partei nicht mehr verwendet werden darf (→ 24. 10./S. 181).

Der deutsche Staatssekretär und Chef der Reichskanzlei, SS-Gruppenführer Hans Heinrich Lammers, spricht vor der Verwaltungsakademie in Berlin über »Die Staatsführung im Dritten Reich«. Durch die Vereinigung der Ämter des Reichspräsidenten und Reichskanzlers auf Adolf Hitler (NSDAP) sei das Staatsoberhaupt rechtlich dem Reichstag nicht mehr verantwortlich. Hitler leite nicht die Staatsgeschäfte, er »führt heute den Staat« (→ 16. 10./S. 181).

In der Freien Stadt Danzig wird nach dem Vorbild des Deutschen Reichs das Winterhilfswerk 1934/35 eröffnet (→ 9. 10./S. 181).

16. Oktober, Dienstag

Der Lange Marsch der chinesischen Roten Armee unter dem Kommunistenführer Mao Tse-tung beginnt. Die 90 000 Soldaten ziehen sich vor den Truppen des Generals Chiang Kai-shek zurück. → S. 179

30 000 Industriearbeiter streiken gegen das Terrorregime des Präsidenten Gabriel Terra in Uruguay. Der Streik wird durch Einsatz von Militär niedergeschlagen.

Das deutsche Reichskabinett in Berlin nimmt das Gesetz über den Eid der Reichsminister an. → S. 181

Die deutsche Reichsregierung in Berlin verabschiedet neue Steuergesetze, die u. a. kinderreiche Familien begünstigen. → S. 181

Im autoritär regierten Königreich Bulgarien wird ein dem Ministerpräsidenten unterstelltes Amt für die Erneuerung des Staats geschaffen. Es soll auf die Bevölkerung erzieherisch einwirken und Propagandafunktionen übernehmen.

17. Oktober, Mittwoch

Durch Bundesgesetz wird der Bund der österreichischen Industriellen gegründet als Interessenvertretung der Industrie- und Bergbauunternehmungen bei der Vorbereitung des berufsständischen Aufbaus (→ 31. 10./S. 180).

In Rumänien wird eine antifaschistische Einheitsfront gegründet. → S. 180

18. Oktober, Donnerstag

Erwin Guido Kolbenheyer dramatisiert in dem Schauspiel »Gregor und Heinrich« den Gang des römisch-deutschen Königs Heinrich IV. nach Canossa im Jahr 1077. Das Stück wird im Staatlichen Schauspielhaus in Dresden uraufgeführt (→ S. 185).

Paula Wessely als Erzherzogin Marie-Louise, Gustaf Gründgens als Fürst Metternich und Willi Forst als Herzog von Modena sind die Hauptdarsteller in Karl Hartls historischem Liebesfilm »So endete eine Liebe«, der in Berlin uraufgeführt wird.

19. Oktober, Freitag

Die griechische Nationalversammlung in Athen wählt Alexander Zaimis erneut zum Staatspräsidenten. Zaimis hat dieses Amt seit 1929 inne.

Durch österreichisches Bundesgesetz wird der Berufsstand der öffentlichen Bediensteten gegründet. Ihm gehören Bundes- und Landesbeamte, Richter, öffentliche Lehrpersonen u. a. an (→ 31. 10./S. 180).

In Estland werden 27 Estländer deutscher Nationalität zu mehrmonatigen Haftstrafen wegen Zugehörigkeit zu einer »vom Ausland geleiteten« illegalen politischen Vereinigung verurteilt. Die Männer waren Mitglieder der Vereinigung Baltische Brüder in Estland.

20. Oktober, Sonnabend

Die zweite Reichsbekenntnissynode der Bekennenden Kirche verkündet in Berlin-Dahlem das kirchliche Notrecht. Sie will der Gleichschaltung der Kirche Widerstand entgegensetzen. → S. 181

Der deutsche Rennfahrer Hans Stuck stellt auf der Avus in Berlin mit einem Porsche-Rennwagen der Auto-Union fünf Rekorde, darunter einen Avus-Rundenrekord, auf (→ 15. 7./S. 145).

21. Oktober, Sonntag

20 000 Menschen nehmen in Böhmisch-Leipa (Česká Lípa) an der ersten Großkundgebung der Sudetendeutschen Heimatfront (SHF) Konrad Henleins teil (→ 20. 3./S. 62).

Aus Zistersdorf in Österreich wird gemeldet, das dritte in der Umgebung der Stadt angebohrte Ölvorkommen liefere täglich 30 bis 36 t Schweröl. Die erste Bohrung, die 1930 niedergebracht wurde, liefert nur noch 5 t täglich.

22. Oktober, Montag

Das deutsche Reichsministerium der Justiz und das preußische Justizministerium werden vereinigt. Franz Gürtner führt ab heute die Amtsbezeichnung »Der Reichs- und preußische Justizminister«.

Der dänische Ministerpräsident Thorvald Stauning (Sozialdemokrat) lehnt im Folketing, dem Parlament in Kopenhagen, den schwedischen Vorschlag ab, Dänemark und Schweden sollten gemeinsam den Öresund befestigen. Stauning betont, das Verhältnis zwischen Dänemark und dem Deutschen Reich sei günstig und es gebe keinen Grund zum Mißtrauen.

Der Deutsche Gottfried Freiherr von Cramm führt die aktuelle Tennisweltrangliste der Amateure an (→ 2. 6./S. 129).

23. Oktober, Dienstag

Otto Heider (NSDAP) wird neuer Regierender Bürgermeister von Bremen als Nachfolger des am 13. Oktober zurückgetretenen Dr. Markert.

Nach Meldungen spanischer Zeitungen sind bei den Unruhen in der spanischen Provinz Asturien 2500 Menschen ums Leben gekommen (→ 5. 10./S. 178).

Aus Mexiko werden alle römisch-katholischen Bischöfe ausgewiesen. Sie sollen Demonstrationen gegen die Schulpolitik der Regierung unterstützt haben. → S. 180

Der schweizerische Physiker Jean Piccard erreicht mit einem Stratosphärenballon eine Höhe von knapp 17 500 m. → S. 183

24. Oktober, Mittwoch

Mohandas Karamchand Gandhi legt die Führung des Indian National Congress nieder. → S. 179

Der deutsche Führer und Reichskanzler, Adolf Hitler (NSDAP), erläßt die Verordnung über Wesen und Ziel der Deutschen Arbeitsfront (DAF). → S. 181

25. Oktober, Donnerstag

Der österreichische Innenminister und Generalstaatskommissär Emil Fey (Heimwehr) erklärt, der Heimatschutz sei der Vater des Gedankens vom neuen Staat gewesen. → S. 180

26. Oktober, Freitag

Durch österreichisches Bundesgesetz wird an jeder Hochschule eine aus Hochschullehrern zusammengesetzte Disziplinarkammer errichtet.

Das Deutsche Reich und Polen erheben ihre Gesandtschaften in den Rang von Botschaften (→ 26. 1./S. 18).

27. Oktober, Sonnabend

Der Erzbischof von Freiburg im Breisgau, Conrad Gröber, dementiert Meldungen der saarländischen Presse, nach denen er sich in Rom bei einer Rede vor Geistlichen negativ über den Nationalsozialismus geäußert habe (→ 5. 6./S. 120).

28. Oktober, Sonntag

Nach offiziellen Angaben nehmen 100 000 Menschen am Reichshandwerkstag in Braunschweig teil.

29. Oktober, Montag

Das französische Innenministerium verschärft die Bestimmungen für die Ausweisung von Ausländern. Allen Ausländern wird die Einmischung in die französische Politik verboten.

Die im Verlag Scherl erscheinende Berliner Tageszeitung »Der Tag« stellt ihr Erscheinen ein.

30. Oktober, Dienstag

Der deutsche Reichsbankpräsident Hjalmar Schacht (parteilos), der auch mit der Leitung des Reichswirtschaftsministeriums beauftragt ist, erklärt vor einer Versammlung der thüringischen Industriellen in Weimar, das Deutsche Reich befinde sich in einem verlängerten Krieg, der mit wirtschaftlichen Mitteln geführt werde (→ 16. 3./S. 59).

31. Oktober, Mittwoch

Der österreichische Bundeskanzler Kurt Schuschnigg (Vaterländische Front) hält eine Rede über den ständischen Aufbau Österreichs. Er rechtfertigt die Abschaffung der parlamentarischen Demokratie damit, daß die Volksgemeinschaft durch Parteidogmen auseinandergerissen werde. Das Gemeinwohl sei nur durch eine autoritäre Führung zu erreichen. → S. 180

Französische und britische Zeitungen melden übereinstimmend, die französische Regierung habe die Armeekommandos in Metz und Nancy angewiesen, Vorbereitungen zum Einmarsch in das Saargebiet zu treffen. Vorausgegangen waren Meldungen über einen geplanten Handstreich der Nationalsozialisten in diesem Gebiet.

Oswald Ernald Mosley, der Führer der British Union of Fascists (Faschistische Union Großbritanniens), kündigt in London die Teilnahme seiner Partei an den nächsten Wahlen an. Er betont, daß die Partei niemanden wegen seiner Rasse oder Religion diskriminiere (→ 9. 9./S. 169).

Das Wetter im Monat Oktober

Station	Mittlere Lufttemperatur (°C)	Niederschlag (mm)	Sonnenscheindauer (Std.)
Aachen	11,2 (10,0)	95 (64)	— (123)
Berlin	10,0 (8,8)	53 (58)	— (123)
Bremen	11,2 (9,4)	89 (47)	— (104)
München	8,1 (7,9)	73 (62)	— (130)
Wien	10,1 (9,6)	31 (57)	84 (—)
Zürich	9,6 (8,4)	102 (80)	129 (108)

( ) Langjähriger Mittelwert für diesen Monat
— Wert nicht ermittelt

Hiler ruft zu Spenden für das Winterhilfswerk auf, das mit großem propagandistischen Aufwand Geld, Kleider, Lebensmittel und Brennstoffe sammelt, die »hilfsbedürftigen Familien« zugute kommen sollen

Nummer 42 18. Oktober 1934 43. Jahrgang Preis 20 Pfennig

Berliner Illustrirte Zeitung

Wir werden beweisen, daß der deutsche Wille und das deutsche Herz der Not in diesem Winter noch mehr Herr werden als im vergangenen.

Der Führer und Kanzler vor dem Mikrophon bei seiner Rede in der Berliner Krolloper, mit der er das Winterhilfswerk des deutschen Volkes 1934/35 eröffnete.

Im Vordergrund Ministerpräsident Göring, Reichsminister Dr. Goebbels und der Staatssekretär der Reichskanzlei Hans-Heinrich Lammers.

Während der Kundgebung in der Krolloper gezeichnet von Theo Matejko

Kriegszustand in Spanien ausgerufen

5. Oktober. In Spanien beginnt der Generalstreik gegen die Regierung des Ministerpräsidenten Alejandro Lerroux y García aus der Partei der radikalen Republikaner. Linke Gewerkschaften und Parteien hatten zum Streik aufgerufen, weil Lerroux y García rechtskonservative Politiker in sein Koalitionskabinett übernommen hatte. Der Streik weitet sich zu einer allgemeinen Auseinandersetzung zwischen Rechten und Linken aus (→ 25. 4./S. 76). Der spanische Staatspräsident Niceto Alcalá Zamora y Torres verhängt am 6. Oktober den Kriegszustand über das Land. Alle Macht geht auf die Militärs über, die Grenzen Spaniens werden gesperrt.

Über Madrid und die Provinz Asturien wird der Belagerungszustand verhängt. Kommunisten, Sozialisten und Anarchisten bilden in Asturien eine Aktionseinheit, Revolutionskomitees übernehmen die politische Macht und verteidigen sie bis zum 18. Oktober. Die blutige Niederschlagung des Aufstands in dieser Provinz durch Truppen unter Francisco Franco Bahamonde fordert mehr als 3000 Menschenleben, mehr als 30 000 Streikende werden verhaftet.

Am 4. Oktober übernahm Lerroux y García zum vierten Mal das Amt des Ministerpräsidenten. Am selben Tag vereinigten sich die Radikaldemokratische Partei und die Radikalsozialistische Partei zur Republikanischen Union unter der Führung des früheren Ministerpräsidenten Diego Martínez Barrio.

Am 6. Oktober wird in Barcelona die Unabhängige Republik Katalonien innerhalb der Spanischen Bundesrepublik ausgerufen (→ Kasten). Die spanische Zentralregierung entsendet Kriegsschiffe ins katalonische Barcelona. Einen Tag später ergeben sich die katalanischen Separatisten. Am 10. wird der frühere Ministerpräsident Manuel Azaña y Díaz in Barcelona verhaftet als einer der Anführer des Aufstands in Katalonien.

Die Zentralregierung verlegt Fremdenlegionäre von Marokko nach Asturien, die vor allem gegen die streikenden Arbeiter in den asturischen Bergbauzentren eingesetzt werden. In Madrid wird zur Unterstützung der Garnison eine Art Bürgerwehr aus rechtsorientierten Jugendorganisationen errichtet. Entlassene Offiziere, die meist den rechtsgerichteten Parteien nahestehen, werden einberufen. Trotzdem gelingt es Aufständischen am 9. Oktober das Zentralregierungsgebäude in Madrid zu beschießen und das Ministerium für öffentliche Arbeiten anzugreifen. Am 15. wird die Verhaftung des früheren Arbeitsministers Francisco Largo Caballero bekanntgegeben, der seit 1918 Generalsekretär des spanischen Gewerkschaftsverbands UGT ist. Largo Caballero war einer der Führer des Aufstands in Asturien.

Verhaftete Aufständische aus den Wäldern Asturiens werden abgeführt

Katalanen kämpfen für Unabhängigkeit

6. Oktober. In der Nacht zum Sonntag ruft Luis Companys y Jover in Barcelona die Unabhängige Republik Katalonien aus. Companys ist in der Katalanischen Bewegung der Führer der linksgerichteten »Esquerra« und fordert seit Jahren ein selbständiges Katalonien. Schon 1931 hat er erfolglos einen katalanischen Staat ausgerufen. In seiner Proklamation heißt es:

»Die monarchistischen und faschistischen Kräfte haben sich der Zentralgewalt bemächtigt. Die spanische demokratische Republik befindet sich in großer Gefahr. Das liberale, demokratische und republikanische Katalonien konnte gegenüber diesen Ereignissen nicht untätig bleiben und hielt es für seine Pflicht, den spanischen Brüdern, die gegenwärtig für die Freiheit und für das Recht kämpfen und sterben, zu Hilfe zu kommen. Deshalb hat die katalanische Regierung im Einvernehmen mit dem katalanischen Parlament beschlossen, alle Beziehungen zur gegenwärtigen Zentralregierung abzubrechen.« Companys muß sich bereits in den Morgenstunden den Regierungstruppen ergeben. Im Gebiet des Bergs Tibidado bei Barcelona dauern die blutigen Kämpfe noch an.

Festnahme separatistischer Aufständischer in Barcelona, dem Zentrum der katalanischen Republik

MG-Posten der regierungstreuen Truppen besetzen alle strategisch wichtigen Punkte in Barcelona

Die Truppen der Zentralregierung gehen mit Artillerie gegen die Aufständischen in Katalonien vor

Der Attentäter steigt auf das Trittbrett des Staatswagens und feuert auf den König

Der neben dem Wagen reitende Offizier schlägt mit dem Säbel auf den Attentäter

Attentat in Marseille: König Alexander I. und Außenminister Barthou ermordet

9. Oktober. *Alexander I., König der Serben, Kroaten und Slowenen (Jugoslawien), wird während eines Staatsbesuchs in Frankreich Opfer eines Attentats makedonischer und kroatischer Nationalisten. Bei dem Anschlag kommt auch der französische Außenminister Louis Barthou ums Leben.*
König Alexander trifft um 16.10 Uhr auf dem Kreuzer »Dubrovnik« in Marseille ein. Außenminister Barthou heißt ihn im Namen der französischen Regierung willkommen. Der König nimmt die Parade der Ehrenkompanie ab und besteigt in Begleitung Barthous den Staatswagen. Kaum hat der Wagen, begleitet von einer Eskadron der berittenen Garde, etwa hundert Meter zurückgelegt und den Börsenplatz erreicht, als aus der Zuschauermenge etwa 20 Schüsse abgefeuert werden. In der folgenden Panik springt der Kroate Petrus Kalamen auf das Trittbrett des königlichen Wagens und gibt mehrere Schüsse ab. Der König wird sofort tödlich getroffen, Barthou schwer verletzt. Der neben dem Wagen reitende Oberst schlägt mit dem Säbel auf den Attentäter ein, bis dieser vom Trittbrett herabfällt. Barthou stirbt wenig später im Krankenhaus. Auch der Attentäter, bei dem zwei Revolver und eine Bombe gefunden werden, erliegt seinen Verletzungen kurz nach der Einlieferung ins Hospital. Neuer König von Jugoslawien wird der elfjährige Kronprinz Peter.

Maos Rote Armee auf dem Langen Marsch

16. Oktober. Die chinesischen Kommunisten unter der Führung von Mao Tse-tung beginnen den sog. Langen Marsch, eine Expedition über eine Wegstrecke von 12 000 km von der Provinz Kiangsi aus Südostchina nach Nordwest-Chinas, in die Provinz Schensi. Der lange Marsch hat das Ziel, den Schlägen der militärisch überlegenen Kuomintang-Truppen zu entgehen und eine geographisch günstigere Operationsbasis für die Hauptkräfte der Roten Armee zu schaffen. Ein Sieg der von Chiang Kai-shek geführten Kuomintang (Nationale Volkspartei Chinas) über die Kommunisten in dem seit 1927 andauernden Bürgerkrieg zeichnet sich schon länger ab (→ 12. 1./S. 23).

Der Lange Marsch, der ein ganzes Jahr dauern wird, führt über Gebirgspässe und durch weite Steppen. Die Kommunisten hatten 1931 in Kiangsi eine Sowjetrepublik gegründet und den Landbesitz der Großgrundbesitzer an die Kleinbauern verteilt. Die Nanking-Regierung unter Chiang Kai-shek, der sich 1927 von den Kommunisten getrennt hat, sah die kommunistische Republik als Bedrohung an und führte mehrere Vernichtungsfeldzüge gegen sie. Die Kommunisten behaupteten sich zunächst dank ihrer besseren Taktik gegenüber den Regierungstruppen, erst im fünften Feldzug siegte die Armee Chiang Kai-sheks. Es gelang den Kommunisten jedoch, sich mit 90 000 Mann zurückzuziehen. Sie beginnen ihren Langen Marsch und geben die zentralen Sowjetgebiete im Süden Chinas auf.

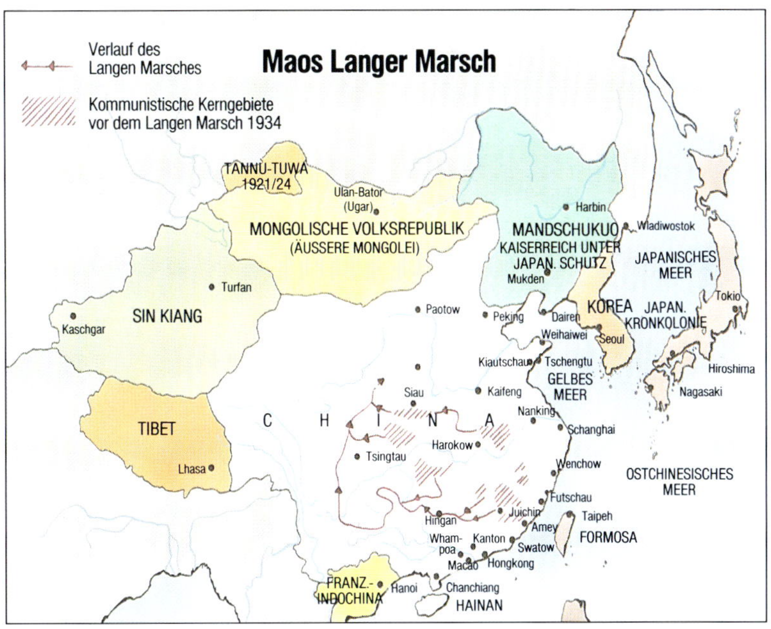

Gandhi legt seine Parteiämter nieder

24. Oktober. Der indische Freiheitskämpfer Mohandas Karamchand Gandhi legt die Führung der antibritisch eingestellten indischen Unabhängigkeitspartei Indian National Congress (INC) nieder und tritt aus der Partei aus. Er erklärt jedoch, daß er sich nicht aus dem politischen Leben zurückziehen werde, sondern beabsichtige, sich der Organisation der Dorfindustrie zu widmen, vor allem der Verbreitung von Handweberei und Spinnerei. Die Partei empfiehlt ihren Mitgliedern daraufhin, nur noch handgewebte Stoffe zu tragen.

Gandhi tritt aus der Partei aus, weil er den Eindruck gewonnen hat, daß der National Congress die »satjagraha« (»Festhalten an der Wahrheit«), das Kernstück von Gandhis gewaltloser Weltanschauung, nur als politisches Mittel benutzt. Ungehindert von Ämtern, widmet er sich nun ganz seinem volkspädagogischen Werk. Er geht in die Dörfer und setzt seinen Kampf für die Kastenlosen fort, die er Harijans, »Kinder Gottes«, nennt (→ 8. 4./S. 75).

Kampf gegen die Eiserne Garde

17. Oktober. Das seit 1933 bestehende Nationale Antifaschistische Komitee Rumäniens, die Liga der Arbeit und die 1933 gegründete Sozialistische Einheitspartei Rumäniens vereinbaren den gemeinsamen Kampf gegen die illegal agierende Eiserne Garde. Die Regierung Gheorghe Tătărăscu reagiert am 27. November mit dem Verbot aller Organisationen kommunistischen Charakters. Am 5. Juli hatte die Regierung alle deutschen nationalsozialistischen Organisationen im Land aufgelöst. Tătărăscu, der als Liberaler gilt, reagiert als Ministerpräsident auf Veranlassung von König Karl II. durch Erlasse.
Der König übt seit 1930 eine Willkürherrschaft aus, hat sich jedoch durch das Verbot der Eisernen Garde 1933 gegen den Faschismus ausgesprochen. Die Eiserne Garde, eine christlich-nationalistische, antisemitische Erneuerungsbewegung, wendet in der Illegalität zunehmend Terror und Gewalt gegen ihre politischen Gegner an.

Regierung Mexikos weist Bischöfe aus

23. Oktober. Das Parlament in Mexiko nimmt eine Entschließung an, alle römisch-katholischen Bischöfe des Landes zu verweisen und vier katholische Zeitungen, darunter »La Prensa«, zu verbieten. Zwischen den »Christeros« und Anhängern der sozialistischen Regierung kommt es daraufhin zu blutigen Auseinandersetzungen, bei denen auch Militär eingesetzt wird.
Der Klerus und die katholischen Zeitungen werden beschuldigt, für Demonstrationen gegen den sozialistischen Erziehungsplan, der u. a. den Einfluß der Kirche an den Schulen ausschalten soll, verantwortlich zu sein. In den Bundesstaaten Tabasco, Sonora, Chihuahua und Colima werden alle Kirchen geschlossen, die Bischöfe und Geistlichen werden aufgefordert, das Land innerhalb von drei Tagen zu verlassen. Am 29. Oktober findet in Mexiko City eine Massendemonstration von Soldaten, Bauern und Arbeitern statt, die nicht nur die Einführung eines sozialistischen Schulsystems, sondern des Sozialismus überhaupt fordern.

Die Heimwehren entwickelten sich nach dem Brand des Wiener Justizpalasts 1927 zu einer antirepublikanischen, faschistischen Kampforganisation

»Diktatur ist besser«

25. Oktober. Auf einer Versammlung des Wiener Heimatschutzes erklärt der österreichische Innenminister und Generalstaatskommissär Emil Fey (Heimwehr), der Heimatschutz sei der Vater des Gedankens vom neuen Staat gewesen und »die erste Bewegung in der Zeit nach dem Ersten Weltkrieg, die für Glauben, Volk und Vaterland kämpfte. Es ist besser, sich einer Diktatur zu beugen als unter der Freiheit einer Demokratie zu schmachten.«
In Österreich stehen sich als politische Hauptgruppierungen die Heimwehren und die Vaterländische Front gegenüber. Beide sind an der Regierung unter Kurt Schuschnigg beteiligt. Die paramilitärischen Heimwehren sind politisch rechts stehende Selbstschutzorganisationen des Bauern- und Bürgertums. Am → 27. September hat die Christlichsoziale Partei, die bisherige Regierungspartei, ihre Auflösung beschlossen und den Mitgliedern den Beitritt zur Vaterländischen Front empfohlen (S. 169). Die 1931 gegründete Vaterländische Front tritt für die Selbständigkeit Österreichs und für eine autoritär-ständische Gesellschaftsordnung ein (→ 25. 5./S. 93).

Ständische Ordnung statt Parteienstaat

31. Oktober. Der österreichische Bundeskanzler Kurt Schuschnigg (Vaterländische Front) hält in Wien eine programmatische Rundfunkrede über den ständischen Aufbau der Gesellschaft: »Ein Zustand, der mit der Gefahr belastet war, daß die Volksgemeinschaft durch Parteidogmen auseinandergerissen werde, mußte sich als unhaltbar erweisen. Es mußte eine Zeit kommen, in der sich die bisherigen Methoden, die bisherigen Formen der Willensbildung im Interesse des Gemeinwohles als unzulänglich erwiesen. Damit ist der Weg von selbst gegeben gewesen, an die Stelle des Parteistaates eine neue Ordnung, die des berufsständischen Staates, zu setzen. Das Ende der Parteien bedeutet alles eher als die Ausschaltung der Bevölkerung von der politischen Willensbildung. In Zeiten der Not sind aber rasche Entschlüsse und persönliche Verantwortungsfreudigkeit unerläßlich. Das Gemeinwohl im Staate, das Wohl aller, ist heute nur durch autoritäre Führung im Staate zu erreichen«.
Am 17. Oktober ist durch Bundesgesetz der Bund der Industriellen gegründet worden, »als Interessenvertretung der Industrie- und Bergbauunternehmungen bei der Vorbereitung des berufsständischen Aufbaus«. Am 19. wurde der Berufsstand der öffentlichen Bediensteten gegründet.

2 Millionen Pilger

14. Oktober. *Rund zwei Millionen Menschen nehmen am 32. Eucharistischen Kongreß in der argentinischen Hauptstadt Buenos Aires teil. Kardinalstaatssekretär Eugenio Pacelli, der spätere Papst Pius XII., eröffnet als Vertreter von Papst Pius XI. in den Palermogärten von Buenos Aires den Kongreß und zelebriert die Messe. 100 000 weiß gekleidete Kinder empfangen aus der Hand von vier Kardinälen und 250 Priestern die Heilige Kommunion. Anschließend hören 250 000 Pilger kniend die durch 400 Lautsprecher übertragene Verlesung der päpstlichen Bulle. Die Abbildung zeigt die in Kolonnen marschierenden Kommunionkinder.*

Bekennende Kirche verkündet Notrecht

20. Oktober. Die zweite Reichsbekenntnissynode der Bekennenden Kirche verkündet in Berlin-Dahlem das kirchliche Notrecht. Die Bekennende Kirche, ein Teil der evangelischen Kirche, hält Christentum und nationalsozialistische Rassenlehre für unvereinbar und will der Gleichschaltung der Kirche Widerstand leisten (→ 29. 5. /S. 90). Um sich dem Einfluß der Nationalsozialisten zu

Martin Niemöller trug durch die Gründung des Pfarrernotbunds wesentlich zur Konstituierung der Bekennenden Kirche bei; Niemöller bekämpft den Arierparagraphen und unterstützt vom NS-Regime verfolgte Pfarrer

Dietrich Bonhoeffer wurde 1931 Privatdozent und Studentenpfarrer in Berlin, 1933 Auslandspfarrer in London und 1934 Beratendes Mitglied des ökumenischen Rates der Kirche; er zählt zu den bedeutenden Persönlichkeiten der Bekennenden Kirche

entziehen, proklamiert die Bekennende Kirche das »kirchliche Notrecht«, kraft dessen sie nun eigene Organe (»Notorgane«) für den Gesamtbereich der Deutschen Evangelischen Kirche (DEK) schaffen will. Außerdem fordert die Synode von der Regierung eine Erklärung, »daß in Sachen der Kirche, ihrer Lehre und Ordnung, die Kirche unbeschadet des staatlichen Aufsichtsrechts, allein zu urteilen und zu entscheiden berufen ist«.
Seit der Barmer Theologischen Erklärung sind viele evangelische Landeskirchen durch die deutschchristliche Reichskirchenpolitik in die Deutsche Evangelische Kirche eingegliedert worden (→ 23. 9./S. 165). Die Landeskirchen von Hannover, Württemberg und Bayern wehren sich jedoch gegen diese Zwangsmaßnahmen.
In der »Dahlemer Erklärung« wird nun ein »Bruderrat« der DEK als rechtmäßige Leitung bestellt. Trotz Verfolgung durch das NS-Regime will die Bekennende Kirche den Widerstand aufrechterhalten.

Steuergesetze mit Kinderermäßigung

16. Oktober. Die nationalsozialistische deutsche Reichsregierung in Berlin verabschiedet mehrere neue Steuergesetze zur Vereinfachung des Steuerrechts, zur Entlastung der Verwaltung und vor allem zur stärkeren Berücksichtigung kinderreicher Familien. Bei der Einkommensteuer werden z. B.die Kinderermäßigungen erhöht. Sie betragen nun 15% für ein Kind, 35% für zwei Kinder, 55% für drei Kinder, 75% für vier Kinder, 95% für fünf Kinder und 100% für sechs Kinder. Diese Kinderermäßigungen werden anders als bisher auf Antrag auch für Kinder bis zum vollendeten 25. Lebensjahr gewährt, solange die Kinder in der Berufsausbildung stehen, auch wenn sie nicht mehr zum Haushalt des Steuerpflichtigen gehören.

Winterhilfswerk mit Eintopf eröffnet

9. Oktober. Im Reichstagssitzungssaal der Berliner Krolloper eröffnet der deutsche Führer und Reichskanzler, Adolf Hitler (NSDAP), das Winterhilfswerk für 1934/35. Das Reichskabinett nimmt anschließend demonstrativ ein gemeinsames Eintopfgericht zu sich.
Während des Winterhilfswerks werden Arbeitern und Angestellten »Spenden« von Lohn und Gehalt abgezogen und an das Winterhilfswerk abgeführt, das die Gelder vor allem zur Unterstützung Bedürftiger aus den Reihen der NSDAP verwendet: Regelmäßig werden Straßen- und Haussammlungen durchgeführt; einmal im Monat ist Eintopfsonntag. Hitler erklärt: »Die Nation hat die Pflicht, durch gemeinsame Opfer den unglücklichsten Opfern unserer Not zu helfen.«

Ziele und Wesen der DAF festgesetzt

24. Oktober. Der deutsche Führer und Reichskanzler, Adolf Hitler (NSDAP), erläßt die Verordnung über Wesen und Ziel der Deutschen Arbeitsfront (DAF). Die DAF ist »die Organisation der schaffenden Deutschen der Stirn und der Faust«. Ihr Ziel ist »die Bildung einer wirklichen Volks- und Leistungsgemeinschaft aller Deutschen«. Sie ist Trägerin der Nationalsozialistischen Gemeinschaft »Kraft durch Freude« (KdF). Die DAF ist die Nachfolgeorganisation der früheren Gewerkschaften. In ihr faßt das NS-Regime Arbeiter und Unternehmer zusammen. Sie soll dafür sorgen, »daß jeder einzelne seinen Platz im Wirtschaftsleben der Nation in der geistigen und körperlichen Verfassung einnehmen kann, die ihn zur Höchstleistung befähigt«.

Hitler ist nun der alleinige »Führer«

Hitler neben Goebbels und Göring

Bezeichnung »Führer« nur Hitler vorbehalten

16. Oktober. Das nationalsozialistische deutsche Reichskabinett in Berlin nimmt das Gesetz über den Eid der Reichsminister und der Mitglieder der Landesregierungen an. Diese müssen künftig bei der Amtsübernahme vor dem Führer und Reichkanzler, Adolf Hitler (NSDAP), schwören: »Ich schwöre, ich werde dem Führer des Deutschen Reiches, Adolf Hitler, treu und gehorsam sein, meine Kräfte für das Wohl des deutschen Volkes einsetzen, die Gesetze wahren, die mir obliegenden Pflichten unparteiisch und gerecht gegen jedermann führen, so wahr mir Gott helfe.« Der Diensteid wird nicht mehr auf das Volk oder den Staat abgelegt, sondern auf die Person Adolf Hitlers, dessen Machtstellung in der neuen Formel ihren sichtbaren Ausdruck findet.
Auch innerhalb der NSDAP und anderer NS-Organisationen wird Hitlers Position stärker betont als zuvor. Am Tag vor Verabschiedung des Eid-Gesetzes hat Robert Ley, der Führer der Deutschen Arbeitsfront (DAF) und Stabsleiter der obersten Leitung der politischen Organisationen (PO), angeordnet, daß der Begriff »Führer« für politische Leiter der Partei nicht mehr verwendet werden darf: »Die Bezeichnung 'der Führer' war für uns Nationalsozialisten immer ein unantastbarer Begriff. Heute ist der Führer der NSDAP der Führer des gesamten Volkes und damit ist dieser Begriff staats- und weltpolitisch eindeutig festgelegt. Ich ordne daher für die oberste Leitung der PO an, daß kein politischer Leiter das Wort 'Führer', auch nicht in Verbindung mit einem anderen Wort, für sich verwenden darf. Für die DAF ordne ich an, daß ab sofort für meine Person die Bezeichnung 'Führer der DAF' nicht mehr gebraucht werden darf. Meine Dienstbezeichnung ist 'Stabsleiter der PO'.«

Züge auf Rekordfahrt

6. Oktober. Nach Angaben der Deutschen Reichsbahn ist der »Fliegende Hamburger« zur Zeit der schnellste Zug der Welt. Die 286,8 km lange Strecke von Hamburg nach Berlin durchfährt er in 138 Minuten; das entspricht einer Reisegeschwindigkeit von 124,7 km/h. Der zweitschnellste Zug ist nach diesen Angaben der französische »P. L. M.«, der die Strecke von Dijon nach Laroche mit einer Reisegeschwindigkeit von 119,4 km/h zurücklegt. An dritter Stelle rangiert der britische »Great Wester«, der die Strecke von London nach Swindon mit einer Geschwindigkeit von 114,7 km/h bewältigt.
Insgesamt gibt es jedoch bedeutend weniger Schnellstrecken im Deutschen Reich als in anderen europäischen Ländern. Auf 32,5 % der Eisenbahnlinien können die Züge schneller als 90 km/h fahren. In Frankreich ist dies auf 73,6 % und in Großbritannien auf 85,0 % des Streckennetzes möglich.
Ein neuer Rekord wird auch aus den USA gemeldet: Mit einem 113 Meter langen stromlinienförmigen Aluminiumschnelltriebwagen der Gesellschaft »Union Pacific Line«, ausgerüstet mit einem 900-PS-Dieselmotor, wurde die 3 334 Meilen (etwa 5 350 km) lange Strecke von Los Angeles nach New York in 56 Stunden und 55 Minuten zurückgelegt, was einer Durchschnittsgeschwindigkeit von 93,8 km/h entspricht.

Die schnellsten Eisenbahnstrecken im Deutschen Reich

Berlin-Halle/Saale	105,5 km/h
Leipzig-Berlin	103,8 km/h
Hamburg-Berlin	103,0 km/h
Spandau-Rathenow	101,3 km/h

Die Angaben sind duchschnittliche Reisegeschwindigkeiten

Der »Fliegende Hamburger« verbindet als Schnelltriebwagen Hamburg und Berlin

Die britische Dampflokomotive »Flying Scotsman No. 4472« erreicht eine Geschwindigkeit von 156,9 km/h und erweist sich als ebenso schnell wie Diesellokomotiven

Ein 900-PS-Motor treibt den Zug der »Union Pacific Line« an

Der stromlinienförmige Dieselzug durchquert in der Rekordzeit von 57 Stunden die USA

Neue Straßenverkehrsordnung in Kraft

1. Oktober. Im Deutschen Reich tritt die Reichs-Straßenverkehrsordnung vom 28. Mai 1934 in Kraft. Die wichtigsten allgemeinen Bestimmungen sind: Die Führung von führerscheinpflichtigen Kraftfahrzeugen ist nur Personen über 18 Jahren gestattet; Personen vor Vollendung des 16. Lebensjahres dürfen kein Kraftfahrzeug führen; jedes Kraftfahrzeug muß, ehe es auf öffentlichen Straßen in Betrieb gesetzt werden kann, durch die zuständige Verwaltungsbehörde zugelassen werden; es muß ferner mit einem Kennzeichen versehen sein; für jedes Kraftfahrzeug ist ein Kraftfahrzeugbrief auszufüllen; Führerschein, Zulassungsschein und Kfz-Brief sind stets mitzuführen und auf Verlangen vorzuzeigen.

17 500 m im Ballon über dem Erdboden

23. Oktober. Der schweizerische Physiker Jean Piccard steigt mit einem Stratosphärenballon vom Ford-Flughafen bei Dearborn (Detroit) in den USA auf die Höhe von fast 17 500 m (→ 31. 1./S. 27). Die Führung des Ballons, der ohne Zwischenfall bei Cadiz im Bundesstaat Ohio landet, liegt in den Händen seiner Frau Jeanne. Jean Piccard, seit 1926 Professor an der Universität von Cambridge in Massachusetts, ist der Zwillingsbruder des Physikers Auguste Piccard, der 1931/32 die ersten Stratosphärenflüge mit einem Ballon durchgeführt und dabei eine maximale Höhe von 16 203 m erreicht hatte.

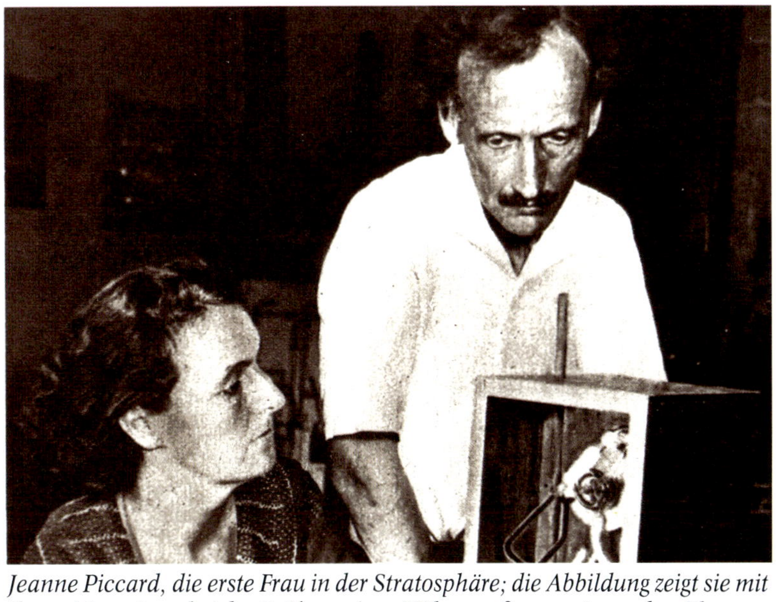

Jeanne Piccard, die erste Frau in der Stratosphäre; die Abbildung zeigt sie mit ihrem Mann Jean bei der Prüfung eines Höhenmeßapparats vor dem Flug

»Verkehrssünden«

Nach der Straßenverkehrsordnung ist untersagt: Spurfahren auf Straßenbahngleisen (1); Anhängen an andere Fahrzeuge (2); Halten vor Einfahrten (3); Abbiegen von Straßenbahnen ohne Blinkzeichen (4); Nebeneinanderfahren mehrerer Radfahrer (5); Stehenbleiben von Fußgängern an Straßenecken, wenn sie nicht die Straße überqueren wollen (6); Überschreiten der Fahrbahn auf längerem als dem kürzesten Weg (7); Mitnehmen zu vieler Mitfahrer (8); Handwagen, deren Ladung die Aussicht versperrt (9); Mitnehmen von Kindern auf einsitzigen Fahrrädern (10); Führung eines Fahrzeugs durch Personen unter 16 Jahren (11); Anbringung der Laterne unter dem Fuhrwerk (12); vorragende Ladungen ohne Kennzeichnung (13); Aufspringen auf fahrende Straßenbahnen (14); Geruchsbelästigung (15); Wenden auf großen Straßen (16); Freihändig Radfahren (19); Waren ausrufen (20); Parken an Kreuzungen (21; Abb. aus »Berliner Illustrirte Zeitung«)

Studenten auf den überschwemmten Straßen nach den sintflutartigen Regenfällen in Manila auf den Philippinen

Der Taifun wirft in Japan mit ungeheurer Wucht Straßenbahnwagen um und knickt Leitungsmasten ab

Zerstörung und Tod durch Wirbelsturm

2. Oktober. Ein Taifun über den japanischen Städten Osaka, Kioto, Kobe und Okajama fordert rund 1 660 Menschenleben, 5 400 Personen werden verletzt.

Allein in Osaka werden 144 Schulhäuser, 3 914 Privathäuser und 3 212 Fabriken zerstört. Ein eineinhalb tausend Jahre alter Tempel in Osaka wird von dem Taifun zertrümmert, 17 Betende erschlägt das herabfallende Gebälk. Am 1. Oktober ist Neuseeland von einem Hurricane heimgesucht worden. Am 16. Oktober trifft ein Taifun Manila auf den Philippinen und macht 55 000 Menschen obdachlos.

Helfer versuchen in Kioto, Kinder aus den Trümmern einer vom Taifun zerstörten Schule zu bergen, die beim Einsturz rund 500 Schüler unter sich begrub; viele Schulkinder werden wider Erwarten gerettet

Grubenexplosion mit 274 Toten

2. Oktober. Bei einer Schlagwetterexplosion im Bergwerk Cresford bei Wrexham in Nordwales kommen 274 Menschen ums Leben. 700 Kinder verlieren durch die Katastrophe ihre Väter. Seit mehr als 20 Jahren ist der Grubenbezirk von Nordwales nicht von einem Unglück solchen Ausmaßes betroffen gewesen. Trotz aller Bemühungen gelingt es den Rettungsmannschaften nicht, auch nur einen der Bergleute zu retten, die im brennenden Schacht eingeschlossen sind. Als alle Rettungsversuche gescheitert sind, wird der Unglücksschacht zugemauert, um weiteres Unheil zu vermeiden.

Bei Schlagwetterexplosionen, die durch Funken, Flammen und Sprengungen ausgelöst werden, explodieren unter Tage Methan-Luft-Gemische. Bergleute, die in der Nähe der Explosionsstelle arbeiten, haben kaum Überlebenschancen.

Freiwillige Helfer vor der Unglücksgrube im nordwalisischen Wrexham vor dem Einsatz

NSDAP plant Sippenämter

8. Oktober. Der deutsche Reichsminister des Innern, Wilhelm Frick (NSDAP), eröffnet an der Verwaltungsakademie in Berlin die »Verwaltungswissenschaftliche Woche für Standesbeamte«. Er führt u. a. aus: »Nichts kann so unsere friedliche Absicht und den Willen zu aufbauender Leistung beweisen wie die Bevölkerungspolitik, die wir und wie wir sie eingeleitet haben. Der Aufstieg eines Volkes kann nur geschehen, wenn alle die Kräfte unwirksam geworden sind, deren Ziel es ist, die klare Linie der Entwicklung zu stören. Deshalb scheiden wir Blut von Blut, Art von Art, deutsches Blut von fremdem Bluteinfluß, weil wir den klaren Strom unserer rassischen Vergangenheit nicht in ein Wirrsal von ungeklärten Rassenmischungen verebben lassen wollen, weil wir die Volksgemeinschaft nicht als ein Schlagwort für die Zusammenfassung einer Millionenzahl von Menschen gebrauchen wollen, sondern sie als Blutgemeinschaft sehen... Fügen wir der Personenstandsurkunde ein Sippenblatt hinzu, rücken wir den einzelnen aus seiner Einzelheit heraus in den Zusammenhang seiner Sippe, so schaffen wir eine Grundlage, tiefer in den Menschen hineinzusehen. Die großen Aufgaben ... müssen ergänzt werden durch den Ausbau der Standesämter zu Sippenämtern.«

Reichsinnenminister Wilhelm Frick (NSDAP) fordert »den Ausbau der Standesämter zu Sippenämtern«

Schweizer Schwab bricht Geher-Rekord

8. Oktober. Der Schweizer Arthur Schwab verbessert in Riga die seit 1870 bestehende Weltbestzeit im Gehen über 20 Meilen (32,186 km). Er legt die Strecke in 2:42:13 Stunden gegenüber 2:47:52 Stunden zurück.

Das Gehen (Schnellgehen) ist eine leichtathletische Sportart, bei der die Athleten immer mit einem Fuß Bodenkontakt haben müssen; ansonsten werden sie disqualifiziert. Durch die dazu notwendige Geh-Technik — z. B. Schwingen der gewinkelten Arme — sind Schrittweiten von einem Meter und mehr und Schrittgeschwindigkeiten von 260 Schritten pro Minute möglich.

Ina Seidels Lyrik und Prosa findet bei der NS-Führung Gefallen

Agnes Miegel huldigt nationalsozialistischem Gedankengut

Kolbenheyers Antiindividualismus ist dem Regime genehm

Gottfried Benn befürwortet in »Kunst und Macht« den NS-Staat

Literatur 1934:

Nationalsozialistische Buchförderung und Autorenverfolgung

Während die NS-Führung Literatur fördert, die dem Geist des Nationalsozialismus entspricht, darf eine große Zahl von Büchern nicht mehr gedruckt, verkauft und gelesen werden. Es sind die Werke jener Autoren, die 1933 bei den Bücherverbrennungen im Deutschen Reich ins Feuer geworfen wurden. Viele dieser Autoren leben in der Emigration, sind aus dem Deutschen Reich ausgebürgert worden oder befinden sich in KZ-Haft. Amsterdam, London und Moskau sind die Städte, in denen deutsche Exilautoren am häufigsten publizieren. Bertolt Brecht veröffentlicht in Amsterdam seinen »Dreigroschenroman«, ebenfalls in Amsterdam erscheint Bruno Franks Künstlerroman »Cervantes«, und Annette Kolb veröffentlicht in Wien den Familienroman »Die Schaukel«. In London erscheint das erste literarische Zeugnis, das die unmenschlichen Zustände in den Folterkammern des Nationalsozialismus vor aller Welt anprangert: »Die Prüfung. Roman aus einem Konzentrationslager« von Willi Bredel. Bredel, dem die Flucht aus einem deutschen KZ gelang, schildert 1934 vor dem I. Unionskongreß der Schriftsteller in Moskau die Situation im Deutschen Reich so: »Der Faschismus versucht die revolutionären Schriftsteller und Intellektuellen durch Zuchthaus, Folter und Mord verstummen zu machen. Der Arbeiterschriftsteller Franz Braun wurde erstochen, Leo Krell zu Tode mißhandelt, Erich Baron zum Selbstmord getrieben, Hans Otto aus dem Fenster des Vernehmungszimmers gestürzt, Erich Mühsam gehängt (→ 10./11. 7./S. 144). Der Arbeiterschriftsteller Klaus Neukrantz wurde schwer mißhandelt, liegt im Wasserbett und ringt mit dem Tode. Der weltbekannte Schriftsteller Ludwig Renn wurde für Jahre hinter Zuchthausmauern geworfen. Der Publizist Carl von Ossietzky wird seit anderthalb Jahren im Konzentrationslager systematisch mißhandelt. Offen sprechen die faschistischen Bestien aus, daß sie ihn zum 'Selbstmord' zwingen wollen.«

Wenn Schriftsteller weiterhin im Deutschen Reich veröffentlichen, bedeutet dies jedoch nicht, daß sie systemkonform denken. Sobald sie jedoch außerhalb ihres zum Teil sehr erfolgreichen Schaffens ihre kritische Haltung gegenüber dem NS-Staat zu artikulieren versuchen, sind sie schärfsten Repressalien ausgesetzt. Ehm Welk z. B. veröffentlicht 1934 in der »Grünen Post«, deren Chefredakteur er seit 1928 ist, den kritischen Artikel »Herr Reichsminister, ein Wort bitte!« — und kommt sofort ins KZ Oranienburg. Dies ist für die NS-Führung jedoch kein Grund, Welk nach der Entlassung aus dem KZ dauernd Berufsverbot zu erteilen: Seine »unpolitischen« Bauernromane erreichen später beträchtliche Auflagen. Ein anderes Beispiel ist Hans Fallada: Er lebt zurückgezogen und versucht, durch Unterhaltungsliteratur der NS-Ideologie zu widerstehen.

Lion Feuchtwangers Werke wurden verbrannt; er lebt in Frankreich

Heinrich Mann ging 1933 nach Frankreich ins Exil

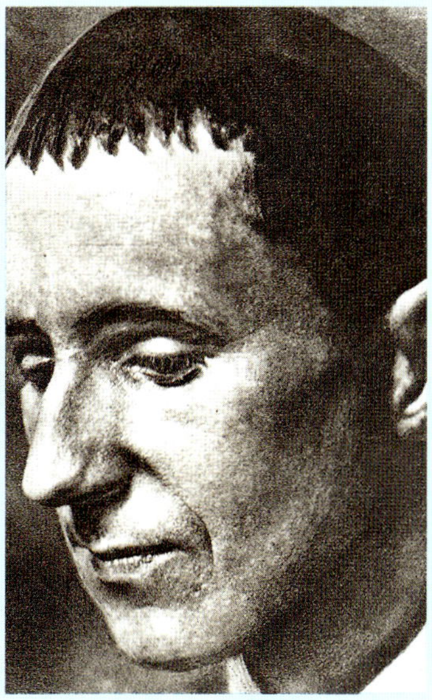

In Amsterdam erscheint Bertolt Brechts »Dreigroschenroman«

November 1934

Mo	Di	Mi	Do	Fr	Sa	So
			1	2	3	4
5	6	7	8	9	10	11
12	13	14	15	16	17	18
19	20	21	22	23	24	25
26	27	28	29	30		

1. November, Donnerstag

Die deutschen Reichsstatthalter werden auf den Führer und Reichskanzler, Adolf Hitler (NSDAP), vereidigt (→ 16. 10./S. 181).

Der deutsche Führer und Reichskanzler, Adolf Hitler (NSDAP), empfängt in Berlin die wegen ihrer kritischen Haltung zum Nationalsozialismus amtsenthobenen evangelischen Landesbischöfe Hans Meiser (Bayern) und Theophil Wurm (Württemberg). Beide werden wieder in ihre Ämter eingesetzt (→ 20. 10./S. 181).

Der deutsche Reichsminister für Volksaufklärung und Propaganda, Joseph Goebbels (NSDAP), hält eine über alle deutschen Sender verbreitete Rede an die deutsche Jugend. Was diese Jugend von der Jugend der Vorkriegszeit unterscheide, sei »die Aufgewecktheit ihres Geistes, die wache Spannkraft, die aus ihren Augen leuchtet, die Tatbereitschaft, die in ihrem Marschtritt mitklingt«.

Der dänische Ministerpräsident Thorvald Stauning (Sozialdemokrat) fordert die Abschaffung des Landsting, des Oberhauses in Kopenhagen → S. 193

Das internationale Waffenausfuhrverbot in die südamerikanischen Staaten Bolivien und Paraguay tritt in Kraft. Beide Länder führen seit 1932 den sog. Chacokrieg gegeneinander (→ 28. 11./S. 192).

Die deutsche Justizverwaltung in Berlin gibt bekannt, daß der neuerrichtete Volksgerichtshof bei Landesverrat auch die Todesstrafe verhängen könne, auch wenn ein solches Urteil bisher noch nicht gefällt worden sei (→ 24. 4./S. 77).

In einer Verlautbarung des Generalsekretariats der deutschen Kolonialgesellschaft in Berlin heißt es, die Wiederaufnahme der deutschen Kolonisation sei eine Frage der Zeit. → S. 193

In der internationalen Presse kursieren Gerüchte über ein Attentat auf den bulgarischen König Boris III. Der König sei bei dem Bombenanschlag in einem Eisenbahnzug unverletzt geblieben. → S. 196

2. November, Freitag

Der Saarbevollmächtigte der deutschen Reichsregierung und Gauleiter der Rheinpfalz, Josef Bürckel (NSDAP), weist in einem Aufruf die Gerüchte über einen Putsch der SA im Saargebiet als unsinnig zurück. Für die Zeit vom 10. Januar bis zum 10. Februar 1935 untersagt er für eine 40-km-Zone längs des Saargebiets das Tragen von Uniformen (→ 3. 12./S. 204).

Die Behörden der deutschen Länder werden zu scharfer Preisüberwachung aufgefordert. Es bestehe kein Grund, die Preise wegen angeblicher Warenknappheit zu erhöhen (→ 5. 11./S. 195).

Bei den Wahlen im südafrikanischen Mandatsgebiet South West Africa (Namibia), der ehemaligen Kolonie Deutsch-Südwestafrika, erringt die United Party der nicht-deutschen Weißen mehr als zwei Drittel der Mandate (→ 30. 11./S. 193).

Die seit 30. Oktober in der türkischen Hauptstadt Ankara tagende Konferenz des Balkanpakts, dem Griechenland, Jugoslawien, Rumänien und die Türkei angehören, beschließt die Gründung einer Balkanbank (→ 9. 2./S. 41).

Nach der allgemeinen Lese der Trauben beginnt im Deutschen Reich die Spätlese und die Edelbeerenauslese. Qualitativ und quantitativ wurde, so heißt es, »eine Ernte erzielt, die als Spitzenernte in diesem Jahrhundert bezeichnet werden muß«.

In Berlin fällt in der Nacht zum 2. November der erste Schnee. Auch im Allgäu ist der Winter eingezogen und hat eine Schneehöhe von zehn Zentimetern im Tal gebracht. Schneefälle werden auch aus Paris und Großbritannien gemeldet. → S. 196

In Lympne bei Dover treffen die britischen Piloten Cathcart Jones und Keller nach einem Rekordflug zwischen Großbritannien und Australien wieder ein. → S. 195

3. November, Sonnabend

Das amtliche Deutsche Nachrichtenbüro (DNB) in Berlin veröffentlicht die neue Ausbürgerungsliste. → S. 194

Das britische Unterhaus in London nimmt mit großer Mehrheit einen Gesetzentwurf an, der die Polizei zu Hausdurchsuchungen bei Verdacht der »Aufreizung zur Untreue« ermächtigt. Das Gesetz richtet sich vor allem gegen kommunistische Agitation in Heer und Marine.

In Kioto in Japan wird das deutsche Kulturinstitut eröffnet.

4. November, Sonntag

Nach einem Gespräch mit dem österreichischen Bundeskanzler Kurt Schuschnigg (Vaterländische Front) in Wien betont der ungarische Ministerpräsident, Gyula Gömbös von Jákfa, Ungarn betreibe »keine Blockpolitik und keine Art von irgendeinem Bündnissystem« (→ 17. 3./S. 61).

Auf Burg Horst bei Essen wird das Ehrenmal zum Andenken an die in den Ruhrkämpfen von 1918 bis 1920 gefallenen Kämpfer der Reichswehr, der Polizei, der Freikorps und der Bürgerwehren eingeweiht.

Ein neues Sprachengesetz erklärt das Estnische zur einzigen Staatssprache in Estland. Angehörige der deutschen, schwedischen und russischen Minderheiten können sich jedoch an die Zentralbehörden weiterhin in ihrer Sprache wenden.

In Bulgarien wird das staatliche Tabakmonopol eingeführt.

5. November, Montag

Der Leipziger Oberbürgermeister Carl Friedrich Goerdeler (parteilos) wird Reichskommissar für Preisüberwachung. → S. 195

Das Reichspostministerium in Berlin weist darauf hin, daß – wie im gesamten deutschen Schrift- und Druckwesen – auch im Postverkehr die »deutsche Schrift« zu verwenden sei.

In Litauen wird die letzte deutsche Minderheitenschule außerhalb des Memelgebiets geschlossen.

Auf Veranlassung der deutschen Reichsschrifttumskammer gibt die Reichsschrifttumsstelle in Berlin eine Liste mit 200 Büchern heraus, die innerhalb einer bestimmten Frist von allen Leihbüchereien angeschafft werden müssen, »so daß jede Leihbücherei in Deutschland einen bestimmten Bestand an guten Büchern besitzen wird«.

In Schlesien werden 24 Fleischerbetriebe geschlossen, da sie nach amtlichen Angaben die vom Bezirksbeauftragten für Schlachtviehverwertung als gerechtfertigt festgesetzten Preise überschritten haben«. → S. 195

6. November, Dienstag

Die Demokratische Partei von US-Präsident Franklin D. Roosevelt erringt einen klaren Sieg bei Wahlen zum Repräsentantenhaus. → S. 191

Vor der Nationalversammlung in Prag bezeichnet der tschechoslowakische Außenminister Eduard Beneš den Völkerbund in Genf als einzige und letzte Kraft, die einen Krieg verhindern könne (→ 18. 9./S. 168).

In der Universität Köln findet die »feierliche Immatrikulation der Jungstudenten« statt. In seiner Ansprache weist der Rektor darauf hin, daß auch die Universitäten »des klaren Aufbaus« bedürfen, »der einheitlichen Haltung und der vertikal durchgeführten Befehlsgewalt, die das preußische Heer vorbildlich gemacht haben und die im Dritten Reich allmählich sich auf allen Gebieten des Lebens unseres Volkes durchzusetzen beginnen«.

7. November, Mittwoch

Der NSDAP-Reichsleiter Alfred Rosenberg spricht in München über die »Freiheit der Wissenschaft«. → S. 195

Am Ende der zweitägigen Besprechungen zwischen dem italienischen Duce und Ministerpräsidenten, Benito Mussolini, und dem ungarischen Ministerpräsident, Gyula Gömbös von Jákfa, wird ein amtliches Kommuniqué veröffentlicht, nach dem Ungarn und Italien die Politik der Zusammenarbeit mit Österreich fortsetzen und ausbauen wollen (→ 17. 3./S. 61).

Die deutsche Presse bemerkt, daß das Attentat auf den jugoslawischen König Alexander I. in Marseille die sich abzeichnende französisch-italienische Verständigung in den Hintergrund gedrängt habe. Unter dem Eindruck der Wirren komme es nun wieder zu einer engeren Bindung zwischen Rom, Wien und Budapest (→ 9. 10./S. 179).

8. November, Donnerstag

Der französische Ministerpräsident Gaston Doumergue tritt zurück. Seine Pläne einer Parlamentsreform hatten sich nicht durchgesetzt. → S. 191

Der deutsche Führer und Reichskanzler, Adolf Hitler (NSDAP), spricht im Bürgerbräukeller in München anläßlich des elften Jahrestags des mißlungenen Hitler-Putschs von 1923: »Der Sinn des 8. und 9. November 1923 liegt für uns in dem, daß damals diese Bewegung ihre innere Härte und Widerstandsfähigkeit erwies« (→ 9. 11./S. 195).

Im Deutschen Reich werden zahlreiche Geschäfte wegen Preistreiberei geschlossen (→ 5. 11./S. 195).

In den Niederlanden werden 150 000 Kühe und 50 000 Kälber notgeschlachtet und zu Konserven verarbeitet, da für Milch bzw. Milchprodukte nicht genügend Absatzmöglichkeiten bestehen.

9. November, Freitag

Pierre Étienne Flandin wird neuer französischer Ministerpräsident als Nachfolger von Gaston Doumergue (→ 8. 11./S. 191).

Die 18jährigen Hitlerjungen werden bei einem Festakt in München in die NSDAP aufgenommen. → S. 195

Der britische Premierminister James Ramsey MacDonald (Labour) erlärt, Großbritannien trete nach wie vor für den Frieden ein, doch sei Abrüstung kein wirksames Mittel, um die Rüstung anderer Länder zu verhindern; Abrüstung könne auch zum Angriff herausfordern (→ 28. 11./S. 193).

Nach Angaben der Industrie- und Handelskammer Düsseldorf gilt die allgemeine Ausfuhrbegrenzung für Devisen bei Auslandsreisen grundsätzlich auch für Geschäftsleute. Diese können allerdings bei Vorlage einer Dringlichkeitsbescheinigung der Ortspolizei zusätzlich 50 RM ausführen.

10. November, Sonnabend

Im Deutschen Reich wird mit zahlreichen Veranstaltungen der 175. Geburtstag des Dichters Friedrich Schiller gefeiert.

11. November, Sonntag

In der deutschen Reichsbauernstadt Goslar wird der zweite Reichsbauerntag eröffnet. Bauern aus fast allen europäischen Ländern nehmen an den bis zum 18. November dauernden Veranstaltungen teil. Erstmals wird auch ein Reichsbauernthing durchgeführt (→ 19. 1./S. 17).

Die französischen Frontkämpferverbände veranstalten große Umzüge in Paris.

12. November, Montag

Der deutsche Beauftragte für Abrüstungsfragen, Joachim von Ribbentrop (NSDAP), trifft in London mit dem britischen Lordsiegelbewahrer Robert Anthony Eden und am 13. November mit Außenminister John Allsebrook Simon zusammen. Nach Angaben Edens werden keine neuen Abrüstungsvorschläge unterbreitet (→ 28. 11./S. 190).

In Italien müssen Lehrer in Miliz- oder Parteiuniform und Lehrerinnen in Parteitracht zum Unterricht erscheinen; die Schule habe nicht nur formales Wissen zu vermitteln, sondern sei ein Institut zur faschistischen Erziehung, heißt es in einer amtlichen Erklärung (→ 27. 8./S. 157).

Die ehemals kritische satirische Wochenzeitschrift »Simplicissimus« entwickelt sich unter dem Druck der Nationalsozialisten zunehmend zu einem Propagandablatt: In der Ausgabe vom 18. November 1934 rechtfertigt sie die Autarkiebestrebungen der NS-Führung

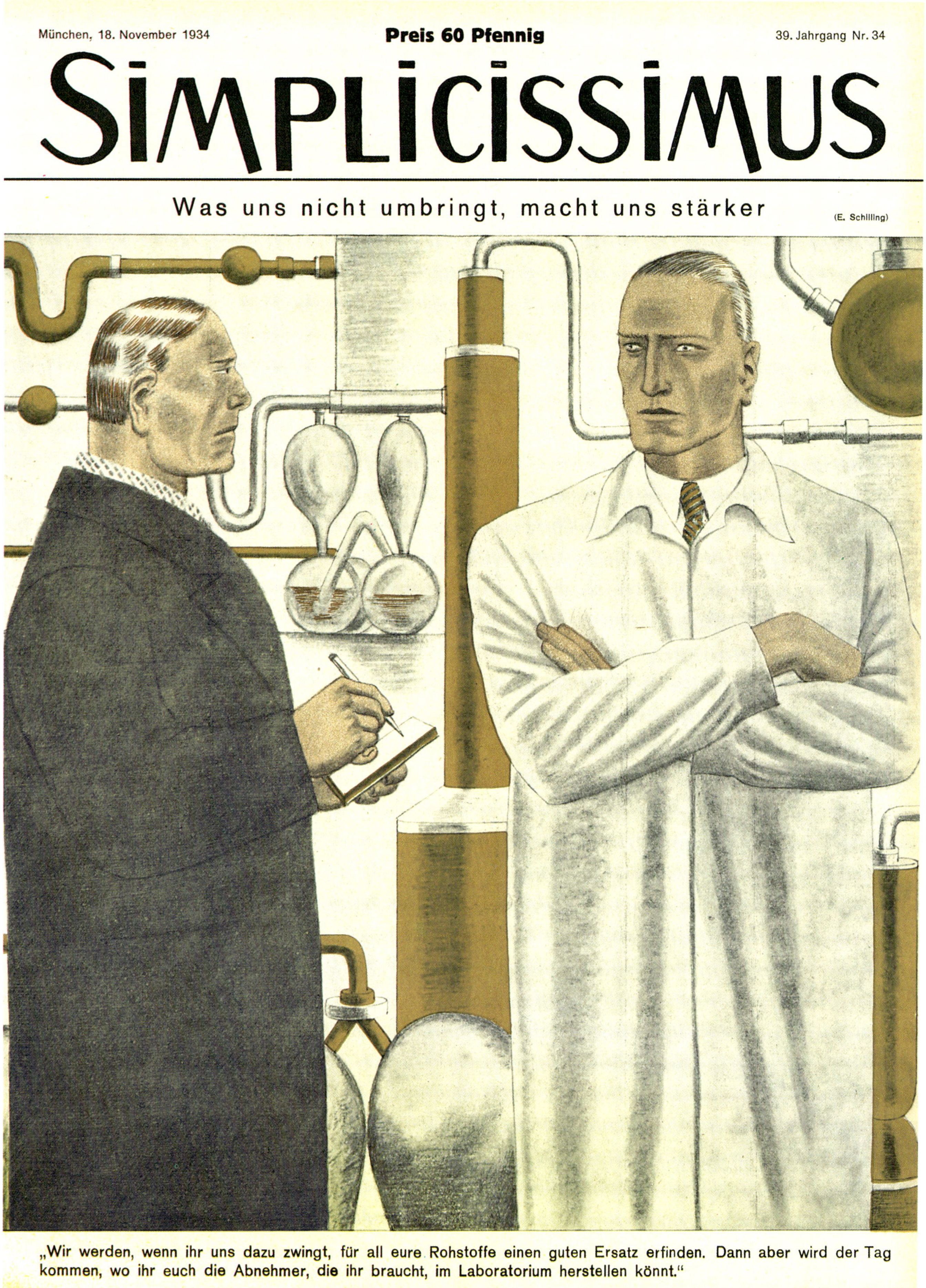

München, 18. November 1934 **Preis 60 Pfennig** 39. Jahrgang Nr. 34

SIMPLICISSIMUS

Was uns nicht umbringt, macht uns stärker (E. Schilling)

„Wir werden, wenn ihr uns dazu zwingt, für all eure Rohstoffe einen guten Ersatz erfinden. Dann aber wird der Tag kommen, wo ihr euch die Abnehmer, die ihr braucht, im Laboratorium herstellen könnt."

13. November, Dienstag

Die französische Zeitung »Paris Midi« veröffentlicht einen sensationellen Bericht über ein französisch-britisch-belgisches Luftverteidigungsbündnis, das Großbritannien besser absichern soll. → S. 193

Der preußische Ministerpräsident, Hermann Göring (NSDAP), bezeichnet die Rechtssicherheit als die Grundlage der Lebensgemeinschaft und begründet damit die große Zahl der Ausbürgerungen (→ 3. 11./S. 194).

Der österreichische Bundeskanzler, Kurt Schuschnigg, bemerkt auf einem Empfang der britisch-US-amerikanischen Pressevereinigung in Wien zur Habsburgerfrage, auf die Staatsform werde heutzutage nicht mehr so viel wie früher gegeben. Außerdem sei das Habsburgerproblem eine interne Angelegenheit Österreichs.

Der südafrikanische General und Justizminister Jan Christiaan Smuts macht die Pazifisten verantwortlich für Kriegshysterie in Europa. → S. 191

Der deutsche Reichsminister und Stellvertreter des Führers, Rudolf Heß (NSDAP), verbietet jede »Beweihräucherung« führender Parteigenossen (→ 18. 11./S. 195).

Dem Thema Umerziehung zum Regimeanhänger durch Zwangsarbeit in einem stalinistischen Arbeitslager ist das erfolgreiche Stück »Aristokraten« von Nikolai F. Pogodin gewidmet, das im Vachtangow-Theater in Moskau uraufgeführt wird.

14. November, Mittwoch

Der britische Kriegsminister Douglas MacGarel Hoog verkündet im Oberhaus in London den Regierungsbeschluß, elf neue Militärflughäfen zu errichten. → S. 190

Der bisherige polnische Gesandte in Berlin, Josef Lipski, überreicht dem deutschen Führer und Reichskanzler, Adolf Hitler (NSDAP), sein Beglaubigungsschreiben als Botschafter. Hitler bezeichnet die Neugestaltung der deutsch-polnischen Beziehungen als wichtigen Faktor für die Sicherung des allgemeinen Friedens (→ 26. 1./S. 18).

15. November, Donnerstag

Der französische Außenminister, Pierre Laval, bezeichnet vor dem Auswärtigen Ausschuß in Paris die deutsch-französische Verständigung, so wenig sie zur Zeit auch greifbar sei, als das größte Ziel der französischen Außenpolitik (→ 4. 4./S. 72).

US-Präsident Franklin D. Roosevelt (Demokrat) kündigt die Einführung einer Arbeislosenversicherung im Rahmen der Sozialgesetzgebung an. Bisher gibt es in den USA keine staatliche Arbeitslosenunterstützung (→ 5. 8./S. 156).

16. November, Freitag

Der deutsche Führer und Reichskanzler, Adolf Hitler (NSDAP), genehmigt den Antrag des Reichsministers für Wissenschaft, Erziehung und Volksbildung, Bernhard Rust (NSDAP), wonach der Nationalsozialistische Studentenbund die gesamte politisch-weltanschauliche Erziehung der Studenten übernimmt (→ 20. 9./S. 165).

NSDAP-Reichspressechef Otto Dietrich spricht in Köln über Nationalsozialismus und Philosophie. → S. 199

In München stirbt der Ingenieur Carl von Linde im Alter von 92 Jahren. Linde hatte u. a. den Eisschrank entwickelt.

17. November, Sonnabend

Philipp Bouhler, Reichsgeschäftsführer der NSDAP, wird zum Chef der Kanzlei des Führers der NSDAP mit Sitz in Berlin ernannt. Ihm sind die Parteiadjutanten und die Privatkanzlei Adolf Hitlers unterstellt.

Der Schriftsteller und Maler Joachim Ringelnatz stirbt in Berlin. Der Autor skurriler Lyrik — »Kuttel Daddeldu« — wurde am 7. August 1883 in Wurzen geboren.

18. November, Sonntag

Bei den Neuwahlen in den Kreisen Großes Werder und Danziger Niederung in der Freien Stadt Danzig erhält die NSDAP 77% bzw. 79% der Stimmen. Zu diesen Wahlen waren auch Oppositionsparteien zugelassen (→ 15. 3./S. 62).

Der deutsche Reichsminister für Volksaufklärung und Propaganda, Joseph Goebbels (NSDAP), fordert die Überwindung der »unwürdigen Kriecherei vor höheren Parteigenossen«. → S. 195

19. November, Montag

Der belgische katholische Politiker Georges Theunis bildet sein drittes Kabinett, nachdem Charles Graf de Broqueville (katholisch) zurückgetreten ist. Die neue Regierung ist eine Minderheitsregierung.

Der Völkerbund in Genf beziffert die Zahl der im Chacokrieg zwischen Bolivien und Paraguay Getöteten auf bisher 40 000 (→ 28. 11./S. 192).

20. November, Dienstag

Der britische König Georg V. eröffnet das Parlament in London mit einer Thronrede, in der er auf die krisenhafte Situation in Europa hinweist.

Der deutsche Reichskommissar für Preisüberwachung, der Leipziger Oberbürgermeister Carl Friedrich Goerdeler, verfügt, daß Preise, Preisspannen und Zuschläge nur durch den Reichskommissar festgesetzt werden dürfen (→ 5. 11./S. 195).

Der preußische Ministerpräsident und deutsche Reichsminister, Hermann Göring (NSDAP), verbietet den Bund freireligiöser Gemeinden Deutschlands wegen getarnter marxistischer Propaganda.

Die französische Regierung gibt bekannt, daß die Zahl der ausländischen Arbeitnehmer von 1,5 Millionen im Jahr 1930 auf 800 000 zurückgegangen sei. Künftig würden keine Arbeitsbewilligungen für Ausländer mehr erteilt.

21. November, Buß- und Bettag

Die britische Regierung veröffentlicht einen Vorschlag zur Verfassungsreform für Britisch-Indien, der ohne Beteiligung indischer Vertreter erarbeitet wurde. → S. 191

22. November, Donnerstag

Das private Deutsche Studentenwerk und die Deutsche Darlehnskasse des Deutschen Studentenwerks werden zum Reichsstudentenwerk zusammengeschlossen, das staatlicher Aufsicht unterstellt wird (→ 20. 9./S. 165).

23. November, Freitag

Der 47jährige Senatspräsident der Freien Stadt Danzig, Hermann Rauschning (NSDAP), tritt nach parteiinternen Streitigkeiten zurück. Sein Nachfolger wird Arthur Greiser (NSDAP).

24. November, Sonnabend

Der deutsche Führer und Reichskanzler, Adolf Hitler (NSDAP), empfängt in Berlin französische Frontkämpfer. Er betont, das neue Deutschland denke nicht »an zu erobernde Quadratkilometer von Gebiet. Wir haben die Sicherung des Lebens unseres Volkes im Auge«.

25. November, Sonntag

Der deutsche Dirigent Wilhelm Furtwängler veröffentlicht in der »Deutschen Allgemeinen Zeitung« einen »Offenen Brief«, in dem er sich für den von NS-Funktionären angefeindeten Komponisten Paul Hindemith einsetzt. → S. 198

26. November, Montag

Der Appellationsgerichtshof in Turin lehnt die von Frankreich im Zusammenhang mit dem Marseiller Attentat auf den jugoslawischen König Alexander I. und den französischen Außenminister Louis Barthou geforderte Auslieferung des kroatischen Politikers Ante Pavelić ab (→ 28. 11./S. 191).

In Prag werden die Insignien der deutschen Universität an die tschechische Universität übergeben. → S. 199

27. November, Dienstag

Der österreichische Staatsrat tritt in Wien zu seiner Eröffnungssitzung zusammen (→ 30. 4./S. 74).

Die Sowjetunion und die Mongolische Volksrepublik schließen eine Übereinkunft über die gegenseitige Unterstützung im Fall eines kriegerischen Angriffs auf einen der vertragschließenden Partner.

Das amtliche Deutsche Nachrichtenbüro (DNB) in Berlin bezeichnet Meldungen der Auslandspresse über Meinungsverschiedenheiten zwischen der Reichswehrführung und der Reichsregierung als »Lüge«. Das Verhältnis sei »nach wie vor das denkbar beste«.

Anläßlich des Jahrestags der Gründung der Nationalsozialistischen Gemeinschaft »Kraft durch Freude« (KdF) in der Deutschen Arbeitsfront (DAF) findet in der Maschinenhalle der AEG-Werke in Berlin ein Festakt statt. Der Reichsminister für Volksaufklärung und Propaganda, Joseph Goebbels (NSDAP), betont, der Nationalsozialismus halte die Freude für nötig, um die Not des Tages zu überwinden.

In Rumänien werden alle Organisationen kommunistischen Charakters verboten.

Mit Ausnahme der Nord Africa Aviazone werden alle italienischen Fluggesellschaften zur Mediterranea zusammengeschlossen. Die Mediterranea fliegt unter der Bezeichnung Ala Littoria SA.

28. November, Mittwoch

Der konservative britische Abgeordnete Winston Churchill stellt im Unterhaus in London den Antrag auf Verstärkung der Luftstreitkräfte. → S. 190

Die jugoslawische Regierung bezeichnet in einer Denkschrift an den Völkerbund in Genf kroatische Emigranten als Verantwortliche für das Marseiller Attentat auf den jugoslawischen König Alexander (→ 9. 10./S. 179).

Der bolivianische Staatspräsident Daniel Salamanca wird von eigenen Truppen gefangengenommen. → S. 192

In Zürich stören Faschisten die Aufführung des Stücks »Professor Mannheim« des Kabaretts »Pfeffermühle«. → S. 199

29. November, Donnerstag

Die sowjetische Regierung beschließt die Abschaffung der Lebensmittelkarten für Brot, Mehl und Grütze ab 1. Januar 1935.

Der schweizerische Bundesrat in Bern verbietet den Internationalen Kongreß gegen Krieg und Faschismus, der Ende Dezember unter dem Vorsitz des französischen Schriftstellers Henri Barbusse in Genf stattfinden sollte.

30. November, Freitag

Der österreichische Bundestag in Wien wird feierlich eröffnet. Am selben Tag tritt der Länderrat zu seiner konstituierenden Sitzung zusammen (→ 30. 4./S. 74).

König Fuad I. von Ägypten setzt die Verfassung des Landes außer Kraft und löst das Parlament auf.

Die Saarregierung verfügt angesichts der bevorstehenden Volksabstimmung zum Status des Saargebiets eine verschärfte Einreisekontrolle und den Meldzwang für Fremde (→ 3. 12./S. 204).

Der britische Prinz Georg, Herzog von Kent, heiratet in London Prinzessin Marina von Griechenland. → S. 196

Das Mandatsgebiet South West Africa will der Südafrikanischen Union eingegliedert werden. → S. 193

Das Schauspiel »Der Große Kurfürst« von Hans Rehberg wird im Schauspielhaus in Berlin uraufgeführt. Die Verherrlichung Preußens steht im Einklang mit der NS-Kulturpolitik. → S. 199

Das Wetter im Monat November

Station	Mittlere Lufttemperatur (°C)	Niederschlag (mm)	Sonnenscheindauer (Std.)
Aachen	5,1 (6,0)	47 (67)	— (62)
Berlin	5,1 (3,9)	60 (46)	— (50)
Bremen	6,0 (5,3)	37 (60)	— (50)
München	2,3 (3,0)	21 (53)	— (54)
Wien	6,2 (4,5)	31 (53)	91 (—)
Zürich	3,1 (3,3)	23 (72)	74 (51)

( ) Langjähriger Mittelwert für diesen Monat
— Wert nicht ermittelt

Die 1903 von Karl Muth begründete katholische Kulturzeitschrift »Hochland« zählt zu den wenigen nichtkonformen Zeitschriften, die auch im Dritten Reich erscheinen können; sie läßt sich auch nicht gleichschalten (1941 wird ihr Erscheinen eingestellt)

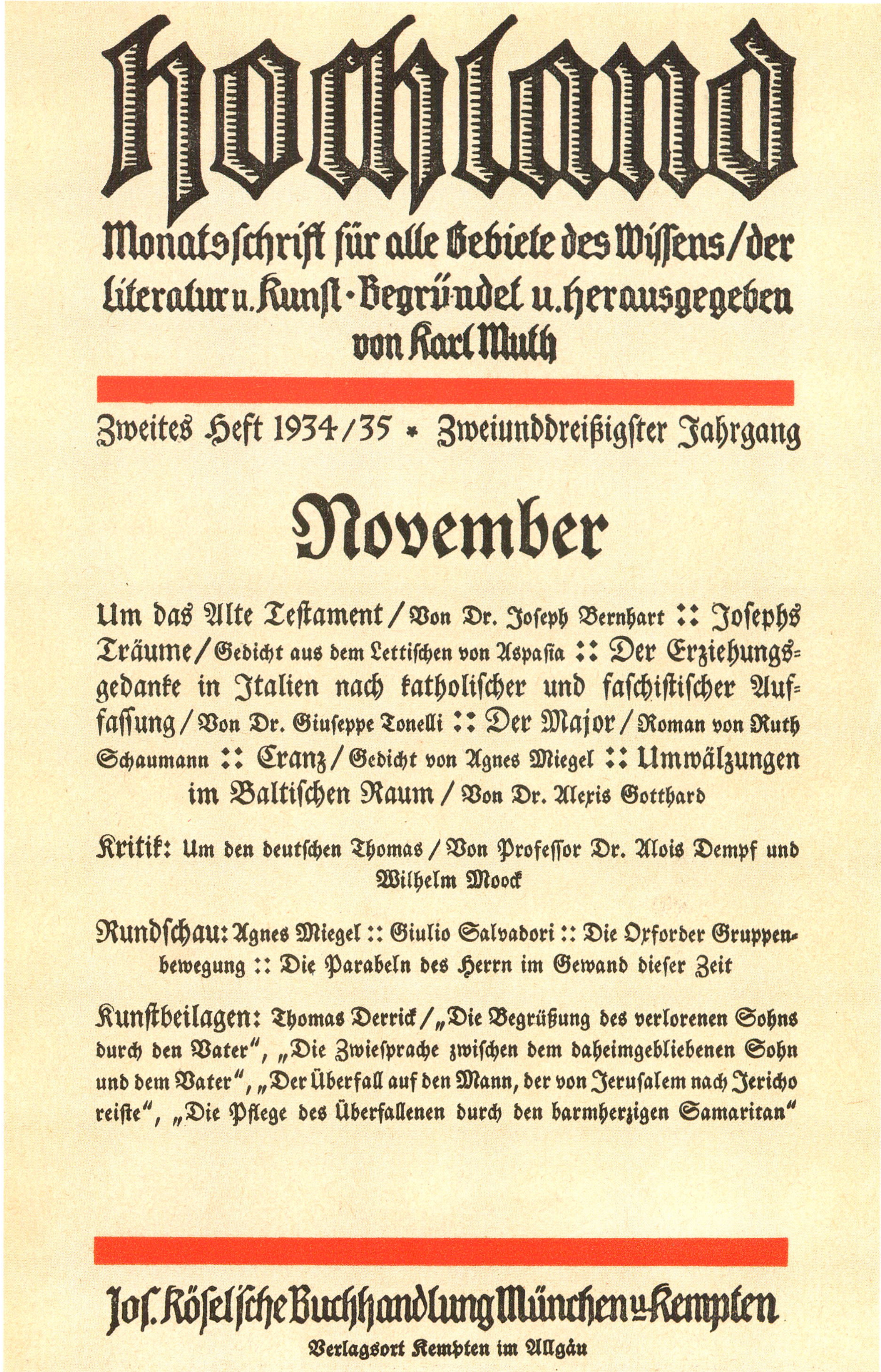

Hochland

Monatsschrift für alle Gebiete des Wissens / der Literatur u. Kunst · Begründet u. herausgegeben von Karl Muth

Zweites Heft 1934/35 · Zweiunddreißigster Jahrgang

November

Um das Alte Testament / Von Dr. Joseph Bernhart :: Josephs Träume / Gedicht aus dem Lettischen von Aspasia :: Der Erziehungsgedanke in Italien nach katholischer und faschistischer Auffassung / Von Dr. Giuseppe Tonelli :: Der Major / Roman von Ruth Schaumann :: Cranz / Gedicht von Agnes Miegel :: Umwälzungen im Baltischen Raum / Von Dr. Alexis Gotthard

Kritik: Um den deutschen Thomas / Von Professor Dr. Alois Dempf und Wilhelm Moock

Rundschau: Agnes Miegel :: Giulio Salvadori :: Die Oxforder Gruppenbewegung :: Die Parabeln des Herrn im Gewand dieser Zeit

Kunstbeilagen: Thomas Derrick / „Die Begrüßung des verlorenen Sohns durch den Vater", „Die Zwiesprache zwischen dem daheimgebliebenen Sohn und dem Vater", „Der Überfall auf den Mann, der von Jerusalem nach Jericho reiste", „Die Pflege des Überfallenen durch den barmherzigen Samaritan"

Jos. Köselsche Buchhandlung München u. Kempten

Verlagsort Kempten im Allgäu

Kontroverse Rüstungsdiskussion in Großbritannien

14. November. Der britische Kriegsminister Douglas MacGarel Hogg verkündet im Oberhaus in London, daß die Regierung den Bau von elf neuen Militärflugplätzen beschlossen habe, von denen bereits sechs im Bau seien. Der Minister fügt hinzu, wenn Stanley Baldwin, der Vorsitzende des Geheimen Rats, erklärt habe, daß Großbritanniens Grenze am Rhein liege (→ 13. 11./S. 193), so bedeute das nicht, daß Großbritannien ein bestimmtes Land auf dem europäischen Kontinent als Erbfeind betrachte.

In Großbritannien wird eine kontroverse Debatte über die Aufrüstung angesichts der Rüstungsanstrengungen des Deutschen Reichs geführt. Premierminister James Ramsey MacDonald (Labour) lehnt Abrüstung als unwirksam ab, da sie die Aufrüstung anderer Länder in seinen Augen nicht verhindert. MacDonald will jedoch nicht verstärkte Aufrüstung betreiben, sondern setzt seine Hoffnung auf ein internationales Abrüstungsabkommen, wie er am 9. November in der Londoner Guildhall erklärt: »Japan, die Vereinigten Staaten und wir wünschen eine [Flotten-]Vereinbarung, die nicht die Sicherheit irgendeines von uns gefährdet und uns nicht der Macht zur Verteidigung, die wir aufrechterhalten müssen, beraubt. Ich spreche von uns dreien, weil wir drei verhandeln. Aber ich denke ebenso an Frankreich, Italien und andere Flottenmächte ... Während wir Versuche unternehmen, internationale Vereinbarungen zur Herabsetzung des Rüstungsstandes zu erreichen, übernehmen wir absichtlich das Risiko, dem übrigen Teil der Welt ein Beispiel in der Abrüstung zu geben. Wir waren entschlossen, nichts zu tun, was unsere Arbeit [bei der Abrüstungskonferenz] in Genf behindern würde, obgleich die Aufrüstung anderer Mächte, sowohl die offen zugegebene als auch die nicht der Öffentlichkeit mitgeteilte, uns berechtigt hätte, unsere eigenen Rüstungen zu erhöhen ... Die britische Regierung hat vor kurzem eine Untersuchung ihrer Hilfsquellen zur Verteidigung Großbritanniens und des Britischen Reichs beendet. Unsere Erfahrung hat uns gelehrt, daß in der augenblicklichen Geistesverfassung der Welt ein Vorbild von Abrüstung kein wirksamer Schritt ist, um die Rüstungen zu vermindern oder das internationale Vertrauen zu erhöhen und so den Frieden zu stärken. Unter manchen Umständen kann dadurch sogar ein Angreifer zu einem Angriff gereizt werden. Ich glaube von ganzem Herzen, daß das beste und letzte Wort in der Sicherheit ist: Ein internationales Abkommen über Stufen nationaler Rüstungen, und je niedriger die vereinbarten Stufen sind, um so größer wird die Sicherheit der Nation sein. Aber wenn eine solche Vereinbarung abgelehnt wird, so müssen wir unseren Verteidigungserfordernissen nachkommen, jedoch in einer Weise, die das nicht-aggressive Ziel Englands außer Zweifel läßt.«

Am 10. November hielt David Lloyd George, der britische Premierminister während des Ersten Weltkriegs, bei der Eröffnung einer Ausstellung mit Fotografien aus dem Weltkrieg eine vielbeachtete Rede, in der er vor einer Wiederholung der Schrecken des Kriegs warnte: »Es kommt jetzt eine Generation, die nichts vom Kriege weiß. Die Gefahr eines Krieges ist eine Wirklichkeit, der man gegenübertreten muß. Daher muß es unbedingt erforderlich sein, daß die Männer und Frauen dieser Generation wissen, was Krieg tatsächlich bedeutet hat und was er bedeuten würde. Kinder werden das nächste Mal in der Frontlinie stehen. Sie werden mit denselben Bomben und Explosionsmitteln getötet und vernichtet, mit denselben Giftgasen erstickt werden wie ihre Eltern. Wir müssen sie lehren, was Krieg bedeutet.«

Dieser Langstrecken-Nachtbomber der britischen Luftwaffe faßt eine Bombenlast von 1 000 kg und ist mit Maschinengewehrständen ausgerüstet

Churchill warnt vor deutscher Aufrüstung

28. November. Der oppositionelle konservative Abgeordnete Winston Churchill stellt im Unterhaus in London den Antrag auf Verstärkung der Luftstreitkräfte, da das Deutsche Reich vertragswidrig aufrüste. Der frühere Munitions-, Heeres-, Luftwaffen- und Kolonialminister und Erste Lord der Admiralität begründet seinen Antrag, der vom Parlament abgelehnt wird, in einer Rede, die international starke Beachtung findet. Churchill hält einen Krieg nicht für unmittelbar bevorstehend oder unvermeidlich. Doch müsse Großbritannien unverzüglich für seine eigene Sicherheit sorgen, da dies andernfalls nicht mehr in seiner Macht läge.

Die neue Tatsache, die laut Churchill die Aufmerksamkeit jedes europäischen Staates und der ganzen Welt in Anspruch nehme, sei die Aufrüstung des Deutschen Reiches. Diese Tatsache dränge fast alles andere in den Hintergrund. Die deutschen Fabriken arbeiteten unter Kriegsbedingungen. Die deutsche Regierung rüste auf zu Land, in gewissem Maß zur See, und, was Großbritannien am meisten berühre, in der Luft. Laut Churchill besteht kein Grund zur Annahme, das Deutsche Reich plane einen Angriff gegen Großbritannien; das deutsche Volk hege freundschaftliche Gefühle gegenüber England. Aber es könnte bald in der Macht der deutschen Regierung liegen, Großbritannien anzugreifen, wenn es auf Aufrüstung verzichte. Alles, was bei der Organisation der deutschen Regierung notwendig sei, um einen Angriff vom Stapel zu lassen, sei der Beschluß einer Handvoll Männer, die den Versailler Friedensvertrag »als Maske« benützten.

Winston Churchill, vor und nach dem Ersten Weltkrieg sowie in den 20er Jahren einer der führenden Politiker Großbritanniens, ist seit 1929 ohne politisches Amt, jedoch nicht ohne Einfluß und Popularität. Die Abb. zeigt Churchill als Lokführer

Rücktritt von Doumergue

8. November. *Das französische Kabinett der Nationalen Einheit unter dem Ministerpräsidenten und früheren Staatspräsidenten Gaston Doumergue (Abb.) tritt zurück, nachdem Pläne, die Rechte des Parlaments einzuschränken, gescheitert sind. Pierre Étienne Flandin, einer der Führer der Demokratischen Allianz, wird am 9. November neuer Ministerpräsident. Außenminister bleibt der parteilose Pierre Laval, der eine Annäherung an die UdSSR und Japan anstrebt. Die neue Regierung bezeichnet sich als »Kabinett des Burgfriedens«.*

Triumph für Präsident Roosevelt

6. November. *Die Neuwahlen zum US-Repräsentantenhaus, von einem Drittel der Senatoren und einem Teil der Gouverneure bringen der Demokratischen Partei von Präsident Franklin D. Roosevelt (Abb.) einen großen Sieg. Die Demokraten verfügen nun im Repräsentantenhaus und im Senat über die Zweidrittelmehrheit. Der Sieg wird in erster Linie als innenpolitischer Triumph des Präsidenten gewertet, als ein Sieg seiner von den Konservativen und den Konzernen befehdeten Politik des New Deal (→ 5. 8./S. 156). Die Wahlbeteiligung lag bei 45 %, was in den Vereinigten Staaten als hoch gilt. Eine so hohe Beteiligung wird sonst nur bei Präsidentschaftswahlen erreicht.*

»Hysterie der Pazifisten«

13. November. *Der südafrikanische General und frühere Ministerpräsident Jan Christiaan Smuts (Abb.) macht bei einem Festessen im Institut für internationale Angelegenheiten in London die Pazifisten verantwortlich für die Kriegshysterie in Europa. Das dauernde Gerede vom Krieg sei geeigneter, einen Krieg herbeizuführen, als jede andere Tatsache. Um das Minderwertigkeitsgefühl zu beseitigen, das den »Geist und die Seele Deutschlands vergiftet«, gebe es nur ein Mittel: Dem Deutschen Reich die völlige Gleichberechtigung zuzuerkennen.*

Britischer Verfassungsentwurf für Indien

21. November. Die britische Regierung veröffentlicht in London und Kalkutta einen Vorschlag zu einer Verfassungsreform für Britisch-Indien. Sie soll in Kraft treten, wenn so viele von den rund 600 indischen Fürstentümern einer noch zu schaffenden Allindischen Föderation beigetreten sind, daß sie mindestens die Hälfte der Einwohner aller indischen Fürstentümer in der Föderation vertreten. Die Verfassungsreform hat folgende Kernpunkte:

1. Aus den Provinzen Britisch-Indiens — deren Zahl von neun auf elf vermehrt werden soll — und den indischen Fürstentümern soll eine Allindische Föderation unter britischer Oberhoheit gebildet werden. Die Provinzen sollen das Selbstverwaltungsrecht erhalten.
2. Großbritannien »vorbehaltene Angelegenheiten« sind die Verteidigungs- und Außenpolitik, in denen der britische Generalgouverneur der Föderation die Entscheidungen trifft. In allen anderen Angelegenheiten entscheiden die Regierungen bzw. die einheimischen Minister der Provinzen.
3. Der britische Generalgouverneur und die britischen Provinzgouverneure nehmen »besondere Verantwortlichkeiten« wahr, gegen die die einheimischen Regierungen nicht verstoßen dürfen: Verhinderung »einer ernsten Gefahr für Frieden und Ruhe«, Wahrung der Minderheitenrechte, Wahrung der finanziellen Stabilität.
4. Die Bundesgesetzgebung soll der Föderation einem Unter- und einem Oberhaus obliegen.

Die von der Kolonialmacht Großbritannien vorgeschlagene Verfassungsreform, an deren Ausarbeitung Inder so gut wie nicht beteiligt waren, stößt auf heftigen Widerstand der Fürsten und der indischen Unabhängigkeitsbewegung.

Unabhängigkeitskämpfer Nehru
Jawaharlal Nehru (Abb.), gen. Pandit (»der Gelehrte«) Nehru, entstammt einer vornehmen Familie und erhielt seine Ausbildung in Großbritannien. Nach dem Studium der Rechtswissenschaften kehrte er nach Indien zurück und schloß sich der Unabhängigkeitsbewegung Mohandas Karamchand Gandhis an (→ 24. 10./S. 179). Mehrere Jahre verbrachte er deswegen im Gefängnis. 1923 wurde er Generalsekretär der für die Unabhängigkeit von Großbritannien kämpfenden Partei Indian National Congress (INC), seit 1929 ist er ihr Präsident.

Konflikte zwischen Serben und Kroaten

28. November. Die jugoslawische Regierung überreicht dem Völkerbund in Genf eine Denkschrift über die politischen Hintergründe des Attentats vom 9. Oktober (→ S. 179). In dem Memorandum werden kroatische Emigranten als die Verantwortlichen bezeichnet.

Ungarische Offiziere würden seit Jahren kroatische Terroristen in speziellen Lagern ausbilden. Die Terroristen seien auch von den ungarischen Behörden unterstützt worden bei ihren Bemühungen, auf illegale Weise Waffen, Höllenmaschinen, Explosivstoffe und Propagandaschriften nach Jugoslawien zu bringen. Das Memorandum zählt 20 Terrorakte auf, die seit 1929 von ungarischem Gebiet ausgegangen und in Jugoslawien verübt worden sind. Kroatien ist seit dem Ende des Ersten Weltkriegs Bestandteil Jugoslawiens. Die auf eine jahrhundertelange getrennte Entwicklung zurückgehende Auseinandersetzung zwischen Kroaten und Serben stellt eine schwere Belastung für das junge Königreich dar.

Soldat Paraguays mit Standardbewaffnung: Gewehr und Machete

Dschungelkrieg um Erdöl

28. November. Der bolivianische Staatspräsident Daniel Salamanca wird während des Chaco-Kriegs gegen Paraguay von eigenen Truppen gefangengenommen. Neuer Präsident wird der Liberale José Luis Tejada Sorzano. Der seit zwei Jahren andauernde Chaco-Konflikt (→ 8. 1./S. 24), der nach Angaben des Völkerbunds bisher rund 40 000 Tote gefordert hat, ist ein Krieg um die Ölfelder des Chaco. In Zeitungsberichten wird immer wieder die Rivalität der US-amerikanischen Ölfirma Standard Oil Co. (Bolivien) und des niederländisch-britischen Erdölunternehmens Royal Dutch (Paraguay) für den Krieg verantwortlich gemacht.

Der Staatsstreich in La Paz, der 34. in der 107jährigen Geschichte Boliviens, wird damit begründet, daß Staatspräsident Salamanca Präsidentschaftswahlen ausgeschrieben habe, um einen ihm genehmen Nachfolger durchzusetzen, während die wahlberechtigten Männer an der Front waren. Aus Paraguay wird nach dem bolivianischen Staatsstreich ein Zurückweichen der bolivianischen Front gemeldet. Die Chaco-Kommission des Völkerbunds, die sich im Frühjahr an Ort und Stelle über die Situation informiert hatte, tendiert in ihrem Bericht dazu, Bolivien die Verantwortung für den Beginn des Kriegs zu geben. Paraguay trage jedoch, durch seine Erfolge gestärkt, die Verantwortung dafür, daß die bisherigen Vermittlungsinitiativen ergebnislos geblieben sind. Die Kommission stellt außerdem fest, daß der Krieg mit unglaublicher Grausamkeit geführt werde. In einer Note an den Völkerbund hat Paraguay im Mai dieses Jahres erklärt, es sehe sich gezwungen, die unter den zivilisierten Völkern geltenden Menschenrechte gegenüber seinen Feinden nicht mehr zu respektieren; Bolivien habe zuerst terroristische Maßnahmen angewendet. Auf beiden Seiten kämpfen fast nur Indianer und Mischlinge, da die Zahl der Weißen, die meist der herrschenden Oberschicht angehören, in beiden Ländern sehr gering ist.

Die Kommission des Völkerbunds kommt nach ihrem Besuch im Kriegsgebiet zu dem Schluß, daß die Auseinandersetzung nur durch ausländische Waffenlieferungen in Gang gehalten werden; denn in keinem der beiden Länder gibt es Waffen- oder Munitionsfabriken. Der Vorschlag der Kommission, ein internationales Waffenembargo zu verhängen, ist am 1. November in Kraft getreten. Wenig später meldet Paraguay jedoch, mit der Eroberung von Fort Ballivian seien so große Vorräte an Waffen und Munition in die Hände seiner Truppen gefallen, daß es durch das Waffenembargo des Völkerbunds nicht berührt werde, während Bolivien nur schwer Ersatz finden könne.

Am 19. November schlägt der Völkerbundsausschuß die Errichtung eines südamerikanischen Ausschusses aus sechs Ländern vor, der auf Einstellung der Feindseligkeiten hinwirken und eine neutrale Zone von 100 km herstellen soll. Paraguay lehnt diese Vorschläge ab, da es technisch unmöglich sei, daß sich die Streitkräfte beider Länder um 50 oder 100 km zurückzögen; der Aufenthalt der Truppen sei nur in solchen Gegenden möglich, die entsprechende Lebensbedingungen böten, nicht aber mitten im Urwald. Die bolivianische Regierung hingegen stimmt einer schiedsgerichtlichen Regelung grundsätzlich zu, beruft jedoch gleichzeitig 15 Reservejahrgänge ein und kündigt Widerstand bis zum Äußersten an.

Die nicht dem Völkerbund angehörenden USA erklären sich zur Mitarbeit in der südamerikanischen Kommission bereit.

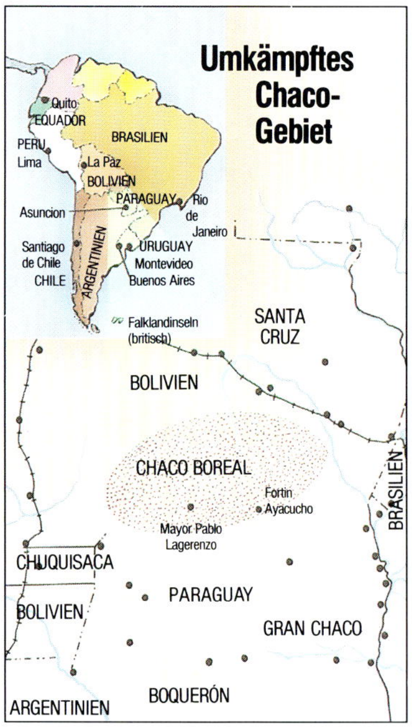

Eine Patrouille Paraguays in der »grünen Hölle« des Gran Chaco, wo wegen der dichten Vegetation ein Vorrücken nur mit Hilfe der Machete möglich ist

Wo es Boden und Vegetation erlauben, graben sich die Soldaten wie im Ersten Weltkrieg in Schützengräben ein

Im Urwald ist die Versorgung der Kriegsopfer kaum möglich; verwundete Soldaten warten auf den Abtransport

Neue koloniale Großmachtambitionen

1. November. Das Generalsekretariat der deutschen Kolonialgesellschaft in Berlin erklärt, die Wiederaufnahme der deutschen Kolonisation sei eine Frage der Zeit. Da andere Probleme zur Zeit vordringlicher seien, müsse noch einige Jahre gewartet werden.

Die Erklärung ist Teil der Bemühungen von Befürwortern deutscher Kolonien, im »Jubiläumsjahr« 1934 die Deutschen als Kolonialherren zu rehabilitieren: Vor 50 Jahren, 1884, stellte Reichskanzler Otto von Bismarck die deutschen Siedlungen in Südwestafrika unter den Schutz des Deutschen Reichs und schuf damit die erste deutsche Kolonie. 1919 gingen dem Deutschen Reich alle Kolonien verloren, da die Siegermächte des Ersten Weltkriegs den Standpunkt vertraten, daß Deutschland eher die Ausrottung als die Entwicklung der Eingeborenen seiner Kolonien als sein Interesse angesehen habe und sich dadurch unfähig und unwürdig erwiesen habe, Kolonialvölker zu beherrschen. Die deutschen Kolonien wurden den Ententemächten unterstellt. Die Darstellung der Alliierten wurde von den deutschen Kolonialanhängern seither als »koloniale Schuldlüge« heftig zurückgewiesen. Im Kolonialgedenkjahr 1934 fordern diese Kreise immer häufiger — in Anlehnung an die NS-Eroberungsideologie — allmählich über die Grenzen der Heimat nach Übersee hinauszublicken. Den Hintergrund dieser Forderungen bilden in der Hauptsache wirtschaftliche Überlegungen. In überseeischen Kolonialgebieten könnten Rohstoffe im eigenen Währungsbereich gefördert werden, die zur Steigerung der Produktion im Deutschen Reich dringend benötigt werden.

Durch den Friedensvertrag von Versailles (1919) hat das Deutsche Reich alle Kolonien verloren; die Abbildung zeigt eine Geschützstellung der deutschen »Schutztruppen« (Kolonialtruppen) in Deutsch-Ostafrika vor 1914

South West Africa will zu Südafrika

30. November. Die gesetzgebende Versammlung des südafrikanischen Mandatsgebiets South West Africa (Namibia), der ehemaligen deutschen Kolonie Deutsch-Südwestafrika, nimmt mit zwölf zu sechs Stimmen den von der United Party eingebrachten Antrag an, das Mandatsgebiet solle als fünfte Provinz der Südafrikanischen Union eingegliedert werden.

Der Bremer Kaufmann Franz Adolf Lüderitz erwarb im südlichen Afrika ab 1883 mehrere Küstenstreifen; 1884 wurde das Gebiet zum Schutzgebiet Deutsch-Südwestafrika erklärt

Bei den Abgeordnetenwahlen am 2. November hat die United Party, in der sich alle nichtdeutschen Weißen zusammengeschlossen haben, mehr als zwei Drittel der Mandate errungen.

Rhein als britische Grenze

13. November. Die französische Zeitung »Paris Midi« veröffentlicht einen sensationellen Bericht über ein französisch-britisch-belgisches Luftverteidigungsbündnis, das der ermordete französische Außenminister Louis Barthou (→ 9. 10./S. 179) im Juli vorbereitet habe. Da Großbritannien sich durch seine Insellage nicht mehr genügend geschützt fühle, seit der Aktionsradius von Kriegsflugzeugen sich bedeutend erweitert hat, habe die britische Regierung ein solches Bündnis angestrebt.

Die aufsehenerregenden Meldungen werden in Paris und London amtlich dementiert. Eine Rede von Stanley Baldwin, dem britischen Vorsitzenden des Geheimen Rats, am 30. Juli, so »Paris Midi«, beweise jedoch die Richtigkeit der Meldungen. Baldwin hatte im Unterhaus den Rhein als die strategische Grenze Großbritanniens bezeichnet. Man dürfe niemals vergessen, so der Minister, daß seit den Tagen der Bezwingung der Luft die alten Grenzen verschwunden seien, daß, wenn man an die Verteidigung Großbritanniens denke, man nicht mehr an die Kreidefelsen von Dover denken dürfe, sondern an den Rhein denken müsse. Gleichzeitig bezeichnete Baldwin die Niederlande als »unerläßlichen Boulevard Englands« in der Luftkriegspolitik.

Der britische König Georg V. besichtigt einen Luftwaffenstützpunkt

Stauning war von 1924 bis 1926 und ist erneut seit 1929 Ministerpräsident

Keine Abschaffung des Landsting

1. November. Der sozialdemokratische dänische Ministerpräsident Thorvald Stauning bringt im Folketing, dem Unterhaus in Kopenhagen, einen Gesetzentwurf zur Änderung der Verfassung ein, der die Abschaffung des Landsting (Oberhaus) vorsieht. Anstelle des Landsting soll ein Revisionsausschuß aus juristischen, administrativen und technischen Sachverständigen geschaffen werden, der die Gesetzentwürfe vor der endgültigen Behandlung durch den Rigsdag (Reichstag) prüft. Der Name des Folketing soll in Rigsdag geändert werden.

Stauning begründet seinen Antrag, der vom Ministerrat unterstützt wird, mit dem Hinweis, das Landsting habe sich mehrmals der Durchführung von Gesetzen widersetzt, die im Folketing überwiegende Zustimmung gefunden hatten.

Bisher besteht der Rigsdag, der die Gesetzgebung in Dänemark ausübt, aus dem einmal im Jahr gemeinsam tagenden Lands- und Folketing. Die Mitglieder des Landsting werden auf acht Jahre von den Mitgliedern des Folke- und des vorherigen Landsting gewählt. Das Folketing wird alle vier Jahre vom Volk gewählt. Da das Landsting eine andere Mehrheit hat als das Folketing, kann es durch seine Opposition die Regierungsarbeit erschweren und die Gesetzgebung blockieren. Stauning kann seine Forderung nach Abschaffung des Oberhauses jedoch nicht durchsetzen.

Klaus Mann, der älteste Sohn von Thomas Mann, arbeitete als Theaterkritiker in Berlin und gründete 1925 mit Freunden ein Theaterensemble; 1933 emigrierte er nach Amsterdam und ist dort Mitherausgeber der Zeitschrift »Die Sammlung«

Hans Beimler, kommunistischer Politiker, war von 1932 bis 1933 Mitglied des Reichstages für die KPD und danach bis Mai 1933 in Haft; nach seiner Flucht aus dem Konzentrationslager erschien sein Erlebnisbericht »Im Mörderlager Dachau«

Carola Neher, Schauspielerin, erfolgreich u.a. in Stücken Bertolt Brechts; als Unterzeichnerin des Saaraufrufs, der sich gegen die Eingliederung des Saarlandes in das nationalsozialistische Deutschland wandte, verfolgt, emigriert sie 1933

Leonhard Frank, wandte sich nach seinem erfolgreichen Erstlingsroman »Die Räuberbande« (1914) sozialrevolutionären Themen zu; er lebt seit der Machtübernahme der Nazis in Prag und ist Mitarbeiter der Emigrantenzeitschrift «Der Monat«

Gegner des NS-Regimes ausgebürgert

3. November. Das amtliche Deutsche Nachrichtenbüro (DNB) in Berlin veröffentlicht eine neue Ausbürgerungsliste. Zahlreichen Personen hat das Reichsministerium des Innern die deutsche Staatsangehörigkeit entzogen, »weil sie durch ihr Verhalten, das gegen die Pflicht zur Treue gegen Reich und Volk verstößt, die deutschen Belange aufs schwerste geschädigt haben«; genannt werden in der Regel das zur Last gelegte Vergehen (»Kommunist«) und die vom Ministerium vermuteten Aufenthaltsorte; zu den Ausgebürgerten gehören:

▷ Max Brauer, »Marxist, ehemaliger Oberbürgermeister in Altona (Hamburg), nach seiner Flucht aus Deutschland beratender Verwaltungsbeamter in China; auf diplomatische Vorstellungen hin entlassen, hat er der Aufforderung zur Rückkehr nach Deutschland nicht Folge geleistet, wodurch sich seine Ausbürgerung rechtfertigt«

▷ Helmut Herzfeld (= John Heartfield), »vermutlich in Prag, kommunistischer Schriftsteller«

▷ Wieland Herzfelde, Bruder von Helmut Herzfeld, »Vertreter des Emigrantentums im deutschfeindlichen Hetzzentrum Prag«.

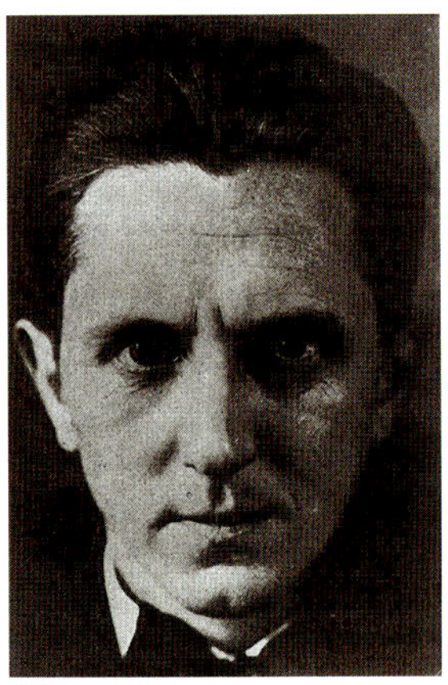

Erwin Piscator, Sozialist und Pazifist, engagierte sich als Regisseur für das politisch profilierte »proletarische« Theater (Demonstration, Dokumentarstil); seit 1933 lebt er in der UdSSR

Otto Strasser, 1925-1930 Mitglied der NSDAP; er vertritt eine »antikapitalistische« Konzeption des Nationalsozialismus in der Organisation »Schwarze Front« und brach 1930 mit Hitler

Erich Weinert, kommunistischer Schriftsteller, schrieb engagierte sozialistische Lyrik und Prosa gegen Militarismus, Nationalismus und Faschismus; 1933 emigrierte er in die Schweiz

Willi Bredel, Schriftsteller und Journalist, Mitglied der KPD seit 1923; der frühere Chefredakteur der »Hamburger Volkszeitung« flüchtete 1933 aus der KZ-Haft nach Prag

Ausbürgerung für Rechtssicherheit

13. November. Der preußische Ministerpräsident und deutsche Reichsminister der Luftfahrt, Hermann Göring (NSDAP), bezeichnet in einer Rede vor der Akademie für deutsches Recht in Berlin die Rechtssicherheit als die Grundlage der Lebensgemeinschaft. Er erinnert an die Friedloserklärung und die Reichsacht früherer Zeiten, denen die heutige Ausbürgerung entspreche. Er führt u. a. aus:

»Die Rechtssicherheit ist die Grundlage jeder Volksgemeinschaft. Das gilt ganz besonders für den nationalsozialistischen Staat. Diese Lebensform beruht nicht auf Furcht und Bedrückung und steht gerade um deswillen im Gegensatz zu Protektionismus und Willkür ..., ihre Grundlage ist die wechselseitige Treue zwischen Führer und Gefolgschaft... kein Staat, der seinem Wesen und Zweck treu bleiben will, kann sich dazu hergeben, diejenigen in ihrem Tun zu schützen und zu unterstützen, die gegen seinen eigentlichen Grundgedanken und Grundzweck fortgesetzt handeln... Das Recht muß so gestaltet sein, daß es irgendwo im Innern des einzelnen Volksgenossen Anklang und Widerhall findet; es muß immer blut- und gehaltvoll in Verbindung mit dem Volke stehen...«

Jugendvereidigung auf Platz des Todes

9. November. Nach der Gedächtnisfeier an der Feldherrnhalle in München anläßlich des vor elf Jahren gescheiterten Hitler-Putschs übergibt Baldur von Schirach als Führer der Hitlerjugend (HJ) die Namen der 18jährigen HJ-Mitglieder feierlich der NSDAP. Anschließend nimmt der Stellvertreter des Führers, Rudolf Heß (NSDAP), die herangewachsene Jugend in die Partei auf. Dann spricht Adolf Hitler (NSDAP), zu angetretenen Jugendlichen: »In tiefer Ergriffenheit stehen wir heute wieder an diesem Platze. Er ist die Mahnung an die ersten Toten unserer Bewegung, und es ist ein Symbol, daß auf diesem Platze die Vereidigung der Rekruten der Partei stattfindet. Der Platz des Todes wird damit zur Schwurstätte des Lebens. Und wir können keine schönere Erinnerungsfeier an dieser Stelle abhalten, an der unsere Kameraden einst gefallen sind.«

Forschung im Dienst der Staatsführung

7. November. Vor dem Nationalsozialistischen Studentenbund in München spricht NSDAP-Reichsleiter Alfred Rosenberg über die »Freiheit der Wissenschaft«. Die Nationalsozialisten seien nicht Gegner freier Forschung, sondern »die Brüder all derer, die einmal im Mittelalter die Fahne der freien Forschung erhoben haben ... Wir glauben, daß es eine absolute Lehrfreiheit auch in den letzten 80 Jahren in Deutschland nicht gegeben hat. Die Wirtschaftslehre z. B. hatte den liberalistischen Gedankengängen der Zeit zu dienen, und wir sind anmaßend genug zu fordern, daß die deutsche Hochschule jetzt ebenfalls ein Abglanz des neuen Staats- und Lebensgedankens sei.«

Alfred Rosenberg ist seit Januar 1934 Beauftragter Hitlers für die Überwachung der »weltanschaulichen« Schulung und Erziehung der NSDAP, aller angeschlossenen Verbände und von »Kraft durch Freude«

Goerdeler: Aktion gegen Preistreiber

5. November. Der Leipziger Oberbürgermeister Carl Friedrich Goerdeler (parteilos) übernimmt das Amt des Reichskommissars für Preisüberwachung, das er schon 1931/32 innehatte. Seine Aufgabe umreißt er so: »Ich werde eine Preisüberwachung durchführen, die sich nach vernünftigen wirtschaftlichen Gesetzen richtet. Ich werde gegen alle die rücksichtslos vorgehen, die diese Gesetze mißachten und durch ungerechtfertigte Preistreibereien der Gesamtheit Schaden zufügen«.
In einer Erklärung des Reichsjustizministeriums heißt es dazu: »Auch in diesem Jahre hat der Führer das deutsche Volk zum Kampf gegen Hunger und Kälte aufgerufen. In einer solchen Zeit, in der alle Volksgenossen Opfer bringen sollen, und in der gerade die werktätige Bevölkerung ihre Opferbereitschaft am deutlichsten beweist, muß es als die schwerste Versündigung am Geiste der Volksgemeinschaft bezeichnet werden, wenn einzelne ... Personen durch künstlich herbeigeführte Warenknappheit, durch Preissteigerungen und ähnliche Machenschaften ihren eigenen Vorteil über das allgemeine Volkswohl stellen.«

Goerdeler wacht über Preise

Goebbels und Heß: Kein Kriechertum

18. November. Der deutsche Reichsminister für Volksaufklärung und Propaganda, Joseph Goebbels (NSDAP), fordert auf der Reichstagung der Deutschen Presse in Berlin die Überwindung des »Byzantinismus«, der unwürdigen Kriecherei gegenüber führenden Parteigenossen. Eine neue Sachlichkeit müsse von der großen Revolutionsepoche zur grauen Romantik des Tages überleiten.
Fünf Tage zuvor hat der Reichsminister und Stellvertreter des Führers, Rudolf Heß (NSDAP), per Erlaß »jede Beweihräucherung« führender Parteigenosen verboten. Mit größtem Befremden habe er in der Presse immer wieder die Aufforderung zum Flaggen bei Geburtstagen leitender Parteimitglieder gelesen: »Das Ansehen führender Parteigenossen kann in den Augen der Partei- und Volksgenossen nur durch Leistung gehoben werden.«

In 13 Tagen von Großbritannien nach Australien und zurück

2. November. *Die britischen Flugpioniere Cathcart Jones und Ken Waller landen mit ihrer »D. H. Comet« in Lympne bei Dover an der Südküste Großbritanniens (Abb.). In vier Tagen, 22 Stunden und 27 Minuten haben sie die fast 12 000 Meilen (mehr als 19 000 km) lange Strecke von der australischen Stadt Melbourne bis Lympne zurückgelegt. Am Morgen des 27. Oktober sind sie in der ehemaligen Hauptstadt des Australischen Bundes gestartet. Jones und Waller verließen Großbritannien mit ihrer »D. H. Comet« am 20. Oktober im Rahmen eines Wettfliegens (Air Race) von Lympne nach Australien und zurück. In Melbourne legten sie eine eineinhalbtätige Pause ein. 13 Tage und sechseinhalb Stunden Flugzeit für die Strecke von Großbritannien nach Australien und zurück bedeuten eine neue Rekordzeit in der Geschichte der Luftfahrt.*

Eine Million Menschen bejubeln Hochzeit von Prinz Georg und Prinzessin Marina

30. November. *Der britische Prinz Georg, Herzog von Kent, heiratet in London Prinzessin Marina von Griechenland. Die Prinzentrauung findet in der Londoner Krönungskirche Westminster Abbey statt. Um die Kirche und im ganzen Viertel des Buckingham Palace bis zum Trafalgar Square und bis nach Whitehall haben sich rund eine Million Menschen eingefunden, um dem Brautpaar zuzujubeln; sie sind aus allen Teilen Großbritanniens und mehreren europäischen Ländern angereist. Um 11 Uhr 14 erklärt der Erzbischof von Canterbury die beiden zu Mann und Frau. Die Abbildung zeigt v. l. n. r.: Prinzessin Katharina von Griechenland, Lady Iris Mountbatten, den Prinzen von Wales und britischen Thronfolger Prinz Eduard, Prinzessin Eugenia von Griechenland, das Brautpaar in der Mitte, Prinzessin Kira von Rußland, den Herzog von York, Prinzessin Irena von Griechenland, Prinzessin Juliana der Niederlande sowie Mary Cambridge und Prinzessin Elisabeth von York (kniend).*

Bulgarischer König als Lok-Führer

1. November. Spekulationen ranken sich um ein Attentat auf den autoritär regierenden bulgarischen König Boris III. Auf den Eisenbahnzug, in dem Boris am 30. Oktober von Sofia nach Warna reiste, soll der britischen Zeitung »Daily Mail« zufolge ein Bombenanschlag verübt worden sein. Der König sei unverletzt geblieben. Auf dem Kohlentender des Zugs soll eine Höllenmaschine verborgen gewesen sein, die bei Strezica explodierte. Der König, der sich häufig aus Liebhaberei als Lokomotivführer betätigt, habe sich auf den Trittbrettern des fahrenden Zugs zur Lokomotive begeben und den Zug selbst zum Stehen gebracht, da der Lokomotivführer schwer verletzt worden sei.

Nach der Löschung des Lokomotivenbrands übernimmt König Boris III. persönlich die weitere Führung des Zugs nach Warna; im Kohlentender wird angeblich eine Uhr gefunden, mit der eine Bombe gezündet worden sei

Wintereinbruch in Mitteleuropa

2. November. In Berlin fällt in der Nacht auf Sonnabend der erste Schnee. Während er sich in der Reichshauptstadt ebenso wie in Paris bald in Matsch verwandelt, zieht im Allgäu der Winter ein und bringt in den Tälern Schneehöhen von zehn Zentimetern. Aus den Bergen wird bei fünf bis zehn Grad Kälte 25 cm Neuschnee gemeldet. Regen-, Hagel- und Schneefälle werden auch aus ganz Großbritannien gemeldet, der Schnee liegt teilweise einen halben Meter hoch. Der Verkehr in den Außenbezirken von London ist streckenweise lahmgelegt. Bei einem Schneesturm über Nordschweden kommt ein Mann ums Leben. Auch hier wird der Eisenbahnverkehr eingestellt.

Gesundheit 1934:

Erbgesundheit und Leistungsfähigkeit

Das Gesundheitswesen ist seit der Machtübernahme der Nationalsozialisten in einem völligen Neuaufbau begriffen. Die Grundlage für die Schaffung eines einheitlichen Verwaltungsapparats ist das Gesetz über die Vereinheitlichung des Gesundheitswesens. Danach werden in allen Stadt- und Landkreisen staatliche Gesundheitsämter eingerichtet, an deren Spitze ein Amtsarzt steht, der eine Spezialausbildung an der Staatsmedizinischen Akademie erworben hat. Die Gesundheitsämter übernehmen die Funktionen der früheren Kreisärzte, Bezirksärzte usw. Ihnen obliegt die Durchführung der Aufgaben der Gesundheitspolizei, der »Erb- und Rassenpflege« einschließlich der Eheberatung, der gesundheitlichen Volksbelehrung, der Schulgesundheitspflege, der Mütter- und Kinderberatung, der Fürsorge für TBC- und Geschlechtskranke, für Körperbehinderte, Siechende und Süchtige. Die nationalsozialistische Führung strebt an, das Gesundheitswesen völlig unter ihre Kontrolle zu bringen. Als natürliche Voraussetzungen für die Erhaltung »hochgradiger Einzelgesundheit« gelten »Erbgesundheit« und ein Leben in dem Lebensraum, in dem die »Rasse in Jahrtausenden entstand und voll leistungsfähig wurde«. Gesundheit gilt als innerer, vorwiegend physiologisch bedingter Gleichgewichtszustand des Körpers, der zugleich abhängig ist vom Grad der Erbgesundheit und den Umweltzuständen des Lebensraums. Wirkliche Gesundheitspflege, so Gesundheitsfunktionäre des NS-Staats, muß auf systematischer Hygiene aufbauen. Unter systematischer öffentlicher Hygiene werden u. a. folgende Maßnahmen verstanden:

▷ Förderung der Zeugung und Entwicklung gesunder Kinder
▷ Einschränkung der Zeugung minderwertiger Kinder
▷ körperliche Ertüchtigung der Jugend
▷ die Schaffung von Lebensbedingungen, die dem »gesunden Erbgut des deutschen Volkes« gemäß sind.

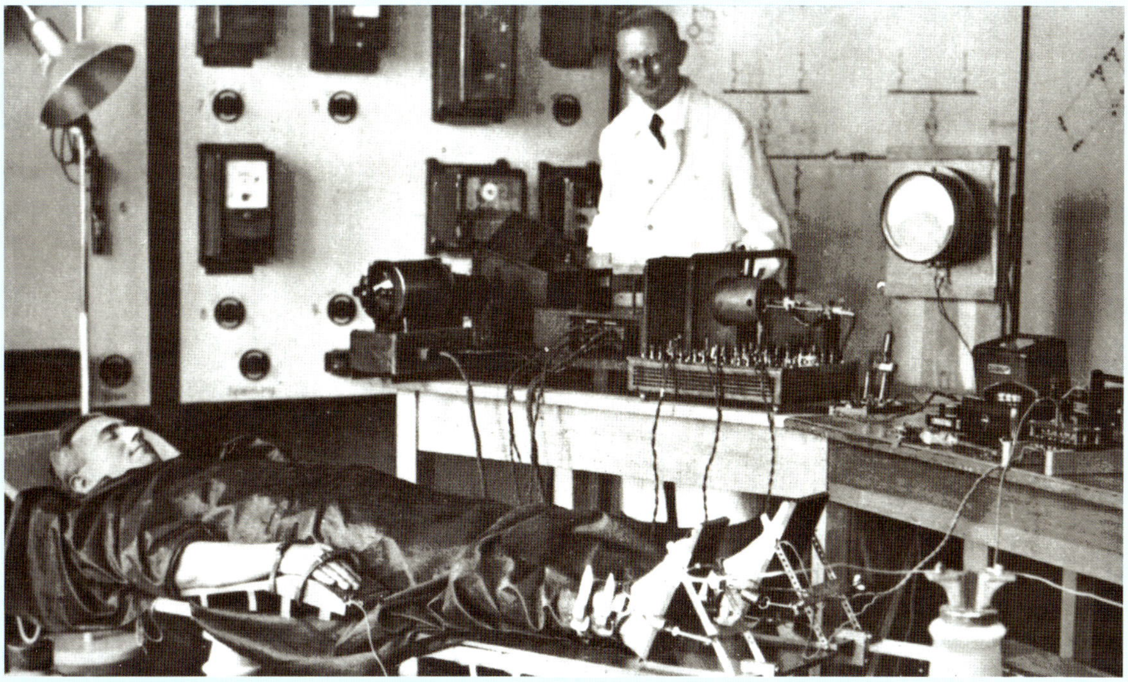

△ Im Rahmen einer Untersuchung zur Unfallverhütung wird im Deutschen Reich der »elektrische Stuhl« eingesetzt; auf dieser isoliert aufgestellten Tragbahre werden Widerstandsmessungen am menschlichen Körper durchgeführt, um Anhaltspunkte über die Größe der Stromstärken zu erhalten, die ein Mensch bei einem Unfall gefahrlos aushalten kann

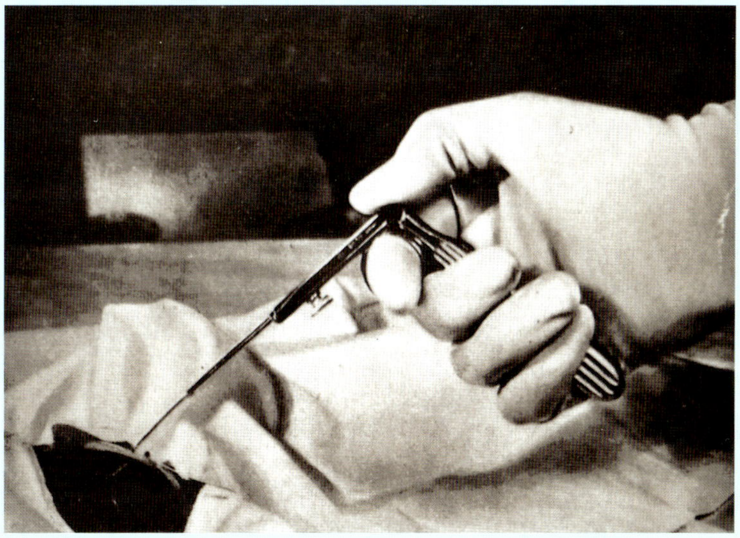

◁ Thor-X-Fäden, die angeblich nur eine »begrenzte Strahlungswirkung« haben, werden mit einer Behandlungspistole in die Krebsgewebe hineingeschossen; wenn sie die Geschwulst zerstört haben, werden sie wieder ausgestoßen

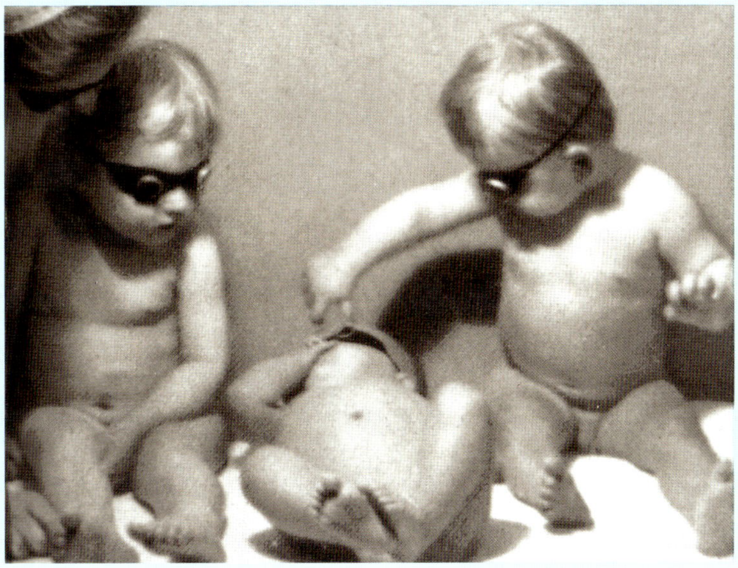

◁ »Unter den Strahlen der Höhensonne fühlen sich die kleinen Adams und Evas immer besonders wohl«, lautet die Originalunterschrift zu diesem Bild; die Bestrahlung mit Höhensonne wird im Rahmen der sog. Lichtbehandlung angewendet; die künstliche Höhensonne gilt nach der derzeitigen medizinischen Auffassung als besonders wirksam bei Hauterkrankungen und Haarausfall, bei Schwächezuständen, Rachitis, Krampfzuständen, Rippenfell- und Bauchfellentzündungen und — vor allem bei Kindern — bei Blutarmut; die Behandlung mit der künstlichen Sonne wird der Behandlung in Luft-Licht-Bädern (Sonnenbäder) vorgezogen

Einsatz Furtwänglers für Paul Hindemith

25. November. Der Dirigent Wilhelm Furtwängler, seit 1933 Direktor der Berliner Staatsoper, veröffentlicht in der »Deutschen Allgemeinen Zeitung« einen »Offenen Brief«, in dem er sich für den als »undeutsch« verfemten Komponisten Paul Hindemith einsetzt (→ nebenstehenden Kasten), dessen Sinfonie »Mathis der Maler« er im März uraufgeführt hat (→ 12. 3./S. 66). Die Zeitungsauflage wird wegen der enormen Nachfrage nachgedruckt. Furtwängler, der am selben Morgen in der Berliner Philharmonie eine Generalprobe hat, wird vom Publikum begeistert begrüßt. Am selben Abend leitet er eine Aufführung von Richard Wagners Oper »Tristan und Isolde« in der ausverkauften Staatsoper. Das Publikum bringt ihm Ovationen entgegen, obwohl auch der Reichsminister für Volksaufklärung und Propaganda, Joseph Goebbels (NSDAP), und der preußische Ministerpräsident, Hermann Göring (NSDAP), anwesend sind.

Der »Fall Hindemith« entwickelt sich in den folgenden Wochen zum »Fall Furtwängler«: Am 4. Dezember bittet Furtwängler Goebbels um Entlassung aus seinen Ämtern als Vizepräsident der Reichsmusikkammer und als Leiter des Berliner Philharmonischen Orchesters; gleichzeitig bittet er Göring, ihn von seinem Amt als Direktor der Berliner Staatsoper zu entbinden.

Der »Fall Furtwängler« erregt international Aufsehen; Furtwängler — hier am Dirigentenpult — gilt als einer der bedeutendsten modernen Dirigenten

Goebbels reagiert auf den Furtwängler-Brief mit folgenden Worten: »Technische Meisterschaft entschuldigt nicht etwa, sondern verpflichtet. Sie zu rein motorischer, inhaltsloser Bewegungsmusik zu mißbrauchen, heißt, des über jeder wahren Kunst waltenden Genius spotten. Es ist dann bequem und billig zu behaupten, es handele sich dabei um schnell hingeschriebene Gelegenheitswerke. Das ist es ja, daß Gelegenheit nicht nur Diebe, sondern auch atonale Musiker macht ... wir verwahren uns aufs energischste dagegen, diesen Künstlertypus als deutsch angesprochen zu sehen, und buchen die Tatsache seines blutsmäßig reingermanischen Ursprungs nur als drastischsten Beweis dafür, wie tief sich die jüdisch-intellektualistische Infizierung bereits in unserem eigenen Volkskörper festgefressen hatte.«

Vor seinem offenen Eintreten für den vom NS-Regime verfemten Komponisten Paul Hindemith galt Wilhelm Furtwängler (l.), seit 1933 Direktor der Berliner Staatsoper, als Aushängeschild nationalsozialistischer Kulturpolitik

»Denunziantentum gegen Künstler«

25. November. In der »Deutschen Allgemeinen Zeitung« erscheint ein Artikel des Dirigenten Wilhelm Furtwängler zur Verteidigung des vom NS-Regime angefeindeten Komponisten Paul Hindemith. Furtwängler schreibt:

»In gewissen Kreisen ist ein Kampf gegen Paul Hindemith eröffnet worden mit der Begründung, daß er für das neue Deutschland 'nicht tragbar' sei. Warum? Was wirft man ihm vor? Zunächst Dinge rein politischen Charakters: Er sei jüdisch versippt und habe jahrelang in dem teilweise aus Juden bestehenden Amar-Quartett, das er ins Leben gerufen habe, als Bratscher mitgewirkt. Weiter habe er noch nach der nationalsozialistischen Revolution sich konzertierender Weise mit zwei emigrierten Juden auf Schallplatten aufnehmen lassen... Wenn man nach seinen Werken ein Bild des Komponisten Hindemith zu umreißen versuchte, müßte man ihn, der ja auch blutsmäßig rein germanisch ist, als einen ausgesprochen 'deutschen Typus' bezeichnen. Deutsch in seiner schlicht-handwerklichen Gediegenheit und gerade-kernhaften Art ebenso wie in der Keuschheit und Zurückhaltung seiner relativ seltenen Gefühlsausbrüche. Das letzte bisher von ihm erschienene Werk, die Sinfonie aus der Oper 'Mathis der Maler', hat überall, wo es seit seiner Uraufführung im März 1934 erklang, sehr stark gewirkt, und zwar auch auf solche, die sonst nicht gerade seine Freunde waren... Heute versucht man, ohne daß er inzwischen etwas weiteres veröffentlicht hat, das Versäumte nachzuholen, ihn öffentlich zu diffamieren, ihn — worauf es schließlich hinauskäme — aus Deutschland zu vertreiben ... Natürlich lassen sich bei einem Komponisten, der so viel geschrieben hat, leicht »Jugendsünden« hervorholen. Hindemith hat sich niemals politisch betätigt. Wo kämen wir überhaupt hin, wenn politisches Denunziantentum in weitestem Maße auf die Kunst angewendet werden sollte?«

Faschisten stören Erika Mann-Kabarett

28. November. *Mehrere hundert Menschen werden in Zürich verhaftet, als Faschisten die Aufführung des Stücks »Professor Mannheim« des Kabaretts »Pfeffermühle« zu stören versuchen. Zur Truppe des deutschen Exilkabaretts gehören die Schauspielerin Therese Giehse (l.) und Erika Mann (r.), die Tochter des Literatur-Nobelpreisträgers Thomas Mann. Zwar bevorzugt das Ensemble in seinen Aufführungen die leisen Töne der Kritik, doch die zahlreichen Störungen der Auftritte durch Faschisten zeigen, daß die politische Botschaft durchaus verstanden wird.*

Rehbergs »Großer Kurfürst« uraufgeführt

30. November. *Das Schauspiel »Der Große Kurfürst«, das im Schauspielhaus in Berlin uraufgeführt wird, ist das erste der bühnenwirksamen und während des Dritten Reichs überaus erfolgreichen Preußendramen von Hans Rehberg. Rehberg stellt die Herrscher Brandenburg-Preußens nicht als Könige, sondern als Menschen »zwischen Staatsleidenschaft und Triebleidenschaft« dar. Der gealterte Große Kurfürst Friedrich Wilhelm, verstrickt in Sorgen, Schuld und Irrtum, kämpft um die Erhaltung des Staates im Zweifel an seinen Söhnen (Szenenbild).*

Tschechen fordern Universitäts-Insignien

26. November. Begleitet von schweren Auseinandersetzungen zwischen tschechischen und deutschen Studenten findet in Prag die Übergabe der Insignien von der deutschen Universität an die tschechische Universität statt. Nach der Übergabe veranstalten tschechische Studenten auf dem Prager Wenzelsplatz eine Art Siegesfeier. Die deutsche Universität wird wegen Ausschreitungen bis zum 7. Januar 1935 geschlossen. Auch in Wien kommt es zu antitschechischen Kundgebungen.

Am 20. November hat das tschechoslowakische Ministerium für Schulwesen und Volkskultur die deutsche Universität in Prag aufgefordert, die alten Universitäts-Insignien u. a. historische Gegenstände der tschechischen Karls-Universität auszuhändigen. Daraufhin kam es zu einem Vorlesungsboykott und zu blutigen Straßenschlachten zwischen deutschen und tschechischen Studenten.

Am 27. protestieren Berliner Studenten »im Namen der gesamten reichsdeutschen Studentenschaft« gegen »die Vergewaltigung des Deutschtums in Prag«. Als Wortführer der deutschen Studierenden spricht Kurt Jewan, der Leiter der Studentenschaft der Universität Berlin, über die Schändung deutscher Kultur und deutscher Art, deren sich die tschechischen Studenten in Prag schuldig gemacht hätten. Nach dem gemeinsamen Absingen des »Horst-Wessel-Liedes« und einem dreifachen »Sieg Heil« auf das Deutsche Reich und seinen Führer Adolf Hitler wird die Großkundgebung geschlossen.

Der Senat der Prager tschechischen Universität mit den Insignien, die Kaiser Karl IV. der deutschen Prager Universität verliehen hatte

Kant, Hegel, Fichte als NS-Philosophen

16. November. Der NSDAP-Reichspressechef, Otto Dietrich, bezeichnet auf der Arbeitstagung der nationalsozialistischen Hauptschriftleiter in Köln den von Immanuel Kant formulierten kategorischen Imperativ — »Handle so, daß die Maxime deines Willens jederzeit zugleich als Prinzip einer allgemeinen Gesetzgebung gelten kann« — als geradezu klassische Formulierung »nationalsozialistischer Ethik«. Dasselbe gelte für den Philosophen Johann Gottlieb Fichte, der gesagt habe: »Ich mag nicht bloß denken, ich will handeln.«

Als weitere Philosophen, an die nationalsozialistisches Denken anknüpfen könne, nennt Dietrich neben Friedrich Nietzsche u. a. den preußischen Staatsphilosophen Georg Wilhelm Friedrich Hegel (Betonung der Staatsautorität; Staat = objektive Vernunft) und Arthur Schopenhauer (Betonung des Lebenswillens). Dietrich fordert: »Es muß das Träumen und Dichten in Philosophie ein Ende nehmen!«

Dezember 1934

Mo	Di	Mi	Do	Fr	Sa	So
					1	2
3	4	5	6	7	8	9
10	11	12	13	14	15	16
17	18	19	20	21	22	23
24	25	26	27	28	29	30
31						

1. Dezember, Sonnabend

Der sowjetische Politiker Sergei M. Kirow wird in Leningrad ermordet. → S. 207

Lázaro Cárdenas übernimmt die Präsidentschaft in Mexiko als Nachfolger von Abelardo Rordríguez. Als wichtigste Aufgaben bezeichnet er die Agrarreform zugunsten der Kleinbauern, die völlige Trennung von Kirche und Staat, das sozialistische Erziehungsprogramm und den Ausgleich sozialer Unterschiede (→ 23. 10./S. 180).

Das Direktorium des zu Litauen gehörenden Memelgebiets tritt zurück. Am 3. Dezember wird ein Direktorium gebildet, das als noch deutschfeindlicher gilt als das alte.

Im deutschen Reichsgesetzblatt erscheint die Verordnung über den Aufbau der organischen Wirtschaft. Damit ist die Umstrukturierung der nationalsozialistischen Wirtschaftsordnung im wesentlichen abgeschlossen (→13. 3./S. 57).

2. Dezember, Sonntag

Der deutsche Reichsminister des Auswärtigen, Konstantin Freiherr von Neurath (parteilos), betont in einem Interview mit dem Berliner Büro der Nachrichtenagentur Reuter, das Deutsche Reich werde in den Völkerbund zurückkehren, wenn seine berechtigten Ansprüche frei und offen anerkannt würden.

3. Dezember, Montag

In Rom werden die Verhandlungen über die geplante Volksabstimmung an der Saar und alle damit zusammenhängenden Fragen beendet. → S. 204

Die Saarregierung untersagt das freie Anbringen von Plakaten. Die Abstimmungsparteien dürfen gleich große Plakate nur an vorgeschriebenen Orten anbringen.

4. Dezember, Dienstag

Auf Verordnung von Marschall Chiang Kai-shek wird in China die Arbeitsdienstpflicht eingeführt. Die Arbeiter sollen vor allem beim Deich-, Kanal- und Straßenbau und bei der Aufforstung eingesetzt werden (→ 16. 10./S. 179).

Das türkische Parlament in Ankara nimmt ein Gesetz an, das es Geistlichen verbietet, außerhalb ihrer Gotteshäuser und Klöster religiöse Kleider zu tragen. Ausgenommen bleiben die höchsten Repräsentanten der zugelassenen Konfessionen.

Die Freie Stadt Danzig und Polen verlängern das Hafenprotokoll von 1933. Dadurch soll der Danziger Hafen vor einem schrankenlosen Wettbewerb mit dem polnischen Hafen Gdingen geschützt werden (→ 15. 3./S. 62).

Samuel Untermeyer, der Vorsitzende des US-amerikanischen Komitees zum Boykott deutscher Waren, erklärt auf einer in London zusammengetretenen Weltkonferenz, die Boykottbewegung verzeichne in den USA größte Erfolge. In Großbritannien, Schweden u. a. Ländern verzeichne sie jedoch keinen Fortschritt. (→ 13. 5./S. 102).

Der Dirigent Wilhelm Furtwängler legt seine Ämter als Vizepräsident der Reichsmusikkammer, als Leiter der Berliner Philharmoniker und als Direktor der Berliner Staatsoper nieder nach Meinungsverschiedenheiten mit den NS-Kulturbehörden (→ 25. 11./S. 198).

Das deutsche Reichskabinett in Berlin verabschiedet ein Gesetz, durch das der Urheberrechtsschutz an Werken der Literatur, Tonkunst und bildenden Kunst von 30 auf 50 Jahre verlängert wird.

Das deutsche Reichskabinett in Berlin verabschiedet drei Wirtschaftsgesetze, das Gesetz über die Gewinnverteilung bei Kapitalgesellschaften (Anleihestockgesetz), das Gesetz über die Neuordnung der deutschen Börsen und das Gesetz zur Beaufsichtigung des Kreditgewerbes.

5. Dezember, Mittwoch

An der Grenze zwischen Italienisch-Somaliland und Abessinien (Äthiopien) kommt es zu Schießereien zwischen regulären Truppen beider Länder. Nach italienischer Darstellung betragen die Verluste der Italiener 30 Tote und 60 Verletzte.

Durch das zweite Gesetz zur Überleitung der Rechtspflege auf das Reich werden die Justizministerien der deutschen Länder aufgehoben. Ihre Funktionen gehen auf das Reichsjustizministerium über (→ 30. 1./S. 16).

Die spanischen Regierungstruppen beenden die Entwaffnung der aufständischen Bevölkerung in Asturien (→ 5. 10./S. 178).

Der rumänische Ministerpräsident Gheorghe Tătărăscu legt dem Ministerrat in Bukarest ein Rüstungsprogramm vor, zu dessen Finanzierung er die Einführung einer Rüstungssteuer vorschlägt. Beide Initiativen werden vom Ministerrat einstimmig angenommen.

Das tschechoslowakische Abgeordnetenhaus in Prag nimmt das Gesetz zur Verlängerung der Militärzeit von 14 auf 24 Monate an. Soldaten, die ihren Dienst am 1. November 1933 angetreten haben und ihn am 31. Dezember 1934 hätten beenden sollen, müssen zehn Monate nachdienen.

Laut amtlicher Mitteilung ist der Politiker der Sozialdemokratischen Arbeiterpartei Österreichs und frühere Bürgermeister von Wien, Karl Seitz, auf freien Fuß gesetzt worden unter der Bedingung, sich den Behörden zur Verfügung zu halten. Seitz war am 12. Februar unter dem Vorwurf hochverräterischer Unternehmungen verhaftet worden (→ 12. 2./S. 38).

6. Dezember, Donnerstag

Im Leningrader Bezirk werden 37, im Moskauer Bezirk 29 und im Samarkander Bezirk acht Todesurteile wegen politischer Vergehen vollstreckt (→ 1. 12./S. 207).

Der deutsche Führer und Reichskanzler, Adolf Hitler (NSDAP), beruft Gottfried Feder (NSDAP) als Reichskommissar für das Siedlungswesen ab. Die Aufgaben zur Förderung des Siedlungswesens werden dem Reichsarbeitsministerium übertragen.

Der Saarbevollmächtigte der deutschen Reichsregierung und Gauleiter der Rheinpfalz, Josef Bürckel (NSDAP), untersagt allen Mitgliedern von SA und SS die Einreise in das Saargebiet, sofern sie nicht an der Abstimmung teilnehmen (→ 3. 12./S. 204).

Im Saargebiet wird die Partei Deutscher Volksbund für christlich-soziale Kultur gegründet, die für die Beibehaltung des Status quo eintritt (→ 3. 12./S. 204).

Das luxemburgische Parlament erkennt dem bisher einzigen kommunistischen Abgeordneten mit Zweidrittelmehrheit das Mandat ab, weil die Kommunistische Partei den Sturz des demokratisch-parlamentarischen Systems fordere. Der Kommunist, der durch eine Nachwahl Parlamentarier geworden war, hatte sich den bürgerlichen Parteien gegenüber vergeblich bereit erklärt, den Eid auf die Verfassung zu leisten.

Die ungarische Regierung protestiert bei der jugoslawischen Regierung gegen die Zwangsausweisung von über 1000 ungarischen Arbeitern.

Der deutsche Reichsminister für Volksaufklärung und Propaganda, Joseph Goebbels (NSDAP), verurteilt im Zusammenhang mit dem Rücktritt von Wilhelm Furtwängler »die Dissonanzensucht von Nichtskönnern« und »die Experimentiererei wild gewordener Farben- und Steinkleckser« (→ 25. 11./S. 198).

Der deutsche Führer und Reichskanzler, Adolf Hitler (NSDAP), besucht in Begleitung von Reichswehrminister Werner von Blomberg (parteilos) und dem Chef der Heeresleitung, Werner Freiherr von Fritsch (parteilos), in Burghorn, am Rand der Lüneburger Heide, Generalfeldmarschall August von Mackensen, um ihm zum 85. Geburtstag zu gratulieren.

In der deutschen Reichshauptstadt Berlin beginnen die Deutschen Tanzfestspiele 1934. Sie dauern bis zum 18. Dezember.

7. Dezember, Freitag

Der deutsche Reichsminister des Innern, Wilhelm Frick (NSDAP), erklärt auf einer Veranstaltung in Wiesbaden, die Reichskirchenregierung sei in dem Bestreben, die 28 evangelischen Landeskirchen in der Reichskirche aufgehen zu lassen, etwas zu stürmisch vorgegangen und habe dabei Anordnungen ohne die nötige Rechtsgrundlage erlassen (→ 20. 10./S. 181).

8. Dezember, Sonnabend

Im Deutschen Reich wird der »Tag der nationalen Solidarität« begangen. → S. 205

In Kiel läuft der deutsche Kreuzer »Nürnberg« vom Stapel.

Der deutsche Reichsminister und Stellvertreter des Führers, Rudolf Heß (NSDAP), weist in einer Rede in Bochum alles Gerede von einer Kriegsgefahr, die vom Deutschen Reich ausgehe, zurück. Von Krieg redeten vor allem die »Emigranten, die, innerlich und äußerlich vaterlandslos, nur ein Ziel haben, Rache an den Völkern, die sie ausgestoßen haben. Sie können nur im Trüben fischen, sie können als die Verachteten aller Völker nur im Hintergrunde sticheln. Sie können hetzen und lügen und mit Kriegsgerede Unruhe schaffen, sonst haben sie keinen politischen Daseinszweck«.

9. Dezember, Sonntag

Bei den Gemeindewahlen in der Tschechoslowakei erringt die Sudetendeutsche Heimatfront Konrad Henleins in den fünf deutschen Orten einen Sieg (→ 20. 3./S. 62).

10. Dezember, Montag

In Stockholm und Oslo werden die Nobelpreise verliehen. → S. 211

Die estländische Regierung in Reval ordnet die Errichtung von Konzentrationslagern für staatsgefährdende Personen an (→ 17. 6./S. 124).

Der österreichische Dirigent Clemens Krauss, seit 1929 Direktor der Wiener Staatsoper, wird als Nachfolger des zurückgetretenen Wilhelm Furtwängler zum Direktor der Berliner Staatsoper berufen (→ 25. 11./S. 198).

Auf einer Kundgebung der Vaterländischen Front und der österreichischen Soldatenfront wendet sich der österreichische Bundeskanzler Kurt Schuschnigg (Vaterländische Front) gegen die Behauptung, alle national Denkenden würden in Österreich brutal verfolgt. Wer jedoch das Vaterland grob beschimpfe, für den brauche man keine Richter (→25. 10./S. 180).

11. Dezember, Dienstag

Bei Singapur beginnen britische Luft-, See- und Landmanöver. Sie sollen die Uneinnehmbarkeit des britischen Stützpunkts unter Beweis stellen.

In Vaduz, der Hauptstadt des Fürstentums Liechtenstein, fordern Demonstranten des sog. Heimatdienstes die Abdankung des 80jährigen Fürsten Franz zugunsten des Thronfolgers Franz Joseph. Sie verlangen ferner eine Volksabstimmung, eine Verfassungsänderung und das Verbot für Geistliche, Staatsämter zu bekleiden.

12. Dezember, Mittwoch

Der österreichische Bundesminister für soziale Verwaltung, Odo Neustädter-Stürmer (Heimwehr), erläßt die Satzungen des Gewerkschaftsbunds (→ 2. 3./S. 61).

Reichserziehungsminister Bernhard Rust (NSDAP), führt für Hochschulstudenten und -studentinnen eine Ausbildung in Leibesübungen während der ersten drei Semester ein. Die Fortsetzung des Studiums wird an die erfolgreiche Absolvierung dieser Ausbildung geknüpft.

Zu Tumulten kommt es in der Wiener Staatsoper, als der zum Nachfolger von Wilhelm Furtwängler zum Direktor der Berliner Staatsoper berufene Clemens Krauss ans Dirigentenpult tritt. Laut NS-Presse werden dabei zahlreiche Juden wegen »Krawallmachens« verhaftet.

Für Weihnachtslieder (»Christmas carol») wirbt die »Illustrated London News« auf dem Titelblatt ihrer Weihnachtsnummer 1934

13. Dezember, Donnerstag

Durch ein Reichsgesetz werden die Bestimmungen über heimtückische Angriffe auf Staat und Partei im Deutschen Reich verschärft. → S. 205

Die nationalsozialistische deutsche Reichsregierung in Berlin verabschiedet das Gesetz über den Ausgleich bürgerlich-rechtlicher Schadensansprüche, die sich im Zusammenhang mit der »nationalsozialistischen Revolution« ergeben. → S. 205

Durch Änderung des deutschen Lichtspielgesetzes wird die obligatorische Mitwirkung des Reichsfilmdramaturgen bei Filmen auf die Fälle beschränkt, in denen die Industrie seine Mitwirkung erbittet (→ 16. 2./S. 49).

Das vom deutschen Reichskabinett in Berlin verabschiedete Gesetz zur Änderung der Rechtsanwaltsordnung dient als »Schutz gegen eine ungesunde Übersetzung und eine drohende wirtschaftliche Verkümmerung des Anwaltsstandes«. Anwärter, deren Aufnahme in die Anwaltschaft »nach ihrer Persönlichkeit oder ihren Verhältnissen nicht erwünscht« ist, sollen von ihr »wirksamer ferngehalten« werden, als es durch die bisherigen Vorschriften möglich war.

Der Landtag des zu Litauen gehörenden Memelgebiets ist zum wiederholten Male beschlußunfähig. In einer von 16 Abgeordneten unterzeichneten Erklärung wird die Einsetzung eines Direktoriums verlangt.

Im ungarischen Abgeordnetenhaus in Budapest sieht sich Ministerpräsident Gyula Gömbös von Jákfa schweren Vorwürfen wegen seiner deutschfreundlichen Politik ausgesetzt; es sei notwendig, die italienische Freundschaft zu erhalten, da die deutschen Anschlußpläne gegenüber Österreich auch eine Gefahr für Ungarn bedeuteten (→ 17. 3./S. 61).

Der preußische Ministerpräsident, Hermann Göring (NSDAP), hält auf einem diplomatischen Empfang des Außenpolitischen Amts der NSDAP in Berlin eine Rede über »Die Überwindung des Kommunismus in Deutschland«. Die nationalsozialistische Regierung könne bei der Bekämpfung des Kommunismus keine Rücksicht nehmen. Die Behauptung, »daß die Konzentrationslager Folterstätten seien«, erklärt der Minister »für frei erfunden und böswillig erdacht« (→ 17. 2./S. 43).

Das deutsche Reichskabinett in Berlin verabschiedet das Wald-Artgesetz. → S. 211

14. Dezember, Freitag

In der litauischen Hauptstadt Kowno (Kaunas) beginnt vor dem Kriegsgericht ein Prozeß gegen 129 Memelländer. Ihnen wird vorgeworfen, in Zusammenarbeit mit dem deutschen Nationalsozialismus auf eine Abtrennung des Memelgebiets von Litauen hingearbeitet zu haben.

In den USA nimmt der Dickstein-Ausschuß zur Untersuchung kommunistischer Aktivitäten seine Tätigkeit auf. → S. 207

Die deutsche Presse ermahnt in Aufrufen die Bevölkerung: »Nur nicht vergessen! Am kommenden Sonntag Eintopf essen!« (→ 9. 10./S. 181).

15. Dezember, Sonnabend

Der deutsche Reichsminister für Wissenschaft, Erziehung und Volksbildung, Bernhard Rust (NSDAP), suspendiert den schweizerischen Theologieprofessor Karl Barth von seinem Bonner Lehrstuhl.

16. Dezember, Sonntag

In Montreux findet der erste Faschistenweltkongreß statt. → S. 207

Ein britischer Polizeioffizier fährt in Saarbrücken in eine Menschengruppe hinein. Dabei wird eine schwangere Frau erheblich verletzt (→ 3. 12./S. 204).

In Portugal finden die Wahlen zur Nationalversammlung statt. Alle 90 Kandidaten der Einheitsliste werden mit Mehrheit gewählt. Portugal ist ein autoritärer Ständestaat unter General António Oscar de Fragoso Carmona als Staatspräsident (seit 1928) und António de Oliveira Salazar als Ministerpräsident (seit 1932).

17. Dezember, Montag

Der schwedische Außenminister Richard Johannes Sandler erklärt in Uppsala, daß zwischen den nordischen Staaten völlige Übereinstimmung bei der Einhaltung eines neutralen Kurses in der Außenpolitik bestehe.

In Mittel- und Südeuropa grassiert das Ulmensterben. → S. 211

18. Dezember, Dienstag

Die spanische Regierung setzt das Autonomiestatut Kataloniens für unbestimmte Zeit außer Kraft (→ 5. 10./S. 178).

Das trockengelegte Land um die neugegründete italienische Stadt Littoria wird 93. Provinz Italiens. → S. 210

Im nationalsozialistischen Deutschen Reich wird der Tag der Polizei gefeiert.

19. Dezember, Mittwoch

Paraguay lehnt eine Regelung des Konflikts mit Bolivien durch den Völkerbund ab (→ 28. 11./S. 192).

Der deutsche Führer und Reichskanzler, Adolf Hitler (NSDAP), enthebt Hans Frank (NSDAP) von seinem Amt als Reichskommissar für die Gleichschaltung der Justiz und ernennt ihn zum Reichsminister ohne Geschäftsbereich.

20. Dezember, Donnerstag

Die chinesische Regierung erteilt dem deutschen Forschungsinstitut für Wasserbau und Wasserkraft der Kaiser Wilhelm-Gesellschaft zur Förderung der Wissenschaften den Auftrag, den Fluß Hwangho zu regulieren.

21. Dezember, Freitag

Nach amtlicher sowjetischer Mitteilung wurden seit dem 1. Dezember 103 Todesurteile im Zusammenhang mit der Ermordung des sowjetischen Politikers Sergei M. Kirow durch einen Studenten in Kiew vollstreckt (→ 1. 12./S. 207).

Das Lied »So oder so ist das Leben« von Theo Mackeben, das Brigitte Horney zu Beginn und am Schluß des Südsee- und Matrosenfilms »Liebe, Tod und Teufel« singt, wird ein Evergreen. Der Ufa-Film, der mit dem Prädikat »künstlerisch wertvoll« ausgezeichnet wird, hat in Berlin Premiere.

22. Dezember, Sonnabend

Im Saargebiet sind inzwischen 1 400 Briten, 800 Italiener, 550 Schweden und 250 Niederländer stationiert. Sie bilden die unter britischem Oberbefehl stehende internationale Polizeitruppe zur Überwachung der Volksabstimmung über den Status des Saarlandes (→ 3. 12./S. 207).

23. Dezember, Sonntag

Am sog. Goldenen Sonntag, dem letzten Einkaufssonntag vor Weihnachten, verzeichnen die Geschäfte im Deutschen Reich ein kräftiges Umsatzplus. In mehreren Großstädten müssen Spielwarengeschäfte zeitweise wegen Überfüllung geschlossen werden. → S. 212

In einem Interview mit der Nachrichtenagentur Associated Press betont der deutsche Reichswehrminister, Werner von Blomberg (parteilos), es bestehe keinerlei Uneinigkeit darüber, daß die Reichswehr einziger Waffenträger der Nation sei.

In einer Weihnachtsbotschaft bezeichnen die österreichischen Bischöfe die richtige Gestaltung der berufsständischen Ordnung als die schwierigste und zugleich bedeutendste Frage im sozialen Bereich (→ 31. 10./S. 180).

Der österreichische Vizekanzler Ernst Rüdiger Starhemberg (Heimwehr) ruft zur nationalen Versöhnung im Innern auf (→ 12. 2./S. 38).

24. Dezember, Montag

In Österreich werden zahlreiche Sozialdemokraten, Kommunisten u. a. im Zusammenhang mit den Februarunruhen verhaftete Oppositionelle aus den Anhaltelagern entlassen, darunter auch der General und ehemalige Bundesrat Theodor Körner (→ 12. 2./S. 38).

In seiner Weihnachtsansprache formuliert Papst Pius XI. ein neues Gebet für den Frieden: »Zerstreue die Völker, die den Krieg suchen!«

25. Dezember, 1. Weihnachtstag

Das deutsche Luftschiff LZ 127 »Graf Zeppelin« fliegt auf seiner Weihnachtsfahrt vom Bodensee nach Südamerika den 1 000 000. Kilometer.

26. Dezember, 2. Weihnachtstag

Im Deutschen Reich wird der 165. Geburtstag des Dichters Ernst Moritz Arndt gefeiert. Arndt gilt als »großer Künstler deutschen Wesens und Vorkämpfer deutscher Erneuerung«.

27. Dezember, Donnerstag

Der Staatsname »Persien« wird in »Iran« geändert, um an die Glanzzeiten des Reiches in der Antike zu erinnern.

28. Dezember, Freitag

Japan kündigt das Washingtoner Flottenabkommen von 1922, in dem es der Festlegung seiner Flottenstärke im Verhältnis 3:5:5 gegenüber Großbritannien und den USA zustimmen mußte. → S. 206

Bei einem Erdbeben in der portugiesischen Provinz Algarve wird u. a. das ehemalige Maurenschloß Silves, das als Gefängnis dient, zerstört. Mehrere Häftlinge können fliehen.

29. Dezember, Sonnabend

Der Mörder des Leningrader Parteisekretärs Sergei M. Kirow und 13 Mitangeklagte werden zum Tod durch Erschießen verurteilt. Das Urteil wird sofort vollstreckt (→ 1. 12./S. 207).

Die Deutsche Reichspost gewährt den abstimmungsberechtigten Saarländern, die auf dem Land wohnen und auf der Reise zur Abstimmung bis zur Eisenbahn die Kraftpost benutzen, für die Hin- und Rückreise freie Fahrt.

Die Saarregierung verbietet die Zeitung »Deutsche Freiheit« für eine Woche. Als Grund wird »eine üble Karikatur des Führers« angegeben, die aus dem Prager »Neuen Vorwärts« entnommen wurde.

Der deutsche Führer und Reichskanzler, Adolf Hitler (NSDAP), läßt Papst Pius XI. »herzliche Neujahrsgrüße« übermitteln. Der Papst dankt »aufrichtig« und erwidert sie »wärmstens«.

Der deutsche Reichssender Stuttgart führt bis zur Abstimmung im Saargebiet im Januar 1935 als Pausenzeichen die ersten Takte des »Saarliedes« ein.

Mit »Yerma« leitet der spanische Lyriker und Dramatiker Federico García Lorca die Reihe seiner Meisterdramen ein, in denen er tragische Schicksale unterdrückter spanischer Frauen gestaltet. »Yerma«, im Untertitel als »Tragische Dichtung in drei Akten und sechs Bildern« bezeichnet, wird im Teatro Español in Madrid uraufgeführt.

30. Dezember, Sonntag

In einer Rede vor dem Jahreswechsel schlägt der französische Staatspräsident Albert Lebrun in der internationalen Politik stärkere Zusammenarbeit vor. → S. 213

In München wird der im Milieu des österreichischen Offiziersadels spielende Film »Hohe Schule« von Erich Engel uraufgeführt. Rudolf Forster spielt darin einen Kunstreiter.

31. Dezember, Montag

In Westeuropa ist es so warm, daß in manchen Parks die Bäume knospen. → S. 213

Das Wetter im Monat Dezember

Station	Mittlere Lufttemperatur (°C)	Niederschlag (mm)	Sonnenscheindauer (Std.)
Aachen	7,6 (3,1)	98 (62)	— (49)
Berlin	4,4 (0,7)	27 (41)	— (36)
Bremen	6,0 (2,2)	55 (54)	— (33)
München	3,7 (-0,7)	30 (44)	— (41)
Wien	5,5 (0,9)	48 (51)	17 (—)
Zürich	4,5 (0,2)	76 (73)	20 (37)

( ) Langjähriger Mittelwert für diesen Monat
— Wert nicht ermittelt

Die in Berlin erscheinende »Woche« zeigt auf dem Titelblatt die Arbeit an einem gigantischen Modell des Mondes, das im Observatorium in Mount Wilson in den USA erarbeitet wird

In Anschlägen verzeichnet sind die Namen all derer, die an der Abstimmung über die Staatszugehörigkeit des Saargebiets teilnehmen dürfen

Zwei der ersten britischen Soldaten in Saarbrücken; eine internationale Polizeitruppe von rund 3 000 Mann überwacht die Volksabstimmung im Saargebiet

Gespannte Lage vor der Volksabstimmung im Saargebiet

3. Dezember. Die Saarverhandlungen in Rom werden beendet. Am 13. Januar soll die Saarbevölkerung über die Zugehörigkeit ihres Landes zum Deutschen Reich oder zu Frankreich abstimmen. Die deutsche Reichsregierung verpflichtet sich in Rom u. a., im Fall eines für das Deutsche Reich günstigen Abstimmungsergebnisses die Kohlengruben des Saargebiets von Frankreich pauschal für 150 Millionen Reichsmark bzw. 900 Millionen Francs zu kaufen.

Bis Ende Dezember werden im Saargebiet 1 400 Briten, 800 Italiener, 550 Schweden und 250 Niederländer stationiert. Sie bilden die unter britischem Oberbefehl stehende internationale Polizeitruppe, die die Überwachung der Saarabstimmung übernimmt.

Auf der Pariser Friedenskonferenz 1919 hatte der französische Ministerpräsident Georges Benjamin Clemenceau Anspruch auf das Saargebiet erhoben, wobei er sich auf die Grenzziehung des ersten Pariser Friedens (1814) bezog, der im Gegensatz zum zweiten Pariser Frieden (1815) Saarbrücken und Saarlouis in französischem Besitz gelassen hatte; darüber hinaus wies Clemenceau auf die Existenz von 150 000 »Saarfranzosen« hin. Frankreich konnte diese Forderung nicht durchsetzen, erreichte jedoch, daß das Deutsche Reich im Versailler Vertrag 1919 auf die Ausübung der Regierung im Saargebiet zugunsten des Völkerbunds verzichten mußte. Frankreich wurde zudem für 15 Jahre das Eigentum und die alleinige Ausbeutung der Kohlengruben im Saarbecken als Ersatz für die im Ersten Weltkrieg zerstörten Bergwerke Nordfrankreichs zugesprochen. 15 Jahre nach Inkrafttreten des Versailler Vertrags (1920), also 1935, soll die Saarbevölkerung aufgefordert werden, über die staatliche Zugehörigkeit ihres Landes zu entscheiden.

Die Franzosen, die in der vom Völkerbund ernannten Saar-Regierungskommission starken Einfluß haben, versuchen ihre wirtschaftliche Position zu nutzen, um ein für Frankreich positives Abstimmungsergebnis zu erreichen. Doch gilt es als sicher, daß die Saarbevölkerung für den Anschluß an das Deutsche Reich stimmen wird, obwohl viele deutsche Emigranten die Erhaltung des Status quo fordern. Sie wollen keinen Anschluß des Saarlandes an den »Hitler-Staat«.

In Emigrantenkreisen kursiert seit einigen Wochen das Gerücht, »größere Trupps« von SA und SS reisten in das Saargebiet ein, um einen Putsch zu unternehmen. Der Saarbevollmächtigte der deutschen Reichsregierung und Gauleiter der Rheinpfalz, Josef Bürckel (NSDAP), untersagt daher am 6. Dezember allen Mitgliedern von SA und SS die Einreise in das Saargebiet, sofern sie nicht an der Abstimmung teilnehmen würden.

Gleichfalls am 6. Dezember wird im Saargebiet die Partei Deutscher Volksbund für christlich-soziale Kultur gegründet, die für die Beibehaltung des Status quo eintritt.

Zu einem schweren Zwischenfall kommt es am 16. Dezember: Ein britischer Polizeioffizier fährt in Saarbrücken in eine Menschengruppe hinein. Dabei wird eine schwangere Frau schwer verletzt. Als die Menge den Offizier an der Weiterfahrt hindern will, gibt dieser Schüsse aus seiner Dienstpistole ab.

Einzug britischer Einheiten der »Saar International Force« in Saarbrücken; diese internationale Polizeitruppe steht unter britischem Oberbefehl; Anfang Dezember kursierten Gerüchte über einen geplanten NS-Putsch an der Saar

Verschärfung des Heimtückegesetzes

13. Dezember. Das nationalsozialistische deutsche Reichskabinett in Berlin verschärft durch ein Reichsgesetz die Bestimmungen über heimtückische Angriffe auf Staat und Partei.

In Paragraph 1 des Gesetzes wird mit Geldstrafen bzw. Gefängnis bedroht, »wer vorsätzlich eine unwahre oder gröblich entstellte Behauptung tatsächlicher Art aufstellt oder verbreitet, die geeignet ist, das Wohl des Reiches oder das Ansehen der Reichsregierung oder das der NSDAP oder ihrer Gliederungen schwer zu schädigen«. Nach Paragraph 2 werden öffentliche Äußerungen nichtöffentlichen gleichgestellt. Nach Paragraph 3 wird der, der eine strafbare Handlung begeht und dabei ohne Berechtigung eine Uniform oder ein Abzeichen der NSDAP oder ihrer Gliederungen trägt oder mit sich führt, mit Zuchthaus, in leichteren Fällen mit Gefängnis nicht unter sechs Monaten bestraft. Wer die Tat in der Absicht begeht, einen Aufruhr oder in der Bevölkerung Angst oder Schrecken zu erregen, oder dem Deutschen Reich außenpolitisch Schwierigkeiten zu bereiten, wird mit Zuchthaus nicht unter drei Jahren oder mit lebenslänglichem Zuchthaus bestraft. »In besonders schweren Fällen kann auf die Todesstrafe erkannt werden.«

Ausgleichszahlung für NS-Geschädigte

13. Dezember. Die nationalsozialistische deutsche Reichsregierung verabschiedet das Gesetz über den Ausgleich bürgerlich-rechtlicher Ansprüche. Da der NS-Staat »ein hohes Maß von Opferbereitschaft zum Besten des Ganzen« fordert, soll jeder Volksgenosse »einzelne gewisse Nachteile« selbst tragen, die ihm durch die nationalsozialistische Revolution — seit der Machtübernahme im Januar des Jahres 1933 — entstanden sind. Lediglich für »außergewöhnliche Schäden, deren Tragung ihm nach gesundem Volksempfinden billigerweise nicht allein zuzumuten ist«, können Betroffene nach dem neuen Gesetz »einen gewissen Ausgleich« beanspruchen für Schäden, die bis zum 2. August 1934 entstanden sind.

Magda Goebbels sammelt am Potsdamer Platz in Berlin

Göring mit Sammelbüchse an der Krolloper

NS-Propagandaplakat

Käthe von Nagy verkauft Autogramme zugunsten des Winterhilfswerks

»Pfundspenden« für Bedürftige

Prominente klappern mit der Sammelbüchse

8. Dezember. Am »Tag der nationalen Solidarität« sammeln im Deutschen Reich Prominente aus Politik und Kultur innerhalb weniger Stunden 3,5 Millionen Reichsmark für das Winterhilfswerk. In Berlin steht der preußische Ministerpräsident, Hermann Göring (NSDAP), auf der Straße und sammelt, Propagandaminister Joseph Goebbels (NSDAP) benutzt die Mütze eines SS-Manns zum Weitersammeln, als seine Büchse gefüllt ist; auch Frau Magda Goebbels beteiligt sich an der Aktion. »Die unzähligen Männer und Frauen des öffentlichen Lebens, die sich durch ihr persönliches Beispiel an die Front des Heeres der unbekannten Sammler stellten, haben damit bewiesen, daß ihnen der Begriff der nationalen Solidarität kein leerer Begriff ist«, heißt es im Abschlußbericht. »Der Welt aber haben wir alle, Sammler und Spender, ein leuchtendes Beispiel unserer inneren Geschlossenheit und nationalen Solidarität gegeben und damit einen bloßen Sammeltag zu einem wahren Fest- und Freudentag des ganzen deutschen Volkes gemacht.«

Kampf um die Vormacht im Fernen Osten

28. Dezember. Japan kündigt das Washingtoner Flottenabkommen von 1922 (→ nebenstehender Kasten). Die Note über die Kündigung hat folgenden Wortlaut: »Gemäß Artikel 23 des Vertrags von Washington gibt die japanische Regierung der Regierung der Vereinigten Staaten hiermit von ihrem Entschluß Kenntnis, den Vertrag zu kündigen, der nach dem 31. Dezember 1936 außer Kraft tritt.«

Die Kündigung des Flottenabkommens ist Ausdruck des wirtschaftlichen und machtpolitischen Aufstiegs Japans seit dem Ersten Weltkrieg. Der japanische Anspruch auf Gleichberechtigung gegenüber den USA und Großbritannien stützt sich auf folgende Gesichtspunkte:

▷ Auf den stark erhöhten japanischen Anteil am Welthandel

▷ Auf die gewachsenen japanischen Fähigkeiten in der Konstruktion von Kriegsschiffen

▷ Auf Japans Bedürfnis nach Sicherheit

▷ Auf die Erfordernisse des internationalen japanischen Prestiges.

Die Unterhändler in der Flottenfrage: Großbritanniens Premier MacDonald (l.) vermittelt zwischen Admiral Jamamoto (M.) und US-Admiral Standley (r.)

Japan will in der Frage der Rüstungsgleichheit keinerlei Kompromiß eingehen. Es brauche das grundsätzliche Recht auf Gleichheit der Flottenstärke, da die gegenwärtige Unterlegenheit Japans zur See das japanische Ansehen in Ostasien untergrabe; eines Tages könne sie China zum Angriff auf Japan veranlassen. Flottengleichheit sei ferner erforderlich, weil das japanische Volk die Anwesenheit der US-Flotte im Pazifik als gegen Japan gerichtet betrachte und sich ständig einer Angriffsdrohung ausgesetzt sehe. Hätten die USA nicht die Absicht, Japan anzugreifen, so bräuchten sie keine überlegene Flotte im Pazifik.

Japan schlägt den USA und Großbritannien vor, daß allen drei Seemächten die gleiche Pauschaltonnage zugebilligt wird, wobei es jedem Land überlassen werden soll, für welche Kriegsschifftypen die Tonnage benutzt wird. Japan stellt klar, daß es bereit ist, sich auf ein Wettrüsten einzulassen; das Land verfüge über ausreichende Geldmittel, um ein solches Wettrüsten durchzuhalten.

Japans Niedergang und Nationalismus

Auf der Abrüstungskonferenz von Washington 1921/22 mußte Japan, das vor dem Ersten Weltkrieg zur Großmacht in Ostasien aufgestiegen war, einen machtpolitischen Rückschlag hinnehmen. Als Verbündeter der Alliierten hatte es nach dem Weltkrieg ehemals deutsche Besitzungen (Kiautschou) erhalten, war seither jedoch außenpolitisch isoliert worden, u. a. wegen seines Engagement in China. Die japanische Regierung mußte daher in Washington der Festlegung seiner Schlachtflottenstärke im Verhältnis von 3:5:5 gegenüber den Großmächten Großbritannien und USA zustimmen; außerdem mußte sie ostasiatische Weltkriegseroberungen räumen. Sie gab noch 1922 Kiautschou an China zurück und zog die japanischen Truppen aus Schantung, Ostsibirien und der Nordhälfte der Insel Sachalin zurück.

Die USA haben ihre Großkampfschiffe und Flugzeugträger im Pazifik stationiert (zeitg. Illustration)

Eine unentbehrliche Verteidigungswaffe der japanischen Streitkräfte ist das Unterseeboot (zeitg. Illustration)

Japanische und US-amerikanische Interessengegensätze prallen im Pazifik aufeinander

Nach Auffassung der US-amerikanischen Kriegsmarineführung können nur Großkampfschiffe mit weitem Aktionsradius die Belange der USA im Pazifik sichern. Um ihre Interessen zu sichern, benötigen die USA auf den Philippinen (US-amerikanische Kolonie seit 1898) und in China einen beträchtlichen Bestand an starken Marineeinheiten, die auch dann aktionsfähig sein müssen, wenn sie fern von der Flottenbasis operieren müssen. Auf die Verwendung von Flugzeugträgern wollen die USA nicht verzichten. Für Japan hingegen ist das U-Boot die ideale Verteidigungswaffe, da die zahllosen Inseln und Buchten die denkbar besten U-Boot-Stützpunkte bieten. Großbritannien und die USA vertreten den Standpunkt, daß völlige Flottengleichheit in Wirklichkeit einer japanischen Herrschaft über den westlichen Teil des Pazifiks gleichkommt. Japan hingegen hält das durch das Washingtoner Flottenabkommen von 1922 festgeschriebene Verhältnis von 3:5:5 für unvereinbar mit seiner nationalen Würde und Sicherheit. Der mit dem Flottenabkommen verbundene Prestigeverlust hat in der japanischen Armee zum Anwachsen extrem nationalistischer Strömungen geführt.

»Säuberungen« nach Mord an Kirow

1. Dezember. Der sowjetische Politiker Sergei M. Kirow wird von einem Studenten in Kiew ermordet. Kirow, der 1930 Mitglied des Politbüros und 1934 Sekretär des Zentralkomitees (ZK) wurde, war ein enger Mitarbeiter des sowjetischen Parteichefs Josef W. Stalin. Seine Ermordung löst mehrere Schauprozesse und die Liquidierung der »trotzkistischen« Opposition in der UdSSR aus. Gerüchten zufolge hat Stalin den Mord gebilligt.

Der Mörder Kirows wird noch am Tatort verhaftet. Wegen Fahrlässigkeit beim Schutz der Sowjetbehörden wird gegen hohe Polizeibeamte ein Verfahren eingeleitet. Am 4. Dezember erläßt das Präsidium des ZK verschärfte Strafbestimmungen für politische Verbrechen. Nach amtlicher sowjetischer Mitteilung werden bis zum 21. Dezember 103 Todesurteile im Zusammenhang mit dem Attentat vollstreckt.

Führende Persönlichkeiten, darunter auch Grigori J. Sinowjew und Lew B. Kamenew, werden verhaftet. Sinowjew hatte 1925 mit Trotzki und Kamenew die »Vereinigte Opposition« gegen Stalin gebildet und 1926/27 alle Parteiämter verloren. Die am 16. erfolgte Verhaftung Sinowjews und Kamenews wird erst am 24. Dezember bekanntgegeben mit dem Hinweis, die beiden Politiker seien schon in den ersten Tagen der Oktoberrevolution 1917 als Verräter aufgetreten.

Am 29. Dezember werden der Mörder Kirows und 13 Mitangeklagte zum Tod durch Erschießen verurteilt. Das Urteil wird sofort vollstreckt. Das Militärgericht betont, der Mörder habe von einem ausländischen Konsul Geld »für Zwecke der konterrevolutionären terroristischen Gruppe« erhalten.

Das Bild vom KPdSU-»Parteitag der Sieger« (Januar 1934) zeigt Kirow (2. v. r.) unter den führenden Funktionären der Sowjetunion; 2. v. l. Josef W. Stalin

US-Kommunisten werden verfolgt

14. Dezember. In den USA nimmt der sog. Dickstein-Ausschuß seine Tätigkeit auf. Er soll kommunistische Propaganda aufdecken. William Green, der Präsident der Gewerkschaften, spricht sich bei seiner Vernehmung für eine Beschränkung der »kommunistischen Aktion« aus, die sich seit der Anerkennung der Sowjetunion lebhaft entfaltet habe und immer mehr Einfluß auf die Arbeiterbewegung zu gewinnen suche.

Brigadegeneral Alfred Smith, Vertreter des Kriegsamts, liest bei seiner Vernehmung Flugblätter vor, die unter den Angehörigen der Armee verteilt worden seien, und schildert die Taktik der Kommunisten: Kommunistische Gruppen von zwei Männern und drei Frauen gehen z. B. an den Besuchstagen an Bord von Kriegsschiffen; während die Männer in die Ventilatoren und andere Schiffsteile Flugblätter stopfen, versuchen die Frauen, mit den Matrosen Zusammenkünfte zu verabreden, um sie für den Kommunismus zu gewinnen.

Erster Faschistischer Weltkongreß tagt in Montreux

16. Dezember. Auf Einladung des italienischen Aktions-Komitees für die Universalität der Ideen von Rom wird in Montreux am Genfer See ein zweitägiger Kongreß der Faschistischen Parteien und Bewegungen aus 16 europäischen Ländern abgehalten. Der Kongreß, der sich als Erster Faschistenweltkongreß bezeichnet, tagt unter Ausschluß der Öffentlichkeit. Die Konferenzleitung erklärt, deutsche und ungarische Vertreter seien nicht eingeladen worden, da es sich um eine Zusammenkunft solcher faschistischer Gruppen handle, in deren Staaten — außer Italien — »das faschistische System noch nicht zur Herrschaft gelangt ist«.

Zweck der Zusammenkunft ist eine Aussprache über die internationalen Berührungspunkte und über eine Organisation des Faschismus auf internationaler Grundlage: Kampf um den Ständestaat, Bekämpfung des Parlamentarismus, des Liberalismus, des internationalen Finanzwesens und des Marxismus. Jedes Land müsse sich seine völkische Eigenart bewahren.

Bezüglich der Judenfrage nimmt der Kongreß nach kontroverser Diskussion eine von den norwegischen, französischen und belgischen Faschisten vorgelegte Entschließung an, jedes Land solle souverän über Fragen der Rasse urteilen. Es sei kein allgemeiner Feldzug gegen die Juden einzuleiten, obwohl sich viele Juden in erobertem Land wähnten und den moralischen und materiellen Interessen ihrer Gastländer Schaden zufügten. Die Juden bildeten in der Tat eine Art Staat im Staate, vernachlässigten vielfach ihre sozialen Pflichten, und manche hätten die marxistische Weltrevolution unterstützt. Ein wesentlicher Beschlußpunkt des Kongresses ist die entschiedene Bekämpfung dieser »Elemente«.

Am Schluß der Tagung wird einstimmig beschlossen, an den italienischen Duce und Ministerpräsidenten Benito Mussolini als den Gründer des Faschismus ein Telegramm der Anerkennung und Ehrerbietung zu schicken. Daraufhin werden faschistische Kampflieder angestimmt, und der Kongreß wird mit Hochrufen auf Mussolini beschlossen.

Zu einem aufsehenerregenden Zwischenfall kommt es, als der rumänische Außenminister Nikolaus Titulescu, der in dem Hotel abgestiegen ist, in dem der Kongreß tagt, verlangt, die Zimmer der Delegation der Eisernen Garde, die in Rumänien verboten ist, nach Sprengstoff, Waffen und Höllenmaschinen zu durchsuchen; er fühle sich von den Gardisten bedroht. Die Zimmer werden durchsucht, ohne daß Belastungsmaterial gefunden wird.

Teilnehmende faschistische Organisationen in Montreux

Belgien:	Belgische Nationale Legion
	National-Korporative Arbeitsliga
Dänemark:	Dänische Nationalsozialistische Partei
	Dänische Nationale Korps
Frankreich:	Mouvement Franciste
Griechenland:	Griechische Nationalsozialisten
Großbritannien:	Britische Faschisten (→ 9. 9./S. 169)
Irland:	Blauhemden (→ 22. 8./S. 156)
Italien:	Komitee für die Universalität der Ideen von Rom
Litauen:	Litauische Nationalisten-Partei
Niederlande:	Holländische Schwarze Front
Norwegen:	Nasjonal Samling
Österreich:	Heimwehren (→25. 10./S. 180)
Portugal:	National-syndikalistische Vereinigung
Rumänien:	Eiserne Garde (→17. 10./S. 180)
Schweden:	Nationale Union Junger Schweden
Schweiz:	Schweizerische Faschistische Vereinigung
Spanien:	Spanische Phalanx (Falange)

Auto 1934:

Heckmotor und Stromlinienform mit guter Aerodynamik

War 1933 viel die Rede vom Freilauf, dem Chassisrahmen und der Leistungsfähigkeit des Motors, so stehen 1934 die Stromlinienform und der Heckmotor im Mittelpunkt der Diskussionen von Autofreunden. Modelle mit aerodynamischer Karosserie sind zwar in den internationalen Autosalons immer häufiger zu sehen, doch hat sich noch kein Kraftfahrzeug-Hersteller zum serienmäßigen Bau aerodynamisch durchkonstruierter Karosserien entschlossen.

Der Übergang zur Stromlinie, vor allem aber die Notwendigkeit, durch Gewichtsverringerung die Wirtschaftlichkeit der mittleren und Kleinwagen zu steigern, hat mehreren Konstrukteuren den Gedanken des Heckmotors nahegelegt, d. h. die Verlegung des Motors nach hinten. Die ersten Automobilbauer, Carl Benz und Gottlieb Daimler, hatten den Motor hinten aufgesetzt, weil die treibende Kraft an der Hinterachse benötigt wurde; Kühlungssorgen und andere technische Schwierigkeiten bewogen die Konstrukteure um die Jahrhundertwende, den Motor nach vorn zu verlegen, wo er bis heute im allgemeinen geblieben ist. Während das Bestreben, durch Einführung des Vorderradantriebs den Motor und die Triebachse näherzubringen, vereinzelt Gefolgschaft fand, setzt sich dieser Gedanke nun auch beim Heckmotor durch, der die Hinterachse antreibt. Die größte französische Autofirma, Citroën, hat sich für den Vorderradantrieb in Adler-Lizenz entschieden, während Renault und Peugeot bei der klassischen Form bleiben.

Auf dem Pariser Auto-Salon erregen von den deutschen Wagen die Rennwagen von Auto-Union und Mercedes das größte Aufsehen. Besondere Neugier der Ausstellungsbesucher erweckt auch ein Geländewagen des Essener Stahlkonzerns Krupp mit sechs Rädern; »Hetzer« wollen in diesem Wagen allerdings ein Erzeugnis der Rüstungsindustrie sehen.

Morris, britische Luxuslimousine

Peugeot 601 »für Unabhängige«

Studebaker, Klassiker aus den USA

Mercedes-Benz 150, zweisitziger Sportroadster mit Heckmotor; die Erfolge von Mercedes bei Automobilrennen sollen den Verkauf des 6 600 RM teuren Wagens fördern

3,3-Liter-Röhr-Limousine mit acht Zylindern und der überdurchschnittlich hohen Leistung von 75 PS; die meisten Wagen haben unter 20 PS, verfügen jedoch über hubraumstarke Motoren

DKW-Limousine mit 18 PS, Frontantrieb und Vollschwingachsen; die Abkürzung DKW bedeutete ursprünglich Dampfkraftwagen, im Volksmund aber Das Kleine Wunder

Der offene Maybach-Sechssitzer vom Typ »Zeppelin« hat zwölf Zylinder und bringt eine Leistung von 200 PS; Maybach ist bekannt für den Bau »starker Personenwagen« für eine finanzkräftige Kundschaft

Zwei-Liter-Sportkabriolett von Audi mit sechs Zylindern, Frontantrieb und Vollschwingachsen; Audi gehört seit 1931 zur Auto-Union, zu der auch die Automobilfirmen Horch, DKW und Wanderer gehören

Für die Autobahnen konstruiert Mercedes-Benz den »Autobahn-Kurierwagen«, Typ 380 mit einem Achtzylinder-Kompressor

Werbung für den zweitürigen »V 8-Salon de Luxe« von Ford; mit dem V 8 baut der US-amerikanische Automobil-Hersteller nach dem »T-Modell« wieder einen erfolgreichen Wagen

Regime fördert Automobilwesen

Die nationalsozialistische deutsche Reichsregierung erblickt für ihr Ziel der Wiederbelebung der deutschen Wirtschaft in der Automobil-Industrie eine besonders günstige Operationsbasis. Sie hat Steuerfreiheit für fabrikneue Wagen dekretiert sowie die Möglichkeit der Steuerbefreiung mehr als drei Jahre alter Wagen durch einmalige Entrichtung einer eineinhalbfachen Jahressteuer. Ferner wurden die Behörden-Gebühren für Zulassung des Wagens, Führerschein, Fahrprüfung u. a. erheblich herabgesetzt, die Versicherungsprämien und Garagenmieten normiert. Dem Automobilsport stellt das NS-Regime beträchtliche Mittel zur Verfügung in der Erkenntnis, daß Erfolge auf internationalen Rennstrecken Schrittmacher für den Absatz sind. Durch Zusammenarbeit zwischen Bahn und Auto wurde das Lastautomobil in das nationale Verkehrssystem eingegliedert. Die Reichsbahn wurde selbst Träger der Motorisierung, indem sie am Bau der Autobahnen beteiligt wurde.

Rolls Royce zählt auch 1934 nicht nur in den angelsächsischen Ländern zu den begehrtesten Statussymbolen auf dem Automobilmarkt und dient in vielen Ländern als Staatskarosse

»Aerodynamismus« heißt das Schlagwort für viele Autokonstrukteure 1934; Renault präsentiert auf dem Pariser Autosalon das Modell »Vivasport«, das 1935 ausgeliefert wird

Die Karosserie für das Delage-Kabriolett »D 8. 15« entwarfen die französischen Konstrukteure Letourneur und Marchand; der Wagen gewinnt zahlreiche Auto-Eleganzwettbewerbe

Cadillac V 12 mit Coupé-de-Ville-Karosserie von Fleetwood; bei einem Hubraum von 6 Litern erreicht die US-amerikanische »Nobelkarosse« eine Leistung von 135 PS

»Aigle 4-N« von Chenard & Walcker; Ernest Chenard (1861-1922) zählte zu den Pionieren der französischen Automobilindustrie beim Bau erfolgreicher Renn- und Tourenwagen

Der 10 CV Rosengart wirbt mit seiner luxuriösen Innenausstattung; Rosengart-Wagen ähneln häufig den Automobilen von Konkurrent Citroën, von dem mehrere Lizenzen stammen

Littoria — Stadt im Pontinischen Sumpf

18. Dezember. Das Gebiet der früheren Pontinischen Sümpfe, einer Küstenlandschaft südöstlich von Rom, wird als Neuland Littoria (Latina) zur 93. Provinz Italiens erhoben. Hauptstadt wird das 1932 gegründete und eingeweihte Littoria (Latina), das auf einem achteckigen Grundriß errichtet wurde.

Die Pontinischen Sümpfe galten Jahrtausende lang wegen ihrer Fieberluft als unbewohnbar. Die Volsker im Altertum errichteten in dieser Küstenlandschaft rund 40 km südöstlich von Rom eine blühende Kultur mit Städten, deren Bewohner jedoch nach der Unterwerfung durch die Römer 329 v. Chr. umgesiedelt wurden. Die Städte und Siedlungen der Region verfielen, da sie ohne die künstliche Entwässerung der Volsker häufig unter Wasser standen und im Sommer wegen der Malaria unbewohnbar waren. Entwässerungsversuche während der römischen Kaiserzeit waren wenig erfolgreich. Die Region versumpfte bald aufs neue.

1899 wurde die Anlage von Entwässerungsgräben und die Bekämpfung der Malaria planmäßig in Angriff genommen. Mit besonderer Energie betrieb die faschistische Regierung Italiens ab 1928 die endgültige Urbarmachung mit modernen technischen Hilfsmitteln durch Kriegsteilnehmerverbände. Inmitten der Pontinischen Sümpfe wurden die Städte Littoria, Sabaudia und Pontinia angelegt. Insgesamt sollen 40-50 000 Menschen angesiedelt werden.

△ Sabaudia, die jüngste Stadt Italiens, aus der Vogelschau; die 1933 in den Pontinischen Sümpfen gegründete Stadt ist bereits 1934 eine Siedlung mit großer Einwohnerzahl; wie Littoria zeigt Sabaudia »die Architektur des Faschismus«

◁ Die Göttin der Fruchtbarkeit ist das Symbol der Stadt Littoria (Latina), die auf Geheiß von Ministerpräsident und Duce Benito Mussolini erbaut wurde; sie ist die Hauptstadt der ebenfalls neugegründeten Provinz Latina und entstand im Zuge der Urbarmachung der Pontinischen Sümpfe; Grundsteinlegung war 1932

Der italienische Duce, Benito Mussolini, hilft für ein Propagandafoto bei der Erntearbeit; in Hemdsärmeln packt er auf der Dreschmaschine mit an

Als »erster Bauer des Königreichs Italien« hilft Mussolini (M.) den Siedlern in den ehemaligen Pontinischen Sümpfen beim Binden von Strohgarben

Zwei Friedensnobelpreise für zwei Briten

10. Dezember. In Stockholm und Oslo werden am Todestag des Chemikers Alfred Nobel die von ihm gestifteten Nobelpreise verliehen. Die Preisträger sind:
Frieden 1934: Dem Präsidenten der Genfer Abrüstungskonferenz und früheren Vorsitzenden der britischen Labour Party, Arthur Henderson, wird der Friedensnobelpreis zuerkannt.
Frieden 1933: Der Friedensnobelpreis für 1933, der bisher nicht vergeben wurde, wird dem britischen Schriftsteller und Publizisten Norman Lane Angell zuerkannt, der mehrere Bücher über Probleme einer Friedensordnung geschrieben hat und in zahlreichen internationalen Organisationen tätig war.
Literatur: Den Literaturnobelpreis erhält der italienische Dramatiker Luigi Pirandello »für die kühne und geistvolle Erneuerung des italienischen Dramas und Theaters«.
Medizin: Die drei US-Amerikaner George Hoyt Whipple, George Minot und William Murphy teilen sich den Nobelpreis für Medizin in Anerkennung ihrer Forschungsarbeit auf dem Gebiet der Lebertherapie gegen Anämie, einen Krankhaften Mangel an rotem Blutfarbstoff.
Chemie: Der US-amerikanische Physiker Harold Clayton Urey erhält den Chemienobelpreis in Anerkennung seiner wissenschaftlichen Erfolge bei der Entdeckung des schweren Wassers.
Physik: Nicht verliehen
Die Führung des nationalsozialistischen Deutschen Reichs bezeichnet die Verleihung der Nobelpreise offiziell als »Propagandamittel liberalistisch-pazifistischer Art unter jüdischem Einfluß«.

△ Nach der Entdeckung von George Minot, William Murphy und George H. Whipple (v. l. n. r.) kann die bösartige oder perniziöse Anämie künftig durch kurmäßige Darreichung von roher Tierleber geheilt werden

◁ Pirandello bei der Lektüre von Glückwunschschreiben; der italienische Dramatiker wurde international bekannt durch das Drama »Sechs Personen suchen einen Autor«

▽ N. L. Angell arbeitet auf einer kleinen Insel an der Ostküste Englands in völliger Weltabgeschiedenheit

Maßnahmen gegen das Ulmensterben

17. Dezember. Die Meldungen über das Ulmensterben in Europa werden immer besorgniserregender. Das verheerende Absterben der Laubbaumsorte, die vor allem auf der nördlichen Erdhalbkugel weit verbreitet ist, dehnte sich wie eine Epidemie in Mitteleuropa, in Italien und schließlich sogar in den Vereinigten Staaten aus. Als Erreger des Ulmensterbens gilt der Schlauchpilz Graphium ulmo. Seine Fäden und Sporen führen in den Gefäßgängen und Saftleitungen des äußeren Splintholzes der Ulmen zu Wucherungen und zur Abscheidung einer zähen, gummiartigen Masse, die schließlich die Leitungen verstopft. Die Übertragung der Sporen erfolgt durch die Luft, durch Wasser und durch Insekten, vor allem durch den Borkenkäfer. Wie rasch sich die Krankheit verbreitet, wurde in Großbritannien beobachtet, wo 40 Jahre alte, äußerlich gesunde Ulmen im Hochsommer befallen wurden und innerhalb von zwei Monaten starben.
In Hannover konnte das Ulmensterben durch konsequente Eingriffe gestoppt werden. Die befallenen Teile der Ulmen werden durch Rückschnitt entfernt; sie werden so weit gekappt, bis man auf gesundes Holz stößt. Die abgeschnittenen Teile werden sofort verbrannt, die Schnittflächen mit einer Lösung von Eisenvitriol und gelöschtem Kalk behandelt. Sind so große Teile der Ulme erkrankt, daß der Rückschnitt nicht mehr ausreicht, wird der Baum gefällt. Rinde und Äste werden sofort verbrannt, um Pilze und Käfer sicher zu vernichten. Auch der Stock wird ausgerodet.

Gesetz zur Sicherung und Zucht hochwertigen Walderbguts

13. Dezember. Das deutsche Reichskabinett in Berlin verabschiedet das Artgesetz zur Sicherung der Erhaltung und Nachzucht hochwertigen Erbgutes des deutschen Waldes sowie zur Ausmerzung artlich minderwertiger Baumrassen und Einzelstämme. Dies ist das dritte bedeutende Forstgesetz 1934.
Durch Gesetz vom 3. Juli ist die Verwaltung der deutschen Staatsforsten und die Beaufsichtigung der nicht staatlichen Wälder, früher Sache der Länder, auf das Reich übergegangen. Das Gesetz gegen Waldverwüstungen vom 18. Januar, das für alle nichtstaatlichen Waldungen gilt, untersagt unter Androhung von Gefängnis- und Geldstrafen die Abholzung hiebunreifer Nadelhochwaldbestände unter 50 Jahren.
Nach amtlichen Schätzungen betragen Nutzung und Zuwachs der Waldbestände im Deutschen Reich jährlich 50 Millionen Festmeter. Von den wichtigsten Holzarten haben von den Eichen 10,5% ein Alter von über 120 Jahren und 34,5% ein Alter von unter 40 Jahren. Bei den Rotbuchen sind 9,8% über 120 und 24,4% unter 40 Jahre alt. Unter 40 Jahre alt sind bei den Birken 64%, bei den Weißtannen 39,6% und bei den Kiefern 40%. Als Ziele der deutschen Forstpolitik gelten: Erhaltung des Waldes als »Kraftquell« für das Volk und als Grundlage seiner Kultur (»volkskulturelle Aufgabe«), Arbeitsmöglichkeiten und Lebensgrundlage für eine möglichst große Zahl von Volksgenossen, Deckung des Bedarfs der Volkswirtschaft an Holz sowie die Sicherstellung der Rohstoffversorgung in Notfällen.

Einer der bekanntesten und traditionsreichsten Weihnachtsmärkte ist der Hamburger »Dom«, so genannt nach der nicht mehr bestehenden Domkirche

Wegen der milden Witterung ist in diesem Winter »adventliches Schneetreiben« in der Vorweihnachtszeit ein nicht gerade häufiges Ereignis

Goebbels in Moabit: »Friede auf Erden den Menschen!«

23. Dezember. Die deutsche Reichshauptstadt Berlin erlebt am Goldenen Sonntag, dem letzten Sonntag vor Weihnachten, an dem die Läden geöffnet sind, ein von der nationalsozialistischen Regierung inszeniertes »Volksweihnachtsfest«. Auf etwa 100 Plätzen Berlins flammen die Lichter an Tausenden von Weihnachtsbäumen auf, an langen Tischen veranstalten SA- und Reichswehrleute eine Bescherung für 12 000 Berliner Kinder.

Die Hauptfeier veranstaltet die SA-Standarte 16 für 3000 Kinder in Moabit. An der ganzen Wieleffstraße entlang stehen mitten auf der Fahrbahn 711 Meter lang Gartentische, gedeckt mit Gaben. Jedes Kind bekommt eine Tüte mit Lebensmitteln, Süßigkeiten und Spielzeug. Mit Beifall und »Heil«-Rufen wird Joseph Goebbels (NSDAP) empfangen, der Reichsminister für Volksaufklärung und Propaganda. Er verweist auf den Wandel, der seit der nationalsozialistischen Revolution in diesem Arbeiterviertel, wo vorher »Klassenhaß und Hetze« triumphierten, eingetreten sei: »Alle Herzen sind hochgemut und frohgestimmt: Der Sozialismus der Tat ist Wirklichkeit geworden. Wir haben, ohne Unterschied, alle zu uns geladen, und im Zeichen des Weihnachtsfestes haben wir uns die Hände gereicht zum gemeinsamen Denken und Handeln... Deshalb richte ich hier im Angesicht von Tausenden deutscher Kinder, von Tausenden deutscher Männer und Frauen, mitten im Arbeiterviertel Berlins, an die ganze Welt den Appell zum Frieden ... in dem Sinne, daß wir so, wie wir unserem eigenen Lande Ordnung und Frieden gebracht haben, auch der Welt Ordnung und Frieden zurückgeben können. In diesem Zeichen wollen wir uns vereinen... und der Welt entgegentreten mit dem Wunsche: Friede auf Erden den Menschen!«

Läden am Goldenen Sonntag überfüllt

23. Dezember. Am Goldenen Sonntag, dem letzten Einkaufssonntag vor Weihnachten, müssen in mehreren Großstädten des Deutschen Reichs Spielwarengeschäfte zeitweise wegen Überfüllung geschlossen werden. Elektrische Eisenbahnen und mechanische Baukästen sind die Verkaufsrenner. Daß sich Kinder im Deutschen Reich wieder fürs Soldatische interessieren bzw. begeistern sollen, zeigen die Umsätze bei Militaria aller Art.

Wenn mit Skiausrüstungen und Skistiefeln trotz des milden Winters noch ein ausgezeichnetes Geschäft gemacht werden konnte, so ist das nach dem Urteil des Einzelhandels vor allem dem starken Engagement der Wintersportler in der nationalsozialistischen Gemeinschaft »Kraft durch Freude« (KdF) zu danken.

Renner im Weihnachtsgeschäft: Französische Puppen, Spielzeugautos, »Reitpferde«, Modellflugzeuge

Witterung zu mild – Wildbraten knapp

31. Dezember. Wer im Westen des Deutschen Reichs die öffentlichen Gärten und Parks durchwandert, erlebt eine Umgebung, die keineswegs winterlich ist: Knospentreibende Sträucher sind keine Seltenheit. In Aachen z. B. liegt die Temperatur am Jahresende um rund 7 °C über dem langjährigen Mittelwert für Dezember von 3,1 °C, im Ruhrgebiet ist sie mit 8 °C knapp doppelt so hoch wie das langjährige Mittel. Die milde Witterung bringt jedoch vielen fühlbare Erleichterung bezüglich der Ausgaben für Kohle u. a. Brennstoffe. In saisonabhängigen Schlüsselgewerben, vor allem im Bauhandwerk, wird weiter gearbeitet. Auch den Stadtverwaltungen kommt das milde Wetter bei den Arbeiten zustatten, die sie im Freien ausführen lassen. Arbeiten in den öffentlichen Anlagen können jetzt schon in Angriff genommen werden. Viele Erwerbslose erhalten auf diese Art Beschäftigung.

Auch beim Kauf des Weihnachtsbratens machte das Wetter manchem einen Strich durch die Rechnung. Wenig geschossen wurde z. B. Schwarzwild. In einer Pressemitteilung der deutschen Jagdbehörden heißt es dazu: »Da die Wildschweine wegen des milden Wetters im Wald noch genug Nahrung fanden, wußten sie sich im Dickicht vor den Jägern verborgen zu halten. Vorzüglich ausgefallen sind dagegen die Fasane nach dem warmen, futterreichen Sommer.«

Der Abschuß von Rehen lag 1934 niedriger als in den Vorjahren, was allgemein auf das neue Reichsjagdgesetz zurückgeführt wird. Dasselbe gilt für Hasen. Fühlbarer Mangel besteht bei Hirschfleisch. Die Vorräte an Mastgänsen reichen auch nur knapp zur Deckung des Bedarfs.

Temperaturen am 29. Dezember

Paris	10 °C
Aachen	10 °C
Düsseldorf	9 °C
Brüssel	9 °C
London	8 °C
Genf	8 °C
Zürich	3 °C
Wien	2 °C
München	1 °C
Berlin	0 °C

»Ein festgeformter, gleichklingender Wille«

30. Dezember. Der französische Staatspräsident Albert Lebrun betont in einer Rede zum Jahreswechsel: »Nie war es notwendiger, auf internationalem Gebiet eine Politik der Annäherung und der Eintracht zu verfolgen, die die Völker fordern, die schon so schwer durch eine beispiellos dastehende Wirtschaftskrise betroffen sind. Die Weisheit der Regierungen und die Wirksamkeit der eingeführten Verfahren zur Beilegung internationaler Streitigkeiten haben es ermöglicht, den Formeln der Entspannung und Gerechtigkeit Geltung zu verschaffen. Es hängt von den Staatsmännern, in die die Nationen ihr Vertrauen gesetzt haben, ab, auf diesem friedlichen Wege zu bleiben und in unermüdlichem Bemühen die Lösung der ernsten Probleme zu suchen, die auf politischem und wirtschaftlichem Gebiet auftreten.«

Deutsche Spitzenpolitiker betonen in ihren Neujahrsbotschaften im Gegensatz zu den Friedensbotschaften vieler europäischer Regierungsvertreter den Willen zur Machtausdehnung.

Der deutsche Reichsminister des Auswärtigen, Konstantin Freiherr von Neurath (parteilos), erklärt in Berlin zum Jahreswechsel: »Die innere Politik eines Landes ist die Grundlage seiner auswärtigen Politik. Je zielsicherer und entschlossener jene ist, desto besser ist die Aussicht dafür, daß ein Volk auch seine berechtigten außenpolitischen Wünsche durchzusetzen vermag. Die fortschreitende Einigung des deutschen Volkes und sein daraus resultierender einheitlicher Wille berechtigen uns zu der Hoffnung, daß in absehbarer Zeit auch unsere nationalen Ansprüche ihre Erfüllung finden. Das kommende Jahr wird uns auf diesem Wege einen großen Schritt weiterbringen, indem das deutsche Saargebiet nach langjähriger Trennung wieder in den Schoß des Mutterlandes zurückkehrt. Man kann hoffen, daß dann in der Außenpolitik eine Entwicklung einsetzt, die zur Verständigung der Völker und zum dauerhaften Frieden führt. Dieses Ziel ist des ganzen deutschen Volkes sehnlichster Wunsch für das neue Jahr.«

Der deutsche Reichsminister und preußische Ministerpräsident, Hermann Göring (NSDAP), gibt am Jahresende folgende innenpolitische Situationsbeschreibung: »Nichts kann an diesem Jahreswechsel tiefer beglücken als die Feststellung: Das deutsche Volk ist eine geschlossene Einheit geworden, ein festgeformter, gleichklingender Wille in der Faust des Mannes, der als Führer und Reichskanzler das Schicksal der Nation leitet. Unter der Führung Adolf Hitlers hat der unbekannte deutsche Arbeiter Hand in Hand mit den Volksgenossen aller Berufsschichten seine Aufgaben erkannt und seinen Mann gestanden. Großes ist geleistet worden. Noch größere Aufgaben stehen bevor. Noch ist das Werk des Führers nicht vollends vollbracht. Wir wissen aber, daß ein unbeugsamer Wille und ein Kraftbewußtsein, wie es nur aus der Ethik der nationalsozialistischen Volksgemeinschaft erwachsen kann, uns zum Siege unserer Arbeit führen wird. In diesem Sinne wird das ganze deutsche Volk gerüstet sein für die Aufgaben, die ihm im neuen Jahre von seinem geliebten Führer gestellt werden.«

Der Propagandaminister Joseph Goebbels (NSDAP) sagt: »1933 war für den nationalsozialistischen Staat das Jahr der Offensive, 1934 das Jahr der Verteidigung und Behauptung. Wir sind dem Ziel unserer Revolution, dem deutschen Volke wieder zur Freiheit und zur inneren und äußeren Ehre zu verhelfen, treu geblieben.«

Der deutsche Reichsminister und Stellvertreter des Führers, Rudolf Heß (NSDAP), richtet am 29. Dezember an den Deutschen Arbeitsdienst folgenden Neujahrswunsch: »Ihr schafft zu Eurem Teile mit am Aufbau des Jahres III der deutschen Revolution! Ihr wißt: Alles ist gewonnen, wenn alle Arme schaffen nach dem Willen des Führers! Der deutsche Boden ist Euer Arbeitsfeld. Dem deutschen Bauern gewinnt Ihr neues Ackerland – dem deutschen Arbeiter neue Arbeitsstätten. Der deutschen Wirtschaft gebt Ihr neuen Antrieb. Das alles ist bedeutsam, aber am bedeutsamsten ist: Ihr seid die Schule nationalsozialistischer Lebensgemeinschaft. Die Schranken einer vergangenen Zeit trennen in Euren Reihen auch bei der täglichen Arbeit nicht mehr den Studenten vom Arbeiter, den Bauernsohn vom Handwerker! Ihr seid nur eines noch: Soldaten der Arbeit für Volk und Nation! Mit Euren Kameraden in Braun und Schwarz, in Grau und Blau seid Ihr die schaffende Front der Jungen deutschen Generation...«

Fünf Länder – fünf Wege
Deutschland / Frankreich / England / Italien / USA
Ein Führer und ein Volk
Italien am Wendepunkt.
Auch im neuen Jahre: Pflichterfüllung
Deutschland als Aufgabe
Frankfurter Zeitung
Ein neuer italienisch-französischer Sicherheitsplan?
Außenhandel an der Jahreswende.
Deutschland und das Abrüstungsproblem.
Um den inneren Frieden Oesterreichs.
Der englisch-französische Gedankenaustausch.
Zwei Paktvorschläge für Mitteleuropa
Bedingungsloses Vertrauen zu Adolf Hitler
Englische Hoffnungen auf ein neues Flottenabkommen.
Abrechnung mit dem Saar-Separatismus
Hoffnung auf Festigung des Friedens.
Zwischen Himmel und Erde: Amerika
Die Ausdehnung von Erzeugung und Verbrauch
Es lebe unser großes deutsches Volk, es lebe der Führer!"
Um die Gefahrenzone des Weltfriedens
Verhandlungen mit Italien
Leipziger Neueste Nachrichten

Die Überschriften verschiedener deutscher Zeitungen spiegeln die vorherrschende politische Stimmung im Dritten Reich zum Jahreswechsel

Neue Postwertzeichen 1934

Wohltätigkeitsausgabe zugunsten der Deutschen Nothilfe; Berufsstände (neun Werte)

Sondermarken zum Reichsparteitag der NSDAP in Nürnberg 1934

Propagandabriefmarken zur Saarabstimmung 1935

Sondermarken zum 175. Geburtstag von Friedrich v. Schiller

Trauermarken zum Tod des Generalfeldmarschalls und Reichspräsidenten Paul von Hindenburg am 2. August (sechs Werte)

Flugpostausgabe fünf Jahre nach Eröffnung der »Reichspoststrecke« zwischen Berlin und London mit Bildern der beiden Flugpioniere Ferdinand Graf von Zeppelin (u. l.) und Otto Lilienthal (u. r.)

Kolonialgedenkmarken, die an die Einrichtung der ersten deutschen Kolonie erinnern; 1884 wurde Deutsch-Südwestafrika zum Schutzgebiet erklärt

Anhang

Die Regierungen des Deutschen Reichs, Österreichs und der Schweiz 1934

Neben den Staatsoberhäuptern des Deutschen Reichs, Österreichs und der Schweiz sind in der Zusammenstellung die einzelnen Kabinette des Jahres 1934 in chronologischer Reihenfolge enthalten. Hinter den Namen der wichtigsten Regierungsmitglieder steht in Klammern der Zeitraum ihrer Tätigkeit.

Deutsches Reich

Staatsform:
Republik, de facto nach dem Tod Hindenburgs entsprechend dem Führergrundsatz aufgebauter Einheitsstaat (Diktatur)
Reichspräsident:
Paul von Hindenburg (1925-2. 8. 1934), Adolf Hitler (NSDAP; 2./19. 8. 1934-1945)

Reichskanzler:
Adolf Hitler (NSDAP; 1933-1945)
Vizekanzler:
Franz von Papen (parteilos; 1933-7. 8. 1934); das Amt bleibt ab dem 7. 8. 1934 unbesetzt
Auswärtiges:
Konstantin Freiherr von Neurath (parteilos; 1933-1938)
Inneres:
Wilhelm Frick (NSDAP; 1933-1943)
Finanzen:
Johann Ludwig Graf Schwerin von Krosigk (parteilos; 1932-1945)
Wirtschaft:
Kurt Schmitt (parteilos; 1933-3. 8. 1934), Hjalmar Schacht (parteilos; 3. 8. 1934-1937)
Arbeit:
Franz Seldte (NSDAP; 1933-1945)
Justiz:
Franz Gürtner (parteilos; 1933-1941)
Volksaufklärung und Propaganda:
Joseph Goebbels (NSDAP; 1933-1945)
Wehr:
Werner von Blomberg (parteilos; 1933-1938)
Luftfahrt:
Hermann Göring (NSDAP; 1933-1945)
Forsten (neu geschaffen am 3. 7. 1934):
Hermann Göring (NSDAP; 3. 7. 1934-1945)
Post:
Paul Freiherr von Eltz-Rübenach (parteilos; 1932-1937)
Verkehr:
Paul Freiherr von Eltz-Rübenach (parteilos; 1932-1937)
Ernährung:
Richard Walther Darré (NSDAP; 1933-1942)
Wissenschaft, Erziehung und Volksbildung (neu geschaffen am 1. 5. 1934):
Bernhard Rust (NSDAP; 1. 5. 1934-1945)
Reichsminister ohne Geschäftsbereich:
Rudolf Heß (NSDAP; 1933-1941), Ernst Röhm (NSDAP; 1933-30. 6. 1934), Hanns Kerrl (NSDAP; 16. 6. 1934-1935), Hans Frank (NSDAP; 19. 12. 1934-1945)
Reichskommissar für den Arbeitsdienst:
Franz Seldte (NSDAP; 1933-6. 7. 1934), Konstantin Hierl (NSDAP; 6. 7. 1934-1945)
Reichskommissar für die Gleichschaltung der Justiz:
Hans Frank (NSDAP; 1933-19. 12. 1934)
Reichskommissar für den Sport:
Hans von Tschammer und Osten (NSDAP; 1933-1943)
Reichskommissar für das Siedlungswesen:
Gottfried Feder (NSDAP; 1933-6. 12. 1934)
Reichskommissar für Rohstoffwirtschaft:
Jean Puppe (30. 6. 1934-1937)
Reichskommissar für die Preisbildung:
Carl Friedrich Goerdeler (1933-1935)
Staatssekretär und Chef der Reichskanzlei (ab 1937 Minister):
Hans Heinrich Lammers (NSDAP; 1933-1945)
Reichspressechef:
Walter Funk (NSDAP; 1933-1938)

Die Reichsstatthalter
Anhalt und Braunschweig:
Wilhelm Loeper (1933-1935)
Baden:
Robert Wagner (1933-1945)
Bayern:
Franz Ritter von Epp (1933-1945)
Hamburg:
Karl Kaufmann (1933-1945)
Hessen:
Jakob Sprenger (1933-1945)
Lippe und Schaumburg-Lippe:
Alfred Meyer (1933-1945)
Mecklenburg und Lübeck:
Friedrich Hildebrandt (1933-1945)
Oldenburg und Bremen:
Karl Röver (1933-1942)
Preußen:
Adolf Hitler (1933-1945; mit der Ausübung der Geschäfte ist von 1935 bis 1945 Hermann Göring beauftragt)
Sachsen:
Martin Mutschmann (1933-1945)
Thüringen:
Fritz Sauckel (1933-1945)
Württemberg:
Wilhelm Murr (1933-1945)

Österreich

Staatsform:
Bundesrepublik
Bundespräsident:
Wilhelm Miklas (christlichsozial: 1928-1938)

2. Kabinett Dollfuß (1933-10. 7. 1934):
Bundeskanzler:
Engelbert Dollfuß (christlichsozial; 1932-25. 7. 1934)
Vizekanzler:
Emil Fey (Heimwehr; 1933-1. 5. 1934), Ernst Rüdiger Starhemberg (1. 5. 1934-1936)
Äußeres:
Engelbert Dollfuß (christlichsozial; 1932-25. 7. 1934)
Inneres:
Engelbert Dollfuß (christlichsozial; 1933-25. 7. 1934)
Justiz:
Kurt Schuschnigg (christlichsozial; 1932-10. 7. 1934)
Unterricht:
Kurt Schuschnigg (christlichsozial; 1933-1936)
Finanzen:
Karl Buresch (christlichsozial; 1933-1935)
Handel und Verkehr:
Fritz Stockinger (1933-1936)
Soziale Verwaltung:
Richard Schmitz (christlichsozial; 1922-1924, 1930, 1933-16. 2. 1934), Odo Neustädter-Stürmer (Heimwehr; 16. 2. 1934-1935)
Heerwesen:
Engelbert Dollfuß (christlichsozial; 1933-12. 3. 1934)
Landesverteidigung (neu errichtet am 12. 3. 1934):
Alois Schönburg-Hartenstein (12. 3.-10. 7. 1934)
Landwirtschaft:
Engelbert Dollfuß (christlichsozial; 1931-10. 7. 1934)
Sicherheit:
Engelbert Dollfuß (christlichsozial; 1933-1. 5. 1934, 11.-25. 7. 1934), Emil Fey (Heimwehr; 1. 5.-10. 7. 1934)
Verfassungsfragen:
Otto Ender (christlichsozial; 1933-10. 7. 1934)
Ohne Geschäftsbereich:
Robert Kerber (Landbund; 1933-25. 7. 1934; ab 1. 5. 1934: Leiter des neugeschaffenen Amts für Statistik), Richard Schmitz (christlichsozial; 16. 2.-10. 7. 1934)
Staatssekretär für Sicherheit:
Karl Karwinsky (1933-1. 5. 1934, 11.-25. 7. 1934)
Staatssekretär für Arbeit:
Heinrich Gleißner (1933-12. 3. 1934), Bartholomäus Hasenauer (12. 3.-10. 7. 1934)
Staatssekretär für Arbeitsdienst:
Odo Neustädter-Stürmer (Heimwehr; 1933-10. 7. 1934)
Staatssekretär für Justiz:
Franz Glaß (1933-10. 7. 1934)
Staatssekretär für das Heerwesen:
Alois Schönburg-Hartenstein (1933-12. 3. 1934, danach Landesverteidigungsminister)

3. Kabinett Dollfuß (11.-25. 7. 1934):
Bundeskanzler:
Engelbert Dollfuß (christlichsozial; 1932-25. 7. 1934)
Vizekanzler:
Ernst Rüdiger Starhemberg (1. 5. 1934-1936)
Äußeres:
Engelbert Dollfuß (christlichsozial; 1932-25. 7. 1934)
Inneres:
Engelbert Dollfuß (christlichsozial; 1933-25. 7. 1934)
Innere Verwaltung (neu geschaffen am 11. 7. 1934):
unbesetzt
Justiz:
Egon Berger-Waldenegg (Heimwehr; 11. 7. 1934-1935)
Unterricht:
Kurt Schuschnigg (christlichsozial; 1933-1935)
Finanzen:
Karl Buresch (christlichsozial; 1933-1935)
Handel und Verkehr:
Fritz Stockinger (1933-1936)
Soziale Verwaltung:
Odo Neustädter-Stürmer (Heimwehr; 16. 2. 1934-1935)
Landesverteidigung:
Engelbert Dollfuß (christlichsozial: 11.-25. 7. 1934)
Landwirtschaft:
Engelbert Dollfuß (christlichsozial; 1931-10. 7. 1934
Sicherheit:
Engelbert Dollfuß (christlichsozial; 1933-1. 5. 1934, 11.-25. 7. 1934)
Verfassungsfragen:
aufgelöst
Ohne Geschäftsbereich:
Robert Kerber (Landbund; 1933-25. 7. 1934; ab 1. 5. 1934: Leiter des neugeschaffenen Amts für Statistik)
Ohne Geschäftsbereich (Generalstaatskommissar für das außerordentliche Sicherheitswesen):
Emil Fey (Heimwehr; 11.-25. 7. 1934)
Staatssekretär für Sicherheit:
Karl Karwinsky (1933-1. 5. 1934, 11.-25. 7. 1934)
Staatssekretär für Landesverteidigung:
Wilhelm Zehner (12. 7. 1934-1938)
Staatssekretär für Landwirtschaft:
Ulrich Ilg (11. 7. 1934-1935)
Staatssekretär für Äußeres:
Stefan Tauschitz (11. 7.-3. 8. 1934)
Nach der Ermordung von Engelbert Dollfuß am 25. Juli führt der bisherige Vizekanzler Starhemberg die Amtsgeschäfte des Bundeskanzlers bis zum 30. Juli.

1. Kabinett Schuschnigg (30. 7. 1934-1935):
Bundeskanzler:
Kurt Schuschnigg (christlichsozial; 30. 7. 1934-1938)
Vizekanzler:
Ernst Rüdiger Starhemberg (1. 5. 1934-1936)
Äußeres:
Egon Berger-Waldenegg (beauftragt 30. 7. 1934-1935, danach Minister 1935/36)
Innere Verwaltung (zugleich Generalkommissar):
Emil Fey (30. 7. 1934-1935)
Justiz:
Egon Berger-Waldenegg (Heimwehr; 11. 7. 1934-1935)
Unterricht:
Kurt Schuschnigg (christlichsozial; 1933-1936)
Finanzen:
Karl Buresch (christlichsozial; 1933-1935)
Handel und Verkehr:
Fritz Stockinger (1933-1936)
Soziale Verwaltung (ab 10. 11. 1934 auch beauftragt mit den Angelegenheiten der berufsständischen Neuordnung):
Odo Neustädter-Stürmer (16. 2. 1934-1935)
Landesverteidigung:
Kurt Schuschnigg (christlichsozial; 30. 7. 1934-1938)
Landwirtschaft:
unbesetzt 30./31. 7. 1934, Josef Reither (31. 7. 1934-35)
Sicherheit:
Ernst Rüdiger Starhemberg (beauftragt 30. 7. 1934-1935)
Staatssekretär für Sicherheit:
unbesetzt 30./31. 7. 1934, Hans Hammerstein-Equord (31. 7. 1934-1935)
Staatssekretär für Landesverteidigung:
Wilhelm Zehner (12. 7. 1934-1938)

Staatssekretär für Justiz:
Karl Karwinksy (30. 7. 1934-1935)
Staatssekretär für Landwirtschaft:
Ulrich Ilg (11. 7. 1934-1935)
Staatssekretär für Äußeres:
Stefan Tauschitz (11. 7. - 3. 8. 1934)
Staatssekretär für Unterricht:
Hans Pernter (30. 7. 1934-1936)
Staatssekretär für Arbeiterschutz (neu geschaffen am 7. 8. 1934):
Johann Großauer (14. 8. 1934-1935)

Schweiz

Staatsform:
Bundesrepublik
Bundespräsident:
Marcel Pilet-Golaz (freisinnig; 1934, 1940)

Justiz und Polizei:
Heinrich Häberlin (freisinnig; 1920-12. 3. 1934), Johannes Baumann (freisinnig; 23. 3. 1934-1940)
Äußeres:
Giuseppe Motta (katholisch-konservativ; 1920-1940)
Inneres:
Albert Meyer (freisinnig; 1930-23. 4. 1934), Philipp Etter (katholisch-konservativ; 23. 4. 1934-1959)
Finanzen und Zölle:
Jean-Marie Musy (katholisch-konservativ; 1919-23. 3. 1934), Albert Meyer (freisinnig; 23. 4. 1934-1938)
Militär:
Rudolf Minger (Bauern-, Gewerbe- und Bürgerpartei; 1929-1940)
Volkswirtschaft:
Edmund Schultheß (freisinnig; 1912-1935)
Post und Eisenbahn:
Marcel Pilet-Golaz (freisinnig; 1930-1940)

Deutsches Reich, Österreich und die Schweiz 1934 in Zahlen

Die Statistiken für die drei deutschsprachigen Länder umfassen eine Auswahl von grundlegenden Daten. Es wurden vor allem Daten aufgenommen, die innerhalb der einzelnen Länder vergleichbar sind. Maßgebend für alle Angaben waren die amtlichen Statistiken. Die Zahlen beziehen sich auf die jeweiligen Staatsgrenzen von 1934. Nicht in allen gesellschaftlichen Bereichen finden jährliche Erhebungen statt, so daß mitunter die Daten aus früheren Jahren aufgenommen werden mußten. Das Erhebungsdatum ist jeweils angegeben (unter der Rubrik »Stand«). Die aktuellen Zahlen des Jahres 1934 werden — wo möglich — durch einen Vergleich zum Vorjahr relativiert. Wichtige Zusatzinformationen zum Verständnis einzelner Daten sind in den Fußnoten enthalten.

Deutsches Reich

Erhebungsgegenstand	Wert	Vergleich Vorjahr (%)	Stand
Fläche (km²)	470713,65	± 0	31. 12. 1934
Bevölkerung			
Wohnbevölkerung	66409000	+ 0,6	1934
männlich	32086000	—	1933
weiblich	33343000	—	1933
Einwohner je km²	141,1	—	1934
Ausländer	756760	—	1933
Privathaushalte	17695000	—	1933
Einpersonenhaushalte	1482000	—	1933
Mehrpersonenhaushalte	16213000	—	1933
Lebendgeborene	1198350	+ 23,4	1934
Gestorbene	724758	— 1,8	1934
Eheschließungen	740165	+ 15,9	1934
Ehescheidungen	54744	+ 28,8	1934
Familienstand der Bevölkerung			
Ledige insgesamt	31795000	—	1934
männlich	16111000	—	1934
weiblich	15684000	—	1934
Verheiratete	30172000	—	1934
Verwitwete und Geschiedene	4117000	—	1934
männlich	1011000	—	1934
weiblich	3106000	—	1934
Religionszugehörigkeit			
Christen insgesamt	62875224	—	1933
katholisch	21760065	—	1933
evangelisch	41080024	—	1933
sonstige	35135	—	1933
Juden	502799	—	1933
andere	2651425	—	1933
Altersgruppen			
unter 5 Jahren	4890000	—	1934
5 bis unter 10 Jahren	5331000	—	1934
10 bis unter 15 Jahren	5908000	—	1934
15 bis unter 20 Jahren	3904000	—	1934
20 bis unter 30 Jahren	12418000	—	1934
30 bis unter 40 Jahren	11048000	—	1934
40 bis unter 50 Jahren	8462000	—	1934
50 bis unter 60 Jahren	7102000	—	1934
60 bis unter 70 Jahren	4838000	—	1934
70 bis unter 80 Jahren	2245000	—	1934
80 und darüber	490000	—	1934
Die zehn größten Städte			
Berlin	4243000	—	1933
Hamburg	1129000	—	1933
Köln	757000	—	1933
München	735000	—	1933
Leipzig	714000	—	1933
Essen	654000	—	1933
Dresden	642000	—	1933
Breslau	625000	—	1933
Frankurt am Main	556000	—	1933
Dortmund	541000	—	1933
Erwerbstätigkeit			
Erwerbstätige	32296074	—	1933
männlich	20817033	—	1933
weiblich	11479041	—	1933
nach Wirtschaftsbereichen			
Land- und Forstwirtschaft, Tierhaltung und Fischerei	9342785	—	1933
Produzierendes Gewerbe	13052982	—	1933
Handel und Verkehr	5932069	—	1933
Sonstige	3968238	—	1933
Arbeitslose	2718309	— 43,4	1934
Betriebe			
Landwirtschaftliche Betriebe	3075454	—	1933
Bergbau und verarbeitendes Gewerbe	1679331	—	1933
Baugewerbe	263055	—	1933
Handel, Gastgewerbe, Reiseverkehr	1630785	—	1933
davon Banken, Versicherungen	47973	—	1933
Außenhandel			
Einfuhr (Mio. RM)	4451	+ 5,9	1934
Ausfuhr (Mio. RM)	4167	— 14,5	1934
Einfuhrüberschuß (Mio. RM)	284	+134,9	1934
Verkehr			
Eisenbahnnetz (km)	68165	+ 0,1	1934
Beförderte Personen (in 1000)	1407900	+ 9,7	1934
Beförderte Güter (in 1000 t)	402700	+ 19,1	1934
Bestand an Kraftfahrzeugen	1850232	+ 14,1	1934
davon PKW	661773	+ 20,6	1934
davon LKW	191715	+ 27,4	1934
Zulassung fabrikneuer Kfz	244164	+ 61,2	1934
Binnenschiffe zum Gütertransport (Tragfähigkeit in t)	472000	+ 5,1	1. 1. 1934
Beförderte Güter (t)	94184000	+ 20,8	1934
Handelsschiffe/Seeschiffahrt (BRT)	3808000	— 3,8	1934
Beförderte Güter (t)	42636000	+ 16,8	1934
Luftverkehr			
Beförderte Personen	165846	+ 34,8	1934
Beförderte Güter (t)	3218000	+ 27,8	1934

Erhebungsgegenstand	Wert	Vergleich Vorjahr (%)	Stand
Bildung			
Schüler an Volksschulen	7639901	–	1931/32
Mittelschulen	229671	–	1931/32
Höheren Schulen	778440	–	1931/32
Studenten	82698	– 7,2	1934
Rundfunk			
Hörfunkteilnehmer	6725216	+ 24,0	1934
Gesundheitswesen			
Ärzte	47484	–	1934
Zahnärzte	31245	–	1934
Krankenhäuser	4921	– 0,3	1934
Sozialleistungen			
Mitglieder der gesetzlichen Krankenversicherung	18635388	+ 7,3	1934
Rentenversicherung der Arbeiter	3394526	+ 0,6	1934
Rentenversicherung d. Angestellten	362619	+ 9,0	1934
Knappschaftl. Rentenversicherung	355457	+ 1,6	1934
Empfänger von			
Arbeitslosengeld und Krisenfürsorge	1208987	– 33,3	1934
Wohlfahrtshilfe	872488	– 53,9	1934
Löhne und Gehälter			
tägliche Arbeitszeit in der Industrie (Stunden)	7,43	+ 3,8	1934
tariflicher Stundenlohn			
männlicher Facharbeiter (Rpf)	77,9	–	1933
tariflicher Stundenlohn			
männlicher Hilfsarbeiter (Rpf)	61,8	–	1933
Preise			
Einzelhandelspreise ausgewählter Lebensmittel (RM)[1]			
Butter, 1 kg	2,96	+ 9,2	1934
Weizenmehl, 1 kg	0,47	– 4,1	1934
Schweinefleisch, 1 kg	1,60	+ 7,4	1934
Rindfleisch, 1 kg	1,46	+ 2,1	1934
Eier, 1 Stück	0,10	± 0	1934
Kartoffeln, 5 kg	0,45	+ 32,4	1934
Vollmilch, 1 l	0,23	+ 4,5	1934
Zucker, 1 kg	0,77	+ 1,3	1934
Kaffee, 1 kg	5,33	– 3,1	1934
Index der Lebenshaltungskosten für 5-Personen-Arbeitnehmer-Haushalt mit mittlerem Einkommen (1913/14 = 100)	121,1	+ 2,6	1934

	Bremen	Berlin	Breslau	Aachen	Stuttg.	München
Klimatische Verhältnisse						
Mittlere Lufttemperatur (°C)						
Januar (°C)	2,5	1,2	–0,1	2,4	2,1	–1,4
Februar	3,6	2,7	1,0	2,4	1,9	–1,5
März	5,2	5,6	5,7	4,7	5,8	3,8
April	11,2	11,5	11,4	11,2	12,8	10,7
Mai	13,6	14,5	15,1	13,0	15,7	13,7
Juni	16,7	18,2	17,8	16,4	18,6	15,7
Juli	18,2	19,6	19,6	18,4	20,8	18,1
August	17,3	17,4	17,7	17,0	17,9	16,1
September	17,0	16,3	15,6	17,4	17,4	14,8
Oktober	11,2	10,0	10,2	11,2	11,2	8,1
November	6,0	5,1	5,3	5,1	4,8	2,3
Dezember	6,0	4,4	4,4	7,6	6,6	3,7

[1] Durchschnitt von 72 Gemeinden
[2] Tage, an denen die Temperatur ständig unter 0° bleibt
[3] Tage, an denen die Temperatur zeitweise unter 0° sinkt
[4] Tage, an denen das Maximum der Temperatur über 25° liegt

	Bremen	Berlin	Breslau	Aachen	Stuttg.	München
Eistage[2]	4	7	8	4	5	19
Frosttage[3]	30	46	78	40	45	119
Sommertage[4]	33	59	67	42	64	46
Gewittertage	18	20	40	23	32	38
Niederschlagsmengen (mm)						
Januar	34	35	31	69	32	39
Februar	32	28	29	14	13	10
März	39	19	23	30	30	39
April	32	48	20	57	37	31
Mai	25	21	33	41	38	31
Juni	80	14	48	67	170	179
Juli	32	79	60	31	42	104
August	55	110	78	39	130	169
September	40	43	42	50	50	68
Oktober	89	53	64	95	39	73
November	37	60	38	47	31	21
Dezember	55	27	24	98	28	30
Tage mit Schneedecke	6	16	32	8	22	37

Österreich

Erhebungsgegenstand	Wert	Vergleich Vorjahr (%)	Stand
Fläche (km²)	83868	± 0	1934
Bevölkerung			
Wohnbevölkerung	6760233	–	1934
männlich	3248265	–	1934
weiblich	3511968	–	1934
Einwohner je km²	80,6	–	1934
Ausländer	289305	–	1934
Lebendgeborene	91318	– 5,3	1934
Gestorbene	85772	– 3,6	1934
Eheschließungen	44112	+ 0,4	1934
Ehescheidungen	6315	– 3,7	1934
Familienstand der Bevölkerung			
Ledige insgesamt	3530433	–	22. 3. 1934
männlich	1770968	–	22. 3. 1934
weiblich	1759465	–	22. 3. 1934
Verheiratete	2627095	–	22. 3. 1934
Verwitwete und Geschiedene	598185	–	22. 3. 1934
Religionszugehörigkeit			
Christen insgesamt	6448478	–	22. 3. 1934
katholisch	6116250	–	22. 3. 1934
evangelisch	295452	–	22. 3. 1934
altkatholisch	36776	–	22. 3. 1934
Juden	191481	–	22. 3. 1934
andere	7105	–	22. 3. 1934
konfessionslos	106080	–	22. 3. 1934
Altersgruppen			
unter 5 Jahren	468659	–	1934
5 bis unter 10 Jahren	538804	–	1934
10 bis unter 15 Jahren	591325	–	1934
15 bis unter 20 Jahren	392682	–	1934
20 bis unter 30 Jahren	1183335	–	1934
30 bis unter 40 Jahren	1100705	–	1934
40 bis unter 50 Jahren	883543	–	1934
50 bis unter 60 Jahren	762309	–	1934
60 bis unter 70 Jahren	518876	–	1934
70 und darüber	308087	–	1934

Erhebungsgegenstand	Wert	Vergleich Vorjahr (%)	Stand
Die zehn größten Städte			
Wien	1874130	—	22. 3. 1934
Graz	152841	—	22. 3. 1934
Linz	108970	—	22. 3. 1934
Salzburg	63231	—	22. 3. 1934
Innsbruck	61005	—	22. 3. 1934
Wiener Neustadt	36798	—	22. 3. 1934
St. Pölten	36247	—	22. 3. 1934
Klagenfurt	29671	—	22. 3. 1934
Villach	23831	—	22. 3. 1934
Steyr	22512	—	22. 3. 1934
Erwerbstätigkeit			
Erwerbstätige	3170272	—	22. 3. 1934
nach Wirtschaftsbereichen			
Land- und Forstwirtschaft, Tierhaltung und Fischerei	1003961	—	22. 3. 1934
Verarbeitendes Gewerbe und Industrie	1036735	—	22. 3. 1934
Dienstleistungen	1012044	—	22. 3. 1934
Bergbau, Salinenwesen, Torfgräberei	22841	—	22. 3. 1934
Sonstige	94691	—	22. 3. 1934
Arbeitslose	347670	—	Juni 1934
Betriebe			
Landwirtschaftliche Betriebe	433360	—	1934
Bergbau, Salinen, Sudhütten	78	— 1,3	1934
Außenhandel			
Einfuhr (Mio. Schilling/Mio. RM)	1171,1 (570,3)	— 1,6	1934
Ausfuhr (Mio. Schilling/Mio. RM)	874,2 (425,7)	+ 7,0	1934
Einfuhrüberschuß (Mio. Schilling/Mio. RM)	296,8 (144,5)	— 20,3	1934
Verkehr			
Eisenbahnnetz (km)[2]	5842	—	1934
Beförderte Personen (in 1000)	553289	—	1934
Beförderte Güter (in 1000 t)	25402	—	1934
Bestand an Kraftfahrzeugen	41878	+ 1,6	1934
davon PKW	18891	+ 4,1	1934
davon LKW	13687	— 0,4	1934
Zulassung fabrikneuer Kfz	2249	+ 13,2	1934
Luftverkehr			
Beförderte Personen	19709	+ 6,2	1934
Beförderte Güter (t)	680	— 4,1	1934
Bildung			
Schüler an Realschulen	13481	—	1933/34
Realgymnasien	29555	—	1933/34
Gymnasien	15183	—	1933/34
Studenten	19297	— 3,7	1934/35
Rundfunk			
Hörfunkteilnehmer	527295	+ 3,9	1934
Sozialleistungen			
Mitglieder der			
Arbeiter-Krankenversicherung	737788	+ 0,5	1934
Angestelltenversicherung	350020	— 0,6	1934
Empfänger von Arbeitslosengeld und -hilfe	263883	—14,3	Juni 1934
Finanzen und Steuern			
Gesamtausgaben des Bundes (Mio. Schilling/Mio. RM)	1404,0 (686,5)	+ 7,3	1934
Gesamteinnahmen des Bundes (Mio. Schilling/Mio. RM)	1301,0 (636,2)	— 0,6	1934
Schuldenlast des Bundes (Mio. Schilling/Mio. RM)	3526,6 (1724,5)	— 3,7	31. 12. 1934

Erhebungsgegenstand	Wert	Vergleich Vorjahr (%)	Stand
Preise			
Einzelhandelspreise ausgewählter Lebensmittel (RM)[3]			
Butter, 1 kg	4,40 (2,15)	—	Juli 1934
Weizenmehl, 1 kg	0,70 (0,34)	—	Juli 1934
Schweinefleisch, 1 kg	3,00 (1,46)	—	Juli 1934
Rindfleisch, 1 kg	3,00 (1,46)	—	Juli 1934
Eier, 1 Stück	0,11 (0,05)	—	Juli 1934
Kartoffeln, 1 kg	0,22 (0,11)	—	Juli 1934
Index der Einzelhandelspreise (1914 = 100)	142	± 0	1934

	Wien	Salzburg	Graz	Klagenfurt	Innsbruck	Feldkirch
Klimatische Verhältnisse						
Mittlere Lufttemperatur (°C)						
Januar	— 0,4	— 0,7	— 1,2	— 3,7	— 2,9	— 2,1
Februar	1,5	— 0,1	0,8	— 3,0	— 1,1	— 1,1
März	7,2	5,5	7,2	5,5	5,6	4,6
April	12,6	12,0	12,1	11,3	12,3	11,1
Mai	16,4	15,2	15,7	15,1	14,9	14,5
Juni	17,8	16,3	17,1	16,9	16,1	16,0
Juli	21,5	18,8	19,8	19,9	18,7	18,5
August	19,4	16,8	18,3	17,8	16,7	16,0
September	16,5	16,1	16,4	15,8	15,5	15,3
Oktober	10,1	9,7	9,4	8,0	8,3	8,5
November	6,2	4,5	4,8	2,7	4,5	3,1
Dezember	5,5	4,3	4,6	2,4	3,5	3,5
Tage mit						
Niederschlag	135	144	149	136	157	145
Schneefall	14	21	13	12	21	18
Gewitter	37	22	33	36	27	25
Niederschlagsmengen (mm)						
Januar	34	81	20	41	33	55
Februar	45	21	9	33	10	9
März	16	56	26	126	20	53
April	23	27	20	49	19	33
Mai	56	30	70	91	40	52
Juni	58	153	165	200	131	187
Juli	14	114	96	89	105	128
August	106	215	169	201	185	256
September	39	79	26	117	64	126
Oktober	31	81	76	102	71	85
November	31	36	68	128	29	23
Dezember	48	70	60	88	34	62
Sonnenscheindauer (Std.)						
Januar	53	42	54	42	64	79
Februar	134	145	174	114	150	146
März	146	119	123	156	145	113
April	233	240	220	220	219	236
Mai	268	231	205	251	202	247
Juni	243	200	222	239	166	218
Juli	295	259	293	265	238	270
August	195	178	192	197	153	160
September	241	198	162	232	198	208
Oktober	84	137	123	90	172	159
November	91	109	108	108	110	127
Dezember	17	38	16	22	62	67

[1] Letzte verfügbare Angabe (Volkszählung)
[2] Bundesbahn
[3] in Wien
[4] Letzte verfügbare Angabe (Betriebszählung)

Schweiz

Erhebungsgegenstand	Wert	Vergleich Vorjahr (%)	Stand
Fläche			
Fläche (km²)	41 294,9	–	1934
Bevölkerung			
Wohnbevölkerung	4 143 500	+ 0,4	1934
männlich	1 958 349	–	1930[1]
weiblich	2 108 051	–	1930[1]
Einwohner je km²	100,3	+ 0,4	1934
Ausländer	355 522	–	1930[1]
Privathaushalte	1 002 915	–	1930[1]
Lebendgeborene	67 277	– 0,3	1934
Gestorbene	46 806	– 0,8	1934
Eheschließungen	32 492	+ 1,6	1934
Ehescheidungen	3 034	+ 1,4	1934
Familienstand der Bevölkerung			
Ledige insgesamt	2 258 337	–	1930[1]
männlich	1 114 709	–	1930[1]
weiblich	1 143 628	–	1930[1]
Verheiratete	1 530 068	–	1930[1]
Verwitwete und Geschiedene	277 995	–	1930[1]
männlich	77 253	–	1930[1]
weiblich	200 742	–	1930[1]
Religionszugehörigkeit			
evangelisch	2 330 303	–	1930[1]
römisch-katholisch	1 629 043	–	1930[1]
christ-katholisch	37 307	–	1930[1]
Juden	17 973	–	1930[1]
andere, ohne Konfession	51 774	–	1930[1]
Altersgruppen			
unter 5 Jahren	325 122	–	1930[1]
5 bis unter 10 Jahren	347 651	–	1930[1]
10 bis unter 15 Jahren	325 618	–	1930[1]
15 bis unter 20 Jahren	363 122	–	1930[1]
20 bis unter 30 Jahren	730 520	–	1930[1]
30 bis unter 40 Jahren	606 450	–	1930[1]
40 bis unter 50 Jahren	502 742	–	1930[1]
50 bis unter 60 Jahren	428 653	–	1930[1]
60 bis unter 70 Jahren	280 361	–	1930[1]
70 bis unter 80 Jahren	127 329	–	1930[1]
80 und darüber	28 832	–	1930[1]
Die zehn größten Städte			
Zürich	315 000	+ 1,5	1934
Basel	158 700	+ 1,2	1934
Genf	125 950	– 0,9	1934
Bern	119 300	+ 1,4	1934
Lausanne	83 700	+ 1,9	1934
St. Gallen	64 000	± 0	1934
Winterthur	55 550	+ 0,5	1934
Luzern	52 050	+ 2,1	1934
Biel	38 450	+ 0,8	1934
La Chaux-de Fonds	32 050	– 2,3	1934
Erwerbstätigkeit			
Erwerbstätige	1 942 626	–	1930[1]
männlich	1 331 358	–	1930[1]
weiblich	611 268	–	1930[1]
nach Wirtschaftsbereichen			
Sektor 1: Land- und Forstwirtschaft	413 336	–	1930[1]
Sektor 2: Industrie, Handwerk, Baugewerbe	848 762	–	1930[1]
Sektor 3: Dienstleistungen	680 528	–	1930[1]
Arbeitslose	65 440	– 3,6	1934

Erhebungsgegenstand	Wert	Vergleich Vorjahr (%)	Stand
Betriebe			
Land- und Forstwirtschaft	238 469	–	1929[4]
Industrie, Handwerk, Baugewerbe	103 360	–	1929[4]
Dienstleistungen	112 877	–	1929[4]
Außenhandel			
Einfuhr (Mio. sFr./Mio. RM)	1 434,5 (1 189,2)	– 10,0	1934
Ausfuhr (Mio. sFr./Mio. RM)	844,3 (699,9)	– 1,0	1934
Einfuhrüberschuß (Mio. sFr./Mio. RM)	590,1 (489,3)	– 20,4	1934
Verkehr			
Eisenbahnnetz (km)	5 823	+ 0,1	1934
Beförderte Personen (Mio)	398,8	– 2,1	1934
Beförderte Güter (Mio t)	21,8	+ 0,9	1934
Straßennetz (km)	16 454	+ 0,4	1934
Bestand an Kraftfahrzeugen	90 735	+ 4,7	1934
davon PKW	69 744	+ 5,0	1934
davon LKW	18 828	+ 2,5	1934
Luftverkehr			
Beförderte Personen	84 543	+ 41,8	1934
Beförderte Güter (t)	7 510	– 2,8	1934
Bildung			
Schüler an Primarschulen	473 040	– 1,4	1934/35
Sekundarschulen	52 227	+ 7,2	1934/35
untere Mittelschulen	25 030	–	1934/35
Gymnasien, höhere Mittelschulen	12 751	+ 3,0	1934/35
Studenten	8 771	+ 2,1	1934/35
Rundfunk			
Hörfunkteilnehmer	365 866	+ 21,9	1934
Gesundheitswesen			
Ärzte	3 371	+ 3,8	1934
Zahnärzte	1 150	–	1934
Sozialleistungen			
Mitglieder der gesetzlichen Krankenversicherung	1 892 226	+ 2,7	1934
Finanzen und Steuern			
Gesamtausgaben des Bundes (Mio. sFr./Mio. RM)	480,2 (398,4)	– 0,4	1934
Gesamteinnahmen des Bundes (Mio. sFr./Mio. RM)	453,5 (367,8)	+ 10,7	1934
Schuldenlast des Bundes (Mio. sFr./Mio. RM)	2 265,6 (1 837,4)	+ 3,8	1934
Löhne und Gehälter			
Bruttostundenverdienst			
männlicher Arbeiter (sFr./RM)	1,39 (1,15)	– 2,1	1934
weiblicher Arbeiter (sFr./RM)	0,71 (0,59)	– 1,4	1934
Preise			
Einzelhandelspreise ausgewählter Lebensmittel (sFr./RM)			
Butter, 1 kg	4,69 (3,80)	– 0,2	1934
Weizenmehl, 1 kg	0,35 (0,28)	– 2,7	1934
Schweinefleisch, 1 kg	3,24 (2,62)	– 1,2	1934
Rindfleisch, 1 kg	2,59 (2,10)	– 4,0	1934
Eier, 1 Stück	0,11 (0,09)	± 0	1934
Kartoffeln, 1 kg	0,17 (0,14)	– 5,5	1934
Vollmilch, 1 l	0,31 (0,25)	± 0	1934
Zucker, 1 kg	0,29 (0,23)	– 6,4	1934
Kaffee, 1 kg	2,92 (2,37)	– 0,7	1934
Index der Lebenshaltungskosten (1914 = 100)	129	– 1,5	1934

	Zürich	Basel	Bern	Genf	Davos	Lugano
Klimatische Verhältnisse						
Mittlere Lufttemperatur (°C)						
Januar	– 0,2	0,6	– 1,1	1,1	– 6,2	1,9
Februar	0,3	– 0,3	– 0,2	1,2	– 5,7	4,5
März	4,7	4,8	3,7	5,6	– 1,1	6,7
April	11,9	11,5	10,7	11,2	5,3	11,7
Mai	15,3	15,1	14,5	15,8	9,4	15,7
Juni	16,7	17,4	16,2	18,2	10,5	18,7
Juli	19,1	19,3	18,6	20,8	13,5	22,1
August	16,5	16,9	16,1	17,8	10,6	18,7
September	16,0	16,2	15,1	16,6	9,8	18,2
Oktober	9,6	9,7	8,4	10,2	3,2	10,9
November	3,1	2,7	2,6	4,1	– 0,9	5,4
Dezember	4,5	5,3	4,1	5,3	– 0,9	4,4
Niederschlagsmengen (mm)						
Januar	78	50	49	48	42	19
Februar	9	13	5	7	10	34
März	53	55	67	111	51	206
April	23	16	35	61	40	274
Mai	43	12	20	24	46	177
Juni	163	136	189	77	171	137
Juli	98	74	88	60	107	254
August	180	102	144	119	210	412

	Zürich	Basel	Bern	Genf	Davos	Lugano
September	122	48	58	15	64	41
Oktober	102	66	92	40	82	116
November	23	50	44	47	59	361
Dezember	76	39	59	96	55	108
Tage mit Schneefall	23	13	25	6	60	1
Gewitter	20	22	21	21	15	35
Nebel	42	44	63	16	0	2
hellem Wetter	52	49	64	88	85	112
trübem Wetter	154	136	141	126	100	85
Sonnenscheindauer (Std.)						
Januar	19	56	37	35	84	138
Februar	136	115	168	168	148	181
März	120	97	83	119	130	106
April	227	202	190	208	209	134
Mai	258	247	247	309	191	205
Juni	224	221	233	303	165	254
Juli	293	280	293	337	237	280
August	172	170	196	253	138	218
September	190	169	210	267	197	239
Oktober	129	112	141	167	157	217
November	74	71	81	75	108	114
Dezember	20	36	36	39	65	81

Staatsoberhäupter und Regierungen ausgewählter Länder 1934

Die Einträge zu den wichtigsten Ländern des Jahres 1934 informieren über die Staatsform (hinter dem Ländernamen), Titel und Namen des Staatsoberhaupts sowie in Klammern dessen Regierungszeit. Es folgen – soweit vorhanden – die Regierungschefs, bei wichtigeren Ländern auch die Außenminister des Jahres 1934; jeweils in Klammern stehen die Zeiträume der Amtsausübung. Eine Kurzdarstellung gibt – wo es sinnvoll erscheint – einen Einblick in die innen- und außenpolitische Situation des Landes. Über bewaffnete Konflikte und Unruhegebiete, auf die hier nicht näher eingegangen wird, informiert der Anhang »Kriege und Krisenherde des Jahres 1934« gesondert.

Abessinien (Äthiopien);

Kaiserreich; *Kaiser:* Haile Selasssie I. (1930-1936, 1941-1974), zuvor König als Täfäri Mä

Afghanistan;

Königreich; *König:* Mohammed Sahir (1933-1973)
Ministerpräsident: Sardar Muhammad Haschim Chan (1929-1946)

Ägypten;

Königreich; *König:* Fuad I. (1922-1936, zuvor Sultan 1917-1922)
Ministerpräsident:
Abd al-Fattah Jahja Ibrahim Pascha (1923/24, 1933-6. 11. 1934), Muhammad Taufiq Nasim Pascha (1920/21, 1922/23, 15. 11. 1934-1936)

Albanien;:

Königreich; *König:* Zogu I. (1928-1939)
Ministerpräsident: Panteleemon Evangjeli (1921, 1922/23, 1930-1935)

Algerien;

Französisches Nebenland *Generalgouverneur:* Jules Carde (1930-1935)

Annam;

Kaiserreich; unter französischem Protektorat *Kaiser:* Bao-Dai (1925-1945, danach Staatschef von Vietnam 1945-1955) Annam ist Teil der Indochinesischen Union

Argentinien;

Bundesrepublik; *Präsident:* Augustin Pedro Justo y Rólan (1932-1938)

Australien;

Bundesstaat im Britischen Empire;
Premierminister:
Joseph Alois Lyons (1931-1939)

Belgien;

Königreich; *König:* Albert I (1909-17. 2. 1934), Leopold III. (1934-1951)
Ministerpräsident:
Charles Graf Broqueville (katholisch; 1911-1918, 1932-13. 11. 1934), Georges Theunis (katholisch; 1921-1925, 19. 11. 1934-1935)

Bhutan;

Königreich; *König:* Jigme Wangchuk (1926-1952)

Birma;

Provinz von Britisch-Indien; *Generalgouverneur:* Hugh Stevenson (1932-1936)

Bolivien;

Republik; *Präsident:* Daniel Salamanca -28. 11. 1934), José Luis Tejada Sorzano (28. 11. 1934-1936)

Brasilien;

Republik/Diktatur; *Präsident:* Getúlio Dornelles Vargas (1930-1945)

Bulgarien;

Königreich/Diktatur; *König:* Boris III. (1918-1943)
Ministerpräsident: Nikolaus Muschánow (1931-17. 5. 1934), Kimon S. Georgiew (19. 5. 1934-1935)

Chile;

Republik; *Präsident:* Arturo Alessandri y Palma (1920-1924, 1932-1938)

China;

Republik; *Präsident:* Lin Sen (1932-1943)
Präsident des Exekutiv-Rats: Wang Ching-wei (1930, 1932-1935)

Costa Rica;

Republik; *Präsident:* Ricardo Jiménez Oramuno (1910-1912, 1924-1928, 1932-936)

Dänemark;

Königreich; *König:* Christian X. (1912-1947)
Ministerpräsident: Thorvald Stauning (1924-1926, 1929-1942)

Dominikanische Republik;

Diktatur; *Präsident:* Rafael Leónida Trujillo y Molina (1930-1938, 1942-1952, Diktator de facto bis 1961)

Ecuador;

Republik; *Präsident:* Abelardo Montalvo (1933-31. 8. 1934), José Maria Velasco Ibarra (1. 9. 1934-1935, 1952-1956)

El Salvador;

Republik/Diktatur; *Präsident:* Maximiliano Hernández Martínez (1932-1944)

Estland;

Republik; *Minister- und Staatspräsident:* Konstantin Päts (1923/24, 1931/32, 1932/33, 1933-38)

Finnland;

Republik; *Präsident:* Pehr Evind Svinhufvud (1931-1937)
Ministerpräsident: Toivo Kivimäki (1932-1936)

Frankreich;

Republik; *Präsident:* Albert Lebrun (1932-1940)
2. Kabinett Chautemps (1933-27. 1. 1934):
Ministerpräsident: Camille Chautemps (1930, 1933-27. 1. 1934, 1937/38)
2. Kabinett Daladier (30. 1.-7. 2. 1934):
Ministerpräsident: Édouard Daladier (1933, 30. 1.-7. 2. 1934, 1938-1940)
2. Kabinett Doumergue (9. 2.-8. 11. 1934):
Ministerpräsident: Gaston Doumergue (1913/14, 9. 2.-8. 11. 1934) *Kabinett Flandin (9. 11. 1934-1935)*
Ministerpräsident: Pierre Étienne Flandin (9. 11. 1934-1935)

Griechenland;

Republik; *Präsident:* Alexander Zaimis (1929-1935)
Ministerpräsident: Panajotis Tsaldáris (1932/33, 1933-1935)

Großbritannien;

Königreich; *König:* Georg V. (1910-1936)
Premierminister: James Ramsey MacDonald (Labour; 1924, 1929-1935)

Guatemala;

Republik/Diktatur; *Präsident:* Jorge Ubico Castañeda (1931-1944)

Haiti;

Republik; *Präsident:* Stenio Vincent (1930-1941)

Honduras;

Republik/Diktatur; *Präsident:* Tiburcio Carías Andino (1933-1948)

Indien (Britisch-Indien):
Britisches Vizekönigreich *Vizekönig:* Freeman Freeman-Thomas 1st Viscount Ratendone of Wellington (1931-1936)

Indochinesische Union:
Französisches Protektorat *Generalgouverneur:* Pierre Pasquier (1928 bis Februar 1934), René Robin (27. 2. 1934-1936)

Irak:
Königreich *König:* Ghasi I. (1933-1939)
Ministerpräsident: Dschamil Bey Midfa'i (1933-25. 8. 1934), Ali Dschewdet al-Ajjubi (27. 8. 1934-1935)

Iran:
Kaiserreich *Schah:* Resa Pahlawi (1925-1941)
Ministerpräsident: Mohammad Ali Khan Foroughi (1925/26, 1933-1935, 1941/42)

Irland:
Republik (Freistaat im britischen Empire)
Premierminister: Eamon de Valera (Fianna Fáil; 1921-1922, 1932-1948, 1951-1954, 1957-1959)

Island:
Republik (Personalunion mit Dänemark bis 1944)
Ministerpräsident: Hermann Jonasson (25. 3./Juni 1934 bis 1942)

Italien:
Königreich/Diktatur *König:* Viktor Emanuel III. (1900-1946)
Ministerpräsident: Benito Mussolini (1922-1943, 1943-1944); Außenminister 1922-1929, 1932-1936, 1942; Innenminister 1922-1924, 1926-1943; Kriegs-, Marine- und Luftfahrtminister 1933-1943)

Japan:
Kaiserreich *Kaiser:* Hirohito (seit 1926)
Ministerpräsident: Makato Graf Saito (1932-2. 7. 1934), Keisuke Okada (8. 7. 1934-1936)

Jemen (Sana):
Königreich *König:* Hamid Ad Din Jahja (1918-1948, davor Imam 1904-1918)

Jordanien:
Siehe Transjordanien

Jugoslawien:
Königreich *König:* Alexander I. (1921-9. 10. 1934), Peter II. (9. 10. 1934-1941)
Regent: Prinz Paul (9. 10. 1934-1941)
Ministerpräsident: Milan Srschkitsch (1932-23. 1. 1934), Nikolaus Usunowitsch (1926/27, 27. 1.-18. 12. 1934), Bogoljub Jeftić (21. 12. 1934-1935)

Kambodscha:
Königreich *König:* Sisovath Monivong (1927/28-1941)

Kanada:
Parlamentarische Monarchie des britischen Commonwealth
Premier- und Außenminister: Richard Bedford Bennett (1930-1935)

Katalonien:
Republik *Präsident:* Luis Companys y Jover (1. 1.-7. 10. 1934, 1936-1939), Antonio Jiménez Arenas (8. 10. 1934-1936)

Kolumbien:
Republik *Präsident:* Enrique Olaya Herrera (1930-7. 8. 1934), Alfonso López Pumarejo (7. 8. 1934-1938)

Korea:
Generalgouvernement Japans unter dem Namen Chosen (1910-1945)
Generalgouverneur: Kazushige Ugaki (1931-1936)

Kuba:
Republik *Präsident:* Ramón Grau San Martin (1933-15. 1. 1934), Carlos Hevia (15.-17. 1. 1934), Carlos Mendieta Montefur (18. 1. 1934-1935)

Kuwait:
Emirat unter britischem Protektorat
Emir: Scheich Ahmad (1921-1950)

Laos:
Königreich unter französischem Protektorat
König: Sisavong Vong (1904-1959)

Lettland:
Republik/Diktatur *Präsident:* Albert Kviésis (1930-1936)

Libanon:
Französisches Völkerbundsmandat *Präsident:* Charles Dabbas (1926-28. 1. 1934), Habib Pascha as-Sad (28. 1. 1934-1936)

Liberia:
Republik *Präsident:* Edwin J. Barclay (1930-1943)

Liechtenstein:
Fürstentum *Fürst:* Franz I. (1929-1938)

Litauen:
Republik/Militärdiktatur *Diktator:* Anton Smetona (1919-1922, 1926-1940)
Ministerpräsident: Josef Tubelis (1929-1938)

Luxemburg:
Großherzogtum *Großherzogin:* Charlotte (1919-1964)

Mandschukuo:
Kaiserreich unter japanischem Protektorat
Regent (ab 1. 3. 1934 Kaiser): Engk'e Erdemtü (1932/34-1945, als P'u I letzter Kaiser von China 1908-1912)

Marokko:
Sultanat unter französischem Protektorat
Sultan: Sidi Muhammad V. (1927-1955, 1955-1957, König 1957-1961)
Großwesir: Muhammad al-Muqri (1917-1955)
Französischer Resident: Henri Ponsot (1933-1936)

Memelgebiet:
Autonomer Staat unter Litauen (1924-1939)
Landespräsident: Ottomar Schreiber (1932-19. 3. 1934), Reisgys (von Litauen oktroyiert; 1930, März bis 1. 12. 1934), Jurgis Bruvelaitis (von Litauen oktroyiert; 4. 12. 1934-1935)

Mexiko:
Bundesrepublik *Präsident:* Abelardo Rodríguez (1932-30. 11. 1934), Lázaro Cárdenas (1. 12. 1934-1940)

Monaco:
Fürstentum *Fürst:* Ludwig II. (1922-1949)

Mongolische Volksrepublik:
Volksrepublik *Präsident:* Amor Gochighigin Bumatsende (1934-1953)
Ministerpräsident: Korlin Tschoibalsan (1924-1952)

Neuseeland:
Dominion im britischen Commonwealth
Premierminister: George William Forbes (1930-1935)
Britischer Generalgouverneur: Charles Bathurst (ab 1935: 1. Viscount) Bledisloe (1929-1935)

Nicaragua:
Republik *Präsident:* Juan Bautista Sacasa (1933-1936, davor Gegenpräsident 1926)

Niederlande:
Königreich *Königin:* Wilhelmina (1890-1948)
Ministerpräsident: Hendrikus Colijn (1925, 1933-1939)
Außenminister: Andries Cornelis Dirk de Graeff (1933-1937)

Nordirland:
Teil des Vereinigten Königreichs von Großbritannien und Nordirland
Ministerpräsident: James Craig Viscount Craigavon (1921-1940)

Norwegen:
Königreich *König:* Håkon VII. (1905-1957)
Ministerpräsident: Johann Ludwig Mowinckel (1924-1926, 1928-1931, 1933-1935)

Palästina:
Britisches Völkerbundsmandat *Oberkommissar:* Arthur Grenfell Wauchope (1931-1938)

Panama:
Republik *Präsident:* Harmodio Arias (1931, 1932-1936)

Paraguay:
Republik *Präsident:* Eusebio Ayala (1921/23, 1932-1936)

Persien:
Siehe Iran

Peru:
Republik/Diktatur *Präsident:* General Oscar Raimundo Benavides (1933-1939)

Philippinen:
Gouvernement der USA mit beschränkter Autonomie
US-Generalgouverneur (ab 1935: US-Oberkommissar): Frank Murphy (1933-1935/1935-1937)

Polen:
Republik (autoritär regierter Staat) *Präsident:* Ignacy Moscicki (1926-1939)
Ministerpräsident: Johannes Jedrzejewicz (1933-13. 5. 1934), Leo Kozowski (13. 5. 1934-1935)
Außenminister: Józef Beck (1932-1939)

Portugal:
Republik/Diktatur *Präsident:* António Oscar Fragoso Carmona (1926-1951)

Rumänien:
Königreich *König:* Karl II. (1930-1940)
Ministerpräsident: Konstantin Angelescu (1933-3. 1. 1934), Gheorge Tătărăscu (3. 1. 1934-1937, 1939-1940)

Saudi-Arabien:
Königreich *König:* Abd Al Asis Ibn Saud (1932-1953)

Schweden:
Königreich *König:* Gustav V. (1907-1950)
Ministerpräsident: Per Albin Hansson (Sozialist; 1932-1936, 1936-1946)

Siam:
Siehe Thailand

Sowjetunion:
Siehe UdSSR

Spanien:
Republik *Präsident:* Niceto Alcalá Zamora y Torres (1931-1936)
Ministerpräsident: Alejandro Lerroux y García (1933, 1933-25. 4. 1934, 4. 10. 1934-1935), Ricardo Samper Ibáñez (28. 4.-1. 10. 1934)

Südafrikanische Union:
Dominion im britischen Commonwealth
Ministerpräsident: James Barry Munnick Hertzog (1924-1939)
Generalgouverneur: George Herbert Hyde Villiers Earl of Clarendon (1931-1937)

Syrien:
Französisches Völkerbundsmandat
Präsident: Muhammad Ali Abid (1932-1936)
Ministerpräsident: Haqqi Bey al-Azm (1932-16. 3. 1934), Tadsch ad-Din al-Hasani (1925/26, 1928-1931, 17. 3. 1934-1936)

Thailand:
Königreich *König:* Rama VII. Prajadhipok (1925-1935)

Tibet:
Autonomer Staat unter der Herschaft eines Dalai-Lama
Dalai-Lama: Tenzin Gjatso wird 1935 geboren und gefunden und 1939 inthronisiert; *6. Pantschen-Lama:* Tschökji Njima (1883-1937)

Transjordanien;
Emirat unter britischem Protektorat;
Emir: Abd Allah Ibn Al Husain (1921-1946, König 1946-1951)
Ministerpräsident: Ibrahim Haschim (1933-1938)

Tschechoslowakei;
Republik; *Präsident:*
Tomáš Garrigue Masaryk (1918/20-1935)
Ministerpräsident: Johann Malypetr (1932-1935)

Tunesien;
Französisches Protektorat;
Bei: Ahmad II. (1929-1942)
Französischer Generalresident: Marcel Peyrouton (1933-1936)

Türkei;
Republik; *Präsident:* Mustafa Kemal Pascha, seit 1934 genannt Kemal Atatürk (1923-1938)
Ministerpräsident: Mustafa Ismet Pascha, seit 1934 genannt Ismet Inönü (1923-1937)
Außenminister: Tevfik Rüstü Aras (1925-1938)

UdSSR;
Republik; *Parteichef:* Josef W. Stalin (1922-1953)
Präsident (Vorsitzender des Präsidiums des Obersten Sowjets): Michail I. Kalinin (1919/1923-1946)
Ministerpräsident (Vorsitzender des Rats der Volkskommissare): Wjatscheslaw M. Molotow (1930-1941)
Außenminister: Maxim M. Litwinow (1930-1939)
Verteidigung: Kliment J. Woroschilow (1925-1940)

Ungarn;
Monarchie/Diktatur; *(König:)* Otto II. (1922-1944/45) lebt in Bayern im Exil
Reichsverweser (Diktator): Miklós Horthy (1920-1944)
Ministerpräsident: Gyula Gömbös von Jákfa (1932-1936)
Außenminister: Koloman Kania von Kanya (1933-1939)

Uruguay;
Republik/Diktatur; *Präsident:* Gabriel Terra (1931-1938)

USA;
Bundesrepublik; 32. *Präsident:* Franklin Delano Roosevelt (Demokrat; 1933-1945)
Vizepräsident: John Nance Garner (1933-1941)

Vatikanstadt;
Absolute Monarchie; *Papst:* Pius XI. (1922-1939)
Kardinalstaatssekretär: Eugenio Pacelli (1930-1939, danach als Pius XII. Papst bis 1958)

Venezuela;
Republik; *Präsident:* Juan V. Gómez (1908-1929, 1931-1935)

Kriege und Krisenherde des Jahres 1934

Die herausragenden politischen und militärischen Krisensituationen des Jahres 1934 werden — alphabetisch nach Ländern geordnet — im Überblick dargestellt. Internationale Kriege und Krisenherde sind dem alphabetischen Länderverzeichnis vorangestellt.

Chacokrieg

Der Chacokrieg zwischen Bolivien und Paraguay geht ungeachtet der Vermittlungsversuche des Völkerbunds in Genf mit unverminderter Heftigkeit weiter.
Auf dem Höhepunkt einer Wirtschaftskrise war Bolivien 1932 durch rivalisierende britisch-niederländische und US-amerikanische Erdölgesellschaften in diesen Krieg um das erdölreiche Gebiet des Chaco Boreal verwickelt worden.
Die zahlenmäßig weit überlegene bolivianische Hochlandarmee wird bis 1935 im Tiefland vernichtend geschlagen. Die Vereinigten Staaten unterstützen Bolivien, Paraguay erhält Unterstützung von Großbritannien.

Maos Langer Marsch

Die chinesischen Kommunisten unter der Führung von Mao Tse-tung beginnen am 27. Oktober 1934 den sog. Langen Marsch, eine Expedition über eine Wegecke von 12 000 km von der Provinz Kiangsi in den Nordwesten Chinas, in die Provinz Schensi. Der Lange Marsch nimmt ein ganzes Jahr in Anspruch.
Die Kommunisten hatten 1931 in Kiangsi eine Sowjetrepublik gegründet und den Landbesitz der Großgrundbesitzer an die Kleinbauern verteilt. Die Nanking-Regierung unter Chiang Kai-shek, der sich 1927 von den Kommunisten getrennt hatte, sah die kommunistische Republik als Bedrohung an und führte mehrere Feldzüge gegen sie. Die Kommunisten behaupteten sich zunächst dank ihrer besseren Taktik gegenüber den Regierungstruppen. Als der Kuomintang-General Chiang Kai-shek versucht, eine Entscheidungsschlacht herbeizuführen, treten die 90 000 Mann der Roten Armee unter der Führung Mao-Tse-tungs im »Langen Marsch« einen strategischen Rückzug an. Sie nehmen die Aufgabe ihrer Sowjetrepublik in Kauf, um nicht im Vernichtungsfeldzug Chiang Kai-sheks aufgerieben zu werden.

SA-Führung liquidiert

Der deutsche Führer und Reichskanzler, Adolf Hitler, läßt am 30. Juni 1934 den Stabschef der SA, Ernst Röhm, und andere führende Männer der SA während einer Führertagung der SA in Bad Wiessee verhaften und ermorden.
Die Machtkämpfe zwischen der SA und der Parteiführung der NSDAP veranlassen Hitler zu diesem Schlag gegen die SA. Röhm plante, die Reichswehr und die SA zu einer Truppe unter seiner Führung zu vereinen. Da der inhaftierte Röhm sich weigert, Selbstmord zu begehen, wird er am 1. Juli erschossen. Ebenfalls ermordet wird der größte Teil der SA-Führung, aber auch andere bezahlen im Zusammenhang mit dem sog. Röhm-Putsch ihre Opposition zu Hitler mit dem Leben, so der frühere NS-Reichsorganistaionsleiter Gregor Strasser und der General a. D. und ehemalige Reichskanzler Kurt von Schleicher. Offiziell begründet Hitler seine Mordaktion mit Putschplänen der SA.

Staatsstreich in Lettland

Der Ministerpräsident von Lettland und Führer des lettländischen Bauernbunds, Karl Ulmanis, läßt am 16. Mai 1934 die Verfassung des Landes aufheben und errichtet eine auf den Bauernbund und das Militär gestützte autoritär-nationalistische Diktatur nach faschistischem Muster.

Mandschukuo wird Kaiserreich

Die japanische Führung setzt am 1. März 1934 in dem von ihr 1932 gegründeten Satellitenstaat Mandschukuo den letzten Kaiser von China, P'u I, zum Kaiser ein. Die Proklamation zum Kaiserreich dient der Legitimierung des neuen Staats, der von den Großmächten nicht anerkannt worden ist. Die Gründung von Mandschukuo, das aus ehemals chinesischen Provinzen besteht, stand im Zusammenhang mit den imperialistischen Plänen Japans. Durch die Herauslösung einzelner Gebiete aus China soll die republikanische chinesische Regierung in Nanking geschwächt werden.

Februarunruhen in Österreich

Im Februar 1934 spitzen sich die Spannungen zwischen der Regierung des österreichischen Bundespräsidenten Engelbert Dollfuß (Christlichsoziale Partei), die den rechtsradikalen paramilitärischen Heimwehren nahesteht, und der österreichischen Sozialdemokratie, die den diktatorischen Regierungsstil ablehnt, dramatisch zu. Als die Polizei am Morgen des 12. Februar das Linzer Arbeiterheim umstellt und gewaltsam eindringt, antwortet der illegale Republikanische Schutzbund mit Schüssen. Die Schüsse von Linz werden zum Signal: Der sozialdemokratische Parteivorstand beschließt, allen Angriffen von Heimwehr und Polizei Widerstand entgegenzusetzen. Die Kämpfe greifen bald auf die Industriestädte in Oberösterreich, Niederösterreich, Steiermark und Tirol über. Die Regierung verhängt daraufhin das Standrecht über Wien, Nieder- und Oberösterreich, die Steiermark und Kärnten.
Als die Sozialdemokraten gegen Mittag den Generalstreik ausrufen, gehen Heimwehr, Heer und Polizei bereits gegen die Arbeiterheime und Gemeindebauten in den Wiener Vororten vor, die von bewaffneten Schutzbündlern besetzt sind. Die Arbeiterschaft ist auf eine solche Auseinandersetzung nicht vorbereitet; die Sozialdemokratie ist ungenügend organisiert, die Kampfkraft der Arbeiter durch die anhaltende Massenarbeitslosigkeit der letzen Jahre stark geschwächt. Als die Bundesregierung am Nachmittag die Zustimmung zum Einsatz von leichten Feldgeschützen erteilt und der Generalstreik nicht durchgehend befolgt wird, ist das Scheitern des Widerstands vorhersehbar. Dennoch gehen die Kämpfe unvermindert weiter und enden erst am 15. Februar.
Die sog. Februarunruhen fordern nach offiziellen Angaben 314 Tote (196 Schutzbündler) und mehr als 800 Verletzte; vermutlich liegt die Zahl jedoch bei über 1 000 Toten. Neun Sozialdemokraten werden standrechtlich zum Tod verurteilt. Den beiden sozialdemokratischen Arbeiterführern Otto Bauer und Julius Deutsch gelingt die Flucht in die Tschechoslowakei.

NS-Putschversuch in Österreich

Bei einem Putschversuch der österreichischen Nationalsozialisten am 25. Juli 1934 wird der österreichische Bundeskanzler Engelbert Dollfuß in Wien ermordet. Die Putschisten, die Bundesheer- und Polizeiuniformen tragen, dringen gegen Mittag in das Bundeskanzleramt und die Senderäume des Österreichischen Rundfunks ein. Über Radio geben sie die Falschmeldung durch, Dollfuß sei zurückgetreten. Diese vorher vereinbarte Rundfunkmeldung löst einen Aufstand in verschiedenen Teilen Österreichs aus.
Im Eckzimmer des Kanzleramts trifft kurz nach 13 Uhr ein Schuß aus der Pistole Otto Planettas den Bundeskanzler, ein zweiter Schuß wird von einem Polizeibeamten auf den Kanzler abgegeben, der kurz vor 16 Uhr seinen Verletzungen erliegt.
Unterdessen hat eine Alarmabteilung der Polizei die Nationalsozialisten im Rundfunkgebäude überwältigt, Unterrichtsminister Kurt Schuschnigg erhält von Bundespräsident Wilhelm Miklas den Auftrag, »mit allen Machtmitteln des Staates die gesetzliche Ordnung wiederherzustellen.«
Die Putschisten geben wenig später auf und werden gefangengesetzt. Schuschnigg erklärt, daß durch den Tod des Kanzlers die Bedingung des freien Abzugs aufgehoben sei. Die Putschisten werden als Gefangene in die Polizeikaserne gebracht. In Berlin weist die nationalsozialistische deutsche Führung berechtigte Vorwürfe der ausländischen Presse, den Putsch unterstützt zu haben, zurück.

Unruhen in Spanien

Ein Generalstreik gegen die Regierung des spanischen Ministerpräsidenten Alejandro Lerroux y García am 5. Oktober weitet sich zu einer Art Bürgerkrieg zwischen Rechts und Links aus und nimmt in Katalonien die Form einer separatistisch-revolutionären Erhebung an. In Asturien übernehmen Revolutionskomitees aus Kommunisten, Sozialisten und Anarchisten die Macht, in Barcelona wird am 6./7. Oktober die freie katalanische Republik proklamiert. Die Aufstände werden von Militär blutig niedergeschlagen. Allein in Asturien kommen mehr als 3 000 Menschen ums Leben, über 30 000 werden verhaftet.

Ausgewählte Neuerscheinungen auf dem Buchmarkt 1934

Die Auswahl berücksichtigt nicht nur Neuerscheinungen von literarischem oder wissenschaftlichem Wert, sondern auch vielgelesene Bücher des Jahres 1934. Innerhalb der einzelnen Länder sind die erschienenen Werke alphabetisch nach Autoren geordnet.

Deutsches Reich

Bertolt Brecht
Der Dreigroschenroman
Roman
Der beim Verlag de Lange in Amsterdam erschienene »Dreigroschenroman«, den Bertolt Brecht (1898-1956) im Exil in Dänemark verfaßt hat, ist keine einfache Umsetzung der erfolgreichen »Dreigroschenoper« (1928) ins Epische, sondern ein selbständiges Werk, bei dem Brecht die Vorlage von 1928 von einem marxistischen Standpunkt aus überprüft und verändert hat. »Der Dreigroschenroman« spielt im London der Gegenwart. Geschildert wird der Aufstieg des Gangsters Macheath zum Wirtschaftsmanager in einer Ausbeutergesellschaft, in der die Unterschiede zwischen Geschäft und Verbrechen nur methodischer Art sind.

Willi Bredel
Die Prüfung
Roman aus einem Konzentrationslager
Beim Verlag Malik in London veröffentlicht Willi Bredel (1901-1964) den KZ-Roman »Die Prüfung«, das erste literarische Zeugnis, das die unmenschlichen Zustände in den Folterkammern des Nationalsozialismus vor aller Welt anprangert: Folterungen, Korruption, Mitläufertum, Selbstmord. Bredel schildert mit dokumentarischem Realismus die Zeit von August 1933 bis März 1934, während der er im Konzentrationslager Fuhlsbüttel inhaftiert war, ehe ihm die Flucht nach Prag gelang. Die Namen der SS- und Gestapo-Leute sind beibehalten, die der Häftlinge geändert. Obwohl nicht alle Lagerinsassen — Kommunisten, Sozialdemokraten und Juden — die Kraft haben, diese »Prüfung« ihrer Gesinnung zu bestehen, vermittelt das Werk der Weltöffentlichkeit einen Eindruck vom Widerstandswillen deutscher Antifaschisten.

Hans Fallada
Wer einmal aus dem Blechnapf frißt
Roman
Hans Fallada (1893-1947) stellt in seinen Werken reportagehaft die soziale Umwelt des »kleinen Mannes« dar. Bekannt wurde er mit dem Roman »Bauern, Bonzen und Bomben« (1931), in dem er die Landvolk-Bewegung in Schleswig-Holstein beschrieb. 1932 erschien sein Roman »Kleiner Mann — was nun?«, in dem er die Situation der proletarisierten Kleinbürger während der Weltwirtschaftskrise schilderte. Zwei Jahre später, 1934, veröffentlicht er bei Rowohlt den Roman »Wer einmal aus dem Blechnapf frißt«, eine Schilderung des vergeblichen Versuchs eines ehemaligen Sträflings, durch Fleiß wieder zur »Wohlanständigkeit« zu gelangen.

Bruno Frank
Cervantes
Roman
Bruno Frank (1887-1945), seit 1933 in der Emigration, veröffentlicht beim Querido-Verlag in Amsterdam den Roman »Cervantes«, in dem er das abenteuerliche Leben von Miguel de Cervantes Saavedra (1547-1616), des Schöpfers des Romans »Leben und Taten des scharfsinnigen Edlen Don Quijote von La Mancha«, schildert. Am Beispiel des spanischen Dichters stellt Frank gleichnishaft dar, wie ein Künstler das Verhältnis zwischen individueller und gesellschaftlicher Entwicklung produktiv nutzen kann.

Annette Kolb
Die Schaukel
Eine Jugend in München
Roman
Die aus München stammende Erzählerin Annette Kolb (1870-1967), seit 1933 in der Emigration, veröffentlicht beim Verlag Bermann-Fischer in Wien den autobiographischen Familienroman »Die Schaukel«. Erzählt wird die Geschichte zweier benachbarter Familien in der von »Noblesse, Kunst und Katholizismus« geprägten Atmosphäre der bayerischen Hauptstadt vor dem Ersten Weltkrieg. Die Autorin erinnert sich an ihre Jugend im Elternhaus in München.

Hans Marchwitza
Die Kumiaks
Roman
Im Exil in Zürich veröffentlicht Hans Marchwitza (1890-1965) den Roman »Die Kumiaks« als ersten Teil seines gleichnamigen Romanzyklus über eine Arbeiterfamilie, deren Verhalten während verschiedener zeitgeschichtlicher Ereignisse geschildert wird. Im ersten Band kommt der Landarbeiter Peter Kumiak mit seiner Familie von Oberschlesien ins Ruhrgebiet, wo er als Bergarbeiter in die Kämpfe der Jahre 1922/23 verstrickt wird. — Die Folgebände erscheinen 1952 (»Die Heimkehr der Kumiaks«) und 1959 (»Die Kumiaks und ihre Kinder«).

August Scholtis
Baba und ihre Kinder
Roman
Eine oberschlesische Kuhmagd, Mutter von 19 Kindern, ist die Hauptfigur des Romans »Baba und ihre Kinder« von August Scholtis (1901-1969), erschienen im Verlag Cassirer in Berlin. Der nationalsozialistischen Ideologie ebenso wie der fortschreitenden Industrialisierung will der Autor ein Bild vom »urwüchsigen« und »erdverhafteten« Leben gegenüberstellen. Nach dem Ersten Weltkrieg durchziehen neue Grenzen das Land, in dem Baba wohnt; ein Stück gehört den Deutschen, ein anderes den Polen und ein drittes den Tschechen. Baba kümmert sich nicht um die nationalen Leidenschaften, sondern überquert die Grenzen, um das Nötigste für ihre Kinder zu beschaffen, und hofft auf eine Zukunft ohne Haß: »Mitteleuropa wird frei sein von kleinen Prügelhelden, die Menschen werden sich die Hände reichen, über die Oder, über die Weichsel, über die Donau.«

Ernst Wiechert
Die Majorin
Roman
In der Erzählung »Die Majorin«, die beim Verlag Langen-Müller in München erscheint, schildert Ernst Wiechert (1887-1950) die innere Heimkehr eines von Krieg und Gefangenschaft Entwurzelten durch die entsagende Liebe und Demut einer stolzen Frau. Nach 20 Jahren Krieg und Gefangenschaft kehrt der für tot erklärte Michael Fahrenholz aus dem Ersten Weltkrieg zurück und wird von der »Majorin«, einer reichen Grundbesitzerin, aufgenommen und als Jäger beschäftigt. Fahrenholz lernt, ein vollwertiges Mitglied der Lebensgemeinschaft auf dem Gut der Majorin zu werden.

Frankreich

Louis Aragon
Die Glocken von Basel
(Les Cloches de Bâle)
Roman
»Die Glocken von Basel« ist der erste Teil des Romanzyklus »Die wirkliche Welt«, in dem Louis Aragon (1897-1982) die Veränderung der Gesellschaft unter dem Einfluß sozialistischen Gedankenguts untersucht. In den »Glocken von Basel« beleuchtet Aragon die Rolle der Frau in der Übergangszeit vom Kapitalismus zum Sozialismus. Die deutsche Kommunistin Clara Zetkin wird dabei als Beispiel für die politisch bewußte und gesellschaftlich anerkannte Frau dargestellt, der die Zukunft gehört. — Die deutsche Übersetzung erscheint 1948. Die weiteren Teile der Tetralogie sind »Die Viertel der Reichen« (1936), »Die Reisenden der Oberklasse« (1942) und »Aurélien« (1944).

Paul Éluard
Die öffentliche Rose
(La Rose publique)
Gedichtsammlung
Paul Éluard (1895-1952), der als bedeutendster Dichter des Surrealismus in Frankreich gilt, macht in der Gedichtsammlung »Die öffentliche Rose« die Liebe zum Thema, verkörpert in seiner Frau, »Nusch«. Liebe erscheint als schrankenloses Gewähren und Geben, das die Liebenden in bessere Menschen verwandelt. Éluard bedient sich der Kunstmittel des Surrealismus in einer Weise, die einer breiten Leserschicht zugänglich ist. — Die deutsche Übersetzung erscheint 1963.

Jean Giono
Das Lied der Welt
(Le Chant du monde)
Roman
»Ich wollte ein Buch schaffen«, sagt Jean Giono (1895-1970) über seinen im bäuerlichen Milieu in der Provence spielenden Roman »Das Lied der Welt«, »mit unberührten Bergen, mit einem unberührten Fluß, mit einem Land, mit Wäldern, mit Schnee und Menschen, die unberührt sind.« Der Holzfäller Matelot und der Fischer Antonio erleben in einem Tal voller Mythen Geburt, Liebe und Tod. Sie suchen den Sohn des Matrosen, der die Tochter eines Gutsbesitzers entführt hat. — Die deutsche Übersetzung erscheint 1935.

Marcel Jouhandeau
Chaminadour
(Chaminadour)
Erzählungen
Chaminadour, Titel der Sammlung von Erzählungen und Anekdoten Marcel Jouhandeaus (1888-1979), die in drei Bänden von 1934 bis 1941 erscheinen, ist der Name einer fiktiven Kleinstadt, die nach dem Vorbild von Jouhandeaus Heimatstadt Guéret im Departement Creuse gestaltet ist. Zusammen bilden diese Erzählungen die Skandalchronik einer Provinzstadt. — Die deutsche Übersetzung erscheint 1964.

Henry de Montherlant
Die Junggesellen
(Le Célibataires)
Roman
Der Roman »Die Junggesellen« von Henry de Montherlant (1896-1972) ist eine Satire auf den Männlichkeitsmythos. Die extreme Ichbezogenheit und Menschen- und Frauenverachtung zweier heruntergekommener adliger Junggesellen schlägt in Lebensuntüchtigkeit und in das Benehmen von Sonderlingen um. — Die deutsche Übersetzung erscheint 1956.

Großbritannien

Robert Graves
Ich Glaudius, Kaiser und Gott
(I, Claudius)
Bericht
Robert Graves (1895-1985), ein Urenkel des deutschen Historikers Leopold von Ranke, läßt den römischen Kaiser Claudius in einer fiktiven Autobiographie von den Ereignissen am römischen Kaiserhof bis zu seiner Erhebung zum Kaiser berichten. Ergebnis ist eine Skandalgeschichte der Verfallsjahre des Römischen Reichs, voller Intrigen, Gegenintrigen, Verschwörungen und Mordanschlägen. — Die deutsche Übersetzung erscheint 1934.

Dylan Thomas
18 Gedichte
(Eighteen Poems)
Gedichte
Schlagartig berühmt wird Dylan Thomas (1914-1953) mit seinem ersten Gedichtband, »18 Gedichte«. Das Thema der meisten Gedichte ist die Identität von Liebe und Tod. In kraftvollen, oft aber auch dunklen und schwer verständlichen Bildern variiert Thomas die Themen Liebe und Tod, Mensch und Natur, Schöpfung und Zerstörung. — Die deutsche Übersetzung erscheint 1967.

Evelyn Waugh
Eine Handvoll Staub
(A Handful of Dust)
Roman
Der Roman »Eine Handvoll Staub« von Evelyn Waugh (1903-1966) ist die Geschichte eines »betrogenen Romantikers«. Nur noch eine Handvoll Staub bleibt übrig von der scheinbar sicheren Existenz des großbürgerlichen Tony Last, als ihm seine Frau mitteilt, sie liebe einen anderen und wünsche die Scheidung. Um die Vorgänge zu überdenken, unternimmt Last eine Reise in den brasilianischen Urwald. Dort wird er der Sklave eines Mischlings, dem er die Romane von Charles Dickens vorlesen muß. — Die deutsche Übersetzung erscheint 1936.

Österreich

Alexander Lernet-Holenia
Die Standarte
Roman
Der Roman »Die Standarte« von Alexander Lernet-Holenia (1897-1976), erschienen beim Verlag Fischer in Berlin, erzählt in impressionistischen Bildern die Geschichte eines k. u. k. Fähnrichs, der am Ende des Ersten Weltkriegs in Belgrad unter dem Einsatz seines Lebens eine Standarte rettet und nach Wien bringt an genau dem Tag, als die Donaumonarchie zusammenbricht und der Kaiser der Stadt verläßt. Der Fähnrich verbrennt die Standarte.

Schweiz

John Knittel
Via Mala
Roman
Mit »Via Mala« veröffentlicht John Knittel (1891-1970) einen seiner berühmtesten Romane. Die grob-psychologische Ausdeutung starker Leidenschaften, die Verherrlichung vaterländisch-schweizerischen Volksempfindens und »unverbildete« Natur- und Heimatverbundenheit sowie »Bauernmarkigkeit« sind die charakteristischen Merkmale dieses Werks. Der Aristokratensohn Andi heiratet die aus einer armen Familie stammende Silvelie Lauretz, deren Vater unter ungeklärten Umständen verschwunden ist. Als Andi den Fall im Auftrag des Gerichtspräsidenten untersuchen muß, findet er heraus, daß die Familie den Alten ermordet hat, Silvelie allerdings war an dieser Tat nicht beteiligt. Andi erfährt, was für ein Tyrann der Vater war, und verzichtet auf weitere Nachforschungen.

Charles Ferdinand Ramuz
Der Bergsturz
(Derborence)
Roman
Charles Ferdinand Ramuz (1878-1947) stellt in dem Roman »Der Bergsturz« die lebensfeindliche und zugleich geheimnisvolle Bergwelt der dörflichen Idylle gegenüber. Der Berghirt Antonin wird bei einem Bergsturz verschüttet und gilt nach ergebnisloser Suche der Rettungsmannschaft als tot. Nach sieben Wochen kann er sich befreien und kehrt wie ein »Geist« ins Dorf zurück. Aber eine Art magischer Kraft bindet ihn an die Stelle, wo er und seine Kameraden verschüttet worden sind; er macht sich auf, um einen Hirten zu retten, dessen Hilferuf er immer noch zu hören glaubt. Doch seiner Frau gelingt es, Antonis Todesgedanken zu verscheuchen, ihre Liebe triumphiert über das Reich der Schatten. — Die deutsche Übersetzung erscheint 1935.

Tschechoslowakei

Karel Čapek
Das gewöhnliche Leben
(Obyčejný Život)
Roman
Der Roman »Ein gewöhnliches Leben« ist der letzte Teil einer Trilogie, in der Karel Čapek (1890-1938) die Möglichkeiten einer gesicherten Erkenntnis über den Menschen untersucht. Bereits erschienen sind die Romane »Hordubal« (1933) und »Der Meteor« (1934). Čapek kommt zu dem Ergebnis, daß alle Erkenntnis relativ ist. Ein alter Eisenbahner schreibt sein Leben auf und entdeckt dabei, daß er drei Leben gelebt hat: In seiner Jugend als glücklicher Mensch, während seines Berufs als Mann mit Ellenbogen und im Alter als Hypochonder. Dies führt ihn zu der Erkenntnis, daß er jeder andere Mensch sein könnte.

Vítězslav Nezval
Ein Lebewohl und ein Winken
(Sbohem a sátecek)
Gedichte
Vítězslav Nezval (1900-1958) ist einer der Hauptvertreter des Logik und Form ablehnenden Poetismus. Sein Hauptwerk ist die 1934 erschienene Gedichtsammlung »Ein Lebewohl und ein Winken«. Eine Stimmung spielerischen Humors, eine Vorliebe für das Exotische und das Primitive sowie eine bewußte Naivität sind charakteristisch für diese Literaturbewegung.

USA

Francis Scott Fitzgerald
Zärtlich ist die Nacht
(Tender Is the Night)
Roman
Der Roman »Zärtlich ist die Nacht« von Francis Scott Fitzgerald (1896-1940) zeichnet ein Porträt der oberen Gesellschaftsschicht der USA in den Jahren von 1917 bis 1930. Diese Gesellschaft wird als moralisch degeneriert, steril und materialistisch dargestellt, ohne daß der Autor eindeutig Stellung gegen sie bezieht. Im Mittelpunkt steht der Psychiater Dick Diver, der sich in die reiche Patientin Nicole Warren verliebt und zunehmend in finanzielle und moralische Abhängigkeit von ihr gerät. Nach ihrer Genesung trennt sie sich von Diver, der nun dem Alkohol verfällt.

Henry Miller
Wendekreis des Krebses
(Tropic of Cancer)
Roman
»Wendekreis des Krebses«, erschienen in Paris mit einem Vorwort von Anaïs Nin, ist der erste von Henry Millers (1891-1980) kraß naturalistischen, autobiographischen Romanen. Der Autor berichtet tagebuchartig von seinem Aufenthalt in Paris in den Jahren 1930 bis 1933, wo er sich mit Gelegenheitsarbeiten durchschlägt und sonst das Leben eines Gammlers führt, dem Sex, Essen, Trinken und Meditieren das Wichtigste sind. Die moderne Zivilisation erscheint als selbstzerstörerischer »Krebs«. — Die deutsche Übersetzung des erfolgreichen Werks erscheint 1953.

Nathanael West
Eine glatte Million oder Die Demontage des Mister Lemuel Pitkin
(A cool Million)
Roman
Der Roman »Eine glatte Million oder Die Demontage des Mister Lemuel Pitkin« von Nathanael West (1902-1940) ist eine Parodie auf den US-amerikanischen Mythos vom sozialen Aufstieg. Lemuel Pitkin verliert beim Versuch, auf der sozialen Leiter emporzusteigen, nicht nur seinen Besitz, sondern auch seine Gliedmaßen. Bei einer Versammlung von Faschisten wird der völlig Verkrüppelte erschossen. — Die deutsche Übersetzung erscheint 1972.

Uraufführungen Schauspiel, Oper, Operette und Ballett 1934

Die bedeutendsten Uraufführungen aus Schauspiel, Oper, Operette und Ballett sind alphabetisch nach Autoren/Komponisten geordnet.

Deutsches Reich

Erwin Guido Kolbenheyer
Gregor und Heinrich
Schauspiel
Erwin Guido Kolbenheyer (1878-1962), Vertreter einer antiindividualistischen Philosophie von der Unterordnung des Einzelnen unter Art und Volk, dramatisiert in dem Schauspiel »Gregor und Heinrich« den Gang des deutschen Königs Heinrich IV. nach Canossa im Jahr 1077 als Höhepunkt der Auseinandersetzung zwischen Reichs- und Gottesstaatsidee. Papst Gregor VII. weiß, daß er diesen Kampf verlieren wird, wenn er dem weltlichen Herrscher verzeiht; König Heinrich IV. weiß, daß er der Sieger in dieser Auseinandersetzung sein wird, wenn er das Kirchenoberhaupt um Verzeihung bittet.

Hans Rehberg
Der Große Kurfürst
Schauspiel
Das Schauspiel »Der Große Kurfürst«, das am 30. November 1934 im Schauspielhaus in Berlin uraufgeführt wird, ist das erste der bühnenwirksamen und während des nationalsozialistischen Dritten Reichs überaus erfolgreichen Preußendramen von Hans Rehberg (1901-1963). Die Tendenz dieses Dramenzyklus ist die Verherrlichung Preußens und seiner Herrscher. Es folgen die Dramen »Friedrich I.«, »Friedrich Wilhelm I.«, »Kaiser und König« und »Der Siebenjährige Krieg«.

Frankreich

Jean Cocteau
Die Höllenmaschine
(La Machine infernale)
Drama in vier Aktien
Jean Cocteau (1889-1963) verarbeitet in seinem Drama »Die Höllenmaschine«, das am 10. April 1934 im Théâtre Louis Jouvet in Paris uraufgeführt wird, in freier Weise den antiken Ödipus-Stoff. Die Höllenmaschine ist die von den Göttern gewollte Katastrophe, der Ödipus nicht entrinnen kann: »Sie sehen jetzt, meine Damen und Herren, ein Uhrwerk, das langsam ein Menschenleben lang, abläuft, von den teuflischen Göttern erdacht zur mathematischen Vernichtung eines Menschen.«

Österreich

Franz Lehár
Giuditta
Musikalische Komödie in fünf Bildern
Die musikalische Komödie »Giuditta« bezeichnet der österreich-ungarische Operettenkomponist Franz Lehár (1870-1948) als seine reifste Komposition, es ist zugleich seine letzte Operette. Am 20. Januar 1934 wird sie unter der Leitung des Komponisten mit Richard Tauber und Jarmila Nowotna in den Hauptrollen in der Wiener Staatsoper uraufgeführt. Bekannt werden die Tenorlieder »Freunde, das Leben ist lebenswert«, »Du bist meine Sonne« und »Schönste der Frauen« sowie Giudittas Strophenlied »Meine Lippen, die küssen so heiß«.
Lehár begann als Militärkapellmeister. Durch die Einführung des Tanzlieds schuf er die Tanzoperette, die ihn zum prominentesten Vertreter der heiteren österreichischen Musik im 20. Jahrhundert machte. Seine letzten Werke zeigen eine Annäherung an komische Oper und Singspiel.

Spanien

Federico García Lorca
Yerma
(Yerma)
Tragische Dichtung in drei Akten
Mit »Yerma« leitet der spanische Lyriker und Dramatiker Federico García Lorca (1898-1936), der 1936 während des Spanischen Bürgerkriegs von Falangisten erschossen wird, die Reihe seiner Meisterdramen ein, in denen er tragische Schicksale unterdrückter spanischer Frauen gestaltet. An ihrem Beispiel zeigt er das Leiden der Spanier auf, deren schöpferische Kräfte durch eine unnatürliche Gesellschaftsordnung an der Entfaltung gehindert werden. »Yerma«, im Untertitel als »Tragische Dichtung in drei Akten und sechs Bildern« bezeichnet, wird am 29. Dezember 1934 im Teatro Español in Madrid uraufgeführt.

UdSSR

Alexandr J. Korneitschuk
Der Untergang des Geschwaders
(Sagibel eskadry)
Drama
Der sowjetische Dramatiker Alexandr J. Korneitschuk (1905-1972) erringt mit »Der Untergang des Geschwaders« seinen ersten großen Erfolg. Das auf die Richtlinien der Partei abgestimmte Stück über den Kampf revolutionärer Matrosen nach dem Frieden von Brest-Litowsk, das am 11. Mai 1934 im Armee-Theater in Moskau uraufgeführt wird, gilt in der Sowjetunion als klassische Werk der Revolutionsliteratur.

Nikolai F. Pogodin
Aristokraten
(Aristokraty)
Schauspiel in drei Akten
Die Umerziehung zum überzeugten Kommunisten in einem Arbeitslager ist das Thema des Stücks »Aristokraten« von Nikolai F. Pogodin (1900-1962), das am 13. November 1934 im Vachtangow-Theater in Moskau uraufgeführt wird. Die »Aristokraten« der Sowjetgesellschaft sind Arbeitsscheue, Verbrecher, Diebe, Prostituierte, Geistliche, schädliche Intelligenzler. Das Stück entspricht den Forderungen der Partei an das sowjetische »Vorzeige-Theater«.

Dmitri D. Schostakowitsch
Lady Macbeth von Mzensk
(Lady Makbet Mzenskogo Ujesda)
Oper in vier Akten
Die Oper »Lady Macbeth von Mzensk«, die am 22. Januar 1934 in Leningrad uraufgeführt wird, gilt als Meisterwerk einer expressiven, realistischen Darstellungsweise und macht den Komponisten Dmitri D. Schostakowitsch (1906-1975) international bekannt. In der UdSSR handelt sich der Komponist jedoch wütende Presseattacken ein wegen »pro-westlicher Tendenzen«. Schostakowitsch zieht das Werk zurück und arbeitet die Oper um. 1963 hat sie unter dem Titel »Katerina Ismailowa« Premiere. Vorlage für die Oper ist die Erzählung »Lady Macbeth aus dem Kreise Mzensk« von Nikolai S. Leskow. Eine Frau ermordet mit Hilfe ihres Geliebten ihren Mann und zwei weitere Menschen.

Filme 1934

Die neuen Filme des Jahres 1934 sind im Länderalphabet und hier wiederum alphabetisch nach Regisseuren aufgeführt. Bei ausländischen Filmen steht unter dem deutschen Titel der Originaltitel.

Deutsches Reich

Erich Engel
Hohe Schule
Am 30. Dezember 1934 wird in München der im Milieu des österreichischen Offiziersadels spielende Film »Hohe Schule« von Erich Engel uraufgeführt. Rudolf Forster spielt einen geheimnisvollen Kunstreiter, dessen Braut (Angela Salloker) kurz vor der Hochzeit erfährt, daß er vor Jahren ihren Bruder getötet hat. Der Film wird als »künstlerisch wertvoll« ausgezeichnet.

Willi Forst
Maskerade
Paula Wessely gibt in »Maskerade« ihr Filmdebüt und wird quasi über Nacht zum gefeierten Star. Der Film, der in Wien des Jahres 1905 zur Faschingszeit spielt, ist die zweite Regiearbeit von Willi Forst. Er wird am 21. August 1934 in Berlin uraufgeführt und erhält das Prädikat »künstlerisch«. Bei der internationalen Filmkunstausstellung in Venedig 1935 erhält er die Große Goldene Medaille. Neben Paula Wessely sind zu sehen: Adolf Wohlbrück, Peter Petersen, Hans Moser, Hilde von Stolz und Olga Tschechowa.

Gustaf Gründgens
Die Finanzen des Großherzogs
Der Tonfilm »Die Finanzen des Großherzogs«, der am 10. Januar 1934 in Berlin uraufgeführt wird, zählt zu den eindrucksvollsten Film-Regiearbeiten des erfolgreichen Schauspielers und Theaterleiters Gustaf Gründgens. Viktor de Kowa ist in der Rolle eines verschuldeten Landesfürsten zu sehen, der auf einer Auslandsreise eine russische Adlige (Hilde Weissner) kennenlernt, die gegen ihren Willen verheiratet werden soll. Die beiden helfen sich gegenseitig aus ihren Schwierigkeiten und werden ein Paar. In weiteren Rollen dieses als »künstlerisch« ausgezeichneten Films sind Heinz Rühmann, Paul Henckels und Theo Lingen zu sehen, die Musik komponierte Theo Mackeben. Der Stoff, der auf einen Roman von Frank Heller zurückgeht, war bereits 1924 von Friedrich Wilhelm Murnau mit Harry Liedtke und Mady Christians verfilmt worden.

Karl Hartl
Gold
Hans Albers spielt die vielbeachtete Hauptrolle in Karl Hartls Ufa-Film »Gold«, der am 29. März 1934 in Berlin uraufgeführt wird. Dieser utopische Film, einer der wenigen bedeutenden deutschen Science-fiction-Filme der 30er Jahre, stellt die Versuche eines Wissenschaftlers dar, durch Atomzertrümmerung aus Blei Gold zu gewinnen. Neben Albers spielen Brigitte Helm, Lien Deyers, Michael Bohnen, Friedrich Kayssler, Rudolf Platte. Der Film erhält das Prädikat »künstlerisch«.

Karl Hartl
So endete eine Liebe
Paula Wessely als Erzherzogin Marie-Louise, Gustaf Gründgens als Fürst Metternich und Willi Forst als Herzog von Modena sind die Hauptdarsteller in Karl Hartls historischem Liebesfilm »So endete eine Liebe«, der am 18. Oktober 1934 in Berlin uraufgeführt wird. Marie-Louise soll den französischen Kaiser Napoleon I. heiraten, doch sie liebt den, der diese Hochzeit arrangieren soll, den Herzog von Modena.

Heinz Hilpert/Reinhart Steinbicker
Liebe, Tod und Teufel
Der auf der Novelle »Das Flaschenteufelchen« von Robert L. Stevenson basierende Ufa-Film »Liebe, Tod und Teufel«, der mit dem Prädikat »künstlerisch wertvoll« ausgezeichnet wird, hat am 21. Dezember 1934 in Berlin Premiere. Unter der Regie von Heinz Hilpert und Reinhart Steinbicker spielt Albin Skoda einen Matrosen, der eine Flasche erwirbt, die alle Wünsche erfüllt. Er muß sie vor seinem Tod billiger weiterverkaufen, als er sie erstanden hat. Weitere Darsteller sind Käthe von Nagy, Karl Hellmer, Aribert Wäscher, Erich Ponto, Paul Dahlke und Rudolf Platte. Das Lied »So oder so ist das Leben«, den Brigitte Horney in dem Film singt, wird zu einem Evergreen.

Curt Oertel/Hans Deppe
Der Schimmelreiter
Mathias Wiemann als Deichgraf Hauke Haien und Marianne Hoppe als seine Frau sind die Hauptdarsteller in dem Film »Der Schimmelreiter« nach der gleichnamigen Novelle von Theodor Storm. Er wird am 12. Januar 1934 in Hamburg uraufgeführt. Der Film über den Kampf Hauke Haiens um den Bau eines Deiches, der die Volk-ohne-Raum- und die Führer-Ideologie des Dritten Reichs vordergründig propagiert, wird als »künstlerisch besonders wertvoll« ausgezeichnet.

Robert Adolf Stemmle
So ein Flegel
Die Kleinstadtschulkomödie »So ein Flegel« ist die erste Verfilmung von Heinrich Spoerls Roman »Die Feuerzangenbowle. Eine Lausbüberei in der Kleinstadt« (1933), der zu den meistgelesenen Werken der zeitgenössischen deutschen Unterhaltungsliteratur zählt. Der Film wird am 13. Februar 1934 uraufgeführt. Unter der Regie von R. A. Stemmle spielen Heinz Rühmann, Annemarie Sörensen, Oskar Sima, Rudolf Platte u. a. Rühmann ist in einer Doppelrolle zu sehen als der Schriftsteller Hans Pfeiffer und sein jüngerer Bruder, ein Oberprimaner. Der gleiche Stoff wird 1943 noch einmal mit Heinz Rühmann verfilmt und kommt am 28. Januar 1944 unter dem Titel »Die Feuerzangenbowle« in die Kinos.

Karl Valentin
Der Firmling
Karl Valentin, einer der erfolgreichsten bayerischen Komiker, verfilmt 1934 einige seiner bekanntesten Kurzkomödien: »Der Firmling«, »Theaterbesuch« und »Im Schallplattenladen«. Sie gehören zu den frühesten Tonfilmen des Meisters vertrackter Sketche und Lieder. Trotz ihrer technisch einfallslosen Inszenierung zählen sie zu den Meisterwerken des Filmhumors. Den nationalsozialistischen Machthabern sind die Filme des bayerischen Volksschauspielers und seiner Partnerin Liesl Karlstadt wegen ihrer »Elendstendenz« allerdings wenig genehm.

Frankreich

Jean Vigo
Atalante
(L'Atalante)
»Atalante« ist der letzte Film von Jean Vigo. Stark geschnitten wird das Werk unter dem Titel »Ein Schiff fährt vorbei« ins Kino gebracht — ein Mißerfolg. Vigo verarbeitet die banale Geschichte vom Bootsführer (Jean Dasté) der »Atalante«, dessen Braut (Dita Parlo) sich auf dem Schiff langweilt und eines Tages in die Großstadt flieht, wo sie jedoch nicht glücklich wird, zu einem surrealistischen Film mit einer Atmosphäre des Seltsamen und Unwirklichen.

Großbritannien

Robert Flaherty
Die Männer von Aran
(Man of Aran)
Mit »Die Männer von Aran« kehrt Robert Flaherty zum Thema Kampf des Menschen mit der Natur zurück; mit diesem Thema hatte er sich bereits in den Filmen »Nanuk der Eskimo« (1922) und »Moana« (1926) beschäftigt. Gezeigt wird das Leben der Menschen auf den Aran Islands, einer Inselkette an der Westküste Irlands. Politische und soziale Bezüge werden in diesem erfolgreichen Film allerdings ausgeklammert.

Alfred Hitchcock
Der Mann, der zuviel wußte
(The Man Who Knew Too Much)
Leslie Banks ist »Der Mann, der zuviel wußte« in Alfred Hitchcocks gleichnamigem Film. Er verkörpert in dem spannungsreichen Werk einen jungen Ehemann, der als zunächst Ahnungsloser in unglaubliche Geschehnisse verwickelt wird — dieses Thema wird in der Folgezeit zu einem Lieblingsthema Hitchcocks. Das Ehepaar Lawrence — die Frau wird dargestellt von Edna Best — erfährt während eines Urlaubsaufenthalts in der Schweiz zufällig Einzelheiten über ein geplantes Attentat auf einen Staatsmann. Um die beiden zum Schweigen zu bringen, entführen die Gangster ihre Tochter (Nova Pilbeam). Der Vater entdeckt auf eigene Faust das Versteck der Verbrecher. 1955 dreht Hitchock ein Remake dieses erfolgreichen Films.

Österreich

Luis Trenker
Der verlorene Sohn
Luis Trenker ist Regisseur und Hauptdarsteller des in den Dolomiten und in New York spielenden Films »Der verlorene Sohn«. Er stellt einen Holzfäller dar, der die weite Welt kennenlernen möchte, aber in den USA fast nur Enttäuschungen erlebt und schließlich in die Heimat zurückkehrt. Der Film, der am 6. April uraufgeführt wird, lebt von dem Kontrast zwischen der Bergwelt und der Welt der Wolkenkratzer: »Als ich eines Abends die geisterhaft leuchtenden Felswände der Sellatürme vor mir sah, kam mir der Gedanke: Aus den steilen Wandfluchten dieser drei Türme müßten die Wände der Wolkenkratzer herauswachsen, damit hätte ich mit einem Schlag den Übergang von der Heimat in die Weltmetropole, zugleich aber auch die beiden Gegenpole meines Films«, erklärt der Regisseur, der bei den Dreharbeiten in den USA ohne Schauspieler auskam: »Schauspieler brauche ich keine, was außer mir mitwirkte, waren die New Yorker Einwohner. Ich beschloß, alles heimlich aus einer Autolimousine heraus zu drehen.«

UdSSR

Michail I. Romm
Fettklößchen
(Pyschka)
»Fettklößchen« ist Michail I. Romms erste Regiearbeit und zugleich einer der letzten sowjetischen Stummfilme. Zwar hat sich auch in der UdSSR der Tonfilm längst durchgesetzt, doch Romm verzichtet bewußt auf diese technische Neuerung, weil er der Ansicht ist, die Mimik der Rede könne überzeugender und ausdrucksvoller sein als der Sinn gesprochener Worte. »Fettklößchen« ist eine Verfilmung von Guy de Maupassants gleichnamiger Novelle, einer Episode aus dem Deutsch-Französischen Krieg 1870/71. Hauptfigur ist die Prostituierte »Fettklößchen« (Galina Sergejewa).

USA

Frank Capra
Es geschah in einer Nacht
(It Happened One Night)
Einen sensationellen Erfolg erringt Frank Capra mit der Komödie »Es geschah in einer Nacht«, die alle sog. Haupt-Oscars gewinnt: Bester Film, beste Regie, bestes Buch (Robert Riskin nach einer Erzählung von Samuel Hopkins), beste Hauptdarsteller (Clark Gable, Claudette Colbert). Claudette Colbert spielt eine verheiratete Millionärstochter, die auf der Flucht vor ihrem Vater in einem Nachtbus den Zeitungsreporter Peter Warne (Clark Gable) trifft und sich in ihn verliebt.

Woodbridge Strong van Dyke
Mordsache »Dünner Mann«
(The Thin Man)
Die Kriminalkomödie »Mordsache 'Dünner Mann'« nach dem Roman von Dashiall Hammett die beiden Hauptdarsteller William Powell als Privatdetektiv Nick Charles und Myrna Loy als seine Frau zu Stars. Der Detektiv ist kein Alleskönner, sondern überführt einen Mörder durch Klugheit und Geist und mit dem Glück des letztlich Erfolgreichen.
In den folgenden Jahren werden noch fünf Fortsetzungen des »Thin Man« gedreht: »Dünner Mann: 2. Fall« (1936) und »Dünner Mann: 3. Fall« (1939) sowie »Der Schatten des dünnen Mannes« (1941), »Der dünne Mann kehrt heim« (1944) und »Das Lied des dünnen Mannes« (1946).

King Vidor
Der letzte Alarm
(Our Daily Bread)
Die konservative Presse in den USA wertet King Vidors erfolgreichen Film »Der letzte Alarm« als »kommunstisch«, in der Sowjetunion hingegen wird er als »kapitalistische Propaganda« bezeichnet. Vidor schildert die Geschichte eines während der Wirtschaftskrise arbeitlos gewordenen Mannes (Tom Keene) und seiner Frau (Karen Morley), die eine verlassene Farm übernehmen. Hier stoßen weitere Arbeitslose zu ihnen, nach und nach entsteht eine Art Kommune. Die Arbeitslosen, die sich hier selbst sinnvolle Arbeit schaffen, bestehen den Kampf gegen den Hunger und die Unbill der Natur und sichern den wirtschaftlichen Erfolg ihres Unternehmens.

Sportereignisse und -rekorde des Jahres 1934

Die Aufstellung erfaßt Rekorde, Sieger und Meister in wichtigen Sportarten. Aufgenommen wurden nur solche Wettbewerbe, die in den vergangenen Jahren bereits regelmäßig ausgetragen worden sind oder ab 1934 kontinuierlich zu den Sportprogrammen gehören. Sportarten in alphabetischer Reihenfolge.

Automobilsport

Grand-Prix-Rennen

Großer Preis von (Datum) Kurs/Strecke (Länge)	Sieger (Land)	Marke	ø km/h
Algier (240 km)	Jean-Pierre Wimille (FRA)	Bugatti	98,700
Belgien (29. 7.) Spa-Francorchamps (596,6 km)	René Dreyfus (FRA)	Bugatti	140,332
Deutschland (27. 5.) Avus (293,6 km)	Guy Moll (FRA)	Alfa-Romeo	205,580
Eifel (3. 6./342 km)	Manfred von Brauchitsch (GER)	Mercedes-Benz	122,487
Nürburgring (15. 7./570,3 km)	Hans Stuck (GER)	Auto-Union	122,933
Frankreich (1. 7.) Monthlery (500 km)	Louis Chiron (FRA)	Alfa-Romeo	136,834
Italien (9. 9.) Monza (500,9 km)	Rudolf Caracciola (GER) Luigi Fagioli (ITA)	Mercedes-Benz	105,175
Pescara (15. 8./516 km)	Luigi Fagioli (ITA)	Mercedes-Benz	129,568
Marokko Casablanca (382,2 km)	Louis Chiron (FRA)	Alfa-Romeo	130,512
Monaco (2. 4./318 km)	Guy Moll (FRA)	Alfa-Romeo	90,202
Schweiz (26. 8.) Bremgarten (509,6 km)	Hans Stuck (GER)	Auto-Union	140,346
Montreux (290,8 km)	Felice Trossi (ITA)	Alfa-Romeo	101,060
Spanien (23. 9.) Lasarte-St. Sebastian (519,5 km)	Luigi Fagioli (ITA)	Mercedes-Benz	156,095
Tripoli (6. 5./524 km)	Achille Varzi (ITA)	Alfa-Romeo	186,149
Tschechoslowakei (30. 9.) Brünn (495,4 km)	Hans Stuck (GER)	Auto-Union	127,320

Langstreckenrennen

Kurs/Dauer (Datum)	Sieger (Land)	Marke	ø km/h
Indianapolis/500 ms (30. 5.)	Cummings (USA)	Miller	168,760
Le Mans/24 h (17./18. 6.)	Philipe Etancelin (ITA)/ Luigi Chinetti (ITA)	Alfa-Romeo	120,289
Mille Miglia/1000 ms, Brescia-Rom-Brescia (8./9. 4.)	Achille Varzi (ITA)/ Bignani (ITA)	Alfa-Romeo	114,307
Taga Florio/432 km (20. 5.)	Achille Varzi (ITA)	Alfa-Romeo	69,222
Tourist Trophy/769,7 km Ards-Belfast (1. 9.)	Charles Dodson (GBR)	MG	120,144

Boxen/Schwergewicht

Ort/Tag	Weltmeister	Gegner	Ergebnis
Miami/1. 3.	Primo Carnera (ITA)	Tommy Loughan (USA)	PS 15 R.
New York/14. 6.	Max Baer (USA)	Primo Carnera (ITA)	k.o. 11.R

Eiskunstlauf

Turnier	Ort	Datum
Weltmeisterschaften	Stockholm (Herren) Oslo-Helsingfors (Damen) Helsingfors (Paare)	16.-18. 2. 10.-11. 2. 21. 2.
Europameisterschaften	Seefeld/Innsbruck (Herren) Prag (Damen/Paare)	20.-21. 1. 27.-28. 1.
Deutsche Meisterschaften	Braunlage	
Einzel	**Herren**	**Damen**
Weltmeister	Karl Schäfer (AUT)	Sonja Henie (NOR)
Europameister	Karl Schäfer (AUT)	Sonja Henie (NOR)
Deutscher Meister	Ernst Baier (Berlin)	Maxie Herber (München)
Paarlauf		
Weltmeister	Emilie Rotter/Laszlo Szollas (UNG)	
Europameister	Emilie Rotter/Laszlo Szollas (UNG)	
Deutsche Meister	Maxie Herber (München)/Ernst Baier (Berlin)	

Fußball

Weltmeisterschaft (Endrunde vom 27. 5. bis 10. 6. in Italien)

Datum	Ort	Spiel	Ergebnis
Achtelfinale			
27. 5.	Turin	Österreich — Frankreich **Österreich:** Platzer, Cisar, Sesta, Wagner, Smistik, Urbanek, Zischek, Bican (1), Sindelar (1), Schall (1), Viertl.	3:2 n. V.
27. 5.	Neapel	Ungarn — Ägypten	4:2
27. 5.	Genua	Brasilien — Spanien	1:3
27. 5.	Rom	Italien — USA	7:1
27. 5.	Florenz	Deutschland — Belgien **Deutschland:** Kreß, Haringer, Schwartz, Janes, Szepan, Zielinski, Lehner, Hohmann, Conen (3), Siffling (1), Kobierski (1).	5:2
27. 5.	Bologna	Argentinien — Schweden	2:3
27. 5.	Mailand	Holland — Schweiz **Schweiz:** Sechehaye, Minelli, Weiler, Guinchard, Jaccard, Hufschmid, von Känel, Passelo, Kielholz (2), Abegglen (1), Bossi	2:3
27. 5.	Triest	Tschechoslowakei — Rumänien	2:1
Viertelfinale			
31. 5.	Bologna	Österreich — Ungarn **Österreich:** Platzer, Cisar, Sesta, Wagner, Smistik, Urbanek, Zischek (1), Bican, Sindelar, Horvath (1), Viertl. **Ungarn:** A. Szabó, Vagó, Sternberg, Palotás, Szücs, Szalay, Markos, Avar, Dr. Sárosi (1), Toldi, Kemeny.	2:1
31. 5.	Florenz	Spanien — Italien **Italien:** Combi, Monzeglio, Allemandi, Pizziolo, Monti, Castellazzi, Guaita, Meazza, Schiavio, Ferrari (1), Orsi. **Spanien:** Zamora, Ciriaco, Quincoces, Cilaurren, Muguerza, Fede, Lafuente, Iraragorri, Regueiro (1), Langara, Gorostiza.	1:1 n. V.
1. 6.	Florenz	Spanien — Italien **Italien:** Combi, Monzeglio, Allemandi, Ferraris IV, Monti, Bertolini, Guaita, Meazza (1), Borel II, Demaria, Orsi. **Spanien:** Nogues, Zabalo, Quincoces, Cilaurren, Muguerza, Lecue, Vantolra, Regueiro, Campanal, Chaco,Bosch.	0:1
31. 5.	Mailand	Deutschland — Schweden **Deutschland:** Kreß, Haringer, Busch, Gramlich, Szepan, Zielinski, Lehner, Hohmann (2), Conen, Siffling, Kobierski. **Schweden:** Rydberg, Axelsson, S. Andersson, Carlsson, Rosen, E. Andersson, Dunker (1), Jonasson, Gustafsson, Keller, Kroon.	2:1
31. 5.	Turin	Schweiz — Tschechoslowakei **Tschechoslowakei:** Planicka, Zenisek, Ctyroky, Kostalek, Cambal, Krcil, Junek, Svoboda (1), Sobotka (1), Nejedly (1), Puc. **Schweiz:** Sechehaye, Minelli, Weiler, Guinchard, Jaccard, Hufschmid, von Känel, Jaeggi (1), Kielholz (1), Abegglen, Jaeck.	2:3
Halbfinale			
3. 6.	Mailand	Österreich — Italien **Italien:** Combi, Monzeglio, Allemandi, Ferraris IV, Monti, Bertolini, Guatia, Meazza, Schiavio, Ferrari, Orsi. **Österreich:** Platzer, Cisar, Sesta, Wagner, Smistik, Urbanek, Zischek, Bican, Sindelar, Schall, Viertl. **Schiedsrichter:** Eklind (Schweden); **Zuschauer:** 35 000 **Tore:** 1:0 Guaita (18. Minute).	0:1
3. 6.	Rom	Deutschland — Tschechoslowakei **Tschechoslowakei:** Planicka, Burgr. Ctyroky, Kostalek, Cambal, Kreil, Junek, Svoboda, Sobotka, Nejedly, Puc. **Deutschland:** Kreß, Haringer, Busch, Zielinksi, Szepan, Bender, Lehner, Siffling, Conen, Noack, Kobierski. **Schiedsrichter:** Barlassina (Italien); **Zuschauer:** 15 000 **Tore:** 1:0 Nejedly (21.), 1:1 Noack (50.), 2:1 Nejedly (60.), 3:1 Nejedly (81.).	1:3
Spiel um den 3. Platz			
7. 6.	Neapel	Deutschland — Österreich **Deutschland:** Jakob, Janes, Busch, Zielinski, Münzenberg, Bender, Lehner, Siffling, Conen, Szepan, Heidemann. **Österreich:** Platzer, Cisar, Sesta, Wagner, Smistik, Urabnek, Zischek, Braun, Bican Horvath, Viertl. **Schiedsrichter:** Carraro (Italien); **Zuschauer:** 15 000 **Tore:** 1:0 Lehner (1.), 2:0 Conen (29.), 2:1 Hovath (30.) 3:1 Lehner (42.), 3:2 Sesta (55.).	3:2
Endspiel			
10. 6.	Rom	Italien — Tschechoslowakei **Italien:** Combi, Monzeglio, Allemandi, Ferraris IV, Monti, Bertolini, Guaita, Meazza, Schiavio, Ferrari, Orsi. **Tschechoslowakei:** Planicka, Zenisek, Ctyroky, Kostalek, Cambal, Krcil, Junek, Svoboda, Sobotka, Nejedly, Puc. **Schiedsrichter:** Eklind (Schweden); **Zuschauer:** 50 000 **Tore:** 0:1 Puc (69.), 1:1 Orsi (80.), 2:1 Schiavio (97).	2:1 n. V.

Länderspiele	Ergebnis	Ort	Datum
Deutschland (+7/=0/-1)			
Deutschland — Ungarn	3:1	Frankfurt	14. 01.
Luxemburg — Deutschland	1:9	Luxemburg	11. 03.
Deutschland — Belgien*	5:2	Florenz	27. 05.
Deutschland — Schweden*	2:1	Mailand	31. 05.
Deutschland — Tschechoslowakei*	1:3	Rom	03. 06.
Deutschland — Österreich*	3:2	Neapel	07. 06.
Polen — Deutschland	2:5	Warschau	09. 09.
Dänemark — Deutschland	2:5	Kopenhagen	07. 10.
Österreich (+ 5/= 1/- 4)			
Österreich — Bulgarien	6:1	Wien	
Schweiz — Österreich	2:3	Genf	25. 03.
Italien — Österreich	4:2	Turin	
Österreich — Frankreich*	3:2 n. V.	Turin	27. 05.
Österreich — Ungarn*	2:1	Bologna	31. 05.
Österreich — Italien*	0:1	Mailand	03. 06.
Österreich — Deutschland*	2:3	Neapel	07. 06.
Österreich — Tschechoslowakei	2:2	Wien	
Ungarn — Österreich	3:1	Budapest	
Österreich — Schweiz	3:0	Wien	11. 11.
Schweiz (+ 2/= 1/— 4)			
Frankreich — Schweiz	0:1	Paris	11. 03.
Schweiz — Österreich	2:3	Genf	25. 03.
Schweiz — Holland*	3:2	Mailand	27. 05.
Schweiz — Tschechoslowakei*	2:3	Turin	31. 05.
Schweiz — Tschechoslowakei	2:2	Genf	14. 10.
Schweiz — Holland	2:4	Bern	04. 11.
Österreich — Schweiz	3:0	Wien	11. 11.

* WM-Endrunde in Italien

Landesmeister	
Deutschland	FC Schalke 04 — 1. FC Nürnberg 2:1 (24. 6., Berlin)
Österreich	Admira Wien
Schweiz	Servette Genf
Belgien	Union St. Gilloise
Dänemark	Boldklubben 93
England	FC Arsenal London
Finnland	PS Helsinki
Frankreich	FC Sete
Holland	Ajax Amsterdam
Italien	Juventus Turin
Jugoslawien	nicht ausgetragen
Norwegen	IF Mjoendalen
Schottland	Glasgow Rangers
Schweden	IF Hälsingbörg
Spanien	Atletico Bilbao

Landespokal	
Österreich	Admira Wien
Schweiz	Grashoppers Zürich — Servette Genf 2:0
England	Manchester City — FC Portsmouth 2:1
Frankreich	FC Sete
Holland	Velocitas Groningen
Schottland	Glasgow Rangers — FC St. Mirren 5:0

Gewichtheben/Schwergewicht

Weltrekorde (Land)	Dreikampf	Drücken	Reißen	Stoßen
Saied Nosseir (EGY)	400,0 kg			167,0 kg
Rudolf Schilberg (AUT)		133,0 kg		
Paul Wahl (GER)			128,0 kg	

Leichtathletik

Europameisterschaften (Turin, 7.-9.9.)

Disziplin	Sieger (Land)	Leistung
Männer		
100 m	Christian Berger (HOL)	10,6
200 m	Christian Berger (HOL)	21,5
400 m	Adolf Metzner (GER)	47,9
800 m	Miklos Szabo (UNG)	1:52,0
1500 m	Luigi Beccali (ITA)	3:54,6
5000 m	Roger Rochard (FRA)	14:36,8
10000 m	Ilmari Salminen (FIN)	31:02,6
Marathon	Armas Toivonen (FIN)	2:52:29,0
110 m Hürden	Josef Kovacs (UNG)	14,8
400 m Hürden	Hans Scheele (GER)	53,2
4 x 100 m	Deutschland	41,0
4 x 400 m	Deutschland	3:14,1
Hochsprung	Kalevi Kotkas (FIN)	2,00
Stabhochsprung	Gustav Wegner (GER)	4,00
Weitsprung	Wilhelm Leichum (GER)	7,45
Dreisprung	Willem Peters (HOL)	14,89
Kugelstoß	Arnold Viiding (GBR)	15,19
Diskuswurf	Harald Andersson (SWE)	50,38
Hammerwurf	Ville Pörhöla (FIN)	50,34
Speerwurf	Matti Järvinen (FIN)	76,66
Zehnkampf	Hans-Heinrich Sievert (GER)	8103,245
50 km Gehen	Janis Dahlinsch (LET)	4:49:25,4

Deutsche Meisterschaften (Nürnberg, 27./28. 7.)

Disziplin	Sieger (Ort)	Leistung
Männer		
100 m	Erich Borchemeyer (Bochum)	10,5
200 m	Egon Schein (Hamburg)	21,9
400 m	Adolf Metzner (Frankfurt)	48,4
800 m	Otto Peltzer (Stettin)	1:54,0
1500 m	Friedrich Schaumburg (Oberhausen)	4:00,1
5000 m	Max Syring (Wittenberg)	15:17,1
10000 m	Max Syring (Wittenberg)	32:04,0
Marathon	Heinrich Brauch (Berlin)	2:36:12,0
Mannschaft	Polizei-SV Berlin	
110 m Hürden	Willi Welscher (Frankfurt)	15,0
400 m Hürden	Hans Scheele (Altona)	54,1
3000 m Hindernis	nicht ausgetragen	
4 x 100 m	VfL Preußen Krefeld	41,9
4 x 400 m	Hamburger SV	3:22,2
Hochsprung	Wilhelm Ladewig (Berlin)	1,90
Stabhochsprung	Gustav Wegner (Halle)	4,11
Weitsprung	Luz Long (Leipzig)	7,53
Dreisprung	Anton Gottlieb (Landau)	14,12
Kugelstoß	Hans Woellke (Berlin)	15,24
Diskuswurf	Hans-Heinrich Sievert (Hamburg)	47,25
Hammerwurf	Johann Becker (Saarbrücken)	46,44
Speerwurf	Gottfried Weimann (Leipzig)	68,36
Steinstoßen	Erwin Blask (Königsberg)	10,87
Schleuderball	Karl Bicker (Limmer/Hann.)	64,05
Zehnkampf	Hans-Heinrich Sievert (Hamburg)	8498
Frauen		
100 m	Käthe Krauß (Dresden)	12,0
200 m	Käthe Krauß (Dresden)	24,6
80 m Hürden	Ruth Engelhard (Berlin)	11,8
4 x 100 m	SV Siemens Berlin	50,1
Hochsprung	Selma Grieme (Bremen)	1,58
Weitsprung	Hedwig Bauschulte (Osnabrück)	5,68
Kugelstoß	Gisela Mauermayer (München)	13,40
Diskuswurf	Gisela Mauermayer (München)	38,26
Speerwurf	Luise Krüger (Dresden)	43,48
Fünfkampf	Gisela Mauermayer (München)	335

Weltrekorde (Stand: 31. 12. 1934)

Disziplin	Name (Land)	Leistung	Datum	Ort
Männer				
100 m	Percy Williams (CAN)	10,3	09. 08. 1930	Toronto
200 m (Gerade)	Ralph Metcalfe (USA)	20,6	12. 08. 1933	Budapest
200 m (Kurve)	William Applegarth (GBR)	21,2	04. 07. 1914	London
400 m	William Carr (USA)	46,2	05. 08. 1932	Los Angeles
800 m	Thomas Hampson (GBR)	1:49,7	02. 08. 1932	Los Angeles
1500 m	Bill Bonthron (USA)	3:48,8	30. 06. 1934	Milwaukee
Meile	Glenn Cunningham (USA)	4:06,7	16. 06. 1934	Princeton
1000 m	Jules Ladonmègue (FRA)	2:23,6	19. 10. 1930	Paris
5000 m	Lauri Lehtinen (FIN)	14:17,0	19. 06. 1932	Helsinki

Leichtathletik (Forts.)

Disziplin	Name (Land)	Leistung	Datum	Ort
10000 m	Paavo Nurmi (FIN)	30:06,2	31. 08. 1924	Paris
110 m Hürden	Percy Beard (USA)	14,	06. 08. 1934	Kuopio
400 m Hürden	Glenn Hardin (USA)	50,6	26. 07. 1934	Stockholm
3000 m Hindern.	George Lermond (USA)*	9:08,4	18. 06. 1932	Cambridge
4 x 100 m	USA	40,0	07. 08. 1932	Los Angeles
4 x 400 m	USA	3:08,2	07. 08. 1932	Los Angeles
Hochsprung	Walter Marty (USA)	2,06	28. 04. 1934	Palo Alto
Stabhochsprung	William Graber (USA)	4,37	16. 07. 1932	Palo Alto
Weitsprung	Chuhei Nambu (JAP)	7,98	27. 10. 1931	Tokio
Dreisprung	Chuhei Nambu (JAP)	15,72	04. 08. 1932	Los Angeles
Kugelstoßen	Jack Torrance (USA)	17,40	05. 08. 1934	Oslo
Diskuswurf	Harald Andersson (SWE)	52,42	25. 08. 1934	Oslo
Hammerwurf	Patrick Ryan (USA)	57,77	17. 08. 1913	New York
Speerwurf	Matti Järvinen (FIN)	76,66	07. 09. 1934	Turin
Zehnkampf	Hans-Heinrich Sievert (GER)	8790,46	7./8. 07. 1934	Hamburg
Frauen				
100 m	Stanislawa Walasiewicz (POL)	11,7	26. 08. 1934	Warschau
200 m	Stanislawa Walasiewicz (POL)	23,8	14. 10. 1934	Osaka
400 m	Nellie Halstead (GBR)*	56,8	11. 07. 1931	London
800 m	Lina Radke-Batschauer (GER)	2:16,8	02. 08. 1928	Amsterdam
1500 m	Anna Muschkina (SOV)*	5:07,0	16. 09. 1934	Alma Ata
80 m Hürden	Ruth Engelhard (GER)	11,6	11. 08. 1934	London
4 x 100 m	USA	46,9	07. 08. 1932	Los Angeles
4 x 200 m	Deutschland	1:45,8	26. 06. 1931	Neurössen
Hochsprung	Jean Shiley (USA)	1,65	07. 08. 1932	Los Angeles
	Mildred Didrikson (USA)	1,65	07. 08. 1932	Los Angeles
Weitsprung	Kinue Hitomi (JAP)	5,98	20. 05. 1928	Osaka
Kugelstoßen	Gisela Mauermayer (GER)	14,38	15. 07. 1934	Warschau
Diskuswurf	Jadwiga Wajsowna (POL)	44,19	15. 08. 1934	Brüssel
Speerwurf	Nan Gindele (USA)	46,74	18. 06. 1932	Chicago
Fünfkampf	Gisela Mauermayer (GER)	377	10./11. 08. 34	London

Deutsche Rekorde (Stand: 31. 12. 1934)

Disziplin	Name (Land)	Leistung	Datum	Ort
Männer				
100 m	Arthur Jonath (Bochum)	10,3	05. 06. 1932	Bochum
200 m	Helmut Körnig (Berlin)	20,9	19. 08. 1928	Berlin
400 m	Jochen Büchner (Magdeburg)	47,8	02. 09. 1928	Berlin
800 m	Otto Peltzer (Stettin)	1:51,6	03. 07. 1926	London
1000 m	Otto Peltzer (Stettin)	2:25,8	19. 09. 1927	Paris
1500 m	Otto Peltzer (Stettin)	3:51,0	11. 09. 1926	Berlin
3000 m	Willi Bolze (Hamburg)	8:35,3	11. 09. 1928	Düsseldorf
5000 m	Max Syring (Wittenberg)	14:49,6	01. 10. 1931	Berlin
10000 m	Max Syring (Wittenberg)	31:21,2	02. 07. 1932	Hannover
110 m Hürden	Ferdinand Beschetnik (Berlin)	14,8	26. 07. 1931	Berlin
400 m Hürden	Hans Scheele (Altona)	53,2	09. 09. 1934	Turin
4 x 100 m	Nationalstaffel	40,6	14. 06. 1932	Kassel
	SC Charlottenburg	40,8	22. 07. 1929	Breslau
4 x 400 m	Nationalstaffel	3:14,1	09. 09. 1934	Turin
	SC Teutonia Berlin	3:17,2	07. 08. 1928	Köln
Hochsprung	Gustav Weinkötz (Köln)	1,98	22. 07. 1934	Frankfurt
Stabhochsprung	Gustav Wegner (Halle)	4,12	28. 06. 1931	Amsterdam
Weitsprung	Luz Long (Leipzig)	7,65	12. 08. 1933	Köln
Dreisprung	Arthur Holz (Berlin)	14,99	01. 07. 1922	Berlin
Kugelstoßen	Emil Hirschfeld (Allenstein)	16,05	01. 10. 1933	Allenstein
Diskuswurf	Hans-Heinrich-Sievert (Hamburg)	49,32	12. 08. 1933	Köln
Hammerwurf	Oskar Seeger (Oßweil)	49,16	02. 09. 1934	Stockholm
Speerwurf	Gottfried Weimann (Leipzig)	73,40	27. 08. 1933	Danzig
Zehnkampf	Hans-Heinrich Sievert (Hamburg)	8790,46	7./8. 7. 1934	Hamburg
Frauen				
100 m	Marie Dollinger (Nürnberg)	11,9	15. 07. 1934	Warschau
200 m	Käthe Krauß (Dresden)	24,6	02. 07. 1934	Berlin
800 m	Lina Radke-Batschauer (Breslau)	2:16,8	02. 08. 1928	Amsterdam
80 m Hürden	Ruth Engelhard (Berlin)	11,6	11. 08. 1934	London
4 x 100 m	Nationalstaffel	47,5	24. 06. 1934	Lennep
4 x 400 m	TSV 1860 München	48,8	20. 07. 1930	Nürnberg
Hochsprung	Helma Notte (Düsseldorf)	1,59	12. 06. 1932	Amsterdam
Weitsprung	Selma Grieme (Bremen)	5,91	23. 08. 1931	Hannover
Kugelstoßen	Gisela Mauermayer (München)	14,38	15. 07. 1934	Warschau
Diskuswurf	Paula Mollenhauer (Hamburg)	42,57	08. 07. 1934	Hamburg
Speerwurf	Ellen Braumüller (Berlin)	44,64	12. 06. 1932	Berlin
Fünfkampf	Gisela Mauermayer (München)	377	10./11. 8. 34	London

* inoffiziell, nicht offiziell anerkannt

Das Rekordproblem:
Seit der Mensch sportliche Leistungen registriert und vergleicht — und das geschieht überschaubar seit rund 100 Jahren — gibt es das Problem der genauen Feststellung der Rekorde. Weltrekorde z. B. wurden zuerst privat aufgezeichnet. Später übernahmen internationale und nationale Verbände diese Aufgabe und gaben Höchstleitungen durch ihre Anerkennung den offiziellen Charakter.
Probleme bei der Anerkennung der Rekorde ergaben sich allerdings daraus, daß von manchen nationalen Verbänden im Ausland erzielte Bestleistungen nicht anerkannt wurden, oder Rekorde von Sportlern, die nicht zu einem Weltverband gehörten, ignoriert wurden. Zudem wurden in einigen Fällen aufgrund sprachlicher Mißverständnisse und falscher Umrechnungen (z. B. yards in Meter, inches in Zentimeter) Weltrekorde anerkannt, die in Wirklichkeit gar keine waren.
Generell darf man sagen, daß 95 % aller Weltrekorde vor 1912 das Ergebnis privater Recherchen sind und daß einige Höchstleistungen von 1912 bis 1945 den heutigen Maßstäben nicht standhalten — das bedeutet, daß einige offizielle Weltrekorde falsch und mehr oder weniger »privat« registrierte die richtigen sind.
In den Rekordlisten des Jahres 1934 sind also inoffizielle deutsche und Weltrekorde genauso verzeichnet wie die offiziellen, sofern sie der Nachprüfung standhalten.

Pferdesport

Disziplin/Turnier	Sieger (Land)	Pferd (Gestüt)	Tag
Trabrennen			
Deutsches Derby	Charlie Mills (IRL)	Plutarch (O. Nagel)	
Turniersport			
Springreiten			
Deutsches Derby	Frau von Opel (GER)	Nanuk (Graditz)	

Radsport

Disziplin, Ort, Datum	Plazierung, Name (Land)	Zeit/Rückstand
Straßenweltmeisterschaft		
Profis (225,6 km)	1. Karl Kaers (BEL)	
Leipzig	2. Learco Guerra (ITA)	
	3. Gustave Danneels (BEL)	
Amateure (112,8 km)	1. Karl Pellenaers (HOL)	
	2. Deforge (FRA)	
	3. André (BEL)	
Rundfahrten (Etappen)		
Tour de France (23)	1. Antonin Magne (FRA)	147:13:58
Datum: 3.-29. 7.	2.Giuseppe Martano (ITA)	147:41:20
Länge: 4256 km	3. René Lapébie (FRA)	148:06:13
60 Starter, 39 im Ziel		
Giro d'Italia (17)	1. Learco Guerra (ITA)	121:17:17
Datum: 19. 5. - 10. 6.	2. Francesco Camusso (ITA)	121:18:08
Länge: 3713 km	3. Giovanni Cazzulani (ITA)	121:22:16
105 Starter, 52 im Ziel		
Tour de Suisse (7)	1. Ludwig Geiger (GER)	45:01:11
Datum: 25. 8.-1. 9.	2. Level (FRA)	45:09:50
Länge: 1474 km	3. Francesco Camusso (ITA)	45:12:58

Schwimmen

Europameisterschaften in Magdeburg

Disziplin	Sieger (Land)	Leistung
Männer		
Freistil 100 m	Ferenc Csik (UNG)	59,7
Freistil 400 m	Jean Taris (FRA)	4:55,5
Freistil 1 500 m	Jean Taris (FRA)	20:01,5
Freistil 4 x 200 m	Ungarn	9:30,2
Brust 200 m	Erwin Sietas (GER)	2:49,0
Rücken 100 m	John Charles Besford (GBR)	1:11,7
Kunstspringen	Leo Esser (GER)	137,74
Turmspringen	Hermann Stork (GER)	98,99
Wasserball	Ungarn	
Frauen		
Freistil 100 m	Willemijntje den Ouden (HOL)	1:07,1
Freistil 400 m	Hendrika W. Mastenbroek (HOL)	5:27,4
Freistil 4 x 100 m	Niederlande	4:41,5
Brust 200 m	Martha Genenger (GER)	3:09,1
Rücken 100 m	Hendrika W. Mastenbroek (HOL)	1:20,3
Kunstspringen	Olga Jentsch-Jordan (GER)	74,78
Turmspringen	Herta Schieche (GER)	35,43

Deutsche Meisterschaften in Nürnberg

Disziplin	Sieger (Ort)	Leistung
Männer		
Freistil 100 m	Otto Wille (Gleiwitz)	1:01,3
Freistil 200 m	Wolfgang Leisewitz (Hannover)	2:23,5
Freistil 400 m	Raimond Deiters (Magdeburg)	5:16,2
Freistil 1 500 m	Gerhard Nüske (Stettin)	21:28,2
Freistil 4 x 100 m	Bremischer SV	4:16,8
Freistil 4 x 200 m	Magdeburg 1896	10:03,2
Brust 200 m	Erwin Sietas (Hamburg)	2:53,6
Brust 4 x 200 m	Hellas Magdeburg	12:13,0
Rücken 100 m	Hans Schwarz (Magdeburg)	1:13,5
Lagenstaffel	Poseidon Berlin	5:21,0
Kunstspringen	W. Mahraun (Berlin)	132,20
Turmspringen	Hermann Stork (Frankfurt)	95,91
Mehrkampf	Leo Esser (Iserlohn)	
Wasserball	Weißensee 1896	
Frauen		
Freistil 100 m	Gisela Arendt (Charlottenburg)	1:09,9
Freistil 400 m	Ruth Halbsguth (Charlottenburg)	6:02,8
Freistil 3 x 100 m	Nixe Charlottenburg	3:47,5
Brust 200 m	Lotte Mühe (Hildesheim)	3:18,4
Brust 3 x 200 m	Nixe Charlottenburg	10:02,2
Rücken 100 m	Gisela Arendt (Charlottenburg)	1:24,7
Lagenstaffel	Nixe Charlottenburg	5:54,0
Kunstspringen	Olga Jentsch-Jordan (Charlottenburg)	72,71
Turmspringen	Herta Schieche (Spandau)	31,30

Weltrekorde (Stand: 31. 12. 1934)

Disziplin	Name (Land)	Leistung	Datum	Ort
Männer				
Freistil 100 m	Peter Fick (USA)	56,8	02. 03. 1934	Newhaven
Freistil 200 m	Johnny Weissmüller (USA)	2:08,8	05. 04. 1927	Ann Arbor
Freistil 400 m	Jack Medica (USA)	4:38,7	30. 08. 1934	Honolulu
Freistil 800 m	Shozo Makino (JAP)	9:55,8	15. 09. 1934	Tokio
Freistil 1 500 m	Arne Borg (SWE)	19:07,2	02. 09. 1927	Bologna
Freistil 4 x 100 m	Deutschland (Bremischer SV)	4:16,8	1934	Nürnberg
Freistil 4 x 200 m	Japan	8:58,4	09. 08. 1932	Los Angeles
Brust 100 m	Jacques Cartonnet (FRA)	1:12,4	24. 02. 1933	Paris
Brust 200 m	Jacques Cartonnet (FRA)	2:42,6	08. 02. 1933	Paris
Rücken 100 m	Albert Vandeweghe (USA)	1:07,4	23. 07. 1934	Honolulu
Rücken 200 m	Albert Vandeweghe (USA)	2:27,8	30. 8. 1934	Honolulu
Frauen				
Freistil 100 m	Willie den Ouden (HOL)	1:04,8	15. 04. 1934	Rotterdam
Freistil 200 m	Willie den Ouden (HOL)	2:28,6	03. 05. 1933	Rotterdam
Freistil 400 m	Willie den Ouden (HOL)	5:16,0	12. 07. 1934	Rotterdam
Freistil 800 m	Helen Madison (USA)	11:41,2	06. 07. 1930	Long Beach
Freistil 1 500 m	Helen Madison (USA)	23:17,2	15. 07. 1931	New York
Freistil 4 x 100 m	Niederlande	4:33,3	14. 04. 1934	Rotterdam
Brust 100 m	Claire Dennis (AUS)	1:24,6	14. 02. 1933	Unley
Brust 200 m	Hideko Maehata (JAP)	3:00,4	30. 09. 1933	Tokio
Rücken 100 m	Hendrika Mastenbroek (HOL)	1:16,8	25. 11. 1934	Düsseldorf
Rücken 200 m	Phyllis Harding (GBR)	2:50,4	19. 09. 1932	Wallasey

E = Europarekord

Deutsche Rekorde

Disziplin	Name (Ort)	Leistung	Datum	Ort
Männer				
Freistil 100 m	Helmut Fischer (Bremen)	58,8	03. 11. 1934	Düsseldorf
Freistil 200 m	Raimund Deiters (Köln)	2:16,1	08. 02. 1933	Düsseldorf
Freistil 400 m	Raimund Deiters (Köln)	4:55,6	01. 12. 1932	Düsseldorf
Freistil 800 m	Raimund Deiters (Köln)	10:53,0	06. 08. 1933	Weimar
Freistil 1 500 m	Raimund Deiters (Köln)	20:46,3	06. 08. 1933	Weimar
Freistil 4 x 100 m	Bremischer SV	4:16,8	1934	Nürnberg
Freistil 4 x 200 m	Poseidon Köln	10:00,0	1931	Königsberg
Brust 100 m	Erwin Sietas (Hamburg)	1:14,0	25. 03. 1933	Altona
Brust 200 m	Paul Schwarz (Göppingen)	2:43,8	17. 03. 1934	Magdeburg
Rücken 100 m	Ernst Küppers (Bremen)	1:08,4	18. 03. 1934	Magdeburg
Rücken 200 m	Erwin Simon (Gladbeck)	2:38,3	25. 11. 1934	Düsseldorf
Frauen				
Freistil 100 m	Gisela Arendt (Berlin)	1:09,4	12. 08. 1934	Magdeburg
Freistil 200 m	Hilde Salbert (Berlin)	2:46,9	04. 11. 1934	Magdeburg
Freistil 400 m	Ruth Halbsguth (Berlin)	5:59,3	14. 07. 1934	Berlin
Freistil 800 m	Gerda Stegemann (Magdeburg)	13:00,2	01. 08. 1932	Magdeburg
Freistil 1 500 m	Gerda Stegemann (Magdeburg)	25:11,2	27. 08. 1932	Magdeburg
Freistil 4 x 100 m	Hamburger TB	6:16,5	1926	Köln
Brust 100 m	Hanni Hölzner (Plauen)	1:26,0	02. 05. 1934	Greiz
Brust 200 m	Martha Gemenger (Krefeld)	3:04,0	06. 05. 1934	Ohligs
Rücken 100 m	Gisela Arendt (Berlin)	1:20,4	17. 08. 1934	Magdeburg
Rücken 200 m	Anni Stolte (Düsseldorf)	3:05,4	12. 04. 1934	Düsseldorf

Ski alpin

	Herren	Damen
Weltmeisterschaften in St. Moritz		
Abfahrt	David Zogg (SUI) 4:27,2	Anny Ruegg (SUI) 5:38,0
Slalom	Franz Pfnür (GER) 109,0	Christl Cranz (GER) 117,0
Kombination	David Zogg (SUI) 198,47	Christl Cranz (GER) 199,24
Deutsche Meister		
Kombination	Heli Lantschner	Christl Cranz
Österreichische Meister		
Kombination	Peter Radacher	Emmy Ripper
Schweizer Meister		
Abfahrt	David Zogg	Nini von Arx-Zogg
Slalom	Karl Graf	Nini von Arx-Zogg
Kombination	nicht ermittelt	Nini von Arx-Zogg

Tennis

Meisterschaften	Ort	Datum
Wimbledon	London	
French Open	Paris	
US Open	Forest Hills (Einzel, Damendoppel), Chestnut Hills (Herrendoppel, Mixed)	
Australian Open	Melbourne	
Internationale Deutsche	Hamburg	
Daviscup-Endspiel	Wimbledon	

Turnier	Sieger (Land) — Finalgegner (Land)	Ergebnis
Herren		
Wimbledon	Fred Perry (GBR) — Jack Crawford (AUS)	6:3, 6:0, 7:5
French Open	Gottfried von Cramm (GER) — Jack Crawford (AUS)	6:4, 7:9, 3:6, 7:5, 6:3

Tennis (Forts.)

Turnier	Sieger (Land) — Finalgegner (Land)	Ergebnis
US Open	Fred Perry (GBR) — Wilmer Allison (USA)	6:4, 6:3, 3:6, 1:6, 8:6
Australian O.	Fred Perry (GBR) — Jack Crawford (AUS)	6:3, 7:5, 6:1
Int. Deutsche	Gottfried von Cramm (GER)	
Daviscup	Großbritannien — USA	4:1
Damen		
Wimbledon	Dorothy Round (GBR) — Helen Jacobs (USA)	6:2, 5:7, 6:3
French Open	Peggy Scriven (GBR) — Hellen Jacobs (USA)	7:5, 4:6, 6:1
US-Open	Helen Jacobs (USA) — Sarah Palfrey (USA)	6:1, 6:4
Australian O.	Jean Hartigan (AUS) — B. H. Molesworth	6:1, 6:4
Int. Deutsche	Hilde (Krahwinkel-)Sperling (DAN/GER)	
Herren-Doppel		
Wimbledon	George Lott (USA)/ Lester Stoeffen (USA) — Jean Borotra (FRA)/ Jacques Brugnon (FRA)	6:2, 6:3, 6:4
French Open	Jean Borotra (FRA)/ Jacques Brugnon (FRA) — Jack Crawford (AUS)/ V. B. McGrath	11:9, 6:3, 2:6, 4:6, 9:7
US Open	George Lott (USA)/ Lester Stoeffen (USA) — John Van Ryn (USA)/ Wilmer Allison (USA)	6:4, 9:7, 9:7, 6:3
Australian O.	Fred Perry (GBR)/ Pat Hughes (GBR) — Adrian Quist (AUS)/ D. P. Turnbull	6:8, 6:3, 6:4, 3:6, 6:3

Turnier	Sieger (Land) — Finalgegner (Land)	Ergebnis
Int. Deutsche	E. Maier/Adrian Quist (AUS)	
Damen-Doppel		
Wimbledon	Simone Mathieu (FRA)/ Elizabeth Ryan (USA) — D. Andrus (USA)/ Sylvia Henrotin (FRA)	6:3, 6:3
French Open	Simone Mathieu (FRA)/ Elizabeth Ryan (USA) — Helen Jacobs (USA)/ Sarah Palfrey (USA)	3:6, 6:4, 6:2
US Open	Helen Jacobs (USA)/ Sarah Palfrey (USA) — D. Andrus (USA)/ C. A. Babcock (USA)	4:6, 6:3, 6:4
Australian O.	B. H. Molesworth/ V. Westacott — Jean Hartigan (AUS)/ U. Valkenborg	6:8, 6:4, 6:4
Int. Deutsche	E. M Dearman/N. Lyle (GBR)	
Mixed		
Wimbledon	Ryuki Miki (JAP)/ Dorothy Round (GBR) — Henry Austin (GBR)/ D. C. Shepherd-Barron	3:6, 6:4, 6:0
French Open	Jean Borotra (FRA)/ C. Rosambert — Adrian Quist (AUS)/ Elizabeth Ryan (USA)	6:2, 6:4
US Open	George Lott (USA)/ Helen Jacobs (USA) — Lester Stoeffen (USA)/ Elizabeth Ryan (USA)	4:6, 13:11, 6:2
Australian O.	E. F. Moon (AUS)/ Jean Hartigan (AUS) — R. Dunlop/ V. Westacott	6:3, 6:4
Int. Deutsche	Gottfried von Cramm (GER)/Hilde (Krahwinkel-)Sperling (DAN/GER)	

Abkürzungen zu den Sportseiten

AFG Afghanistan
ARG Argentinien
AUS Australien
AUT Österreich
BEL Belgien
BOL Bolivien
BRA Brasilien
BUL Bulgarien
CAN Kanada
CHI Chile
CHN China
COL Kolumbien
COS Costa Rica
CSR Tschechoslowakei
CUB Kuba
DAN Dänemark
ECU Ecuador
EGY Ägypten
EST Estland
FIN Finnland
FRA Frankreich
GBR Großbritannien
GER Deutschland
GRE Griechenland
GUA Guatemala
HAI Haiti
HOL Holland
HON Honduras
IND Indien
IRA Iran
IRK Irak
IRL Irland
ISL Island
ITA Italien
JAP Japan
LET Lettland
LIE Liechtenstein
LIT Litauen
LUX Luxemburg
MCO Monaco
MEX Mexiko
MON Mongolei
NEP Nepal
NIC Nicaragua
NOR Norwegen
NSE Neuseeland
PAN Panama
PAR Paraguay
PER Peru
PHI Philippinen
POL Polen
POR Portugal
RUM Rumänien
SAF Südafrika
SAL El Salvador
SAN San Marino
SIN Singapur
SOV Sowjetunion
SPA Spanien
SUI Schweiz
SWE Schweden
THA Thailand
TUN Tunesien
TUR Türkei
UNG Ungarn
URU Uruguay
USA Vereinigte Staaten von Amerika
VEN Venezuela
YUG Jugoslawien

Nekrolog

Bekannte Persönlichkeiten aus allen Bereichen des gesellschaftlichen Lebens, die im Jahr 1934 gestorben sind, werden — alphabetisch geordnet — in Kurzbiographien dargestellt.

Albert I.

König der Belgier seit 1909 (*8. 4. 1875, Brüssel), verunglückt am 17. Februar auf einer Bergtour bei Namur tödlich. Am 23. Februar wird sein Sohn Leopold III. als neuer König vereidigt.

Albert I., der 1909 seinem Onkel Leopold II. auf den Thron folgte, war verheiratet mit Elisabeth, der Tochter des Herzogs Karl Theodor in Bayern. Sein Versuch, während des Ersten Weltkriegs die belgische Neutralität gegen das Deutsche Reich zu verteidigen, trug ihm den Namen »Koning-Ridder« (Königsritter) ein. Bis 1918 kämpfte er mit belgischen Truppen gegen die Deutschen.

Alexander I. Karađorđević

König der Serben, Kroaten und Slowenen ab 1921, König von Jugoslawien seit 1929 (*17. 12. 1888, Cetinje), wird am 9. Oktober in Marseille zusammen mit dem französischen Außenminister Louis Barthou während eines Staatsbesuchs Opfer eines Attentats von makedonischen und kroatischen Nationalisten. Nachfolger als König von Jugoslawien wird sein Sohn Peter II.

Alexander I., der zweite Sohn des Königs Peter I. von Serbien, wurde 1921 König in dem von ihm selbst proklamierten Königreichs der Serben, Kroaten und Slowenen. Am 3. Oktober 1929 benannte er sein Königreich in »Jugoslawien« um, nachdem er die Volksversammlung aufgelöst und die Pressefreiheit und das Versammlungsrecht aufgehoben hatte. 1931 wurde seine »Königsdiktatur« durch eine oktroyierte Neufassung legalisiert.

Hermann Bahr

österreichischer avantgardistischer Erzähler und Dramatiker, Essayist und Theaterkritiker (*19. 7. 1863, Linz), stirbt am 15. Januar in München. Hermann Bahr, war u. a. Theaterkritiker in Wien, Regisseur unter Max Reinhardt am Deutschen Theater in Berlin (1906/07) und erster Dramaturg am Wiener Burgtheater (ab 1918, Essay »Burgtheater« 1920). Er begann unter dem Einfluß von Arno Holz als Naturalist und kam über Impressionismus (»Die Überwindung des Naturalismus«, 1891) und Symbolismus zum Expressionismus (»Expressionismus«, 1916). Sein bekanntestes Drama ist das Lustspiel »Das Konzert« (1909). Er schrieb ferner die Romane »Die Rahl« (1908), »O Mensch« (1910), »Die Rotte Korahs« (1919) und »Österreich in Ewigkeit« (1929).

Louis Barthou

französischer Politiker (*25. 8. 1862, Oloron-Sainte-Marie im Departement Basses-Pyrénées), wird am 9. Oktober in Marseille zusammen mit dem rumänischen König Alexander I. Opfer eines Attentats von makedonischen und kroatischen Nationalisten.

Barthou, Vertreter der »rechten Mitte«, bekleidete mehrere Ministerämter. Als Ministerpräsident setzte er 1913 die Einführung der dreijährigen Militärdienstzeit durch. Von 1922 bis 1926 vertrat er als Leiter der Reparationskommission eine harte Linie gegenüber dem Deutschen Reich (Ruhrbesetzung 1923). Als Außenminister ab 9. Februar 1934 versuchte er, das Deutsche Reich diplomatisch zu isolieren und ein kollektives Sicherheitssystem in Europa aufzubauen. — 1918 wurde Barthou, der als Schriftsteller mehrere Biographien verfaßte, Mitglied der Académie française.

Stephan Bauer

schweizerischer Sozialpolitiker (*20. 5. 1865, Wien), stirbt am 15. November in Basel. Bauer war von 1901 bis 1925 Generalsekretär der Internationalen Vereinigung für Gesetzlichen Arbeiterschutz und von 1901 bis 1920 Direktor des Internationalen Arbeitsamts in Basel.

Otto Baumgarten

deutscher evangelischer Theologe (*29. 1. 1858, München), stirbt am 21. März in Kiel. Baumgarten, ab 1890 Professor in Jena, ab 1894 in Kiel, war von 1912 bis 1921 Vorsitzender des Evangelisch-Sozialen Kongresses. 1919 war er Mitglied der deutschen Friedensdelegation in Versailles. Er vertrat eine liberale Theologie und war ein Gegner des Antisemitismus.

Andrei Bely

russisch-sowjetischer Dichter (*26. 10. 1880, Moskau), stirbt am 8. Januar in Moskau.

Bely war als Erzähler, Lyriker und Literaturtheoretiker einer der Hauptvertreter des russischen Symbolismus. Seine Hauptwerke sind die Romane »Die silberne Taube« (1909), »Petersburg« (1913) und »Moskva« (1926).

Hendrik Petrus Berlage

niederländischer Architekt (*21. 2. 1856, Amsterdam), stirbt am 12. August in Den Haag.

Berlage, einer der Wegbereiter der modernen Architektur, entwickelte mit dem Bau der Amsterdamer Börse (1897-1903) einen Stil, der sich von der historisierenden Bauweise des 19. Jahrhunderts abwandte und die Baustoffe und ihre elementaren konstruktiven Formen unverhüllt als hauptsächliches künstlerisches Wirkungsmittel nutzte. Von bedeutendem Einfluß waren seine Schriften »Gedanken über den Stil in der Baukunst« (1905) und »Grundlagen und Entwicklung der Architektur« (1908).

Marie Curie

geb. Sklodowska, französische Chemikerin und Physikerin polnischer Herkunft, Physiknobelpreisträgerin 1903, Chemienobelpreisträgerin 1911 (*7. 11. 1867, Warschau), stirbt am 4. Juli in Sancellemoz in Savoyen.

Marya Sklodowska studierte ab 1891 in Paris, wo sie 1895 den Physiker Pierre Curie heiratete, mit dem sie zuammen forschte. 1898 entdeckte sie die Radioaktivität des Thoriums und mit ihrem Mann die radioaktiven Elemente Polonium und Radium. 1903 erhielt sie zusammen mit ihrem Mann und mit Antoine Henri Becquerel den Nobelpreis für Physik. Nach dem Tod ihres Mannes (1906) wurde sie auf seinen Lehrstuhl für Physik an der Pariser Universität Sorbonne berufen. 1911 erhielt sie auch den Chemienobelpreis verliehen. 1914 übernahm sie die Leitung des Institut du radium in Paris. — Die Tochter von Marie und Pierre Curie ist die Physikerin Irène Joliot-Curie, die 1935 zusammen mit ihrem Mann Frédéric Joliot-Curie den Chemienobelpreis erhält.

Theodor Däubler

deutscher Dichter (*17. 8. 1876, Triest), stirbt am 13. Juni in Sankt Blasien im Hochschwarzwald.

In pathetisch-hymnischen Versen gab Däubler als religiöser Ekstatiker, Dichter und Denker einem mythisch-pantheistischen Weltgefühl Ausdruck. Sein Hauptwerk ist das Epos »Das Nordlicht« (1910), eine zyklische Kosmogonie in 30 000 Versen. In Essays vertrat Däubler die Position des Expressionismus (»Der neue Standpunkt«, 1916). Bekannt wurden ferner die Dichtungen »Hesperiden« (1915) und »Hymne an Italien« (1916), das Prosawerk »Sparta« (1923) sowie der Roman »Die Göttin mit der Fackel« (1931).

Frederick Delius

britischer Komponist (*29. 1. 1862, Bradford), stirbt am 10. Juni in Grez-sur-Loing im französischen Departement Seine-et-Marne.

Größter Förderer von Delius war der britische Dirigent Thomas Beecham. Er organisierte die britische Erstaufführung von Delius' Oper »Romeo und Julia auf dem Dorfe« (uraufgeführt 1907 in Berlin). 1929 initiierte Beecham in London ein Delius-Festival.

Stilistisch weist das Werk von Delius Merkmale auf, die sich auch bei Gustav Mahler, Richard Strauss und Claude Debussy finden. Auffällig ist die Dichte der in der Musik geschilderten Stimmungen und die psychologische Durchdringung der behandelten Stoffe. Bekannt wurden ferner das Chorwerk »Eine Messe des Lebens« (1909) nach Friedrich Nietzsches »Also sprach Zarathustra«. Darüber hinaus komponierte Delius sinfonische Werke und Konzerte.

Engelbert Dollfuß

österreichischer christlichsozialer Politiker, Bundeskanzler und Außenminister seit 1932 (*4. 10. 1892, Texing/Niederösterreich), wird am 25. Juli in Wien bei einem Putschversuch der Nationalsozialisten ermordet.

Der christlichsoziale Politiker Dollfuß, Landwirtschaftsminister ab 1931, wurde am 20. Mai 1932 Bundeskanzler einer Koalitionsregierung aus Christlichsozialen, Landbund und Heimatblock. Durch die Aufnahme der Heimwehrbewegung ins Kabinett verfügte die neue Regierung über eine Mehrheit von einer Stimme im Nationalrat. Dollfuß selbst übernahm das Außen- und das Landwirtschaftsministerium. Sein Ziel war es, Österreich in einen autoritären Ständestaat umzuwandeln. Im Februar 1934 schaltete er die österreichische Sozialdemokratie gewaltsam aus. Am 11. September 1933, nach der Machtübernahme der Nationalsozialisten im Deutschen Reich, hatte er erklärt: »Wir lehnen Gleichschalterei und Terror ab, wir wollen den sozialen, christlichen, deutschen Staat Österreich auf ständischer Grundlage, unter starker, autoritärer Führung!... Autorität heißt geordnete Macht, heißt Führung durch verantwortungsbewußte Männer.« Knapp ein Jahr später wird Dollfuß nun Opfer eines gescheiterten nationalsozialistischen Putschs.

Emil Dürr

schweizerischer Historiker (*3. 12. 1883, Olten), stirbt am 12. Februar in Basel.

Dürr, Professor in Basel ab 1918, war der Herausgeber der »Aktensammlung zur Geschichte der Basler Reformation« (1921-1933). Sein Hauptwerk ist die Monographie »Jacob Burckhardt als politischer Publizist« (postum 1937).

Robert Durrer

schweizerischer Kunsthistoriker (*3. 3. 1867, Stans), stirbt am 14. Mai in Stans.

Durrer bemühte sich als Staatsarchivar um die Erhaltung und Restaurierung von historischen Kunstdenkmälern in der Schweiz. Er publizierte über »Die Kunstdenkmäler des Kantons Unterwalden« (1899-1928) und »Das Bürgerhaus in der Schweiz« (1930). Außerdem schrieb er die Monographie »Bruder Klaus« (1917-1921).

Franz Ehrle

deutscher Kirchenhistoriker und Kardinal (*17. 10. 1845, Isny), stirbt am 31. März in Rom.

Ehrle, Jesuit, war von 1895 bis 1914 Präfekt der Vatikanischen Bibliothek. 1919 übernahm er die Dozenturen für Paläographie am römischen Bibelinstitut und für Geschichte der Scholastik an der Gregoriana, der päpstlichen Universität in Rom. 1922 wurde er in den Kardinalsrang erhoben. 1929 wurde er Bibliothekar und Archivar der Römischen Kirche. Er veröffentlichte zahlreiche Werke zur mittelalterlichen Kirchengeschichte, zur Scholastik und zur Bibliotheksgeschichte. Mit Heinrich Denifle gab er das »Archiv für Literatur- und Kirchengeschichte des Mittelalters« (1885-1900) heraus.

Edward Elgar

britischer Komponist (*2. 6. 1857, Broadheath bei Worcester), stirbt am 23. Februar in Worcester.

Unter dem Einfluß der deutschen Spätromantik komponierte Elgar, der als musikalischer Vertreter der spätviktorianischen Zeit gilt, vor allem Oratorien (»The light of life«, 1896, »The dream of Gerontius«, 1900). Darüber hinaus schuf er zwei Sinfonien, Kantaten, Lieder, Kammer- und Klaviermusik sowie Bühnenwerke.

Emma

Königin der Niederlande (*2. 8. 1858, Arolsen), stirbt am 20. März in Den Haag.

Emma, Tochter des Fürsten Georg Viktor von Waldeck-Pyrmont, wurde 1879 die zweite Gemahlin von König Wilhelm III. der Niederlande. Nach dessen Tod (1890) führte sie die Regentschaft für ihr einziges Kind, Prinzessin Wilhelmina, Königin der Niederlande, bis zu deren Regierungsantritt 1898. Emma engagierte sich im Kampf gegen die Tuberkulose; u. a. geht auf sie die Emma-Blumenkollekte zurück.

Samuel Fischer
deutscher Verleger (*24. 12. 1859, Liptovský Mikuláš in Ungarn), stirbt am 15. Oktober in Berlin.
Fischer kam als 20jähriger über Wien nach Berlin, wo er als Buchhändlergehilfe begann und 1886 einen eigenen Verlag gründete. Er förderte vor allem Schriftsteller des Naturalismus (Henrik Ibsen, Émile Zola, Gerhart Hauptmann). Zudem verlegte er die Werke anderer Autoren (Hugo von Hofmannsthal, Arthur Schnitzler, Thomas Mann, Hermann Hesse, George Bernard Shaw, Oscar Wilde). Ab 1894 erschien die Zeitschrift »Neue Deutsche Rundschau« (ab 1903: »Die Neue Rundschau«).

Fritz Haber
deutscher Chemiker, Chemienobelpreisträger 1918 (* 9. 12. 1868, Breslau), stirbt am 29. Januar in Basel.
Haber, der 1933 aus dem Deutschen Reich emigrierte, ist der Entdecker der katalytischen Hochdrucksynthese, d. h. der Darstellung von Ammoniak aus Stickstoff und Wasserstoff unter hohem Druck. Hierfür erhielt er 1918 den Chemienobelpreis verliehen. Die katalytische Hochdrucksynthese wurde von Carl Bosch zum sog. Haber-Bosch-Verfahren weiterentwickelt, dem bedeutendsten großtechnischen Verfahren zur Herstellung von Ammoniak.

Charles Lindley Wood
2. Viscount Halifax
anglikanischer Kirchenpolitiker (* 7. 6. 1839, London), stirbt am 19. Januar in Hickleton bei Doncaster.
Halifax, Sohn des liberalen britischen Politikers Charles Wood 1. Viscount Halifax, versuchte als Laie in kirchlichen Organisationen das Verhältnis zwischen der anglikanischen und der katholischen Kirche zu verbessern. 1890 und 1896 führte er Verhandlungen über die Anerkennung der anglikanischen Weihen durch den Vatikan. Von 1921 bis 1925 war er an den (ergebnislosen) Mechelner Gesprächen beteiligt, in denen anglikanische und katholische Theologen über das beiderseitige Kirchenverständnis und die Autorität des Papstes diskutierten.

Hedwig Heyl

deutsche Sozialpolitikerin (* 3. 5. 1850, Bremen), stirbt am 23. Januar in Berlin.
Hedwig Heyls soziales Engagement galt Kindergärten, Jugendheimen, Jungmädchenheimen und der Arbeiterfürsorge. 1884 gründete sie die erste Koch- und Haushaltsschule im späteren Pestalozzi-Fröbel-Haus des Berliner Vereins für Volkserziehung, 1885 eine Speiseanstalt für Arbeiter und 1890 die erste Gartenbauschule für Frauen. Sie schrieb das erfolgreiche »ABC der Küche«.

Paul von Beneckendorff und von Hindenburg
deutscher Generalfeldmarschall, Reichspräsident seit 1925 (* 2. 10. 1847, Posen) stirbt am 2. August auf Gut Neudeck bei Freystadt/Westpreußen.
Hindenburg war preußischer Offizier, wurde 1903 Kommandierender General und trat 1911 in den Ruhestand. Zu Beginn des Ersten Weltkriegs wurde er reaktiviert und übernahm mit Erich von Ludendorff als Stabschef die Führung der 8. Armee. Die Siege bei Tannenberg und an den Masurischen Seen 1914 legten den Grundstein zu einem Hindenburg-Mythos. Als Chef des Generalstabs des Feldheeres übernahm er 1916 mit Ludendorff die Oberste Heeresleitung und übte starken Druck auf die Reichsregierung aus. Nach der Novemberrevolution war er Symbolfigur konservativ-monarchistischer Kreise. 1925 wurde er zum Reichspräsidenten gewählt. Bei seiner Wiederwahl 1932 wurde Hindenburg von SPD und Zentrum gegen Adolf Hitler unterstützt. Die Machtergreifung der Nationalsozialisten verhinderte er jedoch nicht, sondern ernannte am 30. Januar 1933 Hitler zum Reichskanzler und legalisierte das NS-Regime durch Unterzeichnung des Ermächtigungsgesetzes am 24. März 1933.

Adolf Hoelzel
deutscher Maler und Kunsttheoretiker (* 13. 5. 1853, Olmütz/Mähren), stirbt am 17. Oktober in Stuttgart.
Adolf Hoelzel war als Mitbegründer (1891) und führender Vertreter der Dachauer Schule zunächst einer der bedeutenden Repräsentanten des deutschen Impressionismus (»Herbstabend in Dachau«, 1898). Über Farb- und Formstudien kam er 1905 zur ungegenständlichen Malerei und wurde einer der Begründer der abstrakten Malerei im Deutschen Reich. Als Lehrer an der Stuttgarter Akademie von 1906 bis 1918 wirkte er vor allem auf seine Schüler (Johannes Itten, Oskar Schlemmer, Willi Baumeister, Ida Kerkovius).

Edgar Julius Jung
deutscher Publizist und Politiker (* 6. 3. 1894, Ludwigshafen am Rhein), wird am 1. Juli im Zusammenhang mit der sog. Röhm-Revolte in Oranienburg erschossen.
Jung engagierte sich während der Weimarer Republik zunächst in der rechtsliberalen Deutschen Volkspartei (DVP) und wurde im Kreis der Jungkonservativen und des Deutschen Herrenklubs Berater des Zentrumspolitikers und Reichskanzlers (1932) Franz von Papen. Nach der Machtergreifung durch die Nationalsozialisten arbeitete er für einen konservativen Staatsstreich gegen Adolf Hitler.

Gustav Ritter von Kahr
deutscher Politiker (* 29. 11. 1862, Weißenburg in Bayern), wird im Zusammenhang mit der sog. Röhm-Revolte am 30. Juni in München erschossen.
Kahr wurde 1920 während des Kapp-Putschs zum bayerischen Ministerpräsidenten ernannt, trat jedoch 1921 zurück. 1923 wurde er zum Generalstaatskommissar eingesetzt und verfolgte eine Politik der Lösung Bayerns vom Deutschen Reich und der Wiedererrichtung der Monarchie. Dem Hitler-Putsch am 8./9. November 1923 setzte er zunächst keinen Widerstand entgegen, erst einen Tag später beteiligte er sich an dessen Niederschlagung. Von 1924 bis 1927 war Ritter von Kahr Präsident des bayerischen Verwaltungsgerichtshofs.

Viktor Kaplan
österreichischer Ingenieur (* 27. 11. 1876, Mürzzuschlag), stirbt am 23. August in Unterach in Oberösterreich.
Kaplan ist der Erfinder der Flügel- bzw. Kaplan-Turbine (1912) und der Kreisel- bzw. Kaplan-Pumpe (1919). Beide Strömungsmaschinen konstruierte er mit einer verstellbaren Laufradschaufel.

Sergei Mironowitsch Kirow

sowjetischer Politiker (* 27. 3. 1886, Urschum/Gebiet Kirow), wird am 1. Dezember in Leningrad von einem Studenten ermordet.
Kirow, der 1930 Mitglied des Politbüros und 1934 Sekretär des Zentralkomitees wurde, war ein enger Mitarbeiter des sowjetischen Parteichefs Josef W. Stalin. Seine Ermordung, die möglicherweise von Stalin gebilligt worden war, löste große Schauprozesse und die Liquidierung der »trotzkistischen« Opposition in der UdSSR aus.

Richard Kralik
Ritter von Meyrswalden
österreichischer Schriftsteller und Kulturphilosoph (* 1. 10. 1852, Eleonorenhain = Lenora/Südböhmen), stirbt am 5. Februar in Wien.
Als Dramatiker, Erzähler, Lyriker, Kultur- und Literaturhistoriker, Essayist und Herausgeber erstrebte Kralik eine Wiederbelebung der Antike und betonte die katholische österreichische Tradition mit germanisch-christlicher Prägung.
Seine Hauptwerke sind das Osterfestspiel »Das Mysterium vom Leben und Leiden des Heilands« (1895), das »Deutsche Götter- und Heldenbuch« (1900-1904), die Dramen »Das Veilchenfest zu Wien« (1905) und »Der heilige Gral« (1912) sowie die Memoiren »Tage und Werke« (1922-1927).

Wilhelm Langewiesche-Brandt
deutscher Schriftsteller und Verleger (*18. 3. 1866, Barmen/Wuppertal), stirbt am 9. Januar in Ebenhausen/Schäftlarn bei München.
Langewiesche-Brandt, der Bruder des Verlagsbuchhändlers Karl Robert Langewiesche, gründete 1906 den Verlag Wilhelm Langewiesche-Brandt, der 1907 nach Ebenhausen bei München übersiedelte. Er gab Sammlungen von historisch, kulturgeschichtlich und literaturgeschichtlich bedeutenden Briefen heraus sowie Romane (»Bücher der Rose«). Er verfaßte Lyrik und Erzählungen. — Seine Tochter ist die Schriftstellerin Marianne Langewiesche.

Carl von Linde
deutscher Ingenieur und Industrieller (* 11. 6. 1842, Berndorf/Thurnau), stirbt am 16. November in München.
Carl von Linde erfand 1876 den mit Ammoniak als Kältemittel arbeitenden Eisschrank und gründete 1879 die Gesellschaft für Linde's Eismaschinen (später Linde AG). 1895 gelang ihm die Luftverflüssigung, 1901 die Produktion von flüssigem Sauerstoff und Stickstoff im Großverfahren.

Louis Hubert Gonzalve Lyautey

Marschall von Frankreich (* 17. 11. 1854, Nancy), stirbt am 21. Juli in Thorey im Departement Meurthe-et-Moselle.
Lyautey gilt als einer der letzten, konservativen Kolonisatoren Frankreichs. Nach einer Offizierslaufbahn wurde Lyautey Gouverneur von Algerien. Von 1912 bis 1916 war er Generalresident von Marokko und 1916/17 französischer Kriegsminister. Im Jahr 1921 wurde Lyautey zum Marschall von Frankreich ernannt.

Wilhelm Meyer-Förster
deutscher Schriftsteller (* 12. 6. 1862, Hannover), stirbt am 17. März in Berlin.
Meyer-Förster wurde 1886 bekannt mit dem satirischen Roman »Die Saxo-Saxonen« (1886). Sein größter Erfolg wurde das sentimentale Schauspiel »Alt-Heidelberg« (1903), eine Dramatisierung seines Romans »Karl Heinrich« (1899).

Oskar von Miller

deutscher Techniker (* 7. 5. 1855, München), stirbt am 9. April in München.
Oskar von Miller leitete 1882 die Einrichtung der ersten elektrischen Leitung im Deutschen Reich durch Kraftübertragung von Miesbach nach München. Von 1884 bis 1890 leitete er mit Emil Rathenau die von ihm und Rathenau gegründete Deutsche Edison-Gesellschaft für angewandte Elektricität (heute AEG) und war Direktor der Berliner Elektrizitätswerke.

Erich Mühsam
deutscher sozialistischer Dramatiker, Lyriker und Essayist (* 6. 4. 1878, Berlin), stirbt am 10. oder 11. Juli im KZ Oranienburg an der Folge von Mißhandlungen.
Mühsam war zunächst Redakteur bei verschiedenen Zeitschriften und gab 1918/19 die Monatsschrift »Kain. Zeitschrift für Menschlichkeit« heraus. Nach dem Sturz der Münchner Räterepublik, deren Zentralrat er angehört hatte, wurde er zu 15 Jahren Festungshaft verurteilt, von denen er sechs Jahre abbüßte. 1933, während der ersten Verhaftungswelle des NS-Regimes nach dem Reichstagsbrand, wurde er erneut festgenommen und in das KZ Oranienburg eingeliefert. Mühsam verfaßte Balladen (»Der Revoluzzer«) Gedichte (»Wüste - Krater - Wolken«, 1914, »Brennende Erde«, 1920, »Revolution«, 1925), Dramen (»Staatsräson«, 1928) und Essays.

Georg Elias Müller
deutscher Psychologe (* 20. 7. 1850, Grimma), stirbt am 23. Dezember in Göttingen.
Müller war einer der Begründer der experimentellen Psychologie. Er untersuchte vor allem die Psychophysik, die Sinnesphysiologie und die Gedächtnistätigkeit. Die Gestaltpsychologie lehnte er strikt ab. Zu seinen Hauptwerken zählt die dreibändige Untersuchung »Zur Analyse der Gedächtnistätigkeit und des Vorstellungsverlaufes« (1911-1917).

Max Pallenberg
österreichischer Schauspieler (* 18. 12. 1877, Wien), kommt am 26. Juni bei einem Flugzeugabsturz in Karlsbad in der Tschechoslowakei ums Leben.
Pallenberg wurde 1914 von Max Reinhardt entdeckt. In der Folgezeit wurde er zu einem der bekanntesten Charakterdarsteller (Zawadil, Der Geizige, Der eingebildete Kranke, Liliom, Der Unbestechliche). 1918 heiratete er die Sängerin und Schauspielerin Fritzi Massary.

Raymond Poincaré

französischer Staatsmann, Präsident von 1913 bis 1920 (* 20. 8. 1860, Bar-le-Duc), stirbt am 15. Oktober in Paris.
Poincaré, der mehrere Ministerämter bekleidete, bemühte sich als Ministerpräsident und Außenminister 1912/13 um eine Verbesserung der Beziehungen zu Großbritannien und dem Russischen Reich. Als Präsident der Republik von 1913 bis 1920 verfolgte er eine Politik der nationalen Einheit. Als Ministerpräsident und Außenminister von 1922 bis 1924 vertrat er eine unnachgiebige Haltung gegenüber dem Deutschen Reich hinsichtlich der Erfüllung der im Versailler Vertrag festgelegten Reparationszahlungen (Ruhrbesetzung 1923) und bekämpfte die Versöhnungspolitik Aristide Briands. Von 1926 bis 1929 war Poincaré erneut Ministerpräsident.

Joachim Ringelnatz

deutscher Schriftsteller und Maler (* 7. 8. 1883, Wurzen), stirbt am 17. November in Berlin.
Ringelnatz wandte sich nach mißglückten Versuchen, in anderen Bereichen Fuß zu fassen, dem Kabarett zu. Er war »Hausdichter« für die Münchner Künstlerkneipe »Simpl« und nach dem Ersten Weltkrieg Autor für das Berliner Kleinkunsttheater »Schall und Rauch«. Seine skurrilen Nonsensgedichte (»Turngedichte«, 1920, »Kuttel Daddeldu«, 1920), in denen hohe Gefühle trivialisiert werden und eine antibürgerliche Protesthandlung zum Ausdruck kommt, sind voller Zeitkritik.

Heinrich Rippler

deutscher Politiker und Journalist (* 8. 11. 1866, Kempten), stirbt am 7. Februar in Berlin.
Rippler war von 1896 bis 1921 Chefredakteur und Herausgeber der »Täglichen Rundschau« in Berlin. 1921 gründete er zusammen mit Gustav Stresemann »Die Zeit«, die er bis 1923 leitete. Von 1924 bis 1928 war er Mitherausgeber der »(Neuen) Täglichen Rundschau«. Von 1920 bis 1924 gehörte Rippler als Mitglied der rechtsliberalen Deutschen Volkspartei (DVP) dem Deutschen Reichstag in Berlin an. Von 1919 bis 1923 war er der erste Vorsitzende des von ihm mitbegründeten Reichsverbands der deutschen Presse.

Ernst Röhm

deutscher Offizier und NS-Politiker (* 28. 11. 1887, München), wird am 1. Juli in München-Stadelheim anläßlich des sog. Röhm-Putschs von SS-Männern erschossen.
Röhm, Generalstabsoffizier im Ersten Weltkrieg, Teilnehmer am gescheiterten Hitler-Putsch 1923, wurde 1930 Mitglied der NSDAP und 1931 Stabschef der SA, der uniformierten Kampf- und Propagandatruppe der NSDAP, die er militärisch ausrichtete und in fester Loyalität zu seinem Duzfreund Adolf Hitler hielt. Am 1. Dezember 1933 wurde er Reichsminister ohne Geschäftsbereich. Seine radikalen Vorstellungen einer »zweiten« nationalsozialistischen Revolution führten zu einem Zerwürfnis mit Hitler, der Röhm und seinen engsten Kreis am 30. Juni 1934 festnehmen und liquidieren ließ.

Max Sauerlandt

deutscher Kunsthistoriker (* 6. 2. 1880, Berlin), stirbt am 1. Januar in Hamburg.
Sauerland war Direktor des Hamburger Museums für Kunst und Gewerbe. Er veröffentlichte u. a. »Deutsche Plastik des Mittelalters« (1924), »Deutsche Plastik des 18. Jahrhunderts« (1926) und »Kleinplastik der deutschen Renaissance« (1927).

Kurt von Schleicher

deutscher General und Politiker, letzter Ministerpräsident 1932/33 vor der Machtergreifung durch die Nationalsozialisten (* 7. 4. 1882, Brandenburg/Havel), wird am 30. Juni anläßlich des sog. Röhm-Putschs in Neubabelsberg (Potsdam) von SS-Angehörigen ermordet.
Der parteilose von Schleicher, vom 1. Juni bis zum 17. November 1932 im Kabinett Franz von Papen (Zentrum) Reichswehrminister, wurde am 3. Dezember 1932 von Reichspräsident Paul von Hindenburg zum Reichskanzler ernannt. Sein Ziel war die Bildung einer sog. Gewerkschaftsachse als Rückhalt seiner Regierung. Ihr sollten freie und christliche Gewerkschaften, die bürgerlichen Parteien der Mitte sowie der linke Flügel der NSDAP angehören. Von Schleicher hoffte, auf diese Weise die NSDAP zu spalten und bemühte sich vor allem um die Unterstützung des Reichsorganisationsleiters der NSDAP, Gregor Strasser, für den er das Amt des Vizekanzlers offenhielt. Sein Angebot an Strasser führte zu einer Krise der NSDAP. Als Strasser von allen Parteiämtern zurücktrat, war von Schleichers Plan gescheitert. Am 28. Januar 1933 trat von Schleicher zurück, da ihm Hindenburg diktatorische Vollmachten verweigerte.

Franz Schreker

österreichischer Opernkomponist (* 23. 3. 1878, Monaco), stirbt am 21. März in Berlin.
Schreker, der auch Klaviermusik, Orchesterwerke und Kammermusik komponierte, schrieb die Libretti seiner Opern selbst. Seine wichtigsten Opern sind »Der ferne Klang« (1912), »Die Gezeichneten« (1918), »Der Schatzgräber« (1920), »Irrelohe« (1924), »Der singende Teufel« (1928) und »Der Schmied von Gent« (1932).

Willy Seidel

deutscher Schriftsteller (* 15. 1. 1887, Braunschweig), stirbt am 29. Dezember in München.
Willy Seidel, der Bruder der Schriftstellerin Ina Seidel, schrieb phantastische und humorvolle Romane, Erzählungen und Novellen, die vielfach in exotischem Milieu spielen: »Der Sang der Skje« (1914), »Die ewige Wiederkunft« (1925), »Die magische Laterne des Herrn Zinkeisen« (1929).

Kurt Sethe

deutscher Ägyptologe (* 30. 9. 1869, Berlin), stirbt am 6. Juli in Berlin.
Sethe, Professor in Göttingen und Berlin, erforschte die ägyptische Sprache und Schrift und die älteste religiöse Literatur der Ägypter. Zu seinen Hauptwerken zählen »Das ägyptische Verbum« (1899-1902), »Die altägyptischen Pyramidentexte« (1908-1922), »Dramatische Texte zu altägyptischen Mysterienspielen« (1928) und »Übersetzung und Kommentar zu den altägyptischen Pyramidentexten« (herausgegeben 1935-1962).

Willem de Sitter

niederländischer Astronom (* 6. 5. 1872, Sneek), stirbt am 20. November in Amsterdam.
Sitter wurde 1908 Professor in Leiden und 1919 Leiter der dortigen Sternwarte. Er arbeitete über die Fotometrie, die Satelliten des Jupiter, die Relativitätstheorie und die theoretische Astronomie. Im Rahmen der Relativitätstheorie stellte er 1917 das erste kosmologische Modell eines expandierenden Universums auf (De-Sitter-Welt).

Sixtus von Bourbon-Parma

französischer Thronprätendent (* 1. 8. 1886, Schloß Wartegg am Bodensee/Schweiz), stirbt am 14. März in Paris.
Obwohl durch seine Schwester Zita Schwager des späteren österreichischen Kaisers Karl I., kämpfte Sixtus während des Ersten Weltkriegs als Freiwilliger im belgischen Heer auf seiten der Entente. 1917 versuchte er einen Sonderfrieden zwischen der Entente und Österreich-Ungarn zu vermitteln. Dies führte zur sog. Sixtus-Affäre, die zu einer schweren Belastung der Beziehungen zwischen Wien und Berlin wurde, als bekannt wurde, daß Karl I. in den sog. Sixtus-Briefen seine Unterstützung der französischen Ansprüche auf Elsaß-Lothringen in Aussicht gestellt hatte.

Gregor Strasser

deutscher NS-Politiker (* 31. 5. 1892, Geisenfeld bei Manching), wird am 30. Juni anläßlich des sog. Röhm-Putschs in Berlin ermordet.
Strasser, ab 1921 Mitglied der NSDAP, 1923 Teilnehmer am gescheiterten Hitler-Putsch, wurde 1924 Mitglied des Reichstags. Als Reichspropagandaleiter 1926/27 und Reichsorganisationsleiter der NSDAP von 1928 bis 1932 war der rhetorisch und organisatorisch Hochbegabte einer der wichtigsten Parteifunktionäre. Er war der führende Kopf des sog. sozialistischen Flügels der NSDAP. 1932 legte er alle Parteiämter nieder, nachdem er im Gegensatz zu Adolf Hitler eine Beteiligung an einer Rechtskoalition unter Reichskanzler Kurt von Schleicher vertreten hatte.

Rudolf von Tavel

schweizerischer Schriftsteller (* 21. 12. 1866, Bern), stirbt am 18. Oktober in Bern.
Von Tavel behandelte als Erzähler und Dramatiker meist in Berner Mundart Stoffe aus der Geschichte Berns. Am bekanntesten wurden »Ja gäll, so geit's« (1901), »Der Houpme Lombach« (1903), »D'Haselmusus« (1922) und »Schweizer daheim und draußen« (1932).

Paul Ludwig Troost

deutscher Architekt (* 17. 8. 1878, Elberfeld/Wuppertal), stirbt am 21. Januar in München.
Troost, der mit seinem Stil an den Klassizismus Karl Friedrich Schinkels anschloß, wurde 1933 Erster Architekt Adolf Hitlers. Seine Hauptwerke sind das Haus der Kunst in München, der erste Monumentalbau des NS-Regimes, und die Umgestaltung des Königsplatzes in München mit dem Führerbau, dem Verwaltungsbau der Reichsleitung der NSDAP und den beiden »Ehrentempeln der Ewigen Wache für die Helden des 9. November«.

Jakob Wassermann

deutscher Schriftsteller (* 10. 3. 1873, Fürth), stirbt am 1. Januar in Altaussee in der Steiermark.
Wassermann zählte zu den meistgelesenen deutschen Schriftstellern der 20er und der frühen 30er Jahre. Von den nationalsozialistischen Machthabern wird er als »jüdisch« verfemt, seine Werke werden verboten. Der figurenreiche Roman »Christian Wahnschaffe« (1919) gilt als Hauptwerk des neuromantischen Erzählers. Weitere Romane Wassermanns sind »Die Juden von Zirndorf« (1897), »Caspar Hauser oder Die Trägheit des Herzens« (1909), »Das Gänsemännchen« (1915), »Der Fall Maurizius« (1928).

Ernst Freiherr von Wolzogen

deutscher Schriftsteller (* 23. 4. 1855, Breslau), stirbt am 30. August in München.
Von Wolzogen gründete nach dem Vorbild der Pariser Kabaretts 1901 in Berlin das Bunte Theater, das unter dem Namen »Überbrettl« bekannt wurde. Es war das erste politische Kabarett in Berlin. Es orientierte sich an den Kunstformen des Chansons und des Sketches. Neben humoristischen Dramen und Erzählungen verfaßte von Wolzogen auch unterhaltende Gesellschaftsromane (»Die tolle Komteß«, 1889).

Ferdinand Wrede

deutscher Germanist (* 15. 7. 1863, Spandau/Berlin), stirbt am 19. Februar in Marburg.
Wrede, von 1911 bis 1930 Professor in Marburg, widmete sich vor allem der Erforschung des Ostgermanischen (»Über die Sprache der Wandalen«, 1886, »Über die Sprache der Ostgoten in Italien«, 1890). Von dem durch Georg Wenker gegründeten »Deutschen Sprachatlas« gab er von 1926 bis 1931 die ersten sechs Lieferungen heraus. Ab 1908 gab er die Reihe »Deutsche Dialektgeographie« heraus.

Ernst Würtenberger

deutscher Maler und Grafiker (* 23. 10. 1868, Steißlingen bei Konstanz), stirbt am 5. Februar in Karlsruhe.
Würtenberger, Schüler von Arnold Böcklin, später beeinflußt von Ferdinand Hodler und Hans Thoma, schuf Figurenbilder, Porträts (»Böcklin«, 1900) und Landschaften sowie Holzschnitte mit Bildnissen berühmter Persönlichkeiten (Ludwig van Beethoven, Rembrandt u. a.). Von 1902 bis 1921 lehrte er in Zürich, dann in Karlsruhe.

Fedor von Zobeltitz

deutscher Schriftsteller (* 5. 10. 1857, Spiegelberg = Neustadt/Dosse bei Kyritz), stirbt am 10. Februar in Berlin.
Zobeltitz, ursprünglich Offizier, dann Redakteur der »Militärischen Blätter« in Berlin, verfaßte Gesellschaftsromane aus dem preußischen Adels- und Offiziersleben während der Wilhelminischen Zeit. Er gründete die Gesellschaft der Bibliophilen, gab von 1897 bis 1909 die »Zeitschrift für Bücherfreunde« und ab 1904 »Neudrucke literarhistorischer Seltenheiten« heraus.

Personenregister

Das Personenregister enthält alle in diesem Buch genannten Personen (nicht berücksichtigt sind mythologische Gestalten und fiktive Persönlichkeiten sowie Eintragungen im Anhang mit Ausnahme des Nekrologs). Die Herrscher und Angehörigen regierender Häuser mit selben Namen sind alphabetisch nach den Ländern ihrer Herkunft geordnet. Kursive Zahlen verweisen auf Abbildungen.

A

Abd Al Asis, Ibn Saud, König von Saudi-Arabien *62*, 110
Aillaud, Émile 101
Albers, Hans 132
Albert I., König von Belgien *33*, 34, *46*, 231
Alexander I. Karadordević, König von Jugoslawien 160, 174, *175*, *179*, 186, 188, 231
Alexis, Willibald 59
Alfons XIII., König von Spanien 76, 86
Allgeier, Sepp *163*
Allsebrook Simon, John 34
Angell, Norman Lane *211*
Angtsering 172
Aras, Tevfik Rüstü *41*
Arndt, Ernst Moritz 202
Asmussen, Hans Christian 90
Aussem, Cilly 129
Austin, Henry 62
Azaña y Díaz, Manuel 68, 174

B

Bach, Johann Sebastian 82, 94
Baer, Max 108, *129*
Bahr, Hermann 231
Bahr, Richard 52
Baier, Ernst *51*
Baldwin, Stanley 8, 188, 193
Banks, Leslie *49*
Barbusse, Henri 188
Bares, Nicolaus 120
Barlach, Ernst 146
Barni, Rambai *62*
Baron, Erich 185
Barrio, Diego Martínez 174, 178
Barth, Karl 90, 202
Barthou, Louis *36*, 41, 70, *72*, *73*, 94, 130, 174, *175*, 179, 188, 193, 231
Barton, Otis *155*
Batista y Zaldivar, Fulgencio *24*
Bauer, Otto 68
Bauer, Stephan 231
Baumann, Johannes 52, 63
Baumgarten, Otto 231
Bausch, James 145
Bautista Sacasa, Juan 40
Bebel, August 107
Beck, Hans 68
Beck, Józef *18*, 32, *72*, 86, *124*, 168
Beckmann, Max 82
Becquerel, Antoine Henri 144
Beebe, William Charles 148, *155*
Beer-Hofmann, Richard 107
Beethoven, Ludwig van 94
Beimler, Hans *194*
Beinhorn, Elly 160
Bely, Andrei 231
Bender, Jakob 128
Beneš, Eduard 22, 70, *73*, 186
Benn, Gottfried *185*
Benz, Carl 208
Bergman, Ingrid *49*
Bergner, Elisabeth 52
Berlage, Hendrik Petrus 231
Berning, Wilhelm 120
Bertram, Adolf Johannes 120
Bethge, Friedrich 126
Bican, Josef 128
Bieser, Wilhelm 10
Binda, Alfredo *129*
Bismarck, Otto von 193
Bjerknes, Vilhelm 26
Blikken, Undis 51
Blohm, Rudolf *57*
Blomberg, Werner von *16*, 17, 58, 110, 120, 130, 134, *140*, 146, 148, 150, 200, 202
Bogner, Willy 50
Böhm, Karl 106
Bonhoeffer, Dietrich *181*
Bonifatius VIII. 80
Börger, Willi 52
Boris III., König von Bulgarien 34, 46, 86, 108, 158, 160, 186, *196*
Bosco, Giovanni 68, *80*
Böttcher, Heinrich 34
Bouhler, Philipp 188
Bourbon-Parma, Sixtus von 233
Brauer, Max 194
Braun, Franz 185
Braun, Georg 128
Braun, Karl Ferdinand 81
Brecht, Bertolt 185, *194*
Bredel, Willi 185, *194*
Breit, Thomas 90
Brod, Max 107
Broqueville, Charles Graf 188
Browns, Keith *67*
Bucard, Marcel 108
Bürckel, Josef 148, 186, 200, 204
Busch, Fritz 103
Busch, Willy 128
Buse, Hermann 129

C

Caballero, Francisco Largo 176, 178
Cambridge, Mary *196*
Camusso, Francesco 129, 173
Caracciola, Rudolf 105, 146
Cárdenas, Lázaro 200
Carnera, Primo 52, 108, *129*
Casorati, Felice 82
Cattini 50
Cazzulani, Giovanni 129
Cecilie, preußische Prinzessin *60*
Chautemps, Camille 10, 22
Chenard, Ernest 209
Chiang Kai-shek 8, 23, 146, 179, 200
Chiappe, Jean 36
Christian X., König von Dänemark 32, 46
Christie, Audrey, geb. Mildmay 103
Christie, John 103
Churchill, Winston 188, *190*
Ciano, Costanzo, Graf von Cortelazzo 142
Ciano, Galeazzo, Graf von Cortelazzo 132, 142
Cisar, Franz 128
Clemenceau, Georges Benjamin 204
Cocteau, Jean 68
Companys y Jover, Luis 178
Conen, Edmund 31, 128
Cramm, Gottfried Freiherr von 108, *129*, 148, 176
Cranz, Christl *50*
Crawford, Jack 108, *129*, 130, *145*
Croce, Benedetto 110, 127
Cunliffe-Lister, Philip 8, 25
Cunningham, Glenn *67*
Curie, Marie 81, 130, *144*, 231
Curie, Pierre 81, 144
Czinner, Paul 52

D

Daimler, Gottlieb 208
Daladier, Édouard 10, *22*, 32, 36
Dalí, Salvador 82
Daluege, Kurt 132
Darre, Richard Walther 10, *15*, *16*, 21, 70, 160
Däubler, Theodor 231
Davis, Norman 94
Delaunay, Robert 82
Delius, Frederick 231
Demuysere, Joseph 129
Deppe, Hans 8
Deutsch, Julius 68, *74*
Di Parilla Roca 64
Dierig, Gottfried *57*
Dietl, Karl 50
Dietrich, Otto 188, 199
Dillinger, John 52, *63*
Dimitrow, Georgi M. 8, 34, *40*, 68
Disney, Walt 31
Ditter, Gotthold *126*
Djonne, Olivia *100*
Dodd, William Edward *42*
Dollfuß, Alwine *138*
Dollfuß, Engelbert 8, *13*, 18, 34, 38, 43, 54, *61*, 68, 70, 74, 84, *90*, 93, 108, 110, 130, 132, 136, *137*, *138*, 146, 149, 156, 231
Doumergue, Gaston 32, *36*, *72*, 130, 160, 186, *191*
Dubrenil 171
Dürr, Emil 231
Durrer, Robert 231

E

Ebert, Carl 103
Ebert, Friedrich 150
Eckart, Dietrich 107
Eden, Robert Anthony 8, 34, 44, *72*, 186
Edwards, Harley 52
Ehrle, Franz 231
Einstein, Albert 54, *60*, 81
Eisenstein, Sergei M. 48
Elgar, Edward 34, 231
Elisabeth von Griechenland 8, *26*
Elisabeth von York *196*
Eltz-Rübenach, Paul Freiherr von *16*, 64
Emma, Königin der Niederlande 54, *64*, 231
Engel, Erich 202
Epstein, Sally 108
Erdös, Erich 51
Ernst, Friedrich 10
Ernst, Karl *117*
Esser, Leo 157
Eugen, österreichischer Erzherzog 70, 86, *93*
Eugenia von Griechenland *196*
Eugenio Pacelli (Pius XII.) 180
Euringer, Richard 107
Evensen 51

F

Fagioli, Luigi 145, 173
Fallada, Hans 185
Faulhaber, Michael von *120*
Feder, Gottfried 200
Feininger, Lyonel 82
Fermi, Enrico 81
Feuchtwanger, Lion 107, *185*
Fey, Emil 34, 84, *93*, 148, 176, 180
Fichte, Johann Gottlieb 199
Fischer, Edwin 70, 82
Fischer, Ernst *74*
Fischer, Otto Christian *57*
Fischer, Samuel 232
Flandin, Pierre Étienne *36*, 186, 191
Florian, Friedrich Karl 107
Fontane, Theodor 59
Foppa 74
Forst, Willi 148, 176
Forster, Rudolf 202
Fragoso Carmona, António Oscar de 202
Franco Bahamonde, Francisco 178
François-Poncet, André 8, *15*, 18
Frank, Bruno 185
Frank, Hans 68, *77*, 174, 202
Frank, Leonhard *194*
Franz I., Fürst von Liechtenstein 200
Franz Joseph II., Fürst von Liechtenstein 200
Freisler, Roland 77
Frick, Hermann 84, 140
Frick, Wilhelm *16*, 20, 32, 42, 44, 70, 108, 130, 152, 158, 174, *184*, 200
Friedrich, Prinz von Preußen *60*
Fritsch, Werner Freiherr von 8, *17*, 32, 200
Fuad I., König von Ägypten 188
Funk, Walther *16*
Furtwängler, Wilhelm 52, *66*, 188, *198*, 200

G

Gaiser 50
Galbas *27*
Gamelin, Maurice Gustave 160
Gandhi, Mohandas Karamchand 68, 70, *75*, 108, 146, 176, 179, 191
Gay-Lay 172
Genenger, Martha 157
Georg V., König von Großbritannien 132, 143, 188
Georg, Herzog von Kent 188, *196*
George, David Lloyd 190
George, Heinrich *30*
Georgiew, Kimon S. 86
Geyer, Ludwig 158, 173
Gide, André 8
Giehse, Therese *199*
Gil Robles Quiñones, José María *76*
Goebbels, Joseph *16*, 29, 32, 34, *42*, 44, 46, 48, 52, 59, 66, 70, 78, 84, 86, 88, 91, 92, 102, 104, *106*, 107, 108, 110, 116, 118, *124*, 126, 130, 135, 148, 153, 155, *162*, 165, 174, *181*, 186, 188, 195, 198, 200, 205, 212, 213

Goebbels, Magda *205*
Goerdeler, Carl Friedrich 186, 188, *195*
Goerlitzer, Artur 10, 20
Goethe, Johann Wolfgang von 94, 126
Goldmann, Nahum 156
Goltz, Karl Graf von der *57*
Göring, Hermann 10, *16*, 20, *30, 34, 46, 50, 52, 54, 57, 58, 68, 70, 77, 84, 86, 110, 112*, 116, *117, 122*, 126, 127, 130, *135, 139*, 153, *181*, 188, 194, 198, 202, *205*, 213
Gorki, Maxim 146
Gorky, Arshile 82
Graener, Paul *144*
Graf, Oskar Maria 54, 60
Grarud, Gunnar 106
Grasegger, Käthe 50
Greiser, Arthur 188
Gröber, Conrad 120, 176
Grohe, Josef 10, 20
Gründgens, Gustaf 8, *30*, 176
Grünewald, Matthias 66
Guerra, Learco 108, *129*
Gurian, Waldemar 174
Gürtner, Franz *16*, 43, *77*, 108, 176
Gustav V., König von Schweden 32, 46

H

Haber, Fritz 232
Häberlin, Heinrich 52, 63
Hafgren-Dinkela, Lilly 106
Halifax, Charles Lindley Wood 232
Hamid Ad Din Jahja, König des Jemen 62, 110
Hammerstein-Equord, Kurt Freiherr von *17*
Hans, Karl 10
Haringer, Siegmund 31
Hartls, Karl 176
Hasenclever, Walter 107
Hassell, Ulrich von *119*
Hauer, Jakob Wilhelm 90
Hayes, Patrick J. 143
Heartfield, John 194
Hebbel, Christian Friedrich 126
Heckel, Theodor *165*
Hegel, Georg Wilhelm Friedrich 199
Heidemann, Matthias 128
Heider, Otto 176
Heines 112, *117*
Henderson, Arthur 94, 211
Henie, Sonja 51
Henlein, Konrad 10, 54, 62, 176, 200
Herber, Maxie *51*
Herrera, Enrique Olaya 146
Herriot, Édouard Marie *36*
Herzfelde, Wieland 194
Heß, Rudolf 44, 52, 67, 68, 86, 110, 116, *118*, 130, 132, 140, 146, 150, 158, 160, *162*, 188, 195, 200, 213
Hevia, Carlos 24
Heydrich, Reinhard 139
Heyl, Hedwig 232
Hierl, Konstantin 117, 130, 132
Hildenbrandt, Friedrich 8
Hilferding, Rudolf 107
Hilgard, Eduard *57*
Hilpert, Heinz 126
Himmler, Heinrich 70, *117*, 130, *139, 140*
Hindemith, Paul 52, 66, 144, 188, 198
Hindenburg, Paul von Beneckendorff und von *12*, 17, 19, 32, 34, 46, 70, 92, 108, 120, 130, 132, 134, 135, 139, 146, 147, 148, 150, *151*, 152, 153, 232
Hitchcock, Alfred 49
Hitler, Adolf 8, 10, *12, 14, 15, 16*, 17, 18, 20, 34, 38, 43, *44*, 46, 48, 52, 54, *56*, 58, 59, *60*, 63, 68, 70, 77, 79, 80, 84, 86, *88, 89*, 100, *106*, 108, 110, *112, 115, 116, 117*, 118, *119*, 122, 125, 130, 132, *134*, 135, 139, 140, 146, 148, 150, *152*, 153, 154, 155, 157, 158, *162*, 163, 165, 174, 176, 181, 186, 188, 194, 195, 199, 200, 202, 213
Hlinka, Andrej 158
Hoelzel, Adolf 232
Holzweber, Friedrich 132, 136
Hoppe, Marianne 8, *48*
Horn, Rudolf von 10, 20
Horney, Brigitte 202
Horvath, Johann 128
Huber, Sebastian 51
Hubertus, preußischer Prinz *60*
Hugo, Victor 101, 127
Hühnlein, Adolf 158
Huxley, Aldous 102

I

Ibsen, Henrik 106
Inönü, Ismet 34
Irena von Griechenland *196*

J

Jacobs, Helen 145
Jagoda, Genrich G. 132, 142
Jákfa, Gyula Gömbös von *61*, 146, 186, 202
Jakob, Hans 128
Jamamoto, Gombei *206*
Janes, Paul 128
Jansen, Leonhard 68
Jedrzejewicz, Johannes 86
Jeftić, Bogoljub *41*
Jentsch-Jordan, Olga *157*
Jewan, Kurt 199
Joliot-Curie, Frédéric 81
Joliot-Curie, Irène 81
Jones, Cathcart 186, 195
Juan, spanischer Kronprinz 86
Juliana, Prinzessin der Niederlande *196*
Jung, Edgar Julius 110, 118, 134, 232
Justo y Rolán, Augustín Pedro 24

K

Kahr, Gustav Ritter von 232
Kalamen, Petrus *179*
Kalide, Richard 52
Kalwitzki, Ernst *128*
Kamenew, Lew B. 75, 207
Kandinsky, Wassily 82
Kant, Immanuel 94, 127, 199
Kaplan, Viktor 232
Karl I., Ex-Kaiser von Österreich 52
Karl II., König von Rumänien 180
Karl IV., Kaiser des Heiligen Römischen Reiches 199
Katharina von Griechenland *196*
Kayssler, Friedrich *30*
Kemal Atatürk *125*
Kerrl, Hanns *16, 17, 43*, 108
Keßler, Philipp *57*, 132
Kienzl, Wilhelm *144*
Kilian, Hanns 51
Kirow, Sergei M. 200, 202, *207*, 232
Kisch, Egon Erwin 70, 107
Klausener, Erich *117*, 134
Kleist, Heinrich von 126
Klöti, Emil *125*
Knap, Otto Michael 174
Kohlmann, Étienne 101
Kolb, Annette 185
Kolbenheyer, Erwin Guido 176, *185*
Koplenig, Johann *74*
Körber, Hilde 30
Korneitschuk, Alexandr J. 84
Körner, Theodor 202
Kossiner 132
Kozlowski, Leo 86, 124, 146
Krahwinkel-Sperling, Hilde 129, 148
Kralik, Richard 32, 232
Krauss, Clemens 200
Krauss, Werner *126*
Krell, Leo 185
Kreß, Willy 31
Krupp von Bohlen und Halbach, Gustav *57*
Kuzorra, Ernst *128*

L

Lachner, Ludwig 31
Lammers, Hans Heinrich *16*, 100, 176
Landbeck, Liselotte 51
Lang, Alois *103*
Langewiesche-Brandt, Wilhelm 232
Lapébie, René 145
Laubinger, Otto 126
Laval, Pierre 174, 188, 191
Lebrun, Albert 202, 213
Leers, Otto 126
Lehár, Franz 10, 31
Lehner, Ernst 128
Leichum, Wilhelm 173
Lenin, Wladimir I. 32, 75
Lenze 50
Leopold III., König von Belgien 46
Lerroux y García, Alejandro 52, 70, 76, 174, 178
Lesche, Verne 51
Lessing, Gotthold Ephraim 59
Lester, Sean 10
Leupold, Herbert 50
Ley, Robert *104, 162*, 174, 176, 181
Liebknecht, Karl 107
Linde, Carl von 188, 232
Lipski, Josef *18*, 188
Litwinow, Maxim M. 32, 72, 94, 108, *168*
Lochner, Louis P. 77
Löffel, Felix 82
Löns, Hermann 160
Lorca, Federico García 202
Lorre, Peter *49*
Loughran, Tommy 52
Lubbe, Marinus van der 8, *19*
Ludendorff, Erich 150
Lüderitz, Franz Adolf *193*
Luer *57*
Lutze, Viktor 112, 116, *117*, 130, *162*
Lyautey, Louis Hubert Gonzalve 232
Lyons, Joseph Alois 160, 176

M

MacDonald, James Ramsey 8, 40, 102, 132, 186, 190, *206*
MacGarel Hogg, Douglas 188, 190
Mack, Eugen 105
Mackeben, Theo 202
Mackensen, August von 200
Magne, Antonin 132, *145*
Magritte, René 82
Malraux, André 8
Mann, Erika *199*
Mann, Heinrich 107, *185*
Mann, Klaus *194*
Mann, Thomas 107, 194, 199
Mao Tse-tung 23, 176, 179
Marchandeau, Paul 174
Marina von Griechenland 188, *196*
Marischka, Hubert 31
Marquet, Adrien *36*
Martano, Giuseppe 145
Martin, Louis *36*
Marty, Walter *67*
Marx, Joseph *144*
Masaryk, Tomáš Garrigue *73*, 86, *97*, 158
Masirevich, Konstantin von *12*
Massary, Fritzi 127
Matisse, Henri 82
Mauermayer, Gisela 132, *145*
Maximos, Demetrios *41*
Meiser, Hans 165, 174, 186
Meißner, Otto *16*
Melo Franco, Afrânio de 86
Mendieta Montefur, Carlos *24*
Merkl, Willi *172, 173*
Metzner, Adolf 173
Meunier, Jean 101
Meyer, Albert 54
Meyer-Förster, Wilhelm 232
Miegel, Agnes *185*
Miklas, Wilhelm *90, 138*, 148
Mildmay, Audrey 103
Miller, Oskar von 232
Minger, Rudolf 157
Minot, George *211*
Moll, Guy 105
Moltke, Hans-Adolf von *124*
Morgenthau, Henry, jr. 8
Móscicki, Ignacy *72*
Mosley, Oswald Ernald 70, 124, 176
Motz, Walter 50
Mountbatten, Iris *196*
Mühsam, Erich 130, *144*, 185, 232
Müller, Georg Elias 232
Müller, Ludwig 8, 17, 34, 52, 84, 130, 132, 146, 160, *165*, 174
Münzenberg, Reinhold 128
Murphy, William *211*
Muschanow, Nikolaus 54
Mussert, Anton Adriaan 84
Mussolini, Benito 8, 10, *13*, 22, 38, 54, *61*, 70, 86, *119*, 126, 130, 132, 136, 142, 148, 157, 174, 186, 207, *210*
Mussolini, Edda 142
Musy, Jean-Marie 54
Muth, Carl 189

N

Nagy, Käthe von *49, 205*
Napoleon I., Kaiser von Frankreich 126
Napoleon III., Kaiser von Frankreich 101

Nay, Ernst Wilhelm 82
Neher, Carola *194*
Nehru, Jawaharlal *191*
Nerlinger, Oskar 82
Neukrantz, Klaus 185
Neurath, Konstantin Freiherr von *16*, *18*, 46, 68, *72*, 78, 108, *119*, 130, 200, 213
Neusel, Walter 148
Neustädter-Stürmer, Odo 200
Nicole, Léon 70
Niemöller, Martin 10, *90*, *181*
Nietzsche, Friedrich 199
Nikkaanen 51
Nobel, Alfred 211
Norbert von Xanten 108
Novotna, Jarmila 31

O

Oertel, Curt 8
Ormesson, Wladimir Lefévre Graf d' 93
Orsenigo, Cesare 8, *12*, *42*
Ossietzky, Carl von 32, 185
Otto, Hans 185
Otto, letzter österreichisch-ungarischer Kronprinz 52

P

P'u I, Ex-Kaiser von China, Kaiser von Mandschukuo 52, *62*, 96
Pahlawi, Resa 108, *125*
Pallenberg, Max 110, 127, 232
Papen, Franz von 46, 86, 108, 110, *118*, 132, 134, 135, *139*, 146, 148, 150, *152*, 160
Päts, Konstantin *23*, 52
Pavelić, Ante 188
Perry, Fred 130, *145*
Pétain, Philippe 54, 158
Peter I., der Große, Zar von Rußland 70
Peter I., König von Jugoslawien 179
Peter II., König von Jugoslawien 174
Petersen 51
Petrow-Wodkin, Kusma S. 82
Pfitzner, Hans *144*
Picasso, Pablo 82
Piccard, Auguste 183
Piccard, Jean 176, *183*
Piccard, Jeanne *183*
Pieracky, Bronislaus 108
Pietzsch, Albert *57*
Pilet-Golaz, Marcel 8, 22
Piłsudski, Jósef Klemens 54, *62*, 110, *124*
Pirandello, Luigi *211*
Piscator, Erwin *194*
Pius XI. 68, *80*, 93, 146, 180, 202
Planetta, Otto 132, 136
Plastiras, Nikolaos 148
Platte, Rudolf 32, *48*
Platzer, Peter 128
Plendl, Hans 81
Pogodin, Nikolai F. 188
Poincaré, Raymond 233
Ponn 50
Popow, Blagoi 8, 34, *40*
Porsche, Ferdinand 32, 67, 145
Preuß, Hugo 107
Puc 128
Pumarejo, Alfonso López 146
Puppe, Jean 130, 139

Q

Quezon y Molina, Manuel Luis *41*
Quisling, Vidkun Abraham Lauritz 176

R

Rabi, Isidor Isaac 81
Raeder, Erich 122
Rama VII. Prajadhipok, König von Siam *62*
Ramek, Rudolf 74
Rasch, Hugo *144*
Rauschning, Hermann 10, 54, 62, 68, 158, 188
Rehberg, Hans 188, 199
Reinhard, Wilhelm 10, 20
Reinhardt, Fritz 32, 108, 110
Reinhardt, Max 127
Rellstab, Ludwig 59
Remarque, Erich Maria 107
Renn, Ludwig 10, 185
Resch, Lisa 50
Reznicek, Emil Nikolaus Freiherr von *144*
Ribbentrop, Joachim von 70, 186
Riefenstahl, Leni 158, *163*
Rieth 139
Rimet, Jules 128
Ringelnatz, Joachim 188, 233
Rintelen, Anton 136
Rippler, Heinrich 233
Riqueti, Honoré Gabriel, Graf von Mirabeau 101
Ritter von Halt, Karl 31
Rivel, Charlie *30*
Rockefeller, John Davison 130, *143*
Rocque, Francois de La 52
Rode, Wilhelm 126
Rodriguez, Abelardo L. 200
Roemers 50
Röhm, Ernst *15*, 54, 70, *77*, 84, 108, *112*, *114*, *115*, 116, 118, 134, 140, 233
Rolland, Romain 107
Roosevelt, Eleanor 143
Roosevelt, Franklin D. 8, 10, *13*, 23, 24, 54, *95*, 97, 143, 146, *156*, 169, 174, 186, 188, *191*
Rosenberg, Alfred *17*, 34, 82, 127, 141, 170, 186, *195*
Round, Dorothy 145
Rousseau, Jean-Jacques 101, 127
Rühmann, Heinz 32, *48*
Rust, Bernhard 10, 84, *92*, 106, 121, *140*, 146, 154, 188, 200, 202

S

Saito 96
Salamanca, Daniel 188, 192
Salazar, António de Oliveira 22
Samper Ibáñez, Ricardo 70, 76, 174
San Martin, Ramón Grau 10, 24
Sand, George 127
Sandino, Augusto César 34, *40*
Sandler, Rickard Johannes 202
Sanger, Margaret 26
Sarraut, Albert *36*, 174
Sauerbruch, Ferdinand 150
Sauerlandt, Max 233
Schacht, Hjalmar *16*, 54, *58*, 68, *92*, 132, 135, *139*, 148, 158, 164, 176
Schäfer, Karl 51
Scheele, Hans 173
Schemm, Hans 34
Schiavio, Angelo 128
Schieche, Herta *157*
Schiller, Friedrich von 126, 186
Schirach, Baldur von 8, 148, 154, 195
Schleicher, Kurt von 112, 134, 233
Schlösser, Rainer 126
Schmalstich, Clemens *144*
Schmeling, Max 129, 148
Schmid, Wilhelm *117*
Schmidt, Otto J. *47*
Schmidt, W.G. *57*
Schmitt, Kurt *16*, 45, *57*, 132, 139
Schnitzler, Arthur 107
Scholtz-Klink, Gertrud 10, 92
Schönaich-Carolath, Hermine von *21*
Schönburg-Hartenstein, Alois 93
Schönhar, Eugen 32
Schopenhauer, Arthur 199
Schostakowitsch, Dimitri D. 10
Schreker, Franz 233
Schüler *57*
Schultheß, Edmund 8, 22
Schumann, Robert 66
Schuschnigg, Kurt 52, 132, 136, *138*, 146, 148, 156, 158, 160, *169*, 176, 180, 186, 188, 200
Schwab, Arthur 174, 184
Schwann, Klaus 107
Schwarz, Franz Xaver *162*
Schwarz, Rudolf 32
Schwerin von Krosigk, Johann Ludwig Graf 8, *16*, 135
Seidel, Ina *185*
Seidel, Willy 233
Seitz, Karl 200
Seldte, Franz *16*, 54, 86, 110, 130, 132, 135
Sesta, Karl 128
Sethe, Kurt 233
Shaw, George Bernard *102*
Sibilia *90*
Siebert, Ludwig 58, 84
Sietas, Erwin 157
Sievert, Hans-Heinrich 130, *145*, 173
Siffling, Otto 128
Sima, Oscar 32
Simon, Heinrich 92
Simon, John Allsebrook 168, 186
Sinowjew, Grigori J. 207
Sitter, Willem de 233
Skoda, Albin *49*
Smetona, Antanas *41*
Smistik, Josef 128
Smuts, Jan Christiaan *75*, 188, *191*
Somoza García, Anastasio 40
Sörensen, Annemarie 32
Soufflot, Jacques Germain 101
Spee, Maximilian Reichsgraf von 122
Spoerl, Heinrich 32, 48
Spreti *117*
Stalin, Josef W. *23*, 75, 142, *207*
Standley *206*
Starhemberg, Ernst Rüdiger 84, *93*, 132, 136, 138, 156, 202
Stauning, Thorvald 176, 186, *193*
Stavisky, Serge Alexandre *22*, 61
Steege, Fritz 143
Steinfurth, Erich 32
Stemmle, Robert Adolf 32
Stiepl, Max 51
Stockinger, Fritz *138*
Stoll, Alfred 50
Stoll, Peter 108
Stork, Hermann 157
Storm, Theodor 8, 48
Strasser, Gregor 112, *117*, 134, 233
Strasser, Otto *194*
Strauss, Richard *106*, 132, *144*
Strobel 50
Stubb, Hans 31
Stuck, Hans 52, 67, 105, 108, 132, *145*, 158, 160, *173*, 176
Suttner, Bertha von 107
Suvich, Fulvio 10, *18*, *72*, *119*
Szepan, Fritz *128*

T

Tanew, Wassil 8, 34, *40*
Tardieu, André *36*
Tătărăscu, Gheorghe 180, 200
Tauber, Richard 31
Tauschitz *12*
Tavel, Rudolf von 233
Taylor, Megan 51
Tejada Sorzano, Jóse Luis 192
Terboven, Josef 110, 112, 116, *117*
Terra, Gabriel 84, 176
Thälmann, Ernst 8, 174
Theunis, Georges 188
Thielen 160
Tibulski, Otto *128*
Titulescu, Nikolaus *41*, 207
Todt, Fritz 34, *56*, 155, 158
Togo, Heihachiro 86, *100*
Toller, Ernst 107
Torcuato de Alvear, Marcelo 24
Torgler, Ernst 8
Torrance, Jack *67*
Törring-Jettenbach, Graf Karl zu 8, *26*
Trojanowski 8, 23
Troost, Paul Ludwig 170, 233
Trotzki, Leo 70, *75*, 207
Tschammer von Osten, Hans 10, 31
Tucholsky, Kurt 107

U

Ucicky, Gustav 107
Udet, Ernst 34
Ullstein, Franz 127
Ullstein, Hans 127
Ullstein, Hermann 127
Ullstein, Leopold *127*
Ullstein, Louis 127
Ullstein, Rudolf 127
Ulmanis, Karlis 54, 97, *168*
Untermeyer, Samuel 200
Urbanek, Johann 128
Urey, Harold Clayton 211
Uriburu, José Felix 24

V

Vargas, Getúlio Dornelles 142
Victoria Mary, Königin von Großbritannien 171
Viertel, Rudolf 128
Viktor Emanuel III., König von Italien 70

Vögler, Albert *57*
Voldemaras, Augustin 108
Voltaire 101, 127
Vosper, Frank *49*

W

Wagner, Adolf 116
Wagner, Franz 128
Wagner, Richard 52, 94, 106, 144, 160, 198
Wahl, Otto *50*
Wajsowna, Jadwija *157*
Waldeck-Pyrmont, Georg Viktor von 64
Waller, Ken 186, 195
Wassermann, Jakob 84, 233
Wegner, Gustav 173
Weinert, Erich *194*
Weizmann, Chaim *156*
Welk, Ehm 185
Welzenbach *172*
Wessel, Horst 34, 43, 108
Wessely, Paula 148, 176
Whipple, George H. *211*
Wieland, Ulrich *172*
Wieman, Mathias 8, *48*
Wigman, Mary 10
Wilhelm II., Ex-Kaiser des Deutschen Reiches 10, *20, 21*
Wilhelm III., König der Niederlande 64
Wilhelm, preußischer Kronprinz 60
Wilhelmina, niederländische Prinzessin 64, 160
Wilson, Hamish 103
Winkler, Franz 158
Winkler, Paul 110
Wolzogen, Ernst Freiherr von 233
Woodin, William Hartman 8
Woroschilow, Kliment J. 94
Wrede, Ferdinand 233
Wurm, Theophil 165, 174, 186
Würtenberger, Ernst 233

Z

Zaimis, Alexander 176
Zamora y Torres, Niceto Alcalá 70, 76, 174, 178
Zar von Belgien, Ferdinand 46
Ziegler, Hans 108
Zielinski, Paul 128
Zieliński, Tadeusz 124
Zischek, Karl 128
Zobeltitz, Feodor von 233
Zola, Émile 101, 127
Zschorlich, Paul 66
Zweig, Arnold 107
Zweig, Stefan 107

Sachregister

Das Sachregister enthält Suchwörter zu den in den einzelnen Artikeln behandelten Ereignissen sowie Hinweise auf die im Anhang erfaßten Daten und Entwicklungen. Kalendariumseinträge sind nicht in das Register aufgenommen. Während politische Ereignisse im Ausland unter den betreffenden Ländernamen zu finden sind (Beispiel: »Stavisky-Affäre« unter »Frankreich«), wird das politische Geschehen im Deutschen Reich unter den entsprechenden Schlagwörtern erfaßt. Begriffe zu herausragendenden Ereignissen des Jahres sind ebenso direkt zu finden (Beispiel: »Genfer Abrüstungskonferenz« eben dort). Ereignisse und Begriffe, die einem großen Themenbereich (außer Politik) zuzuordnen sind, sind unter einem Oberbegriff aufgelistet (Beispiel: »Luftfahrt« unter »Verkehr«).

A

Abessinien (Äthiopien) 220
Abrüstung 18, 22, 44, 73, 77, 95, 119, 122, 153, 190, 206
Afghanistan 220
Afrika 25
Ägypten 220
Albanien 125, 220
Algerien 220
Andorra 64
Anhaltelager (→Konzentrationslager)
Annam 220
Antisemitismus (→Judenverfolgung)
Apartheid 75
Arbeit und Soziales 122 (Übersicht)
— Arbeitsbeschaffungsmaßnahmen 56
— Arbeitsdienst 169
Arbeitslager 40
— Arbeitslosigkeit 40, 91, 142, 169
— Arbeitsschlacht 56
— Ausstellung »Deutsches Volk - Deutsche Arbeit« 78
— Deutsche Arbeitsfront (DAF) 45, 181
— Doppelverdiener 121
— Ehrengerichtsbarkeit 123
— Gesetz zur Neuordnung der nationalen Arbeit 45, 123
— Gesetz zur Regelung des Arbeitseinsatzes 91
— Gesetz zur Wiederherstellung des Berufsbeamtentums 20, 30, 58, 140
— Gewerkschaften 61, 89, 97
— Hungermärsche 40
— Nationalfeiertag der deutschen Arbeit 88, 89
— Reichsberufswettkampf 80
— Treuhänder der Arbeit 45
Architektur 101, 107, 170 (Übersicht)
Argentinien 24, 220
Ausbürgerung 60, 194
Australien 220
Auto 208 (Übersicht)
Autobahnbau (→Verkehr)
Automobilindustrie 60
Automobilsport (→Sport)

B

Balkanpakt 41, 72, 73
Baltenpakt 72, 168
Barmer Theologische Erklärung 90, 181
Bayern 58
Belgien 46, 220
Bhutan 220
Bildungswesen 141 (Übersicht)
Birma 220
Bolivien 220
— (→Chacokrieg)
Brasilien 142, 220
Briand-Kellog-Pakt 73
Britisch-Indien (→Indien)
Bulgarien 196, 220
Bund Deutscher Mädel (BDM) 91, 154, 162

C

Chacokrieg 24, 192, 222
Chile 220
China 23, 62, 96, 179, 206, 220, 222
Costa Rica 220

D

Dahlemer Erklärung 181
Dänemark 193, 220
Danzig 62
Dawesplan 58
Deutsche Arbeitsfront (DAF) 45, 181
Deutsche Freiheitsbibliothek 197
Deutsches Reich 215 (Statistik), 219
Deutsch-Polnischer Nichtangriffspakt 18, 23, 62, 72, 73
Dickstein-Ausschuß 207
Dominikanische Republik 220

E

Ecuador 220
Ehrengerichtsbarkeit 123
El Salvador 220
Emigranten 42, 153, 185, 194
Erbhofgesetz 17
Erbpflege 59, 197
Ermächtigungsgesetz 16
Erziehung, nationalsozialistische 141
Essen und Trinken 65 (Übersicht), 99
— Eintopfsonntag 65
— Erntedankfest 165
Estland 23, 168, 220
Eucharistischer Kongreß 180

F

Familienpolitik 59, 121, 140, 141, 181, 197
— Doppelverdiener 121
— Mischehen 140
— Muttertag 92
— Stellung der Frau 44, 63, 78, 91, 92, 121, 122
Faschismus, Großbritannien 124, 169
Faschismus, Schweiz 125
Faschistenweltkongreß 207
Fernsehen 81
Film 48 (Übersicht), 49
— Buch- und Filmpreis 107

— Werke:
»Atalante« 225
»Die blonde Kathrein« 125
»Der dünne Mann« 49, 225
»Es geschah in einer Nacht« 225
»Fettklößchen« 225
»Die Feuerzangenbowle« 225
»Die Finanzen des Großherzogs« 49, 225
»Der Firmling« 225
»Flüchtlinge« 107
»Gold« 225
»Der Graf von der Mönchsbrücke« 49
»Hitlerjunge Quex« 48
»Hohe Schule« 225
»Der letzte Alarm« 225
»Liebe, Tod und Teufel« 49, 225
»Der Mann, der zuviel wußte« 49, 225
»Die Männer von Aran« 225
»Maskerade« 225
»Moana« 225
»Nanuk der Eskimo« 225
»Der Schimmelreiter« 48, 225
»So ein Flegel« 48, 225
»So endete eine Liebe« 225
»Treffpunkt Paris« 49
»Der verlorene Sohn« 225
Finnland 220
Frankreich 72, 73, 75, 179, 191, 204, 220
— rechtsradikale Unruhen 22, 36
— Stavisky-Affäre 22, 36, 61
Freimaurer 61
Funkausstellung 155
Fußball (→Sport)

G

Geburtenkontrolle 26
Geheime Staatspolizei (Gestapo) 58, 90
Genfer Abrüstungskonferenz 13, 94
Gesetz über das Staatsoberhaupt des Deutschen Reiches 152, 154
Gesetz gegen heimtückische Angriffe auf Staat und Partei 205
Gesetz über Maßnahmen der Staatsnotwehr 134
Gesetz zum Neuaufbau des Reiches 16
Gesundheit 98, 197 (Übersicht)
— Gesetz zur Verhütung erbkranken Nachwuchses 59
— Gesetz über die Vereinheitlichung des Gesundheitswesens 197
— Sterilisierung 59
Gleichschaltung 16, 17, 43, 58, 59
Glyndebourne-Festival 103
Griechenland 41, 220
Großbritannien 40, 61, 73, 124, 169, 190, 191, 193, 196, 220
Guatemala 220

H

Haiti 220
Heiliges Jahr 80
Heimtückegesetz 205
Heimwehr 180
Himalaja-Expedition 172
Hitlerjugend (HJ) 120, 121, 141, 154, 162, 195
Hitlerputsch 195
Honduras 220

I

Indien 75, 179, 191, 220
Indochinesische Union 220
Irak 220
Iran 125, 220
Irland 156, 220
Island 221
Italien 13, 18, 61, 119, 125, 136, 142, 157, 165, 210

J

Japan 62, 63, 96, 206, 221, 222
Jazz 30
Jemen 62, 221
Juden in der UdSSR 97
Judenverfolgung 19, 42, 58, 66, 82, 91, 140, 157, 198
Judeneinwanderung in Palästina 75
Jüdische Weltkonferenz 156
Jugoslawien 41, 179, 191, 221
— (→Kleine Entente)
Justiz im Dritten Reich 43, 77, 91, 140, 194
— Ausbürgerung 60, 194
— Denunziantentum 140, 198
— Ehrengerichtsbarkeit 123
— Heimtückegesetz 205
— Konzentrationslager 43, 124, 139, 144, 185
— Schutzhaft 58
— Sicherheitsverwahrung 121
— Volksgerichtshof 77

K

Kaiserbewegung 20
Kambodscha 221
Kanada 221
Karneval 47
Katalonien 178, 221
Kirche 17, 74, 90, 93, 101, 120, 157, 180, 181
— Barmer Theologische Erklärung 90, 181
— Bekennende Kirche 90, 100, 181
— Dahlemer Erklärung 181
— Deutsche Christen 90
— Deutsche Glaubensbewegung 90
— Eucharistischer Kongreß 180
— Evangelische Kirche 90, 165, 181
— Fuldaer Bischofskonferenz 121
Heiliges Jahr 80
— Heiligsprechung 80
— katholische Jugendverbände 120
Kleine Entente 13, 22, 73
Kolonialismus 25, 41, 131, 193
Kolumbien 221
Konzentrationslager 43, 124, 139, 144, 185
Korea 221
Kraft durch Freude (KdF) 44, 104, 181
Kuba 24, 97, 221
Kuwait 221
Landwirtschaft 17
— Erbhofgesetz 17
— Erntedankfest 165
— Forstwirtschaft 211
— Reagrarisierung 122
— Reichsbauerntag 17

L

Langer Marsch (China) 179, 222
Laos 221
Lettland 97, 168, 221, 222
Libanon 221
Liberia 221
Liechtenstein 221
Litauen 41, 168, 221
Literatur 107, 185 (Übersicht)
— Buch- und Filmpreis 107
— Deutsche Freiheitsbibliothek 107
— Werke:
»Baba und ihre Kinder« 224
»Der Bergsturz« 223
»Cervantes« 185, 223
»Chaminadour« 223
»Der Dreigroschenroman« 185, 223
»Fettklößchen« 225
»Die Feuerzangenbowle« 225
»Ein gewöhnliches Leben« 224
»Eine glatte Million oder Die Demontage des Mister Lemuel Pitkin« 224
»Die Glocken von Basel« 223
»Eine Handvoll Staub« 223
»Ich, Claudius, Kaiser und Gott« 223
»Im Mörderlager Dachau« 194
»Die Junggesellen« 223
»Die Kumiaks« 223
»Ein Lebewohl und ein Winken« 224
»Das Lied der Welt« 223
»Die Majorin« 223
»Die öffentliche Rose« 223
»Die Prüfung« 185, 223
»Die Räuberbande« 194
»Die Schaukel« 185, 223
»Die Standarte« 223
»Via Mala« 224
»Wendekreis des Krebses« 224
»Wer einmal aus dem Blechnapf frißt« 185, 223
»Zärtlich ist die Nacht« 224
Locarnopakt 73
Luftämter 77
Luftfahrt (→Verkehr)
Luxemburg 221

M

Malerei 82 (Übersicht)
Mandschukuo 62, 96, 221, 222
Marokko 221
Memelgebiet 41, 76, 221
Mexiko 180, 221
Minderheitenfrage 41, 62, 76, 142, 168
Mode 166 (Übersicht)
Monaco 221
Mongolische Volksrepublik 221
Musik 30, 66, 82, 103, 106, 144 (Übersicht)
— Werke:
»Mathis der Maler« 66, 198
Muttertag 92

N

Nanga Parbat 173
Nationalpolitische Erziehungsanstalten 141
Nationalsozialismus
— Agrarprogramm 17
— Ausbürgerung 60, 194
— Feldzug gegen Miesmacher und Kritikaster 91
— geistige Erziehung 17
— Heldengedenktag 44
— Horoskope und Wahrsagerei 79
— (→Judenverfolgung)
— Monarchie/Aristokratie 20, 26
— Sippenamt 184
— Sonnwendfeiern 121
Nationalfeiertag der deutschen Arbeit 88, 89
Neulandgewinnung 122, 210
Neuseeland 221
Nicaragua 40, 221
Nichtangriffspakte 72, 73
— (→Deutsch-Polnischer Nichtangriffspakt)
Niederlande 64, 142, 221
Nobelpreise 211
Nordirland 221
Norwegen 221
NSDAP 139
— Auslandsorganisation 142
— Reichsparteitag 162, 163
— (→Röhm-Putsch)

O

Oper (→auch Musik)
— Werke:
»Cosí fan tutte« 103
»Die Hochzeit des Figaro« 103
»Lady Macbeth von Mzensk« 224
»Tristan und Isolde« 106, 198
Operette
— Werke:
»Giuditta« 31, 224
Österreich 13, 18, 61, 73, 74, 93, 169, 180, 216 (Statistik), 219
— Februarunruhen 38, 39, 222
— NS-Putsch 136, 137, 138, 139, 156, 222
Ostpakt 125

P

Palästina 75, 221
Panama 221
Paraguay 221
— (→Chacokrieg)
Persien (→Iran)
Peru 221
Philippinen 41, 206, 221
Polen 76, 168, 221
— (→Deutsch-Polnischer Nichtangriffspakt)
Portugal 22, 221
Preistreiberei 195
Presse 11, 28, 59, 63, 92, 127, 153, 189
Prohibition 143

R

Rapallovertrag 73
Reichsjagdgesetz 139
Reichskonkordat 73, 120
Reichskulturkammer 66
Reichspost 79
Reichswehr 17, 18, 58, 77, 112, 120, 152
Reparationszahlungen 58
Röhm-Putsch 112ff, 134, 135, 140, 222
Römische Protokolle 61, 72
Rumänien 41, 142, 180, 221
— (→Kleine Entente)
Rundfunk 59, 155

S

SA 77, 112, 114, 115, 116, 124, 139, 141,
— (→Röhm-Putsch)
Saargebiet 19, 154, 187, 204
Saudi-Arabien 221
Schriftleitergesetz 28
Schutzhaft 58
Schweden 221
Schweiz 22, 63, 125, 157, 217 (Statistik), 220
Siam (→Thailand)
Sowjetunion (→UdSSR)
Sozialdemokratie 38, 74
Spanien 76, 178, 221, 222
Sport
— Automobilsport 67, 105, 145, 173
— Bob-Weltmeisterschaft 51
— Boxen 129
— Eishockey-Europameisterschaft 50
— Eiskunstlauf-Weltmeisterschaft 51
— Flugsport 67
— Frauenweltspiele 157
— Fußball 31, 128
— Fußballweltmeisterschaft 69, 128
— Gehen 184
— Giro d'Italia 129
— Leichtathletik 145, 173
— Olympiavorbereitungen 31, 67
— Schwimmen 157
— Ski 50
— Tennis 129, 145
— Tour de France 133, 145
— Tour de Suisse 173
— Turner-Weltmeisterschaft 105
— Winterkampfspiele 50
— Zehnkampf 145
SS 139
Staatsjugendtag 121, 141, 154
Staatsschutzgesetze 41, 63
Ständestaat 22
Studentenverfassung 44
Südafrika 75, 193, 221
Sudetendeutsche 62, 76
Syrien 221

T

Tag der nationalen Solidarität 205
Thailand 62, 221
Theater 30, 66, 106, 107, 126 (Übersicht)
Oberammergauer Passionsspiel 103
— Werke:
»Aristokraten« 224
»Aufbruch 1933« 126
»Deutsche Passion 1933« 107
»Gregor und Heinrich« 224
»Der Große Kurfürst« 199, 224
»Die Höllenmaschine« 224
»100 Tage« 126
»Die Nibelungen« 126
»Peer Gynt« 106
»Prinz von Homburg« 126
»Professor Mannheim« 199
»Reims« 126
»Die Räuber« 30
»Der Untergang des Geschwaders« 224
»Yerma« 224
Tibet 221
Tiefseeforschung 155
Tirana-Verträge 73
Transjordanien 222
Tschechoslowakei 62, 97, 199, 222
— (→Kleine Entente)
Tunesien 222
Türkei 41, 115, 222

U

UdSSR 23, 72, 96, 97, 142, 168, 222
Ullstein-Verlag 127
Umweltschutz 211
Ungarn 61, 222
Unglücksfälle 26, 47, 63, 100, 143, 159, 171, 184
Universitäten 44, 92, 165, 195, 199
Unterhaltung 30 (Übersicht)
— Schlager 30, 66
Urlaub und Freizeit 44, 64, 104 (Übersicht)
Uruguay 222
USA 13, 23, 41, 97, 143, 191, 206, 207, 222
— Wirtschaft 24, 156, 169

V

Vatikanstadt 222
Venezuela 222
Verkehr 60, 155 (Übersicht)
— Eisenbahn 182
— Luftfahrt 9, 27, 47, 77, 81, 102, 121, 143, 183, 195
— Schiffahrt 64, 102, 171
— Straßenverkehr 56, 143, 165
— Straßenverkehrsordnung 183
Versailler Friedensvertrag 58, 72, 73, 77, 190, 193, 204
Viererpakt 72
Völkerbund 13, 18, 19, 24, 72, 76, 168, 192
— (→Genfer Abrüstungskonferenz)
Volksgerichtshof 77

W

Washingtoner Flottenabkommen 206
Wehrmacht (→Reichswehr)
Weihnachten 212
Werbung 28 (Übersicht)
Wetter 26, 46, 143, 196, 213
Winterhilfswerk 65, 78, 177, 181, 205
Wirtschaft 45 (Übersicht), 56, 57, 58, 60, 78, 80, 92, 122, 123, 139, 164, 181, 195
— Autarkie 164
— Boykott deutscher Waren 19, 102, 125, 156
— Dawesplan 58
— Ersatzstoffe 164
— Forstwirtschaft 211
— Hauswirtschaftliches Jahr 91
— (→Landwirtschaft)
— Preistreiberei 195
— Transferkonferenz 92
Wissenschaft und Technik 81 (Übersicht), 195
— Bathysphäre 155
Wohnen und Design 98 (Übersicht)

Y

Youngplan 58

Abbildungen
Archiv Gerstenberg, Wietze (42); Bancroft Library, Berkeley/USA (1); Bischöfliche Pressestelle, Fulda (1); British Broadcasting Corporation, Hulton Picture Library, London/GB (1); Bundesarchiv Koblenz (2); Archiv Daimler-Benz AG, Stuttgart (1); Deutsche Presse-Agentur, Frankfurt (1); Evangelischer Pressedienst, Frankfurt (1); Friedrich Ebert-Stiftung, Archiv der sozialen Demokratie, Bonn (2); Gandhi National Museum Library, Rag Ghat/India (1); Harenberg Kommunikation, Dortmund (562); Historia-Photo, Hamburg (9); Archiv Huber, München (2); Internationales Archiv für den Bahnsport Udo Schmidt-Arndt, Köln (1); Katholische Nachrichten Agentur Pressebild GmbH, Frankfurt (3); Keystone Pressedienst GmbH, Hamburg (8); Langewiesche-Brandt, Ebenhausen (1); National Motor Museum, Beaulieu/GB (1); Österreichische Nationalbibliothek, Wien (1); Press Association, London/GB (1); Pressebild-Agentur Schirner, Meerbusch (1); Schiller Nationalmuseum-Deutsches Literaturarchiv, Marbach (2); Schwaneberger Verlag GmbH, München (33); Schweizerisches Cabaret-, Chanson- und Pantomimen-Archiv H. und U. von Allmen, Gwatt/CH (2); Stadtbildstelle Essen (1); Strüwing, Kopenhagen/DK (1); Süddeutscher Verlag Bilderdienst, München (1); Verkehrsmuseum Nürnberg (1); Redaktionsbüro Christian Zentner, Zürich/CH (1); Zentralbibliothek Zürich, Zürich/CH (1)